»Richtig reisen«

Italien

In der vorderen Umschlagklappe: Übersichtskarte Italien

In der hinteren Umschlagklappe: Italiener, die ›Geschichte machten‹

TONNO SIMMENTHAL
MAREBLU
MAREBLU
TONNO
SIMMENTHAL
tenero di
ATTO
AONE
scotto

»Richtig reisen«

Italien

Heinz-Joachim Fischer

DuMont Buchverlag Köln

Umschlagvorderseite: Blick auf Siena

Umschlaginnenklappe: Florenz

Umschlagrückseite: Sorrent: Der Sedile Dominova, einst Treffpunkt des Sorrentiner Adels, ist heute im Besitz eines Arbeiterzirkels

Ich widme dieses Buch Deutschen und Italienern,
die in Achtung einander zugetan sind.

2. Auflage 1990

Satz, Druck und buchbinderische Verarbeitung: Boss-Druck, Kleve

Printed in Germany ISBN 3-7701-2379-4

Inhalt

PITAGORA

Italien-Informationen

Vorwort

Der Reihentitel dieses Buches – »Richtig reisen« – enthält fast eine Zumutung. Erfrecht sich da nicht jemand anzunehmen, manche wüßten nicht, wie man richtig in Italien reist. Dabei kennen doch inzwischen alle dieses Land, wo ... – Sie ahnen schon, was jetzt kommen müßte, das mit den Zitronen, die dort blüh'n und den Goldorangen, die da glüh'n; Goethe und alle, die schon da waren und so Unglaubliches erlebt und erzählt haben; das mit dem Wein, der Pizza und den Spaghetti, die in Venedig, Florenz oder Neapel doch viel besser schmecken als zu Hause ›beim Italiener‹ um die Ecke; und dann die Kultur und die Sehenswürdigkeiten, gar nicht alles zu bewältigen, wie man sagt, und immer noch etwas mehr; schließlich die Italiener selbst, ein bißchen weniger ordentlich und nicht recht zuverlässig – doch alles ungemein interessant, lebenssprühend und liebenswert ...

Nein! Diese Klischees will ich nicht fortweben. Aus diesem Grund sollen Sie dieses Buch nicht lesen. Nicht *obwohl* es schon so viele Bücher über Italien gibt, wage ich ein neues, sondern *weil.* Eine schier unübersehbare Fülle von Reiseführern, Kunstbüchern, Essays, Lese-Anthologien und Romanen hat uns – theoretisch – mit allem bekanntgemacht, was über dieses Land und seine Bewohner zu sagen ist. Doch mir scheint, daß man darüber den ›Wald‹ Italien vor lauter Bäumen nicht mehr sehen kann.

Italien und die Italiener, italienische Geschichten und italienisches Leben will ich Ihnen vorstellen, damit Sie darin das ganze Kaleidoskop des Italienischen, eingefangen in einer kurzweiligen Beobachtung, einer intensiven Betrachtung, nacherleben können. Das bedeutet nicht, daß ich Italien jetzt für Sie aus dem Nichts erfinde. Was über die Lande von den Alpen bis nach Sizilien und Sardinien geschrieben wurde, von Dichtern und Schriftstellern, Historikern, Kunstgeschichtlern und Archäologen, von Heiligen und Gaunern, von Berühmten, Klugen, Weit-Blickenden und Genau-Forschenden, ist mir notwendige Grundlage.

Ich will Sie dabei von unaufhörlichen Liebeserklärungen zu diesem Land und seinen Bewohnern verschonen, ohne die heute kaum noch ein Autor auszukommen meint. Natürlich liebe ich Italien und die Italiener. Aber mit der Liebe ist das so eine Sache, sie unterliegt Schwankungen, nutzt sich ab und erscheint anderen zuweilen befremdlich. Was ich jedoch in all den Jahren in Italien, als Student, der selbst als Reisebegleiter den Besuchern aus dem Norden die Schönheiten von Kunst und Natur zu erschließen versuchte, und als Italienkorrespondent der Frankfurter Allgemeinen Zeitung, der zu vertrautem Umgang mit den ›wichtigen‹ und – noch entscheidender – mit den ›normalen‹ Italienern kam, der neue Erfahrungen und Einsichten gewinnen und mitteilen durfte –, was ich in dieser langen Zeit nie verloren habe und unverändert bis heute empfinde, was ich deshalb auch dem Leser und Reisenden vermitteln möchte, ist die Neugier, mit der man in Italien nie an ein Ende kommt.

All' Italiana

Ein Volk zwischen Glück und Katastrophe

Die Frage wird immer wieder gestellt. Am Strand von Rimini oder in der Arena von Verona, auf dem Petersplatz in Rom oder im Hafen von Palermo. Man äußert sie verwundert, kopfschüttelnd, ratlos. Dieses Italien – ein merkwürdiges Gebilde, das beständig schwankt zwischen dem Gefühl, das schönste Land, vielleicht das ›genialste‹ Volk der Welt zu sein und der bangen Frage, wie es nur weitergehen soll. Man hat es schon seit Jahren am Abgrund gesehen, hatte vorhergesagt, daß die Italiener mit ihrer Weise zu leben – *all'italiana* – es nicht mehr lange ›machen‹ würden. Längst hätte der Staat zusammenbrechen, die Wirtschaft in Konkurs gehen müssen. Schließlich hat man seine Erfahrungen mit Italien und den Italienern. Vor wenigen Tagen noch schob man sich auf der Brennerautobahn vorbei an kilometerlangen Kolonnen von Lastwagen. Sie wurden an der Grenze nicht abgefertigt, weil die italienischen Zöllner streikten. In Verona wollte man sich mit Freunden treffen, zu genau verabredeter Zeit auf dem Hauptbahnhof; die anderen hatten sich der Eisenbahn anvertraut. Aus der planmäßigen Ankunft des Zuges um 14.25 Uhr wurde 17.03 Uhr. Als man zum Auto zurückkam, fehlte das Radio. Die Fahrt setzte man voller Sorge fort, weil es irgendwo geheißen hatte, die Tankstellen würden bestreikt. Nun liegt man im weichen Sand, blinzelt in den wolkenlosen Himmel, bemerkt zufrieden, daß die Warnungen vor einem Sonnenbrand angebracht waren, und freut sich des Lebens. Man ist zufrieden, für den Urlaub Italien gewählt zu haben. Spaghetti und Wein schmecken doch besser als ›beim Italiener‹ in Berlin.

Bei jeder Abendgesellschaft in Rom oder Mailand gerät das Gespräch unverzüglich auf Italien. Daß man so nicht weiterkommen könne, darin sind sich die Anhänger gleich welcher Partei mit gleich welchem Minister oder Oppositionspolitiker einig. Ein Ministerpräsident hatte einmal zu Beginn seiner Amtszeit von vier Krisen gesprochen, die Italien erschütterten; er hätte auch sechs oder acht sagen können. Jeder Italiener kann sie aufzählen, vermehren oder vermindern, je nach Bedarf und Effekt, und mit großer Liebe zum Detail illustrieren: Da ist die »moralische«, die sich nicht nur in Skandalen und Affären zeigt, sondern, noch gravierender, in einem fehlenden Gemeinschafts- und Staatsbewußtsein. »Es mangelt uns an Bürgersinn«, klagt ein Unternehmer und erzählt stolz von seiner – nach italienischen Bestimmungen illegalen – Finanzierungsgesellschaft in der Schweiz.

Dann die »wirtschaftliche«, die, von Zeit zu Zeit, nach Bereich verschieden, doch immer irgendwo gegenwärtig, jedermann zu spüren meint. Mal trifft man die Krise bei den Arbeitslosen, dann bei stellungsuchenden Jugendlichen, mal bei der Inflationsrate, beim Defizit im Staatshaushalt oder beim Minus in der Handelsbilanz, im Gesundheitssystem oder der Rentenversicherung. »Vielleicht verliere ich meine feste Anstellung«, sagt der Koch eines staatlichen Krankenhauses, »aber das wirft mich nicht um, mein Hauptgeld verdiene ich ohnehin woanders.« Dann die Krise »der öffentlichen Sicherheit«, die noch immer, mal mehr, mal weniger, Staat und Bürger beunruhigt. Der kommunistische Bürgermeister einer Provinzstadt gebraucht scharfe Worte gegen den Terrorismus von links und rechts, gegen jene politischen Extremisten, welche die demokratischen Institutionen bekämpfen. »Aber natürlich muß das kapitalistische System überwunden werden«, meint er mit Nachdruck, »dieses Machtsystem ist morsch und muß abgehauen werden.« – Oder das Problem »des Mezzogiorno«, der Gegensatz zwischen Nord und Süd auf der Apenninenhalbinsel. »Vielleicht sind die Neapolitaner und Sizilianer intelligenter als wir Lombarden«, meint ein Mailänder zu später Stunde, »sie wollen nur einfach nicht mehr.«

Ein hoher *Magistrato,* ein Beamter aus dem Justizministerium, fragt seine Freunde: »Wißt Ihr genau, wie der wirtschaftliche Zustand des Landes tatsächlich ist? Geht es uns gut oder schlecht? Tun wir genug für die armen Bevölkerungsgruppen? Wie arbeiten die großen privaten Unternehmen Fiat, Olivetti oder Pirelli? Wie funktionieren die riesigen Konzerne des Staates, IRI oder ENI? Muß man allen Schreckensmeldungen über Betriebsstillegungen, Kurzarbeit und Entlassungen glauben? Was ist mit der fleißigen *Economia sommersa,* der ›versteckten Wirtschaft‹, mit Hunderttausenden von Schwarzarbeitern, überall in Italien? Ist es ein Beweis unserer Wirtschaftsstärke, wenn das beängstigend hohe Defizit im Staatshaushalt verkraftet wird, wenn die Inflationsrate immer wieder bedrohlich klettert und doch alles weiterläuft?«

Die Bankdirektoren und Industriellen in der Runde lächeln. »Eccellenza, Sie wollen es zu genau wissen. Sichere Zahlen hat doch niemand. Nur das Statistische Bundesamt im deutschen Wiesbaden rechnet verläßlich zusammen, wie viele Waren aus Italien in die Bundesrepublik kommen. Mit dem traditionellen dritten Platz als Kunde und Lieferant in der deutschen Rangliste kann es unserer Wirtschaft und unseren Exporten nicht gar so schlecht gehen.«

»Die moralische Krise umklammert Italien nach wie vor«, erklärt ein Schriftsteller, »nehmen Sie doch nur die immer wieder aufplatzenden Skandale oder, noch konkreter, die jahrelang dahinschwelende Affäre um die ›P 2‹! Da haben sich Parteichefs und Parlamentarier, Minister und Staatssekretäre, Verleger und Journalisten, Industrielle und Finanziere, Generäle und Geheimdienstchefs in einer der Freimaurerei verbundenen Loge, der ›Propaganda 2‹, zusammengetan, um Macht und Einfluß im Staat zu gewinnen, um mit unkontrollierbaren Mitteln eine Demokratie zu beherrschen. In welchem anderen zivilisierten Land gibt es so etwas? Oder denken sie an den Fall Ciro Cirillo, zuvor Ministerpräsident, dann Assessor für das lukrative Bauwesen in Kampanien; nach seiner Entführung sammelten Politiker, Industrielle und Mafiosi Lösegeld, für seine Freilassung arbeiteten Bürgermeister, Geheimdienstleute und Verbrecherbosse zusammen.« – Oder die mysteriösen Umstände um den Tod von zwei einst angesehenen Bankchefs, des Präsidenten der größten italienischen Privatbank, des Mailänder *Banco Ambrosiano,* Roberto Calvi und des sizilianischen Bankiers Michele Sindona. Beide waren ›ganz oben‹, dann wurden sie verhaftet, verurteilt, und schließlich fand man sie tot. Ein ehemaliger Ministerpräsident sagte mir dazu nur, Calvi sei »nicht besonders unkorrekt« gewesen. Da soll man noch den führenden Politikern, der *Classe dirigente* in Italien ver-

Scherenschleifer in Rom

trauen, wenn repräsentative Mitglieder der politischen, wirtschaftlichen, militärischen und auch intellektuellen Elite in Affären und Skandale verwickelt sind, stöhnen viele in Italien.

Ein General des Heeres meint, der Terrorismus beschäftige die Italiener jetzt weniger als in der Vergangenheit. Die Entführung und die Ermordung des christlich-demokratischen Parteipräsidenten Moro durch die linksextremistische Terrororganisation »Rote Brigaden« im Frühjahr 1978 liegt »eine Ewigkeit« zurück, der Bombenanschlag auf dem Hauptbahnhof in Bologna von 1980, der Rechtsextremisten zugeschrieben wird und bei dem 84 Menschen ums Leben kamen, ist fast vergessen. Im Januar 1982 wurde der amerikanische Brigadegeneral Dozier von einer Spezialeinheit der italienischen Polizei befreit. Sicherheitskräfte und Geheimdienste sind reorganisiert und stärker geworden. Die Welle des Terrorismus scheint ausgelaufen. »Wir haben etwas nachgeholfen. Um den vielen jugendlichen Extremisten den Abschied von der Gewalt zu erleichtern, winkte der italienische Gesetzgeber mit Straferleichterung oder gar Straferlaß. Aus den bewaffneten Banden konnte man aussteigen, konnte sich durch reuige Geständnisse, durch Zusammenarbeit mit den Behörden wieder in die Spielregeln der Gesellschaft einfügen. Nicht durch blutige Repressionen oder durch perfekte Überwachung jeder terroristischen Regung, sondern auch durch Aufweichen des verhärteten Extremismus stellten sich die Erfolge ein«, bemerkt der General listig. Verrät sich da, wie man all'italiana die Lösung schwieriger Probleme angeht?

Für den Kommunalpolitiker in der Runde ist die Krise des Südens weniger denn je behoben: »Das Gefälle zwischen Nord und Süd, das jede Regierung seit der Einigung Italiens 1870 beseitigen wollte, wird eher noch abschüssiger. Gehen Sie in die Häfen von

Straßenmarkt in Neapel

Palermo und Livorno, vergleichen Sie die Lebensbedingungen in Mailand mit denen in Neapel, die Industrialisierung von Piemont mit der von Kalabrien, und Sie entdecken Unterschiede, die in einem und demselben Staat zu schweren Zerreißproben führen. Gedenkfeiern, wie die zum 100. Todestag von Giuseppe Garibaldi (1982), beleben stets den Vorwurf, der ›Vater des Vaterlandes‹ habe Italien von Süden her militärisch geeint, damit es von Norden her kolonialisiert werden konnte.« Der Bankier aus Bergamo bei Mailand fügt hinzu, Zürich und Frankfurt lägen ihm näher als Bari in Apulien oder Catanzaro in Kalabrien; dem entspreche nicht nur die geographische Realität, sondern auch ein Zugehörigkeitsgefühl zu Mitteleuropa, von dem Apulier und Kalabresen ausgeschlossen scheinen. Ist es nur ein Scherz, wenn ein Journalist pointiert: »Der eine Teil der Italiener hält sich verzweifelt am europäischen Alpenkamm fest, der andere treibt durchs Mittelmeer auf Afrika zu«?

Tiefe Krisen gibt es also genug in Italien, und oft kann ein Regierungschef wenig mehr tun, als sich geschickt den Bedingungen von Wind und Wetter anzupassen, wenn er das Staatsschiff führen will. Den Elementen trotzen zu wollen, gestatten Ausrüstung und Mannschaft des Fahrzeugs nicht. Trotz dieser Einstellung hat sich aber – merkwürdig genug – die unausrottbare Überzeugung gehalten, daß man all diese Schwierigkeiten gar nicht meistern müsse, um leben und überleben zu können, daß vielmehr das italienische Staatsschiff unsinkbar sei und der *Stellone,* der große, gute Glücksstern Italiens, es schon aus allen widrigen Stürmen und Strömungen heil herausführen werde. Italien ein Glücksfall der Schöpfung? Die Italiener Lieblingskinder der Heiligen im Himmel?

Daß Italien Glück habe, trotz aller Niederlagen und Katastrophen, dem stimmen fast alle italienischen Freunde zu. Dieselben hatten den Gast mit heftigen Klagen über die unzumutbaren Zustände von den Alpen bis zu den Inseln im Mittelmeer, mit Tiraden gegen Politiker, Gewerkschaftler und Unternehmer, mit ihrer Empörung über die Hilflosigkeit der Staatsorgane, ihrem Zorn über Schwächen und Versagen der Großen und Kleinen in Verlegenheit gebracht. Als der Fremde Einspruch erhob, abschwächte, erntete er zwar ein Lob für seine Höflichkeit, aber man zweifelte doch ein wenig an seiner Landeskenntnis; er besitze eben keinen Einblick in die reale Welt der Politik; seine Augen seien verblendet von der Sonne und den schönen Kunstwerken der Vergangenheit. Nein, nein, Italien und den Italienern sei nicht zu helfen; sie hätten nur einfach ihren Glücksstern.

Dieser Stellone erhellte blitzartig die Gesprächsrunde. Denn daß Italien jetzt und seit Jahrhunderten seine Geschichte dem guten Stern überläßt, bedeutet für seine Bewohner, daß ihr Staatsschiff kein Ziel und keinen Auftrag unterwegs hat. Die Italiener wollen ja weder den Ruhm einer großen Nation über die Erde verbreiten noch die Herrlichkeit ihrer Flotte auf den Weltmeeren unter Beweis stellen; sie wollen weder das Abendland retten noch anderen Völkern ihre Lebensart oder die Vorzüge ihrer Rasse beibringen. Da sie keine so hehren Ideale verfolgen, müssen sie sich also auch als Nation in Politik und Wirtschaft nicht rüsten, um diese Ziele in die Tat umsetzen zu können. Sie haben die großen Tage längst hinter sich. Die Geschichte Europas, die Denkmäler in Rom, die antiken Bauwerke rings um das Mittelmeer lehren sie von Kindesbeinen an, daß sie einst Herren der Welt waren, daß die römischen Imperatoren, Statthalter und Legionen die Pax und die Lex Romana, ihren Frieden und ihr Recht, den Völkern auferlegten, ihre Zivilisation und ihre Technik bis an die Grenzen der damals bekannten Erde trugen. Wozu sollten sie dann noch einmal verzweifelte Anstrengungen unternehmen, um der Welt Eindruck zu machen? Seitdem die Barbaren der Völkerwanderung aus dem Norden kriegerisch in ihr Land einbrachen (was sie nun jedes Jahr friedlich wiederholen) und das Weströmische Reich erlöschen ließen, verzichteten die Bewohner Italiens auf machtpolitische Ambitionen, paßten sich in erstaunlicher Indifferenz dem Stärkeren an, ohne je ihre Eigenart zu verlieren, hielten es nicht für lohnend, die fremden Eroberer, ob Goten oder Franzosen, Deutsche oder Spanier, davonzujagen.

Je weniger die Italiener jahrhundertelang Wert darauf legten, einen festen und dauerhaften nationalen Ordnungsrahmen zu errichten, um so mehr fühlten sich andere dazu verpflichtet. Noch heute überlegen viele bekümmert, wann denn die Italiener ihren Staat, ihre Wirtschaft, den Süden, die Infrastrukturen und Sozialsysteme in Ordnung bringen wollen. Die Frage stellt die italienische Lebensanschauung auf den Kopf. Nichts bewegt die Italiener so wenig wie ein abstraktes Ordnungsideal. Ob das Defizit im Staatshaushalt 50, 80 oder 150 Milliarden DM im Jahr beträgt, die Inflationsrate 5, 10 oder 15%, hat nur für im Ausland ›studierte‹ Spezialisten Wert. Nicht darüber gerät eine Regierung in Schwierigkeiten, sondern über die Frage, ob der Lohn für den einzelnen erhöht wird oder nicht.

Wie fremd den Italienern ideale Überordnungen sind, zeigte sich 1982 im Konflikt zwischen Großbritannien und Argentinien um die Falklandinseln: Italien scherte aus der

Gemeinschaft der europäischen Staaten aus, weil wirtschaftliche Sanktionen gegen das argentinische Brudervolk der öffentlichen Meinung und den Interessen zuwiderliefen. Als dann die italienische Fußballnationalmannschaft Argentinien 2:1 schlug, hieß es leichthin: Nun verzeiht uns Frau Thatcher. Damit war die Sache ›in Ordnung‹. Kriegsziele, Bündnisverpflichtungen, Vertragsvereinbarungen, wirtschaftliche Eckwerte, pädagogische Rahmenrichtlinien, Verkehrsregeln, Fahrpläne, Tugendkataloge und Ehrenkodizes tragen ihren Sinn nicht in sich, sondern nur in Verbindung mit dem Interesse des einzelnen. Machiavelli, Cagliostro und Casanova, die Meister der hemmungslosen Politik, des gewissenlosen Betrugs und der vorgespielten Liebe haben diese Maxime auf die paradoxe Spitze getrieben. Nicht jeder Italiener erreicht diese Höhen, aber sie sind ihm verständlicher als etwa Kants kategorischer Imperativ, die absolute, wunderliche Verneinung jeder südlichen Individualität.

Alle Energien, die der Italiener bei der Realisierung abstrakter Ideale spart, kann er darauf verwenden – zu leben. Natürlich ist das Leben das höchste Gut, das einzige, für das sich Opfer lohnen. Der überschaubare Lebensbereich von Familie und Freunden ist die einzige Bühne, auf der Einsatz angebracht ist. Päpste und Kardinäle, Herzöge und kleine Barone machten sich selten durch soziale Gesetze unsterblich, sondern viel lieber dadurch, daß sie Künstlern und Handwerkern – meist geliehenes – Geld für prächtige Kirchen und Paläste, Standbilder und Gemälde gaben. Einflußreicher Politiker, angesehener Bankchef, erfolggewohnter Unternehmer zu sein, befriedigt nur dann richtig, wenn man seiner Frau Pelzmäntel und Schmuck schenken, wenn man vor allem seinen Verwandten und Bekannten Gefälligkeiten erweisen kann.

Das erklärt auch, warum man sich in Italien über Mißstände und Affären aufregen kann, warum aber weder die Beteiligten noch die Zuschauer daraus ein gehöriges Schuldbewußtsein und den Vorsatz der Besserung gewinnen. Die Italiener sind nicht unmoralisch. Ihr Wertsystem ist nur anders ausgerichtet. Deshalb übt die moderne Leitidee der sozialen Gerechtigkeit mehr im Sinn der sozialen Eroberung (›von unten‹) ihre Kraft aus als in der Aufforderung zum Abgeben (›von oben‹). Kein Volk ist mehr dem Sozialismus oder anderen totalitären Ideen der erzwungenen Glückverteilung abhold als das italienische; nach Plan selig zu werden, dagegen sträuben sich in Italien Herz und Verstand. Auch die Idee eines imaginären Ausgleichs zwischen Nord und Süd kann in Italien niemanden wirklich faszinieren. Warum Gegensätze miteinander verbinden? Jeder möge seinen eigenen Vorteil suchen, sein eigenes Leben führen.

Die schönen Seiten dieser Lebenskunst all'italiana sind aller Welt, allen voran den Nachbarn im Norden, bekannt. Das Geschick, mit bunten Farben das Leben zu schmücken, mit einem Lächeln Widersprüche zu versöhnen, die Gabe, mit leichtem Improvisieren über die Probleme hinwegzukommen, ohne sie aus dem Weg zu räumen, ist so nur den Italienern verliehen. Ob die Summe der Übel größer oder kleiner ist als in anderen Ländern, können wir getrost unentschieden lassen. In jedem Fall verstehen die Italiener besser, mit Problemen zu leben, in der Überzeugung, das Leben sei zu schön, als etwas anderes zu tun als – zu leben.

Auf der Suche nach der anderen Hälfte

Den Deutschen würde etwas fehlen, wenn es Italien und die Italiener nicht gäbe. Das Verhältnis derer deutscher Zunge – im weitesten Sinn, denn *Tedeschi,* Deutsche, sind für die Italiener alle aus dem Norden – zu dem Land im Süden ist nicht etwas Zufälliges, nicht nur beschwingende Lebensverzierung für Freizeit und Ferien. Unsere Verbindung zu jener langgestreckten, sonnenverwöhnten Erde jenseits der Alpen und ihren Bewohnern scheint vielmehr so grundlegend und durchdringend, daß man mit einem alten Bild der griechischen Mythologie für Mann und Frau von den beiden Hälften sprechen möchte: zwei Teile, die nur zusammen ein Ganzes bilden.

Geschichte und Gegenwart bestätigen es: Zu allen Zeiten blickten die Deutschen auf der Suche nach ihrer anderen Hälfte nach Süden und zogen dorthin. Es kann angesichts der Autokolonnen, die sich in den Ferienmonaten über die Alpenpässe nach Italien ergießen, so scheinen, als sei diese Unruhe nur von Nord nach Süd gerichtet. Doch das erweist sich als unvollständig. Gewiß, die Touristenströme verlaufen, von der Sonne und der Aussicht auf südliche Lebensgenüsse angezogen, vom mittleren Europa zur Apenninenhalbinsel. Umgekehrt ist es ein nicht unbeträchtliches, doch vergleichsweise geringes Reise-Rinnsal. Aber wenn sich Italiener für ein Volk interessieren, dann sind es die ›germanischen‹ Stämme. Die Geschichte liefert dafür reiches Anschauungsmaterial und die Erklärung für das Verhältnis von heute.

Nehmen wir als ersten, unverdächtigen Kronzeugen den alten lateinischen Geschichtsschreiber Tacitus (55 bis 122 n. Chr.). Was er mit seinem Werk *Germania* schon im Jahr 98 beabsichtigte, könnte noch heute einem italienischen Moralisten oder Politiker die Feder führen. Tacitus habe, so heißt es allgemein, am Ende des 1. Jahrhunderts, als die Feldherrntaten Caesars – auch die in Germanien – 150 Jahre zurücklagen, als das Imperium Romanum seine größte Ausdehnung – weit nach Mittel- und Südosteuropa hinein – erreichte und die Kaiser auf dem Höhepunkt ihrer Macht waren, als nur wenige Germanen lesen und schreiben konnten, seinen Mitbürgern warnend einen ›Sittenspiegel‹ vorhalten wollen. Er wollte, so meint der Historiker Manfred Fuhrmann, mit der Beschreibung Germaniens »seinem römischen Milieu, einer korrupten, unfreien und kriegerischer Leistungen kaum noch fähigen Umwelt, eine Existenzweise entgegenhalten, die auf Einfachheit, Freiheit, Ehre und Kampfesmut beruht.«

Aber Tacitus ging noch raffinierter vor. Sein »Kontrastbild«, so Fuhrmann weiter, »mußte um so überzeugender wirken, als Tacitus trotz mancher Idealisierung und trotz seiner Sympathie für die Germanen deren Schwächen durchaus eingestand. Andererseits

DANTE

waren die Germanen desto gefährlichere Feinde des gegenwärtigen Rom, je deutlicher ihre Virtus (ihre tapfere Tugend) an das einstige Rom erinnerte und daher die grausame Genugtuung über die selbstmörderische germanische Zwietracht.« Sind da nicht alle italienischen Sichtweisen für die Nachbarn im Norden für fast zwei Jahrtausende vorweggenommen? Germanische Tüchtigkeit, Gefährlichkeit und Uneinigkeit, Bewunderung und Mißtrauen für die Völker im Norden, ihre Überlegenheit und Inferiorität, zugleich das Wissen um die eigene Tüchtigkeit in der Vergangenheit, »wenn man nur wollte«.

Daß wir mit diesem geschichtlichen Rückblick mitten in der Gegenwart sind, daß die Wirkungen im Rhythmus von Jahrhunderten hin- und hergehen, fällt selbst im römischen Alltagsgespräch auf. Gerardo Bianco, Vizepräsident der Abgeordnetenkammer und ehemaliger Gymnasiallehrer für Latein, preist die deutsche Altphilologie: Niemand habe sich um die lateinische Literatur so verdient gemacht wie die deutschen Sprachforscher. Marco Prosperetti, Professor für Privatrecht an der römischen Universität, hält es für undenkbar, daß ein qualifizierter Jurist in Europa ohne die Kenntnis der deutschen Sprache auskommen könne. Antonio La Pergola, ebenfalls Rechtsprofessor und zudem Minister für EG-Politik, bedauert nur, daß er das Deutsche nicht flüssig sprechen könne; unverzichtbar für die Studien sei es allemal. Besteht diese Beziehung, weil Kaiser Justinian (527–565) das römische Recht kodifizierte, das *Corpus Iuris Civilis,* und es niemand in Europa so ernst nahm wie die Deutschen, weil die Lektüre eines Caesar, Vergil, Ovid, Livius oder Sallust nirgendwo so gepflegt wurde wie in deutschen Landen?

Nehmen wir als zweiten Kronzeugen Italiens größten Dichter, Dante Alighieri (1265 bis 1321). In seinem Buch »De Monarchia« beschwört er geradezu jenes Heilige Römische Kaiserreich des deutschen Königs und der deutschen Nation. Anfang des 14. Jahrhunderts klagt er im »Fegefeuer« (7. Gesang) der »Göttlichen Komödie«: »Es wimmelt von Tyrannen in Italien. Die Roma weint, verwitwet einsam, ruft sie Tag und Nacht, warum, mein Kaiser, bist Du nicht bei mir.« Im »Paradies« seines Hauptwerkes setzt er glühende Hoffnungen auf Kaiser Heinrich VII., der 1310 nach Italien zog und drei Jahre später in der Toskana starb, »den hohen Heinrich, der schon zur rechten Zeit, wird kommen her, Italien aufzurichten.« Dante, Italiens Über-Dichter, verwendet das Wort, *drizzare,* geradebiegen, Ordnung schaffen, in Reih und Glied bringen; und alle Italiener kennen diese Stelle seitdem. Daß Dante dieses Heil von Norden erwartete, hat nicht gehindert, daß er zum Klassiker der Klassiker in Italien wurde, den Schülern eingeschärft, unumstrittenes und hochgehaltenes Bildungsgut aller.

Aber wenn Deutsche nach Süden schauten, sahen sie immer auch den Papst. Jahrhundertelang war der Bischof von Rom der verehrte Himmelspförtner, von dem der Einlaß ins Paradies, die ewige Seligkeit abhing, auch jener, der im Investiturstreit um die Einsetzung der Bischöfe die Freiheit der Kirche und des einzelnen Gläubigen gegen die Übergriffe einer übermütigen weltlichen Macht verteidigen konnte. Wer jedoch wollte leugnen, daß in der Reformation mit der Lossagung zunächst fast der ganzen, dann der halben deutschen Nation von Rom etwas Wesentliches geschah, das nicht nur das deutsche

◁ Verona, Dantedenkmal

Verhältnis zu Italien (und umgekehrt) betraf, sondern das die deutsche Seele als ganze anging. Italienern ist scharf bewußt, daß die Deutschen sich durch die Trennung von Rom im Nationalcharakter verändert, einen anderen Weg beschritten haben.

Doch egal, wie man zu seinem gnädigen Gott kam, katholisch oder protestantisch – die Straßen von Deutschland nach Rom füllten sich seit der Reformation, der in Italien die geistigen Bewegungen und Reformen von Humanismus und Renaissance vorausgingen und entsprachen. Künstler und Geistesgrößen, Musiker und Schriftsteller pilgerten nun gen Süden. Was die Päpste an Gläubigen verloren hatten, suchten sie an Jüngern der Schönen Künste in ihrer Hauptstadt wiederzugewinnen. Das hatte die Welt noch nicht gesehen. Die Werke der Renaissance und des Barock, die wiederentdeckten Überreste der Antike, das alles gab es nur in Italien, und dazu noch mehr. Wieder zeigt sich ein fundamentaler Unterschied zwischen Deutschen und Italienern und zugleich die Ausnahmestellung ihres Verhältnisses. Denn was italienische Maler, Bildhauer und Baumeister mit scheinbarer Leichtigkeit schufen, was die Liebhaber von Schätzen des Altertums wieder ans Licht holten, die Deutschen nahmen es von allen Nationen Europas am ernstesten, wie die Flut von Reise- und Werkschilderungen illustriert, die Legion der Altphilologen und Archäologen deutscher Sprache demonstriert.

Wer auch nur einige aus diesem Strom der nach Süden pilgernden Künstler und Wissenschaftler nennt, wird sich sofort den Vorwurf zuziehen, wieviele und welche er

unterschlage. Für Albrecht Dürer oder Wolfgang Amadeus Mozart, für Johann Joachim Winckelmann oder Johann Wolfgang von Goethe, Heinrich Heine oder Richard Wagner, Friedrich Nietzsche oder Theodor Mommsen ist die Reise oder der längere Aufenthalt in Italien nicht nur Erfahrungszuwachs und Bildungserlebnis, sondern Schicksalsstation und Lebenswende. Mozart lernt die italienische Oper kennen, um eine bessere deutsche zu komponieren, Goethe hat, wie er schreibt, nur in Rom erfahren, was Glück bedeutet, und Schiller, der unverdächtige Protestant, selbst nie in Rom gewesen, dichtet neidvoll:

Prächtiger als wir in unserem Norden
wohnt der Bettler an der Engelspforten
denn er sieht das ewige einzige Rom

Doch wenn dieses Land so reich an Kunstwerken ist, wenn dort schon die Sonne aus immer blauem Himmel über fröhliche, lebenslustige Menschen scheint, so bleibt doch nach der unbestechlichen Prüfung durch die Nördlichen manches auszusetzen. »Dieses Italien«, klagt der Dichterfürst Goethe, exemplarisch bis heute, »blieb in allem Mechanischen und Technischen, worauf doch eine bequemere und frischere Lebensweise gegründet ist, gegen alle Länder unendlich zurück.« Die Beschwerden der Reisenden über Gefahren auf den Straßen, die Unzuverlässigkeit der Verkehrsmittel, die Unbequemlichkeit der Fahrzeuge, die Unberechenbarkeit der Venezianer, Florentiner, Römer oder Neapolitaner sind bis auf den heutigen Tag nicht verstummt. Dennoch sind die *Tedeschi* trotz aller Warnungen gereist und reisen bis heute.

Auch Johann Wolfgang selbst, obwohl sein Vater, Johann Caspar, in seinen Reisenotizen (auf Italienisch!) dem Lob – »daß es auf der ganzen Welt kein Land gibt, das so viele Schönheiten aller Art aufzuweisen hat wie Italien, und wo jeder Liebhaber finden kann, was seinem Geschmack entspricht und ihn befriedigt« – die Warnung »über die Verschlagenheit des italienischen Volkes in puncto Geldverdienen« angefügt hatte: »Jedermann weiß, daß das niedere Volk sehr zum Müßiggang neigt, weshalb diese Leute die unterschiedlichsten Kniffe ersinnen, um die allzu leichtgläubigen und unerfahrenen Reisenden in die Falle zu locken.« Der Dichter Goethe

Touristen in Florenz

erweitert diese deutsche Erkenntnis und stellt ein für allemal in den Venetianischen Epigrammen fest:

Noch ist der Fremde geprellt, stell' er sich, wie er auch will,
deutsche Redlichkeit suchst du in allen Winkeln vergebens;
Leben und Weben ist hier, aber nicht Ordnung und Zucht;
jeder sorgt nur für sich, mißtraut dem anderen, ist eitel,
und die Meister des Staats sorgen nur wieder für sich.

Dennoch bleiben ihm »weit mehr die Nebel des traurigen Nordens als ein eifriges Volk südlicher Flöhe verhaßt«. Die Italiener haben dem deutschen Dichter diese Einsichten nicht übelgenommen. Sie verehren ihn nach wie vor als jenen Fremden, der ihr Wesen am besten erkennt, der ihre Lebensweise geachtet und ihren Charakter geliebt hat.

Das deutsche Klagen über Italien, einst von Königen und Kaisern, Pilgern und Mönchen, Dichtern und Malern, Gelehrten und Müßiggängern, nun von Angestellten und Beamten, Hausfrauen und Witwen, alternden Pensionären und jungen Mädchen, gehört zu den Stereotypen dieser Völkerbegegnung. Wie oft haben wir schon Beschwerden darüber vernommen, daß der Kaffee zu teuer, der Wein sauer, die Zimmer zu eng, das Hotel zu laut seien. Zufriedenheit schien die Ausnahme. Doch dem »unendlichen« (Goethe) Leiden an den italienischen Zuständen entspricht eine erstaunliche Leidensfähigkeit, die umschlägt in ein höheres und dichteres Lebensgefühl südlich der Alpen. Denn seltsam, trotz des jahrhundertelangen Wehgeschreis sind die Fremden in Italien nie ausgeblieben. Auch haben die Italiener die unübersehbaren Mißstände in ihrem Land keineswegs abgestellt oder bereiten sich ernsthaft darauf vor, und schon gar nicht den Touristen zuliebe. Sie sind so, wie sie sind. Wenn man sie auf Ehre und Gewissen fragt, ob sie daran etwas ändern wollten, antworten sie: Nein. Bohrt man weiter, ob sie es denn besser haben wollten, daß alles in der Regierung und Verwaltung, bei Post und Eisenbahn, bei der Rentenversicherung und im Gesundheitswesen funktioniert, so wie im ›preußischen‹ Staat, nicken sie. Ob sie sich dafür aber auch so ins Zeug legen möchten wie die Tedeschi? Da ist die Antwort wieder eindeutig: Lieber nicht.

Dem entspricht oder widerspricht ergänzend, daß gerade die Deutschen die willigsten Abnehmer für italienische Produkte sind; mit Abstand rangiert die Bundesrepublik auf dem ersten Platz unter den Exportländern Italiens. Für die deutsche Wirtschaft insgesamt ist Italien nicht ganz so wichtig, für Süddeutschland nimmt es jedoch wieder eine besondere Stellung ein. Aber nicht die ökonomischen Daten beleuchten das Verhältnis. Immer stärker besetzt Italienisches den Lebensstil in Deutschland selbst. Ob Mode oder Design an allen Dingen, ob das Essen ›beim Italiener‹ oder die Rezepte all'italiana, ob die kleinen frechen Autos aus Turin oder die schicken Krawatten aus Mailand, nicht mehr die feine englische Art oder das Leben wie Gott in Frankreich scheint die Mehrheit der Deutschen zu faszinieren, sondern die lockere Art aus dem Süden, die den Ernst im Norden wohltuend ergänzt.

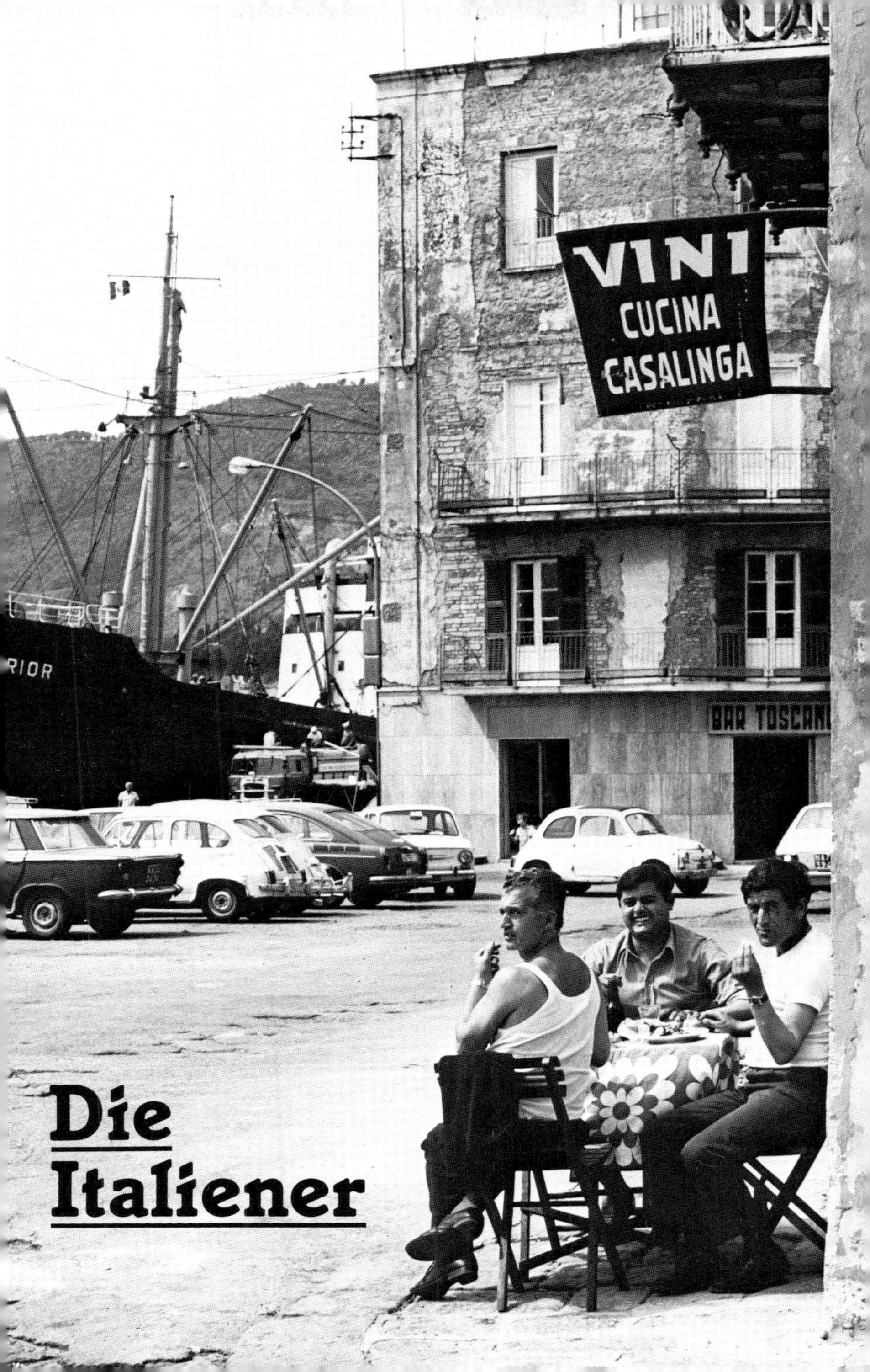

Die Italiener

Die italienischen Italiener

Wer über die Italiener und ihren Nationalcharakter auch nur, so wie hier, eine kleine Überlegung anstellen will, verfällt unweigerlich der Gefahr, Kuriositäten zu berichten. Denn beim Versuch, Völker und ihre Eigenschaften zu beschreiben, ist das Verlockendste und Unterhaltendste, Wunderliches aufzureihen. Dabei wiederum muß man nur tapfer und entschieden genug etwas behaupten, als Attribut zu dem verallgemeinernden »die Italiener«, »die Deutschen«, oder »die Engländer« nur recht dick auftragen – zynisch, unehrlich oder geizig, realistisch, schlau oder einfallsreich, romantisch, dumm und phantasielos, prüde und puritanisch, schamlos und verderbt – und schon wird der Unkundige es als bedeutende Einsicht anerkennen, obwohl auch das Gegenteil mit gleichem oder gar besserem Recht zutreffen könnte. Dennoch darf man verallgemeinern. Deshalb, weil die Gesellschaft eines Landes selbst es tut und unbewußt und intuitiv jenes Bündel von Eigenschaften, das Volkscharakter genannt wird, beim einzelnen fördert, belohnt und ehrt, hingegen all das geringschätzt, mißachtet oder gar bestraft, was sich von dem nationalen Vorbild entfernt.

Genug der Vorbehalte! Bevor wir jedoch in der Kuriositätenkammer kramen – das kommt noch –, werfen wir zuerst ganz ernsthaft einen Blick auf den *Palazzo della Civiltà del Lavoro* in Rom. Dieses »Haus der Kultur der Arbeit« im römischen EUR-Viertel wurde zum Ruhm des italienischen Volkes und seiner Leistungen unter Mussolini begonnen und sollte außen in den vielen Bögen der einzelnen Stockwerke die Statuen berühmter Italiener aufnehmen, wozu es wegen des Krieges und des Zusammenbruchs des nationalistischen Faschismus nicht kam. Aber die Inschrift oben gilt. Da steht: *Un popolo di Poeti, di Artisti, di Eroi, di Santi, di Pensatori, di Scienziati, di Navigatori, di Trasmigratori* – »Ein Volk von Dichtern, Künstlern, Helden, Heiligen, Denkern, Wissenschaftlern, Seefahrern und Entdeckern.«

Die Italiener tun recht daran, von ihren Großen so viel Aufhebens zu machen. Ohne die großen Italiener wäre die Menschheit, wären Kultur und Wissenschaft in der Welt ärmer. Es ist ein langer Zug von bedeutenden Italienern, der durch die Geschichte zieht und sie bestimmt. Denken wir an die Kaiser und Künstler der Antike, die Dichter und Schriftsteller des Lateinischen, die Architekten und Techniker des Imperium Romanum, auch wenn sie noch nicht ›richtig italienisch‹ sind. Dann treten uns entgegen: der Dichter Dante, der Universalkünstler Michelangelo, der Kriegsheld Garibaldi, die Heiligen Benedikt und Franziskus, der Kirchenlehrer der mittelalterlichen Philosophie, Thomas von Aquin, der Wissenschaftler Galileo Galilei, der Seefahrer Cristoforo Colombo, der Entdecker Marco Polo, und sie führen jeweils eine ganze Schar von herausragenden Großen ihres Faches an. Da können die Italiener stolz auf sich sein, auch wenn sie in den letzten Jahrzehnten auf dem einen oder anderen modernen Gebiet von Wissenschaft und Technik etwas müde geworden sind und andere mehr leisten lassen. Meiner Meinung nach gehörten in die Inschrift auch die Erfinder des leichteren und gehobenen Lebensstils, zu denen etwa jener Italiener gehört, der die Gabel zum Essen aufgebracht hat.

Auch für die neuere Zeit muß man sich einen vorurteilslosen Blick bewahren. Politisch sind die Italiener seit dem Bestehen ihres geeinten Nationalstaats, seit 1870, im Vergleich zu den anderen großen europäischen Völkern nicht erfolglos gewesen. Sie haben alle Italiener unter einem staatlichen Dach gesammelt und dieses Staatsgebiet unbeschadet, trotz zweier Weltkriege, zu erhalten gewußt, obwohl sie weder mit den besten inneren Voraussetzungen die Kriege begannen noch sie unter günstigen Umständen beendeten. Sie sind aus der mehr als 20 Jahre dauernden Diktatur des Faschismus ohne nationales Trauma hervorgegangen, ohne Blessuren und innere Zerrissenheit, unbelastet von Bewältigungsarbeit. Sie haben ein Kolonialreich schnell gewonnen und ebenso rasch wieder verloren, ohne daß dies wie in Großbritannien fast den Niedergang der Nation markierte. Sie sind nicht wie Frankreich der Versuchung erlegen, sich mehr auf dem Ruhm einer »Grande Nation« auszuruhen, sondern widmeten sich bescheiden der Verbesserung der Lebensumstände. Und trotz aller Regierungskrisen weisen sie seit Kriegsende eine bemerkenswerte politische Stabilität auf, bei der es nicht ohne heftige Auseinandersetzungen zwischen und in den Parteien abging, bei der jedoch nie die Grundorientierungen der Republik Italien geändert wurden. Im internationalen politischen Vergleich schneidet Italien nicht schlecht ab.

Dasselbe gilt auch für die Wirtschaft und den sozialen Bereich. Im Jahr der Staatsgründung (1870) war Italien ein Agrarland mit wenig Industrie, starken Gegensätzen zwischen Nord und Süd und noch weitgehend von Feudalstrukturen geprägt. Darin hatte sich bis zur Abschaffung der Monarchie im Jahre 1946 noch kein revolutionärer Wandel vollzogen. Um so erstaunter nahm man Mitte der 80er Jahre zur Kenntnis, daß Italien zu den traditionellen Industrienationen England und Frankreich aufgeschlossen hatte und mit diesen im Bruttosozialprodukt und Pro-Kopf-Einkommen gleichzog. In der Tat haben Regierungen und Gesellschaft in den letzten Jahrzehnten einen bewundernswerten Anpassungsprozeß an einen modernen Industriestaat vollzogen, ohne politische Erschütterungen, ohne Parteiengemetzel, ohne Vergewaltigung der Gewerkschaften, ohne soziale Spannungen bis zum Zerreißen, mit einer Mischung aus Staats- und Privatwirtschaft, mit einer beachtlichen Fähigkeit zu Transformation und zu Kompromissen bei Wahrung der Grundsätze, und dies, obwohl man mit der stärksten Kommunistischen Partei der westlichen Welt auskommen mußte. Man mag im einzelnen Grund zur Kritik an den Regierungen und Koalitionsparteien, an der Verwaltung und den öffentlichen Einrichtungen haben, im ganzen gesehen ist die Bilanz positiv, wenn man Ausgangspunkt und Ergebnis in Verbindung setzt.

Nun aber, da der ernsthafte Rahmen gesichert ist, schnell zum – zuweilen leicht übertreibenden, zugespitzt formulierten – Kuriosen, zu den ›italienischen Italienern‹. Unübertroffener Experte darin ist meiner Ansicht nach der italienische Journalist und Publizist Luigi Barzini, der in seinem Buch »Die Italiener« alles darlegt, was darüber zu sagen ist. Barzini schneidet scharf, doch entsprechend den Muskelsträngen des italienischen Charakters; so kann man immer von ihm lernen. Seine Betrachtungen sind natürlich aus der Perspektive des Italieners geschrieben, des Italieners, der an den durch die italienische Lebensweise bedingten Mißständen leidet und gern ein wohlgeordnetes Staatswesen, einen ruhigen Lebensraum hätte. (Befindet auch er sich auf der Suche nach der anderen Hälfte?) Das jedoch ist kaum all'italiana zu erreichen. Andererseits möchte er und kann er nicht darauf verzichten, Italiener zu sein und italienisch zu leben.

Was also ist ein ›italienischer Italiener‹? Nach Barzini etwa einer, der die Kunst beherrscht, »so zu leben, als ob alle Gesetze verhaßte Hindernisse wären, die man auf irgendeine Art zu überwinden habe, eine Kunst, die auch die besten Gesetze in lächerlicher Weise unwirksam werden läßt.« Nehmen wir als Beispiel das Tempolimit auf den Autobahnen, das auch deutschen Urlaubern am Herzen liegt. Lange Jahre stand es auf 140 und niemand beschwerte sich, daß er nicht schnell genug fahren könne, kaum jemand zog eine Verbindung zu Verkehrstoten. Eines Tages während der Sommerferien sah jedoch ein Minister Entscheidungsbedarf und drosselte die Geschwindigkeit auf 110. Da man in Urlaubskolonnen ohnehin nicht schnell fahren kann, paßten sich die Italiener flexibel an, in der Gewißheit, daß die Polizei kaum fanatisch kontrollieren wolle und könne und bald wieder alles beim alten sein würde. Diese Zuversicht brauchten sie weder schriftlich, noch blickten sie ängstlich auf den Tachometer, und siehe da, es funktioniert. Vielleicht liegt es aber auch an der fehlenden Kontrolle – oder an dem Verzicht der Regierenden darauf, dank der Einsicht in die Unmöglichkeit oder das übertriebene Maß von hinreichenden Kontrollen –, welche die Übertretung der Gesetze oder besser ihre Nichtachtung erleichtert.

Auch das gehört zu Italien, daß seine Bewohner mit ihren Eigenschaften die Touristen der ›friedlichen Invasion‹ oder die Gläubigen des ›ewigen Pilgerzugs‹ zu den heiligen Stätten der katholischen Kirche anstecken und zu anderen Menschen machen: Beherrschte aus dem Norden geraten außer sich, Kritiker werden begeisterungsfähig, Mißtrauische vertrauensselig, Vorsichtige mutig, trockene Techniker kunstbeflissen, Kirchenfeinde glaubensempfänglich. Das nördliche Lebenskorsett wird abgeworfen und man nimmt sich ein Beispiel an den Italienern, die, so Barzini, »sich frei allen Leidenschaften ergeben, aus ihren Gefühlen keinen Hehl machen und auf der Seite der Lebensfreude, der Freiheit von lästigen Pflichten und stupiden Gesetzen stehen und sich nichts dabei denken, menschlichen Unzulänglichkeiten mit Nachsicht zu begegnen.« Und warum? Weil, zum letzten Mal Barzini, die Italiener sich auf die große Kunst verstehen, »glücklich zu sein, der einzigen Kunst, die zu erlernen sich lohnt, die Kunst, auf Erden zu leben.«

Diese Kunst bedarf zu ihrer Entfaltung jedoch stets einer dichten Konzentration von Italienern, weshalb manche angesichts des quirligen Betriebs auf Straßen und Plätzen den Vergleich mit einem Ameisenhaufen oder einem »Volk südlicher Flöhe« (Goethe) nicht scheuten. Ich begnüge mich mit dem einer vielköpfigen Theatertruppe bei der Probe, weil er nahtlos zu einer anderen Seite des italienischen Charakters überleitet: Der des Schauspiels auf freier Bühne. Ungeheuer lebhaft geht es zu, jedermann drängt sich lärmend zu seinem Auftritt, schiebt andere beiseite, wird selbst geschoben, erhöht, selbst aufgeregt, die allgemeine Erregung und Geschäftigkeit. Ein schnellerer Pulsschlag herrscht in den Städten. Es geht enger zu, und durch den geringen Abstand laden sich die Akteure gegenseitig auf, lachen, scherzen, fassen sich am Arm, küssen sich, schreien sich an und schließen rasch wieder Frieden, wechseln rasche Worte, reden durcheinander, gehen auseinander, strömen wieder zusammen. Alles steht unter Druck und ist von gespannter Vitalität erfüllt. Zugleich wird das Leben nicht einfach gelebt, sondern als Schauspiel verstanden, zu dessen Darstellung kunstvolle Fertigkeiten gefordert sind, ja, dessen Reiz erst eigentlich die geglückte Aufführung ausmacht. So inszenieren sie – vor einem Publikum, allein sind sie ganz normal – ein Theaterstück: das der liebenden Mutter, des besorgten Vaters, des rebellischen Teenagers, des verantwortungsvollen Politikers, des sprühenden Salonlöwen, der verführerischen Halbweltdame. Sie übernehmen zugleich Autorschaft und Hauptrolle des Stücks, sind Tänzer und Beleuchter, klatschender und pfeifender Zuschauer, Souffleuse und Bühnenarbeiter, tragische Heroine und närrischer Komödiant – alles in einer Person.

Nichts wäre falscher, als deshalb zu meinen, die Italiener würden sich mit dieser Einstellung ganz über die ungeschminkte Wahrheit des Lebens hinweglügen – wenn man es unverblümt ausdrücken wollte. Denn was ist die Wahrheit des Lebens? Muß man sie nicht stets zur freundlichen Seite hin korrigieren? Darf nicht aus dem unbedeutenden Angestellten oder dem Fließbandarbeiter, dem Ingenieur unter vielen durch ein kleines Lob ein Herr von Geschmack und Wichtigkeit werden? Aus dem häßlichen Entlein durch ein liebenswürdiges Kompliment eine elegante Dame von Welt? Wird der Wert eines Beamten nur nach seinem Gehalt auf Mark und Pfennig bemessen oder nach dem, was seine Freunde von ihm sagen? Gilt eine Assistentin nur durch ihre sichtbare Berufsleistung oder auch durch die Liebe, die ihre Kinder ihr entgegenbringen? Die Wahrheit des Lebens ist also nie so ganz einfach, und ihren angenehmeren Seiten etwas nachzuhelfen, sehen die Italiener als Pflicht an, die das Leben erleichtert und den Mitmenschen erhöht. Sie wissen, daß sie einen Termin oder ein Versprechen nicht halten können oder wollen, aber warum das heute schon sagen, es könnte die Laune des Freundes für längere Zeit verderben; so bevorzugt man eine kürzere Enttäuschung.

Die Nachteile dieses Systems sind offenkundig. In schwierigen Lagen bewähren sich nur zuverlässige, solide und stetige Charaktere. Aber auch seine Vorteile sind nicht gering zu schätzen. Das Leben kann lockerer, entspannter werden. Wirklich Kranke kann man nicht gesund beten, aber eingebildete schon, und wieviele gibt es davon. So ganz von der Hand zu weisen ist es nicht, das Leben als Theater zu nehmen; manchmal als Komödie, zuweilen bleibt einem freilich auch ein Drama nicht erspart. Daß der frühere Präsident der Vereinigten Staaten, Ronald Reagan, einmal Schauspieler war und durch diese Fähigkeiten nicht wenig zum Erfolg seiner Amtszeit beigetragen hat, daß selbst in der nüchternen Wirtschaft die Lage oft von der Stimmung abhängt, gibt zu denken. Liegt vielleicht auch hier die Kunst im Zusammenfügen beider Hälften, mal Theater, mal Ernst? Liegt darin das Geheimnis der Glücklichen?

Beispiele für diese italienische Lebenssicht gibt es zuhauf. Wenn wir aus der Geschichte ein paar herausgreifen, so nicht nur, um unsere Deutung zu beweisen, sondern auch um zu zeigen, wie willig diese italienische Lebenspraxis angenommen und geschätzt wurde, in Italien und häufig in aller Welt. Die Verrücktheiten eines Gabriele d'Annunzio

(1863–1938), des italienischen Schriftstellers, der selbst den Krieg als Gelegenheit zu gesteigerter Selbstdarstellung benutzte, entfalteten unter Mussolini politische Wirkung. Der Erfolg des Faschismus war nicht allein durch wirkliche Macht zu erklären, sondern vor allem durch eindrucksvolle Darstellung von angeblicher Macht. Und das ist keine ausschließlich italienische Erfahrung. Offenbar ist damit ein Bedürfnis des Menschen angesprochen, weil er sich mit der nackten Wahrheit des Lebens nie zufrieden gibt.

Die Betrügereien des Abenteurers Cagliostro, des Grafen Giuseppe Balsamo aus Palermo (1743–1795), waren in ganz Europa bekannt. Dennoch fand man Gefallen an seinen spiritistischen und alchimistischen Vorführungen, ließ sich von seinen Gaukeleien verzaubern, bis seinem Treiben auf Befehl Papst Pius VI. ein Ende bereitet wurde. Daß es der Venezianer Casanova (1725–1798) zu seinem Ruf brachte, bei Frauen wie bei Voltaire und Friedrich dem Großen, schon bevor er seine berühmten Memoiren schrieb, lag nicht daran, daß er etwas war, sondern daran, daß er mit genialem Einfühlungsvermögen die jeweilige Rolle einnahm: den gewinnenden Frauenheld und zärtlichen Liebhaber, den Glücksspieler und Hochstapler, den Musiker, Philosophen und Alchimisten, den Wunderarzt und Diplomaten.

Dabei erliegen intelligente Italiener selten der Selbsttäuschung, verwechseln kaum die Fassade mit dem kargen Raum dahinter, die barocke Architektur des Lebens mit dem realen Kern. Sie können sich an ihren Worten berauschen und zugleich strohnüchtern sein, die Wirkung ihrer Rede auf andere genau messen, und ebenso unterscheiden sie, was ›Spiel‹ und was ›Sache‹ ist. Sie sind viel weniger empfänglich für hochtrabend und aufgeputzt daherkommende Ideale als ihre Nachbarn im Norden. Da ist von vornherein Mißtrauen angebracht, wenn einer es gut meint und sich von seinem eigenen persönlichen Interesse scheinbar weit entfernt. Man hört sich gern feierliche und edle Reden an, aber vermeidet, deren Inhalt in das tägliche Leben mitzunehmen und auf diese Weise zum Narren gehalten, ›angeschmiert‹ zu werden. Nicht zufällig ist der hellsichtigste und scharfsinnigste Analytiker der Macht ein Italiener, Niccolò Machiavelli, Politiker und Geschichtsschreiber aus Florenz (1469–1527). Dessen Freund, Francesco Guicciardini, Staatsmann und Historiker, ebenfalls aus Florenz (1483–1540), hat als Grundsatz formuliert, was Italiener in Fleisch und Blut haben: »Es machen diejenigen ihre Sache gut, die sich ihre eigenen persönlichen Interessen stets vor Augen halten und jede Handlung vom Standpunkt ihrer Notwendigkeit beurteilen.« Allerdings kann man dadurch auch kurzsichtig werden und bekommt so vieles nicht mehr in den Blick, ein Fehler, von dem manche Schwächen des italienischen Gemeinwesens herrühren.

Wir wollen uns an diesem frühen Punkt eines Resümees, einer unverrückbaren Definition ›der Italiener‹ enthalten. Wir begegnen ihnen noch und lernen sie kennen. Aber wir wollen doch noch mit höflichem Dank Barzinis Schlußsätze mitteilen, die aus einem leidenden Pessimismus empfunden sind, der heute weniger berechtigt erscheint als in den 50er und 60er Jahren: »Die Beharrlichkeit und der Eifer, mit denen der einzelne (in Italien) seinen persönlichen Interessen nachgeht und sich gegen die Gesellschaft absichert, sein Mißtrauen gegenüber edlen Idealen und Motiven, das köstliche Theater und die alles umfassende Nachsicht gegenüber menschlichen Schwächen machen das italienische Leben angenehm und erträglich. Diese Eigenschaften sorgen gleichzeitig dafür, daß die Mühen und Opfer der Besten des Volkes vergeblich sind.« Und wie für uns scheint geschrieben: »Seit Jahrhunderten hat die italienische Lebensweise Menschen bezaubert, die Urlaub von den Qualitäten (!) ihres Landes suchten. Im Herzen jedes Menschen, welcher Nationalität, Erziehung oder Geschmacksrichtung auch immer, gibt es eine kleine Ecke, die italienisch ist, jenes Stückchen seiner Selbst, das die Reglementierung als lästig, Kriege als furchterregend und strenge Moral als niederknüppelnd empfindet, jenes Stück, das frivole und unterhaltsame Kunst liebt, das einzelne Superhelden bewundert und von der Befreiung aus den Fesseln eines wohlanständigen Lebens träumt. Kostbarer denn je sind die Tröstungen geworden, die Italien zu allen Zeiten verschenkt hat.«

La Famiglia – Die Familie

Bevor ein Italiener entdeckt, daß er Individualist sein muß und das eigene Ego pflegen darf, ist es ihm längst in Fleisch und Blut eingegangen, Teil einer Familie zu sein: Das ist die geliebte und liebende Mamma, der verantwortliche und respektierte Vater, Tochter und Sohn, Bruder und Schwester, die Großeltern Nonna und Nonno. Auch in anderen Völkern werden Kinder von Vätern gezeugt und von Müttern geboren, doch die italienische Familie ist eine einzigartige verschworene Schutz- und Trutzgemeinschaft. Nicht wenige wagen sogar die Behauptung, die Familie sei das zentrale Geheimnis des Lebens und der Geschichte Italiens, Urzelle, Stütze und Krone der Gesellschaft und zugleich ihr Ruin, das Verderben des Staates. Darin liegt einige Wahrheit. Denn die Italiener sind ein sehr privates Volk. Ihre persönlichen Interessen sind weniger auf das Wohl des Staates und der Allgemeinheit gerichtet, wozu die Bürger der klassischen westlichen Demokratien, ob sie wollten oder nicht, erzogen wurden, sondern auf das Wohlergehen und die Sicherheit derer, denen sie durch Blutsbande oder Freundschaft verbunden sind.

Da kommt eines Morgens Anna Maria und bricht in Tränen aus. Ihr 18 Jahre alter Sohn Marco habe den Bescheid zum Militärdienst erhalten und müsse ins 650 km entfernte Udine in Friaul. Nicht daß er einrücken muß, bildet die Tragödie, sondern daß die

Kaserne so weit entfernt ist. Ob man denn nicht, so schluchzt sie weinend und klagend, einen General kenne, der den Rekrutierungsort etwas näher holen könne. Sie wolle auch noch diesen *Ingegnere* und jenen *Presidente,* einen Abgeordneten der Koalition und der Opposition, die hier wohnten, fragen, ob da nichts zu machen sei, denn sonst zerreiße es ihr das Herz. Es ist eine typische Szene, die wir nicht das erste Mal erleben. Um den Zusammenhalt der Blutsfamilie zu wahren – meist handelt es sich nicht um, in unserem Verständnis, dringendere Gründe –, sucht man die Hilfe der größeren ›Familie‹ der Freunde und Bekannten und ungeniert auch die Unterstützung jener, die von Berufs wegen die Interessen des Staates verfolgen müßten, und findet sie unter Umständen auch dort. Jedenfalls wird von hochgestellten ›Freunden der Freunde‹ das Ansinnen keineswegs als Zumutung zurückgewiesen. Man fühlt sich eher geschmeichelt, als einflußreich zu gelten. So war es schon in der Antike, wie uns die lateinischen Schriftsteller über die *clientes,* die Begünstigung erbittende und erhaltende Klientel, berichten.

Ebenso selbstverständlich ist, daß alle Verwandten eine Gemeinschaftsaktion starten, wenn Angehörige der Familie ins berufsfähige Alter treten. Man kann sich keine größeren Verdienste erwerben, als die Tochter oder den Sohn eines Freundes oder des Freundes eines Freundes eines ... zu *sistemare,* »in Ordnung zu bringen«, ihnen zu Brot und Arbeit, einer Wohnung oder dem Platz in einem ausgebuchten Flugzeug zu verhelfen. Freilich kann man es sich auch verscherzen, wenn man fragt, ob denn der Sproß geeignet für diese Stelle sei – das ist er immer, ja eigentlich in besonderer Weise gerade dafür. Noch schlimmer ist, wenn man sich nicht um solche Bitte kümmert oder gar jede Hilfe ablehnt.

Die Familie ist das wichtigste im italienischen Leben. Also muß sie geschützt werden, muß man ihr Respekt verschaffen, Ansehen und, wenn möglich, Reichtum und Macht. Das geht freilich nur begrenzt, weil man es mit tausend anderen konkurrierenden Familien zu tun hat. Deshalb könnte man etwa für den Weg ins Berufsleben und für die weitere Karriere auch andere, ›sachlichere‹ Kriterien nutzen als die Zufälle von Beziehungen und Empfehlungen durch Familie und Freundschaft. Aber nein, wer sich – bis hinauf in die höchsten Ränge der Politik – auf Schwager und Neffen oder jene aus dem eigenen Städtchen oder der Provinz verläßt, weiß, was er hat. Denn ohne ihn sind diese nichts, also müssen sie zu ihm halten. Ein Italiener aus Korsika an der Spitze Frankreichs war es, der den italienischen Familiensinn der ganzen Welt bis zum Exzeß vorführte: Napoleon Bonaparte. Wenn die Päpste zu manchen Zeiten den Nepotismus pflegten und ihre Neffen und andere Familienangehörige mit Titeln, Reichtümern und Liegenschaften beschenkten, so taten sie in den Augen ihrer Landsleute nichts Verwerfliches. Es wurde den Päpsten sogar als mildernder Umstand zugebilligt, daß sie als meist alte Leute in wenigen Jahren vollbringen mußten, wozu altadlige Familien Generationen zur Verfügung hatten.

Einsichtig ist, daß auf Dauer angelegte Familienbande nicht durch etwas so Unbeständiges wie Sexualität und persönlichen Leichtsinn gefährdet werden sollten. Das bedeutet, daß besonders offenkundige Verstöße gegen die Familiengemeinschaft streng und abschreckend geahndet werden müssen. Diskrete Übertretungen werden jedoch um so eher geduldet, je weniger sie das komplizierte Geflecht von verwandtschaftlichen Beziehungen zu zerreißen drohen. Aber natürlich muß man immer scharf aufpassen. Denn man weiß, daß Mann und Frau vom lieben Gott nicht dazu geschaffen wurden, in einer Sommernacht über Platon oder Sigmund Freud zu diskutieren. Aber schließlich müssen sie eine Familie ergeben. Für dieses Ziel akzeptiert man auch scheinbar die Moralvorstellungen der katholischen Kirche, wenn sie mit den längerfristigen Lebensplänen übereinstimmen. Für die spontanen Wünsche taugt die Moral ohnehin nicht viel, aber sie macht einen auf später drohende Gefahren aufmerksam. So kommt man mit den Vorschriften der katholischen Kirche aus, ersetzt unter Umständen die erste Ehe durch eine zweite, ohne sich dadurch un-katholisch zu fühlen, wundert sich, daß in den protestantischen Ländern die puritanische Moral die lieblichsten Freuden der Welt zu verderben scheint und hat auf diese Weise in und außerhalb der Familie einen beispielhaften Ausgleich zwischen Ideal und Wirklichkeit, Sinnengenuß und ehelicher Institution gefunden.

Aber was erzählen wir da! Sind nicht längst auch die Italienerinnen und Italiener ›modern‹ geworden? Gehören nicht Eifersuchtsdramen, Messerstechereien um der Ehre eines Mädchens willen, Großfamilien mit Ma- und Patriarchen und einer Vielzahl von Kindern der Vergangenheit oder zumindest dem ›finsteren‹ Süden Italiens an? Als Jungfrau in die Ehe, da lachen doch die *Ragazze,* die langhaarigen Hübschen! Italien ist doch gar nicht mehr katholisch! Die Scheidung ist längst eingeführt und 1974 in einem Volksentscheid auf Biegen und Brechen von der Mehrheit bestätigt worden. Abtreibungen und Ehe ohne Trauschein, vor- und außereheliche Beziehungen, Kleinstfamilien mit Doppelverdienern, einem halben Kind und gar keiner Großmutter mehr, emanzipierte Frauen und Hausmänner in der Schürze entsprechen vielerorts westeuropäischem Standard. Das ist wahr. Wirtschaftliche und soziale Umwälzungen, die massive Binnenwanderung vom Süden in den Norden, vom Land in die Stadt, die Industrialisierung mit der Konzentration der Bevölkerung in den Städten, winzige Wohnungen in anonymen Vierteln haben auch die italienische Familie verändert. Aber wo und wann immer man so sein darf, wie man will, kehrt man in den Schoß der Familie zurück, möchte man in den Ferien beisammen sein. Das ist, wie wenn das schlingernde Schiff des Lebens, von Stürmen und Wellen unterwegs geschlagen, wieder den Heimathafen aufsucht, um all das aufzunehmen, was man für die Widrigkeiten in feindlicher See braucht.

La Donna – Die italienische Frau

Der 8. März, der »Tag der Frau«, wird in Italien ernst genommen. Alle Männer decken sich da mit Mimosensträußen ein, sinken vor ihrer Ehefrau, Lebensgefährtin oder Freundin – manchmal fällt das zusammen, manchmal nicht – auf die Knie und schwören, daß nicht nur in diesen 24 Stunden die angebetete Frau ganz vorn, hoch oben und überhaupt im Mittelpunkt des Lebens stehe. Vor allem junge Frauen ziehen durch die Städte, die gelben Blumenkügelchen im Haar, hinter dem Ohr oder irgendwo angesteckt, tragen Transparente vor sich her und demonstrieren für und gegen jene gesellschaftlichen Dinge, die ihnen Freude oder die ihnen zu schaffen machen: die Emanzipation im Berufs-

leben etwa mit der Gleichstellung auch im Finanziellen, die Loslösung von Kirche, Küche und Kindern, oder auf der negativen Seite die sexuelle Gewalt, die weitverbreitete Gleichgültigkeit der Männerwelt gegenüber den Vergewaltigungen, die Schwierigkeiten, die mit Abtreibungen verbunden sind. Da zeigt sich, daß auch in Italien die traditionelle Rollenverteilung zwischen Mann und Frau sich ändert, daß sie besonders in den großen Städten des Nordens und der Mitte schon weitgehend geschwunden ist. Ein modernes Verständnis von Partnerschaft mit ausbalancierten Lasten hat sich da entwickelt, das in alle Bereiche des Lebens hineinwirkt. Ist also die italienische Frau drauf und dran, eine Mitteleuropäerin zu werden?

Früher hatte man es leichter mit der italienischen Frau. Die erste Bekanntschaft vermittelten uns die Künstler, die in hunderttausend Gestalten und Formen das ewige, unvergängliche Thema malten, die Frau zwischen Engel und Weib, anbetungswürdig, doch zugleich verlockend. Dann führten uns Sofia Loren und Gina Lollobrigida vor Augen, was es bedeutet, Mädchen, Madonna und Matrone, Mamma und Matriarchin zu sein, haben uns vorgespielt, was Liebe und Haß, Leidenschaft und kalte Berechnung, Eifersucht und Zorn vermögen. Claudia Cardinale und Monica Vitti fügten neue, modernere, raffiniertere Varianten hinzu. Jetzt zeigen Laura Antonelli, Ornella Muti und unzählige Schauspielerinnen und Unterhalterinnen im Fernsehen, daß es immer noch etwas Neues zu entdecken gibt bei der italienischen Frau.

Aber wie ist sie in der Wirklichkeit? Ein Engel scheint sie nicht zu sein, dagegen spricht schon deren Geschlechtslosigkeit, wie die heiligen Schriften der Kirche versichern. Aber mit der Madonna muß die italienische Frau doch manches gemeinsam haben. Sonst hätte ein Raffael nicht unbedenklich und sehr überzeugend ihre Züge für die wirkliche Madonna nehmen können. Nicht umsonst wird in Italien auch der Marienkult in ungezählten Heiligtümern, Hauskapellen und Andachtsstellen hochgehalten, ist jeder aus dem Norden verdächtig, der etwas gegen die Verehrung der Madonna einwendet.

Die Verwandlung der jungfräulichen Madonna in eine richtige selbstbewußte Frau geht zuweilen schnell und reibungslos. Nur vor das Mamma-Werden schieben sich heutzutage immer höher neue Ideen und Entwicklungen. Vor allem wird jedoch die Entstehung einer resoluten Mamma gehindert, wenn schon eine andere da ist, die des Mannes oder die der Frau. Dann heißt es geduldig warten oder höchstens in einem zähen Kleinkrieg die andere Mutter langsam entmachten. Denn natürlich hat eine Mamma Macht, und wie! Bei Frauen weniger, weil das natürliche Konkurrentinnen sind. Aber um so mehr bei den Männern. Manche Männer sind freilich schon daran zerbrochen, daß sie sich nur schwer für eine entscheiden konnten und sich in einer fast unlösbaren Zwickmühle aufrieben. Das war dann für die weibliche Seite ein Pyrrhussieg. Moderne Italienerinnen lassen sich vielleicht deshalb mit der Metamorphose zur Mamma immer mehr Zeit. Nicht nur mit dem natürlichen Vorgang des Kinderkriegens – der geht immer noch nach herkömmlicher Art, wenn auch in viel geringerem Maße als früher; nationales Wachstum Null –, sondern vor allem mit der mütterlichen Charakterwerdung. Dieser ›Reifeprozeß weiblich‹ hat seine Entsprechung darin, daß jeder italienische Mann Zeit seines Lebens damit beschäftigt ist, den einen Ödipuskomplex durch den anderen zu ersetzen. Ohne Mamma geht es nicht. So und so nicht.

Bevor ich – als Mann – ins Erzählen komme und Beispiele für gewagte Verallgemeinerungen und kecke Einzelwertungen beibringe, nur zwei ganz ernsthafte Thesen: Die Italienerin ist Realistin durch und durch. Schon der Mann ist relativ nüchtern in der Betrachtung der Welt und seiner Mitmenschen. Doch die Frau ist gnadenlos wirklichkeitsbezogen. Sie kennt die Schwächen der anderen, durchschaut alle Intrigen, die sich gegen das Wohl ihrer Familie richten, und setzt alles daran, daß ihr eigener Familienhafen intakt ist. Was sie mir – noch – nicht scheint: Kameradin, die selbstbewußt die Interessen der Männerwelt teilen kann und sich der femininen Werte stolz gewiß ist. Da höre ich schon Widerspruch. Nun gut. Sagen wir, die italienische Frau, die bisher eifersüchtig ihren Bereich gehütet hat und sich nicht in die Sphäre des Mannes einmischte, ist auf dem Weg dazu, mit dem Mann dessen Leben zu teilen, vielleicht, weil auch der Mann erst beginnt, ein gemeinsames Leben zu entwickeln und seinerseits Kamerad zu sein.

L'Uomo – Il Maschietto
Zwischen Mann und ›Männchen‹

Eines Morgens wachte der italienische Mann auf und entdeckte Fürchterliches. Bis dahin hatte er sich für den unwiderstehlichsten aller Männer in Gottes Schöpfung gehalten. Bildhübsch von Angesicht, eine Figur wie Adonis, mit Charme im Übermaß gesegnet, ein unermüdlicher Liebhaber, stets bereit, all seine maskulinen Fähigkeiten einzusetzen. Dafür war er in der ganzen Welt berühmt, der *Latin Lover,* der wie keine zweite Männlichkeit einer Frau den Hof zu machen verstand, sie umwerben und umschmeicheln konnte, bis auch die Widerspenstigste sich ergab. Man brauchte sich doch nur die Männer anzusehen, wie von sich eingenommen sie einherstolzierten, wie elegant sie sich kleideten, als seien sie gerade einem Modejournal entsprungen, mit einer Frisur wie gerade vom *Barbiere.* Auf dem Corso oder der Piazza musterten ihre Blicke die hübschen Mädchen manchmal auffällig-frech, manchmal verstohlen-gründlich, von oben bis unten, daß ihnen auch nichts, gar nichts entging. Zugleich schien ihnen die Unabhängigkeit von jeder Frau ins Gesicht geschrieben. Keiner Freundin und keinem Eheweib mußten sie offenbar Rechenschaft ablegen, wie sie den Abend oder gar die Nacht verbracht hatten. Der italienische Mann, ein Herr der Schöpfung.

So hatten die Signori von den Alpen bis nach Sizilien bisher geglaubt. Das schien auch die Begründung dafür, daß die Frau vornehmlich ihnen zu Diensten geschaffen sei, daß man sie demnach auch streng behandeln, ihnen Zügel anlegen, sie in die Schranken weisen, vor allem zur Treue anhalten müsse, wenn man sich schon auf eine von ihnen eingelassen hatte. Aber dann ging ihnen auf, daß es schlechthin unmöglich sei, daß alle Männer unter blauem Himmel sich der größten Freizügigkeit erfreuen, nach Belieben die Pfade exklusiver und monogamer Bindung verlassen können, die Frauen hingegen nicht. Denn gewöhnlich interessiert sich kein italienischer Mann für eine Frau, die nicht auch von einem anderen begehrt wird, was nach den Regeln von Logik und Mathematik den erfolgreichen Hahn durch die Bemühungen eines anderen immer auch, vielleicht nur ein wenig später, zum gehörnten Hahnrei werden lassen kann. Eigentlich hätten es die Männer wissen können, daß es für einen Hahn nicht mehrere unbescholtene Hennen geben kann.

Doch was hätten die Männer, die Prachtstücke der *Masculinità,* mit der Entdek-

Im Fiat-Werk in Turin

kung anfangen können? Sollten sie auf der Piazza zusammenlaufen, in Wehgeschrei ausbrechen, entsetzlich darüber jammern, daß sie betrogen würden, vielleicht just in diesem Moment, mit jenem Freund, der gerade fehlte. Da hätten sie jeden von ihnen, der sich gewöhnlich so großer Heldentaten rühmte, mit furchtbarem Verdacht verfolgen müssen. Und das ganze schöne männliche Leben wäre vergällt!

Nein, es war besser, die Einsicht für sich zu behalten, sie noch nicht einmal dem besten Freund anzuvertrauen. Wer weiß denn, ob nicht dieser gerade von einem Schäferstündchen mit der vermeintlich getreuen Freundin oder Ehefrau käme, ob man sich nicht gerade mit dem Lob für die eigene Frau oder Schwester der Lächerlichkeit aussetzte. Nein, niemand durfte von dieser Einsicht erfahren. Sonst hätten die anderen vielleicht noch gedacht, man habe Grund zu solch schrecklicher Mutmaßung. Alles mußte so weiterlaufen wie bisher. Man sollte sich weiter im Kreis der anderen Männer der wildesten Abenteuer, der betörendsten Erfolge als Schürzenjäger rühmen. Sollten die anderen nur weiterhin so dumm sein und nicht merken, daß durch jedes eigene Bravourstück die Zahl der betrogenen Männer sich mehrte.

Auch der eigenen Gespielin, Freundin, Lebensgefährtin oder Gemahlin durfte man nichts von dieser Kopernikanischen Wende in der Beurteilung liebevoller Beziehungen mitteilen. Im Gegenteil, man sollte höchst dankbar sein, daß sie bisher noch nicht selbst darauf gekommen war, den männlichen Stolz über die Treue der Frau für brüchig zu halten. Oder täuschte man sich da etwa? Hatte die Angetraute nicht voriges Mal fast maliziös gelächelt, als man ihr, natürlich nicht von den eigenen Streichen, sondern denen – der vermeintlichen oder wirklichen – der Freunde erzählt hatte? Nein, der italienische Mann beschloß entschieden, sich nicht länger diesen Grübeleien hinzugeben, wieder einzuschlafen und nachher alles beim alten zu lassen.

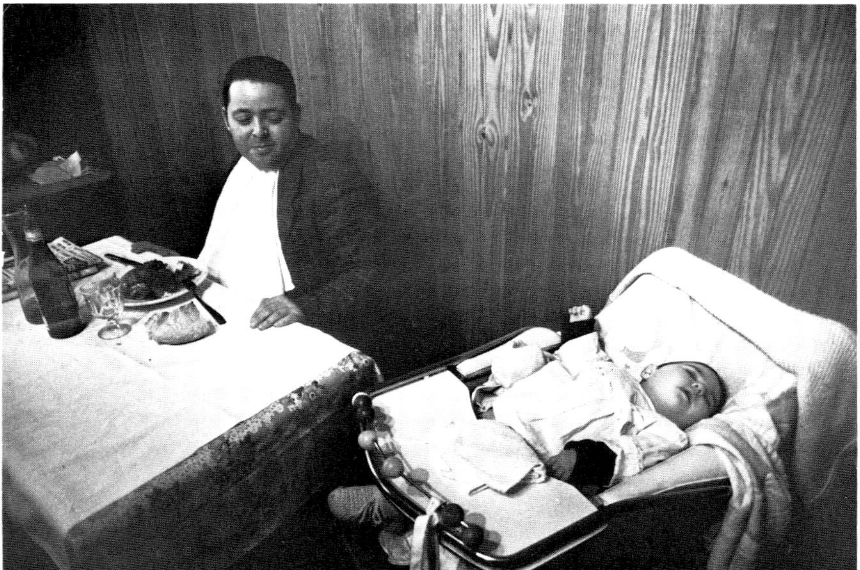

Vita Italiana

Italienisches Leben

Am Morgen – Die Bar

Morgens zeigt sich der Unterschied zwischen Deutschen und Italienern ganz deutlich: am Frühstück. In Italien ist es bescheiden. Ein Kaffee, ein Hörnchen, Brötchen oder etwas Brot, oft nicht einmal Butter oder Marmelade dazu. Da hält man sich nicht lange auf. Ob im Norden oder im Süden, ob in der Stadt oder auf dem Land, man hat am Abend zuvor noch spät eine Mahlzeit zu sich genommen, meist das Hauptessen des Tages, ist nicht zu früh ins Bett gegangen und hat relativ wenig geschlafen. Da muß es mit dem Frühstück schnell gehen, und leicht muß es sein. Wurst, Schinken, Käse, Eier, verschiedene Konfitüren und Honig, mehrere Brotsorten und Brötchen – wie kann man dem Magen in aller Hergottsfrühe nur so viel zumuten, sagt der Italiener und schüttelt sich beim Gedanken an Fischiges in Nordeuropa.

Möglicherweise lassen sich die Italiener das karge Frühstück zu Hause, die *piccola colazione*, das kleine Mahl, das nach unseren Maßstäben gar keines ist, nur deshalb gefallen, weil fast jeder sich auf das Zwischenfrühstück in einer *Bar* freut. Eine italienische Bar ist natürlich keine Bar, hat nichts Anrüchiges, liederlich Nächtliches an sich, sondern ist im Gegenteil eine vielsinnig verdienstvolle Einrichtung, vielleicht die wichtigste öffentliche Institution des italienischen Lebens überhaupt. Daß ihre Anzahl die der

Kirchen, Kindergärten oder Krankenhäuser, der Polizeireviere, Bahnhöfe, Tankstellen und sonstiger Freihäfen der italienischen Menschheit bei weitem übertrifft, sei nur am Rande bemerkt.

In einer Bar schmeckt der Kaffee weitaus besser als zu Hause. Unter uns gesagt, habe ich selten in einem italienischen Haushalt einen guten Kaffee getrunken; ich meine sogar, der italienisch geröstete Kaffee eignet sich nach nördlichem Geschmack wenig zu einem wohlschmeckenden ›langen‹ Gebräu. Aber den Italienern schmeckt ihr Kaffee offenbar. Oder sie wagen keinen Tadel. Denn daheim muß man ihn nehmen, wie er ist. Wer ihn kocht, ist über jede Kritik erhaben, weil er ihn ja vor dem Kaffeetrinken zubereitet, bevor alle Lebensgeister wach sind. Bei einem *Barista* hingegen, dem Mann hinter der Theke, darf man genau angeben, wie man den Kaffee haben will. Siedend heiß *(bollente)*, warm *(caldo)*, lau *(tiepido)*, kalt *(freddo)*, mit schaumig geschlagener Milch *(Cappuccino)* oder ohne *(Espresso)*, kurz *(stretto)* oder lang *(lungo)*, mit wenig Milch *(macchiato)* oder viel *(caffè latte)*, mit heißer, lauer oder kalter Milch, mit oder ohne Kakaopulver, mit Schnaps oder Likör *(corretto)* – in allen Varianten darf man ihn bestellen, und der Wunsch wird genau ausgeführt. Dazu ißt man etwas aus Teig, was in den einzelnen Regionen und Städten unterschiedliche Namen haben kann, *Cornetto, Brioche, Krapfen, Bomba, Croissant, Fagotti* (mit einer Marmeladen- oder Honigfüllung), *Veneziana* (mit Zuckerstreusel), *Danesi* (mit Creme). Ungeniert kann man sein Hörnchen, manchmal frisch aus dem Ofen, manchmal abgepackt und weniger schmackhaft, in den Kaffee tunken und sich damit eine *Zuppetta*, ein Süppchen zubereiten. (Wundern Sie sich nicht zu sehr, wenn ein Wildfremder mit seinem Cornetto in Ihren Kaffee kommt; es verrät Weltläufigkeit, keine Miene zu verziehen, doch Gewandtheit, den eigenen Kaffee vor dem zweiten Stippen des anderen ausgetrunken zu haben.)

Italiener stehen gewöhnlich in der Bar, je südlicher, desto ausschließlicher. Am Morgen muß es ja schnell gehen, da hat man zum besinnlichen Genuß keine Zeit. Und reden kann man zudem auch im Stehen. Deshalb findet man sitzend vor allem Touristen, die ihre Beine müde gelaufen haben, und Rentner in kleinen Orten. Die ersten werden durch wesentlich höhere Preise als an der Theke für ihre Seßhaftigkeit bestraft, die zweiten dürfen meist gratis Tische und Stühle okkupieren, müssen aber häufig auf den Wink – leichtes Heben der Augenbraue – des Wirtes für betuchtere Gäste Platz machen. Doch da kommen wir schon in die späteren Stunden des Tages, können mit ansehen, wie die Morgen-Hörnchen langsam substantiellerem Backwerk, kräftigeren Pizzen, belegten Brötchen und *Tramezzini* (Weißbrot mit Füllung) weichen, wie die vielen Flaschen immer mehr zu ihrem (stets maßvollen) Recht kommen, wie Wirte und Kellner, die Bariste, ihre flüssigen Geheimmixturen kredenzen. Am lebhaftesten ist die typische italienische Bar immer am Morgen – während das deutsche Wirtshaus, die »Kneipe«, im wesentlichen eine Sitz- und Abendeinrichtung ist. Die Bar läuft man nur kurz an, um sofort wieder abzulegen, gestärkt für die nächsten Stunden der Arbeit und des täglichen Lebenskampfes.

Am Mittag – Zu Tisch im Schoß der Familie

»Der Arme«, bedauerte Maria Blanca, eine brave Mutter und Hausfrau in Rom, ihren Sohn, der seit einigen Tagen nach seinen Studien und Examina den Ernst des Berufslebens auf sich genommen hatte. »Er kann mittags nicht mehr nach Hause kommen. Wie sehr ihm die Pasta fehlt! Vielleicht erhält er bald eine andere Stelle. Denn das Mittagessen daheim, das muß doch sein.« Solche Rede, die der Fremde mit Staunen vernimmt, ist nicht die Ausnahme in Italien, obwohl leider, leider, natürlich auch in Rom oder Mailand die Zwänge der Industrie- und Dienstleistungsgesellschaft die lange Mittagspause bereits aufgefressen haben oder beharrlich daran nagen. Natürlich ist die Schichtarbeit in den großen Fabriken unnachsichtig mit dem geheiligten italienischen »Mit-Tag«, dem *Mezzo-giorno,* umgegangen, doch daß etwa im Zentrum von Mailand die Banken durchgehend, auch über die Mittagszeit, geöffnet haben, erweckt bei einem Neapolitaner oder Sizilianer Verwunderung. Überall schließen die Geschäfte – große Kaufhäuser und Supermärkte nicht ausgenommen, von denen es kraft der Gegenwehr der kleinen Kaufleute allerdings nur wenige gibt – pünktlich um 13 Uhr und öffnen ihre eisernen Rolläden und Gitter erst wieder gegen 16 oder 16.30 Uhr. In Rom strömen die Autos nach Mezzogiorno, 12 Uhr, aus dem Zentrum mit den Büros wieder zurück in die Wohnviertel, um zwei, drei Stunden später wieder hineinzufluten. Da kehren die fleißigen Italiener an denselben Schreibtisch oder Arbeitsplatz zurück, oder auch an einen zweiten.

Gewöhnlich wird das Klima für diesen südlichen Arbeits- oder Nicht-Arbeitsrhythmus angeführt. Wenn die Sonne um 12 Uhr, oder mit der gesetzlichen Sommerzeit um 13 Uhr, ihren Höhepunkt erreicht hat, lasse, so heißt es, die Hitze weiteres fröhliches Schaffen nicht zu; man müsse die kühleren Abendstunden abwarten. Der Einwand ist um so ernster zu nehmen, je mehr Erfahrungen man mit einer stechenden, glühenden, erbarmungslos brennenden Sonne hat. In der Tat, wer einmal in Sizilien oder Kalabrien in der Mittagsglut im Schweiße seines Angesichts auf dem Feld gearbeitet hat, wird die Ruhestunden nach 12 Uhr für unbedingt notwendig halten. Aber nun besteht Italien nicht nur aus dem flammenden Süden und der pausenlos brennenden Sonne; der wirtschaftlich prosperierende Norden kennt nicht nur den schwitzenden Landmann. In den Städten sollte es technische Möglichkeiten geben, die Hitze einzudämmen und arbeitsfähige Temperaturen in Büros und Fabriken herzustellen. Aber ebenso wie die Heizungen in zugigen, schlecht abgedichteten Wohnungen weithin nicht die normale Kälte der Wintermonate berücksichtigen, so werden auch die Arbeitsplätze – von Wohnungen zu schweigen – stets von der Hitze überrascht. Die Mitte des Tages wie die des Jahres ist einfach zum Arbeiten nicht so geeignet, das scheint überkommener Brauch zu besagen, und die Weisheit, es mit der Arbeit auch nicht zu übertreiben.

Noch etwas anderes mag mitspielen. Vielleicht liegt sogar in der Familienbindung der mächtigere Grund, nach den Morgenstunden der feindlichen Arbeitswelt in das heimische Nest zurückzukehren, um Kraft für den Rest des Tages zu sammeln. Alle Italiener sind damit aufgewachsen, daß es mittags die *Spaghetti al dente,* die Nudeln mit Biß, auf die Sekunde gekocht gibt, daß frischer Salat und Brot vom Bäcker bereitstehen. Dieses traute Glück im Kreis der Familie kann durch nichts ersetzt werden und bildet das notwendige Gegengewicht gegen die Anspannungen des Berufes. ›Durcharbeiten‹, das tun nur die *Matti,* die »Verrückten«. Die Minister und Staatssekretäre, Senatoren und Abgeordneten, die Bürokraten und Manager in Rom sind durchaus bereit, bis 13, 14 Uhr intensiv ihre Pflicht zu erfüllen, doch danach muß man sich in die Arme von Freunden, in die Obhut eines vertrauten Wirtes und eines freundlichen Kellners fallen lassen können. Bis 20, 21 Uhr hat man am Abend ja noch Zeit, ›Leistung zu bringen‹, wenn es denn sein muß. Der neugierige Journalist wird beim Essen in einer Trattoria zum friedlichen Gesprächspartner, und selbst beim politischen Gegner ruht das Kriegsbeil, wenn man am selben Tisch ißt und trinkt. Die Arbeit bringt die Menschen auseinander, weil jeder Konkurrent ist; das gemeinsame Mahl zu Hause oder in der Trattoria führt sie wieder zusammen.

Am Abend – Vor allem nicht allein

Abends allein zu sein ist ein Alptraum für den Italiener. Man merkt es in jeder Stadt, in jedem Dorf. Stehen schon tagsüber mehr Männer auf der Straße herum, als es nach der offiziellen Arbeitslosenstatistik und erst recht nach der inoffiziellen, viel geringeren Quote sein dürften, so wird es gegen Abend noch lebhafter. Die Hauptstraßen und Plätze, die Piazza, der Corso im Zentrum ziehen wie ein Magnet Jung und Alt an. Draußen zu sein, andere zu treffen, miteinander zu reden, Arm in Arm zu flanieren, in Gruppen beieinander zu hocken, Kurven mit der Vespa zu drehen oder mit dem schweren Motorrad anderen zu imponieren, das gefällt und ist ein Vergnügen, fast ganz umsonst. Die jungen Burschen begutachten die *Ragazze,* die flotte Mädchen, die tagsüber genau darauf gewartet haben. Die *Signorine* wiederum, die jungen Damen, die sich so chic in Szene zu setzen verstehen, die mit einem bei fast allen gleichen Schwung die langen schwarzen Haare nach hinten werfen, die schon früh gelernt haben, wie ihr Äußeres am wirkungsvollsten zur Geltung kommt, überlegen sich, wer wohl eine gute Partie sein könnte.

Aber was heißt junge Burschen, junge Mädchen? Mit zunehmender Stunde wird das Publikum auf dem Corso älter, mehren sich die Herren, die zwischendurch in der Bar noch einen Kaffee oder schon einen Aperitif nehmen. Es ist meine bloße Vermutung und durch keine Statistik erwiesen – allerdings auch nicht widerlegt –, daß auch das Wetter in Italien auf den abendlichen Spaziergang, die *Passeggiata,* Rücksicht nimmt. Es regnet selten, so scheint mir, in diesen Stunden vor dem Abendessen, und noch seltener vertreibt schneidende Kälte die Italiener in die Häuser, in denen es auch nicht viel wärmer wäre. Nur in den Küchen, da kocht es, nämlich das Wasser für die Pasta, die stets frisch zubereitet werden muß, nicht warmgemacht werden darf. Deshalb ist auch die verantwortungsvolle italienische Frau, die liebende Mutter der Kinder und treusorgende, züchtige Gattin, selten auf der Piazza zu finden, sondern am Herd, um den Festigkeitsgrad der Nudeln genau zu kontrollieren. Da die Pasta etwas sehr Ernstes ist – auch den Stummsten bringt man in einer Gesellschaft mit der Frage nach der besten Pasta zu Hause zum Reden –, sind Ehemänner, Töchter und Söhne ziemlich pünktlich zur Stelle.

Noch schöner als das Abendessen zu Hause ist die *Cena fuori,* das Mahl außer Haus. Die Jungen kratzen ihre Lire zusammen und stellen fest, daß es gerade so zu Pizza und Coca, vielleicht auch noch für die *Amichetta,* die Freundin, reicht. Die Älteren und Betuchteren haben sich in einem Ristorante verabredet, dessen Wirt sie kennen. Italienische Männer finden tausend Gründe für einen Herrenabend in einer Trattoria; seit einiger Zeit sieht man jedoch auch rein weibliche Tischrunden. Man müsse, sagen die Signori zu Hause, über die Arbeit sprechen. In Wirklichkeit reden sie dann über so ernsthafte Themen wie Automobile und den dazugehörigen Rennsport, über Fußball und die Jagd, und schließlich über das Allerernsthafteste, nämlich die Frau im allgemeinen und im besonderen. Letzteres ist abendfüllend und ersetzt bei den meisten galante Abenteuer. Das lebhafteste Gespräch entwickelt sich immer über die *Relazione* eines nicht verheirateten Paares. Da dieses Thema zuweilen eher zu vermeiden ist, sind vornehme italienische Abendgesellschaften mit fester Tischordnung meist nicht sehr spannend. Das werden sie erst, wenn Damen und Herren sich wieder geschlechtlich entflechten, monosexuelle Gruppen bilden und sich in ihre Argumente vertiefen. Man vermeidet dabei, in einer strengen Diskussion gewichtige sachliche Probleme lösen zu wollen, etwa, ob nun Aids, die Müllhalden, der vernichtete Regenwald oder die Atombombe die Menschheit dahinrafften. Es soll lustig zugehen und ein jeder und eine jede darf einmal groß herauskommen, darf mit schauspielerischem Geschick sich produzieren, um dann wieder zusammenzufallen und für den Rest des Abends still zu sein.

Da es schön ist, abends etwas vorzuhaben, erfreuen sich auch Kino und Theater, Kabarett und Oper, Konzerte und Veranstaltungen mit leichter Musik eines regen Zulaufes. Bei solchen Ereignissen Freunde zu treffen, besser noch, sich dazu mit ihnen zu verabreden, ist ›das höchste‹ und allemal aufregender, als allein vor dem Fernsehschirm zu sitzen. Allerdings unternehmen die Fernsehanstalten, die staatlichen der RAI und die privaten, nicht nur des Medienzaren Silvio Berlusconi *(Rete 4, Canale 5* und *Italia 1),* alle Anstrengungen, um in dieses soziale, kommunikationsfreundliche Verhalten der Italiener eine Bresche zu schlagen. Dabei sind die vielen Unterhaltungssendungen jedoch darauf angelegt, wieder Gemeinden und Freundeskreise zu schaffen, Zuschauer, die ihren Willen durch Anruf kundtun dürfen. Niemand soll sich am Abend verlassen fühlen. Die Devise am Abend ist: vor allem nicht allein.

Vita Urbana
Das Leben

in der Stadt

Die Römer sagen, Rom sei nicht nur die schönste Stadt der Welt. »Rom ist überhaupt die Stadt aller Städte«, verkünden sie. Wenn man in der Antike »die Stadt« sagte, *Urbs,* dann konnte nur Rom damit gemeint sein im Imperium Romanum, das ehemals fast die gesamte bekannte zivilisierte Welt umfaßte. Diese Überzeugung hat sich erhalten. Wenn der Papst von der Mittelloggia der Peterskirche feierlich seinen Segen erteilt, so gilt er *Urbi et Orbi,* »der Stadt und dem Erdkreis«, Rom und dem Rest der Welt. Wir geben diese Ansicht weiter, wenn wir von »urban« und »Urbanität« sprechen und damit etwas Feingebildetes, weltgewandt Städtisches meinen; den Urbanisten und der Urbanistik ist zugewiesen, etwas zu schaffen, wo sich wohlsein läßt.

Da fallen uns die Römer ins Wort. Schön sei sie schon, ihre Stadt, nur darin zu leben bereite immer mehr Pein. Und schon geben sie sich dem masochistischen Vergnügen hin aufzuzählen, was in ihrer Metropole alles nicht funktioniere und das Leben vergälle. Der Kleinkrieg gegen die tausend Mißlichkeiten des Alltags lasse ihnen keine Pause zum Überdenken der Probleme, geschweige denn zu ihrer Lösung. Auf den Lokalseiten der Zeitungen, in jeder Abendgesellschaft oder Freundesrunde tobt sich in ganz Italien, nicht nur in Rom, der Zorn der Bürger über die Schwierigkeiten des urbanen Lebens heute aus.

An erster Stelle der Klagen steht fast überall der Verkehr. Daß er wegen der Enge der Straßen in den historischen Zentren – die zum Teil für Autos gesperrt sind – so chaotisch sei, mag ein Grund sein, erklärt jedoch nicht, warum es auch in vielen Neubauvierteln an der Peripherie drunter und drüber geht, man auch dort nur selten einen Parkplatz findet. Die öffentlichen Verkehrsmittel werden fast in allen Großstädten als unzureichend und unbequem angesehen. Da nur wenige U-Bahnlinien existieren, man sich über die Streckenführung einer »Metropolitana« oft jahrelang streitet und mit dem Bau nicht fertig wird, tragen die Busse den Löwenanteil des öffentlichen Nahverkehrs und damit in den Straßen zu Verstopfungen bei. So wird der Fluß der Autoströme langsam abgewürgt.

Doch nicht nur äußere Bedingungen werden verantwortlich gemacht. Die Römer etwa beschimpfen sich auch selbst, beklagen das unhöfliche, rücksichtslose Verhalten des anderen und werden vielleicht im nächsten Moment dazu verleitet oder gar gezwungen, selbst das Auto in der zweiten oder dritten Reihe abzustellen – weil man eben keinen Parkplatz findet und »nur mal schnell in die Apotheke, für die kranke Großmutter eine Arznei kaufen muß«, wie man dem Polizisten erzählt. Daß die *Vigili urbani,* die Stadtpolizisten, über solche Grobheiten langmütig hinwegsehen, geschieht nicht nur aus Lässigkeit, sondern auch aus der Einsicht, daß man vom Menschen nichts Unmögliches verlangen und gegen vielfachen Verstoß wenig ausrichten könne.

Unausrottbare – andererseits dem Lebensgenuß dienliche – Angewohnheiten tun ein übriges für das Chaos. Die Römerinnen sind vormittags unermüdlich mit ihren Kleinwagen unterwegs: Die Kinder müssen zur Schule gebracht werden, weil eben die öffentlichen Verkehrsmittel nicht gut funktionieren; frisches Gemüse, frisches Brot, frischer Käse müssen im ›Vorbei-Halten‹ eingekauft werden. Die Herren sehen die Fahrerinnen mit Ingrimm, sind jedoch ihrerseits nicht bereit, auf das Mittagsmahl zu Hause mit allen frischen Sachen zu verzichten. So brodelt der Verkehr den ganzen Tag über, mit einer Lücke in der Zeit der Siesta gegen drei Uhr.

Noch anderes, unzulänglich Geregeltes, kommt hinzu. Die Stadtreinigung, deren Effizienz meist bemängelt wird, sorgt nicht in den ganz frühen Morgenstunden für Sauber-

keit, sondern dann, wenn sich die Autos in den Vierteln drängen. Dann zieht ein ratterndes Ungetüm einen Schweif von ungeduldig hupenden, leise und laut vor sich hinfluchenden Autofahrer(inne)n hinter sich her. Ebenso hartnäckig liegen auch die Lieferzeiten für Waren in den Stunden des dichtesten Verkehrs. Die Läden halten keine großen Lager, weil eben überall in den alten Städten der Platz fehlt. So müssen die Lieferautos häufiger kommen und, weil sie, wie etwa die winzigen Dreiräder vom Typ *Ape*, »Biene«, so klein sind, auch öfter fahren. Alles scheint wie eine Schlange, die sich immer enger ringelt und so den Verkehr erdrosselt. Deshalb ist auch die Luftverschmutzung in italienischen Städten beängstigend; nur in den Ferienmonaten Juli, August fällt sie geringer aus. Man regt sich nur deshalb nicht so sehr darüber auf, weil meist genaue Meßwerte fehlen. Nur wenn Daten erhoben werden, schlägt man Alarm. Dann tragen die Verkehrspolizisten Masken. In manchen Städten sei das Wasser aus den alten Leitungen nicht trinkbar, sagen die einen, wogegen andere einwenden, die meisten, die es trinken, würden noch leben. Luft und Wasser, die Urelixiere des Menschen, würden so immer mehr verderben, wenn nicht bald drastische Maßnahmen getroffen würden.

Sind sie so mitten im Schimpfen, rufen die Italiener regelmäßig die guten alten Zeiten zurück: Die Turiner denken an ihre piemontesischen Könige, die Mailänder an die Österreicher, die Neapolitaner an die Borboni, die ihnen die erste Eisenbahnstrecke in Italien anlegten, die Römer seufzen, »Ach, wären wir doch unter den Päpsten geblieben.« Bis 1870 konnte das römische Straßensystem als vorbildlich gelten. Die von den Päpsten gegen den Widerstand der betroffenen Anwohner durch das Häusergewirr geschlagenen Verbindungen erfüllten alle Bedürfnisse. Als man jedoch im Königreich daranging, neue

Viertel und Ministerien zu bauen, vergrößerten die Architekten die Stadt, nahmen jedoch im Zentrum keine einschneidenden Veränderungen vor. Gut, da sie kaum wertvolle Bausubstanz antasteten. Schlecht, weil sie vergaßen, im Zentrum und in den neuerschlossenen Stadtteilen das moderne Verkehrsmittel der U-Bahn einzusetzen, damit das Beispiel der großen europäischen Hauptstädte Berlin, Paris und London in den Wind schlagend. Mit breiten Boulevards sparte man und baute nach alter Tradition lieber eng. Größeres, Weiteres erschien unnötig. Diese Zurückhaltung rächt sich heute.

Aber wie der Verkehrsnotstand auch immer zu erklären ist – und um Entschuldigungen ist man nie verlegen –, die Italiener müssen damit und darin leben. Wer erwartete, die Romani etwa seien mit dem Zusammenbruch des Verkehrs auch dem der Nerven nahe, sieht sich getäuscht. Das Volk am Tiber, die Alteingesessenen ebenso wie die aus ganz Italien Zugewanderten, stemmt sich hartnäckig und nie verzagend gegen die Mißlichkeiten des Alltags, nimmt jeden Morgen neu den Kampf ums Dasein auf und läßt sich am Abend im Kreis der Freunde das Leben erst richtig schmecken. Auch kurz vor Mitternacht sind die engen Straßen des Zentrums noch dicht bevölkert. Wen stört es, daß es keine Bürgersteige gibt und man dauernd vor den Motorisierten auf der Hut sein muß?

Wenn die Müllabfuhr streikt

Leider gibt es noch andere störende Kleinigkeiten im urbanen Leben. Wenn im Sommer die Hitze die Menschen aus der Stadt vertreibt, lockt sie andere Bewohner aus dem Untergrund: Ratten und Mäuse kommen ans Licht, so dreist, daß die Ratten durch die Abwasserleitungen bis ins WC gelangten und den Deckel anhoben: Grüß Gott! In römischen Justizämtern jammerte man heftig über Flöhe, deren auch eine kräftige Blitzdesinfektion im Sommer mit zeitweiliger Schließung der Rechtsgebäude nicht Herr wurde. Die Angestellten im Archiv der Staatsanwaltschaft meldeten, daß im ewigen römischen Kampf zwischen Katzen und Ratten letztere schon Siege davontrügen. Unabsehbare Folgen kamen auf die römische Rechtsprechung zu.

Vorwurfsvoll veröffentlichen die Zeitungen zuweilen Bilder »zum Schämen«: Abfälle neben den Mauern von stolzen Palästen und würdigen Kirchen. Man würde es auch ohne fotografische Dokumentation glauben, denn ein Schritt vor die Haustür zeigt dasselbe auf einer ganz gewöhnlichen Straße. Die Stadtreinigung, die gewöhnlich ganz brav die Abfalltonnen lehrt, ist damit überfordert, allen Dreck zu beseitigen, wenn ihnen nicht urban fühlende, saubere Bürger helfen. Im übrigen sagt man sich zum Trost: Wenn es sich lohnt, über Ratten, Mäuse und Flöhe zu berichten, sind es Ausnahmefälle. So schlimm kann es also mit Rom und den italienischen Städten noch nicht stehen.

Und wie lebt man in einem historischen Zentrum, in den malerischen Vierteln der alten Städte? Das heißt, was man so malerisch nennt, wenn man an enge Gassen ohne Bürgersteige denkt, an deren Ende Kirchenkuppeln schweben, an Häuser mit abblätterndem Putz, zwischen denen plötzlich die Fassade eines stolzen Adelspalastes aufsteigt, an Plätze mit Brunnen und alten Standbildern, an kleine Handwerksläden und praktische Geschäfte. Die Bewohner in diesen Vierteln sind oft voller Sorge. Ihre Häuser mögen vielleicht für den Touristen beneidenswerte Plätze sein, sind als Kulisse einer italienischen Oper noch immer unübertroffen; doch mitten im Denkmalschutz wohnt es sich nicht immer gut.

»Sanierung« heißt das Wort, mit dem man den Altansässigen Hoffnung macht und Schrecken einjagt. Denn sie wohnen dort seit Generationen. Ohne daß sie es so recht merkten – südliche Gleichgültigkeit hat diese Entwicklung begünstigt –, begannen ihre Häuser zu zerfallen. Die Besitzer hatten oft nicht das Geld für größere Reparaturen. Die Mieten sind zudem oft staatlich reguliert und bescheiden. Einige Gewitzte haben ihre Häuser an italienische oder ausländische Firmen verkauft, die dann in den alten Gebäuden Luxuswohnungen einrichteten und an betuchte Romantiker aus dem Ausland vermieteten. So bleiben die Bauten erhalten, doch die Einheimischen fühlen sich von den reichen Fremden in ihrer angestammten Heimat gestört und bedroht.

So ist guter Rat teuer. Von den Mieten allein kann man eine Sanierung meist nicht finanzieren. Aber kann der Staat oder die Stadt den Alteingesessenen mit öffentlichen Geldern aus den dunklen Behausungen begehrte Luxusappartements schaffen? Was gilt mehr, das Recht auf Heimat seit Generationen oder das Geld der Reichen? Soll man eine Altstadt verfallen lassen, um ein nicht unumstrittenes Ideal von sozialer Wohnungsgerechtigkeit durchzufechten? Denn die öffentliche Hand kann nicht so viele Wohltaten in der Innenstadt verteilen, wo draußen in den Außenbezirken Tausende auf eine Wohnung warten.

Da und dort hat sich ein »Komitee von Handwerkern und Händlern des historischen Zentrums« gebildet. Unterschriften werden gesammelt. Man wird eine Delegation in den Stadtrat oder gar ins römische Parlament schicken, damit die kunstvollen Restaurateure, die fleißigen Schuster, die Schreiner und Schmiede, die Lieferanten von Öl und Wein, Käse und Wurst nicht aus den engen Gassen, den lauschigen Plätzen vertrieben werden. Sonst würde den italienischen Städten, dem urbanen Charakter Italiens Wesentliches fehlen.

Leben in der Provinz

Die Abende sind lang in Codigoro. Die Männer sitzen in der Bar und starren auf die Scheibe des Fernsehapparates. Es ist ihnen fast gleichgültig, welches Programm läuft – auch eine politische Sendung geht vorüber –, nur muß es den Abend füllen. Gegen 11 Uhr erheben sie sich langsam, stocknüchtern, denn getrunken wird fast nichts. Einer der Männer sagt im Hinausgehen: »Was haben wir nur früher abends gemacht, ohne Fernsehen« und schüttelt den Kopf. Codigoro liegt in der Provinz. Nach Ravenna, Bologna, Ferrara, Padua, selbst nach Venedig ist es zwar nicht weit, aber doch so weit, daß die Ausstrahlung der Städte längst geschwunden ist. Man kann schon nicht mehr sagen, Codigoro liege bei einer dieser Städte – mehr im Nirgendwo. So haben die Bewohner Mühe, ihr Städtchen zu beschreiben: Codigoro, *Caput Gauri,* vielleicht römischen Ursprungs, vielleicht auch nicht; rund 20000 Einwohner; an den Ufern des Po di Volano, in der Mitte zwischen dem Delta des Po im Norden und dem Lago di Comacchio im Süden gelegen; ein einziger eleganter Palazzo, der »Palast des Bischofs«, in dem kein Bischof mehr residiert, einige Banken, eine Carabinierikaserne aus der Mussolinizeit, ein kleiner Markt, am Donnerstag ein großer. Für Fremde, die ein Buch in der Hand halten, fügen sie hinzu, nur 6 km entfernt sei die berühmte Abtei von Pomposa. Im Sommer hingegen kennen alle nur eine Richtung; wie die Lemminge streben sie ans Meer, nach Osten, zum Lido, vom nördlichen Volano bis zum südlichen Spina.

Alle, das sind fast ohne Ausnahme Deutsche, erklärt ein Polizeioffizier. Er rühmt die deutschen Autofahrer und ihre Vorsicht. Auch die Frau des Chirurgen spricht lobend von den Sommergästen aus dem Norden, ihr Mann helfe ihnen gern, weil sie so vernünftige Patienten seien. »Nein, das sind keine Opfer von Verkehrsunfällen«, fährt sie fort, den Polizisten nicht dementierend. Die Deutschen sind beliebt in Codigoro. Der Fremde erfährt es überall, auf der Bank, wo man ihn als den ersten Euroscheckaussteller des Jahres begrüßt und um Geduld bittet, weil man sich erst in dicken Aktenordnern über die neuen deutschen Vordrucke informieren müsse, oder beim Espresso, wo die Frage nach der Uhrzeit eine lange Geschichte über geplante verwandtschaftliche Bindungen zu einer Ingrid in Stuttgart einleitet. Noch mehr. Die Deutschen sind nicht nur geschätzt, weil sie Geld bringen, sie genießen auch Vertrauen. In einem Modegeschäft, wo zunächst nur eine Bluse gekauft werden sollte, aber dann doch geschmackvolle Sachen zu einem größeren Kauf verleiten, wehrt die Besitzerin jeden Scheck ab. »Schicken Sie das Geld nur, wenn Sie wieder zu Hause sind. Da brauche ich keine Sicherheit. Noch nie haben deutsche Kunden das vergessen.«

Aber noch ist nicht Saison, die Leute von Codigoro sind mit sich allein. Tagsüber arbeiten sie in der Landwirtschaft oder in kleinen Betrieben. Nur ein paar Pensionäre stehen auf dem Hauptplatz des Städtchens, blinzeln in die karge Sonne und mustern alles, was vor sich geht. In einer »Gazelle«, einem der schnellen Alfa-Romeo-Wagen der Carabinieri, sitzen zwei junge Uniformierte so, als ob sie vergeblich auf Arbeit warteten. Kriminalität und Krisen scheinen Probleme aus einem anderen Land zu sein. Dem Kriegerdenkmal, nicht in der Mitte des Platzes, sondern etwas zur Seite gerückt, vor dem Kino, fehlen die Jahreszahlen; niemand will es so genau wissen.

Draußen vor der Stadt schlängelt sich der Po di Volano von Ferrara her. Eben ist das Land, die Felder sind durchzogen von schnurgeraden Kanälen. Über die Dämme kann man schlendern, bis ein Wasser den Weg sperrt. Ein paar Wildenten fliegen auf, lassen sich einen Steinwurf entfernt schwer nieder; sie haben Glück, daß nicht Hemingways Oberst Cantwell hinter ihnen her ist, über den Fluß und in die Wälder. Die Kanäle der Gegend von Codigoro sind ebenso bekannt wie notwendig. Schon Alfons II., Herzog von Ferrara, Goethes Tasso-Fürst aus dem Geschlecht der Este, gab im 16. Jahrhundert Befehl, das Gebiet zu entwässern, um aus dem Sumpf fruchtbares Land zu gewinnen und die Menschen vor Krankheit zu bewahren. Doch erst seit 1971 sind Ent- und Bewässerung zufriedenstellend, können die Reiskulturen gedeihen, obwohl der Hauptarm des Po von Zeit zu Zeit über die Ufer tritt. Dann sind Wiesen und Felder, Straßen und Brücken in der *Grande Bonifica Ferrarese,* dem »großen Neuland von Ferrara«, überschwemmt. Dann können die von Codigoro nicht mehr direkt über den Po nach Norden fahren, sondern müssen weite Umwege in Kauf nehmen.

Im Ristorante Vittoria geht es an diesem Abend hoch her. Das Gründungskomitee für den Sympathieklub des Fußballvereins *Internazionale* Mailand hält eine Sitzung ab. Genau elf Mann, der Wirt eingeschlossen, debattieren, ohne daß kühler Trank die Kehlen netzte. Die Lage sei unerträglich, meint einer, den Brille, Krawatte und Beredsamkeit zum künftigen Präsidenten des Klubs bestimmen, seit 1976 gebe es hier die Fans von *Milan,* dem anderen Mailänder Verein, dessen Bilder die Wände des etwas feineren Restaurants Pomposa schmücken. Da müsse ein Gegengewicht geschaffen werden. 102 seien sie schon. Jetzt müsse eine Satzung her. Fotokopierte Blätter machen die Runde. Zufriedene Gesichter. Der Kellner serviert an dem langen Tisch ein Glas Mineralwasser. Die Begeisterung für Inter muß tief sein. Denn immerhin ist Mailand 295 km entfernt. Weibliche Gäste sucht man in dem Wirtshaus vergeblich.

Man findet sie auch nicht im *Circolo Casa,* dem Klub für die ›besseren‹ Bürger von Codigoro. Ruggero, dem eine Autowerkstätte gehört und der auch den Feierabend für hilfsbedürftige Autofahrer opfert, ist ein erfolgreicher Mann. Er redet mit seinen Freunden über die Politiker. Aber die Politik, das sind für den Mittvierziger persönliche Schicksale. Wie das des Georg J. aus Neuaubing bei München, der während des Krieges einige Männer aus Codigoro vor dem Konzentrationslager gerettet hat und seitdem immer wieder kommt; selbst den Dialekt des Städtchens spricht er. Oder das des faschistischen Capitano, der hier zum Schluß noch einige Italiener hat erschießen lassen, und dem es heute mit einigen Fabriken recht gut geht. »Ob Kommunist oder Faschist«, sagt Ruggero lächelnd, »ob Deutscher oder Italiener, wir wollen doch alle nur leben.«

Leben auf dem Lande

Von Rom aus ist es nur ein Katzensprung; die Autobahn nach Norden, ein Stück auf der Via Salaria, dann an Olivenhainen und Weizenfelder vorbei, hinauf in die Berge der schönen Sabinerinnen, die den alten Römern einen denkwürdigen Raub wert waren. Nach 54 km taucht ein wenig unterhalb, weil sich die Straße wieder neigt, zuerst ein mächtiger Glockenturm auf, dann Häuserdächer und die Kirche: die Abtei von Farfa. Orientalische Eremiten, Langobarden und Franken hatten schon daran gebaut, bis Karl der Große sie im Jahre 803 zur unmittelbaren Reichsabtei erhob, ein Machtzentrum des deutschen Kaisers vor den Toren des päpstlichen Rom. Reich waren die Äbte und selbstbewußt, ließen sich auf manchen weltlichen Handel und auch auf Händel ein. Die Geschichte Farfas schwankt zwischen mönchischer Frömmigkeit nach der Regel des Benedikt und den Ansprüchen auf Reichtum und Macht seiner geistlichen Herren.

An der Straße vor der Abtei fällt ein altes Geschäft auf. Innen lagern Ballen handgewirkter Stoffe. Eine Frau, an die Sechzig, gutmütig, doch nicht ohne List in den Augen, versteht sich auf die Kunst des Webens. Stolz zeigt sie den hölzernen Webstuhl, in den die Garne gespannt sind. So manche Stunde ihres Lebens wird sie ihm gewidmet haben. »Eine Tischdecke soll es sein, 3,20 m lang, 1,80 m breit? Gern, wählen Sie nur unter den Mustern!« Sie streicht das Linnen glatt und wäre am glücklichsten, wie sie neckt, wenn ein Vater von sieben Töchtern bei ihr die stoffene Aussteuer für jede in Auftrag gäbe.

Die Weberin macht ihre Bemerkung nicht zufällig. Draußen hat sich inzwischen eine Hochzeitsgesellschaft gruppiert, Bauern mit vom Wetter gegerbten Gesichtern, mit Händen, denen man die harte Arbeit auf dem Feld anfühlt. Die Leute in der italienischen Campagna erinnern stets an Krippenfiguren, an die Mühsal der Arbeit »unter Dornen und Disteln, im Schweiße des Angesichts«. Sie wollen jetzt einen Fabrizio und eine Beatrice verheiraten. Die ehrwürdige Abteikirche ist dafür festlich geschmückt. Ein langer roter Teppich durchzieht das Kirchenschiff, in dem Kinder herumhüpfen dürfen.

Nach der Brautmesse und den Formalitäten für das neuvermählte Paar kommt der Benediktinerpater, Padre Massimo. Er führt uns durch die Kirche, zeigt die beachtlichen, staunenswerten Ausgrabungen, Zeugen der Karolingischen Renaissance, geleitet die Gäste aus Rom in die Bibliothek. Fast ein wenig feierlich zieht er dort ein Buch hervor, *Più Gioia,* »Mehr Freude« des Dr. P. G. Keppler, eines ehemaligen Bischofs von Rottenburg, das dieser 1909 verfaßte und das 1911 ins Italienische übersetzt wurde. Padre Massimo hat es beim Kramen in der Klosterbibliothek entdeckt und nun neu herausgegeben. »Mehr Freude«, sagt der Pater etwas unbeholfen auf deutsch. Sein Gesicht leuchtet dabei und erklärt, warum in Italien freundliche Mönche für die Frömmigkeit und die Kirche so wichtig waren, warum es eine so reiche Klosterkultur gibt, heute oft in abgelegenen Abteien versteckt, doch immer noch lebendig. Als letztes gewährt der Ordensmann einen Blick in die karge Apotheke und freut sich über das Interesse der Besucher an duftenden Heilkräutertees gegen Bronchitis und Durchfall, und sogar einen zum Abnehmen.

Doch jetzt bestimmt eher das Gegenteil die Wünsche. Eine kleine Trattoria gegenüber der Abtei lädt ein, zunächst mehr nach der Regel: »Hunger ist der beste Koch.« In einer Liste für Feinschmeckerlokale würde man die einfache Gaststube vergebens suchen. Doch es ist uns durchaus recht, daß wir ohne Speisekarte Brot und Wein, eine Pasta mit einem lang geköchelten Sugo, ein Stück Fleisch und Salat bekommen, all das, was die Wirtsfamilie gerade hat. Von einem großen Tisch neben der Gaststube werden die hausgemachten Nudeln genommen, auf einem riesigen Holzklotz wird das Fleisch erbarmungslos weich geklopft. Beim Kaffee betreten zwei Carabinieri die Stube, martialisch anzuschauen, doch, wie sie versichern, »nicht auf Terroristenjagd«. Kriminalität gebe es kaum, sagt der Maresciallo, blickt die Gäste prüfend an und verlangt gebieterisch nach Bleistift und Papier. Daran soll es nicht fehlen, und dem verblüfften Fremden malt der Hüter des Gesetzes aufs Papier »ROMA – AMOR – AMORE«. Roma, erklärt der Carabiniere, bedeute im Italienischen, rückwärts gelesen, Liebe, und das sei der Grund, warum es mit Rom bergab gehe, weil die Liebe in der Stadt fehle. »Hier hingegen findet man sie, wir sind eine gesunde Gegend«, meint der Offizier, und sein Begleiter legt harmlos seine Hand auf die Maschinenpistole. »Kommen Sie nachher bei uns in Fara Sabina vorbei, an einer Grappa soll es nicht fehlen«, lädt der offensichtlich wenig Beschäftigte ein. Draußen winkt eine Ordensschwester aus der Abteischule den Kindern nach.

Einige Kilometer weiter auf kurvigen, hügeligen Straßen am Abhang der Sabinerberge findet man wieder dieses ruhige, freundlich-heitere Italien, das Gefühle bukolischen Glücks weckt. Santa Maria in Vescovio, eine romantische Kirche, ragt mit ihrem Glockenturm aus weitgefächerten Pinien und schlanken Zypressen hervor. Auch hier eine Hochzeitsgesellschaft, die – »weil der Pfarrer so lang gepredigt hat«, murren die Gäste – erst jetzt zum Essen kommt. Die Braut macht sich mit einer Zigarette im Mund nicht besonders fotogen und muß sie dem Fotografen und der Nachwelt zuliebe ausdrücken. Auf einer Wiese steht ein Zirkus, jetzt in der Mittagszeit ganz still, erst am Abend zu sprühendem, farbigem Leben bereit. Dicht daneben Ausgrabungen eines altrömischen Wohnhauses. So muß Italien einmal gewesen sein.

Oder noch ein paar Kilometer weiter, an der Via Flaminia, kurz vor Otricoli. Der Name macht neugierig; denn in den Vatikanischen Museen steht ein berühmter »Zeus von Otricoli«, ein gewaltiger Kopf des griechisch-römischen Göttervaters, den man hier im alten *Ocriculum* fand. Ruinen, Weiden, Weinstöcke. Vom nahe liegenden Gehöft mustert die Bauersfrau die Fremden zuerst mißtrauisch, dann nach kurzen Grußworten nur noch besorgt, man könne die prächtigen Kühe beim Kauen stören. Der Weg führt durch Thermen zum Theater. Von den nur zum Teil ausgegrabenen Sitzreihen blickt man weit in die Landschaft. Man schaut hinunter ins Tibertal. Plötzlich entdeckt man die Autobahn, die Autostrada del Sole. Die Autos huschen lautlos dahin. Bei der Rückfahrt wird man an der Ausfahrt warten müssen.

Alta Società

DIE GESELLSCHAFT

Der Fall Renato Guttuso oder Wie es (manchmal) in den »höheren Kreisen« zugeht

Ein italienisches Leben war zu Ende gegangen. Der in aller Welt bekannte Maler Renato Guttuso (1912–1987) starb an einem Sonntagmorgen. Am Tag darauf versammelte sich das ganze politische Rom, um zu trauern. Das ganze. Denn Guttuso starb versöhnt mit fast allen. Er, der sich als Revolutionär bezeichnet, nicht nur als Künstler, sondern auch als Politiker, der immer an die Kommunistische Partei zur Verbesserung der Welt geglaubt, der viel über und gegen die Kirche gesagt hatte, starb im Alter von 75 Jahren, wohlversehen mit den Sakramenten der katholischen Kirche, da er in den letzten Stunden ausdrücklich einen Priester bei sich haben wollte. Damit für die Ewigkeit alles in Ordnung sei, hatte er sich noch Wochen zuvor von seiner Geliebten, der Gräfin Marzotto getrennt. Am Montag hielt man auf offener Straße vor dem Pantheon in Rom eine Trauerfeier. Kommunisten, Sozialisten und Christliche Demokraten, der kommunistische Generalsekretär Natta, der sozialistische Ministerpräsident Craxi und der christlich-demokratische Außenminister Andreotti standen einträchtig beisammen. Der bekannte Intellektuelle Carlo Bo, der Schriftsteller Alberto Moravia, Natta selbst drückten in Gedenkreden Rühmendes über den Toten aus. Dann ging es in die Dominikanerkirche Santa Maria sopra Minerva, wobei ein Teil der Trauergemeinde draußen blieb, die Bekehrung Guttusos ignorierend.

So ehrten die Politiker in Rom Renato Guttuso, dessen künstlerisches Werk unbeschadet der politischen Anschauungen schon jetzt zum Patrimonium, zum wertvollen Erbe der Nation, gehört, dessen politische Ansichten freilich oft so bunt und unruhig waren wie seine Gemälde. Am 2. Januar 1912 in Bagheria bei Palermo, einem Wespennest der Mafia, geboren, als Künstler und Linksintellektueller entschiedener Antifaschist, 1940 in die Kommunistische Partei eingetreten, deshalb bald in der *Resistenza,* dem Widerstand gegen den Faschismus, ein Aktivist, der nach dem Krieg seine Fähigkeiten als Künstler in den Dienst der Partei stellte und mit Farbe und Pinsel für Marx und Stalin warb, der sich durch den Moskauer Lenin-Friedenspreis ungemein geehrt fühlte.

Er wäre, wie fast alle italienischen *Compagni,* Genossen, auch über die sowjetischen Interventionen in Ost-Berlin und der DDR (1953), in Ungarn (1956) und der Tschechoslowakei (1968) hinweggekommen, wenn ihn nicht die Ungereimtheiten des Kommunismus persönlich getroffen hätten. Er, der wie fast alle Führer der Arbeiterklasse die Annehmlichkeiten eines bürgerlichen Lebens zu schätzen wußte, wollte mit seiner Frau im Dezember 1968 die Opernpremiere der Mailänder Scala besuchen, und die Studenten beschimpften ihn. Diese sangen die »Internationale«, und er wollte »Don Carlos« hören.

Renato Guttuso

Kunst und Kommunismus, Kultur und Politik stimmten für ihn nicht mehr nahtlos überein. Als Senator der Kommunistischen Partei Italiens von 1976 bis 1983 versuchte er, Brücken zwischen linkem Geist und realem Kommunismus zu schlagen – seine Bilder waren besser und erfolgreicher als seine politischen Ideen. Daß er nun auch mit der Kirche die Versöhnung suchte, paßt zu einer Sehnsucht nach Harmonie, die sich vor dem Grab am ungestörtesten zeigte.

Doch seine Ruhe fand Renato Guttuso, durch seine Bilder zum Multimillionär geworden, damit noch nicht. Denn ob seines Todes hob nun ein Gesellschaftsstück an, wie es Regenbogenpresse und Illustriertenklatsch nicht schöner erfinden können. Selbst sechs Monate nach seinem Tod stellte die kommunistische Parteizeitung, *L'Unità,* sachlich fest: »Der Fall Guttuso nimmt kein Ende.« Seit der Beerdigung des berühmten Malers war kaum eine Woche, in mancher Woche kaum ein Tag vergangen, an dem die Italiener von Zeitungen und Illustrierten nicht detailliert über die neuesten Erkenntnisse nicht skandallüsterner Journalisten, sondern der Justizbehörden im ›Fall Guttuso‹ unterrichtet wurden. Dabei ging es vornehmlich – wie könnte es anders sein – um die verzwickten finanziellen Folgen seines Ablebens. Doch nicht allein. Zugleich betraten Personen die Szene, die in die Zeiten von Renaissance und Barock zurückversetzten. Persönlichkeit und Lebensfülle waren gefragt. Und kein Italiener war bereit, aus dem ›Fall‹ einen ›Skandal‹ zu machen. So spielt eben das Leben in Italien, besonders in ›höheren Kreisen‹.

Die Hauptperson dieses über eine bloße Erbauseinandersetzung weit hinausgehenden Falles war Marta Marzotto: 56 Jahre alt, aus Reggio Emilia in Norditalien stammend, in ihrer Jugend als Landarbeiterin und Mannequin gleich tüchtig, durch Heirat mit dem Grafen Umberto Marzotto vor 33 Jahren Contessa, dann Mutter von fünf Kindern geworden, 20 Jahre lang Muse, Modell und Geliebte des Malers Guttuso. (Ein römischer Ermittlungsbeamter, Mario Bruno, nannte die Relation der Marzotto mit Guttuso einfachhin »einen Komplex von Leistungen, die Guttuso zu Recht durch zahlreiche wertvolle Geschenke entgalt.«) Die Gräfin war rundherum das, was man in Rom eine attraktive Frau nennt, voll von Vitalität, auf jeder Illustriertenseite zur Auflagensteigerung vorzeigbar. Die Contessa persönlich zu kennen bedeutete, dem Künstler Guttuso die Quelle vieler Inspirationen abseits von seiner Frau Mimise zu verzeihen und zugleich den ehelich verbrieften Alleinbesitzanspruch des Grafen Umberto für einschränkbar zu halten.

Schon da schoben sich Nebendarsteller ins Bild, so der Conte Marzotto. Zu ihm hatten die Italiener ein gespaltenes Verhältnis. Einerseits wurde ihm fünffache Vaterschaft zugute gehalten, andererseits eine Großzügigkeit angekreidet, von der italienische Männer bedenkliche Auswirkungen auf ihre Ehefrauen befürchteten. Andere, nämlich die kommunistisch wählenden Italiener, verübelten ihm, daß einer aus seiner Familie, der reiche Industrielle Graf Pietro Marzotto, die staatliche Textilfirma Lanerossi seinem Imperium einverleibt hatte. Immerhin bewies dieser Kauf, daß die Gräfin trotz einer rastlosen Neigung zu teuren Vergnügungen die Familie ihres Mannes noch nicht arm gemacht hatte; vielleicht auch dank dem schon von Guttuso gestillten Geldbedarf.

Es wurde auch von einer bevorstehenden Scheidung zwischen Marta und Umberto gesprochen. Doch jeder Italiener wußte, daß eine Trennung in dieser Gesellschaftsschicht nicht eine Frage der Abneigung war, sondern von der Entscheidung abhing, was für den Grafen billiger war: sich die Scheidung nach 33 Jahren Ehe zu erkaufen oder die Rechnungen der Ehefrau weiterzubezahlen. Andererseits verdankten die Italiener dem römischen Richter Mario Bruno und der Zeitschrift *Gente* die Einsicht, daß die Contessa Marta das Geld – etwa aus dem Verkauf der Bilder des Meisters – nicht nur für sich, sondern für eine kranke Tochter und deren Operation in Amerika benötigte. Ja, mehr noch, so berichteten die ›wirklichen Freunde der Gräfin‹, man habe eine Stiftung für ähnliche Krankheitsfälle gegründet, in die viele Gelder geflossen seien. Außerdem habe die Contessa ein krankes kleines Kind adoptiert, Andrea mit Namen, das wegen Brandverletzungen einen tüchtigen und somit kostspieligen Chirurgen brauche. An ihrem guten Herzen bestand also kein Zweifel.

Nach diesem kleinen Adoptivsohn muß sofort der große, jener des Malers selbst, die Szene betreten. Rechtsanwälte und Erbbegünstigte wissen sofort, daß damit das Gesellschaftsstück kompliziert wird. So war es: Wenige Wochen vor seinem Tod erhob der offenbar – doch siehe weiter unten – kinderlose Guttuso seinen langjährigen Sekretär, den 33 Jahre alten Fabio Carapezza, zum Sohn und – Alleinerben. Das war nicht die einzige überraschende Tat des von der Krankheit gezeichneten Guttuso. Als ihm, drei Monate vor seinem eigenen Tod, die Frau Mimise starb, ging Guttuso in sich, brach den Verkehr mit der Welt, vor allem mit der Gräfin ab und traf die bereits erwähnten wichtigen, sein Seelenheil und den Stand seines Vermögens betreffenden Entscheidungen.

Hinzu kam, daß ein plötzlich auftauchender, angeblich natürlicher Sohn Guttusos – Antonello Cuzzaniti, der unversehens seines Namens nicht mehr froh ward und sich Guttuso nennen wollte, was andre wenig schicklich fanden –, daß dieser hypothetisch direkte Nachkomme der schöpferischen Kraft des Künstlers kein schlechtes Zeugnis ausgestellt hätte, doch die Erbschaftsangelegenheit für kurze Zeit noch einmal ungemein komplizierte. Nur nebenbei sei erwähnt, daß es in Italien bei menschlichen Angelegenheiten niemals nur um Einzelpersonen geht. Immer stehen daneben und dahinter, kurz, ringsherum, die Familie und ein Kreis von wohlmeinenden, persönlichst betroffenen Freunden. Als da sind in diesem Fall die Familie der gestorbenen Frau Mimise, die des Adoptivsohnes, jener (offenbar familiär nicht ganz einheitliche) Zirkel der Gräfin und jener große Kreis der Freunde des Künstlers, die vor allem wünschen, daß sein Andenken durch nichts in den Schmutz gezogen werde. Doch bei diesen letzteren gehen die Meinungen darüber auseinander, was den Maler erhebt und was ihn erniedrigt.

Sicher ist, daß die Erinnerung an Guttuso nicht wenig durch den plötzlich entdeckten Umstand beeinflußt wurde, daß es mehrere Geliebte gab. Bei Guttuso und bei der Contessa. Das kam wiederum im Zusammenhang mit der beträchtlichen Hinterlassenschaft Guttusos und den Vermögensbewegungen zu seinen Lebzeiten auf. Die Justizbehörden waren wegen des Verdachts der Steuerhinterziehung durch die Gräfin einem Immobilienverkauf nachgegangen. Die Contessa hatte ein Appartement, das ihr Guttuso geschenkt hatte, an einen bekannten weißgelockten, wohlgestalteten und darob in Rom nicht verfemten Politiker, den liberal-kommunistischen »Einheitsproletarier« Lucio Magri verkauft, der ihr Geliebter gewesen (?) zu sein sich schmeicheln durfte – oder umgekehrt. Verschiedene Versionen wurden darüber verbreitet, ob der Verkauf des Appartements und die Liebschaft der Marzotto mit Magri entweder die Kenntnis, die stillschweigende Zustimmung oder gar die ausdrückliche – in ironischen Sätzen geäußerte – Billigung Guttusos gefunden habe. Das hängt auch davon ab, ob man dem Künstler lieber die Fähigkeit zur Eifersucht oder zur Souveränität zuschreiben will. Der ermittelnde Richter jedenfalls schrieb Guttuso »Zorn und Schmerz« zu, als er davon erfahren habe; die Contessa erinnerte sich anders.

Daß es bei diesem und anderem Immobilienhandel auch zu unglaublichen Wertsteigerungen kam, bestätigte die nichtrömischen Italiener in ihrem Urteil, die Hauptstadt sei ein einziges teures Sündenbabel. Davon ist natürlich der Vatikan ausgenommen, da außer dem Erzbischof Angelini, für die letzte Lebensphase und die Sterbesakramente des Malers, keine Geistlichen in dem Stück Guttuso-Marzotto auftraten.

Die Geliebte der anderen Seite, Guttusos also, Carolina Pia, so hieß es nach den Vernehmungen durch die römische Justiz, trat dann als rechtsbewußte Mutter von Guttusos angeblich natürlichem Sohn, Antonello Cuzzaniti, in Erscheinung. Auch sie wußte die Szene um neue Personen zu bereichern, nämlich um ihre (männlichen) Geliebten, deren Vorhandensein für Guttuso, nach dem Zeugnis des Erzbischofs und der Schlußfolgerung des Dottor Bruno, der Grund gewesen war, Antonello nicht als Sohn anzuerkennen. Obwohl er es doch war oder weil eben nicht?

Die Justiz förderte jedoch auch Klarheiten zutage. Staatsanwaltschaft und Untersuchungsrichter kamen übereinstimmend zu dem Schluß, Guttuso habe die letzten wichtigen Entscheidungen – Adoption, Bekehrung und Trennung von der Gräfin – klaren Geistes selbst getroffen. Er habe zum Beispiel noch Unterschriften geleistet, unter einen Dankesbrief an den Staatspräsidenten Cossiga für dessen Beileid zum Tod seiner Frau Mimise und unter ein Schreiben an den sowjetischen Parteichef Gorbatschow für dessen Geburtstagsglückwunsch. Man sieht, daß Guttuso nicht nur ein begnadeter Künstler war, sondern durchaus mit angesehenen Leuten Umgang pflegte, zu denen etwa auch der christlich-demokratische Außenminister Andreotti gehörte.

Jedenfalls wäre es gänzlich falsch, durch den heftigen, lang andauernden und weite Kreise ziehenden Streit um die große Erbschaft des Künstlers – manche sprechen von mehreren hundert Millionen DM in Gemälden, Immobilien, Papieren und Wertgegenständen – sich das Andenken an einen bedeutenden Künstler verdunkeln zu lassen. Es spricht jedoch einiges dafür, daß das letzte Kapitel dieser scheinbar unendlichen Geschichte – von der nur ein kleiner Teil erzählt werden konnte, die Verwicklungen sind weitaus verknoteter – noch nicht geschrieben ist. Was heißt geschrieben. Die Wirklichkeit dieser römischen Gesellschaft wird interessanter sein als jeder Roman.

Divertimento Italiano –

Italienische Vergnügen

Coca-Cola

Akteur und Schauspieler: Vittorio Gassman

Er ist ein Meister seines Fachs, und alle kennen ihn: Vittorio Gassman. Der Schauspieler gehört zum Gemeineigentum des Landes wie das Kolosseum in Rom oder die Strände der Adria, mehr noch, er scheint Teil der persönlichen Existenz der Italiener zu sein. Er hat wie Gina Lollobrigida als Zeichen der nationalen Besitzergreifung den Beinamen *Nazionale* erhalten. Wie diese beiden, wie auch Sofia Loren, Monica Vitti und Claudia Cardinale, Vittorio de Sica, Totò, Alberto Sordi, Marcello Mastroianni und Ugo Tognazzi in den Filmen auftreten, wie sie sprechen, gestikulieren, lachen und weinen, so sehen sich die Italiener, so spiegeln sie sich in Kummer und Glück, im Guten und, selten, im Schlechten – und vergnügen sich daran.

»Zu ihren Schauspielern haben die Italiener ein besonderes Verhältnis«, sagt Vittorio Gassman, »und umgekehrt«, fügt er rasch hinzu. Da sind wir mitten im Thema. Denn worüber mag ein Italiener mit größerer Leidenschaft sprechen als über seine Landsleute, worüber ein Schauspieler lieber reden als über seine Kunst! Da wird unvermeidlich Orson Welles zitiert: Es gebe in Italien 50 Millionen Schauspieler, von denen nahezu alle vorzüglich seien, den wenigen schlechten unter ihnen begegne man auf der Bühne und im Film.

Die Bemerkung gefällt Vittorio Gassman, dem Intellektuellen. Sie beleuchte die Schwierigkeiten des Schauspielers hierzulande, meint er. Zum Schauspielen seien Italiener von Natur aus begabt; innere Empfindungen theatralisch auszudrücken, dazu neigten alle; die richtigen Schauspieler müßten sich daher zunächst alle natürlichen Fähigkeiten der Darstellung abgewöhnen und sie dann mühsam für ihren Beruf neu erlernen. Was damit gemeint ist, kann man täglich im Fernsehen in Dutzenden von fast gleichen Unterhaltungssendungen betrachten, wo die gelernten Unterhalter oft genug von den Amateurpartnern ausgestochen werden, die ungeniert, ohne Hemmungen reden, singen, sich in Szene setzen, mit dem Publikum flirten, wahrlich ›eine Show abziehen‹. Den Höhepunkt dieses *Divertimento Italiano* bildet das *Festival di San Remo,* nichts anderes als ein Sängerwettbewerb, der sich eine Woche lang hinzieht und bei dem unter den Augen und Ohren fast ganz Italiens die *Canzonissima,* der beste Schlager erkoren wird.

»Ich bin jedoch kein typischer Italiener«, schränkt Gassman ein, »vielleicht hat mir das geholfen. Mein Vater stammt aus Karlsruhe, meine Mutter ist Italienerin, ich wurde in Genua geboren, am 1. September 1922.« Sein Profil wechselt bei diesen Worten von dem eines jugendlichen Helden in das eines reifen Mannes, in dessen Gesicht die Falten von Sekunde zu Sekunde schärfer werden. Doch schnell strafft sich wieder die Gestalt, und der breitschultrige, hochgewachsene Mann, einsneunzig groß, der einmal, von 1941 bis 1943, in der italienischen Basketball-Nationalmannschaft gespielt hat, kommt ins Erzählen: »1946 habe ich begonnen, Filme zu machen, um Geld zu verdienen, nur deshalb. Von 1951 bis 1954 spielte ich in Hollywood, vor allem den ›Latin Lover‹. Sie wissen schon, das, was man sich überall in der Welt unter einem italienischen Liebhaber vorstellt. Nun ja«, lacht Gassmann heraus, »wir Italiener können es einfach am besten.«

Es gebe Schauspieler, fährt Gassman fort, die mehr oder weniger immer sich

selbst spielen, ihre Schönheit, ihren Typ, und andererseits solche, die sich verändern können, die sich selbst verwandeln, Hamlet oder Othello, Ödipus oder Faust werden. Vittorio Gassman gehört zu den letzteren. Er sei Schauspieler, führt er überraschend als wichtigsten Grund an, weil er das Handwerk des Schauspielers liebe, die physische Fähigkeit, sich mit Phantasie und Stimme, Gesten und Mimik einer vom Dichter geschaffenen Person anzupassen. In Italien gebe es zu wenig Schauspielschulen, an denen man diesen Beruf erlernen könne. Zu viele meinten, mit Naturtalent sei es getan.

Irgendwann hat Gassman in Florenz in der ehemaligen Kirche Santa Maria am Palazzo Pitti mit vierzig jungen Leuten im Alter zwischen achtzehn und fünfundzwanzig Jahren einen – jährlich wiederkehrenden – Schauspielkurs begonnen; das letzte Mal blieben zwanzig. Am Ende gaben sie eine Abschlußvorstellung, die das Fernsehen übertrug. Den Italienern stockte der Atem: Vittorio Gassman, das war kein unbeschwerter Lebenskünstler, kein feuriger Liebhaber mehr, sondern ein alternder Mann, der mit dem Tod rang. Mag sein, daß dieses Schauspiel bei manchen Italienern nicht die Vorstellung von einem *Spettacolo* erfüllte; mag sein, daß Vittorio Gassman wegen dieser hohen Forderungen an Handwerk und Kunst des Schauspielens gegenüber anderen einen Publizitätsnachteil in den letzten Jahren erlitten hat. Er nimmt ihn in Kauf. Denn er ist besessen von seinem Beruf.

Seine Erinnerung geht zurück zu den mehr als hundert Filmen, in denen er auftrat. Seine Liebe jedoch gehört dem Theater, dem er in Italien nicht nur sein Engagement widmete, das er sich auch einiges kosten ließ, bis er wieder einen Film drehen mußte. Einen Film hebt er heraus: *I soliti ignoti,* die gewohnten »unbekannten Täter«, eine Bande von Dieben, die etwas Großes sein wollen, aber in Wirklichkeit nur kleine Gauner sind, eine *Commedia all'italiana* – vielleicht ein italienisches Grundproblem: mehr scheinen als sein.

Cinecittà

Also nicht um Sein oder Nichtsein geht es beim italienischen Divertimento, sondern um Sein und Schein, und vor allem um Vergnügen am Schein. Da sind wir in der römischen Filmstadt, *Cinecittà,* gerade richtig, in der prächtigen, in tausend Farben glitzernden Welt des Films. Es war der faschistische Diktator Benito Mussolini, der am 27. April 1937 diese ›Fabrik der Träume‹ einweihte. Was heißt ›Träume‹? Erst mit Hilfe der Zelluloidstreifen läßt sich das Leben unabhängig von der Wirklichkeit menschenwürdig gestalten. Man muß diese kunstvolle italienische Lebensform genießen, wie den Film des bekannten Regisseurs Federico Fellini, *Dolce vita,* jenen Erfolg von 1959, der halb in der Filmstadt gedreht wurde, halb im wirklichen Rom spielte und seinen Zuschauern überließ, das süße Leben, *Il dolce far niente,* selbst auszuprobieren und aus einem Film endlich einmal zu lernen, wie es im wirklichen Leben zugehen soll.

Alta Moda – Die elegante Mode

Gehört es nicht auch zum Divertimento, wenn etwa der italienische Staatspräsident nach den anstrengenden Tagen der Modeschauen in Rom die »ganze Mode« zu sich in den Amtssitz lädt? Wer Kunst und Kultur liebt, wußte nicht, wohin schauen. Sollte man im Palazzo del Quirinale, in dieser von den Päpsten zwischen 1574 und 1740 errichteten Palastanlage, mehr die Treppen und Säle, Deckengemälde und Wandfresken bewundern oder jene bunten Schmetterlingsmannequins, die mit wogenden Flügeln und rauschenden Röcken durch den Palast tänzelten? Sie waren von Mirella di Lazzaro, Irene Galitzine, Mila Schön und den Schwestern Fendi, von Barocco, Lancetti, Valentino und Roberto Capucci, Giorgio Armani und Nicola Trussardi geschickt, trugen deren Modelle, phantasievolle Kreationen aus Leinen und Leder, Samt und Seide, Spitzen und Stickereien, Taft und Tüll, und traten nun elfenhaft in Konkurrenz zu den Schönheiten der Kunst. Bei den meisten Anwesenden fiel die Entscheidung zugunsten der Mannequins in ihren zarten Umhüllungen und reizvollen Verschalungen aus, sicher aufgrund der Überlegung, daß sich der Mensch, sagen wir bestimmter, die Frau, in der Geschichte der Menschheit länger und mehr den Kopf darüber zerbrochen hat, welches Kleid man anziehe, als welches Kunstwerk nun herzustellen sei.

»Vanitas, vanitatum«, spricht da der Prediger Salomo: Es ist alles ganz eitel.

Doch die Italiener kümmert es wenig. Sie halten es mit einer anderen Weisheit des Predigers: »Das Auge sieht sich niemals satt.« Den Römern etwa gefällt, daß die italienischen Modehäuser seit einiger Zeit davon abgegangen sind, die Defilées der *Alta Moda*, der edlen Mode, nur den Spezialisten zu zeigen, den betuchten und kaufwilligen Kunden und den Fachjournalisten. Das Publikum ist zugelassen. Dadurch entsteht zwar ein großes Gedränge, weil nun jede Römerin es ihrem Mann oder Freund zur heiligen Pflicht macht, irgendwie, und wenn auch über die abenteuerlichsten Umwege, an eine Einladungskarte zu kommen. Doch jung und alt, die Großmutter und das Enkelkind, biedere Angestellte und robuste Arbeiter, haben ihre Freude an feiner, wenn auch unerschwinglicher Damenkleidung. Durch die beklemmende Enge in manchen Sälen wird zwar denen die Arbeit erschwert, die von Berufs wegen Stoffe und Farben an schlanken Silhouetten begutachten, die in Sekundenschnelle zwischen burgund-, feuer-, karmesin-, krebs-, lachs-, purpur-, siena-, scharlach- und anderen Schattierungen der Farbe Rot unterscheiden müssen. Aber das Vergnügen des Volkes steht in Modehäusern über solchen Erwägungen. Sie führen damit die Alta Moda in Rom aus ihrer esoterischen Exklusivität heraus und erschließen ihr nicht zuletzt neue Kunden.

So dienen die Modeschauen, die in der Ewigen Stadt im Juli und im Januar stattfinden, den Römern als spektakuläre Theateraufführungen, bei denen an Requisiten nicht gespart wird. Einige Kreatoren sind noch weiter gegangen und halten ihre Paraden nicht mehr in den Sälen der großen Hotels ab. Barocco hat seine Schau auf die Tiberinsel verlegt, auf den Platz vor der Kirche des heiligen Bartholomäus. Di Gianfelice (»Hans im Glück«) nahm seine Adresse in der Via Veneto zum Anlaß, auf der Prachtstraße selbst den Laufsteg aufbauen zu lassen, was die Stadtverwaltung im Hinblick auf den sommerlich ein wenig reduzierten Verkehr sogar genehmigte. Valentino wie-

Kunstwerke der Alta Moda

derum wählte die Piazza Mignanelli, den Nebenplatz an der Spanischen Treppe, und fand damit ein Ambiente, das allein schon den Besuch lohnte. Den Abschluß der Julivorstellungen im heißen Rom bildete eine Galashow auf der Spanischen Treppe selbst, vom Fernsehen in ganz Italien übertragen. Die berühmte Freitreppe vor der Kirche Trinità dei Monti hatte man sinnvoll dekoriert. Statt der Blumen, die im Frühling die geschwungene Scalinata schmücken, lockten bunte Tüten mit Eis, zwar riesengroß, doch leider aus Kunststoff.

Oper in der Antike

Die ehrwürdigen Monumenti in Vorführungen zu integrieren, ist freilich nicht die originelle Idee der Modeschöpfer. Schon seit langer Zeit wird in den Kirchen und Klöstern Italiens musiziert. Wenn im Juli das römische Hauptorchester, die *Accademia di Santa Cecilia,* den Kapitolsplatz für die Konzerte wählt, wird der Verkehr eben umgeleitet. Oder nehmen wir Verdis Oper »Aida« in den Caracalla-Thermen zu Rom. Es sei ein göttliches Schauspiel, hat Arthur Rubinstein davon einmal gesagt. Die Aufführung in den römischen Ruinen ist beeindruckend. Wohin könnte ein falscher Obelisk besser passen als in die Mitte des jahrhundertealten Gemäuers! Der Triumphmarsch der Oper, wo könnte er effektvoller erschallen als unter römischem Nachthimmel zur Sommerzeit! In den Caracalla-Thermen, deren Pfeiler es an Größe mit denen der Peterskirche aufnehmen, hat man die Bühne und ein Halbrund von Rängen errichtet, das 5000 Zuschauern Platz bietet, Platz genug also für Festzüge, für Szenen mit Hunderten von Sängerinnen und Sängern. Kamele und Pferde tummeln sich auf der Bühne. Und alles vor der Kulisse, die von Roms Geschichte gestellt wird. Und schließlich ist es ›ihr‹ Verdi, dessen Melodien den Italienern vertraut sind. So sehr, daß auf den oberen Rängen, wohin die Stimme der Sänger nicht mehr getragen wird, wo Orchester und Solisten schon wegen der Entfernung auseinanderfallen, die Besucher helfend einspringen können: »Holde A-i-hi-da!«

Wichtig ist, daß im Sommer die Italiener wieder Besitz nehmen von ihren Monumenten und sie zugleich mit den Fremden teilen. So wie in Verona im Juli und August. Dreieinhalb Stunden lang hatte der italienische Sänger Franco Bonissoli in Verdis Oper »Troubadour« genau dem entsprochen, was sich alle Welt unter einem strahlenden Heldentenor vorstellt. In der Arena von Verona, dem Amphitheater aus altrömischer Zeit, schmetterte er von pünktlich 21 Uhr bis 0.30 Uhr vor einigen tausend gebannten Zuhörern so bewegende Arien gegen den klaren, tiefblauen Nachthimmel, daß nicht nur Leonora auf der Bühne ihm ihr Herz schenkte, sondern auch unzählige Damen auf den Rängen. Damit nicht genug. Nach der Vorstellung schlenderte der Sänger pfeifend über die Piazza Brà, den Hauptplatz der Stadt, wurde erkannt, und immer mehr blonde Damen stellten entzückt fest, daß der Tenor in seiner charmanten Stattlichkeit dem Ideal eines italienischen Liebhabers außerordentlich nahekam. Sie wagten ein paar deutsche Worte, auf die der Troubadour mittels des einschlägigen Opernrepertoires gewandt zu antworten verstand, und gingen glücklich mit Bild und goldenem Autogramm zu ihren Ehemännern zurück, die vor einem Glas Bier die Auswirkungen einer stundenlangen Offensive italienischer Maskulinität auf die Gemahlin bilanzierten.

Verona zeigt sich dann von seiner schönsten Seite. Auf der Piazza Brà, dem Hauptplatz der Stadt, promenieren festlich gekleidete Damen und Herren. An den Tischen der Ristoranti und Café-Bars sitzt man und nimmt einen Imbiß, eine Pizza oder ein Gelato. Die Opernaufführungen unter freiem Himmel in der Arena, dem drittgrößten altrömischen Amphitheater nach dem Kolosseum in Rom und dem Rundbau von Capua bei Neapel, sind für die Veroneser das wichtigste im ganzen Jahr. Tag für Tag verfolgen sie genau, was sich in der Arena und um sie herum abspielt oder was sich dort Aufregendes zutragen wird. Bekommt der berühmte Sopran in der allerletzten Minute noch einen Schnupfen oder wird die Primadonna einen großen Auftritt feiern können, wie einst Maria Callas, die, wie die Veronesi selbstbewußt sagen, hier ihre stolze Karriere begann.

Für viele Musikliebhaber, gerade aus deutschsprachigen Ländern, ist Verona ein immer häufiger angesteuertes Ziel. Manche machen das ganz auf die Schnelle. Von Hannover, Hamburg und Köln gehen am Nachmittag Charterflugzeuge ab, die ihre bis zu 320 Passagiere gegen 18.45 Uhr, zweieinhalb Stunden vor dem Beginn des Stückes, auf dem Flughafen von Verona absetzen und noch in derselben Nacht nach Deutschland zurückbringen. Am nächsten Morgen können nord- und westdeutsche Opernnarren, vielleicht etwas müde, doch mit Verdis und Puccinis Melodien im Ohr, wieder an ihrer Arbeitsstätte sein.

Am 10. August 1913 wurde in der Arena zu Verona die erste Oper aufgeführt. Natürlich war es »Aida« von Verdi. Weniger aus nationalistischen Gründen als deshalb, weil sich diese Oper mit ihren Massenaufzügen und schmetterbaren Arien

Verona, Piazza Brà mit Arena

am besten für das riesige Oval eignet. Ein zartes Mozart-Singspiel würde sich in den himmelhoch aufstrebenden Rängen verlieren und unter den Tausenden von Zuhörern untergehen. Deshalb gibt die Häufigkeits-Rangliste eindeutig den lauten Opern den Vorzug: »Aida« von Verdi mit bisher 224 Aufführungen seit 1913, »Carmen« von Bizet mit 75, »Turandot« von Puccini mit 63, dann »Troubadour« (Verdi, 52) und »La Gioconda« (Ponchielli, 51). Daraus ziehen einige gestrenge Kritiker den Schluß, man könne überhaupt in die Arena nicht wegen der Musik, sondern nur wegen des Spektakels gehen.

Die Eröffnung der Mailänder Scala

Bei den Musikliebhabern in aller Welt hat das Mailänder Opernhaus einen besonderen Klang. Der Namenstag des hl. Ambrosius am 7. Dezember markiert hier traditionsgemäß den Beginn der Opernsaison und damit Italiens mondänstes gesellschaftliches Ereignis. Dabei geschieht es jedoch unversehens, daß für viele nicht die Musik im Mittelpunkt steht, sondern das teure Kleid, die gelungene Frisur oder der wertvolle Schmuck, die Aufmerksamkeit, die einem von Freunden, mehr noch von Fotografen zuteil wird, die Frage, wen man schneiden muß und mit wem man gesehen wird. Natürlich richten sich auf diese Premiere Neugier und Neid jener, die nicht dabei sind, die es unerhört finden, daß für einen Sitzplatz eine Million Lire ganz offiziell gefordert und bezahlt werden. Vor 20 Jahren haben diese Gefühle ein explosives Gemisch ergeben, das sich vor dem Theater theatralisch in faulen Eiern und Tomaten gegen die feinen Damen und Herren entlud, und später in noch Gewalttätigerem. Der Schock von 1968 hat den vornehmen *Ambrosiani* für lange Jahre den Spaß an auffälligem Putz und eleganten Abendroben genommen und sie bewogen, den Reichtum eher zu verbergen.

Innendrin kann man sich zwar privilegiert fühlen, doch muß man diesen Vorteil mit mehr als 2000 anderen teilen, so vielen, daß es eng wird; und im Gedränge wird die Wirkung auch des raffiniertesten Kleides beträchtlich gemindert. Die Scala ist nicht für ausverkauft erbaut. Minister und Parteiführer, Wirtschaftskapitäne und Schauspieler, Gräfinnen und Mannequins, Bankchefs und Generäle, Künstler, Wissenschaftler und Fußballstars halten hof. Das Blitzlichtgewitter setzt unerbittlich die Grade des Ruhmes fest, und der ist sehr relativ in einer Gesellschaft, in der Fernsehansagerinnen den Bekanntheitsgrad aller anderen übertreffen. Ein Senatspräsident, ein sozialistischer Parteichef, Gräfinnen und eine Prinzessin setzen unterschiedliche Maßstäbe der Eitelkeit, und alle genießen es, dabei zu sein.

Vita Notturna – Nachtleben

Wie amüsiert man sich, wenn Konzert oder Oper nicht zusagen? Etwa in Rom? Als die Ewige Stadt noch heilig war, gab es ein attraktives Nachtleben. Es waren jene Zeiten, als das im Jahr 1929 geschlossene Konkordat zwischen dem Heiligen Stuhl und Italien in Artikel 1 Absatz 2 bestimmte: »In Anbetracht des heiligen Charakters der Ewigen Stadt – Bischofssitz des Papstes, Zentrum der katholischen Welt und Ziel der Pilger – wird die italienische Regierung Sorge tragen, in Rom alles zu

Auch 1969 mußten die Premierenbesucher der Scala noch von einem starken Polizeiaufgebot vor erzürnten Demonstranten geschützt werden

verhindern, was zu diesem Charakter in Kontrast stehen kann.« Es verstand sich von selbst, daß ein zünftiger Nachtclub, gar dessen verlockende Angebote in einem Fensterchen unter dieses Hinderungsgebot fielen. Eigentlich. Denn einerseits mußte ein frommer Pilger daran Anstoß nehmen, so sehr, daß er sich nach biblischem Rat die Augen hätte ausreißen müssen. Doch dann hätte er nicht mehr die heiligen Stätten betrachten können; das wollte man nicht. Andererseits war es noch selbstverständlicher, daß, doppelt verboten, die nächtlichen Sünden in Rom an Geschmack gewinnen mußten. So war es auch. Die Nightclubs hatten Hochkonjunktur, weil sie diese nicht haben durften. Eigentlich.

Doch seitdem das so bewährte Konkordat von 1929 durch ein Reformwerk von 1984 ersetzt wurde, der moralische Imperativ durch den Allerweltssatz: »Die italienische Republik anerkennt die besondere Bedeutung, die Rom, Bischofssitz des Papstes, für die katholische Christenheit hat« (Artikel 4), macht das Sündigen, wenn man den Klagen der Nachtclub-Besitzer Glauben schenkt, viel weniger Spaß. Der Playboy von heute, der gereifte Paparazzo von damals kommt in der Stadt des Papstes nicht mehr auf seine Kosten, weil die Päpste offenbar zu liberal sind oder die Stätten der Unzucht nicht mit Feuer und Schwert vertilgen können. Um 9 Uhr abends geht so ein unternehmungslustiger Herr die Liste der »Nights« durch und gerät ins Gähnen. Weil er nicht riskieren will, im ... (Diskretion erhöht den Reiz) das amerikanische Ehepaar am 50. Hochzeitstag (nach der Papstaudienz am Vormittag) zu treffen oder in der ... den Jungfrauenverein aus Lourdes (im Pauschalarrangement inbegriffen), schaltet der alte Paparazzo lieber den Fernsehapparat an. Da kann er unter den Programmen der staatlichen Rundfunk- und Fernsehgesellschaft RAI und zahlreichen privaten Stationen wählen, zur Not auch Sündiges.

Literatur und Unterhaltung – Alberto Moravia

Oder er greift zu einem Buch. Denn auch Literatur gehört zum Divertimento, Schriftsteller sollen unterhalten. Einer von ihnen, Alberto Moravia, wirkt jedoch wie ein Spielverderber. Böse, sagen sie, sei er, ein böser alter Mann, dem man nicht zu nahe kommen möge. Der meistgelesene und produktivste italienische Schrifsteller, der berühmteste seiner Zunft, zeigt sich in der Tat unzugänglich, abweisend, Distanz gebietend mit scharf prüfenden Augen. Bei öffentlichen Diskussionen in Rom erscheint er nie als freundlicher Gesprächspartner, der Meinungsverschiedenheiten zu trügerischer Harmonie verdünnt; schroffe Gesten, kurze Worte markieren Gegensätze, verschärfen widersprüchliche Positionen, trennen die Debattierer.

In der persönlichen Begegnung ist er zunächst genauso: ablehnend, sich widerwillig in ein Gespräch fügend, um das nicht er, sondern der andere gebeten hat, in das er sich schickt, weil der Name des andern oder wer weiß welcher Umstand seine Neugierde weckte. Erst die Bereitschaft, nach zehn Minuten das Treffen zu verschieben, weil beide, der zum Fragen und der zum Antworten Verurteilte, auch etwas Besseres zu tun wüßten, gewinnt seine Sympathie. Der Einwurf beim nächsten Mal, man habe noch keine einzige Zeile von ihm gelesen, als provokative Gesprächshypothese vorgetragen, bewegt sein Interesse: Wie soll sich ein Schriftsteller erklären, wenn sein Partner vorgibt, nichts von den Romanen und ihren Personen zu wissen, nichts von »Desideria« und »Agostino«, von »Inzest« und »Ehelicher Liebe«, nichts von »Die Gleichgültigen« und »La Noia«?

Aber Alberto Moravia, am 28. November 1907 in Rom geboren, ist in seine Werke, in seine Helden und Heldinnen nicht verliebt. Er hat nur Spott übrig für einen Kollegen, der seine eigenen Bücher lese, »mehr als zwanzig Mal, und sie immer besser fand.« Daß seine so etwa dreißig Bücher Millionenauflagen erreicht haben, daß sie in mehr als dreißig Sprachen übersetzt sind, scheint seine Verleger mehr zu beeindrucken als ihn. Über die geschriebenen Bücher redet er ungern, mit dem Vergangenen kann er wenig anfangen, will er fast nichts mehr zu tun haben. »Ich möchte besser schreiben, mich vollkommen ausdrücken können, die Bücher bleiben hinter meinen Ambitionen zurück«, meint er nachdenklich.

Die Beschreibung der menschlichen Beziehungen steht für Moravia im Vordergrund, nicht, ob sich darin eine ethische oder ›unmoralische‹ Haltung ausdrückt. Ein Schriftsteller sei kein Prediger, beharrt er. Er könnte sich nicht verpflichtet fühlen, Vorbilder aufzustellen. Mag sein, daß Moravias Texte sich nicht dazu eignen, in Schulbüchern abgedruckt zu werden. »Meine Bücher brechen mit den Moralvorstellungen der italienischen Gesellschaft«, erläutert der Schriftsteller, »aber nicht, um Moral zu zerstören, sondern um zu zeigen, daß diese Moral verderbt, lax, kasuistisch ist. Die Italiener sind keine Heuchler, die das eine sagen und etwas

anderes tun. Das ist protestantisch. Als Katholiken haben die Italiener für alles und jedes eine Erklärung, eine Ausrede. Dagegen wende ich mich.« Ist also Moravia gar ein verkappter Moralist, der in der Auflehnung gegen die morsche Moral der Gesellschaft zu seiner neuen Ethik kommen will? Die Revolte ist das Thema eines seiner letzten Romane, »Desideria«. »Ich bin kein Priester; diese sollen Vorbilder geben; ich beschreibe die Wirklichkeit«, lautet die Antwort.

Daß im katholischen Italien die Kirche dazu nicht schweigen konnte, versteht sich von selbst. Schon nach dem Erscheinen seines ersten Romans, *Gli indifferenti* (»Die Gleichgültigen«), im Juli 1929 schrieb Giambattista Montini, der spätere Papst Paul VI., in der Jesuitenzeitschrift *Civiltà Cattolica* eine kritische Rezension, »jedoch sehr respektvoll«, wie Moravia sich erinnert. 1952 sprach der Vatikan unter Papst Pius XII. über die *Fabula amatoria,* die erotische Literatur des Schriftstellers, also praktisch sein gesammeltes Werk, das Verdammungsurteil: »Ich kam – wie auch André Gide – auf den Index. Mich hat das verwundert. Denn der Index der für einen Katholiken verbotenen Bücher war gewöhnlich gegen Häresien gerichtet; erotische Schriften haben skandalisiert, aber waren erlaubt.«

Das kirchliche Verbot tat dem Erfolg Moravias keinen Abbruch, wiewohl es ihn in den Augen vieler Katholiken mit der Aura des Anrüchigen umgab. Doch der römische Romancier sieht sich von der Kirche keineswegs verfolgt. »Ich bin getauft, katholisch aufgewachsen, meine Mutter war katholisch, mein Vater ein venezianischer Jude, dem sein Glaube jedoch gleichgültig war. Mit zwölf Jahren hörte ich auf zu glauben. Das letzte Mal war ich 1941 in der Kirche, in Al Gesù, als ich heiratete, meiner ersten Frau, Elsa Morante, zuliebe. Ich sehe die Kirche als eine große Zeremonie. Doch meine Bücher haben nichts mit einer Auflehnung gegen die Kirche und ihre Morallehre zu tun, nichts.«

»Die einzige Weise«, bekennt Moravia, »die Langeweile zu überwinden, ist, darüber nachzudenken und sie zu beschreiben. Schon vor meiner Krankheit sagte ich zu meiner Mutter, ich langweile mich. Das Buch »La Noia« machte die Langeweile ertragbar, fast vergnüglich. Ich nannte es Langeweile, aber in Wirklichkeit ist es Angst. Ich leide sehr unter der Angst.« Moravia muß deshalb schreiben, um sich von dem zu befreien, was ihn bedrängt. Er muß Gleichgültigkeit und Überdruß, Bosheit und Durchtriebenheit, Verzweiflung und Einsamkeit, Eifersucht und Haß, die Liebe in all ihren Leidenschaften und beunruhigenden Gestalten benennen, um davon nicht überwunden zu werden. Denn, so sagt er nach vielen Stunden des Gesprächs, »Alle meine Bücher sind im Grunde eine Autobiographie, entstanden aus meiner Erfahrung, nur die Personen sind erfunden.«

Alberto Moravia ist müde geworden. Seit fast sechzig Jahren schreibt er. Sein Blick fällt auf die verblühenden Mimosen in der Vase. »Schriftsteller arbeiten gut in einem Klima der Dekadenz«, bemerkt er beiläufig. Die Augen wandern zum Fenster, hinaus auf die Terrasse, auf der ein heftiger Wind die Pflanzen peitscht, hinüber zu den Häusern auf der anderen Seite des Tibers. »Italien ist voller Gegensätze. Die wirtschaftliche Macht liegt bei der Industrie und den Banken des Nordens, die politische in den Händen von Bauern aus dem Süden. Die Politiker müssen sich bereichern, müssen das alte lateinische Klientelwesen weiterführen, weil sie arm sind. Weil Italien katholisch ist, gibt es so viele Stimmen für die Kommunistische Partei. Das Dogmatische des Katholizismus ist dem Kommunismus verwandt. Die Italiener interessieren sich nicht für wahr und falsch, sondern nur für schön und häßlich. Sie sind eingefleischte Realisten, die genau wissen, daß sie meist nur ein Schauspiel aufführen.« Moravia blickt auf die Uhr. Er hat noch immer viele Verpflichtungen. Er schreibt Filmkritiken, veröffentlicht Aufsätze, Reiseberichte, Einladungen zu Diskussionen folgt er immer seltener. Im Hinausgehen sagt er, er habe gerade einen Roman beendet; sein Glück ist ihm kaum anzumerken.

Feste

So gibt es unendlich viele Weisen, dem Glück nachzugehen, subtile und kräftige, zwischen *Felicità*, der sanften Zufriedenheit, und dem *Divertimento*, das in den Festen zum Höhepunkt kommt. Unzählige gibt es davon in Italien, offizielle, Festivals, Festspiele, Heiligen- und Kirchweihfeste, traditionelle Umzüge und folkloristische Spektakel. Wenn Ende August die Politiker von der Hitze ermattet sind und nur zögernd wieder die Regierungsgeschäfte aufnehmen, ist die Zeit zum politischen Feiern da. Kommunisten und Katholiken sind dafür am bereitwilligsten, wahrscheinlich weil beide, bewußt oder unbewußt, direkt oder um die Ecke herum, die Tradition der kirchlichen Feste weiterführen. Politiker geben ja immer etwas drum, über die Stimmung unter den Wählern und in ihrer Partei genau im Bilde zu sein. Die führenden Christlichen Demokraten und die Kommunisten erfüllen sich diesen Wunsch regelmäßig im

Prozession in Trastevere

Sommer. Dann fühlen sie während der Parteifeste, die im ganzen Land gefeiert werden, doch jeweils in einem nationalen großen Hauptfest kulminieren, der kommunistischen *Festa dell'Unità* (Einheit) und der christlich-demokratischen *Festa dell'Amicizia* (Freundschaft) – die Namen allein geben zu manchen ironischen Bemerkungen Anlaß –, ihrem Volk den Puls, lancieren neue Ideen, hantieren mit alten Ladenhütern in schmucker Verpackung und warten die Reaktionen ab.

Aber die politischen Veranstaltungen sind vor allem mit Folklore, modischem Schnickschnack und Kirmesfirlefanz drapiert. Für das leibliche Wohl ist ebenso gesorgt wie für das geistige (im Sinne des Veranstalters). So kommen neben den aktiven Parteimitgliedern auch viele Sympathisanten und Neugierige. Da kann man ausprobieren, wie der Wähler auf neue Pläne und Personen anspricht. Das Parteifest wird zum Laboratorium, in dem mit der künftigen Politik experimentiert wird. Das wichtigste jedoch ist, sich wiederzusehen, in der Gemeinschaft Gleichgesinnter bei Pasta und Vino sich vergnüglich für den kommenden politischen Kampf – na, nehmen wir ihn nicht gar so blutig ernst – zu rüsten.

Vielleicht findet man nur noch in Italien jene Feste, in denen sich Traditionen und

Spektakel, Heidnisches und Christliches, ernster Glaube und derber Spaß, Angst und Lust, Gefahr und Leichtsinn auf unnachahmliche Weise mischen. Am Ortseingang von San Marco, im Gargano von Apulien, tief im Süden, weisen uns Polizisten freundlich einen Parkplatz an. Wir sind nicht die einzigen, die zu diesem frommen Schauspiel am Karfreitagabend eilen, der Prozession *delle Fracchie,* einem merkwürdigen Brauch. Denn nicht dem gekreuzigten Christus oder der *Addolorata,* der schmerzensreichen Madonna, gilt das Hauptinteresse, sondern den *Fracchie,* den etwa 30 Holzpyramiden, ein bis sechs Meter hoch, die aus Zweigen und Ästen geformt, auf ein wackliges Gestell mit zwei Eisenrädern gelegt, mit Sandsäcken gegengewichtet, dann angezündet und durch die engen Gassen der Stadt gezogen, geschoben und gedreht werden.

Sie brennen mit Hilfe von viel Benzin lichterloh, bringen nach Ansicht ängstlicher Besucher das Städtchen stets in die Gefahr einer Feuersbrunst, verschaffen aber offenbar allen Einheimischen am traurigen Karfreitag lebhaftes Vergnügen. Der Fremde denkt an Sicherheitsmaßnahmen, an die Vorschriften der Feuerwehr. Nichts davon. Alle herumstehenden Kanister sind mit Benzin, nicht mit Wasser gefüllt. Unter diesen mißtrauischen Gedanken und Beobachtungen trägt ein frischer Windstoß Funken in die Menge, Asche auf die Köpfe und Rauch in die Augen. Man lacht nur und weist darauf hin, daß die Prozession seit Beginn des 18. Jahrhunderts stattfinde und San Marco immer noch bestehe. Ein paar kleine Unfälle, nichts Ernsthaftes. Man schüttelt den Kopf über scheinbar übertriebene Vorsicht. Autos stupsen sich unbeirrt durch die dicht stehenden Zuschauer. Kinder spielen unbekümmert neben dem Feuer, Mütter schauen unbesorgt zu.

Da lodert eine Flamme bis an das Dach der Häuser. Die Menge jubelt. Nur ein kleines Mädchen weint: »Ich habe Angst.« Der gleichaltrige Junge rückt noch ein Stückchen näher an einen beweglichen Scheiterhaufen.

Es ist nicht einfach, solch ein brennendes Gefährt zu steuern. Ein paar Verbrennungen werden wie Ruhmeszeichen einer Schlacht getragen, auf den frommen Sinn, an den Leiden Christi teilzuhaben, verfällt kaum jemand. Ein kräftiger Wind erhöht die Unberechenbarkeit der Flammen und die Freudenschreie der Mehrheit. Wenn die Neugierigen nicht gleich weggehen, schiebt man die brennenden Pyramiden einfach in sie hinein, und die Menge teilt sich wie das Rote Meer vor den Israeliten.

Da will man Auskunft über das Warum. Gigino erklärt, die Madonna suche ihren am Kreuz gestorbenen Sohn; um ihr dabei Licht zu geben, entzünde man die Holzkegel und schleife die hellen Säulen durch die Nacht. Gegen diese Bereitschaft ist nicht viel zu sagen, da nun die Madonna tatsächlich, angetan mit schwarzen Gewändern, schwankend vorüberzieht. Michele meint, früher sei die Kirche auf dem Land vor dem Städtchen gelegen; da habe man zum Kirchgang Fackeln benötigt, aus der Begleiterscheinung der Prozession sei später die Hauptsache geworden. Padre Valentino, schon seit zwölf Jahren Pfarrer der Kirche Addolorata, verweist einfach auf die Tradition, begrüßt einen Mann, der aus Stuttgart extra zur Prozession in die Heimat gekommen ist, plaudert freundlich mit Frauen und Kindern und bemerkt zufrieden, die wochenlangen Vorbereitungen hätten sich gelohnt: »Das wird unserem Herrn und der Madonna gefallen haben«, lächelt er, sich offenbar bewußt, daß auch andere dabei ihren Spaß hatten.

Vita Scandalosa

Zu den Träumen vieler gehört, mächtig zu sein, Macht zum eigenen Nutzen und dem der Freunde ausüben zu können. Doch, so fügen Italiener gleich hinzu, wenn dieser Traum vollkommen sein soll, so muß die Macht im Verborgenen blühen. Denn nur des Einflusses im Geheimen kann man sich wirklich sicher fühlen. Sonst muß man beständig Neider fürchten und jene, die einem, mit welchen Mitteln auch immer, die gehobene Position streitig machen wollen. In Italien gibt es offenbar besonders viele solcher geheimnisvoller Mächte. Die Italiener fühlen sich von ihnen zugleich angezogen und bedroht, begegnen ihnen mit Furcht und Respekt, weil man nie wissen kann. Die extremistischen Organisationen wie die einst gefährlichen »Roten Brigaden« gehören dazu, das organisierte Verbrechertum, das in Sizilien »Mafia«, in Kampanien um Neapel »Camorra« und in Kalabrien »ndrangheta« heißt, die Geheimdienste des Staates, schon wegen des Namens, aber ebenso Freimaurer und selbst kirchliche Organisationen – wenn es nur recht mysteriös zugeht und ein Skandal Empörung hervorruft oder leichtes Gruseln verspricht.

Da sind die Zuschauer und da sind die Mitspieler. Kommt es nicht italienischen Eigenheiten entgegen, seine geschäftlichen Angelegenheiten, den beruflichen Werdegang lieber der Fürsprache eines Freundes, dessen Beziehungen und Empfehlungen anzuvertrauen als genau kontrollierbaren Mechanismen? Dem Personalbüro eines Konzerns, dem fairen Wettbewerb mit anderen? Sich in die Obhut eines Mächtigen zu begeben, garantiert eher den Erfolg als dem eigenen Verdienst zu vertrauen. Weiß man denn, ob es auch von anderen erkannt wird? Gar einer einflußreichen Organisation zusammen mit anderen vertrauensvollen Männern anzugehören, dieser Versuchung kann kaum ein Italiener widerstehen, selbst wenn die Vorzüge nicht so schnell zutage treten; die Furcht, etwas Vorteilhaftes zu versäumen, ist fast immer größer als die Furcht, einem dubiosen Versprechen aufzusitzen.

Michele Sindona, Licio Gelli, Roberto Calvi, Ciro Cirillo – das sind die Namen jener Männer, die in den letzten Jahren die Italiener am meisten erregt haben, Stichwörter für Skandale und Affären, die das Land erschütterten und viele Stützen der Gesellschaft erzittern ließen: Licio Gelli, der Großmeister der Loge *Propaganda 2* (P2), einer der Freimaurerei verbundenen Loge, in der sich Minister und Generäle, Staatssekretäre und Parlamentarier, Verfassungsrichter und Geheimdienstchefs, Industrielle und Bankmanager, Verleger und Journalisten sammelten, um, ja sicher doch, um den italienischen Staat in die Hand zu bekommen – darunter ging der Vorwurf nicht; Roberto Calvi, der es bis an die Spitze der größten italienischen Privatbank, des Mailänder *Banco Ambrosiano,* brachte, dessen Zusammenbruch verschuldete, in den auch die Vatikan-Bank IOR verwickelt war, doch dann wegen Devisenvergehens verurteilt und schließlich unter einer Themsebrücke in London erhängt aufgefunden wurde (inzwischen gibt es den wieder florierenden, höchst ehrenwerten *Nuovo Banco Ambrosiano*); und Ciro Cirillo, der ehemalige Chef der Regionalverwaltung von Kampanien, der als Ressortchef für das Bauwesen dieser Region entführt (von Linksextremisten? von der Mafia?), der dann jedoch freigelassen wurde gegen ein Lösegeld (bezahlt von Politikern? von Geheimdiensten? von Mafiosi?). Wer kennt schon in allen Fällen die Wahrheit!

Michele Sindona bei seiner Gerichtsverhandlung

Michele Sindona jedenfalls wird nicht mehr reden können. Der sizilianische Bankier, der die Mächtigsten der Erde kannte, doch dann in den Vereinigten Staaten wegen betrügerischen Bankrotts zu 25 Jahren Gefängnis, in Italien ebenfalls wegen des Zusammenbruchs einer Bank zu 15 Jahren und schließlich wegen Mordes zu lebenslänglicher Freiheitsstrafe verurteilt wurde, vergiftete sich in seiner Zelle. Da wußten die Italiener nicht, worüber sie sich mehr ärgern sollten: Darüber, daß Sindona niemandem mehr seine Geheimnisse – und davon hütete er eine Menge – enthüllen konnte, oder über den bedenklichen Umstand, daß Gift durch alle Kontrollen des *Supercarcere,* des Spezialgefängnisses, hindurch den Häftling Sindona erreichen konnte, oder, noch beunruhigender, über die Frage, wer das Gift geschickt hat, welcher übermächtige Dunkelmann im Hintergrund. Ein Politiker aus dem ersten Glied? Ein Nabob der Hochfinanz? Ein skrupelloser Boß der italienischen oder amerikanischen Mafia? Sindona jedenfalls hatte noch kurz vor seinem Selbst(?)mord in einem Fernsehinterview selbstsicher seine Unschuld behauptet, sich auf den Berufungsprozeß vorbereitet und dunkle Andeutungen ausgestreut. Und alle Welt wußte, daß an Aufstieg und Fall des sizilianischen Bankiers viele beteiligt waren, die ihren Namen ungern mit dem Sindonas verwickelt sahen und nichts lieber wollten, als daß der Sizilianer ein für allemal Ruhe gäbe. Und welche Namen wurden in Verbindung mit Sindona nicht schon genannt! Der ehemalige amerikanische Präsident Nixon und der italienische Außenminister Andreotti, Erzbischof Marcinkus aus dem Vatikan, den die geschäftlichen Beziehungen zu Sindona am Ende summa summarum 250 Millionen Dollar kosteten, und Dutzende von Männern, die im Gotha der italienisch-amerikanischen Verbrecherwelt ganz oben stehen.

Sizilien und Mafia, große Politik und Hochfinanz, Freimaurerei und katholische Kirche, Spekulationen um Lira und Dollar, aufblühende und dahinschwindende Bankinstitute, fingierte Entführungen und wirkliche Morde, das sind die Ingredienzen der Geschichte des Michele Sindona, der von derselben Insel stammte wie der Obermeister aller Betrüger, der Sizilianer Cagliostro. Sindona ging als studierter Jurist, doch mit Neigung für finanzielle Akrobatik, nach Mailand, in den goldenen Norden, nach Kriegsende, als auch in Italien die Stunde der Geschäftemacher und Spekulanten, der pfiffigen Unternehmer und begabten Habenichtse schlug. Sindonas finanzielle Kunststücke waren so atemberaubend, daß ihn der mehrfache italienische Ministerpräsident und Außenminister Andreotti 1974 bei einem offiziellen Festbankett in New York den »Retter der Lira« nannte – ironisch, wie wir heute wissen.

Der Aufstieg Sindonas erschien allen unaufhaltsam. Aus dem Vize der Bank war bald der Chef geworden. Zu der einen Bank kamen andere einflußreiche Positionen hinzu. Sindona kaufte hemmungslos Aktien und Beteiligungen an Gesellschaften, Banken, Versicherungen, Immobilienkonzernen und Industrieholdings, nicht nur in Italien, sondern bald auch in den Vereinigten Staaten. Solche Finanzjongleurs gibt es auch in anderen Ländern. Aber den Weg Sindonas säumten in Italien die ›besonderen Freunde‹. Er verpflichtete sich Politiker und erlangte mit ihrer Hilfe Vergünstigungen. Später mußten sich viele Christliche Demokraten wegen ihrer Beziehungen zu Sindona verantworten; ihre politischen Gegner, voran die Kommunisten, triumphierten darüber. Auch in der *Massoneria,* der italienischen Freimaurerei, scheint Sindona Freunde besessen zu haben. Es konnte wohl nicht ausbleiben, daß auch die Dienste der Mafia dem sizilianischen Bankier nützlich wurden, wobei sich geheimnisvolles Dunkel darüber legt, welche Dienste aus der breiten Palette der Delikte – ›rote‹, also blutige wie Mord, Raub, Verstümmelung, Schmuggel und Drogen, oder ›weiße‹ Verbrechen wie Bestechung, Einschüchterung, Erpressung – Sindona in Anspruch nahm und mit welchen Gefälligkeiten er sich revanchierte, etwa mit dem Waschen schmutzigen Geldes durch seine internationalen Bankverbindungen, mit dem gewinnbringenden Anlegen des durch blutige Verbrechen gewonnenen Geldes in finanziellen Beteiligungen, kurz, mit der Umwandlung der ›roten‹ Mafia in eine ›weiße‹. Man weiß es nicht, und da sich schon ein parlamentarischer Untersuchungsausschuß in Italien mit den Verbindungen Sindonas beschäftigt hat, sich also schon die klügsten Köpfe ohne Erfolg darüber den Kopf zerbrochen haben, wird man es wohl nie genau erfahren.

Spirito Mafioso – Die Macht der Mafia

Warum wurden an einem Oktoberabend des Jahres 1984 in Palermo acht Männer auf einen Schlag umgebracht, beging man die seit Menschengedenken grausamste Mordtat in Sizilien? Ist die Mafia ohne jeden Maßstab? So wie die Camorra, die verschiedenen

Gruppen des organisierten Verbrechertums in und um Neapel, die Ende August in dem Städtchen Torre Annunziata am Fuß des Vesuvs ebenfalls acht Menschen ermorden ließ? Sind die achtfachen Morde ein Beweis übermütiger Stärke, dafür, daß die Mafiosi schalten und walten, unbedenklich mit dem Todesurteil reagieren können? Oder zeigt sich darin Schwäche, daß sie auf Unbotmäßigkeit blindwütig einschlagen, um nicht noch mehr an Autorität und Furcht bei den Beherrschten einzubüßen?

Eindeutige Antworten darauf versagten sich die Verantwortlichen der italienischen Behörden. Um so deutlicher zeigt sich die Realität in Palermo: In einem solchen Feld von Armut und erbärmlichem Elend muß neben dem alltäglichen Leben das Unkraut des Verbrechens hochschießen. Niemand stirbt hier Hungers, doch sehen auch nur wenige Möglichkeiten, sich mit Rechtschaffenheit, Fleiß, ehrlicher Arbeit und anerkannten Leistungen aus den drückenden Lebensverhältnissen zu erheben. Der Staat vermag die Beachtung seiner Gesetze, ob bei illegalen Pferderennen oder bei der Kontrolle über Schlächtereien, nicht durchzusetzen; die Gesellschaft kann nicht für alle Arbeit und Auskommen sicherstellen und überläßt zu viele ihrem eigenen Geschick. So ist die Versuchung groß, daß ›Freunde‹ sich zusammentun, sich einem Boß unterstellen und mit Hilfe von Gewalt ihren Willen Schwächeren aufpressen. Das ist die wilde Mafia, die nichts mehr mit der »ehrenwerten Gesellschaft« des »Paten« von einst gemein hat, wenn jene wirklich je ehrenwert und besser war. In den Vorstädten von Palermo, Neapel oder Reggio Calabria, in den ärmlichen Landgegenden Süditaliens wachsen dem Verbrechertum stets neue Rekruten nach, aus Hoffnungslosigkeit, freilich auch aus Nichtsnutzigkeit und Arbeitsscheu. Bei der wilden Mafia herrscht Anarchie. Das Modell einer pyramidenartig aufgebauten Hierarchie mit straffer Organisation und ehernen Gesetzen trügt.

Dafür muß man das gemeine Verbrechertum verlassen und ein paar Stufen höher steigen, in die einträglichste Sparte der internationalen Kriminalität, die Rauschgiftszene. Die italienische Justiz weiß mehr darüber, seitdem ein gewisser Tommaso Buscetta im Juli 1984 an Italien ausgeliefert wurde und Geständnisse ablegte. Don Masino, so der ›Künstlername‹ des 56 Jahre alten Buscetta, schilderte den Untersuchungsrichtern nicht nur seinen Lebensweg zwischen den Kontinenten, zwischen Italien, den Vereinigten Staaten und Südamerika, von seiner Heimat Palermo über New York nach São Paulo, der ihn überall in die Gefängnisse, doch ebenso zu großem Reichtum geführt hatte. Buscetta sprach auch über den Aufbau der *Cosa Nostra* in Palermo und New York, Nord- und Südamerika, über die internationalen Verbindungen und die Komplizenschaften zwischen den Bossen, über Ermordete und Mörder, gab Hinweise auf die spektakulären Morde an Richtern und Staatsanwälten, führenden Politikern, Polizeioffizieren und dem Carabinieri-General und Präfekten Dalla Chiesa in Palermo. Er nannte die Namen von kleinen Fischen und großen Verbrechern, von jenen, die im Sumpf der Kriminalität gefangen waren, und anderen, die politischen Schutz darüber breiteten.

Die Liste der Mafiosi, die den Justizbehörden in Italien und den Vereinigten Staaten seit Jahren bekannt waren, versah Don Masino mit Einzelheiten, die eine strafrechtliche Verfolgung ermöglichten. Er war so mitteilsam, daß die italienische Polizei in der *Notte di San Michele*, in der Nacht zum Fest des heiligen Michaels, Ende September 1984 mit 366 Haftbefehlen zum großen Schlag gegen die Mafia ausholen konnte. Auch in den Vereinigten Staaten griffen die Behörden zu, so daß der verantwortliche Staatsanwalt in

Die Mafia hat zugeschlagen

New York, der Italo-Amerikaner Rudolph Giuliani wieder Mut faßte und optimistisch erklärte, die Cosa Nostra könne noch in dieser Generation »endgültig zerstört« werden. Vielleicht ist seine Hoffnung sogar berechtigt, da die Italo-Amerikaner in den letzten Jahrzehnten gesellschaftlich emporgekommen sind und als Universitätsabsolventen nicht mehr wie arme Einwanderer durch zweifelhafte Erwerbsmöglichkeiten verführbar sind. Der zuständige Untersuchungsrichter in Palermo war nicht so optimistisch; er dachte daran, daß man nur fünf Dutzend Mafiosi hatte festnehmen können – hundert andere waren freilich schon in Haft –, und daß Buscetta bemerkt hatte: »Ihr habt nur die Kleinen erwischt, jetzt müßt ihr noch die Großen kriegen.«

Der mehrfache Mörder Buscetta rechnete vornehmlich mit seinesgleichen ab. Er wollte jene treffen, die ihn und die Seinen zugrunde gerichtet, die ihm zwei Söhne, einen Bruder, Schwiegersohn, Neffen und Cousins, Spießgesellen und Fußvolk ermordet hatten. Seine Rache hatte nur ein Ziel, den Clan der Corleonesi zu vernichten, der Mafia-Gruppe aus dem berüchtigten Städtchen Corleone südlich von Palermo, die offenbar der nicht minder berüchtigte Luciano Liggio aus dem Gefängnis dirigiert.

Man könnte bei Buscettas Geständnissen unter all den Namen der Bosse aus vier Jahrzehnten, der Badalamenti, Greco, Bontade, Provenzano, Salvo, Calo oder Riina die Übersicht verlieren, wenn nicht das Rauschgift immer wieder alle verbände. Besonders das Heroin, das in schmutzigen, schmierigen Hinterhöfen Palermos in primitiven Raffinerien gewonnen wird und über tausend dunkle Kanäle, auch schon mal im Leib eines Pferdes, in alle Welt geht. Teurer als Gold, begehrter und gefährlicher und vor allem verboten, verheißt Heroin unendlichen Gewinn. Fachleute schätzen den Umsatz der »Pizza-Connection« des italo-amerikanischen Rauschgifthandels in den Vereinigten Staaten während der letzten fünf Jahre in Milliardenhöhe (in Dollar!). Die Droge fasziniert die Mafia mehr als Prostitution und Schmuggel, Glücksspiel und Erpressung, die früheren Domänen der Mafia. Auch Immobilienmarkt und Aktiengeschäfte spielen heute eine immer wichtigere Rolle für den Umsatz und Gewinn.

Daneben verriet Buscetta, daß die unterste Gliederung der Mafia »Familie« heißt, die aus »Soldaten« und »Ehrenmännern« besteht und deren Oberhaupt zehn- bis zwölfköpfige »Kommissionen«, auch »Kuppeln« genannt werden, über denen sich eine »Oberkommission« erhebt, die aus Vertretern der wichtigsten Clans, aus »Kardinälen«, besteht, denen ein »Papst« vorgesetzt ist. Solch ein Schema trägt wenig zu wirklicher Aufklärung bei und suggeriert eine Ordnung, die nicht besteht. Die Mafia des Paten, für die noch einige Gesetze zu gelten und die Mord nur als letztes Mittel einzusetzen schien, ist längst liquidiert von gänzlich skrupellosen Nachfolgern.

Tommaso Buscetta nach seiner Verhaftung

Die Blutbäder von Palermo und Torre Annunziata innerhalb von zwei Monaten schreckten die Italiener auf. Dennoch stellte sich kein Gefühl der Ohnmacht ein, Resignation darüber, daß der Staat das organisierte Verbrechen nur halbherzig bekämpfe. Zwar hatte der ermordete Präfekt von Palermo, General Dalla Chiesa, begonnen, Bankkonten und Immobilienbesitz reicher Sizilianer zu kontrollieren. Doch für die Basis der Mafia sind nicht allein polizeiliche Maßnahmen angezeigt, sondern soziale und wirtschaftliche Interventionen des Staates. Dabei überwiegt wohl zu Recht, trotz der aufsehenerregenden Morde, in der italienischen Regierung und unter den Politikern in Rom die Ansicht, daß nicht ganz Sizilien oder gar ganz Süditalien vom Krebs des organisierten, geheimen und gewalttätigen Verbrechertums verseucht ist. Die gesunden Teile der Gesellschaft müssen ermuntert werden, die kranken zu heilen, wie es etwa der Erzbischof von Palermo, Kardinal Pappalardo, rät.

Noch etwas anderes macht den Italienern zu schaffen und hält sie beständig in Atem. Es ist die Frage, inwieweit auch Politiker in Süditalien der Mafia angehören. Damit eng verknüpft ist die Frage, inwieweit öffentliche Gelder in die Hände der Mafiosi geraten und die Verteilung von Subventionen, die Ausgabe von Hilfsgeldern, die Ausschreibungen staatlicher Aufträge von der Mafia kontrolliert werden, denn hier geht es um Milliarden und Abermilliarden. Beängstigend ist die Frage, in welchem Maß das politische Leben Italiens von dem *Spirito mafioso,* von der Mafiamentalität, durchzogen ist, wie es der alte liberale Senator Malagodi, einer der weisesten Politiker Italiens, in einem Gespräch nannte. Immer wieder werden die Namen sizilianischer Politiker, vornehmlich aus der führenden (natürlich) Christlich-Demokratischen Partei genannt, auch solcher, die in den Parlamenten von Palermo, Rom und Straßburg sitzen. Im Innern der Democrazia Cristiana auf Sizilien finden Auseinandersetzungen über die Moral in öffentlichen Ämtern statt, denn einige ihrer Mitglieder werden von der Mafia bedroht, einige stehen *in odore di Mafia,* im Geruch, Mafiosi zu sein. Die Partei, aus der auch der von der Mafia erschossene Regionalpräsident Mattarella stammte oder die entmutigt von ihrem Amt zurückgetretene Bürgermeisterin von Palermo, Elda Pucci, sucht mit sich selbst ins reine zu kommen.

Der Spirito mafioso scheint jedoch fast in ganz Italien zu wehen und den Italienern ins Gesicht zu blasen. So entnahmen sie eines Tages den Zeitungen, daß ein ehemaliger leitender Offizier des militärischen Geheimdienstes SISMA, der General Pietro Musumici, zusammen mit führenden Mitarbeitern unter dem Verdacht der Verwicklung in mehrere Skandale und Affären festgenommen worden sei; es wurde sogar der Vorwurf erhoben, die Offiziere hätten mit dem Bombenanschlag von Bologna am 2. August 1980 etwas zu tun, bei dem 86 Menschen den Tod fanden. Außerdem hätten die Geheimdienste einen gewissen Pazienza gedeckt, der im Zusammenhang mit dem ermordeten Chef des Mailänder Geldinstituts Banco Ambrosiano, Roberto Calvi, gesucht wurde. Von Calvi spannte sich der Faden zu der Affäre um die der Freimaurerei verbundene Loge P2 unter Licio Gelli. Wie weit also, lautet die besorgte Frage, ist der Staat geheimen Gruppen, versteckten Logen und organisierten Freundesbünden ausgeliefert, bei denen zwar im Unterschied zur Mafia an die Stelle brutaler Gewalt politische Macht tritt, die jedoch im Geist der Mafia ihren Willen durchsetzen und sich jeder demokratischen Kontrolle entziehen? Die italienische Demokratie erscheint zwar zu fest und zu gesund, als daß sie in ihren Fundamenten erschüttert werden könnte. Aber das öffentliche Leben wird durch die Mafiamentalität, durch die Kumpanei dunkler Freundschaften bis hinauf in die Spitzen der Gesellschaft gestört.

Und wie sah Leonardo Sciascia, 1989 gestorben, Schriftsteller aus dem Süden, von dort, wo die schmerzend helle Sonne die Menschen in die dunkle Abgeschlossenheit der Häuser treibt, die Mafia? In einem seiner Romane über die Mafia, »Der Tag der Eule«, entwirft er folgendes Szenarium: In einem kleinen sizilianischen Dorf wird am hellichten Morgen vor einem vollbesetzten Autobus ein Fahrgast erschossen. Als die Carabinieri erscheinen, sind alle Zeugen des Mordes verschwunden. Niemand von den Dorfbewohnern hat etwas gesehen oder gehört. Die Polizisten stoßen bei ihren Untersuchungen immer wieder auf dieselbe Reaktion. Die Leute haben Angst, der Wahrheit nahezukommen; alle scheinen verschworen, die blutige Tat im ungewissen zu belassen. »Italien ist ein Land ohne Wahrheit.« In einem Gespräch formulierte der damals in Palermo lebende Sciascia mit Bedacht. »Wir sind verdammt zur ewigen Lüge, bei privaten Verbrechen wie bei Staatsaktionen.« Waren das nur überspitzte Aussagen, wie sie Schriftsteller lieben, denen die Rolle zufällt, moralisches Gewissen einer Nation zu sein? Aber der kleine Herr, der seine Handbewegungen sorgfältig spart, damit sie nur nicht zuviel verraten, spricht gar nicht wie vom Thron des Sittenrichters. Sein Gesicht verrät Skepsis, die Qual des Abwägens. Sciascias Augen suchen immer irgendwo Halt, doch selten finden seine Fragen sichere Antwort. Seine Worte sind klar und bestimmt, durchsetzt von freundlicher Ironie; eine Sprache, die den Nebel von Irrtum, Verstellung und Lüge zu zerteilen sucht. »In Italien geht man mit dem, der vorgibt zu siegen; Faschismus, Antifaschismus, Kommunismus; zum Glück irrt man sich. Konformismus und Opportunismus sind die schlimmsten Übel Italiens.«

Warum wird der Schriftsteller Sciascia in Italien ernst genommen, in einem Land, das sich gegen den Ernst des Lebens zu wehren scheint? Zuerst deshalb, weil der 1921 in

Sizilien (in Racalmuto, einem kleinen Städtchen bei Agrigent) geborene ehemalige Volksschullehrer die Kunst des Erzählens bis an die Grenze einer den Leser verzehrenden Spannung beherrscht. Er bekleidet nicht moralische Urteile mit Alltagsgeschichten, sondern läßt die Menschen sprechen, den Grubenarbeiter und Halbpächter, den Priester und den Präfekten, die »Ehrenwerten« und die Verachteten. Und er läßt sie schweigen, so beredt, daß sich ihr verborgenes Denken und Fühlen mitteilt.

Zum zweiten gilt Sciascia in Italien etwas, weil die Italiener einen Teil ihrer Wirklichkeit in seinen Romanen wiederfinden, die Schutzlosigkeit des Bürgers, seine Ängste, Hunger und Not des Südens, die Arroganz der Mächtigen, die Flüchtigkeit der Wahrheit. Das hat Sciascia in den Rang eines politischen Richters erhoben. Sein Buch »Die Affäre Moro« über Entführung und Mord an dem christlich-demokratischen Parteipräsidenten im Frühjahr 1978 hatte ihm endgültig – gegen seinen Willen – diese Rolle zudiktiert. Den Mythos Moro wollte Sciascia zerschlagen, den Mythos des christlich-demokratischen Staates Italien. Aber die Scherben zu einer neuen Wahrheit zusammenzufügen, gelang auch dem Schriftsteller nicht.

Die Verwirrung darüber, wo die Mafia anfängt und die ›gesunde‹ Gesellschaft aufhört, geht so weit, daß Sciascia eines Tages die These aufstellte: Auch jene, die gegen die Mafia kämpften, profitierten von ihr; es gebe Personen mit öffentlichen Ämtern, die wortreich ihr Eintreten gegen die Mafia beschwören, die »Profis der Anti-Mafia«, doch darüber ihre Aufgaben in Regierung, Verwaltung und Justiz vernachlässigten, vielleicht gar illegale Tätigkeiten bemäntelten. »Die Demonstrationen«, so Sciascia, »die Diskussionsrunden, Debatten und Protestmärsche gegen die Mafia ... dienen nur der Illusion und der Beruhigung, man tue etwas; und besonders dann, wenn nichts Konkretes geschieht.« Ein Bürgermeister, der sich auf einer kulturellen Kundgebung großtue mit heftigen Worten gegen die Mafia, so klagte der Schriftsteller, verschwende nur öffentliche Gelder für die Organisation der Veranstaltung, aber fühle sich damit von wirklichen Taten gegen das Verbrechertum dispensiert.

Das sind starke Vorwürfe. Da er niemanden ausnahm, weder Bürgermeister noch Staatsanwälte, weder die Parteien rechts noch die links, weder den *Coordinamento Antimafia*, das Koordinierungskomitee von Palermo, noch die Interventionen der Zentralregierung in Rom, da er weder den angeblich guten Mafioso noch die antifaschistische Mafia schonte, erhob sich gegen Sciascias Beiträge ein Sturm der Entrüstung in Sizilien. Dort sind seine Ansichten über die Mafia freilich seit Jahrzehnten bekannt. Sein 1974 erschienenes Buch *Todo Moro* setzt voraus, daß Vertreter aller führenden Schichten Siziliens an dem kriminellen Spiel um Macht und Reichtum beteiligt sind; um zu erhellen, mit welch heuchlerischer Rhetorik man dies verbrämt, stellte Sciascia diesem raffinierten Kriminalroman ein Wort Casanovas voran: »Ich ließ den letzten Schleier der Scham fallen mit einem (frommen) Zitat des heiligen Klemens von Alexandrien.« Gibt es also einen besseren Deckmantel für die Mafia, als sich in die Schar ihrer Gegner einzureihen und lautstark öffentliche Moral und gnadenlose Untersuchungen zu fördern?

Dem sizilianischen Schriftsteller lag sicher fern, mit seinen Überlegungen jeden zu diffamieren, der etwas gegen die Mafia sagt oder tut, den Parteiführer oder Verwaltungspolitiker, den Staatsanwalt oder Untersuchungsrichter, den Polizeioffizier oder Carabinieri-General. Das würde zu einer völligen Paralyse führen, zu einer Untätigkeit des Staates, die Sciascia kaum erwünscht sein kann, selbst wenn er vor staatlichen Übergriffen warnt, das heißt vor den Aktionen von einzelnen Staatsdienern zu ihrem persönlichen Interesse. Indirekt müßten Sciascias Vorwürfe sogar auf ihn selber zurückfallen. Sie könnten dann nur noch goutiert werden, weil sich in Italien fast jeder verdächtig macht, der als kürzeste Entfernung zwischen zwei Punkten eine gerade Linie angibt.

Bei den täglichen Nachrichten über die Mafia, ob in Sizilien, Kalabrien oder Neapel – heute über die Verhaftung des gesamten Bankvorstands der Sparkasse von Kalabrien und Lukanien, gestern über die Anklage gegen Politiker und hohe Justizbeamte, morgen über einen Maxiprozeß in Palermo mit Hunderten von Angeklagten – bei all dem drängt sich der Vergleich mit der Krebskrankheit auf. Wenn die kommunistische Parteizeitung *L' Unità* auf einer ganzen Seite das graphische Organisationsmuster der Mafia mit Aktiengesellschaften, Rechtsanwaltsbüros und Familienunternehmen, einer Verbrechensgesellschaft mit höchst beschränkter Haftung abbildet, wirkt es, als hätte sie das Branchenfernsprechbuch von Palermo in ein Schema gebracht. Die Mafia wuchert als Krebs. Unsicher ist, wo die gesunden und wo die kranken Zellen beginnen und enden, welches Gewebe schon infiziert ist, ob an einem verseuchten Körperteil noch intakte Glieder hängen.

Damit nicht genug. Derselbe Organismus, in dem sich Krankes und Gesundes mischt, ist mit der Aufgabe betraut, sich selbst zu kurieren, selbst die Schnitte anzuordnen und durchzuführen, durch die man die Anständigen von der Mafia befreien kann. Regelmäßig, wenn die Klagen über das organisierte Verbrechertum in Süditalien zunehmen, erhebt sich eine bekannte Persönlichkeit von dort und fordert mannhaft, man dürfe nicht eine ganze Insel, eine Region oder eine ganze Stadt wie Neapel kriminalisieren. Dagegen läßt sich schwer etwas einwenden, zumal in einer Demokratie. Mussolini ging über solche Bedenken hinweg und schickte seinerzeit ein Expeditionscorps unter dem berühmt-berüchtigten Präfekten Mori nach Sizilien. Die Mafia überlebte. Sie leistete bald den Alliierten gute Dienste bei deren Invasion auf Sizilien im Juli 1943, wandelte sich, verfeinerte die Formen der Kriminalität und vergröberte die Methoden der Gewalt. Heute bedroht sie besonders die öffentliche Verwaltung, um sich der staatlichen Gelder zu bemächtigen. Da fließen in den modernen Industriegesellschaften Milliarden über Milliarden. Angesichts dieser Größenordnung ist es nur ein Nebenprodukt, daß die Mafia immer wieder den Stoff für spannende Filme liefert, nicht nur für Italiener, sondern für Zuschauer in aller Welt. Wenn da soignierte Herren in eleganten Büros Mordbefehle geben und junge Killer ausziehen, kaltblütig zu töten, überkommt einen das schaurige Gefühl, so könnte es in Palermo und Catania, Reggio Calabria oder Neapel wirklich sein.

Ambiente Naturale

Das Verhältnis zur Umwelt

Im Verhältnis der Italiener zum *Ambiente naturale,* zur natürlichen Umwelt, geht eine langsame Änderung vor sich. Etwas später als in den stärker industrialisierten Ländern Europas merkt man, daß die Umwelt in immer beängstigenderem Maß gefährdet ist. Die Themen wechseln sich ab. Mal sind es die Autoabgase, dann die Phosphate in den Waschmitteln, mal die Ausfuhr von Giftmüll in Entwicklungsstaaten und die fehlenden Möglichkeiten einer Entsorgung von Industrieabfällen im eigenen Land, mal Plastiktüten, stinkende Algen in der Adria, die toxische Konzentration in den Flüssen wie dem Po oder der Etsch, die Explosion eines chemischen Werkes nahe dem Meeresstrand gerade in der Hochsaison oder der hochgiftige Ausstoß einer Fabrik mitten in Wohngebieten, Müllhalden neben Tempeln, Industriedeponien in einer Vorstadt, Schwefelschwaden aus Heizungen oder Abgase von Diesellastwagen; man kommt an kein Ende. Doch ebenso lang wie die Liste der Mißstände ist die der Initiativen, mal mit, häufig ohne Erfolg.

Zum Glück blieb es nicht bei einer theoretischen Bewußtseinswende. Auch im italienischen Parlament sitzen die Grünen, *I Verdi,* und machen unermüdlich auf die Bedrohung der Umwelt aufmerksam. Verschiedene Organisationen, die sich schon lange dem Schutz des *Patrimonio,* des wertvollen Erbes von Kultur und Natur in Italien verschrieben haben, *Italia Nostra, Pro-Loco* oder die *Lega Ambiente,* finden für ihre Bemühungen ein immer stärkeres Echo und immer mehr Zustimmung für hartnäckige Aktionen gegen die Mißachtung des Erhaltenswerten. Landesweit werden auch die Initiativen einzelner zum Schutz der Umwelt in der Öffentlichkeit bekannt. Da schenkt eine Dame aus der Umgebung von Bergamo dem World Wildlife Fund ein ganzes Tal von vierzig Hektar. Da werden die berühmten Zyklopen-Inseln bei Aci Trezza vor der Ostküste Siziliens zur geschützten Zone erklärt. Plötzlich wird das Interesse für Botanische Gärten in den Städten wach; bisher wurde ihnen nur wenig Aufmerksamkeit zuteil. In den Regionalzeitungen werden lange Artikel über Flora und Fauna der Gegend geschrieben und Führungen zu den Pflanzen und Tieren angeboten. Die Öffnung eines Weges für den Verkehr im Nationalpark Gran Paradiso ruft heftige Diskussionen hervor. Der geplante Bau eines Hotelkomplexes auf Capri stößt auf lebhaften Widerstand. In Umbrien bilden sich Bürgerkomitees, um etwas gegen die Verschmutzung des Trasimener Sees und die Gefährdung historischer Städte zu unternehmen.

Auch die Regierungen widmen sich – wenn auch langsam und halbherzig – dem Schutz der Umwelt. Im August 1983 wurde bei der Bildung der neuen Regierung zum ersten Mal in Italien ein Minister für Umweltschutz, für *Ecologia,* ernannt. Ein Ministerium für die *Beni culturali,* für Kulturgüter (mit dem bloßen Anhängsel der *Beni Ambientali,* der Umweltgüter), gab es seit langem, und dem trat mit der Zeit ein geschärftes Empfinden für die Bewahrung der großen und kleinen Kunstwerke an die Seite. So sollte auch die natürliche Umwelt im Wert steigen. Der neue Ökologieminister hatte freilich vorerst nur ein Amt, wenige Kompetenzen und kaum Haushaltsmittel zur Verfügung. Aber er widmete sich mit Fleiß der Aufgabe, das für Fragen der Umwelt geweckte Bewußtsein weiter zu schärfen. Das schien die Hauptsache.

Denn an Gesetzen fehlt es in Italien nicht. Da gibt es etwa jene, die die Reinigung der Industrieabwässer genau vorschreiben; doch allzu leicht sieht man den Unternehmen durch die Finger, weil angeblich Arbeitsplätze gefährdet werden könnten. Oder Gesetze, die den Bebauungsplänen der Gemeinde Respekt verschaffen und das wilde Ausgreifen der Städte in die schützenswerte Landschaft verhindern sollen; aber auch hier schiebt man dem *Abusivismo*, dem Bauen ohne Genehmigung, nicht entschieden genug den Riegel vor. Statt dessen bot die Regierung eine Amnestie für alle Sünder an, was viele jedoch nicht dazu bewegen konnte, den Gnadenerlaß anzunehmen und ihre Sache ins reine zu bringen, sondern sie darin bestärkte, gegen die Gesetze weiter zu verstoßen (»Was mit Amnestie geht, geht auch ohne«). Durch die legale oder illegale Bauwut sind, wie der bekannte Ökologe Antonio Cederna klagte, allein in der Emilia Romagna 18 000 ha Ackerland und an den Küsten 4000 ha Dünen, Wälder und Strände aufgefressen worden; die Neubauten an der Peripherie von Rom hätten 16 000 ha fruchtbaren Bodens vertilgt. Cederna warnte davor, der Urbanisierung und dem Asphalt, dem Städte- und Straßenbau, noch mehr Land zu opfern. Das Bestehende, sowohl an Wohnraum als auch an Straßen, reiche längst aus. Millionen von Räumen seien ungenutzt; darin halte Italien sogar europäischen Rekord.

Nur zögerlich folgt man dem Beispiel der weiter entwickelten Staaten Europas. Bleifreies Benzin, Katalysatoren, Kläranlagen und Kanalsysteme, nicht-chemische Schädlingsbekämpfung, Verzicht auf Herbizide, auf Überdüngung mit Phosphaten und Nitraten in der Landwirtschaft, alternative Energien zur primären Quelle des schwefelhaltigen Erdöls für Heizungen, all das greift man nur zaghaft auf. Die Zeitschrift der Vereinigung *Italia Nostra* gibt regelmäßig darüber Auskunft, welche Erfolge und Niederlagen im Kampf für die natürliche Umwelt zu verzeichnen sind. Zur Problem-Landkarte von Italia Nostra gehört etwa auch der Gardasee, der von allen italienischen Alpenseen den Deutschen der liebste ist. Lange Zeit mußte auf die drei Anrainerregionen des Sees, die Lombardei, Trentino-Südtirol und Venetien, auf die Provinzen Trient, Brescia und Verona sowie die Gemeinden Druck ausgeübt werden, die Verschmutzung des Wassers zu verhindern. Heute ist der Gardasee, wie alle Beteiligten stolz vermerken, das sauberste Groß-Binnengewässer Italiens.

Abgase zerfressen das *Patrimonio*

Die hygienischen Bedingungen am Gardasee sollte eine Abwässerkanalisation von Nord nach Süd weiter verbessern. Doch da kam es wieder zur Kollision. Die Ingenieure, der örtlichen Gegebenheiten und ihres Wertes offenbar unkundig, hatten die Trasse der Abwasserrohre südlich von Torri del Benaco (etwa in der Mitte des Sees) genau am Ufer geplant, als ob da noch nie jemand gebadet hätte und als ob ein so dickes Rohr das Zusammentreffen von Land und Wasser besonders schmücken würde. Zu allem Übermaß wollten sie dann das Rohr quer durch die weltberühmte Halbinsel von San Vigilio legen und mit einer mächtigen Pumpstation neben dem malerischen Hafen versehen. Als der Bagger über den See kam und einige Stunden am Strand wütete, rief der Besitzer, der Conte Guglielmo Guarienti, dessen Familie seit Jahrhunderten diesen Platz hält, die Carabinieri zu Hilfe, nicht nur zum Schutz seines Eigentums, sondern auch, um den vielleicht schönsten Ort am Gardasee mit Olivenbäumen und Zypressen, einer schmucken Villa, einem entzückenden kleinen Hafen und einer weit ausladenden Badebucht, der Baia delle Sirene, die der Conte der Öffentlichkeit zur Verfügung stellt, zu bewahren. Die Arbeiten wurden gestoppt, der Plan verändert.

Was unten am Gardasee nicht geschehen durfte, sollte auch im anschließenden Hinterland nicht passieren. Unter dem Zauberwort *Viabilità*, »Wegsamkeit«, worunter manche die private Autobahn für jedes Feriendorf verstehen, wollten manche in die Berge oberhalb des Sees breite Betonschneisen und Viadukte auf Stelzen für eine *Superstrada* schlagen. Der Widerstand der Gemeinden und die Einsicht der Behörden haben diese ehrgeizigen Projekte verhindert, und man ist zum vernünftigen und völlig ausreichenden Maß zurückgekehrt: Das bestehende Straßennetz wird verbessert, und an einigen Stellen werden kurze Verbindungsstücke angelegt. So bleibt die Natur in ihrem Recht.

Dennoch ist das Verhältnis zur natürlichen Umwelt und zum Schutz des Ambiente anders als etwa in den deutschsprachigen Ländern. Macht man sich weniger Sorgen um die Luftverschmutzung, weil wegen der nahen Küsten der Wind mehr bläst? Oder ist es wieder eine Mentalitätsfrage, weil man grundsätzlich wenig zu Hysterie neigt oder weil man meint, ein bißchen Gift könne der Mensch schon vertragen. Das härte für die nächsten Jahrzehnte ab. Mit dieser Einstellung scheinen die Italiener – mit leicht verzweifelnder Ironie sei es gesagt – oft die Verschmutzung ihrer Gewässer, des Mittelmeers und der schönen Seen, mit Gelassenheit zu betrachten.

Das Baden im Mittelmeer, etwa in der Nähe von Rom, ist für normale Personen gesundheitsschädigend bis lebensgefährlich. Doch gibt es immer noch einige Unentwegte, die Tag für Tag in den Fluten schwimmen und damit den Beweis erbringen, daß es nicht am Wasser liegt, sondern an den Menschen. Italien brauche also nicht mehr Kläranlagen oder schärfere Gesetze gegen die Umweltverschmutzung, sondern in- und ausländische Touristen, die auch bakterienreichem Wasser gewachsen sind. Jene Besucher, die über stark getrübte Badefreuden klagen, sollten sich »nicht so haben«; schließlich sei es anderswo am Mittelmeer nicht besser, und der Trend der heutigen Zeit begünstige eindeutig jene, die gegen Atomstrahlen, Luftverseuchung, Wasserverschmutzung, gegen Bakterien und Viren aller Art immun seien. Frühzeitiges Training ohne falsche Empfindlichkeiten könne da nur von Nutzen sein. Auch das Problem der Waldbrände wird langsam, doch stetig gemindert. Jedes Jahr brennen einige Prozent des ohnehin nicht sehr großen italienischen Bestandes an Bäumen ab, so daß es bald keine Brände mehr geben wird.

Vita nel Museo

Es stand in einer deutschen Zeitung, und die römischen Kunsthistoriker, Architekten und Stadtplaner gerieten darüber aus dem Häuschen. Die ehemalige römische Kaiserstadt Trier werde, hieß es da, die auf dem Viehmarktplatz in der Stadtmitte entdeckten Ruinen einer monumentalen Thermenanlage aus dem 1. Jahrhundert in einer überdimensionalen Vitrine präsentieren. »Die Baukosten«, so wörtlich, »für das gläserne Museum der Badegeschichte werden von Experten auf mehr als 100 Millionen Mark geschätzt.« – »100 Millionen Mark«, fragten die Experten ungläubig, »75 Milliarden Lire für die unterirdischen Reste von Ruinen?« Sie wußten nicht, ob sie neidisch sein sollten, weil sie so viel Geld nie und nimmer für ihre Projekte bekommen würden, oder sich verwundern sollten über Unverstand und Verschwendungssucht, wo es sich doch nicht einmal um ein ordentliches Kunstwerk oder ein vollständiges Bauwerk handelte. Sollten sie das arme Deutschland bemitleiden, weil es sich wegen ein paar alter römischer Steine im

Leben mit den Kunstwerken

Boden so ins Zeug legte, oder das arme Italien, weil es für seine kunstvolleren, besser erhaltenen Monumente nicht so viel aufwenden könne.

Denn richtig besehen ist Italien ein einziges Museum. Es gibt kaum einen Ort, in dem es nicht irgendetwas Schönes und Altes zu bewahren gilt. Überall könnten Archäologen und Kunsthistoriker auf etwas Schützenswertes verweisen, auf Stadtmauern und Tore, auf Tempel, Theater und Thermen, auf Mosaiken oder Fresken, auf gefährdete Paläste und Kirchen, auf Nekropolen und Gräber, verlassene Städte und untergegangene Häfen. Und, weiß Gott, nicht Bauwerke oder Kunstdenkmäler dritten Ranges, die man vielleicht dem langsamen Vergessen anheim geben könnte. Wie oft sind wir in einem abgelegenen Ort auf ein Meisterwerk der Kunst gestoßen, das unbeachtet dem Zahn der Zeit ausgeliefert war, das aber in Deutschland wohl der Stolz des Dorfes oder ein bevorzugtes Besichtigungsziel der Umgebung sein würde.

Das »Patrimonium« Italiens, das künstlerische Erbe, ist so reich, daß die Besitzer bis heute noch nicht all ihre Schätze zählen, das heißt in einen vollständigen Katalog haben aufnehmen können. Das Ministerium der *Beni Culturali*, der Kulturgüter, die verschiedenen *Soprintendenze*, die für Altertümer und Kunstdenkmäler zuständigen Behörden in den einzelnen Regionen und die Experten an Ort und Stelle sind dieser Fülle nicht gewachsen. Auch mit Hilfe vieler ausländischer Kunst- und Kulturinstitute – die Professoren des Deutschen Archäologischen, des Kunsthistorischen (Biblioteca Hertziana) und des Historischen Instituts in Rom stehen in der Achtung ihrer italienischen Kollegen ganz oben – läßt sich dieser Kunstreichtum nicht bewältigen.

Dabei sind die Monumenti keineswegs die stille Sache von Experten. Die Italiener leben bewußt mit der Hinterlassenschaft der Alten, von den Etruskern und Griechen vor 2500 Jahren angefangen. Das ist in mancher Stadt außerordentlich hinderlich. So ragen manche Bauwerke gerade dort auf, wo eigentlich eine breite Straße dem Verkehr Linderung versprechen könnte. Beispiele für diesen Konflikt sind das Forum Romanum und die Kaiserforen in Rom. Allein der faschistische Diktator Mussolini hatte gewagt, einfach die Via dei Fori Imperiali zwischen dem Kolosseum und der Piazza Venezia als Kaiserstraße darüber zu legen. Heute würde dazu wohl niemand mehr den (zweifelhaften) Mut und die demokratische Mehrheit aufbringen; nicht wenige denken darüber nach, diese für den römischen Verkehr fast unentbehrliche Avenue wieder zu beseitigen und einen archäologischen Park anzulegen.

Was den römischen Boden angeht, so fürchtet ein jeder, da einzudringen und etwa Tiefgaragen, U-Bahnschächte oder Straßentunnel in antike römische Mauern zu brechen oder gar wertvolle Marmorskulpturen mit Bohrmaschinen und Schaufelbaggern zu beschädigen. Treuherzig schenkten die sonst so skeptischen Römer jahrelang der Erklärung der U-Bahn-Bauer Glauben, die Verzögerungen bei der Tunnelkonstruktion rührten daher, daß man auf so viele archäologische Funde stoße, die alle mit gebührender Sorgfalt behandelt werden müßten, das heißt: vor allem mit großem Zeitaufwand. Die Ausrede – man könnte ja auch wesentlich tiefer graben – fand Gehör, weil das *Ambiente culturale* den Italienern heilig ist. Tag für Tag fädeln sich ungezählte römische Autofahrer durch ein Nadelöhr zwischen der Engelsburg und dem Tiber. Der Verkehr in den italienischen Städten müßte dringendst mit einfallsreichen Lösungen entchaotisiert werden. Doch mancher Plan findet sein eindeutiges Halt sofort an einem wertvollen Bauwerk. So verschandeln zwar die vielen Autos das Stadtbild, doch nicht Betonschneisen, die ein für allemal bleiben.

Natürlich kann man den Italienern vorhalten, sie könnten gegen die Verkehrsmisere, auch in der Nähe der Monumente, sich rascher etwas einfallen lassen, sie könnten mit größerer Sorge sich um die bröckelnden Fassaden der Kirchen, den bröselnden Marmor oder Travertin, um die von Feuchtigkeit bedrohten Gebäude kümmern. Der Vorwurf ist nicht unberechtigt. Doch er kann nur fair gewürdigt werden, wenn das ganze Ausmaß dieser immensen Aufgabe berücksichtigt wird. Es handelt sich nicht nur um einzelne Kunststädte, um Rom, Florenz oder Venedig, nicht nur um die bedeutenden Kunstorte wie Urbino, Siena oder Ragusa in Sizilien, sondern auch um kleine Landkirchen, Klöster in der Einsamkeit, Städte abgelegen von den Touristenströmen. Überall wäre Hand anzulegen.

Doch sogleich müßte jeder, der entschlossen die Ärmel hochkrempelt, innehalten, weil dies und jenes für Restauration und Konservierung zu bedenken ist, der eine die

Venedig: Der Verfall der Lagunenstadt scheint unaufhaltsam

antiken Mauern wiederherstellen, der andere die urchristlichen Spuren retten möchte, der dritte Interesse am Mittelalter hat und der vierte seine Aufmerksamkeit dem Barock zuwendet. Archäologen und Kunsthistoriker, aber auch Nicht-Experten können sich gewaltig in die Haare geraten über das jeweilige Rettungskonzept. Die Restaurierungen an den Gemälden des Michelangelo in der Sixtinischen Kapelle im Vatikan – von einer japanischen Firma finanziert, von italienischen Spezialisten ausgeführt – oder am »Letzten Abendmahl« von Leonardo da Vinci in Mailand oder die jahrelang hin- und hergewendeten Konzepte für Venedig zeigen es. Solche Sorgsamkeit kann natürlich das Personal, bis zu den Museumswächtern und Kirchenkustoden, nicht aussparen. Da wären wir wieder beim lieben Geld und kämen wohl bald zu dem Schluß: Es ist unmöglich, das gesamte Patrimonium Italiens so zu schützen und zu erhalten, wie etwa die Schätze aus denselben Jahrhunderten in nordamerikanischen oder deutschen Museen bewahrt werden.

Deshalb nehmen sie fast ein wenig amüsiert zur Kenntnis, daß sich besonders Ausländer Sorge machen um Italiens Kunst. Der Tod der Ewigen Stadt etwa stehe bald bevor, besagen die Klagen der Fremden, mit den Kunstwerken gehe es bergab. Ließe man alles weiter so treiben, würden bald die Marmorsäulen zusammenstürzen, die Brunnenfiguren dahinsinken, die Reliefs zerbröseln, die Fassaden von Kirchen und Palästen ungestalt und pechschwarz werden. Alles, was der Luft und damit den Angriffen einer feindlichen Umwelt ungeschützt ausgesetzt sei, müsse abgeschrieben werden. Man solle sich beeilen, noch einen letzten Blick auf die Schätze zu werfen, spätestens die nächste Generation werde da schon nichts mehr zu bewundern finden. Aus, vorbei. Es war einmal!

Die Römer spotten darüber. Nun sind sie freilich nicht blind. Was die Fremden erblicken, haben sie selbst auch schon festgestellt. Die Gefährdung der Außenhaut aller Monumenti, der freistehenden Säulen, Kapitelle, Skulpturen und Obelisken ist ihnen nicht verborgen. Das Wissen allein treibt sie jedoch nicht zu berserkerhaften Taten an. Die Haltung der Römer allen Bedrohungen des Daseins gegenüber beschrieb etwa der Erz-Römer Giulio Andreotti, am Tiber geboren und mit dem Wasser von Sankt Peter getauft, langjähriger Außenminister und Ministerpräsident, mit einem einzigen Satz: »Die Römer verachten ihre Übel, doch auch die Mittel dagegen.« Das Distanziert-Abwartende, Skeptisch-Zögernde gegenüber dem Leben und seinen Entwicklungen wird im Bereich der Kunstwerke noch gesteigert.

Außerdem ist es fast schon ein historischer Gemeinplatz, daß die Römer seit zwei Jahrtausenden alles geschenkt bekamen. So mußten sie sich nicht selbst anstrengen. Die Kaiser, die nicht mehr aus Rom, sondern aus den Provinzen des Imperium Romanum, zum Teil mit immer dunklerer Hautfarbe, kamen, sorgten für Getreide, dafür, daß auf noch heute eindrucksvollen Aquädukten Wasser in die Stadt kam, und für vieles mehr. Auch die Päpste als Stadtväter richteten ihr Hauptaugenmerk nicht darauf, daß ihre Untertanen wirtschaftliche Aktivitäten entfalteten, dem Leben in fleißiger Geschäftigkeit nützliche Bequemlichkeiten und Schönheiten abrangen. Bei der Jagd nach dem schnöden Mammon hätten sie ihr Seelenheil aufs Spiel setzen können. Die Gelder, von denen die Römer lebten, kamen zum großen Teil von außen, aus der weiten Kirche – nie ging es Rom schlechter als in der Zeit des päpstlichen Exils in Avignon in Südfrankreich. Wenn sich andere die Gunst beim päpstlichen Herrn der Christenheit so viel kosten ließen, so das römische Volk, nahm man die Gelder gnädig an.

Auch mit der Kunst plagten sich die Römer nicht selbst. Die Künstler waren meist Fremde, die kamen und wieder gingen, die im Auftrag des Papstes oder der Kardinäle ihre Schöpfungen vollbrachten. Hier standen keine aufmerksamen Bürger im Wettstreit, höchstens schauten einmal Höflinge zu. Was der Kunsthistoriker Harald Keller als Kronzeuge für die Vergangenheit schreibt, gilt noch heute und findet sich bei jedem Romano als indifferente Grandezza: »Die Urbs selbst vergab so gut wie keine Aufträge, es blieb ihr nur die passive Rolle der Beschenkten und Beglückten. Im Unterbewußtsein von der Gewißheit getragen, daß für jedes zugrunde gehende Kunstwerk ihr vom Schicksal ein schöneres in den Schoß geschüttet werde, hat die Urbs wenig oder nichts für die Erhaltung der großen Meisterwerke getan. Die Stadt durfte gewiß sein, daß der Zustrom der Genies und großen Talente hier nicht versiegen würde. So bereitete man völlig sorglos den Meisterwerken der letzten Generation den Untergang, wenn es der Gegenwart nach einer Wirkungsmöglichkeit gerade an dieser Stelle verlangte.«

Es bleibt jedoch ein kleiner und ein großer Trost. Der erste ist, daß überall in Italien etwas für das Erbe der Vergangenheit getan wird, vom Staat, von Wirtschaftsunternehmen wie Banken oder Industriekonzernen, und nicht zuletzt auch von unzähligen Italienern, die ihre Gemälde und Skulpturen wie ihren Augapfel hüten und sich diesen durch Generationen vererbten Familienbesitz auch durch verlockende Angebote aus dem Ausland nicht entreißen lassen, selbst wenn sich die »Kreuzigungen« unter dem Bett stapeln. Angesichts der immensen Aufgabe, ein solches Patrimonium zu hüten, ist das, was in Rom und anderswo an Hege und Pflege geschieht, nicht wenig. Bei einem Gang durch die römische Innenstadt sieht man viele gut restaurierte Fassaden. Der Justizpalast ist wieder ordentlich travertinfarben, die Engelsburg hat ihren Engel, und neben der geschwärzten Fassade von Sant'Andrea della Valle am viel befahrenen Corso Vittorio Emanuele fällt der Blick auf elegant wiederhergerichtete Häuser. Die beiden vom Verkehr umtosten berühmten Siegessäulen der Kaiser Trajan und Mark Aurel aus dem zweiten nachchristlichen Jahrhundert auf den Kaiserforen und der Piazza Colonna zeigen, zum Teil noch eingerüstet, schon wieder auf den Marmorzylindern ihre sanierten Figuren, kämpfende Soldaten und schnaubende Rosse, sorgfältig gearbeitete Waffen und fein gehämmerte Uniformen. Vielleicht hat die Restaurierung mit dem Schmutz, der chemische Gefährdung und Schutz zugleich ist, auch etwas von der Reliefschärfe weggenommen. Aber das ist wohl der Preis für die Sauberkeit und dafür, daß die Römer nicht mit angehaltenem Atem und auf Zehenspitzen durch ihre Stadt gehen wollen.

Der zweite Trost besteht in der Überlegung, daß die Italiener seit zweieinhalb Jahrtausenden auf ihrer Halbinsel mit herausragenden Schöpfungen der Kunst leben. Über das Forum ließen die Römer Gras wachsen und Kühe darauf weiden; so konnte man es später ausgraben. Das Kolosseum benutzten sie als Steinbruch – für prächtige Palazzi. Sie haben es zudem in diesem Jahrhundert geschafft, die historischen Zentren ihrer Städte vor den Verwüstungen der neuen Bauwut zu bewahren; sie durfte sich rings um die alten Stadtmauern, aber nicht innerhalb austoben. Deshalb haben sie das Recht, mit ihren Monumenti auf ihre Art umzugehen, und verdienen einen Vertrauensvorschuß dafür, daß auch künftige Generationen die Kirchen und Paläste, Brunnen und Plätze, Gemälde und Fresken werden bewundern können.

Denn die Italiener selbst lieben ihr Patrimonium. Wehe dem, der daran rühren wollte! Es ist die Liebe des Vertrauten, der schon immer damit gelebt hat und keines der Stücke in seinem Alltag missen möchte. Man macht gewöhnlich wenig Aufhebens davon. Aber plötzlich, da kann es einem Römer oder Mailänder oder Florentiner abends in den Kopf kommen. Und er packt seine ganze Familie, auch die Jüngsten, die schon längst ins Bett gehörten, und fährt ins Zentrum und geht mit ihnen auf den Kapitolshügel, den Domplatz oder die Piazza della Signoria und schaut den Senatoren-Palast, die Kathedrale oder den Palazzo Vecchio so verliebt und zärtlich an wie eine Geliebte, und zugleich so stolz, als ob er alles selbst gebaut habe. Ganz unrecht hat er damit nicht.

Natur und Katastrophen

Der postkartenblaue Himmel und die Sonne über Italien täuschen eine Idylle ohne Schattenseiten vor. Das Wetter und das Klima südlich der Alpen erscheinen den Nebelkindern aus dem Norden verlockend. Nach Süden zu fahren, der Sonne entgegen, das ist ein häufiger Grund, nach Italien aufzubrechen, wenn man die feuchte Kälte, die ewigen Wolken leid ist. Deshalb erliegt man leicht dem Schluß, daß auch die Bewohner eines von der Sonne verwöhnten Landes sonnigen Gemütes sein müssen, heiter und freundlich den Tag erwartend und sich wenig um morgen kümmernd. Keine Frage, daß das bessere Wetter und wärmere Klima den Charakter der Italiener beeinflußt, wenn nicht sogar nachhaltig prägt. Schon der alte griechische Philosoph Aristoteles hat darüber gescheite Theorien aufgestellt. Also müssen wir uns nicht lange damit aufhalten, daß die Vorzüge der südlichen Meteorologie den Italienern zugute kommen.

Doch darüber wird häufig vergessen, daß Italien ein von Naturkatastrophen geplagtes Land ist, die Italiener ein von einer gewalttätigen und unberechenbaren Natur heimgesuchtes Volk sind. Damit meint man natürlich nicht den Sonnenbrand, den sich der Unvorsichtige am Strand von Rimini zuzieht. Es besagt, daß gegenüber dem gemäßigten Klima des ruhigen mitteleuropäischen Landes die Apenninenhalbinsel zuweilen mit einem ungezähmten Toben der Elemente aufwartet. Italien – das offenbart sich nicht nur dem Geologen, sondern wird schon dem flüchtigen Besucher deutlich – hat eine andere geologische Struktur als die Regionen unserer Breiten. Der Boden ist steiniger, was jeder Wanderer merkt; die Abhänge der Berge und Hügel, vom nach Süden sich enger schließenden Bogen der Alpen (mit den extremen Gebirgsformen der Dolomiten) über den Apennin bis nach Sizilien, sind steiler und zerklüfteter als etwa die deutschen Mittelgebirge. Die Höhenunterschiede sind gedrängter, die wenigen wirklichen Ebenen und Flußtäler enger. Im Norden wie im Süden Italiens meint man immer, dem Gestein fehle einfach »ordentliche gute Erde«.

Die Natur ist nicht nur schön; sie ist zugleich gefährlich. Mitteleuropäer überrascht es immer wieder, mit welcher Wucht Naturgewalten auftreten. Der Ätna, der 3263 m hohe Vulkan auf Sizilien zeigt, daß er sein Feuerwerk nicht zum Ergötzen der Touristen abbrennt, sondern zum Erschrecken der Bewohner zwischen Catania und Taormina. Immer wieder bedroht der feuerspeiende Kegel die Menschen, die da leben. Von Jahr zu Jahr richten Erdbeben schreckliche Verheerungen an, in Friaul und in den Marken, in Umbrien und Latium, in der Basilikata und in Kampanien. Im Süden wie im Norden, in Neapel, Pozzuoli und Parma waren Menschenopfer und hohe Sachschäden zu beklagen. Selbst in Rom wackeln zuweilen Lampen und Bilder. Aber schon bei einem Gewitter im

Nach dem Erdbeben 1980 in Kampanien

Norden Italiens lernt man die Macht der Elemente kennen, wenn Berghänge und Brücken hinweggerissen werden. Im Gegensatz dazu leiden viele Süditaliener in der brennenden Hitze unter Wassernot. Doch Wassermangel kann ebenso eine Stadt im Norden treffen, selbst Genua, die Hafenstadt in Ligurien, in der dann Wasser rationiert und mit Tankschiffen herangebracht werden muß.

Die Niederschläge – auch dazu bedarf es nicht unbedingt des Meteorologen, es genügt schon die Erfahrung eines heftigen südlichen Gewitters – sind weniger gleichmäßig als in Mitteleuropa, dafür auch nicht so lang wie ein typischer deutscher Landregen. Das Wasser fällt häufig mit elementarer Gewalt vom Himmel. Ähnliches gilt für das Land, wo das Wasser sich seit Jahrhunderten eigene Bahnen gesucht hat, doch diese auch gern überschreitet. Die geologische Struktur und die heftigen Niederschläge in Italien bewirken, daß die Wassermassen häufig mit großer Geschwindigkeit, in erheblichen Mengen und mit reißender Gewalt daherkommen. Daß in Rom, Mailand, Neapel oder Palermo dann oft die Straßen überschwemmt sind, liegt nicht nur an der mangelnden Kapazität des Kanalisationssystems, sondern vor allem an der Menge der Wasserfluten in kurzer Zeit. Wollte man die Kanäle auch für diese Spitzenbelastung auslegen, müßte man Systeme schaffen, die normalerweise überdimensioniert wären. Damit berührt man zugleich eine Mentalitätsfrage, die auch für andere Bereiche und Länder gilt: Soll man sich auch auf Extremfälle einrichten, die nur selten, nicht einmal immer während einer Generation, oder vielleicht nie eintreten? Auch die extreme Vorsorge fordert Anstrengungen und Opfer. Andererseits muß man, wie in Florenz 1966 oder im Veltliner Tal 1987, die bittere Erfahrung machen, daß mangelnder Schutz gegen Überschwemmungen zu Todesopfern, zu unwiederbringlichen Verlusten an Kunstwerken und zu riesigen Schäden führen kann.

Florenz: Der Ponte Vecchio nach der Hochwasserkatastrophe 1966

Da die Italiener technisch begabt sind und für kühne Straßen und Tunnel, Viadukte und Wasserleitungen seit der Antike eine Schwäche haben, kann es nicht an ihrem Unvermögen liegen, wenn etwa am Brenner die Eisenbahnstrecke nicht selten unterbrochen ist. Meine erste Reise von Innsbruck nach Venedig führte über Zürich, den Gotthard-Tunnel und Mailand, weil eine riesige Geröll-Lawine nach langen sintflutartigen Regenfällen die Gleise bei Sterzing verschüttet hatte. Man kann Vorsorge gegen vieles treffen, doch nicht den Südbogen der Alpen oder die gefährdeten Bergzüge des Apennin zubetonieren.

Vielleicht ist es sogar das respektvolle Bewußtsein von der Übermacht der Natur, das die Italiener selbst gegen vorhersehbare Überfälle der Elemente keine ausreichende Vorsorge treffen läßt. Vielleicht steht den Bewohnern der Apenninenhalbinsel zu deutlich vor Augen, wie feindlich die Naturgewalten dem Menschen sind, wie mutwillig sie mit seinem Werk umgehen, daß sie ihrerseits auf das Hegen und Pflegen der Umwelt wenig Mühe verwenden. Bisher schien es zuweilen, als ob die Söhne und Töchter eines Petrarca, des italienischen Dichters, der im 14. Jahrhundert zu Beginn der Renaissance mit der ersten bewußten Bergbesteigung den Sinn des modernen Menschen für die Natur geweckt hat, als ob seine Nachfahren sich mit Plastiktüten und Blechdosen, Abfallhalden und Betonbauten an der Natur für deren Grausamkeiten rächen wollten.

Zudem haben die Italiener stets versucht, sich den Launen der Natur anzupassen, sich ins Unvermeidliche zu fügen und die Begünstigungen zu nutzen. Erdbeben und Überschwemmungen gibt es im Norden wie im Süden, unterschiedlich sind nur die Reaktionen darauf. Die Bedrohungen und die Schrecken der unruhigen Erde werden von Sizilianern (Erdbeben Belice 1968) anders bewältigt als von Friaulanern (1976), von denen in

Kampanien (1980) anders als denen in Umbrien (1979). Sicher ist, sagen die Italiener, das ganze Land theoretisch gefährdet, aber wir führen unser Leben nicht nach diesem Extrem.

Das Bestreben des Menschen in den letzten beiden Jahrhunderten, sich die Natur zu unterwerfen und gefügig zu machen, hat zu bemerkenswerten Ergebnissen geführt, aber auch zu Eingriffen in die Umwelt, die sich leicht rächen. In der unberechenbaren Bergwelt reicht es nicht, die Naturgewalt zu 70 oder 80% zu beherrschen. So haben die Sünden der Vergangenheit – etwa das gigantische Abholzen im 19. und 20. Jahrhundert, besonders während des Ersten Weltkriegs, oder die unkontrollierte Verschiebung zwischen Holzwirtschaft, Viehzucht und Ackerbau in höheren Lagen – die Neigung des italienischen Bodens zu Erosionen und Erdrutschen verstärkt. Da ist entschiedenes Umdenken notwendig.

In den vergangenen Jahren ist bereits viel Vernünftiges geschehen. Dennoch ist etwa das »Gesetz für den Schutz des Bodens« jahrzehntelang nicht verabschiedet worden. Daß Versäumnisse der Behörden auf nationaler Ebene, in den Regionen, Provinzen und Gemeinden häufig sind, liegt jedoch nicht nur an der Langsamkeit der Politiker und Verwalter, sondern auch an der Unsicherheit, welche Maßnahmen man denn zu ergreifen habe.

La Madre Natura zeigt freilich auch ihre versöhnliche Seite und lehrt das Apenninenvolk, daß sie manchmal ganz von allein wieder in Ordnung bringt, was sie zuvor angestellt hat. Warum sollte man etwa im römischen Hauptbahnhof, der *Stazione Termini*, technisch hochkomplizierte Enteisungsanlagen in die Weichen einbauen, warum unzählige Schneepflüge für die Flughäfen und Streufahrzeuge für die Straßen bereithalten, wenn die Temperatur nur selten und meist nur für kurze Zeit unter Null sinkt. Wenn dann wirklich einmal der Schienen- und Autoverkehr durch strengen Frost längere Zeit ausfällt, nun ja ... Unnötige Vorsorge ist den Italienern zuwider, außerdem werden unbenutzte Maschinen unbrauchbar. Warum auch soll man die Wohnungen mit aufwendigen Heizungen für Herbst und Winter versehen, wenn die Sonne einem tagsüber das (trügerische) Gefühl von Wärme vermittelt? Gilt das nicht selbst für die Sauberkeit der Straßen? Weshalb sie mit kostbarem Wasser von Staub und Dreck freispülen, wenn irgendwann doch der große reinigende Guß von oben kommt. Feindlich und freundlich gebärdet sich die Natur. Für das erste wird man in Italien durch das zweite entschädigt.

Italien
ist nicht mehr
katholisch
Die Italiener und die Kirche

Kommunistische Parteifunktionäre und katholische Priester tragen in Italien schon längst keine liebenswürdigen Zankereien mehr aus wie einst Don Camillo und Peppone in den Büchern des Erfolgsschriftstellers Giovanni Guareschi (1908–1968). Schienen nach Kriegsende Kommunismus und katholische Kirche heftige Widersacher, so haben sie sich heute weitgehend arrangiert. Beide haben an Macht und Ansehen eingebüßt. Die Veränderungen in der Gesellschaft haben die Kirche in Glaube und Moral einer breiten und willigen Gefolgschaft beraubt und die Katholiken mit ihrer politischen Vertretung, der christlich-demokratischen Partei, ihrer unumschränkt bestimmenden Stellung in der Politik.

Italien ist also nicht mehr katholisch. Bereits im Jahr 1974 erklärten sich nur 15% der befragten Italiener als überzeugte Katholiken, 22% als zweifelnde oder distanzierte Kirchenmitglieder, 56% als indifferent; 7% hegten sogar Gefühle offener Feindschaft gegen die Kirche. Diese Zahlen wurden durch das gesellschaftliche und moralische Verhalten der Italiener bestätigt. An drei Punkten, der Abtreibung, der Ehescheidung und der Sexualmoral, konzentrierte sich die Entwicklung Italiens von einer integralistisch-katholischen Gesellschaft (mit einer kleinen andersdenkenden Oberschicht, geprägt von den liberalen laizistischen Traditionen des Bürgertums) zu einer pluralistischen, säkularisierten Massengesellschaft.

1974 hofften nicht wenige Katholiken, durch eine Volksbefragung die 1969 eingeführte Möglichkeit der Ehescheidung wieder beseitigen zu können und dadurch mit einem moralischen Triumph einen politischen verbinden zu können. Das Schutzbedürfnis italienischer Frauen schien ihnen ausreichende Gewähr dafür. Nur 40% jedoch, wenig mehr als die normale Wählerschaft der Democrazia Cristiana, sprachen sich gegen die Scheidung aus. Ähnliches geschah, als die Italiener in einem Volksentscheid die gesetzlich gesicherte Straffreiheit bei Abtreibung bekräftigten. Das Dilemma der Kirche war: Verhehlte sie in politischen Auseinandersetzungen ihre moralische Überzeugung, so wurde sie der Feigheit und des Opportunismus bezichtigt. Vertrat sie ihre bekannte Ansicht, sah man darin einen Angriff auf die Mündigkeit der Bürger. Doch die Italiener lehnten sich dagegen auf, daß die moralischen Lehrsätze der Kirche in manchen Bereichen auch weiterhin für die ganze Gesellschaft verpflichtendes Gesetz sein sollen.

Der Auszug der Massen aus der Kirche macht den Verantwortlichen im Vatikan und den über dreihundert Bischöfen Italiens Sorge. Zugleich geht die politische Präsenz der Katholiken erheblich zurück. Das betrifft nicht nur die geringere Macht der Democrazia Cristiana. Noch mehr Anlaß zur Besorgnis gibt, daß die Kirche sich aus dem Bewußtsein der Jugendlichen, der Schüler und Lehrer, der Intellektuellen, Publizisten und Künstler, der Arbeiter und der jüngeren Frauen verflüchtigt. Hinter den kaum angetasteten katholischen Bräuchen machen sich die liberalen Ansichten einer Konsumgesellschaft mit einem gewissen weltanschaulichen Vakuum breit. Ein modernes Heidentum entfaltet immer größere Aktivität gegenüber den Dogmen und Moralpredigten der Kirche.

Der veränderten Lage in Kirche und Gesellschaft trug im Jahr 1984 ein neues Konkordat zwischen der Republik und dem Heiligen Stuhl Rechnung. Dieser Vertrag ersetzte das Konkordat von 1929, das innerhalb der Lateranverträge von Mussolini und dem Kardinal Gasparri, dem Staatssekretär Papst Pius' XI., besie-

Legenden zu den Farbabbildungen

1 Am Gardasee
2 Val Cordevole in den Dolomiten
3 Venedig, Markusplatz
4 Das Po-Delta
5 Vernazza in den Cinque Terre
6 Siena, Il Campo
7 Villa Barbaro-Maser
8 Rom, Forum Romanum
9 Rom, Piazza Navona
10 Rom, Petersplatz
11 Capri
12 Herkulaneum
13 Paestum, griechischer Tempel
14 Dom von Amalfi
15 Amalfitana
16 Pentedattilo
17 Taormina, Griechisch-römisches Theater mit Ätna
18 Sizilianische Marionetten

2

12

16

gelt worden war. Danach war der römische Katholizismus nicht mehr Staatsreligion und Rom nicht mehr »Heilige Stadt«. Ferner wurde der Religionsunterricht an öffentlichen Schulen in das Ermessen der Eltern gestellt. Der Vatikan bestätigte damit offiziell das Prinzip des weltanschaulichen Pluralismus und der Religionsfreiheit. Die gesetzliche Privilegierung der katholischen Religion hatte damit in Italien ein Ende.

Weil so Staat und Kirche in ihrem eigenen Bereich unabhängig und souverän wurden, mußten einige Fragen neu geregelt werden. Sie betrafen besonders die Ehe. Die bürgerlichen Auswirkungen einer kirchlich geschlossenen Ehe blieben erhalten; es fiel jedoch die kirchliche Rechtsprechung im bürgerlichen Bereich weg. Das bedeutet in der Praxis, daß die Unmöglichkeit der kirchlichen Ehescheidung nicht den bürgerlichen Bereich betrifft, ebenso wie die kirchliche Annullierung einer Ehe nicht automatisch die zivile Konsequenz einer Ehescheidung nach sich zieht. Eine Scheidung *all'italiana*, bei der man sich des Ehepartners gewaltsam entledigt, wurde unnötig.

Die rechtliche Regelung konnte nicht verhindern, daß Auseinandersetzungen und Spannungen innerhalb des italienischen Katholizismus die Öffentlichkeit beschäftigten. Es geht vor allem um die Fragen, ob und wie die katholische Kirche soziale Wirkung und politischen Einfluß in der Gesellschaft ausüben könne und wie gläubige Katholiken ihren Überzeugungen Gehör verschaffen. In der traditionell ausgerichteten Bewegung *Comunione e Liberazione* (CL, »Gemeinschaft und Befreiung«) denkt man anders als etwa in der »Katholischen Aktion«, an der Katholischen Universität anders als im Vatikan. Manche fürchten, durch das Bemühen um die Versöhnung zwischen Glaube und Wissenschaft, Kirche und Gesellschaft, Reich Gottes und Welt komme es zu einer Säkularisierung des Glaubens, zu einer Verweltlichung der Christen, welche die Substanz des Christentums gefährdeten; andere meinen, diesen unausweichlichen Weg müsse man mutig gehen.

Der Mailänder Erzbischof Kardinal Martini ist, als Mann der Mitte, fest davon überzeugt, daß die Kraft des christlichen Glaubens selbst in der modernen Gesellschaft nicht unbedingt durch Verfestigung und Verhärtung der Ansichten bestehen kann, sondern auch durch besonnen geäußerte Überzeugungen. Bei manchen engagierten Katholiken sieht er die Gefahr einer Vereinseitigung und Ideologisierung eines in der Vielzahl katholischer Standpunkte durchaus legitimen Ansatzes. Der große Schwung und die Begeisterung, welche die Mitglieder dieser Bewegungen auszeichne, könnten zu Übertreibungen führen und zu der illusorischen Idee, so wie die Bewegung müsse die ganze Kirche werden. Deren Ideen seien nicht Gemeingut aller Gläubigen, weil die Kirche zwar auf einen Glauben festgelegt ist, die Gläubigen aber nicht auf eine bestimmte Verwirklichung dieses Glaubens in der Welt. Kardinal Martini, der als bedeutendster italienischer Kirchenführer gilt, wies damit auch für Italien jeden katholischen Integralismus zurück, der auf den ersten Blick einfacher und handfester für manche Gläubige wäre, doch der Vielfalt in der Kirche und in der Gesellschaft nicht gerecht werden kann.

Fußball und ein bißchen mehr

Wenn man Luigi S., einen jungen Arbeiter von 23 Jahren aus der Umgebung von Mailand, unvoreingenommen betrachtete, mußte man ihn gern haben. Er wirkte ein wenig schüchtern, eher hager und schmächtig, nicht wie einer, der bedrohlich werden konnte. Mit Gewalt schien er nichts im Sinn zu haben. Wenn man ihn zu Hause aufsuchte, im Kreis einer bescheidenen, doch, wie man so sagt, anständigen Familie, schämte man sich sofort eines solchen Verdachts. Und dennoch trug die Gewalt in italienischen Fußballstadien, die *Violenza* im heiß geliebten italienischen *Calcio,* einmal seinen Namen. Er habe, so lautete die begründete Anklage der Carabinieri, im Spiel seines Mailänder Vereins *Milan* gegen die römische Elf *Roma,* aus der Südkurve des San-Siro-Stadions einen Feuerwerkskörper geworfen. Der traf den Torwart von Roma so heftig, daß er für einige Momente nicht nur das Bewußtsein verlor, sondern auch sein Herz stillstand. Höchst dramatisch war das für den Torwart Tancredi, höchst unangenehm für Milan, die vergötterte Elf des Luigi Sacchi. Denn der 1:0 Sieg auf dem Rasen gegen Roma war nun nichts mehr wert; am grünen Tisch wurde das Spiel für Milan mit 0:2 verloren gewertet.

Feuerwerkskörper und Eisenkrallen, Aluminiumbüchsen und Geldmünzen spielen zuweilen eine wichtige Rolle im italienischen Fußball, der schönsten Nebensache der Welt, dem mit Abstand populärsten Sport in Italien. Eben deshalb wird die Diskussion über Gewalt immer wieder heftig geführt. Es ist wahr, daß zu den Zuschauern bei den sonntäglichen Sportveranstaltungen auch Jugendliche gehören, die sich an dem freien Nachmittag einmal ›austoben‹ wollen. Das fängt harmlos damit an, daß man auf der Fahrt zum Stadion im Bus – gerade wenn man von weither kommt – wild die Vereinsfahnen schwenkt, so daß Unbeteiligten angst und bange werden kann. Das geht damit weiter, daß die jungen Männer mit den überschüssigen Energien sich zur Schlacht rüsten. Doch mehr mit Materialien, die vor allem Lärm machen und Aufmerksamkeit erregen. Freilich, dazwischen blitzt schon mal ein Messer, und wenn man sich in der Nähe des Stadions vor und nach wildem Kampf mit so einer Gruppe von ein paar *Bravi* einläßt, gar spöttisch und herausfordernd sich verhält, kann man vereinten Heldenmut von mehreren schmerzhaft zu spüren bekommen. Doch das ist die Ausnahme.

Leider nicht die Ausnahme ist, daß die Ausrüstung immer ›feuriger‹ wird. Erst so läßt sich jenes Höllenspektakel von lichterlohen Farben und drohenden Rauchwolken erzeugen, das den Gegner einschüchtert. Aber eigentlich kommt es bei den Explosionsstoffen vor allem auf den Heidenlärm an, der dem Gegner jeden Glauben an den Sieg

Junge Meister

nehmen soll. Südländisches Temperament will sich Ausdruck verschaffen, und dazu reichen die Stimmbänder nicht mehr aus. Daß die Hilfsmittel dieses ›Expressionismus‹ zu Waffen degenerieren, ist nicht beabsichtigt – wendet es sich doch auch sofort gegen den gastgebenden Verein. Daraus hat man gelernt und strengere Kontrollen eingeführt. Doch nach einiger Zeit läßt die Aufmerksamkeit nach, und die Violenza kehrt wieder.

Denn so leicht lassen sich die kraftstrotzenden Ragazzi nicht den Wind aus den geblähten Segeln der Unternehmungslust nehmen. Auch Mädchen sind übrigens dabei, die ihre Freunde nicht etwa zu Mäßigung anhalten, unter der Androhung, ihnen sonst die Gefolgschaft am Sonntag zu kündigen. Sie werden vielmehr dazu mißbraucht oder lassen sich dazu benutzen, die beanstandeten Materialien durch die Kontrollen zu schmuggeln. Einem männlichen *Tifoso* kann man an die Brust fassen, einem weiblichen Fan aber nicht. So weit ist die Gleichberechtigung in Italien noch nicht gediehen. Die Gruppen von jugendlichen Fans sind mit den Jahren wilder geworden. Bescheidenes Geschrei genügt nicht mehr. Man will auch nicht immer nur unter sich sein, sondern sucht hin und wieder die Auseinandersetzung. So kommt es vor den Stadien zu manchem Getümmel; im Stadion selbst seltener, weil die Sicherheitskräfte die Tifosi der Heimmannschaft und jene von außen säuberlich trennen.

Die Soziologen irren, welche die heutige Gesellschaft, Arbeitslosigkeit und Sinnleere, die angebliche *Tristezza* des modernen Lebens im Gegensatz zu früher, die Perspektive Null und dergleichen als Grund für jene Gewalttätigkeit anführen, die über südländische

Begeisterung hinausgeht. Sie übersehen, daß sich zu allen Zeiten junge Männer gern mal schlugen, etwa wenn es galt, einen Wettbewerb mit dem nächsten Stadtviertel oder der Nachbarstadt auszufechten. Noch heute leben viele dieser heftigen Scharmützel, etwas domestiziert, in Volksfesten fort.

Die Rivalität in und unter den Städten hat in Italien stets zu wilden Gefühlen geführt. Deshalb sind besonders die Fußballspiele zwischen zwei Mannschaften derselben Stadt – Mailand, Turin, Genua und Rom besitzen je zwei Spitzenvereine – oder zwischen den Clubs der großen Städte oder denen benachbarter Provinzen von Gewalt gefährdet. In Neapel und Rom hat man etwas gegen die aus dem Norden, aus Mailand und Turin. Und im Norden will man denen aus dem Süden die Überlegenheit zeigen. Sich gegenseitig einen Denkzettel zu geben, wünscht man nicht nur auf dem Rasen, sondern auch unter den Tifosi. Fußball ist nicht nur Fußball.

Erst recht nicht, wenn es gegen andere Länder geht oder die *Azzurri* gar Weltmeister geworden sind, wie 1982 in Spanien, und das noch gegen Deutschland. Verrückt waren sie alle vor Freude. Sie wußten nicht mehr wohin mit der Begeisterung. Alle von den Alpen bis nach Sizilien waren Weltmeister. Italien auf dem Gipfel. Zum dritten Mal hatten sie die höchste Trophäe im Fußball errungen, wie vor ihnen nur Brasilien. Mario und Giovanni, Maurizio und Lino, allesamt reife Männer, sprangen aus ihren Sesseln, fielen sich und uns Deutschen in die Arme, küßten sich und uns, riefen: »Viva Italia«, und zu uns gewandt bewundernd: »Was seid ihr für tapfere, großartige Gegner, es ist unglaublich.« Ihre Frauen übertönten sie ebenso glücklich: »Seid doch leise, schreit nicht so!« Aber sie meinten es nicht ernst. Mäßigung wäre auch gänzlich sinnlos gewesen. Denn von überall her lärmte und krachte es an jenem Sonntagabend im Juli. Das ganze Land schien vor Übermut zu bersten.

Nach dem Schlußpfiff im Finale explodierte alles. Männer, Frauen und Kinder liefen auf die Balkone und schwenkten wie Irrwische Fahnen. Es sah so aus, als seien alle Häuser rot-weiß-grün verpackt und fingen an zu tanzen. Überall flatterte es in diesen Farben. Kirchen und Paläste, Brunnenfiguren, Obelisken und Laternen signalisierten dreifarbig den Sieg. Die Hupkonzerte der Autos tosten an den Häuserfassaden empor, zwingend schlug der Rhythmus der auf- und niederwogenden Fahnen, heftig brandete das »Viva Italia« gegen die Mauern und Standbilder, unermüdlich wiederholten die Verkehrsampeln in dieser Nacht Rotweißgrün. Alle waren verrückt. Blonde Mädchen wurden auf der Piazza del Popolo in Rom mit Hallo in den Brunnen geworfen, Särge für die Beerdigung von Deutschland und den Deutschen durch die Straßen getragen, Todesanzeigen für *La Germania* hochgehalten, Musikinstrumente hervorgeholt, um wahrzumachen, was sie den Brasilianern nach ihrem Sieg über diese versprochen haben: »Wenn wir Weltmeister werden, hört ihr uns bis Rio.« Alle waren in einem Freudenrausch, der die ganze Nacht anhielt. Wie kann man in solch glücklichen Stunden schlafen. In vollen Zügen muß man genießen, daß Italien groß und schön ist. Nach dem Sieg über Deutschland bedeutete es eine wahre Lust, Italiener zu sein. Ein historisches Ereignis.

Studentenleben

Er kann so viel zappeln, wie er will. Es hilft ihm nichts. Die Kommilitonen lassen kein Erbarmen walten. Der Student, mit einem Lorbeerkranz geschmückt, wird an Händen und Füßen fest gepackt und vor dem Eingang der Universität von Padua in einen der dort stehenden Müllkästen geworfen. Deckel zu. Noch einmal im Rhythmus – ho, ho, ho – kräftig draufgeschlagen, der Jubel ist groß. Auf diese Weise wird in Padua, der Stadt des heiligen Antonius, gefeiert, wer seine Studien mit der »Laurea« beendet hat. Federico in der Müllgrube scheint es heiter zu nehmen, er öffnet die Klappe, steckt den Kopf aus dem übelriechenden Gefängnis, lacht und darf wieder herauskommen.

Die Umgebung der Universität, die, im Jahr 1222 gegründet, nach der Hochschule von Bologna die zweitälteste Italiens ist und im Volksmund kurz der »Bo« genannt wird, weil dem heutigen Gebäude einst das »Hotel zum Ochsen« *(Bue)* weichen mußte, wird an diesem Frühlingstag noch mehr als sonst von Studentinnen und Studenten, ihren Familien und Freunden beherrscht. Jene, die da umhertoben, finden ihr Konterfei mit witzigen Bemerkungen auf rasch gefertigten Plakaten wieder: ein Leonardo, »der den Kelch bis zur bitteren Neige getrunken«, eine Claudia, »die als schönste Studentin die Wissenschaft nicht verschmäht«, ein David, ein Mediziner, »der es nach sieben Jahren geschafft hat«. Glücklicher Arzt, der im berühmten *Teatro Anatomico* der Universität studieren durfte, jenem kleinen ›Theater‹, das schon im Jahre 1594 mit steil aufsteigenden Sitzreihen gebaut wurde, damit die Famuli beim Sezieren einen erhabenen Überblick über Knochen, Sehnen und Muskeln hatten.

Für die Touristen freilich gibt es in der Universität von Padua noch mehr zu sehen. Da steht in dem »Saal der Vierzig« der Lehrstuhl von Galileo Galilei, dem berühmtesten italienischen Naturforscher, Mathematiker und Astronomen, der, 1564 in Pisa geboren und 1642 in Arcetri bei Florenz gestorben, seine vielleicht schönsten Jahre von 1592 bis 1610 als Professor in Padua, im Machtbereich der Republik Venedig verbracht hat. Immer wieder wird dieses Gelehrten gedacht, seiner Leistungen, seines schwierigen Lebens. Denn wie bekannt, geriet Galilei mit seinen Theorien in Widerspruch zur Lehre der katholischen Kirche, so daß er im Juni 1633 vor dem römischen Inquisitionsgericht seinen Anschauungen abschwören mußte.

Im Café Pedrocchi wird weitergefeiert. Das Pedrocchi ist eines der bekanntesten Kaffeehäuser Italiens, das, 1831 erbaut, noch die Tradition der Habsburger Monarchie, der Venetien bis 1866 unterstand, bewahrt hat. Sektgläser stehen auf den Tischen bereit. Nicht ohne Stolz berichten die Studenten, daß ihre Vorgänger sich im Jahr 1848 hier im Pedrocchi mit österreichischen Gendarmen angelegt haben; dies gilt als ein Markstein der Geschichte der nationalen Befreiung Italiens. Die Studenten in Padua sind also aus Tradition unruhig. Die Bürger der wohlhabenden Stadt seufzen freilich dabei. Der Linksextremismus, der hier auf dem Katheder gelehrt wurde und unter den Studenten viel geistiges Unheil stiftete, hat der Stadt des heiligen Antonius – sein Grab ist jährlich das Ziel von Hunderttausenden von Pilgern – zu schaffen gemacht. Da gab es aber auch den »schwarzen« Terrorismus der Neofaschisten, der die Bürger ebenfalls verunsicherte.

Doch die politische Unruhe an den italienischen Universitäten hat sich wieder gelegt. Arbeitsatmosphäre schlägt einem beim Durchschreiten der Glastüren der Philosophischen Lehrstätte in Rom entgegen. An politischen Plakaten – von kleinem Format – gehen die meisten achtlos vorbei; Studentinnen in der Mehrzahl. Vor den Aushängen mit den Vorlesungen stecken sie die Köpfe zusammen. Das riecht nicht nach Revolution, selbst dort nicht, wo ein Lateinprofessor Sallusts »Verschwörung des Catilina« ankündigt. Bei der deutschen Abteilung hängen immer noch die Pläne über die »Kultur der Weimarer Republik« vom vergangenen Jahr aus, »Von der verpaßten Revolution«, einträchtig neben den Klassikern: Lessing, Goethe, Schiller, Thomas Mann.

Die italienischen Studenten haben es aufgegeben, den Himmel ihrer Ideale und Wünsche durch Proteste zu stürmen. Sie sehen in der Universität weniger das politische Forum als die Möglichkeit einer ausreichenden Berufsausbildung. Kennzeichnend für die Abkehr von politischer Schwärmerei, für die Erkenntnis vom Ende der Kulturrevolution war – paradoxerweise – die Universitätsreform selbst. Das Schul- und Universitätswesen bedurfte der Verbesserung. Die Schwierigkeiten waren ins Unerträgliche gewachsen, weil, wie überall, eine Sturmflut von Wunschakademikern in die Universitäten brandete. Mehr Studenten, mehr Dozenten und Professoren, mehr *Dottori* vor allem, als die Gesellschaft in möglichen Berufen aufnehmen konnte. Die Universitäten galten deshalb als vom Staat subventionierter Warteplatz auf dem Weg in die Arbeitslosigkeit. So viele Studenten – in Rom mehr als 150 000 – konnte Italien nicht verkraften. Aber wie den ungehemmten Zustrom in die Hörsäle aufhalten, wie die Verheißung akademischer Berufsarbeit für die Massen erfüllen, wie die Studentinnen und Studenten in den etwa 50 Hochschulen des Landes angemessen unterrichten, wie sie gerecht prüfen, wie Professoren und technisches Hilfspersonal bezahlen? Die Studenten schweigen dazu nicht. Ihr Protestkatalog ist lang: Gegen den Numerus clausus sind sie, gegen Prüfungen vor dem Eintritt in die Hochschule, gegen genau vorgeschriebene Studienpläne, gegen Vorlesungszwang. Das sind die Hauptthemen überall, in jeder Fakultät. Zurückgetreten sind die Pläne, wie die Regierung gestürzt und der revolutionäre Kampf begonnen werden könne. Überlegungen, die früher noch Diskussionsnächte füllten. Italiens Studenten haben Studentensorgen.

Universität zu Padua, Portal ▷

VNIVERSITA DEGLI STVDI

Information
und noch etwas anderes

Die größte Zeitung im Land: »La Repubblica«

In seiner treffsicher-boshaften Art schrieb einmal der italienische Politiker Andreotti, unter den »Trüffelhunden« des Journalismus in Italien sei Eugenio Scalfari, der Chefredakteur der römischen Zeitung *La Repubblica,* der geschickteste. Dieser bringe es sogar fertig, fügte Andreotti halb bewundernd, halb kritisch hinzu, die Leser einen Fund glauben zu machen, selbst wenn die Trüffeln fehlten. Wenn dies ein Journalist in Rom bemerkt hätte, müßte man darin Neid vermuten. Denn die Repubblica mit ihrem handlichen Kleinformat ist die auflagenstärkste Zeitung Italiens. Da können die einst weiter verbreiteten Blätter, der Mailänder *Corriere della Sera* und die Turiner *Stampa,* nicht mithalten. Gegen die bis zu einer Million hohe Auflage der Repubblica – am Freitag mit zwei Beilagen – kommen sie nicht an. Die Politiker, gleich welcher Partei, ob Kommunisten, Christliche Demokraten oder Sozialisten, fürchten das Blatt und seinen Einfluß, und manche Leute in Rom oder Mailand meinen sogar, man müsse das Blatt lesen, wenn man auf dem laufenden sein wolle.

Ohne Zweifel ist Scalfari, den Italienern als bedächtig sprechender, von weißen Haaren und einem sorgfältig gepflegten Bart gezierter Herr auch vom Fernsehen vertraut, der Vater dieses Erfolges. Beide sind um so höher zu schätzen, als die Repubblica im Jahr 1976 erst gegründet werden mußte. Scalfari selbst kam vom Wochenmagazin *Espresso,* dessen Verlag auch die finanzielle Grundlage garantierte. Seine Herkunft aus einem Nachrichtenmagazin ist kennzeichnend für den Stil der Repubblica geblieben und bildet wohl letztlich auch das Erfolgsgeheimnis. Ein wöchentlich erscheinendes Magazin, das viele Leser erreichen will, kann seinen Schwerpunkt nicht in gediegener Information haben, in der genauen Entsprechung von Wort und Wirklichkeit. Denn die Realität in Politik und Wirtschaft, Kultur und Wissenschaft ist kompliziert; ihre exakte Darlegung tendiert dazu, den Leser zu langweilen. Erst eine geschickte Auswahl der Informationen mit Hervorhebungen und Weglassungen, nur eine gefällige Präsentation mit Steigerungen und Abschwächungen stellen sicher, daß der Leser unterhalten wird.

Unter den Profis auch des italienischen Journalismus ist längst ausgemacht, wann es um präzise Information, saubere Analysen und abgewogenes Urteil geht und wann um kurzweilige Unterhaltung, vieldeutige Wortsignale, spitze Emotionswecker und politische Schlaglichter. Aus einer simplen Beratung der obersten italienischen Richter wird so eine »Schlacht«, aus den Vereinigten Staaten nach der Präsidentschaft Reagan »die Waise des großen Alten«, der sowjetische Staats- und Parteichef Gorbatschow »träumt von den alten Kulaken«, wenn es um die Landwirtschaftsreform geht. Alles Zitate aus der Repubblica, alles nicht ganz falsch, aber das Bedürfnis nach anspruchsvoller Information kann damit nur halb erfüllt werden.

Da wenden die Redakteure von der Repubblica sogleich ein, daß in der modernen, überinformierten Kommunikationsgesellschaft dieses Bedürfnis gar nicht so ausgeprägt sei. Die Leute wollten zwar gern alles wissen, doch der durchschnittliche Leser möchte sich keineswegs der Mühe unterziehen, komplizierte Beschreibungen der verwickelten, gewöhnlich eher undramatischen Wirklichkeit zu studieren; da sei er überfordert, weil er höchstens noch in seinem Beruf genau, das heißt, realitätsgerecht Bescheid wissen könne. In ihrer Anfangszeit hatten Scalfari und seine Journalisten aus verschiedenen Magazinen und Zeitungen sogar versucht, ›anspruchsvoll‹ über die Vorgänge in Politik und Gesellschaft, Wirtschaft und Kultur – unter Weglassen von so niederen Themen wie Sport, Verbrechen und Lokalem – zu berichten. Mit bescheidenem Erfolg, will sagen, einer begrenzten Auflage, die über einige Zehntausend zunächst nicht hinauskam. Die Zahl der Leser stieg jedoch, als dieselben Redakteure das Material ›aufarbeiteten‹, in leichte Portionen brachten und im Zweifel lieber einen pfiffigen Titel nahmen als einen dem Inhalt angemessenen.

Das will gekonnt sein. Vom journalistischen Handwerk her gesehen, erfordert diese Methode sogar mehr Phantasie, als sich an die Fakten zu halten. Intellektuelle Redlichkeit – da lächeln einige – muß zugunsten einer bald unbewußten zielgerichteten Bearbeitung des Nachrichtenstoffes zurücktreten. Da entfaltet die Repubblica ihre Stärken: Das Wesentliche ist rasch überflogen, viel Groß- und Fettgedrucktes erspart einem die Mühsal, die normale Schrift zu lesen. Da ganze Seiten Schwerpunktthemen reserviert sind, »Kampf gegen die Mafia«, »Die Banden in der Gegenoffensive«, »Notstand Umwelt«, weiß man sogleich, was der Tag geschlagen hat. Interviews katapultieren Parteiführer oder Minister in den Vordergrund oder verdammen sie zur Bedeutungslosigkeit. Eine geschickte Redaktionsmannschaft muß nur darauf achten, Fehlinformationen zu vermeiden. Übertreibungen hingegen, Zuspitzungen, Schimpf und Tadel werden von einem schnellesenden, mit Mitteilungen überfütterten und dennoch stets von drohender Langeweile verfolgten Publikum rasch verziehen. Es ist, als ob die Namenlosen, die nicht »in der Zeitung stehen«, sich gern mit einer abschätzigen Meinung über jene schadlos halten, die in der Öffentlichkeit bekannt sind. Diesem Konzept kommt entgegen, daß es in Italien nur wenige Boulevardzeitungen gibt; damit werden auch jene Leser, die sich nicht besonders anstrengen wollen, bedient.

Auf dem Hintergrund lockerer Information gewinnt der Meinungsteil an Bedeutung. Die Redaktion der Repubblica verfügt über scharfe Köpfe und gewandte Federn, Scalfari an der Spitze. Höchst selten kann man einem Leitartikel oder einem Kommentar den Vorwurf machen, er sei nicht intelligent geschrieben, häufiger schon, daß am Ende nichts Greifbares in der Hand bleibt. Vor allem muß als Leitlinie durchscheinen, was in den westlichen Demokratien als »links-liberal« bezeichnet wird. Wer »links-liberal« ist, liegt im Trend der Zeit und kann nicht viel falsch machen. Mit »links-liberal« hat man sich das größte Kontingent an potentiellen Lesern herausgenommen. »Links-liberal« ermöglicht einer Zeitung auch, anderen Meinungen Raum zu geben. Dann kann an den Leserbriefen vorgeführt werden, daß man über »zu links« oder »zu rechts« politisch eher pikiert ist. Solche Ausschläge darf es nur im Feuilleton *(Cultura)* und in der Wirtschaft geben.

Bei diesem Erfolgsrezept spielt die Frage nur eine geringe Rolle, ob die Repubblica unabhängig sei, selbständig gegenüber Verlegern und Großverlagen. Abhängig ist sie nur vom Erfolg; solange der andauert, halten sich die Eigentümer heraus. Ohnehin werden bei italienischen Zeitungen die Einflußmöglichkeiten der relativ häufig wechselnden Besitzer oder die Auswirkungen von Eigentumsverschiebungen überschätzt. Weder die Redaktion noch die Leserschaft erlauben brüske Meinungswenden. Ein bißchen mehr Freundlichkeit, ein wenig mehr Distanz gegenüber einem bestimmten Politiker oder einer Partei, das ist schon alles, was ein neuer Herr ändern kann – außer der Chefredaktion. So haben die Redakteure der Repubblica nicht unrecht, wenn sie ihre Freiheit beteuern. Eine scharfe politische Linie ist weder notwendig noch sinnvoll.

Fernsehen

Schon bei der Repubblica ist die Frage schwer zu beantworten, ob die Zeitung mehr der Information oder dem *Divertimento* dient. Beim Fernsehen erst recht, genauer, bei den gut zwei Dutzend TV-Programmen, die ein Italiener in den großen Städten im Durchschnitt empfangen kann. Ihm stehen am Abend nicht nur die üblichen drei Programme der RAI, der *Radio Televisione Italiana,* der staatlichen Rundfunk- und Fernsehgesellschaft, zur Verfügung, sondern weit mehr. Auf ein Programm mehr oder weniger kommt es dabei nicht an. Manchmal verschwindet eine Fernsehstation, dafür entstehen zwei neue. Beim Rundfunk ist es nicht anders. Nur zählt da niemand die einzelnen Sender, die fast alle rund um die Uhr Musik und Rede, Rede und Musik, das eine vom anderen kaum trennbar, ausstrahlen.

Die Vielfalt des Fernsehens wird dankbar vermerkt und ist längst selbstverständlich in das Alltagsleben aufgenommen. Allerdings sind die Unterschiede in der Empfangsqualität von Stadt zu Stadt beträchtlich. Selbst in Rom mindert sich die Bildqualität sehr rasch. Nur wenige Stadtviertel in Italien, meist im Norden, sind verkabelt. Doch auch die sogenannten *Circuiti nazionali,* die landesweiten Privatsender, etwa *Canale 5, Retequattro* und *Italia 1, Telemontecarlo* und *Videouno* senden immer besser. Diese Vielfalt ergänzen lokale Anstalten, die in den einzelnen Städten und Provinzen bunte Akzente setzen.

Natürlich erfreuen sich nicht alle Programme gleicher Beliebtheit. Journalistisch dominieren die drei RAI-Kanäle. Nur sie können genug Geld für Nachrichten- und Informationssendungen oder für entlegene Themen mit einem kleineren Interessenkreis bereitstellen. Da scheidet sich die Spreu der unzähligen, fast namenlosen, weil von Stadt zu Stadt, von Provinz zu Provinz wechselnden Stationen vom Weizen der RAI und der großen privaten Ketten. Diese ziehen das größte Interesse des Publikums auf sich, weil sie dank ihrer finanziellen Möglichkeiten die bessere Qualität an informativen und unterhaltenden Sendungen, an Spielfilmen und direkten Berichten anbieten können. Da vermögen die kleinen nicht mitzuhalten und können nur durch Einfälle wie Versteigerungen oder Filme minderen Geschmacks Kundschaft in den Vorstädten anlocken.

Wirtschaftliche Prosperität

und öffentliche Mißwirtschaft

Anfang 1987 gab das italienische Zentralinstitut für Statistik bekannt, Italien habe Großbritannien im wirtschaftlichen Pro-Kopf-Einkommen überholt und stehe nun unter den großen westlichen Industrienationen an fünfter Stelle, nach den Vereinigten Staaten, Bundesrepublik Deutschland, Japan und Frankreich. Mögen für diesen Vergleich auch Wechselkurse oder andere für Italien günstige Kriterien nachgeholfen haben, kein Zweifel besteht daran, daß Italiener und Engländer nun ungefähr gleichauf sind, so wie auch die Bevölkerungszahl des Inselreiches mit 56,3 Millionen fast genau jener der Apenninenhalbinsel mit 56,9 Millionen entspricht. Italien hat England den Rang abgelaufen und Frankreich kommt es nahe. Daß der Gründerstaat der Industrialisierung auf seinem angestammten Gebiet von einem Land erreicht ist, das mehr für die Schönheiten von Kultur und Natur, mehr für seine Lebens- und Ferienfreuden als für industrielle Effizienz und wirtschaftliche Produktivität bekannt ist, spricht gegen die Briten, doch noch mehr für die Italiener. Aus dem Agrarland noch der letzten Jahrzehnte, reich an Kunst-, doch arm an Bodenschätzen, ist ein respektabler Industriestaat geworden, der seine Stärke vor allem im Norden, von Turin nach Triest, von Bozen bis Bologna unübersehbar demonstriert.

Nationalökonomen werden einwenden, am Erscheinungsbild Italiens sei nicht alles Gold, was glänze. Das erschreckend angewachsene und weiter wuchernde Haushaltsdefizit des Staates, die hohe Inflationsrate, die international »weiche«, jeder Erstarkung der DM nachgebende Lira, die Arbeitslosenquote, der Nord-Süd-Unterschied dürften nicht übersehen werden. Alles richtig. Doch nicht mit der Bundesrepublik will Italien verglichen werden, sondern mit England und Frankreich. Da zeigt es sich, daß die Italiener mit ihren wirtschaftlichen Schwierigkeiten leichter und eleganter fertig werden und in vielen Sparten gut vorankommen. Diese Erfolge geben den Regierungen, getragen von dem Bündnis zwischen Christlichen Demokraten und Sozialisten, trotz aller parteipolitischer Ränke Stabilität, lassen auch keine sozialen Spannungen aufkommen.

Natürlich wird in Italien nach wie vor gestreikt, immer noch gern und häufig – die Benutzer aller öffentlichen Dienste wissen ein böses Lied davon zu singen. Doch Demonstrationen und Streiks werden nicht mehr mit Verbissenheit geführt wie noch vor Jahren unter der Ägide der Kommunistischen Partei, geschweige denn, daß sie sich zu einer Kraftprobe mit der Regierung auswachsen. Die Regierungskoalition deckt ein breites Spektrum sozialer Gruppen, und aus dem Haushaltstopf fällt wie aus einem unerschöpflichen Füllhorn für viele etwas ab. Nicht einmal die Wählerschaft des Partito Comunista könnte glaubhaft klagen, es würde gegen sie Politik gemacht, man würde »auf dem Rücken der Arbeiter« den Reichen zu willen sein. Wenn die Kommunisten den gewohnten Vorwurf des *Malgoverno*, der schlechten Regierung, gegen die Koalition erheben, so müßte man hinzufügen, wenn schlecht oder unzulänglich, dann für alle.

Prosperität bei allen Schwächen könnte Italien weiter jene politische Stabilität gewähren, die für das Hineinwachsen in ein gemeinsames Europa notwendig ist. Denn die italienische Wirtschaft präsentiert sich günstig. Sie hat die fetten Jahre der Weltkonjunktur dazu benutzt, zu den etablierten Industrienationen aufzuschließen, und legt für Bruttosozialprodukt und Pro-Kopf-Einkommen erstaunliche statistische Werte vor, die den Regierungen in London und Paris zu denken geben. Es zeigt sich wieder einmal, daß die Italiener an Vitalität, Intelligenz und Kreativität wenigen nachstehen. 27 Millionen Norditaliener bevölkern von den Alpen bis zum Apennin, von Genua über Turin, Mailand bis nach Bologna und Triest eine der lebhaftesten und blühendsten Wirtschaftsregionen Europas; dort weiß man besonders um die wirtschaftliche Bedeutung der nördlichen Nachbarn für Italien. Und auch in Mittel- und Süditalien gibt es entgegen manchen Vorurteilen weite Zonen des Wohlstands.

Die italienischen Unternehmer haben, zuweilen spektakulär wie Giovanni Agnelli, Carlo de Benedetti oder Raul Gardini etwa, zumeist jedoch in zäher Kleinarbeit mit originellen Ideen und hohem technischen Können gezeigt, daß sie die europäische Konkurrenz nicht zu scheuen brauchen. Diesen Aktivposten der italienischen Bilanz stehen Negativa gegenüber: Die öffentlichen Dienste liegen in immer beunruhigenderem Maße im Argen. Ihre Schwächen sind bekannt. Kaum ein Bereich, in dem der Staat seine Hand rührt, verschont die Bürger mit Ineffizienz und gleichzeitig hohen Kosten. Das beginnt beim Haushaltsdefizit, das Jahr für Jahr beängstigend anwächst, weil substantielle Ausgabenkürzungen politisch nicht durchsetzbar scheinen, weil die Parteien sie den Wählern nicht zumuten können oder wollen. Es geht weiter mit einer unzulänglichen Verwaltung, die alle Bürger im Wechsel von Zuckerbrot und Peitsche hält, sie drangsalieren kann oder bei guter Laune auf vielfältigen Wegen an einer gigantischen Subventionsmaschinerie mit Zahlungen und Vergünstigungen teilhaben läßt.

Die Malaise der staatlichen Bürokratie ist gravierend. Ihre Verwaltungswege und Kontrollen sind weitgehend mangelhaft oder werden unterlaufen. Solche Fahrlässigkeit zieht auch das organisierte Verbrechertum an, die Camorra in Kampanien, die 'ndrangheta in Kalabrien, die Mafia in Sizilien. Teure Ineffizienz, Mangel und Verschwendung herrschen auch im Gesundheitssystem, im Schulwesen, in der Justiz, bei öffentlichen Arbeiten und anderem mehr. Daß alle Kommunikationsmittel, Post und Telefon, der Flugbetrieb und die Eisenbahnen, der Verkehr in den Städten und die Straßen selbst, sich in einem häufig mangelhaften Zustand befinden, im Norden weniger, im Süden mehr, ist in einer entwickelten Industriegesellschaft höchst hinderlich. Die Klagen darüber werden in Italien wiederholt wie auf einer Gebetsmühle.

Die öffentlichen Rahmenbedingungen Italiens sind unzulänglich. Sie werden sich auch aus eigener Kraft durch guten Willen kaum verbessern, weil zu viele von der Ineffizienz ohne Verpflichtung zur Leistung leben. Die Hoffnung für Italien ist der europäische Druck. Der frische Wind der internationalen Konkurrenz, der zu Veränderungen zwingt, und die Ambitionen jener Italiener, die sich an nördlichen Maßstäben ausrichten, können und müssen hier Abhilfe schaffen. Doch man muß darauf achten, daß die Teilung in Nord und Süd das Land nicht spaltet und Italien aufgrund der Schwächen zum Klotz am Bein Europas werden läßt.

Die Unterschiede zwischen Nord und Süd

Mailand und Neapel

Mailand

Daß Mailand die wirtschaftliche Hauptstadt Italiens sei, steht für den, der aus dem Süden kommt, aus Rom oder gar aus Neapel, außer Frage. Neapel und ganz Süditalien können sich wirtschaftlich nur mühsam über Wasser halten; ohne die Hilfe aus dem Norden wäre der südliche Teil der Apenninenhalbinsel wohl verloren. Rom wiederum dominiert ohne Zweifel politisch, beherrscht das Land mit seinen Parteizentralen und Ministerien, hat in letzter Zeit auch in der Wirtschaft etwas zugelegt. Aber im Hauptort der Lombardei schlägt das wirtschaftliche Herz Italiens, mehrt sich von Stunde zu Stunde der Wohlstand, konzentriert sich die ökonomische Kraft der betriebsamen Norditaliener. Da wundert es niemanden, daß die Mailänder die reichsten Italiener sind. Ein jeder von ihnen, jung und alt, hat nach der Statistik dreimal so viel Geld auf dem Bankkonto wie ein Neapolitaner. Das Nord-Süd-Gefälle an Sparguthaben, Wohlstand und Wirtschaftskraft ist in Italien ausgeprägt, und Mailand steht oben.

Die Bedeutung, die darin für Italien liegt, wird durch Zahlen leicht anschaulich. Die Lombarden machen mit 8,5 Millionen 15,8% der italienischen Bevölkerung aus; sie bilden damit die stärkste Volks- und Wählergruppe in Italien. Zum Nationaleinkommen tragen sie jedoch weit mehr als 20% bei. Was für die Europäische Gemeinschaft die deutsche »Lokomotive« sein mag, wie es zwischen Alpen und Sizilien oft heißt, das bewirkt für Italien die Lombardei mit der Metropole Mailand, der größten norditalienischen Stadt mit 1,6 Millionen Einwohnern.

Das bestätigen, ob im Schatten des Domes, der Scala oder der Börse, alle *Ambrosiani,* wie die Mailänder sich nach ihrem Bischof Ambrosius aus dem 4. Jahrhundert nennen. Der bedächtige Soziologe, der vor wenigen Monaten noch die Profitgier, die ganz aufs Materielle ausgerichtete Mentalität seiner Mitbürger beklagt hatte, wird jetzt vom Sog des erfreulichen Wirtschaftswachstums mit fortgerissen; Prosperität in allen Bereichen scheint nun das beste Mittel, um der vielfältigen Schwierigkeiten der Industriegesellschaft in einer Millionenstadt Herr und den Wünschen ihrer Bewohner gerecht zu werden. Besonderes Lob zollt er der privaten Wirtschaft, den Initiativen des einzelnen, dem Willen, voranzukommen, dem unfehlbaren Antriebsmotor, Gewinn zu erzielen, mehr Geld zu verdienen, sich das Leben angenehm zu gestalten, auf allen Ebenen, der eine mehr, der andere weniger, doch für jeden etwas komfortabler.

Bei einer Konferenz des italienischen Industriellenverbandes *Confindustria* suchen Manager Wege für die Zukunft in einem »postindustriellen Zeitalter«, nach Möglichkeiten für die Umwandlung der herkömmlichen Produktionsbetriebe in Werkstätten der Technologie des dritten Jahrtausends. Die Herren sind sich einig. Mit Italien, mit der italienischen Wirtschaft vor allem, gehe es weiter aufwärts. Der Industrielle und der Bankier, der Nationalökonom und der Betriebswirt, der Publizist und der deutsche Importeur nennen auch den Grund für ihre Zuversicht. Jahrelang hätten sich die Mailänder Unternehmer den Schneid abkaufen lassen, von den Regierungen in Rom und den Gewerkschaften, vom Wertverfall der Lira und den widrigen Konjunkturberichten. Jetzt aber wollten sie sich auf den unternehmerischen Geist der Lombarden, der Mailänder im besonderen, besinnen und es aller Welt zeigen, daß sie nicht zum Süden gehörten: »Wissen Sie, wir sind hier in Europa.«

Daß es den Mailändern besser gehe als allen anderen Italienern weiter südlich, ist für einen Lombarden kein Kompliment, sondern Selbstverständlichkeit: »Wir vergleichen uns nicht mit dem Süden, sondern mit Europa im Norden«, heißt es immer wieder. Man arbeite schließlich auch mehr, produziere besser und schneller. In der Tat scheint hier die Zeit zwischen einer Idee und ihrer Verwirklichung viel kürzer. Nicht umsonst, geben sich die Mailänder selbstbewußt, habe man es auf vielen Gebieten so weit gebracht, würden bedeutende Unternehmen der Industrie, der klassischen wie der hochtechnologischen, von Mailand aus kommandiert. Das gilt für Mode und Design ebenso wie für Stahl- und Chemiekonzerne. Banken und Zeitungsverlage, Werbeagenturen und alles, was mit Telekommunikation zu tun hat, prägen nicht nur Mailand, sondern das ganze nördliche Land. Es wird hier ein Lebensstil kreiert, der nicht nur in Italien als vorbildlich, chic und modern gilt. Man braucht ein bißchen Geld dazu, ein paar »fetzige Klamotten«, ein flottes Auftreten und die Überzeugung, daß Luxus keine Sünde ist.

Aber mit Lebensgefühl allein wird keine Großstadt zusammengehalten, brächten es die eineinhalb Millionen Mailänder Individualisten noch nicht zu einem funktionierenden Gemeinwesen. Dafür sorgen die Bürgermeister. Sie walten ihres Amtes im Palazzo Marino, einem eindrucksvollen Bau gegenüber der Oper, der *Scala*. Von hier wird die Politik der Stadtverwaltung bestimmt. Man hat ehrgeizige Pläne für den aus 106 Gemeinden zusammengefügten Ambrosianischen Stadtorganismus: Unterquerung der Stadt mit einem Eisenbahntunnel, dem *Passante,* damit die Züge des Großraums Mailand nicht im Stadtknoten steckenbleiben und eine Verbindung zwischen dem regionalen und dem kommunalen Verkehr hergestellt wird; eine dritte Linie der Metropolitana und Bau eines Kongreßzentrums, damit Mailand als größter Messeort Italiens noch attraktiver wird; genereller Ausbau der öffentlichen Verkehrsmittel, Parkplätze an der Peripherie, Grünanlagen, neue Büroviertel außerhalb des Zentrums, Neubestimmung verlassener Industriegelände. Die Stadt soll die Funktionen einer modernen Industriegesellschaft effizient erfüllen können. Wenn man genauer hinschaut, stellt man fest, daß die Parteien, Christliche Demokraten, Sozialisten und Kommunisten sich die Machtsphären – Wirtschaft, Politik und Kultur – friedlich aufgeteilt haben. Der Druck, Anschluß an Europa zu halten, fördert den Pragmatismus der Ambrosiani.

Neapel

Mit knapp drei Millionen Einwohnern ist Neapel die größte Metropole Süditaliens, das Symbol des *Mezzogiorno,* des geplagten Mittags des Landes. Norditaliener, Touristen und Politiker scheuen die Millionenstadt am Fuß des Vesuvs. Allein die Tatsache, daß rings um den Golf mit den Inseln Capri, Ischia und Procida, den Vorgebirgen von Pozzuoli und Sorrent, in der Provinz Neapel 2558 Menschen auf einem Quadratkilometer wohnen, viermal mehr als in der Provinz Rom, mehr als doppelt so viele wie in Mailand, ängstigt Parteiführer und Soziologen. Selbst das Zeichen höchster Vitalität erfüllt kaum jemanden mit Hoffnung; das Plus von 29 118 zwischen Geborenen und Gestor-

In den *Quartieri Bassi* von Neapel

benen (nach der letzten Volkszählung von 1981, deren Trend in jüngster Zeit bestätigt wurde) – mehr als in ganz Sizilien, gegenüber nur 530 in Mailand und 7740 in Rom – verstärkt nur bei fast allen den Gesamteindruck eines quirligen, unkontrollierbaren Durcheinanders, an dessen Regulierung inzwischen fast alle verzweifeln.

Selbst für den Kenner der Stadt wirkt das Betreten der neapolitanischen Bühne wie ein Schock. Ob er mit dem Schiff kommt und sein Fahrzeug in eine zappelige, heftig gestikulierende und aufgeregt schreiende Menge auf den Hafenkais steuert, oder über die Autobahn, und die *Tangenziale,* die meistbenutzte Stadtschnellstraße Europas befährt, oder die Autobahn nach Pompeji, das Stück mit den häufigsten Unfällen in Italien; ob er mit dem Zug ankommt und auf dem Bahnhofsvorplatz der *Stazione Centrale* selbst am Sonntagabend das schiere Verkehrschaos vorfindet – den Fremden überfällt das beklemmende Gefühl, er sei fehl am Platz, ja, es gebe für ihn überhaupt keinen Raum in dieser Stadt, da alles schon besetzt sei von jenen, die hier ihren Lebenskampf führen. Die Daten der Provinz Neapel über die Dichte der Bevölkerung erfahren im historischen Zentrum der

Stadt, in den *Quartieri Bassi,* in den alten Vierteln unten am Meer eine wahnwitzige Steigerung. Auf 7,2 qkm Häusergewirr leben 236 000 Menschen, 32777 pro qkm, ohne daß dieses Gepreßtsein von Hochhäusern oder modernen Siedlungen aufgelockert würde.

Wenige Schritte vom Hauptbahnhof entfernt, im Corso Novara und in der Via Arenaccia, stehen die himmelhohen Betonstelzen einer neuen Stadtautobahn. Da beantwortet sich die Frage von selbst, warum die Bewohner ihre elend verkommenen Häuser nicht verlassen haben, obwohl ihnen Alternativen angeboten wurden. Sie wollten nicht, obgleich nun neben den Fenstern oder gar hoch über ihren Köpfen, direkt über den Dächern, Autos vorbeidröhnen. Sie hätten gekonnt. Denn in den italienischen Städten sind seit Kriegsende unzählige Wohnungen neu entstanden, gerade für die sozial schwächeren Schichten, wegen der intensiven Binnenwanderung – von Süd nach Nord, auch innerhalb Süditaliens, vom Land in die Stadt – und einer starken Bevölkerungszunahme. Trotz des Sozialen Wohnungsbaus in neuen Vororten leerten sich die Innenstädte nicht. Sie blieben als Zentren urbanen – wenn wie hier auch armseligen – Lebens, als Heimstätten in vertrauter Umgebung bestehen. Die vom *Centro storico,* dem historischen Zentrum, wollten sich nicht an die Peripherie verdrängen lassen.

Jetzt ist die Lage deprimierend. Ein großer Teil der Viertel am Meer müßte abgerissen und dem Erdboden gleichgemacht, es müßten neue menschenwürdige Häuser mit zeitgemäßen Infrastrukturen errichtet werden. Eine »Gesellschaft Studien Historisches Zentrum« fordert, von 87 000 Wohnungen in Neapel müßten 27,6% saniert, 15,8% restauriert, 10,9% völlig umgebaut und 25,5% gänzlich demoliert werden. Mehrtägige Konferenzen widmen sich der Frage, wie diese Stadt gerettet werden könne. Angesichts der tausend sozialen Schwierigkeiten Neapels und Süditaliens kann auch Europa nicht gleichgültig bleiben.

Die italienischen Wirtschaftsführer vertreten sogar die Überzeugung, es sei keineswegs unsinnig, hier zu investieren. Hinter dem Hauptbahnhof, nur wenige Meter von dem berüchtigten Gefängnis Poggioreale entfernt, in dem mancher Boss und noch mehr Gemeine der Camorra, der neapolitanischen Mafia, einsitzen, wächst nach jahrelangem Warten ein neues Viertel empor, mit Hochhäusern, Fußgängerzonen, Tiefgaragen und Grünanlagen, *Centro direzionale,* Geschäfts- und Wohnzentrum zugleich. Hier haben öffentliche Gelder und private Initiativen, halbstaatliche Unternehmen und Kommunalbehörden zusammengewirkt. Wenn man den bisher veröffentlichten Zahlen glauben soll, so kommt es bei dem Projekt, das über das Jahr 2000 hinausreicht, auf eine Milliarde mehr oder weniger nicht an – Milliarde in DM. Das darf Außenstehende nicht verwundern. Die gesamte Wirtschaft Süditaliens wird nach einer gigantischen Mischkalkulation geführt, bei der Industrieinvestitionen und soziale Leistungen, Ausgaben für Angestellte im öffentlichen Dienst und Invalidenrenten für zuweilen ein Drittel der Einwohnerschaft, Entschädigungen des Staats für Erdbebenopfer auch ohne Schäden und Zuschüsse für junge Unternehmer nicht so genau geschieden werden. Advokaten in Neapel erweitern das alte italienische Scherzwort, der Bürger müßte, wenn er alle Regeln erfüllen wolle, weit mehr Steuern zahlen als er an Einkommen erhalte, durch die Variante, ein geschickter Unternehmer in Süditalien könne vom Staat dreimal soviel an Subventionen erhalten, wie er investiere.

Das Problem in Süditalien ist gewiß nicht der Kapitalmangel. Wie früher die *Cassa del Mezzogiorno,* die Planungs- und Finanzierungsbehörde für Süditalien, Milliarden in den

Süden pumpte, so fließen heute von den Ministerien in Rom auf direktem Weg breite Kapitalströme nach Kampanien und Kalabrien, Sizilien, Sardinien und in die anderen Regionen des Mezzogiorno zu Gesellschaften und Unternehmern, zu den Regionen, Provinzen und Kommunen. Doch damit allein ist es nicht getan. Es fehlt wohl auch nicht an guten Ideen, und noch nicht einmal am Können – warum sollten auch die *Meridionali* dümmer sein als die Norditaliener! Doch woran es scheitert, ist das Umsetzen der Pläne in die Wirklichkeit. Da bauen sich unzählige Hindernisse auf oder werden aufgebaut: Die Mentalität, die Umwelt, die gesellschaftlichen Strukturen. Doch wenn man die Berichte über Skandale in Neapel verfolgt, ist man eher erstaunt darüber, daß sich doch noch vieles bewegt.

Den Neapolitanischen Geschichten in Süditalien zu lauschen, bedeutet jedoch schon, sich darin zu verfangen. Denn da gibt es tausend Erklärungen für das Versagen, und einer Behauptung folgt sogleich die Gegendarstellung. Wird von den einen die hohe Arbeitslosigkeit beklagt, besonders unter Jugendlichen und Akademikern, so weisen andere auf die blühende Wirtschaft der nicht vom Staat erfaßten, doch von den Behörden geduldeten Arbeitsstätten hin, der kleinen Familienbetriebe mit Schwarzarbeit und Tagelöhnerei. Manche sprechen von unbezwingbarer Armut und wachsender Verelendung, andere guten Muts von zunehmendem Wohlstand: In Neapel könne sich jeder durchs Leben schlagen. Vielen ist das zu kompliziert. Kein Wunder, daß Süditaliener ihre Heimat verlassen und als Arbeiter oder Ingenieure, als Rechtsanwälte oder Professoren noch immer den Erfolg im Norden suchen. Zum Glück bleibt die Mehrheit. Denn nur die Neapolitaner selbst können ihre Lage verbessern. Dreinreden von außen hilft wenig.

Wie aber soll es in Neapel besser werden? Das Wohlergehen hängt kaum von der führenden Partei der Stadtverwaltung oder der ›Farbe‹ des Bürgermeisters ab. Im Palazzo San Giacomo, dem Rathaus, amtierten schon Neofaschisten und Sozialdemokraten, Kommunisten und Christliche Demokraten; der Stadt hat man es kaum angemerkt. Dennoch zeigt sich in Neapel hier und dort inmitten des Verfalls manches Erfreuliche, manche Besserung, einige Initiativen, die, wenn auch langsam, Gestalt annehmen und zu Hoffnungen berechtigen. »Redet nicht zu schlecht über uns!« bat ein Neapolitaner beim Abschied, »Es kann sein, daß wir bald wieder besser dastehen. Daß Neapel untergeht, ist unwahrscheinlich.«

Zwischen Machiavelli und Savonarola

Die Politik

Am 23. Mai 1498 wurde der Dominikanermönch Girolamo Savonarola auf dem Hauptplatz von Florenz, der Piazza della Signoria, öffentlich gehängt und dann verbrannt. Seine Predigten gegen den Verfall der Sitten, für die Errichtung eines streng moralischen Staates zogen ihm die Feindschaft Papst Alexanders VI. zu – und letztlich die Verurteilung zum Tode als Ketzer und Spalter der Kirche. Am 22. Juni 1527 starb in derselben Stadt friedlich in seinem Bett der Politiker und Historiker Niccolò Machiavelli, der in seinen Werken kaltblütig die Mechanismen der Macht aufgedeckt hatte; für allemal schien es nach ihm illusorisch, sittlichen Erwägungen in der Politik Geltung zu verschaffen.

Savonarola und Machiavelli scheinen noch immer die Leitfiguren des öffentlichen Lebens in Italien zu sein. Der Ruf nach einer »moralischen Wende«, die das Land bitter nötig habe, ertönt überall. Die höchsten Repräsentanten der italienischen Justiz warnen beständig, eine Demokratie könne sterben an zuwenig Moral ihrer Bürger. Die Staatspräsidenten mahnen, jeder solle seine Pflicht erfüllen, und wer darin fehle, müsse bestraft werden. Alle Politiker fordern, nun müsse Schluß sein mit Skandalen und dem übermütigen Gebrauch von Ämtern und Würden. Sie verlangen eine Reform ihrer jeweiligen Partei; anders, neu solle diese werden, und bei diesem Wandel darf das Wort »Moral« nicht fehlen. Aber zugleich bieten zahlreiche Ereignisse Tag für Tag ernüchternde Beispiele dafür, daß die Lehren des Machiavelli williger beherzigt werden als die Appelle des Savonarola: Minister und Direktoren, Richter und Staatsanwälte, Generäle und Bankpräsidenten, Bürgermeister und Beamte, bisher unbescholtene Bürger, ›über jeden Zweifel erhaben‹, stehen im Verdacht, ihr Amt, ihren Einfluß, ihre Möglichkeiten mißbraucht zu haben.

Betroffen sehen die Italiener, daß nicht einmal in der Not Savonarola über Machiavelli siegt, Pflichtbewußtsein stärker ist als Nachlässigkeit, Verantwortlichkeit wirksamer als Eigennutz. Man stellt bedrückt fest, wie Mißstände selbst geschaffen werden, wie oft der gute Wille vieler in das Räderwerk gieriger Vorteilssucht weniger gerät. Man erschrickt immer wieder darüber, wie gutgemeinte Gesetze, sinnvolle Operationen sich totlaufen am Widerstand jener, die ihren eigenen Profit höher ansetzen. Zugleich stellen manche Vorkommnisse eine bittere Erkenntnis ins Licht: Nicht allein »die da oben«, deren Namen die spektakulären Skandale hochwirbeln, sind am moralischen Niedergang des Staates schuld, sondern auch der kleine Mann, der sich berechtigt fühlt, sein privates Interesse – koste es, was es wolle – durchzusetzen. Die moralischen Appelle wenden sich keineswegs nur an die politische Führung, sondern an alle Bürger, mit dem verhängnisvollen Opportunismus aufzuhören, mit der Gewohnheit, die Rechte auszudehnen und die Pflichten einzuengen.

Es ruiniert den Staat nicht nur, wenn Millionäre und Minister sich Vorteile zuschanzen, sondern auch, wenn Amtsboten einer öffentlichen Stelle ihre Gunst gegenüber den Wartenden nach zugeschobenen Scheinen bemessen. Jeder kann stundenlang Geschichten zum besten geben, in denen die *Furbizia,* die Schlauheit des einzelnen den anderen ein Schnippchen schlägt – und so den Staat, das heißt das Gemeinwohl aushöhlt. Dieser Prozeß ist in Italien vielleicht weiter vorangeschritten als in anderen Staaten Europas, weil ihm nicht in genügendem Maß gut ausgebildete und ordentlich bezahlte Beamte entgegensteuern.

Da erscheint es auch Italienern nützlich, der Fürsten in Europa zu gedenken, die ihren Untertanen Pflichtbewußtsein und Staatssinn einbleuten, auch des Königsberger Philosophen Immanuel Kant, der den »Kategorischen Imperativ« formulierte. Kein italienischer Staatsmann von Ansehen und Einfluß hat die Kantsche Einsicht, »wenn das alle täten«, seinen Landsleuten so einleuchtend vorgehalten, daß sie ihnen in Fleisch und Blut übergegangen wäre. Auch nicht die Päpste als Herren des Kirchenstaates. Die Italiener warten noch auf ihren Kant, der den Moralismus eines Savonarola vor rigoristischer Blindheit bewahrt und den Machttrieb eines Machiavelli vom Kampf aller gegen alle zurückhält.

Doch man kann die italienische Politik auch ganz anders deuten, etwas kompliziert freilich, doch überzeugend. Bis vor kurzem war es so: Auf die Frage, was der Unterschied zwischen der italienischen und der sowjetischen Politik sei, antworteten die Parteiführer, in Moskau wisse man nichts, doch verstehe man alles, in Rom hingegen wisse man alles, doch verstehe nichts. Seitdem man jedoch in der sowjetischen Hauptstadt mehr weiß und weniger versteht, ist man in Rom einen Schritt weiter gegangen und hat,

Niccolò Machiavelli

Girolamo Savonarola

um den gestiegenen Anforderungen der Politik-Deutung gerecht zu werden, eine neue Wissenschaft erfunden, die »Dietrologie«. Der Begriff kommt vom italienischen *dietro*, was »hinter«, »dahinter« bedeutet. Jene, welche diese neue Disziplin betreiben, sind die »Dietrologen«, nicht etwa Hinterbänkler, sondern eher Vordenker, die zu erkunden suchen, was hinter allem steckt. Die Parteiführer müssen Meister dieser Interpretation sein, denn es ist unbezweifelbar, daß in den westlichen Demokratien mit ihren feinen Mechanismen der Öffentlichkeitsarbeit die Politik als Kunst der Staatsführung schon längst nicht mehr das ist, als was sie erscheint, sondern nur noch das, was hinter und in ihr verborgen ist. Die Notwendigkeit der Dietrologie liegt also auf der Hand. Es ist auch kein Zufall, daß diese Wissenschaft in Rom erfunden wurde. Man betreibt in der Ewigen Stadt Politik einfach am längsten von allen Hauptstädten der Welt. Die großen politischen Schriftsteller der alten Römer, die Kurienkardinäle der katholischen Kirche und ein Machiavelli haben nicht umsonst gelehrt.

Um nicht im Abstrakten und Historischen zu bleiben, seien die Erkenntnisse der Disziplin anhand einer Regierungskrise dargestellt. Die erste Regel besagt: Die Außenseite der Politik ist nur die täuschende Fassade; erst was dahinterliegt, verdient Beachtung. Als es nach dem Ausscheiden einer kleinen Partei aus dem Kabinett und dem Rücktritt des Ministerpräsidenten hieß, eine Regierungskrise sei ausgebrochen, war das falsch. Es handelte sich, wie die Politiker nun versichern, lediglich um eine »Unterbrechung der Regierungsarbeit«. Auch wenn es zum Beispiel so aussieht, als ob Politiker streiten, will man damit nur etwas ganz anderes kaschieren, langweilige Übereinstimmung etwa oder eine zu herzliche Freundschaft. Oder man täuscht eine Krise vor, um die ganze Welt glauben zu machen, in Italien gehe es furchtbar turbulent in der Politik zu; in Wirklichkeit gibt es kein stabileres Land, weil ein und dieselbe Partei, die Democrazia Cristiana, seit Kriegsende die Regierungen bestimmt; ohne Krisen wäre man da längst schon vor Langeweile gestorben oder hätte sich gewagten Experimenten hingegeben. Also Krisen wegen der enormen Stabilität. Klar?

Die zweite Regel lautet: Nimm grundsätzlich das Gegenteil von dem an, was Politiker erklären. Die eine Partei gab als Grund für ihr Verhalten an, sie könne ein Gesetz für den Haushalt nicht billigen. Die Dietrologen wußten sofort, daß dies nicht ihr wahres Motiv war. Die kleine Partei fühlte sich vielmehr bei den Konsultationen zuvor übergangen; sie wollte auf sich aufmerksam machen. Wenn nicht sogar noch mehr dahintersteckte! So hätte etwa ein anderer Parteichef die erste Partei dazu gebrauchen können, dem Ministerpräsidenten eins auszuwischen, oder dieser wiederum, um auf seine Unentbehrlichkeit hinzuweisen – was ihm gelungen wäre, da er ja nach überwundener Scheinkrise Regierungschef blieb –, oder die Opposition hätte mit der ersten Partei einen Plan ausgeheckt, um durch ein besseres Gesetz das Land gegen den Willen der Regierung zu retten – alles sehr verständliche Beweggründe.

Eine feinere Variante der zweiten Regel empfiehlt: Sei besonders auf der Hut, wenn Politiker gar nichts erklären. So wunderte man sich in Rom darüber, daß ein Parteiführer, sonst ein Mann des schnellen und gewandten Wortes, diesmal gar nichts sagte. Für die Dietrologen verriet er sich durch sein »lastendes Schweigen«. Da ging allen Kundigen auf, was hier im Busch lauerte. Tatsächlich wurde durch ein geheimes, vielleicht gar nicht gehaltenes Telefongespräch offenbar, wer aus dem Hintergrund die Fäden gezogen hatte.

Dritte Regel: Begnüge dich nicht mit der ersten Stufe der Dietrologie; erklimme sofort die zweite. Im Land des Machiavelli bieten die Politiker selbst eine ziemlich raffinierte Erklärung nur an, damit man ihnen auf den Leim geht und vom wahren Motiv abgelenkt wird. Hinter dem angegebenen, schlau ausgeheckten Ziel verbirgt sich ein noch viel ausgeklügelteres. Denn das Instrumentarium des Machiavelli kennt ein jeder Straßenhändler in Italien; also muß man als erfolgreicher Politiker sich schon etwas mehr einfallen lassen, um bestehen zu können. So haben die Parteien aus gänzlich entgegengesetzten Motiven etwa einmal die Referenden zur Atomenergie abhalten lassen. Nicht deshalb, um vom Volk zu erfahren, ob ihm die radioaktive Strahlung sympathisch sei, auch nicht, um die Atomkraftwerke abzuschaffen – die es in Italien kaum gibt –, ebenso nicht, um neue zu verhindern – denn wegen der Schwerfälligkeit der Bürokratie könnten ohnehin kaum welche gebaut werden. Ja, aber warum dann? Eben um dies zu erfahren, ist die Dietrologie notwendig. Bitter notwendig.

Leben als Politiker

Giulio Andreotti

Der erfahrenste der italienischen Politiker ist Giulio Andreotti. Deswegen hat man ihn schon mit einem Fuchs verglichen. Schlau, listig, gewandt ist der Doktor der Rechtswissenschaft, der als Beruf auch Journalist angibt, in der Tat, nie verlegen darum, auch auf Nebenwegen an sein Ziel zu kommen. Doch wer ihn einen Fuchs nennt, beschwört damit zugleich das böse Wort des Sozialistenführers Craxi, der – natürlich auf seinen Rivalen anspielend – meinte, über kurz oder lang endeten alle Füchse beim Kürschner. Weniger tiefsinnig ist ein anderer Vergleich aus dem Tierreich für Andreotti, dafür um so augenfälliger. Alle Karikaturisten Italiens zeigen den am 14. Januar 1919 geborenen Römer als Fledermaus. Die Form der Ohren empfiehlt ihnen diese Wahl, und Andreotti empfindet es längst als unverwechselbares Markenzeichen. Daß er darüber hinaus auch als »Rassepferd« gehandelt wird, als das der Democrazia Cristiana, schmeichelt ihm heute nicht mehr so sehr wie früher, als die Christlich-Demokratische Volkspartei noch über eine Handvoll von farbigen und imponierenden Vollblutpolitikern verfügte. Aber »Rassepferd« mag trotzdem angehen und ist sicher keine Beleidigung.

In aller Unschuld fügte ein anderer Christlicher Demokrat ein weiteres zoologisches Etikett hinzu. Seine Partei, so De Mita, habe nur »eine Taube«, nämlich Andreotti. Er wollte damit ausdrücken, daß die Democrazia Cristiana nur einen einzigen Kandidaten für das Amt des Regierungschefs bei einer Krise für die Koalitionsverhandlungen benenne. Die Sozialisten machten sich sofort lustig über den Vergleich und spotteten in ihrem Parteiorgan, wenn ein menschliches Wesen mit einer Taube verglichen werde, rühme man seine Unschuld – was sie für Andreotti nicht gelten lassen könnten.

Anleihen im Tierreich helfen nicht weiter, wenn man Andreottis politische Potenz und seine Bemühungen um die italienische Innen- und Außenpolitik beschreiben will. Besser paßt, zu seiner Charakterisierung die Eigenschaften eines Kurienkardinals heranzuziehen, eines Purpurträgers der römisch-katholischen Kirchenführung. Aber hier muß man genau beachten, worauf sich der Vergleich bezieht. Ein Kurienkardinal – zumindest sein Archetyp – kann die klügsten, zuweilen auch dümmsten Sachen anstellen, ihn trägt stets die Gewißheit, daß seine Kirche nach den Verheißungen ihres Gründers »von den Kräften der Hölle nicht überwältigt werden kann« – so steht es in der Bibel und als Leitspruch auf der Vatikan-Zeitung *Osservatore Romano.* Einem typischen Kurienkardinal fehlt das rastlose, ehrgeizige Streben nach persönlichem oder sachlichem Erfolg. Wenn der hinzukommt, ist es ganz schön, aber über das Gelingen des Menschenwerkes entscheiden ganz andere Mächte, die Kirche oder der liebe Gott. Da kann man ganz beruhigt sein. Der jetzige Kardinalstaatssekretär Casaroli hat diese Gelassenheit für seine Kirchenpolitik unübertroffen in dem Satz ausgedrückt: »Wenn wir irren, irren wir mit dem Papst.« Solche Zuversicht können sich normale Minister kaum leisten.

Aber Giulio Andreotti hat es in der italienischen Innenpolitik nicht mit Himmlischen zu tun. Woher nimmt er dann die seraphische Souveränität? Das Geheimnis seiner Überlegenheit ist, daß ihm die Macht schon früh in den Schoß gefallen ist und daß er sich nie in Kämpfen um Führungspositionen abgenutzt hat. Bereits mit 28 Jahren wurde er zum Staatssekretär im Amt des Ministerpräsidenten ernannt, als engster Mitarbeiter des damaligen christlich-demokratischen Regierungschefs De Gasperi. Da hatte er die römische Kommandozentrale erklommen, um sie nie wieder zu verlassen. Seitdem setzte er seine Kraft dafür ein, im Zentrum der Macht zu bleiben, getreu seinem Leitspruch, daß Macht vor allem die abnutze, die sie nicht haben.

DC-Parteibüro in Monte Sant'Angelo

Seine Klugheit und die Erfahrungen mit all denen, die sich mit wechselndem Erfolg darum bemühten, dorthin zu kommen, wo er schon war, lehrten ihn, daß man nicht immer an der Spitze sein könne, aber mit Intelligenz stets ziemlich weit oben. Ungestüm schade dabei nur, Ellenbogenehrgeiz schaffe Gegner, krumme Sachen würden doch einmal aufgedeckt. Nach diesen Maximen hält sich Andreotti oben. Nie nimmt er etwas persönlich. Mit Sicherheit bleibt er der italienischen Politik an führender Stelle erhalten.

Bettino Craxi

Er kann etwas so Hilflos-Verlegenes im Gesicht haben, daß man ihm Mut machen möchte, dem knapp 1,90 m großen italienischen Sozialistenführer Bettino Craxi. Die italienischen Leichtathleten, die er gerade jüngst zu ihren Erfolgen in der vergangenen Sommersaison beglückwünschte, hätten ihm am liebsten auf die Schulter geklopft. In Craxis Augen stand so viel Respekt vor den Leistungen und Rekorden der Sportler, daß man kaum darauf gekommen wäre, daß der Politiker selbst ein Rekordmann ist: der erste sozialistische Regierungschef Italiens, zudem am Anfang seiner Amtszeit (1983) mit 49 Jahren einer der jüngsten, die das Land je hatte, und jener, der am Ende (1987) die Republik Italien seit Kriegsende am längsten mit ein und demselben Kabinett, mit ein und derselben Koaliton regiert hat, damit die großen Politiker der Democrazia Cristiana hinter sich lassend.

Denn Craxi gilt als jener Politiker der italienischen Republik seit 1946, der am zielstrebigsten Macht zu erringen und sie am eifersüchtigsten zu hüten weiß. Der Sozialist genießt Macht. Die manchmal wie eine Sonnenbrille aufgesetzte Schüchternheit soll lediglich vor der Zudringlichkeit von Bewunderern und Bittstellern schützen; einen Moment später kann sein Gesicht kühle Sachlichkeit zeigen und kaltes Abschätzen des politischen Partners. Er zeigt eine enge Beziehung zur Macht, den schärferen Instinkt dafür, die virtuosere Raffinesse im Umgang mit Personen und Programmen und, wenn es sein muß, die ungehemmtere Bereitschaft, auch die den Regierenden zur Verfügung stehenden Druckmittel gegen Widersacher einzusetzen, für das eine Ziel, Macht zu behaupten und gegen die Ambitionen anderer abzusichern.

Liegt darin das Erfolgsgeheimnis des Regierungschefs? Oder sind es die Überzeugungen, die den gebürtigen Mailänder, Jahrgang 1934, mit sizilianischen Vorfahren, stark machen? Von seiner doppelten Herkunft rührt die Einsicht: daß Norden und Süden in Italien zusammengehören.

Ihm ist bewußt, daß Rom, die Hauptstadt, nicht Italien ausmacht. Denn obwohl er seit 1968 Abgeordneter in Rom ist, hat er seinen Wohnsitz in Mailand nicht aufgegeben und pendelt zwischen der Hauptstadt und der lombardischen Metropole. Seine Familie, Frau und zwei Kinder, lebt in Mailand; Craxi begnügt sich mit einem Appartement im Hotel Raphael neben der Piazza Navona und der Deutschen Nationalkirche Santa Maria dell'Anima zum Schlafen. Daß der junge Bettino in der Schule, einem »Kleinen Seminar für Kleriker«, den Wunsch äußerte, Priester zu werden, sei nur am Rande bemerkt und der kindlichen Phantasie zugeschrieben. Immerhin hat der Sozialist keine Ressentiments gegen die Kirche; in seiner Amtszeit konnte endlich die Reform des Konkordats zwischen dem Heiligen Stuhl und der Republik Italien unter Dach und Fach gebracht werden. Die zweite Überzeugung, ebenfalls mit der Herkunft verbunden, ist der freiheitliche Sozialismus, den der Vater Vittorio, Rechtsanwalt von Beruf mit politischen Neigungen und weitreichenden Bekanntschaften unter sozialistischen Politikern, auch in der Zeit des Faschismus nicht vergaß, den er als stellvertretender Präfekt von Mailand nach dem Krieg gegen Kommunisten und Christliche Demokraten zu behaupten suchte und dem Sohn prägend mitgab. Schon in der Jugendzeit bildete sich ein dritter Glaubenssatz, ein deutlicher Antikommunismus, der im Jahr 1956 mit der Unterdrückung des Volksaufstands in Ungarn und der Unruhen in Polen durch die sowjetischen Truppen für alle Zeiten sein Siegel bekam. Der Abneigung des östlichen Modells entsprach die Hinwendung zum Westen. Als Stadtrat und Senator in Mailand von 1960 bis 1970 lernte Craxi die Kommunisten als die Stärkeren auf der Linken (im Vergleich zu den Sozialisten) kennen. Stück für Stück rückte er daher seinen *Partito* dem Ziel einer gediegenen Sozialdemokratie näher. Das überraschte, nachdem er 1976 im Handstreich als Protegé des linkssozialistischen Pietro Nenni Politischer Sekretär des PSI geworden war. Äußeres Zeichen für die Wende war, daß er als Parteiemblem Hammer und Sichel gegen die rote Nelke austauschte.

Ein viertes Credo betrifft die Politik als Handwerk: Politik ist in erster Linie Technik, nicht so sehr Inhalt. Craxi ist Politiker aus Berufung, Parteifunktionär von Jugendbeinen an, seit 1957 im Zentralkomitee des PSI, seit 1956 Kommunalpolitiker, seit 1965 im Vorstand, in der *Direzione.* Das hat ihn gelehrt, sich möglichst wenig von Interessen, Sondermeinungen und umtriebigen Eiferern einspannen zu lassen.

Zuweilen grenzt diese Haltung an Opportunismus oder Zynismus – bei den bedeutenden italienischen Politikern nicht selten. Entscheidend ist, die Politik als die Kunst der Verbindung von widerstreitenden Elementen zu beherrschen. Wer sich mit Teilen der Macht zufrieden gibt, taugt nicht für höchste Ämter, scheint Craxis Maxime. Was man als Demokrat von Machiavelli aufnehmen kann, hat der Mailänder gelernt.

Sein hauptsächliches Ziel ist, die Stellung des *Partito Socialista* zu kräftigen, als liberale, pragmatisch ausgerichtete, progressive Vertretung der »modernen Mitte«, nicht nur von Arbeitern, Kleinbürgern und einigen Intellektuellen. Er will den Stimmenanteil beträchtlich erhöhen, bis in die Nähe der Kommunisten. Craxi hat noch Träume, um so mehr, da einige schon erfüllt sind, um so leichter, wenn man im Alltag ganz realistisch ist. Craxi bleibt ein Felsbrocken in der politischen Landschaft Italiens.

Achille Occhetto

An den Generalsekretär der Kommunistischen Partei Italiens, Achille Occhetto, haben sich die Italiener und die Kommunisten erst gewöhnen müssen. Der Vorstand des *Partito Comunista Italiano* (PCI) hatte ihn für dieses Amt im Juni 1988 bestimmt. Da Occhetto der einzige Kandidat war, folgte das Zentralkomitee in Rom der Entscheidung. Wen hätte es auch sonst wählen können? Blickte man sich in den Führungsgremien der Partei, in den spartanisch eingerichteten Büros der Zentrale in der römischen Via delle Botteghe Oscure um, so drängte sich niemand aus dem Sekretariat, dem Vorstand oder dem Zentralkomitee auf. Es schob sich auch niemand ungeduldig oder gar ungebührlich in den Vordergrund. Die italienischen Kommunisten der alten Garde wie Pajetta und Ingrao, Chiaromonte, Napolitano oder Zangheri, der ehemalige Bürgermeister von Bologna, hielten sich zurück, ein wenig alt, ein wenig weise, vielleicht auch müde des Kampfes.

Es war in den Führungsplänen nicht vorgesehen, daß Enrico Berlinguer (Jahrgang 1922), der im März 1972 zum Generalsekretär des PCI gewählt worden war, schon im Juni 1984 sterben würde, gerade 62 Jahre alt. Damals entschied man sich für Alessandro Natta, Jahrgang 1918; der gestenreiche, höchst intelligente und gebildete, doch nie charismatisch überzeugende Natta war eine Übergangslösung, nicht mehr und nicht weniger, und wurde auch so empfunden. Zu seinen Verdiensten gehörte, daß er nach vier Jahren nun in die Reihen zurückkehrte, wie ein »Franziskanermönch«, so er selbst, und einem Jüngeren Platz macht, eben Occhetto.

Ein Kommunistenführer muß vor allem, so erwartet man es, führen können. Die Mitglieder der Partei, die militanten Aktivisten, wünschen, daß er vorangeht und die rote Fahne bei ihm in sicheren Händen ist. Diesen Erwartungen wurde der am 3. März 1936 in Turin geborene Achille Occhetto, der auf ein Universitätsstudium zugunsten der Parteiarbeit verzichtete, bisher nur mit Mühe gerecht. Im Gespräch zeigt sich der Piemontese, der immer Funktionär war, weit zurückhaltender als Natta. Er gibt sich spröde, fast so wie Berlinguer, als ob er wisse, daß um einen charismatischen Führer die anderen werben müssen, daß die Gunst der Massen nur dem zufällt, der nicht um sie buhlt. An politischem Instinkt, taktischem Geschick und analytischer Intelligenz fehlt es ihm nicht. In den Ortsvereinen und Kreisverbänden des Partito kennt er sich aus, im Norden des Landes, woher er stammt, ebenso wie im Süden, wo er acht Jahre in Palermo arbeitete. Im Jugendverband der Kommunisten erhielt er als Nationalsekretär, so wie Berlinguer, seine ersten höheren Weihen, in Sizilien, fern von der Zentrale, die zweiten;

die dritten erteilte ihm Natta, als er ihn 1986 zum »Koordinator« im Sekretariat bestellte, die vierten und letzten, als er am 27. Juni 1987 zum stellvertretenden Generalsekretär der Partei gewählt wurde.

Aber die Hauptfrage für Occhetto ist nach wie vor nicht, ob er die italienischen Kommunisten gut führt, sondern wohin er sie bringt. Nattas Rücktritt war Beweis genug dafür, wie bedenklich es um den Partito Comunista, auch in der Wählergunst, stand. Das soll Occhetto ändern, mehr: verbessern. Seine von Herkunft und Lebensführung geprägte Distanz zur modernen Welt der westlichen Industriegesellschaft, seine begrenzten internationalen Erfahrungen, die er vor allem im kommunistischen Ausland erhielt, erleichtern es ihm nicht, die Kommunistische Partei Italiens in eine neue Zukunft zu schieben. Die aber braucht sie, wenn sie bei den Italienern bestehen will.

Unter Genossen und Freunden
Zwei Parteikongresse

Ein italienischer Parteitag ist eine vergnügliche Sache. Da macht auch der Kongreß der Kommunisten keine Ausnahme. Endlich trifft man sich einmal wieder. Denn alle müssen anwesend sein. Zunächst die Mitglieder der Partei selbst, von oben bis nach unten, die des Sekretariats, des Vorstands, des Zentralkomitees, die Delegierten aus allen Provinzen Italiens, dann die Chefs der anderen Parteien mit ihren wichtigsten Mitarbeitern, Delegationen aus anderen Ländern, die Journalisten aller italienischen Zeitungen und der ausländischen Presse. Das gibt ein Wiedersehen und ein Hallo. Jeder Freund und Genosse wird begrüßt, umarmt, zum Kaffee eingeladen. Da schlägt man Erinnerungsbrücken zu anderen Parteitagen. Weißt du noch, in Verona, Rom oder Palermo? Wie war die Fahrt von Catania? Wie geht's den Kindern? Kennt ihr schon den neuesten Witz über Gorbatschow? Man hat sich so viel zu erzählen, daß man auch ohne Politik auskommen könnte. Und in den Pausen hört man statt der früheren Kampflieder Musik von Vivaldi.

Die Kommunisten haben alles wieder schön organisiert. Man findet einen Parkplatz, einen Sitz mit Informationsschriften – Propagandamaterial fällt reichlich an – und einen für Parteiversammlungen gefällig umgeräumten Sportpalast. Mit rotem Tuch in der Ausschmückung ist man sparsam umgegangen. Weiß dominiert, das Emblem von Hammer und Sichel ist auf Mindestgröße reduziert und den Akzent über der Tribüne setzt der Teil eines Regenbogens in kräftig-bunten Leuchtstoffröhren: Biblisches Symbol des Friedens, des Bündnisses zwischen Gott und Mensch?

Zum anderen ist solch ein Parteitag aufregend. Bisher namenlose Kommunisten dürfen sich zu Wort melden, erhalten von dem hohen Präsidium auch den Zugang zum Rednerpult mit Mikrophon und dürfen dann für einige Minuten in die Weltpolitik ein-

Teilnehmer eines Unità-Parteifestes auf dem Nachhauseweg

greifen, können eine Lanze für die Arbeiterschaft brechen und den amerikanischen Präsidenten in die Pflicht für Frieden und Abrüstung nehmen. Gewöhnlich hört kaum jemand hin, obwohl die Lautsprecher dröhnen, aber die meisten Redner sind zu begeistert, um das geringe Interesse des Publikums zu bemerken. Am nächsten Tag stehen ihre Worte, etwas gekürzt, in der *Unità,* dem kommunistischen Parteiorgan, und die Delegierten können ihren Leuten zu Hause schwarz auf weiß beweisen, wie sie ihre Sache vor aller Welt und den streng-wohlwollenden Blicken der Parteioberen vertreten haben.

Weil viele Delegierte solche Bedürfnisse hegen, ist ein Parteikongreß freilich auch eine langwierige Sache. Jeder, oder fast jeder, will zu Wort kommen, soll auch sprechen. Denn dazu ist ein Parteitag unter anderem da, alles, was in der Partei rumort und gärt, herauszubringen, das Gute und von der Leitung Genehmigte in die Schatzkammer, das Schlechte auf die Müllhalde, wo die Bulldozer der Hierarchien darüberfahren und es einebnen, damit künftig die Arbeit des Partito nicht mehr gestört werde. Jeder darf seine Meinung sagen bei den italienischen Kommunisten.

Bei den Christlichen Demokraten erwarten alle auf einem Kongreß immer Aufklärung. Klarheit über die Parteiführer, Erhellung darüber, wo die Partei jetzt steht, ob sie modern sei oder alt, verbraucht oder verjüngt, ob ihr Machtverzicht schade oder im Gegenteil Ansehen eintrage, ob die *Correnti,* die Machtgruppen innerhalb der Partei, überwunden seien oder sich die Democrazia Cristiana in inneren Kämpfen aufreibe, und schließlich, was die Christlichen Demokraten, noch immer die stärkste Partei des Landes, zu den großen nationalen Fragen zu sagen haben.

Gespräch am Rande eines DC-Parteitages: Der ehemalige Justizminister Adolfo Sarti, der Generaldirektor der staatlichen Rundfunkanstalten Biagio Agnes und Senator Nicola Mancino

Das alles wollen die Delegierten wissen, wenn sie in den römischen Sportpalast eilen, weit im Süden der Stadt gelegen, von dem berühmten italienischen Architekten Nervi erbaut, während der Olympischen Spiele von 1960 Schauplatz spannender Wettkämpfe, 100 m im Durchmesser, 15 000 Zuschauer fassend. In diesem Sportpalast kann man einen Parteitag eindrucksvoll in Szene setzen. Schon der Anmarsch oder die Anfahrt zu dem etwas erhöht, riesengroß daliegenden Rundpalazzo beeindruckt den Delegierten aus der Provinz, flößt ihm jene Stimmung der gehobenen Erwartung ein, die im Innern die Parteiführung zu erfüllen trachtet.

Der Florentiner Sportpalast erwies sich kürzlich als zu eng für den Kongreß des Partito Comunista und seine Gäste. Denn zu einem italienischen Parteitag werden nämlich immer mehr Zuschauer oder Zuhörer als Delegierte erwartet, auch wenn niemand weiß, was diese dort zu suchen haben, und sie im Zweifelsfall bei dem falschen Mann an der falschen Stelle klatschen oder pfeifen. Der riesige römische Sportpalast mit seinen hohen Rängen wiederum mußte für die Christlichen Demokraten optisch verkleinert werden. Einige tausend Plätze nimmt so eine große Schauwand im Rücken der Parteioberen ein: ein Farbfächer, blau-grün-weiß-rot-blau, die italienischen Nationalfarben mit denen der Partei (weiß-blau) gemischt, und in dem weißen Feld liegt der italienische ›Stiefel‹ den Delegierten zu Füßen. Dazu steht programmatisch über die Democrazia Cristiana und ihren Kongreß: »Eine demokratische, nationale Volkspartei christlicher Prägung, um …« – bei dem jetzt folgenden Parteiitalienisch würde der deutsche Übersetzer sich verhaspeln und müßte sinngemäß erklären, daß die Christlichen Demokraten Italiens

»eifrig dazu beitragen wollen, die Transformationsprozesse unserer Gesellschaft«, kurz gesagt, was sich eben so ändert, »zu leiten«. Welche Partei in einer westlichen Demokratie könnte etwas anderes proklamieren! Aber für die Delegierten ist es keine Frage: Die Democristiani marschieren an der Spitze des italienischen Fortschritts.

Vor allem jedoch wird auf einem DC-Kongreß über die Posten von Ministern und Staatssekretären in der Regierung und über die Kandidaturen für Parlamentswahlen entschieden. Deshalb besteht die Hauptbeschäftigung der Delegierten, tagsüber und nachts, darin, Listen mit den Namen der Anhänger der einzelnen Correnti-Führer zusammenzustellen. Man erinnert sich, daß dies schon eine Spezialität der altrömischen Republik war, wenn auch zuweilen mit böswilligeren Zielen. Wer es da auf dem Kongreß am rechten Fleiß bei der Jagd auf Listenstimmen vermissen läßt, wird in der Zeit danach bei der Vergabe von einflußreichen Posten nicht mehr berücksichtigt. Wer auf einer unbedeutenden Liste landet oder sich erst im letzten Moment für die ›richtige‹ entscheidet, muß es später büßen. Nur ein Kongreß bietet die Möglichkeit, das Gleichgewicht unter den verschiedenen Meinungsgruppen in der Partei auszutarieren.

Dieses politische Spiel kann man nicht gewinnen, wenn man als Delegierter steif und fest auf seinem Stuhl in der Mitte des Sportpalastes sitzt und sich die Reden der anderen nur anhört. Da heißt es herumgehen, den einen und anderen am Arm zupfen, sich in Erinnerung bringen mit den Diensten, die man schon geleistet hat und die weiter zu erbringen man durchaus geneigt, ja brennend bereit sei, wenn . . ., Du verstehst, lieber Freund, großartig, großartig die Rede unseres lieben . . . . Da geht man gemeinsam zur Bar und trinkt auch den zehnten oder zwanzigsten Kaffee am Tag, denn in der Nacht kann man doch nicht schlafen, weil dann die Freunde zusammensitzen und die Geschicke Italiens von ihrem Standpunkt aus lösen. Erst in den Morgenstunden fallen die Kongreßdelegierten vor Erschöpfung um, im Bewußtsein, daß sie der Partei und dem Vaterland große Dienste erwiesen haben.

Die vier Jahreszeiten

Vorweihnachtszeit in Bergamo

Bergamo, das ist vor allem die »Stadt auf dem Berg«, die *Città alta,* die Oberstadt. Für das Bibelwort könnte man kaum ein besseres Beispiel anführen als diese auf einem 115 m aus der Ebene herausragenden Hügel gebaute mittelalterliche Anlage. In der tiefstehenden Dezembersonne beginnt sie gegen Abend rot zu glühen; das Farbenspiel auf den Türmen und den Palastfassaden, die feurigen Lichtreflexe auf den Stützmauern des 16. und 17. Jahrhunderts, das ist ein unvergeßliches Bild. Die *Città bassa,* die Unterstadt mit ihrem lebhaften Verkehr, mit den Fabriken gibt die Gewähr, daß hier Kunst und Kultur auf einem wirtschaftlich soliden Fundament ruhen. Betriebsamkeit sichert einen Wohlstand, der in der vorweihnachtlichen Zeit an den Auslagen der Geschäfte und an der Höflichkeit der Verkäuferinnen, an den mit Lichterbäumen geschmückten Straßen, an der Kleidung der Passanten und im übrigen an den Statistiken der Handelskammer abzulesen ist.

Über die Bergamasker erzählt man in Italien Geschichten voller Spott, aber auch voller Anerkennung. Ein schlaues Völkchen seien sie, die rund 900 000 Bewohner der Provinz Bergamo, nördlich von Mailand am Fuß der Alpen; sie seien von der Art der Bauern, zudem fleißig und hartnäckig, mit industriellem Geschick begabt. Kaufleute am Ort, Händler auf weiten Wegen: Leute also, die es trotz der Nähe der lombardischen Metropole zu Wohlstand gebracht haben und stolz darauf sind, seit Jahrhunderten den Markuslöwen von Venedig, das fünfmal soweit entfernt von ihnen liegt wie Mailand, als Zeichen der politisch berechneten Zugehörigkeit in ihrem Stadtwappen zu führen.

Auf dem *Sentierone,* der Hauptpromenade der Bergamasker, neben der Piazza Vittorio Veneto und der Porta Nuova, gegenüber dem Teatro Donizetti, nicht weit entfernt vom Justizpalast, von der Handelskammer und den großen Banken, dort, wo die Hauptstraßen der Stadt beginnen und enden, kurz, wo das Herz Bergamos schlägt, hat die Zeitung *L'Eco di Bergamo* eine Krippe gebaut, besser: einen Stall mit einer Krippe. Hier auch hat es schon Watte geschneit, während sich die Bergamasker darüber beklagen, daß Schnee bei ihnen in den Alpen noch nicht gefallen ist. Es ist eine moderne Krippe: Maria hält statt des Kindleins eine Friedenstaube in der Hand, und weil ein einziges Kind nicht genug ist, wohl auch wegen der Gleichberechtigung, frieren ein Junge und ein Mädchen in dem Watte-Schnee. Drei weiße Rehlein passen auf, daß die Eltern, die mit ihren Kindern kommen, auch etwas in dem Opferstock zurücklassen, für die Kinder in Bolivien. Aus einem Lautsprecher klingen Weihnachtslieder, »Am Weihnachtsbau-aum die Lichter brennen«, etwas schneller, als es deutschem Gefühl entspricht. Auch »Es ist ein Ros' entsprungen«, erklingt. Würde man es doch nur langsamer singen!

Oben in der Altstadt herrscht gegen neun Uhr am Abend noch lebhaftes Treiben. Mitte Dezember begann an der Universität das akademische Jahr. Es ist nur eine kleine Hochschule mit zwei Fakultäten (Wirtschaft/Handel und Sprachen) und nur 2242 Immatrikulierten, von privater Hand, von der Gemeinde Bergamo, der Provinz und der Handelskammer mit öffentlichen Mitteln geführt, sehr angesehen. Studenten begegnen dem Besucher daher auf Plätzen und in den Gassen. Zwei junge Leute sitzen in einem Keramikladen und bemalen Krüge, wenig später handeln sie mit den Kunden. In einem Antiquitätengeschäft stehen Herren und klagen über die hohen Preise, vielleicht, um einen Interessenten vorzubereiten. In einer Weinkneipe reden die Männer so laut, daß man sein eigenes Wort nicht mehr versteht; da sie sich dabei ihres in ganz Italien berüchtigten Dialekts bedienen, begreift der Fremde nur Bruchstücke. Ein Mädchen, vielleicht acht Jahre alt, blickt schüchtern, aber nicht unkundig durch die Tür, und mit wissendem Lächeln entdeckt es den Großvater. Der kann sich eher seinen Freunden als der Einladung seiner Enkelin entziehen. Wenige Schritte weiter, auf der Piazza del Duomo, zwischen dem Dom und dem Baptisterium, liegt alles in tiefem, dunklem Schweigen. Im kulturreichen Italien gibt es wenige Plätze, an denen sich Kunst so dicht und schön drängt wie hier. Eine schwarze Katze streicht um die Ecke, vorbei an den steinernen Löwen des Seitenportals der Marienkirche, lockt uns in finstere Gassen, läßt die Welt ein wenig unheimlich werden in den kaum erleuchteten Winkeln.

Doch dann lesen wir am Seminar, 200 m weiter, hier habe Angelo Roncalli, der spätere Papst Johannes XXIII., Studien absolviert. Er ist der berühmteste Bergamaske, am 25. November 1881 in Sotto il Monte, etwa 15 km westlich von Bergamo, geboren. In seinem Geburtsort – Städtchen oder Großdorf, das läßt sich schwer bestimmen – trägt alles diesem Ruhm Rechnung. Ein »Haus des Pilgers«, eine »Engelsbar«, ein Auditorium zu seinen Ehren, mehrere Gebäude, deren religiöse Bestimmung ins Auge fällt, ja sogar die offizielle Ortsbezeichnung *Sotto il Monte Giovanni XXIII* verkünden die Allgegenwart des verehrten Papstes, der in seiner Amtszeit von 1958 bis 1963 nicht allein der katholischen Kirche gehörte. Hier in der Dunkelheit schaut der Papst des Friedens von einem Plakat herab; auf dem steht: *Pacem in terris,* nach dem Titel der Enzyklika, Friede auf Erden.

Karneval – Vorbote des Frühlings

Seit langem ist der römische Karneval nicht mehr das, was er einst, vor 200 Jahren zum Beispiel, war. Die Päpste hielten ihn wegen der feindlichen Messerstechereien für zu gefährlich, und wegen zu freundlicher Begegnungen auch. Da erscheint es verdienstvoll, wenn Politiker in Rom etwas Schwung und Farbe in den feucht-kalten Regierungsalltag bringen. Warum nicht über die närrischen Tage mal eine Krise inszenieren, die Regierung stürzen, den Präsidenten der Republik den »Walzer der Konsultationen« – so nennt man seine Beratungen im Quirinalspalast mit den Delegationen der Parteien – tanzen lassen! Nehmt doch alles nicht so ernst, ist die Devise. Nach diesem kommt ein anderer Ministerpräsident, oder vielleicht auch wieder derselbe. Hauptsache, es bewegt sich etwas, und man stirbt in der Woche zwischen *Giovedi grasso,* dem »fetten Donnerstag« und Aschermittwoch nicht vor Langeweile.

Die Politiker haben recht. Denn es ist notwendig, dem römischen Karneval wieder seinen alten Glanz, sein überschäumendes Leben zurückzugeben. Die ausführlichste Beschreibung dieses bunten Treibens verdanken wir Johann Wolfgang von Goethe. Bei seinem zweiten römischen Aufenthalt (1787/88) stürzte er sich hinein ins Getümmel. Dürfen nicht auch die Politiker außer Rand und Band geraten und anstellen, was, so Goethe, »ihnen Laune, Witz oder Unart eingeben«?

Daß bei den Abstimmungen im Parlament Koalitionsabgeordnete gegen die Regierung und Parlamentarier der Opposition für sie stimmten, entspricht einer Spielregel, die unser Dichter im Prinzip bereits damals aufstellte: »Da die Frauen ebenso viel Lust haben, sich in Mannskleidern zu zeigen, als die Männer, sich in Frauenskleidern sehen zu lassen, so haben sie die beliebte Tracht des Pulcinells sich anzupassen nicht verfehlt, und man muß bekennen, daß es ihnen gelingt, in dieser Zwittergestalt oft höchst reizend zu sein.« Natürlich, das ist der schelmische Sinn des Ganzen. Die Regierungsabgeordneten, männlich, stimmen gegen den Ministerpräsidenten, um ihrem Parteichef eine Lektion zu erteilen, die in der Opposition, weiblich, zeigen sich der Regierung gefällig, um das Finanzgesetz für den Haushalt zum Wohl des Staates zu retten, die anderen zwittrig, wissen mit ihren Stimmen nicht wohin.

Die italienischen Politiker fürchten dabei nicht, daß die anderen Europäer über so viel Frohsinn die Stirn runzeln. Eher ist es umgekehrt. Die Italiener lachen über den Ernst der Ausländer. Wie schon Goethe bemerkte: »Der Fremde muß sich auch gefallen lassen, in diesen Tagen verspottet zu werden.« Also erfreuen wir uns an dem Schabernack! Denn es liegt ihm, wie könnte es anders sein, ein zugleich höherer und tieferer Sinn zugrunde. Auch diese Entdeckung verdanken wir dem Dichter und außerdem einem wahren Preußen, Wilhelm von Humboldt, der von 1802 bis 1808 Gesandter seines Landes bei der damaligen päpstlichen Regierung war. Der erste interpretierte: »Wenn uns während des Laufs dieser Torheiten der rohe Pulcinell ungebührlich an die Freuden der Liebe erinnert, denen wir unser Dasein zu danken haben, wenn eine Baubo auf öffentlichem Platz die Geheimnisse der Gebärerin entweiht, so werden wir mitten unter dem Unsinn auf die wichtigsten Szenen unseres Lebens aufmerksam gemacht ... (Es) erinnert uns an die Wege des Weltlebens, wo jeder Zuschauer und Teilnehmer mit freiem Gesicht oder unter der Maske ... mehr geschoben wird als geht, mehr aufgehalten wird als willig steht, nur eifriger dahinzugelangen sucht, wo es besser und froher zugeht, und dann auch da wieder in die Enge kommt und zuletzt verdrängt wird. Dürfen wir fortfahren ernsthafter zu sprechen, so bemerken wir, daß Freiheit und Gleichheit nur in dem Taumel des Wahnsinns genossen werden.« So erschließen uns der römische Karneval und Goethe den Sinn von Politik und Demokratie. Und Wilhelm von Humboldt verklärt dieses Rom: »Es ist wohl ein dichterischer Schimmer, der diese Stadt umschwebt, ein Schein, der vor einer nüchternen Betrachtung gewisser Art wie Morgenduft verrinnt; aber ein Schein, welcher die Wahrheit reiner und gediegener in sich hält als die gewöhnlich sogenannte Wirklichkeit.«

Im berühmten Karneval von Venedig sind ausgelassenes Treiben und Aschermittwoch verbunden. Vielleicht war es ein Zufall, aber einer von denen, die an tiefere Zusammenhänge glauben lassen: In der Lagunenstadt tobten – man muß schon dieses Wort gebrauchen, um dem Getümmel der unzähligen Darbietungen, Theaterstücke und Vorträge gerecht zu werden – die Karnevalisten, und zur gleichen Zeit war im Palazzo Ducale eine der eindrucksvollsten Ausstellungen dieser Jahre in Italien zu besichtigen: »Venedig und die Pest«.

Einerseits übersprudelndes Leben, hochgedrehte Lustigkeit, Spott und Schabernack, Fröhlichkeit auf den Masken, Durchbrechen der Alltagsregeln durch Verkleidung und Schminke, aufgeputzte Scheinwelt, die des Lebens Ernst verlacht – und plötzlich der fahle Tod der Pest, den der Apokalyptische Reiter der Bibel über die Erde schickt, der die Menschen zu Tausenden, Abertausenden dahinrafft. Kaum jemand konnte sich diesem schaurigen Gegensatz entziehen, in Venedig, der Stadt, die trotz der Drohung des Untergangs so vital geblieben ist. In den Ulk des Theaters drängten sich die Erzählungen der Dichter aus Renaissance und Moderne von buntem Treiben und Tod, schoben sich die Bilder der Ausstellung, die Versuche der Meister, eines Tintoretto, eines Mantegna, Leben und Tod des Menschen, farbigen Lebensgenuß und bleiches Ende darzustellen. Und zu versöhnen. Wieviel Aufbäumen gegen den heimtückischen Tod lag da in dem karnevalistischen Gepränge. Daß die Menschen wehrlos der Pest ausgeliefert waren, schien nicht ohne aktuellen Bezug. Unfug! Unfug! Einerlei. Nimm die nächste Maske und setze dem Abenteuer nach. Größe und Elend des menschlichen Lebens werden offenbar.

Ein heiterer Sommer

Wenn der Sommer naht und die große Hitze ihre unabweisbaren Boten schickt, beginnt in Italien ein Dilemma. Die Italiener sind gezwungen, etwas zu tun, was den meisten im Grund widersteht: lang im voraus zu planen. Wieviel schöner wäre es, sich im Juli oder August der Eingebung des Augenblicks zu überlassen und einfach in die Ferien drauflos zu fahren. Statt des Meeres, wie noch im Juni gedacht, die Berge zu wählen, statt eine Besichtigungsreise zu unternehmen, wie ursprünglich überlegt, sich doch einfach faul an den Strand zu legen. Aber leider können auch 55 Millionen Individualisten nicht einfach ihren plötzlichen Einfällen folgen. Im Sommer wollen diese Millionen gut über die Apenninenhalbinsel verteilt sein, sonst gerät der Individualismus mit den Naturgesetzen in Konflikt. Wo ein Individualist ist, kann nicht zugleich an derselben Stelle ein zweiter sein. Außerdem kommen zu den Italienern noch Millionen Ausländer aus dem Norden; da kann es eng werden. Pensionen und Hotels, Flugzeug, Eisenbahn und Fähre müssen vorher bestellt werden, auch wenn man nicht will.

Denn jeder italienische Familienvater sieht voraus, daß am Tag der gebuchten Abfahrt die Schwiegermutter unpäßlich ist, das Kind Keuchhusten hat und der Freund spontan seinen 50. Geburtstag feiern will. Wenn man sich festgelegt hat, entgehen einem mit Sicherheit die schönsten Freuden des Lebens. Aber die Frau ist unerbittlich und schickt ihren Giovanni – zum Beispiel zur *Tirrenia,* jener Schiffahrtsgesellschaft, welche den Fährbetrieb im italienischen Mittelmeer und damit den Zugang zu den beliebtesten Ferienorten auf Sardinien oder Sizilien beherrscht. Man weiß zwar, daß etwa der Fährbetrieb zwischen Civitavecchia, dem Haupthafen Roms, 78 km nordwestlich, und Olbia an der Nordostküste Sardiniens pünktlich mit dem Eintreffen der ersten Touristenscharen ins Stottern und Stocken gerät; deshalb, weil die Seeleute jetzt den günstigsten Moment sehen, auf ihre unzumutbaren Arbeitsbedingungen aufmerksam zu machen. So bilden sich im Juli in Civitavecchia und im August in Olbia jeweils Heerlager von reisebereiten, im doppelten Sinn ›kochenden‹ Auto-Familien, und mit der geplanten Abfahrtszeit ist es dann doch nichts. Aber ohne Reservierung wäre man noch schlimmer dran. Deshalb hat es einen Sinn, daß sich nun vor den Büros der *Tirrenia* Menschenschlangen bilden, als ob es die Tickets umsonst gäbe. Vor die Erholung im Schweiße seines Angesichts ist dem Touristen langes Warten im selben Zeichen gesetzt, Ferienfreuden wollen verdient sein. Die Menschentrauben vor den Reisebürofilialen sind – wie die Schwalben für den Frühling – der sichere Hinweis darauf, daß nun der Sommer mit dem Urlaub beginnt.

Ein untrügliches Zeichen für die heißeste Phase des Sommers an den Stränden der Apenninenhalbinsel ist eine ganz bestimmte Art von Zeitungsartikeln. Es ist eine eigene literarische Gattung, die den Witz des Verfassers in ebenso hell gleißendes Sonnenlicht stellt wie die Komik des Beschriebenen. Denn es handelt sich um etwas ganz Leichtes und Lockeres, um den Zusammenstoß zwischen dem, was gänzlich unschuldige junge Mädchen – junge Mädchen sind immer unschuldig – glauben, dem öffentlichen Gefühl für Anstand zumuten zu können, und dem, was darüber Ordnungshüter denken oder zu denken gehalten sind. Kurz, es geht im katholischen Italien um den Konflikt zwischen jenen paar Zentimetern Stoff, die mehr oder weniger um weibliche Körper gelegt werden, und der Strenge des Gesetzes. Denn Artikel 726 des italienischen Strafgesetzbuches bestimmt: »Wer an einem öffentlichen oder der Öffentlichkeit zugänglichen oder dem Einblick der Öffentlichkeit ausgesetzten Ort Handlungen begeht, die gegen das allgemeine Anstandsgefühl verstoßen, wird mit Haft bis zu einem Monat oder mit Geldbuße ... bestraft.«

Um dafür Beispiele aus der Fülle des italienischen Lebens in den letzten Jahrzehnten zu liefern, bedarf es einer italienischen Feder und jener römisch-lateinischen Laxheit, die sich die Lust der Sünde nicht durch ein teutonisches Gewissen mindern läßt. Hier soll nur jene Eleganz gerühmt werden, mit der etwa Respektpersonen wie zwei Carabinieri – es müssen natürlich immer zwei sein –, von empörten Anstandspersonen herbeigerufen, den Stein des Anstoßes, das Corpus nicht delicti, sondern delinquens, nämlich eine leibhaftige, doch an ihrem Leib zu wenig bedeckte Signorina vom Strand entfernen. Man mag einwenden, daß dies für Uniformierte eine schöne Aufgabe darstelle. Richtig. Doch die delikate Kunst besteht darin, daß ein Carabiniere stets jene Verletzung des allgemeinen Anstandsgefühls in seinen Zügen ausdrücken muß, das wiederherzustellen er schließlich gerufen ist. Zugleich muß er jedoch jenen Diensteifer zeigen, den ein Bürger von einem Polizisten zu Recht erwarten darf. Nicht wenigen Carabinieri sei jedoch, so heißt es, nur zu oft die Gewissensqual gerade in jenem Moment vom Gesicht abzulesen, in denen sie eine spärlich verhüllte Schöne in ihren Armen halten. Und nicht immer ist den Hütern des Gesetzes der Dank der Umliegenden gewiß. Dabei darf nicht vergessen werden, daß mit der Sicherstellung der anstoßerregenden Person möglicherweise jene Ruhe haben, die von der Polizei die Pflege des sittlichen Bewußtseins erbaten, doch nicht die Anstandspfleger selbst. Sie bekämen die Dame nicht ohne neuerliche Verletzung des Strafgesetzbuches an der nächsten Ecke wieder los, können sie aber schließlich auch nicht als lebende Beute dauernd mit sich herumfahren. Kurzen Prozeß hier zu machen, ist leichter gefordert als getan. Zum Glück sind, wie gesagt, italienische Federn diesem Stoff oder dem Nicht-Stoff stets gewachsen.

Ein Vergleich aller dieser Geschichten der letzten Jahrzehnte würde übrigens erweisen, daß sich das sommerliche Anstandsgefühl auch in Italien mit immer weniger Zentimetern begnügt. Eine nach Regionen geordnete Darstellung würde aufdecken, daß die Empfindlichkeit von Nord nach Süd meist zunahm, wobei in den letzten Jahren Kalabresen und Sizilianer erstaunliche ›Fortschritte‹ erzielt haben. Eine konfessionell sensible Betrachtung müßte zu dem Schluß kommen, daß die Verringerung des allgemeinen Anstandsgefühls mit offenkundiger Freude betrieben und beschrieben wird. Bald wird niemand mehr solch heitere Sommergeschichten beschreiben können, weil sie nirgendwo mehr geschehen.

Ja, die Tendenz hat sich gewendet, die Frontstellung verkehrt. In einem Rechtsstreit des Jahres 1987 zwischen einer Animierdame und dem Nachtclub *The Pink Panther* auf Ischia traf der Mailänder Arbeitsrichter Romano Canosa eine denkwürtige Entscheidung. Die Dame, so der Ausgangspunkt, wollte nicht die Uniform des Etablissements tragen, nämlich einen Bikini, eine Art weiblicher Uniform auf Ischia, sondern – welch origineller Einfall – das Kleid einer Krankenschwester. Das Mädchen wollte damit ihre »moralische Integrität bewahren«, wie sie angab. Wer möchte ihr das verdenken!

Der Mailänder Richter Romano stellte grundsätzliche Erwägungen an. »Das erklärte Ziel eines Nachtclubs«, so ließ er sich in seinem Urteil aus, »besteht nicht darin, den Geist der Besucher zu den Höhen der Kultur zu erheben (wie es bei der Lektüre von Büchern, dem Theater- oder Konzertbesuch geschieht), sondern in jenem viel profaneren, eine Atmosphäre der Entspannung und des Vergnügens zu schaffen. Zu diesem (auch wirtschaftlich nutzbaren) Zweck tragen normal auch die Schönheit und der Charme, der körperliche eingeschlossen, der Animierdamen des Lokals bei.« Es sei also rechtens, wenn die Direktion verlange, daß die Damen »etwas knappere Kleider tragen, als man in Schulen, Bibliotheken und Krankenhäusern« gewöhnt sei. Ja, Schwesterntracht sei, so der Richter, für einen Nachtclub »geradezu lächerlich und schädlich«; die Entlassung bestehe also zu Recht. Das Mädchen konnte sich nur mit einer Abfindung trösten und damit, daß ihre »moralische Integrität«, zumindest in diesem Nachtclub, nicht mehr gefährdet werden kann. Vielleicht versuchte sie es dann, im Bikini in einem Krankenhaus zu arbeiten. Natürlich nur im Sommer.

L'Autunno - Der Herbst

Mit dem Tod stehen die Italiener auf vertrautem Fuß. Das zeigt sich Ende Oktober, Anfang November, wenn an den Tagen um die kirchlichen Feste von Allerheiligen am 1. und Allerseelen am 2. November die Familien ihre Mitglieder zusammenrufen. Auch die von weither, wenn den Sizilianer die Not in den hohen Norden nach Turin oder Mailand verschlagen hat. Da die toten Väter und Mütter, Söhne und Töchter nicht mehr kommen können, geht man zu ihnen. Familienheerscharen schreiten zum Friedhof des Ortes oder fahren in vollgestopften Autos zum Gottesacker weiter außerhalb. Wenn unter der Führung der Matriarchin - die Mütter sind es, die in diesen Tagen den Ton angeben - Kind und Kegel den Gang antreten, kann nicht nur Trauer herrschen. Denn man sieht sich wieder und wird bald auch mit dem und der Verstorbenen in lebhaftem Gedenken vereint sein.

Die allgemeine Lockerung der Sitten hat auch in Italien auf die schwarze Kleidung abgefärbt. Es ist noch gar nicht so lange her, da trug die italienische Frau zu jeder Zeit schwarz, gewiß von archaischen Traditionen geleitet und dem Umstand, daß man in den großen Familien immer irgend jemanden zu betrauern hatte und überhaupt dem Leben wenig zu trauen war; gewiß schien nur der Tod. Noch heute findet man in den Dörfern des Südens Frauen, freilich nur mehr ältere, die ihre Abkehr von der (männlichen?) Lebenswelt dadurch ausdrücken, daß sie im schwarzen Gewand mit dem Rücken zur Gasse sitzen. Nein, schwarz sind die Züge zu den Friedhöfen nun nicht mehr. Im Gegenteil, das wichtigste Requisit für den Toten sind bunte Blumen. Vor dem Campo Verano in Rom, dem Hauptfriedhof der Stadt, gibt es immer genügend Blumenstände. Doch jetzt quellen sie über vor farbiger Blumenfülle, und die Verkäufer haben die Gewißheit, daß all ihre Chrysanthemen und Astern selbst zu stolzen Preisen ihre Abnehmer finden. Wer will schon beim Strauß für den Erbonkel unter den Augen der ganzen Familie um den Preis feilschen!

Auf dem Campo Verano wird jede gesprächige Schar am Eingang von einer überlebensgroßen sitzenden Steinfigur begrüßt, die der Bildhauer Blasetti um 1874 als Allego-

Friedhof in der Toskana

rie des *Silenzio,* des Schweigens, geschaffen hat. Da jedoch die meisten das nicht wissen, überzeugt die Skulptur kaum jemanden; und die es wissen, weisen auf die zweite hin, die »Liebe« – wie kann man schweigen, wenn die freundliche Erinnerung Herz und Zunge überlaufen läßt. Es hilft nichts. Auch mit Berufung auf Nummer 3 und Nummer 4, »Hoffnung« und »Meditation«, läßt sich zwischen der Lautstärke außerhalb und innerhalb des Friedhofs kaum ein Unterschied feststellen. Daß man dem Toten früher auch Speise und Trank brachte – wie etwa Sankt Augustinus, der Kirchenlehrer, berichtet – setzt sich heute darin fort, daß die Lebenden vielerorts mit Appetit »Totengebäck« – als solches in den Schaufenstern der Bäckereien angepriesen – verzehren. Totenwagen können in Neapel nicht prächtig genug, die Schlange der Autos mit Trauergästen dahinter nicht lang, die Blumengebinde nicht aufwendig, das Schluchzen nicht heftig und die Tränen nicht naß genug sein. So ziehen sie jetzt überall auf engen Friedhöfen zu den Familiengrüften und Steinkammern, den hohen glatt-weißen Marmorwänden, aus denen Namen, Daten und die schönste Fotografie der Gestorbenen hervorblitzen, Kreuze und Blumensträußchen herausragen.

Wer möchte an dem lebhaften Verhältnis der Italiener zum Tod und zu ihren Toten Anstoß nehmen. Die Römer wüßten solche Beckmesser zu beschämen, indem sie alle

Kunstwerke aufzählten, die sie zu Ehren der Toten im Lauf der Jahrhunderte in ihrer Stadt errichtet haben. Da wäre die merkwürdige, weiße Pyramide für den Prätor Cestius (gestorben 12 vor Christus) am Stadttor San Paolo neben dem Protestantischen Friedhof; oder die große Grabanlage für den Kaiser Augustus mitten in der Stadt an der Piazza Augusto Imperatore; das Mausoleum für Kaiser Hadrian, mehr noch als »Engelsburg« bekannt; da wäre die Via Appia mit dem Grabmal der Caecilia Metella. Und dann die Katakomben, die kein ernsthafter Besucher der Ewigen Stadt auslassen darf. Es sind nicht einfach Maulwurfsgänge in weicher Tufferde, sondern es ist ein kompliziertes, weit ausgebautes unterirdisches Gräbersystem, zum Teil so kunstvoll ausgemalt, daß »die Geschichte der christlichen Malerei mit den Gemälden der Katakomben beginnt«, so der Schweizer Jacob Burckhardt. Die Römer hatten wohl von den anderen Völkern ihres Reiches, von den Etruskern oder den Ägyptern, gelernt, daß der Totenkult einer der mächtigsten Förderer von Kunst und Kultur ist – wie es menschlichem Wesen entspricht.

Damit nicht genug. Daß die Römer die Vorrangstellung ihrer Stadt im Römischen Reich über dessen Untergang hinwegretten konnten, verdanken sie dem Umstand, daß (fast) alle Welt die Gräber der Apostelfürsten Petrus und Paulus in Rom verehrte. Schließlich sind die riesigen Kirchen Sankt Peter und Sankt Paul vor den Mauern, sind auch die vielen Basiliken aus den ersten Jahrhunderten des Christentums nichts anderes als Grabkirchen, errichtet über der letzten Ruhestätte eines Märtyrers, einer Frau, eines Mannes, die dem christlichen Glauben bis in den Tod treu blieben und deshalb im Gedächtnis der anderen, der weniger Tapferen, weiterleben durften. Das Blut der Märtyrer war nicht nur Same für neue Christen, sondern auch für großartige Kunstwerke. Darauf sind die Römer stolz. Anfang und Mitte des abendländischen Christentums sind nun einmal in dieser Stadt. Da können andere nicht mithalten, nicht mit den Gebeinen der Heiligen Drei Könige – wenn sie es denn sind –, für die als Gehäuse der Kölner Dom erbaut wurde, nicht mit dem Grab des heiligen Bonifatius in Fulda.

Immerhin regte das Vorbild der Römer die anderen in Italien bald zur Nachahmung an. In Ravenna errichtete man dem Ostgotenkönig Theoderich, dem sagenumwobenen Dietrich von Bern (gestorben 526), ein stolzes Grabmal; ebenso für den heiligen Evangelisten Markus in Venedig, für den viel geliebten Franziskus aus Assisi in Umbrien, den hochverehrten Antonius in Padua oder den geschätzten Wunderwirker Nikolaus in Bari. Die schönsten Kirchen Italiens sind eigens als glänzender Schrein für die berühmten Toten unter erheblichen Opfern und mit hohem Kunstsinn aufgeführt worden.

Damit die Italiener diese materiellen und finanziellen, kulturellen und künstlerischen Leistungen erbringen konnten und wollten, reichte nicht das Wort von Päpsten und Bischöfen, Königen, Fürsten oder Dogen. War es die Sorge um das eigene Seelenheil? Konnte doch gewiß der Märtyrer – für die Hingabe seines irdischen Lebens längst mit dem himmlischen belohnt – Fürsprache leisten, wenn der Gläubige für dessen Gedenkstätte spendete, wenn die mehr oder weniger frommen Baumeister, Maler und Bildhauer ihr Können in den Dienst der Heiligen stellten, wenn der Maurer auf schwindelhohem Gerüst das Gewölbe schloß. Stand doch auch die oder der Heilige in der himmlischen Hierarchie ganz anders da, wenn er auf ein glänzendes Gotteshaus ›da unten auf Erden‹ verweisen konnte. Wurden nicht auch die weniger Verwöhnten im Himmel angespornt, Gutes für die Menschen zu tun? War das ein schnöder Handel, unzulässig, weil Endliches und Ewiges krämerisch miteinander vermischt wurden? Angesichts der Kunstwerke bleibt nur das Zugeständnis: Und wenn.

Die altrömische Liturgie hat stets Allerheiligen und Allerseelen, das Gedenken der Heiligen und der gewöhnlichen Toten miteinander verbunden. An erster Stelle steht es in alten katholischen Gebetbüchern, daß am 1. November, *In Festo Omnium Sanctorum,* »die Kirche ein echt christliches Familienfest feiert« – im Orient schon im 4. Jahrhundert, seit dem 13. Mai 609 oder 610 auch im römischen Abendland, als Papst Bonifaz IV. das zur Zeit des Kaisers Augustus errichtete, wohl den allerheiligsten Planetengöttern, dem All-Göttlichen geweihte Pantheon in Rom ›taufte‹ und die heidnische Bestimmung leicht zu einer christlichen wendete durch die Dedizierung an die »Gottesmutter und alle Märtyrer«, endgültig, als schießlich Papst Gregor IV. das Fest auf den 1. November verlegte und es auf Bitten König Ludwigs des Frommen im Jahr 835 im Frankenreich einführte.

In blumiger Sprache, doch unmißverständlich leitet das uralte *Martyrologium Romanum,* der Römische Heiligenkalender, den Allerseelentag ein und formte damit italienischen Familiensinn für die Toten: »Heute ist das feierliche Gedächtnis aller abgeschiedenen Gläubigen. Soeben noch hat die Kirche als gemeinsame und zartfühlende Mutter sich Mühe gegeben, all ihre Kinder in der Himmelsfreude mit gebührenden Preisgesängen zu verherrlichen. Unverweilt will sie heute in Muttersorge all ihren Kindern, die im Reinigungsort (Fegefeuer) seufzen, durch machtvollen Beistand bei Christus, dem Herrn und Bräutigam, zur baldmöglichen Aufnahme in die Gemeinschaft der Himmelsbürger verhelfen.« – Ein Familienfest in der erhofften Gemeinschaft der Bürger des Himmelreiches! Ob alter Glaube oder moderne Utopie – etwas davon ist beim Gang der Italiener zu ihren Toten lebendig.

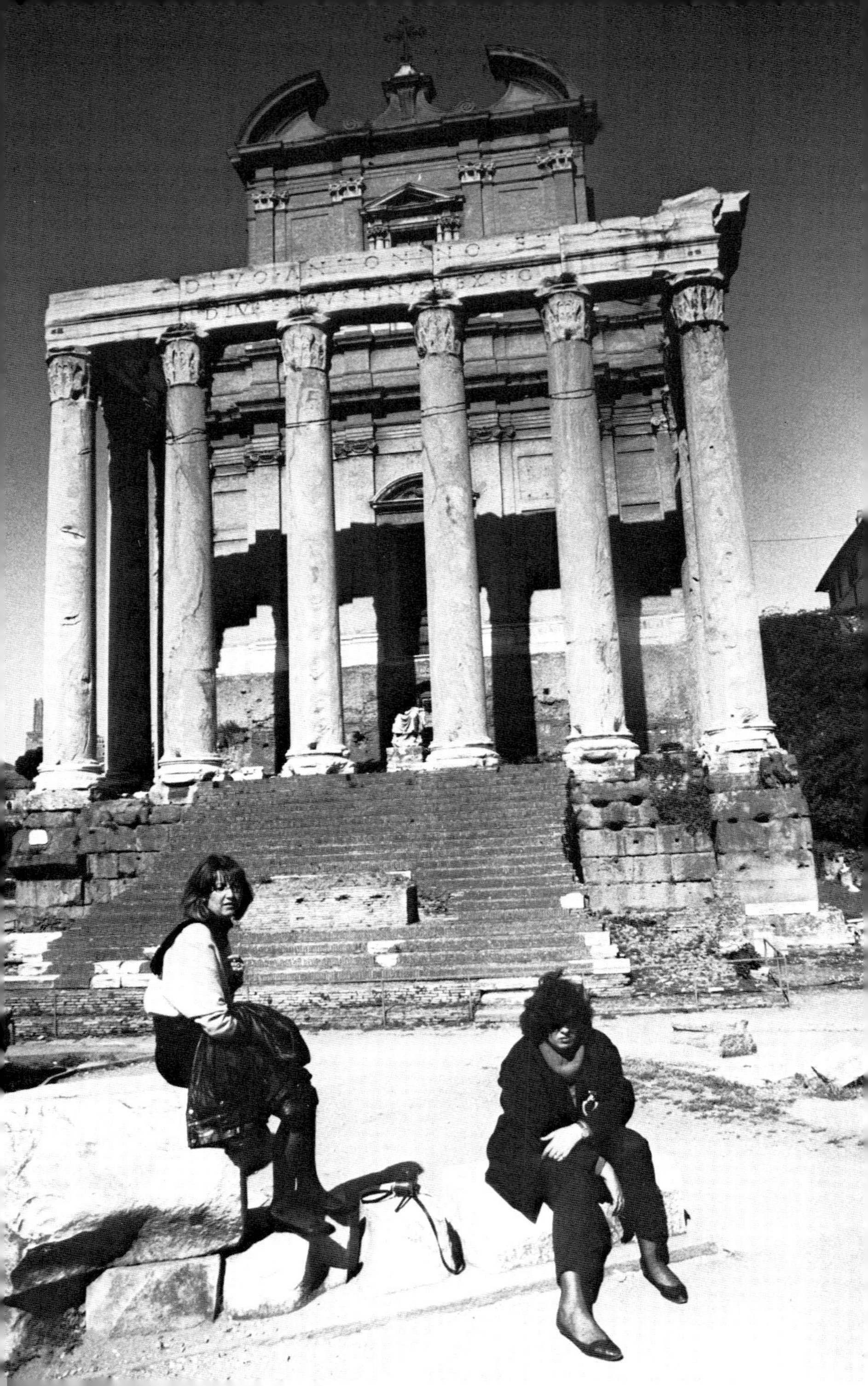

Storie Italiane

Italienische Geschichten

Unsere gemeinsame Geschichte

Warum zieht es die Nordvölker partout auf die südlichen Halbinseln Europas? Schon damals, in der Zeit der Völkerwanderung, vom 4. Jahrhundert nach Christus an, hätten doch die Vandalen, West- und Ostgoten ein skandinavisches Puppenheim auf den nördlichen errichten können. War es die Wärme in der »Wiege der Menschheit« rund ums Mittelmeer? Der Drang nach Recht und Ordnung in kodifizierten Gesetzen und staunenswerten ›Infrastrukturen‹? Oder die Neugier nach einer Zivilisation, die dem Leben Erleichterung, dem Dasein neue Qualität versprach, der Sog einer Kultur, der auch ›Barbaren‹ ihre Achtung nicht versagen konnten?

Die gemeinsame Geschichte mit dem ungestalten, von der Sonne abgewendeten Europa hatten die Römer der Antike, die Feldherrn und Legionäre des Imperium Romanum begonnen, als sie die Grenzen ihres Reiches immer weiter nach Norden schoben. Der große Caesar, der lateinische Schriftsteller Tacitus gaben ihren Landsleuten Kunde von dem geheimnisvollen Germanien. Ihre Gefährlichkeit für das Römische Reich sollten die Germanen bald unter Beweis stellen. Der Limes, der Wall, den die Römer an der Nordgrenze ihres Imperiums quer durch Mitteleuropa gezogen hatten, half nichts. Man lernte sich kennen, friedlich und kriegerisch. Dabei ist schwer zu unterscheiden, was tiefer auf die abendländische Kultur gewirkt hat: Die Präsenz der Römer, der Soldaten, Offiziere, Kaufleute, Baumeister oder Techniker, im Germanischen, oder die Begegnung der blonden, blauäuigen Krieger mit den römischen Bürgern, den Heiden und Christen, und ihren Tempeln und Basiliken, Thermen und Theatern, Kirchen und Kapellen in Italien.

In den Jahrzehnten der Völkerwanderung, mit dem Dahinschwinden des Weströmischen Reiches (festgehalten mit dem Jahr 476, in dem Kaiser Augustulus abdankte), taucht ein Angstmotiv auf, das die Italiener durch die Geschichte begleitet und als Alptraum selbst heute noch nicht ganz ausgeräumt ist, weil durch Filme wachgehalten und von massigen Touristenwogen beschworen: Das der Überwältigung durch die Mächtigeren aus dem Norden. Daß man, dem geflügelten Wort nach, »wie die Vandalen« haust – auch im Italienischen –, tut diesem germanischen Volksstamm (um 410) ein wenig Unrecht, markiert jedoch das langsame Ausscheiden der Italiener aus der Geschichte als militärische Großmacht und ihr künftiges Ausgeliefertsein oder Sich-Übergeben an fremde Gewalten. Immer wieder sind es in den folgenden Jahrhunderten Heere und Herren aus dem Norden, die in Italien auftauchen, bleiben und »für Ordnung sorgen«. Zuweilen herbeigerufen wie die Franken von den Päpsten im 8. und 9. Jahrhundert, zuweilen unerbeten wie Friedrich Barbarossa im 12., Karl V. im 16. und schließlich die Truppen des Dritten Reiches, nachdem Italien die unheilige Allianz mit Hitler verlassen hatte.

Dieser rasche Streifzug durch die Geschichte – und jeder gebildete Italiener könnte an den einzelnen Stationen verweilen und sie durch weitere ergänzen – zeigt schon, daß nicht alles über einen Kamm zu scheren ist. Wenn die Frankenkönige und vor allem Karl der Große den Bischöfen von Rom gegen die Langobarden helfen sollten, wenn Friedrich Barbarossa von 1154 ab insgesamt sechs Italienzüge unternahm, 1162 Mailand zerstörte – auf Verlangen der konkurrierenden Nachbarstädte übrigens – und seinem Kanzler Rainald von Dassel die Gelegenheit bot, die hochverehrten Gebeine der Heiligen Drei Könige zu entführen, wenn Karl V. 1527 seine Truppen – zum größten Teil spanische und österreichische Mannschaften – nicht mehr kontrollieren konnte und diese mit dem *Sacco di Roma* eine fürchterliche Verwüstung in Rom anrichteten, so muß die Frage, was »die Deutschen« jeweils in Italien zu suchen hatten, etwas genauer beantwortet werden.

Das antike Imperium Romanum des Westens war im 5. Jahrhundert versunken, die römischen Bischöfe hatten, berufen oder unberufen, seine geistliche Nachfolge angetreten, die deutschen Könige seine weltliche. Auf Betreiben der Päpste, gewiß, aber diese bildeten die höchste Autorität im Abendland, die offenbar über Italien verfügen konnte. Wie sollten da die deutschen Könige italienische Lande als Reichsgebiet ausschlagen, die damals die blühendsten, höchstentwickelten Europas waren? Die Deutschen verschwendeten nicht ihre Kraft in Italien, sondern die starken Herrscher aus dem Norden wurden durch ihre Südreiche noch mächtiger, militärisch und finanziell; die Schwachen allerdings matter. Unter dem Dach des Imperium, des Reiches, war Deutschen und Italienern für Jahrhunderte die Geschichte gemeinsam, bildeten sich sowohl in Deutschland wie in Italien zwei Parteien, die Anhänger des Papstes und die des Kaisers. Im Innern der italienischen Städte spalteten sich die Bürger in *Guelfen* (nach Friedrich Barbarossas Feind, dem Welfen Heinrich dem Löwen) und *Ghibellinen* (nach dem Herkunftsort der Staufer, Waiblingen) und befehdeten sich bis aufs Blut, dabei freilich oft die ursprüngliche Bindung an Papst oder Kaiser vergessend.

Vor genau tausend Jahren suchte das deutsche Königskind Otto III., Enkel des Sachsen Ottos I. und der italienischen Königin Adelheid, Sohn der griechisch-byzantinischen Prinzessin Theophano, geboren 980, datierter Regierungsantritt 983, wirklicher 995, schon 1002 in der Nähe von Rom mit kaum 22 Jahren gestorben, die Idee des gemeinsamen Reiches zu verwirklichen. Was der preußische Historiker Gregorovius (1821–1891) über den Tod des Kaiser-Jünglings schrieb, gilt als Programm deutscher Italien-Berufung, einer phantastischen Mischung aus Realpolitik und idealistischer Schwärmerei, für Jahrhunderte. »Otto III. ist vielleicht das glänzendste geschichtliche Opfer des Enthusiasmus der Deutschen für die schöne südliche Welt Italiens, wohin sie stets ein edler Trieb gezogen hat. Andere Völker alter und neuer Zeit haben sich mit der Begier politischer Triebe in das Ausland gewendet; unsere einzige Eroberung war im Grunde Italien, das Land der Geschichte, der Schönheit und der Poesie, welches uns selbst wiederholt herbeigerufen hat. Die Innerlichkeit des religiösen Gefühls machte die Deutschen zu Beschützern der römischen Kirche und fesselte sie mit Notwendigkeit an Rom. Der Drang nach dem Wissen trieb sie zu den Schatzkammern des Altertums und er wird uns dieses Land Italien und Rom ewig teuer machen. Die politischen Kombinationen schufen die Idee des Reichs, deren Träger Deutschland wurde. Um dieser allgemeinen Formen willen, der Kirche und des Reichs, welche die friedlichen Beziehungen der Völker zueinander ordnen und erhalten sollten, haben die Deutschen ihre eigene Nationalität geschwächt. Ihre Könige haben sie jahrhundertelang über die Alpen nach Rom geführt, um für ein politisch religiöses Ideal zu sterben, aber doch machte dies Deutschland zu einer auserwählten Nation. Immer gerichtet auf die höchsten Ziele der Menschheit, wurde es fähig, das Zentrum der befreienden, geistigen Arbeit Europas zu werden.« Das war von Gregorovius im Überschwang der Gründung des ›Zweiten Reiches‹ (1871) resümiert und könnte vielleicht als übertriebene nationalistische Verklärung beiseite geschoben werden, wenn nicht dieselbe Sehnsucht nach der Vereinigung beider Hälften ein halbes Jahrtausend zuvor schon Italiens größter Dichter, Dante Alighieri, geäußert hätte (s. S. 19).

Doch gerade darin zeigt sich ein kreuzweise ambivalentes Verhältnis. Was den einen in Italien als Stärkung der päpstlichen Position durch den deutschen König galt, war für die anderen im Süden gefährliche Einmischung in italienische Angelegenheiten, für die einen in Deutschland willkommene Möglichkeit, das Reich zu bereichern und zu stärken, für die anderen im Norden jedoch Vergeudung wertvoller Kräfte in undankbaren Gefilden. Die italienischen Ghibellinen wünschten, daß die Deutschen ihnen Sicherheit gegen den inneren Streit und Ordnung gegen die eigene Tendenz zum Wirrwarr böten, ja sogar die Einheit besorgten, was – Ironie der Geschichte – im Jahr 1870 durch preußische Hilfe gegen französisches und österreichisches Hinhalten auch tatsächlich geschah. Die Guelfen hingegen wehrten sich gegen mancherlei Machtüberlegenheit durch die Geringschätzung, die man Barbaren entgegenbringt. Und jenen in Deutschland, die es zum Reich im Süden zog, standen andere gegenüber, die in jedem Fall eine Schwächung der kaiserlichen Zentralmacht wünschten, durch föderative Elemente in deutschen Landen, auch mit Hilfe der norditalienischen Städte oder des Papstes. Hatte nicht Kaiser Heinrich IV. 1077 bei Canossa vor Gregor VII. klein beigeben müssen, war nicht selbst ein Barbarossa in Italien ins Hintertreffen geraten? Aber nicht zum Kummer aller Deutschen! Wer in Deutschland gegen den Kaiser, gegen die Konzentration der Macht war, blickte auch nach Italien.

Die Geschichte denkt nicht und konstruiert nicht unseren Ideen zuliebe. Aber dennoch ist es merkwürdig, daß jene Spaltung in Italien, die für oder wider den Kaiser entstand, die zu endlosem Parteienstreit und entsetzlichen Familienfehden führte – deren tragischer Ausgang bei Romeo und Julia am bekanntesten ist –, sich in Deutschland wiederholte im Für und Wider den Papst.

Martin Luther hatte die Stadt und das Land des Papstes bei seiner Rom-Pilgerfahrt 1510/11 kennengelernt. Doch ein paar Jahre später wollte er das deutsche Seelenheil ohne römische Gnadenvermittlung, den gnädigen Gott ohne die Renaissancefürsten in den Apostolischen Palästen zu Rom. Auf dem Reichstag zu Worms stampfte der Reformator vor dem Kaiser des Heiligen Römischen Reiches mit dem Fuß auf und rief, er könne nicht anders. Wer wollte bezweifeln, daß dies für die Entwicklung des mündigen Geistes verdienstvoll war, doch zugleich war es gänzlich unitalienisch. Italiener können fast immer anders und wundern sich, manchmal bis zum Erschrecken, über deutsches Sichverrennen in gute und schlechte Ideen. Wer wollte da nicht auch leise Zweifel hegen, ob es nicht manchmal besser gewesen wäre, wenn Deutsche mit italienischem Korrektiv ›anders gekonnt‹ hätten.

Durch die Emanzipation vom Papst, die Loslösung von der römischen Kirche erhöhten sich die Protestantischen, auch durch das Gefühl der überlegenen Religionsüberzeugungen, das mitleidig oder verächtlich auf die südlichen Gepflogenheiten des Glaubens als eines heidnischen Aberglaubens, einer unaufgeklärten Seelenkultur hinabblickte. Die Päpstlichen wiederum wollten sich mit dem Verlust Deutschlands für den römischen Glauben nicht abfinden, setzten eine Gegenreformation in Gang und, als alles nichts half, nahmen sie auch einen Krieg in Kauf, nicht ohne Zutun der anderen Seite. Tobte Deutschlands furchtbarer Bürgerkrieg von 30 Jahren (1618–1648), weil man sich über religiöse und geistige Bande nach Süden nicht einigen konnte? Weil die einen Deutschen ihren Weg ins Himmelreich über Rom nehmen wollten und die anderen diesen Umweg ablehnten?

Die Mechanismen oder Spielregeln des deutsch-italienischen Verhältnisses kehren auch in diesem Jahrhundert wieder. Noch heute sprechen nicht wenige Italiener gut über den Faschismus – der unvergleichlich weniger schrecklich war als der Nationalsozialismus Hitlers, ein autoritäres, doch nicht totalitäres Regime –, weil der Diktator Mussolini in Italien von 1922 bis 1943 »Ordnung schuf, *alla tedesca,* auf deutsche Art«. Wenn etwa Norditaliener, Mailänder oder Venezianer, von fremder Herrschaft in der Vergangenheit sprechen, so ziehen sie dem spanischen Regiment vom 16. bis zum Anfang des 18. Jahrhunderts die österreichische Herrschaft bei weitem vor. Ein *Professore* aus Venedig konnte gar nicht genug rühmen, wieviel er der ordentlichen Verwaltung der Habsburger Monarchie im Veneto verdanke, weil sein Haus von k. u. k.-Katasteramt erfaßt worden war und deshalb sein Immobiliengeschäft innerhalb kürzester Zeit abgewickelt werden konnte. Wie schnell jedoch deutsche Ordnung zur Bedrohung wird, lernten die Italiener zwischen 1943 und 1945 kennen, als deutsche Truppen in Italien einrückten, die italienischen Streitkräfte entwaffneten und ein Regiment errichteten, dessen Direktiven der Unterdrückung und Grausamkeit gegenüber anfänglichem Widerstand zwar schon bei Machiavelli nachzulesen sind, deren wirkliche Anwendung die Italiener jedoch erschreckte.

Die eigene und die fremde Geschichte

Es ist keine Frage der Geschichtsbetrachtung, sondern das Ergebnis historischer Fakten. Wenn Italiener mit politischem Maßstab auf die langen Jahrhunderte zwischen dem Untergang des Weströmischen Reiches im Jahre 476 und der Einigung Italiens im Jahre 1870 blicken, so klagen sie laut. Italien habe in diesen vierzehn Jahrhunderten nie zu geeinter Macht gefunden, habe nie, wie Frankreich, England, Spanien oder auch Deutschland seine Geschicke selbst bestimmen können. Immer sei es das begehrte Objekt ausländischer Interessen gewesen, dem Willen fremder Herrscher unterworfen,

Kaiser Friedrich II.

in sich uneins. Oft hätten die Italiener zu allem Überfluß fremde Mächte zu Hilfe gerufen, gegen andere Feinde, weil man sich nicht selbst verteidigen konnte, häufig auch bei inneren Feindschaften, um den Parteienzwist zu schlichten. Vor Italienern die Namen der Ostgoten, Normannen, Araber, Staufer oder Bourbonen zu nennen, heißt, Wunden einer gespaltenen Identität aufreißen. Denn war nicht Theoderich-*Teodorico,* Friedrich II.-*Federico Secondo,* waren nicht Normannen und Araber in Italien ›Italiener‹, wurden nicht die französischen und spanischen Bourbonen zu vollgültigen *Borboni?* Ja und nein. In dieser Unentschiedenheit liegt das Dilemma.

Von 476 bis 1870 gab es nie ein einiges Italien, konnten Italiener nie – um es modern auszudrücken – ihr Selbstbestimmungsrecht verwirklichen, geschweige denn, daß sie anderen Völkern ihren Willen hätten auferlegen oder auch nur im Konzert der europäischen Staaten hätten mitspielen können. Fremdbestimmung habe man ertragen müssen. Dadurch sei das Verhältnis der Bürger zum Staat, zur Obrigkeit entscheidend anders geprägt worden als im anderen Europa. Italien in diesen fast eineinhalb Jahrtausenden – das war das Imperium, Reichsteil einer anderen Nation, das waren kleine Königreiche, See- und Stadtrepubliken, Fürsten- und Herzogtümer, Grafschaften und unabhängige Abteien, immer den Papst in der Mitte des Landes, doch keine vereinigende Macht im Zentrum.

Schaut man, wenn auch im raschen Überblick, genauer hin, ergibt sich zwar ein differenzierteres Bild; doch der Doppelcharakter der ›eigenen‹ und ›fremden‹ Geschichte Italiens wird bestätigt. Da sind landfremde Stämme wie die Westgoten, Hunnen und Vandalen, die es im 5. Jahrhundert im Sog der allgemeinen Völkerwanderung nach Italien zieht, die dort mehr und weniger wüst hausen, doch dann wieder abziehen. Da gibt es andere Völker, die wie die Ostgoten unter Theoderich dem Großen und die Langobarden von Norden, wie die Byzantiner des Oströmischen Reiches von Osten oder die Sarazenen von Süden kommen, sich zwischen dem 6. und 10. Jahrhundert in den italienischen Landen festsetzen, Reiche gründen, zum Teil mit der ansässigen Bevölkerung verschmelzen und Italiener werden. Da nehmen die Päpste und die Frankenkönige vom 8. Jahrhundert an die Idee des Imperium Romanum auf und verwandeln sie in kühner Metamorphose: Unter den Karolingern und Ottonen wird das Reich »heilig« und »deutsch« und bringt zugleich die Bewohner Italiens unter eine fremde, willig und unwillig ertragene, mal schwerer lastende, mal nur leicht und von fern ausgeübte Herrschaft für Jahrhunderte. Die Normannen stammen aus dem rauhen Norden, ihre Herrschaft gründen sie ganz im Süden Italiens und in Sizilien, auch sie von den Päpsten gegen andere, gegen Byzantiner und Araber, mit frommen Lehenstiteln eingesetzt.

Grabmal des Theoderich in Ravenna

Doch unter dem weiten Mantel des Römisch-Deutschen Reiches beginnt man in Nord- und Mittelitalien, zaghaft nach der Jahrtausendwende, mit Nachdruck ab 1250, die Geschichte im Bereich des Möglichen als eigenes Geschick zu führen. Seerepubliken wie Venedig, Genua, Pisa und Amalfi sichern ihren Handel mit militärischer Macht, Stadtstaaten bilden sich, experimentieren mit republikanischen und autoritären Verfassungen, erweitern ihr Einflußgebiet und überlassen die Herrschaft ehrgeizigen Adelsgeschlechtern: in Mailand den Visconti und Sforza, in Verona den Scala, in Mantua den Gonzaga, in Ferrara den Este, in Florenz den Medici. In Süditalien sehen wir nicht die Bürger am Werk. Vielleicht hatte Friedrich II., der Staufer, den Staat zu absolutistisch und straff organisiert, als daß sich mündige Initiativen regen konnten oder wollten. Gleichviel, das Problem des im Mittelalter hochentwickelten Mezzogiorno nimmt wohl von daher seinen Ausgang. Oder liegt es daran, daß in Süditalien und Sizilien sofort mächtige europäische Fürstenhäuser mit direkten Interessen die Macht übernehmen, das Haus Anjou in Neapel (seit 1282), das Haus Aragon in Sizilien (seit 1282, seit 1442 auch in Neapel), die spanischen Habsburger mit Vizekönigen seit 1504 in Sizilien.

Ende des 15., Anfang des 16. Jahrhunderts, zur Zeit der höchsten kulturellen und künstlerischen Blüte, wird Italien zum Schlachtfeld. Die Franzosen unter Karl VIII. und Franz I. versuchen, die Vorherrschaft zu erringen, ohne Ergebnis. Der deutsche Kaiser Karl V. hat mehr Erfolg. Weil er die Legitimation älterer Rechte des Reiches besaß? Jedenfalls legt er den Grundstein für die Macht der Habsburger in Italien, der spanischen in Mailand (neben Neapel und Sizilien, dort bis 1713) der österreichischen in der Lombardei (von 1714 bis 1859), der Toskana (von 1737 bis 1859) und in Mantua (seit 1703).

Anfang des 18. Jahrhunderts erst beginnt jener Same zu sprießen, aus dem das einige Italien hervorgeht. Viktor Amadeus II. erhält (1718/20) von Genua zu seinem Herzogtum Savoyen mit der Hauptstadt Turin die Insel Sardinien und darüber die Königswürde. Einer seiner Nachfolger, Viktor Emanuel II., König von Sardinien-Piemont, treibt mit Hilfe Cavours, des italienischen Bismarcks, und der militärischen Unterstützung der von Süden vordringenden Freischaren unter Garibaldi die Befreiungsbestrebungen und Einigungsbewegung voran, bis schließlich 1861 das Königreich Italien als einziger Nationalstaat und 1870 Rom als Hauptstadt proklamiert werden können.

Aber nicht von der politischen und militärischen Macht allein lebt ein Volk. Nehmen wir zum Beispiel Parma, eine Stadt von 175 000 Einwohnern zwischen Mailand und Bologna. Der Hauptpalast, der Palazzo della Pilotta, ist ein Schloß, in Größe und Anlage eines Königs würdig. Wer brauchte in Parma einen so aufwendigen Palast, im nahen Städtchen Colorno eine so große Sommerresidenz? Sind wir nicht in der Provinz, in einer Stadt, die auch gewöhnlich nicht zu den erstrangigen Zielen der Kunsttouristen in Italien zählt? Im Pilotta-Palast befindet sich das Teatro Farnese, lange Zeit das größte und prächtigste Europas. Wozu dieser monumentale Bau im Innern des Palastes? Um am 21. Dezember 1628 die Hochzeit zwischen Odoardo Farnese mit Margherita Medici zu feiern. Da hatten sie es in Parma zu etwas gebracht, nach verschiedenen Herrschaftswechseln, von den Visconti zu den Este, von der Republik der Bürger zum Kirchenstaat, bis Papst Paul III., ein Farnese, 1545 Parma zur Hauptstadt eines kleinen Herzogtums erhob und natürlich seine Familie zu Herren einsetzte. Es zeigten sich die schönen Seiten des päpstlichen Nepotismus, die Prachtentfaltung der streit- und herrschsüchtigen, doch kunstsinnigen Adelsdespoten.

Giuseppe Garibaldi

Und wie kam man dann in Parma von den Farnese zu den Bourbonen, von der italienischen Adelsfamilie zu dem italienisierten Geschlecht aus Spanien? Wieder trat die Machtlosigkeit der Italiener in jener Zeit zutage. Nach dem Tode des letzten Farnese, des Antonio, im Jahr 1731 wechselt Parma innerhalb von 17 Jahren als Lehen des Heiligen Römischen Reiches Deutscher Nation von den Farnese zum Infanten von Spanien, von da zum Hause Österreich und wieder zu den spanischen Bourbonen. Ohnmacht nach außen und dennoch eine an Kunst und Kultur fruchtbare Zeit für das kleine, reiche Herzogtum, das als Hort der Aufklärung gilt.

Es ist nicht einfach, die machtpolitischen Verschiebungen der einzelnen italienischen Regionen auch nur in einem einzigen Jahrhundert genau nachzuzeichnen. Da müßte in der Emilia-Romagna des wechselvollen Geschicks des schon erwähnten Herzogtums Parma gedacht werden, der Romagna des Kirchenstaates mit dem Hauptort Bologna, der selbständigen Kleinstaaten von Reggio, Modena, Piacenza und Rimini, links und rechts der Via Emilia, der schnurgeraden römischen Konsularstraße. Was sich zwischen Ferrara und den Paßhöhen des Apennin ereignete, ist schwierig darzustellen, nicht zuletzt deshalb, weil es Unmut unter Italienern weckt, in einem ihrer geschichtsreichsten Landstriche fremde Herrscherhände die Fäden ziehen zu sehen, verfolgen zu müssen, wie Eigensinn und Eifersucht die italienischen Fürsten ins Ausland schielen, sich dort zweischneidige Unterstützung gegen ihre internen Rivalen erbitten ließ.

Die machtpolitische Hilflosigkeit der italienischen Kleinstaaten in der Emilia-Romagna im 18. Jahrhundert ist evident. Aber der Blick bleibt nicht kleben an den Demütigungen eines politisch geteilten Volkes ohne Selbstvertrauen, Freiheit und Unabhängigkeit, an dem Handel der europäischen Mächte mit italienischen Landen zur Beilegung ihrer dynastischen Rivalitäten, zum Stillen ihrer Habgier. Bei der Betrachtung der Kunstwerke und handwerklichen Kostbarkeiten des *Settecento,* der Gemälde, Zeichnungen, Möbel, Wandfresken, Architekturentwürfe, Skulpturen und wertvollen Dokumente in dieser Region dominiert der Eindruck, die Italiener hätten für militärische Aufmärsche keine Zeit gehabt, ihre Gedanken seien vor allem beschäftigt gewesen, Städte und Paläste, Straßen und Wohnungen zu verschönern. Wenn sich die Italiener als unabhängige Weltmacht sehen wollen, müssen sie bis zum Imperium Romanum der Antike zurückgehen. Doch Kunst und Kultur der machtlosen Jahrhunderte sollten sie versöhnen.

Auf den Schlachtfeldern von Custoza und Solferino

»*Finalmente una vittoria,* Endlich ein Sieg«, riefen die Italiener aus und hoben das Glas. Dann ließen sie sich den *Bianco di Custoza,* den Weißen von Custoza, munden und kamen darüber hinweg, daß vor gut 140 Jahren, am 25. Juli 1848, und noch einmal, am 24. Juni 1866, hier, ein paar Kilometer südlich des Gardasees, nicht weit von Verona und Mantua, italienische Heere von den Österreichern, dem alten Erbfeind, geschlagen worden waren. Der perlende Weißwein spülte die Niederlagen von damals hinweg. Doch ganz nüchtern kam man zu dem Schluß, daß mit den alten Schlachtfeldern links und rechts des Mincio-Flusses, der aus dem nahen Gardasee das Wasser zum Po im Süden bringt, nichts Besseres hätte geschehen können, als daß darauf ein guter Rebensaft gedeiht, ein frischer Weißer oder ein feinsprudelnder Schaumwein, der es mit dem Champagner – auch der aus einer schlachtenreichen Gegend – aufnehmen kann. So werden Siege auch mit einem guten Wein erfochten, von einem Volk, das seit den glorreichen Zeiten des Römischen Reichs seinen Ruhm kaum noch blutig zu mehren suchte.

Dabei könnten sich die Italiener ganz in der Nähe sowohl eines vorzüglichen Weines als auch eines wirklichen Sieges in heftiger Schlacht rühmen. Von Custoza sind es über Valeggio sul Mincio, einem schmucken, von einer eindrucksvollen Burg überragten Ort am Mincio-Fluß, nur wenige Kilometer nach Solferino und San Martino della Battaglia, »Sankt Martin zur Schlacht«. Es sind schöne Kilometer, im Herbst, wenn das Laub der Reben sich färbt, wenn die sanften Moränenhügel zwischen Gardasee und Po gelbgolden und rostbraun-rot flammen, oder im Winter, wenn Nebel die Weinfelder sanft umhüllt, als ob man nichts wissen dürfe von blutgesättigter Erde. Solferino damals, am 24. Juni, wieder dem Johannesfest, des Jahre 1859 und San Martino am selben Tag – das muß furchtbar gewesen sein, so schrecklich, daß der Genfer Menschenfreund Henri Dunant (1828–1910) mit seinem Buch, *Un Souvenir de Solferino,* den Anstoß zum Beschluß der Genfer Konvention und zur Gründung des Roten Kreuzes gab. Kann man, darf man sich dennoch an den Weinen der *Colli Morenici Mantovani del Garda,* die auf den Moränenhügel zwischen Mantua und Gardasee wachsen, dem *Tocai di San Martino della Battaglia,* oder dem *Lugana,* so die drei berühmten Schutzzonen *(Consorzio tutela)* hier in der Region Lombardei, westlich des Mincio, erfreuen?

Am Ortsschild von Solferino – *Qui è nata la Croce Rossa,* »Hier wurde das Rote Kreuz geboren« – vergißt man rasch die Weine. Gleich hinter der Straßenkreuzung öffnet sich eine leicht ansteigende, feierlich düstere Zypressenallee, an deren Ende eine Kirche steht, die, wie das Mosaik der Fassade zeigt, dem Himmelspförtner Petrus geweiht ist. (Diese Bestimmung kommt uns bitter ironisch vor, als ob es Soldaten so eilig hätten mit dem himmlischen Schlüsselträger; doch San Pietro ist weit älter als die Schlacht.) Die Kirche dient als Ossarium, als Knochenhaus für mehr als 1400 Schädel und die Überreste von 7000 Gefallenen. Schädel, Knochen, Skelette sind erschreckend ordentlich an den Wänden und in der Krypta aufgestellt; man muß sich viel Mühe gegeben haben, die toten Soldaten aufs neue in Reih und Glied zu bringen. An den Wänden verkünden Gedenksteine in vier Sprachen, Lateinisch (für die Feldgeistlichen beider Seiten; alle waren katholisch), Französisch, Italienisch und Deutsch, Tröstliches: *Indiscretis militum reliquiis ...* »Den vereinigten Resten toter Krieger weihet Kränze und fromme Gebete. Feinde im Kampf, ruhen sie im Frieden des Grabes beisammen als Brüder.«

Büsten von französischen Generälen weisen darauf hin, daß damals auch Generäle im Felde starben. Aus dem Buch des Schriftstellers Joseph Roth, »Radetzkymarsch«, weiß man, daß in Solferino der Heldentod durch eine feindliche Kugel beinahe Seine Kaiserliche Majestät, Franz Joseph I., ereilt und ihn vor der Schmach einer ihm persönlich anzulastenden Niederlage bewahrt hätte. So aber wurde er von dem slowenischen Leutnant Trotta gerettet und durfte noch 55 Jahre später als erster Österreicher in diesem Jahrhundert sein Reich und das verbündete Deutsche in den Ersten Weltkrieg führen.

Anders das nahe Museum. Das gegenüberliegende Hotel trägt den stolzen Namen *Alla Vittoria,* zum Sieg; ein wenig anachronistisch, wenn man ihn nicht auf den Wein beziehen will. Im *Museo* wird mit viel Liebe und ungebrochener Bewunderung für militärische Leistungen – die groß und rühmenswert sein können, wenn sie Menschenleben sparen – erklärt, worum es bei Custoza (1848), Solferino (1859) und noch einmal Custoza (1866) ging: um den ersten, zweiten und dritten Befreiungskrieg im Prozeß der nationalen Einigung Italiens im vergangenen Jahrhundert, um die Freiheit der Lombarden und Venetier von österreichischer Herrschaft. Dem ist aus italienischer Sicht und grundsätzlich nicht zu widersprechen, selbst wenn noch heute uns der Bürgermeister von Mailand, Pillitteri, die Vorzüge der österreichischen Verwaltung in seiner Stadt damals rühmt und viele zwischen Trient und Triest, in den »Drei Venetien«, von den Habsburgern schwärmen. Die Italiener, und die im Norden besonders, wollten damals, wie andere in Europa auch, sich selbst bestimmen. Sie fühlten sich darin von der Wiener Monarchie gestört, die in der Nachfolge des Heiligen Römischen Reiches Deutscher Nation und der spanischen Habsburger seit dem Spanischen Erbfolgekrieg (1714) die Lombardei beherrschten, in Venetien die Republik Venedig beerbt hatten (1815) und diese Gebiete als Lombardo-Venezianisches Königreich verwalteten.

Im unruhigen Revolutionsjahr 1848 versuchten die Piemontesen die Befreiung allein. Ihr König Karl Albert rief frohgemut aus: »Italien wird es selbst schaffen«, mit dem Ergebnis, daß er gegen den 81 Jahre alten Feldmarschall Radetzky in Custoza unterlag. Den Österreichern gefiel dieser Sieg; dem 18 Jahre alten Kaiser Franz Joseph, weil sein Regierungsantritt kurz zuvor nun auch durch die Waffen besiegelt war und er selbst an diesem Tag in Innsbruck zukunftsverheißend das stärkende Sakrament der Firmung empfangen hatte; dem Komponisten Johann Strauß Vater so sehr, daß er den »Radetzky-Marsch«, dem Dichter Franz Grillparzer, daß er hochgemute Verse mit militaristisch-nationalistischen Untertönen schrieb, und den Mächtigen in Wien, weil sie Lombardo-Venetien erst einmal behalten durften.

Aus Schaden klug geworden, suchten die Piemontesen danach Hilfe bei Frankreich. Sie wurde ihnen nicht uneigennützig gewährt; die Italiener mußten als Gegenleistung Nizza und Savoyen, jenseits des Alpenkamms, an Frankreich abtreten. So standen 1859 den Österreichern unter dem kaiserlichen Oberbefehl verbündete französisch-piemontesische Truppen gegenüber. Nachdem am 4. Juni in Magenta, westlich von Mailand, 56 000 Österreicher aufgrund ihrer schlechten Führung von 48 000 Franzosen besiegt worden waren, lieferten sich am 24. Juni 133 000 Habsburger und 151 000 Verbündete – getrennt marschierend, die Piemontesen in und um San Martino, die Franzosen in und um Solferino – eine schreckenerregende Schlacht, die blutigste der italienischen Einigungskriege, welche die Österreicher gegen 16.30 Uhr in drückender Schwüle kurz vor Ausbruch sintflutartiger Sommergewitter verloren gaben. An Toten und Verletzten zählte man rund 40 000. Dabei schrie vor allem das Unglück derer zum Himmel, die verwundet waren, in Regen und dunkler Nacht herumlagen und wie Tiere verendeten. Ob den Verwundeten jene Gebetbücher Trost spendeten, die bei den Toten gefunden wurden und nun in den Vitrinen des Museums ausgestellt sind, deutsche, französische und italienische, andere in den slawischen Sprachen des Habsburgers Vielvölkerstaates?

Auf dem Castello der Gonzaga, der Burg der Herzöge von Mantua, das sich auf dem strategisch günstig gelegenen Berg oberhalb von Solferino erhebt, findet man mit guten Augen eine Gedenktafel, *Alla rinata amicizia ...*, »Der wiedergeborenen Freundschaft zwischen Italien, Frankreich und Österreich«; man ist erstaunt darüber, daß sie erst von 1987 stammt. An den Bauernhäusern in der Nähe von San Martino, dem Ort des italienischen Sieges, sind Steintafeln angebracht, welche die Heldentaten einzelner rühmen; Gold- und Silbermedaillen werden da dediziert. Direkt neben der Autobahn Mailand–Venedig ragt unübersehbar ein 64 m hoher Turm auf, 1893 errichtet, Viktor Emanuel II., dem ersten König des vereinten Italiens (seit 1870) gewidmet. Im Innern würdigen Statuen, Büsten, Fresken und Gemälde die Heroen von Befreiung und Einigung. Doch das schönste ist von der Plattform oben das Panorama zum Gardasee hinüber und weit in die Alpen hinein.

Die Siege von Solferino und San Martino schmeckten den Italienern bald bitter. Die Österreicher suchten die Niederlage im Feld durch politische Rache zu versüßen. Kaiser Franz Joseph trat im Vorfrieden von Villafranca, einem Ort ganz in der Nähe, der heute neben dem Veroneser Autobahnkreuz liegt und an den Flughafen grenzt, nur die Lombardei bis zur Grenze des lieblich fließenden Mincio ab, doch nicht direkt an die Italiener, sondern an Frankreich, das sie an Piemont weitergab. Venetien mitsamt den nahen Festungen von Verona, Mantua, Peschiera am Gardasee und Legnago blieb österreichisch. Herausfordernder hätte man angesichts der nationalen Bestrebungen die Einladung zu einem neuen Waffengang nicht aussprechen können. Die unzufriedenen italienischen Patrioten sannen darauf, wie sie den verlorenen Sieg wiedergewinnen könnten.

Es geschah durch eine Niederlage, die von Custoza, fünf Jahre später am 24. Juni 1866. Daß dabei, wie es in den italienischen Geschichtsbüchern heißt, »das Glück der Waffen den Österreichern günstig war«, daß Erzherzog Albrecht das italienische Heer unter dem General Lamarmora auf Radetzkys Schlachtfeld von 1848 schlug, wendeten die Preußen zugunsten der Italiener, als sie bei Königgrätz wenige Tage später, am 3. Juli, die österreichischen Hauptarmeen besiegten. Weil Kaiser Franz Joseph auch zuvor schon Venetien nicht hatte den Italienern überlassen wollen, obwohl es seinen finanzschwachen Staat weitaus mehr kostete als einbrachte, übertrug er, durch die Verträge gezwungen, Venetien, das Land östlich des Mincio bis zu den Alpen und zur Adria, wieder dem französischen Kaiser. Der gab es zwar unverzüglich an die Piemontesen weiter; doch die Italiener fühlten sich wiederum gedemütigt, was wohl auch beabsichtigt war, womit Wien die südlichen Nachbarn wiederum in unversöhnliche Feindschaft trieb. Die Habsburger konnten offenbar keine gute Miene zum bösen Spiel aufsetzen und wollten sich nicht – noch dazu nach einem militärischen Sieg – wenigstens die Dankbarkeit der Italiener erwerben, wenn sie Venetien doch verloren geben mußten. Nicht wenige Historiker sehen darin ein ausschlaggebendes Motiv, weshalb das Königreich Italien im Ersten Weltkrieg gern gegen die k. u. k.-Monarchie ins Feld zog, weshalb so viele italienische Politiker, unter anderem auch Mussolini, für die Intervention, den Krieg, eintraten. Die Furcht vor Österreich ging so weit und wirkt bis auf den heutigen Tag, daß die wichtige Eisenbahnlinie Verona–Bologna, als strategische Süd-Nord-Verbindung, parallel zum Mincio, der Grenze zwischen der Lombardei und Venetien, nur einspurig verläuft.

Aber jetzt herrscht Ruhe auf dem für Italien unglücklich-glücklichen Schlachtfeld von Custoza. Auf dem Hügel über der Stadt, wie geschaffen für die Feldherrn, steht ein Turm, 1879 errichtet, nicht als Mahnmal, sondern als Siegeszeichen nach der geglückten Einigung Italiens. Wozu soll er heute noch dienen, als ihn zu besteigen und den weiten

Blick über die Landschaft zu genießen, die von einer goldenen Sonne bis in die letzten Winkel, selbst zu den hohen Gipfeln der Alpen hin, ausgeleuchtet wird. Die glanzübersäten Hügel lassen jeden Gedanken an Krieg vergessen, die Weinberge wecken angenehme Vorfreuden. Da wirkt es wie ein Schock, in die Krypta unter den Turm hinunterzusteigen. Mit einem Schlag wird man daran erinnert, daß auch dieser scheinbar unverfängliche Aussichtsturm ein Ossarium ist, Gehäuse für Knochen und Skelette. 3200 Schädel starren dich an und klagen, daß hier das Leben von jungen Menschen zu früh endete.

Auf dem Weg zur Porta Pia in Rom
Die weltliche Macht des Papstes

Wenn die Geschichte listig ist, wie kluge Philosophen behaupten, dann kann sie auch lächeln. Und an der Porta Pia zu Rom, einem Stadttor in der alten Aurelianischen Mauer, lacht sie, nicht übermütig aus vollem Hals, doch altersweise zufrieden. Italienische Patrioten oder Päpstlichere als der Papst dürfen das nicht falsch verstehen. Wenn die Geschichte lächelt, macht sie sich über niemanden lustig. Wie könnte sie auch, da für die Italiener die Porta Pia einen Höhepunkt in ihrer Nationalhistorie bildet. Hier wurde die Einigung Italiens im vorigen Jahrhundert vollendet. Andererseits denken noch heute manche im Vatikan ungern an jene Ereignisse an der Porta Pia, weil damit die jahrhundertelange weltliche Herrschaft des Papstes über einen Kirchenstaat zu Ende ging. Jener Tag des 20. September 1870, *Venti Settembre,* hat unzähligen Straßen in Italien den Namen gegeben, zum Kummer des Papstes und seiner »Ultramontanen« in aller Welt, die sich den römischen Bischof lange Zeit nicht ohne säkulare Macht vorstellen konnten.

In Rom, auf dem Weg dorthin, sieht man schon vom Quirinalshügel aus in eineinhalb Kilometer Entfernung die Porta Pia hoch aufragen. Der Straßenzug verläuft schnurgerade. Auf der Via del Quirinale geht man an der unendlich langen Front des Quirinalspalastes entlang. Fast zwei Jahrhunderte bauten die Päpste daran, weil ihnen der Apostolische Palast des Vatikans nicht modern und bequem genug war; nach dem 20. September zogen die italienischen Könige dann ein. So bewahrheitete sich der Satz der Bibel: Der eine sät, ein anderer wird ernten. Weiter an den Quattro Fontane, einer Straßenkreuzung mit vier Brunnen, hat man Rom um sich herum. Der Blick nach links, zum Obelisken der Spanischen Treppe, und nach rechts, zur Kirche Santa Maria Maggiore, lassen begreifen, daß die Geschichte zuweilen freundlich mit den Mächten und Menschen spielt. Wann hat je ein Staat eine so glanzvolle Hauptstadt als Siegespreis erhalten!

Immerhin ging das Königreich Italien sofort daran, die Stadt der Cäsaren und Päpste zu erweitern. Sie zu verschönern, gelang vielleicht nicht immer. An der nun beginnenden Via Venti Settembre wurden die Ministerien des frisch gebildeten Italien errichtet, das des Krieges – heute heißt es natürlich Ministerium der Verteidigung – und des Heeres, das von Landwirtschaft und Forsten, des Haushalts und des Schatzes (wovon man sich keine übertriebenen Vorstellungen machen darf). Es war die ministeriale Achse des neuen Reiches, die durch die Porta Pia gelegt wurde und sich in der Via Nomentana nach

Nordosten hinaus fortsetzte. (Es war später, in der Zeit des Faschismus, auch Mussolinis ›Weg zum Büro‹, von der Villa Torlonia, in einem weiten Park gelegen, bis zum Palazzo Venezia in der Stadtmitte.)

Doch sowohl die Könige als auch der faschistische Diktator mußten in Kauf nehmen, daß die Kirchen des Papstes wie Erinnerungsmahnzeichen die Straßen markierten. Gegenüber dem Quirinalspalast Sant'Andrea al Quirinale, das Schmuckstück des Bernini, und San Carlo alle Quattro Fontane, das architektonische Meisterwerk des Borromini, etwas weiter Santa Susanna, San Bernardo und Santa Maria della Vittoria. Wenn diese Herren sich dort an der Piazza San Bernardo mit dem Blick zur Porta Pia verhielten, lagen Beginn und Ende des päpstlichen Reiches von dieser Welt vor ihnen. Denn die Kirche San Bernardo ist nichts anderes als eine Eck-Rotunde der Diokletiansthermen, jener großen Bade- und Vergnügungsanlage des antiken Roms, die nach dem Tod des Kaisers Diokletian (im Jahr 305) fertiggestellt wurde.

In jenem Jahr brach für das Christentum im allgemeinen und den römischen Bischof im besonderen eine neue Zeit an. Der junge Herrscher Konstantin betrat die Szene. Es begann nicht nur eine Epoche der Toleranz und Gleichberechtigung für die christliche Religion, nicht nur die Periode, da die Christen ihren Gottesdienst öffentlich halten durften und deshalb Kirchen bauten. Damals schon fingen auch die römischen Bischöfe an, über eine weltliche Absicherung ihrer geistlichen Herrschaft nachzusinnen. Die einen sehen dies als den größten Sündenfall des Christentums an, das Verlöbnis zwischen weltlicher und geistlicher Herrschaft, zwischen Imperium und Sacerdotium, kaiserlicher und priesterlicher Gewalt, das Bündnis zwischen Kaiser Konstantin und Papst Sylvester, das als »Konstantinische Schenkung« in die Historie des Abendlandes eingegangen ist. Die anderen meinen, anders hätte die christliche Kirche niemals ihre Unabhängigkeit bewahren können; der christliche Glaube wäre zum bloßen Machtinstrument in der Hand der Mächtigen geworden; letztlich habe noch das Ungestüm der Reformation von jener Freiheit eines Christenmenschen profitiert, welche die römischen Bischöfe dem Gläubigen gegenüber den weltlichen Gewalten zu erhalten wußten.

Man muß freilich hinzufügen, daß die Konstantinische Schenkung eine Fälschung ist, von römischen Geistlichen im 8. Jahrhundert fabriziert. Aber sie ist die großartigste der Weltgeschichte, weil nichts Unwichtigeres behauptet wurde, als daß Konstantin bei seinem Umzug nach Byzanz, dem neurömischen Konstantinopel, das alte Rom und das ganze Abendland an Papst Sylvester verschenkt habe, weil von den Christen nichts Geringeres als ihr Seelenheil gefordert wurde, wenn sie daran nicht glaubten. Die Päpste gewannen im Mittelalter Land um Land dazu, bis sie durch die Großmut fremder Herrscher, der Langobarden und Franken zumal, durch wirkliche und vermeintliche Schenkungen, später auch durch eigene Eroberungen einen Kirchenstaat zusammenhatten, der von der Campagna im Süden Roms bis zur Romagna, bis Ravenna an der Adria reichte. War es böser Machthunger oder schlitzohrige Weltklugheit, was die römischen Bischöfe stets an die solide, bodenständige Basis ihres universalen Anspruchs denken ließ? So wie jenen Papst Zacharias (741–752), der dem Langobardenkönig Liutprand bei einem üppigen Mahl Städte und Ländereien abgewann. Auf folgende Art, wie der preußische Historiker Gregorovius berichtet: »So groß war die Nachgiebigkeit des Königs und so groß das Genie der Priester Roms! Jeder Bissen, welchen Liutprand an der päpstlichen Tafel verzehrte, kostete ein Stück Land, aber der alte König erhob sich

Papst Pius IV.

Papst Pius IX.

vom Mahl und sagte mit artigem Lächeln: Er erinnere sich nicht, jemals so kostbar gespeist zu haben.«

Der Gang über die Via XX Settembre ist zu kurz, um die wechselvollen Geschicke dieses Patrimonium Petri, des dem heiligen Petrus geschenkten, doch vom Papst beherrschten Kirchenstaats in Mittelitalien ausführlich nachzuerzählen: die Siege und Niederlagen; die mehr erlittenen als selbst verübten Übergriffe in die Sphären weltlicher Macht; den erstaunlichen Umstand, daß der Bischof von Rom seinen Staat selbst dann noch behaupten konnte, als er im 14. Jahrhundert für Jahrzehnte im südfranzösischen Avignon residierte; den Plan, dem Papst die Königswürde über ein vereintes Italien zu übertragen; die Politik der Päpste, ihren mittelitalienischen Staat nicht von ein und demselben König oder Kaiser in die Zange nehmen zu lassen, seien es Deutsche, Franzosen oder Spanier, ein Friedrich II. (1196–1250) im 13. Jahrhundert oder ein Karl V. (1519–1556) im 16.: Dieser wollte den wankelmütigen Papst Klemens VII. mit seinen Söldnern Mores lehren und richtete im *Sacco di Roma* (1527) eine fürchterliche Verwüstung in Rom an.

Da sind wir an der Porta Pia und im Jahr 1561, als der greise Michelangelo daran ging, hier sein letztes architektonisches Werk zu schaffen. Papst Pius IV. (1559–1565) – daher der Name, die Übersetzung »Frommes Tor« würde die Geschichte wieder lächeln lassen –, ein Medici aus Mailand, wünschte, Rom zu schmücken. Hatten die Päpste in der Renaissance Mißbrauch mit ihrer Macht getrieben, so wandten sie sich nun, gewiß auch von der Reformation angetrieben, die Kräfte nach innen, drangen auf Reform der Kirche (Abschluß des Konzils von Trient 1563) und ließen von den außenpolitischen Abenteuern und den Ratschlägen des Machiavelli ab, nicht jedoch von ihrem Kirchenstaat und der Hauptstadt. Michelangelo gestaltete ganz gegen den Brauch die stadteinwärts gelegene Seite. Nach innen wollte man glänzen. Auf die Außenseite kam es hier nicht an. Das war der Fall an der Porta del Popolo, der deshalb zur selben Zeit im Auftrag desselben Papstes repräsentativ außen die Schauseite gegeben wurde. Dort betraten, von der Via Flaminia her, die Pilger und Besucher, die beeindruckt werden sollten, die Stadt. Auf der Via Nomentana waren es nur Hinterwäldler aus den Bergen, bestenfalls ein paar Fromme von den Kirchen Sant'Agnese und Santa Costanza. Doch nicht der Künstler Michelangelo wird in einer Inschrift erwähnt, sondern »Pius IIII«, was die Nachwelt den Ruhm für das kunstvolle Bauwerk jedoch nicht anders verteilen ließ.

Zu lang darf man vor der Porta Pia stadteinwärts nicht verweilen. Denn gegenüber befindet sich die Britische Botschaft (beim italienischen Staat) ein modernes Gebäude, das so gut bewacht ist, daß jedes längere Interesse hier verdächtig wirkt. Auf der anderen Seite der ehemaligen Via Pia weist ein Eisentor jeden Neugierigen ab. Dabei wäre gerade hier der Zutritt besonders interessant, nicht, weil dahinter die Französische Botschaft (beim Heiligen Stuhl) ihren Sitz hat, sondern weil diese Villa Paolina oder Bonaparte (so benannt nach der Schwägerin Napoleons I., Paolina Borghese) national-historisches Gelände aufweist. Da wird es ernst.

Wir müssen uns damit begnügen, den Geheimnissen der Porta Pia im Innern des Doppeltores im *Museo Storico dei Bersaglieri* nachzugehen. Obwohl dieses Historische Museum der Bersaglieri gerade restauriert und neu geordnet wird, stehen Oberstleutnant Giordano, der Leiter, und Maresciallo Corvaro bereit, von den Heldentaten dieser italienischen Elitetruppe mit dem Federbusch am 20. September 1870 zu berichten und sie durch Hinweise auf die in Vitrinen ausgestellten Stücke hervorzuheben. 1870, so wird deutlich, war für Europa ein besonderes Jahr, und für Rom noch mehr. In den Jahrzehnten zuvor waren sich die Zeitgenossen darin einig, daß es in dem Kirchenstaat des Papstes politisch, sozial und wirtschaftlich besonders rückständig zuging. Die Päpste verfügten zwar schon damals über sämtliche sozialen Ideale des Christentums, doch noch nicht über jenes Wissen ihrer Nachfolger, welches diese bemerkenswerte Sozialenzykliken schreiben ließ. Das Urteil über die erbärmlichen Lebensumstände des Volkes im Patrimonium des heiligen Petrus wurde jedoch bei den politisch restaurativen Mächten dadurch gemildert, daß die Päpste unter Napoleon I. gelitten hatten und das monarchische Gottesgnadentum der Könige hochhielten, bei den Realpolitikern durch die Einsicht, daß es im Königreich beider Sizilien weiter südlich nicht viel besser stand, bei den Kulturliebhabern durch die unbezweifelbaren Verdienste der Kirchenherren um die schönen Künste, bei den frommen Katholiken schließlich, weil es eben ›des Papstes‹ war.

Die Priester-Herrscher hätten vielleicht auch besser regiert, wenn sie es gekonnt hätten und nicht durch ein jahrhundertelanges Drohnendasein mit unproduktiven Spenden und Schenkungen verwöhnt gewesen wären. Ansätze zu Reformen wurden versucht, doch mißglückten. Außerdem schien den Geistlichen jeder Fortschritt in Technik, Wirtschaft und Handel, in den Natur- und Geisteswissenschaften, im politischen und sozialen Leben vom Glauben wegzuführen. Ein unbegründeter Verdacht? Gleichviel. Als deshalb im Kirchenstaat immer wieder Unruhen aufflackerten, wie auch sonst in Europa, wunderte es niemanden. Wenn also der Papststaat schon durch eklatante Mißstände seine Existenz in Frage stellte – es wurden etwa Straßenbeleuchtung und Impfung wieder abgeschafft –, so wurde er von außen durch die gewaltige nationale Einigungsbewegung bedroht, mit der Aussicht, in einem Königreich Italien aufzugehen. Dabei wollten freilich die europäischen Mächte ein Wort mitreden; es sollte nicht zu schnell und nur wohlkontrolliert geschehen. Frankreich unterhielt Schutztruppen im Kirchenstaat, um dem Papst die weltliche Souveränität zu sichern.

Doch dann ging es Schlag auf Schlag. Am 18. Juli 1870 erlebt Pius IX. – Inschriften an der Porta Pia innen und außen weisen ihn als eifrigen Restaurator aus – den Triumph, daß die Bischofsversammlung des Ersten Vatikanischen Konzils den Papst bei feierlichen Lehrentscheidungen für unfehlbar deklariert und so das monarchische Prinzip zur höchsten religiösen Steigerung bringt. Am 19. Juli erklärt Frankreich Preußen den Krieg und hat ganz Deutschland gegen sich. Die Bischöfe des Konzils, durchaus verschiedener Ansicht über die Opportunität dieses Dogmas, laufen auseinander. Die französische Schutzbesatzung wird aus dem Kirchenstaat abgezogen. Die österreichische Regierung kündigt zu allem Überfluß am 30. Juli das 15 Jahre zuvor geschlossene wichtige Konkordat mit dem Papst. Des Papstes Schutzmacht, Frankreich, wird am 2. Dezember bei Sedan besiegt; der preußische Gesandte von Arnim ermutigt – wie ausdrücklich auch immer – die Italiener, dem Oberhaupt der katholischen Kirche näherzurücken.

So bricht der 20. September an. Schilderungen im Museum holen die Ereignisse zurück. 13 500 Mann päpstliche Truppen unter dem Kommando des bayerischen Generals Kanzler sehen sich »63 000 Mann, 7500 Vierfüßlern und 114 Kanonen« auf italienischer Seite gegenüber. Um 5.15 Uhr beginnt die national-italienische Artillerie, nördlich der Porta Pia eine Bresche in die Mauer zu schießen. Um 9.30 Uhr ist sie 30 m breit, und die Truppen beginnen den Sturm. Ein Bersagliere, wie könnte es anders sein, der Sottotenente Cocito, sei der erste gewesen, der eindrang und sich mit anderen im Garten der Villa Bonaparte/Paolina wiederfand. Da hatten die Päpstlichen das Kommando zum Hissen der weißen Flagge, das Zeichen zur Kapitulation, schon gegeben. Die Bresche ist heute durch einen Marmoraufbau geschlossen. Lorbeerkränze bräunen vor sich hin, wilder Verkehr tost vorbei, eine gar nicht so dumme Inschrift bemerkt, daß von da an die Gedanken der Freiheit und die Autorität des Glaubens zusammenlebten.

Das war 1870 noch weit vorgegriffen. Pius IX., der sich um die Reparatur des blitzgeschädigten Stadttors verdient gemacht hatte, war bereits 78 Jahre alt und den Neuerungen der Zeit nicht mehr gewachsen. Gegenüber der Moderne fand er nur mehr ein fast protestantisch protestierendes *Non possumus*, »wir können uns damit nicht abfinden«, und verhängte den Kirchenbann über alle Gegner – ein ziemlich wirkungsloses geistliches Instrument. Grollend, schmollend zog er sich »als Gefangener« in den Vatikan zurück. Den Raub der irdischen Güter konnte er so wenig verschmerzen, daß er ihre Rückgabe zu einer Glaubensfrage machte und die Katholiken in aller Welt, doch besonders in Rom und Italien mit der »Römischen Frage« belastete.

Das führte nicht nur zu Trennungen unter den Katholiken – in den katholischen Staaten und innerhalb der römischen Gesellschaft etwa in die »weiße« der Königstreuen, die »schwarze« der Päpstlichen. Es brachte auch die Katholiken in Gegnerschaft zum Staat und zu unfruchtbarer Enthaltsamkeit von der Politik. Ein päpstliches Dekret verbot ihnen die Teilnahme an den politischen Wahlen im Königreich Italien. Dabei hatte der italienische Staat in dem Garantiegesetz vom 13. Mai 1871 dem Papst Unverletzlichkeit und Souveränitätsrechte faktisch gewährt. Pius IX. lehnte ab. Zur Versöhnung zwischen Italien und dem Papsttum kam es erst 1929 unter dem elften Pius und dem faschistischen Diktator Mussolini. Beide Seiten brauchten offenbar Zeit, um die noch heute gültige Lösung der vollen staatlichen Souveränität des Heiligen Stuhls als eines geographisch vorhandenen Staates (der Vatikanstadt) und der Zentralregierung der katholischen Kirche zu finden. An der Porta Pia wurde dazu listig der Grundstein gelegt.

In Predappio – Bei Mussolini zu Hause

Natürlich weiß jeder in Predappio, wo sich Mussolinis Geburtshaus befindet. Das ist gut so, denn kein Hinweisschild lenkt den Fremden. Offenbar ist der Strom von Besuchern nicht so groß, daß den Einwohnern Predappios das Auskunftgeben lästig würde. Auf immer dieselbe Frage. Denn außer Mussolini hat das kleine verschlafene Städtchen im grünen Hügelland der Romagna, nicht weit von Rimini, nichts Außergewöhnliches zu bieten. »Da die nächste Straße rechts, die Via Varono Costa, Nummer 16«; ein altes, etwas heruntergekommenes Bauernhaus, unbewohnt, das mit zwei anderen eine Einheit bildet. Die Nachbarin erinnert sich nach einigem Zögern: »Ja, 1939 sind sie alle gekommen, auch Mussolini. Es war an seinem Geburtstag. Wir haben die ganze Nacht getanzt. Ich durfte auch einmal mit dem Duce tanzen«, und ihre Augen leuchteten. »Damals war ich 24 Jahre alt. Mussolini hatte ein Herz für die Armen. Außerdem herrschte Ordnung. Wir hier in der Romagna lieben die Ordnung.« Sie bricht einen Zweig vom Rosmarin und wirft einen kurzen Blick auf den wenig stattlichen Oleanderbusch: »Es waren zu viele, die ihn verraten haben. 1974 kam Donna Rachele, die Frau Mussolinis, noch einmal hierher; eine schöne Frau, trotz ihrer Jahre.«

Mussolini mit dem Dichter Gabriele d'Annunzio

Hier also fing an, was später als Faschismus Italien mehr als zwanzig Jahre lang bestimmte, hier wurde er am 29. Juli 1883 geboren, der »Dux Mussolini«, wie der *Duce* in seiner Regierungszeit auf Steintafeln und Obelisken einmeißeln ließ. Ist es damit, mehr als ein Jahrhundert später, endgültig zu Ende? Oder wenden sich manche Italiener heute noch mit Sehnsucht ihrem Führer zu? Was denken die Italiener über diese Periode ihrer Vergangenheit, die so harmlos nicht wahr?

Da gibt es zunächst eine offizielle Doktrin. Sie besagt: In heroischer Anstrengung und aus eigener Kraft haben die aufrechten Demokraten Italiens das Joch des Faschismus und der nazistischen Fremdherrschaft abgeschüttelt. Kommunisten, Sozialisten und Christliche Demokraten haben in aufreibenden Partisanengefechten für Italien die Freiheit erkämpft. Daraus ist die heutige Demokratie entstanden. Deshalb ist jeder Demokrat ein Antifaschist, und Faschismus ist etwas durch und durch Verabscheuenswertes, freilich zugleich etwas Fernes, Abstraktes, mit dem ein Italiener aus Fleisch und Blut eigentlich nie etwas zu tun hatte und erst recht nicht haben will, außer einigen unverbesserlichen Neofaschisten, die daher wie Aussätzige zu behandeln sind. Die italienische Linke, Kommunisten und Sozialisten, doch auch Christliche Demokraten woben seit Kriegsende eifrig an diesem offiziellen Geschichtsbild. So wird es den Kindern in der Schule beigebracht.

Daneben gedeiht eine fast unpolitische Sicht des Faschismus, bei Älteren, aber auch bei Jüngeren, denen die ersteren es erzählt haben. Es ist die Perspektive des kleinen Mannes, der rühmt, daß – angeblich oder wirklich – unter Mussolini Ordnung herrschte, die Politiker nicht so korrupt, schwatzsüchtig und töricht waren, man keine Angst vor Dieben und Räubern haben mußte, die Achtung vor dem Gesetz galt und die Furcht vor dem jeweiligen Herrn hochgehalten wurde. Der Faschismus wird beinahe als glückliche Zeit Italiens beschworen, die zu Ende ging, als Mussolini sich mit Hitler einließ und von diesem Italien in Krieg und Elend gestürzt wurde. »Mussolini minus Hitler«, diese kurze Formel entspräche der Meinung dieser Italiener, so könnte sich der Faschismus in der langen wechselvollen Geschichte Italiens sehen lassen. Die Zeit zwischen dem Marsch auf Rom im Oktober 1922 und dem Eintritt in den Krieg im Juni 1940 wäre dann ein Irrtum der italienischen Kultur, aber innerhalb dieser, nicht ein Verstoß gegen sie.

Donna Rachele

Es überwiegt der Eindruck, daß sich die Italiener Mussolinis nicht schämen. In Biographien, Tagebüchern und Bildern erscheint selten ein Duce, bei dem man sich ungläubig fragt, wie ein ganzes Volk einem solchen Mann hat folgen können. Da haben es die Italiener leichter als die deutschen Söhne und Enkel jener Generation, die Hitler bis ins eigene Verderben die Treue hielt. Der Duce vermag noch heute den Italienern zu imponieren. Sein Habitus ist von Zeitbedingtheiten nicht frei, doch kaum jemand in Italien findet ihn lächerlich und kichert über ihn. Mussolini war der starke Mann, der durchaus eine gute Figur abzugeben verstand, bei der Unterzeichnung der Lateranverträge mit dem Vatikan etwa, bei seinem Auftrag, die Mafia in die Schranken zu weisen – die sizilianischen Verbrecher akzeptierten ihn als den Stärkeren.

Die Italiener schämen sich auch nicht des Mannes Benito Mussolini, was keine geringe Rolle in diesem Volk spielt. Alle Welt wußte, daß Mussolini ein charmanter Liebhaber war, obwohl er mit seiner Frau Rachele ein bürgerliches Familienleben führte. Wie Benito Mussolini seine langjährige Geliebte Claretta Petacci kennenlernte – mit Hilfe eines motorstarken Autos auf der Straße zwischen Rom und Ostia –, wie er ›Eindruck auf die Frauen‹ machte, das bereitet keinem Italiener Schande.

Als es jedoch mit Mussolinis Macht und Stärke vorbei war, schoben ihn die Italiener mitleidlos und konsequent beiseite. Sie verweilen bei den Bildern von seiner Rede an die Menge auf der römischen Piazza Venezia am 10. Juli 1940, als er den Kriegseintritt Italiens proklamierte – Hitlers rasche Erfolge hatten ihn verführt. Doch wenig wollen sie wissen von den Taten der italienischen Streitkräfte. Wenig Erfolgreiches, wenig Rühmliches gäbe es da zu melden. Das Blatt wandte sich, und man kehrte sich ab von dem Verlierer, der nach der Landung der Alliierten in Sizilien vom Faschistischen Großrat in der Nacht vom 24. zum 25. Juli 1943 entmachtet wurde, der nach der Befreiung durch ein deutsches Kommando die Republik von Salò am Gardasee installierte, ein zum Scheitern verurteilter Versuch, die Macht zurückzugewinnen, den am 28. April 1945, unter welchen Umständen auch immer, der gewaltsame Tod von der Hand seiner Gegner traf. Das befreite die Italiener zugleich von schwierigen Prozessen, von langen Verteidigungsreden Mussolinis aus einem etwaigen Schweizer Exil und ersparte ihnen umständliche Auseinandersetzungen mit der eigenen Vergangenheit.

An jenem 28. April 1945 war endgültig Schluß. Aus. Als ob der Faschismus nie eine wesentliche Rolle im Leben der Italiener gespielt hätte. Man war nun wieder Kommunist, Sozialist, Christlicher Demokrat oder Liberaler und konnte nach einigen Jahren auch zulassen, daß die Leiche Mussolinis in der Familiengruft auf dem Friedhof von Predappio beigesetzt wurde. Dorthin darf, wer will, pilgern oder auch nur aus Neugierde gehen. Die würdige Stätte hat wenig von einem Wallfahrtsort unverbesserlicher Faschisten an sich. In dem Buch, das in dem Mausoleum vor dem Sarkophag unter der Erde ausliegt, finden sich an diesem Sonntagabend etwa 250 Unterschriften, darunter auch der Satz: *Duce, tu non morirai mai* (»Duce, du wirst nie sterben«), der bald vier Jahrzehnte nicht mehr stimmt. Mussolini ist tot, der Faschismus ist tot, beide haben ihren Platz in der Geschichte Italiens, in der Vergangenheit, und nur dort.

Aber weil Benito Mussolini tot war, durfte seine Frau Rachele leben. Lange sogar, ohne daß Rache sie je traf. Sie starb im Oktober 1979 im heimischen Forlì im Alter von 87 Jahren. Für die Italiener gehörte Rachele zu jenen Menschen, welche die große Geschichte leidend erdulden müssen, die mit ihrem Geschick den Preis für das maßlose Heldentum anderer entrichten. Rachele, die Frau des Diktators, der Italien zu trügerischer Höhe und dann in den Abgrund führte, mißtraute mit ihrem bäuerlichen Verstand der glänzenden Fassade des Faschismus. Es wird berichtet, sie habe oft unauffällige Kleider angezogen, um die Meinung des Volkes zu hören. Ihre Angst, es werde mit ihrem Mann und seiner Herrschaft ein schlimmes Ende nehmen, war darin begründet, daß sie als Kind armer Eltern aus dem Städtchen Predappio in der Romagna sich zu weit von ihren Wurzel entfernt sah, und ihren Benito auch. Das könnte nicht gutgehen, meinte sie.

Die Italiener wollten bei dem Ehepaar Mussolini gar nicht so genau hinschauen, nicht unbedingt wissen, daß Racheles Mutter die Geliebte von Benitos Vater Alessandro gewesen, daß sie vielleicht die Tochter dieses Alessandro gewesen sei, daß der 26 Jahre alte Benito sich mit der Pistole in der Hand das hübsche, zehn Jahre jüngere Kellnerfräulein zur Frau erzwungen habe, als er arbeitslos war, doch feurigen, entschiedenen Temperaments. Benito und Rachele lebten seit 1908 zusammen, fünf Kinder gebar sie, ihm, wie es damals noch hieß. 1916 heirateten sie zivil. 1925, drei Jahre nach dem »Marsch auf Rom« und der faschistischen Machtergreifung, vier Jahre vor der Versöhnung mit dem Papst in den Lateranverträgen, auch kirchlich. Für Mussolini war dies eine politische Trauung, um bei den Italienern keinen Anstoß zu erregen und um den faschistischen Zielen beim Vatikan den Weg zu ebnen.

Für Rachele setzten sich trotz dieser nun geordneten Verhältnisse die Demütigungen fort. Häufig gefiel es dem Duce, ›in Liebe zu entflammen‹. Seiner Frau blieb nichts anders übrig, als zu beherzigen, was man jungen Italienerinnen ihrer Zeit eingetrichtert hatte: Dem Mann ist alles erlaubt, deshalb ein Auge zudrücken und zu Hause warten, er kommt bestimmt zurück. Als dann in den 30er Jahren Clara Petacci Mussolinis Geliebte wurde, zog sich Rachele noch weiter von dem ungeliebten Leben mit ihrem Mann zurück. Ihr Einfluß auf die politischen Entscheidungen dürfte insgesamt unbedeutend gewesen sein; sie hatte ihre Aversionen gegen bestimmte Anhänger, zur ›Königin‹ fehlten ihr Geist, Kultur und der Wille. Sie blieb ein Bauernmädchen. Das sicherte ihr bei vielen Italienern Sympathien über den Zusammenbruch des Faschismus hinaus. Während die Petacci ihre Liebe zu dem Diktator mit dem Leben bezahlte, entkam Rachele im April 1945 dem Haß der plötzlich erwachten Antifaschisten.

Italienische Jahrestage

Mit der Geschichte pflegen die Italiener und ihr Kernstamm, die Römer, einen ganz eigenen Umgang. Den anderen Nationen in Europa und den gegenwärtigen Weltmächten haben sie nicht nur die längere imperiale Erfahrung voraus. Sie fühlen sich auch in der jüngeren Zeit nicht belastet, weder mit dem vermeintlichen Recht des Siegers, die eigenen Missetaten während des gewonnenen Krieges ungeschehen zu machen, noch mit dem Nachteil des Unterlegenen, die militärische Niederlage stets auch als eine moralische empfinden zu müssen. Die Fähigkeit, das Auf und Ab in der Geschichte einer Nation zu ertragen, hat in Italien jede Generation an die nächste weitergegeben, begleitet von den jahrhundertealten steinernen Zeugen der Kultur, belehrt von den altrömischen Schriftstellern, einem Livius, Tacitus oder Sallust, aufgeklärt von einem Theoretiker der Staatskunst wie Machiavelli. Deshalb schauen die Italiener mit Gleichmut denen zu, die – wie es Mode geworden ist – runde Jahreszahlen zum Anlaß nehmen, erregte Blicke zurück zu werfen. Wenn sie ›kommemorieren‹, bedeutet das nicht immer, daß man

Gedenkstätte für Aldo Moro

heute in edlem Bemühen um die Wahrheit der Sache von damals auf den Grund gehen will. Man trifft die Auswahl für die Gegenwart.

Stichjahr 1988: Vor zehn Jahren wurde der christlich-demokratische Parteipräsident Aldo Moro (am 16. März) entführt und fast acht Wochen später ermordet aufgefunden. Das ist für die einzelnen Parteien Anlaß, sich stets gegenseitig Vorwürfe zu machen. Die Christlichen Demokraten hätten nicht genug unternommen, um ihren Vorsitzenden zu retten, heißt es in und außerhalb der Democrazia Cristiana. Die Sozialisten weisen auf die verfehlte Politik des »historischen Kompromisses« zwischen Christlichen Demokraten und dem Partito Comunista hin, für den Moro als Symbol stand. Ein Sozialist behauptete sogar kühn, seitdem die Democrazia Cristiana damals Härte zeigte, gehe es mit ihr bergab. Die Kommunisten hingegen sind unschlüssig, ob sie die Zeiten Moros zurückwünschen sollen, weil sie da irgendwie an der Regierungsmehrheit beteiligt waren.

Im Juni 1978 wurde ein Präsident der Republik zwei Wochen vor dem Ende seiner Amtszeit zum Rücktritt gezwungen. Der christlich-demokratische Staatspräsident Giovanni Leone mußte solche Schmach auf sich nehmen, weil er ins Zwielicht geraten war. Da gehen die Ansichten auseinander: Daß Vorwürfe erhoben worden waren, steht außer Frage; ob jedoch Leone weichen mußte, weil er persönlich schuldig war oder weil die Bezichtigungen massiv und häufig geäußert wurden, darüber darf man sich nach wie vor streiten. Die Sozialisten verweisen darauf, daß mit Leones Nachfolger, dem Sozialisten Pertini, endlich das goldene Zeitalter einer demokratischen Gesinnung in Italien angebrochen sei, was andere in Zweifel ziehen.

Im Vatikan gedenkt man des »Drei-Päpste-Jahres« von 1978. Das bietet den Kommentatoren Gelegenheit, durch maßvolles Lob und geschickt drapierten Tadel ihre eigene kirchenpolitische Einstellung durchblicken zu lassen. Denn was man deutlich an Paul VI. rühmt (gestorben am 6. August), vermißt man vielleicht am gegenwärtigen Papst. Johannes Paul II. wurde am 16. Oktober 1978 gewählt. Wenn man vom »Pontifikat des Lächelns« des nur 33 Tage regierenden Johannes Pauls I. schwärmt, wird man damit vielleicht den »Pontifikat der Festigkeit« des Zweiten kritisieren wollen. Johannes Paul I. wurde am 26. August gewählt und starb am 28. September; da tauchen auch die ebenso törichten wie spielerisch-gefälligen Verdacht-Schöpfungen über eine angebliche Ermordung Albino Lucianis wieder auf.

Doch damit ist der runden Gedenktage im Vatikan noch nicht genug. Vor 30 Jahren starb am 9. Oktober 1958 Pius XII. Wer ihn schätzte, hatte es nach seinem Tod nicht leicht. Denn Johannes XXIII., gestorben vor 25 Jahren am 3. Juli, das Zweite Vatikanische Konzil (1962–1965) und der »neue Geist, der die Kirche durchwehte«, nahmen Pius XII. viel von seinem Glanz, den er schon zu Lebzeiten um sich hielt. Doch nach 30 Jahren bietet sich die Möglichkeit, alles wieder ganz anders zu sehen. Da wird etwa, um die Nachrufe in die rechte Richtung zu leiten, erwähnt, die Idee eines Konzils stamme in Wirklichkeit von Pius XII. Dem Sog der Gedenktage kann sich auch ein Papst nicht entziehen. 20 Jahre nach der Enzyklika »Populorum Progressio« (März 1967) schrieb auch Johannes Paul II. eine Sozial-Botschaft, die allerdings verspätet (1988) veröffentlicht wurde.

Über die Erinnerung an 1968, an Studentenrevolte, Gesellschaftskritik, »Gewalt gegen das System«, kommt man glimpflich hinweg. Jene Studenten, die damals 67 Tage lang, von Ende Januar bis März 1968, die Soziologische Fakultät in Trient besetzt hielten, treffen sich wieder in Trient, zahlen diesmal Miete für den Saal und freuen sich, wie eine Gedenktafel verrät, daß sie – wenigstens einmal im Leben? – heftige Gefühle gehegt hatten. Ansonsten stellen alle, ob sie nun politisch bei den Christlichen Demokraten oder den Radikalen, den Kommunisten oder Sozialisten gelandet waren, fest, daß man insgesamt doch reifer geworden sei.

Die italienischen Kommunisten hatten nicht erwartet, daß ihnen eine »eckige« Zahl, nämlich der 35. Jahrestag des Todes des sowjetischen Parteichefs Stalin (im Jahr 1953) noch soviel Ungemach bereiten würde. Der Partito Comunista will natürlich nichts mehr mit dem Stalinismus zu tun haben – wer will das schon. Aber nun hält man der Partei die historischen Verstrickungen in Stalins Machenschaften vor, daß die italienischen Genossen einst zu seinen Verbrechen geschwiegen hätten, daß auch ihr verehrter ehemaliger Parteisekretär Togliatti dem sowjetischen Tyrannen und Massenmörder zu Diensten war. Den Kommunisten kann man jederzeit ihre Geschichte vorhalten. Deshalb treten die Parteiführer die Flucht nach vorn an und verkündeten, daß man die Archive für die Zeit von 1944 bis 1958 öffnen wolle. Der Partito tut sicher gut daran. Denn nicht nur eingefleischte Antikommunisten bohren in den Fehlern der Vergangenheit. Die italienischen Sozialisten lassen sich als ›die demokratischen Linken‹ nicht nehmen, die Kommunisten an ihre Sünden zu gemahnen. Sie halten eine Konferenz ab über »Der Stalinismus in Italien«; der allgemeinen Aufmerksamkeit können sie sicher sein.

Mit Stalin und den Kommunisten sind wir erst im Jahr 1953. Das Jahr 1948 bietet weitere Anlässe. Am 1. Januar trat damals die neue Verfassung der demokratischen Republik Italien in Kraft. Da waren und sind sich heute alle einig. Wenige Monate später wäre es jedoch fast zum Bürgerkrieg gekommen, als sich Sozialisten und Kommunisten zu einem Wahlbündnis der »Volksfront« – etwa nach dem Vorbild der Tschechoslowakei – zusammenschlossen, doch die Democrazia Cristiana unter dem Ministerpräsidenten De Gasperi bei den Parlamentswahlen vom 18. April die absolute Mehrheit der Stimmen erhielt. Davon wagen die Christlichen Demokraten heute nicht einmal mehr zu träumen; doch immerhin sind sie auch nach vier Jahrzehnten, ununterbrochen, Regierungsmacht. Ein einsamer, beachtlicher Rekord für eine demokratische Partei.

Das Jahr 1943 hat es für Italien in sich. Es war nur vernünftig, daß die Italiener in jener Zeit von Mussolini, dem Duce des Faschismus, loskommen wollten, und auch von seinem deutschen Verbündeten, dessen Niederlage unter einem verbrecherischen Regime sich unaufhaltsam abzeichnete – Treue ist gut, Überleben ist besser. Daß die Italiener sich selbst vom Faschismus gereinigt hätten, kann nur vertreten, wer es politisch für opportun hält. Aus den *Comitati di liberazione nazionale* (CNL), aus den »Komitees der Nationalen Befreiung«, in den Reihen der Partisanen und aus dem Bemühen der *Resistenza,* des Widerstands, wuchsen seit 1943 die Politiker des demokratischen Italiens heran. Das ist eine schöne, würdige Erzählung von der Gründung der italienischen Demokratie, doch keine getreue Darstellung der verwickelten geschichtlichen Ereignisse. Wichtiger war der Machtsog der seit Juli 1943 von Süden in Italien vorrückenden Alliierten.

Allerdings war die deutsche Wehrmacht vorerst noch stark genug, Italien zu besetzen. An die eigenen etwa 600 000 in Reichweite der Wehrmacht stationierten italienischen Soldaten hatte der damalige Ministerpräsident Badoglio nicht viele Gedanken verschwendet. Er wußte nicht, wohin mit ihnen, und die Deutschen vielleicht auch nicht, wie sie einen zwar sympathischen, doch schwachen und nun sogar abgefallenen Bundesgenossen behandeln sollten. Gewiß, Mussolini wurde schließlich von den eigenen Landsleuten »gerichtet«, von kommunistischen Partisanen erschossen, doch zu spät, am 28. April 1945, als daß davon eine Katharsis für das ganze Land hätte ausgehen können. Es war daher nur folgerichtig, daß in Italien von Anfang an seit 1948 auch Faschisten im Parlament saßen, daß noch heute die neofaschistische »Sozialbewegung« (MSI) mit Berufung auf nationalistische Ziele Zulauf erhält.

50 Jahre ist es her, da besuchte vom 3. bis zum 9. Mai 1938 Hitler Rom. Die italienischen Kommunisten müssen seit Jahren dafür einstehen, daß ihr einstiger Übervater Stalin 1939 einen Pakt mit dem deutschen Teufel geschlossen hat. Bei Mussolini war es nicht nur die »Achse« seit 1936, die Rom mit Berlin verband, sondern seit Mai 1939 sogar ein »Stahlpakt«, der beide Länder aneinander schmiedete. So wissen die Italiener, wie man sich politischen Irrtümern hingeben kann, wie schwierig es ist, von einem Diktator wieder loszukommen. Von 1922 bis 1943, 21 Jahre lang, gaben die Faschisten in Italien

Mahnmal für die Opfer des Nationalsozialismus in Rom

den Ton an. Da geschah manches, was zum Bild eines Volkes von freiheitsliebenden Individualisten nicht passen will. Darüber trösten auch Hinweise auf die Begeisterung über den Duce in den westlichen Demokratien nicht hinweg. Der Duce und der Führer, die sich im Mai 1938 zur Kumpanei in Rom trafen – zuerst Lehrer und Schüler, dann Verführter und Verführer: Die Italiener lassen diese Bilder und Vergleiche auf sich beruhen, wie sie auch den Namen des ›Dux Mussolini‹ auf dem Obelisken des römischen Olympiastadions nicht getilgt haben.

Natürlich hält man auch in Italien den ›Anschluß‹ Österreichs an das Deutsche Reich des Gedenkens für wert. Nur geringe Aufmerksamkeit wird dabei dem Umstand geschenkt, daß Mussolini zuvor diesem Schachzug Hitlers zugestimmt hatte, wie man überhaupt wenig über die italienische Begeisterung für Hitler reflektiert. Daß zu jenen, die dem Auftreten Hitlers applaudierten, 1938 nicht nur die Österreicher gehörten, sondern, fünf Jahre vorher und fünf Jahre nachher bis zu den deutschen Niederlagen, bei verschiedenen Anlässen, auch Italiener, wird im allgemeinen verdrängt. Wenig Aufhebens macht man davon, daß im Jahr 1928 Mussolini mit Griechenland und Abessinien Freundschaftsverträge abschloß, mit denselben Ländern, die wenige Jahre später überfallen wurden.

Doch das Spiel mit den Erinnerungen an Jahrzehnte zurückliegende Ereignisse ist noch nicht zu Ende. 70 Jahre ist es her, daß am 4. November 1918 zwischen Österreich und dem Königreich Italien der Krieg zu Ende ging, für Italiener mit dem großartigen Sieg von Vittorio Veneto. Historiker in aller Welt wissen, daß dies ein Mythos ist. Solch ein Mythos hat seine wohltuenden Wirkungen; er schmeichelt dem Nationalstolz. Doch brauchen die Italiener das? Sie können zufrieden darauf blicken, daß sie mit dem Ende des Ersten Weltkriegs und dem Zusammenbruch der Habsburger Monarchie ihre Grenzen weiter nach Norden haben schieben können. Italienische Soldaten marschierten einfach in Trient und Südtirol ein. Da ›erlöste‹ man im Zeichen der *Irredenta*-Politik, zur Zusammenführung aller Italiener in einem Staat, mit den Südtirolern zwar auch solche, die gar nicht erlöst werden wollten. Aber Italien gab danach Südtirol nicht mehr her und hält seitdem den Brennerpaß für seine ›natürliche‹ Grenze.

Die Italiener haben im Umgang mit ihrer Geschichte eine eigentümliche Abneigung gegen fremdes Dreinreden. Gebildete Italiener wissen sehr wohl zwischen Höhen und Tiefen in ihrer Geschichte zu unterscheiden. Doch sie gestatten es weder dem flüchtigen Zuschauer noch dem interessierten Politiker, aus diesem oder jenem Ereignis einen Schuldvorwurf herzuleiten. Die Erinnerung eines Volkes an seine Geschichte, die manchmal glorreich, manchmal furchtbar war, ist, so die italienische Ansicht, vornehmlich das eigene kulturelle ›Gewissenswerk‹ zwischen der notwendigen Selbstachtung mit Maß und der Trauer über das Versagen.

Sandro Botticelli, »Der Frühling« (Ausschnitt). Florenz, Uffizien

Ein Hauch von Kunstgeschichte

Mit der Kunst in Italien muß man es so halten wie Mark Twain mit dem Wissen im allgemeinen. »Man kann nicht alles wissen«, erklärte er, »es ist zuviel.« Der Kirchen und Paläste, der bedeutenden Bilder und Skulpturen, der wohlgestalteten Plätze und Brunnen, der antiken Säulen und Grabmäler gibt es wirklich zu viele, als daß man sie alle sehen und würdigen könnte. So mögen die Experten, die Archäologen und Kunsthistoriker, Architekten, Bildhauer und Maler verzeihen, daß ich vor allem niemandem distanzierten Respekt vor der italienischen Kunst und den rühmenswerten Schöpfungen in ihrer Geschichte einjagen will – den hat ohnehin jeder Gebildete, was sage ich, jeder zivilisierte Mensch dieser Erde. Mut muß man jedem zusprechen, der sich diesem unendlichen Wundergarten des Patrimoniums der italienischen Kunstgüter nähert.

Immer muß man fürchten, daß die Zeit, in der man länger in diesem Palast weilt, dem anderen gestohlen ist, daß die Stunde in diesem Museum im zweiten fehlt. Unter uns gesagt, geht es den Experten ebenso. Wer sich gut auskennt in den Werken der Antike, muß nicht unbedingt ein Kenner des Barock sein, wer sich auf die frühe Romanik spezialisiert hat, wird vielleicht an der Renaissance weniger Freude haben. Wir hingegen wollen vor allem hier und da kosten und uns nicht den Geschmack schon vorher bestimmen lassen. Das mindert nicht im geringsten meine Hochachtung vor den Koryphäen der Kunstgeschichte. Auch nur einen zu nennen, würde die Leistungen der anderen verringern, der deutschen Archäologen und Kunsthistoriker etwa, die unermüdlich in den Instituten in Rom forschen und an Ort und Stelle in Italien neue Erkenntnisse zutage fördern. Und alle zu erwähnen, denen wir für unsere Einsichten im Reich der Kunst Dank schulden, wäre zu viel.

Wie kann man es aber als armer Tourist anstellen, dem nicht lange Forschungszeit oder gar ein ganzes Leben zum Studium der ›Werke der Alten‹ zur Verfügung stehen? Er darf sich an den lateinischen Ratschlag halten, *non multa sed multum,* nicht tausend Dinge flüchtig, sondern eine Sache richtig. Nun gut, ein bißchen mehr darf es sein. Zum zweiten kann man sich damit trösten, daß die italienischen Kunstwerke vornehmlich nicht eine Frage des Wissens sind, sondern der Schönheit und des Gefallens. Sie sind intuitiv zu betrachten als lockende Hinweise auf die Vergangenheit, als in sich selbst beredte Zeugen der Geschichte.

Auch wenn man nichts weiß von den wohlberechneten Proportionen eines griechischen Tempels (in Süditalien und Sizilien), den religiösen Fundamenten eines etruskischen Grabes (in Latium und der Toskana), den bedachten Raffinessen eines altrömischen Wohnhauses (in Ostia Antica, Pompeji oder Herkulaneum), den Symbolen eines byzantinischen Mosaiks (in Ravenna oder Venedig), den genauen Stilelementen der romanischen und gotischen Paläste und Kirchen, dem Kanon der Renaissance, den Bewegungsgesetzen des Barock, wird man doch sofort einen Zugang zu den Werken dieser Kunstepochen finden, wird sich einfühlen können in die Kreationen der Künstler und Freude daran finden. Man wird darüber staunen, daß die Bewohner der italienischen Lande immer und überall nicht nur Nützliches – was mehr dem nördlichen Charakter entspricht –, sondern auch Gefälliges hervorbringen wollten. Es ist, als ob sie einen Wettstreit geführt hätten, die Schönheiten der Natur durch ihre eigenen Schöpfungen von

Architektur, Malerei, Bildhauerei und des omnipräsenten kunstvollen Handwerks zu ergänzen.

Will man sich den Kunstwerken aus drei Jahrtausenden nähern, so mögen ein Überblick über die verschiedenen Epochen, besonders jedoch Hinweise für die Orte, wo man sie findet, hilfreich sein. Alles andere muß Einzeldarstellungen überlassen bleiben. Dabei können wir hier die prähistorischen Funde und die Spuren der Italiker beiseite lassen, all jener Stämme in Italien, die weder kunst- noch kulturlos waren, doch es noch nicht zu den Hochleistungen der Späteren gebracht haben. Wer von Norden kommt, begegnet – in der chronologischen Reihenfolge – zuerst den Etruskern, die vom 8. Jahrhundert vor Christus an ein Gebiet in Mittelitalien, zwischen Po im Norden und Kampanien im Süden, besiedelten. Man findet ihre Zeugnisse verstreut schon in der Emilia-Romagna (Piacenza, Bologna), dichter in der Toskana (Fiesole, Volterra, Populonia, Arezzo, Cortona, Chiusi) und in Umbrien (Perugia, Todi, Orvieto), vor allem jedoch in Latium (Vulci, Bolsena, Tarquinia, Cerveteri) und in den Museen von Florenz und Rom (Vatikan, Villa Giulia).

Der »Apollo von Veii«, Ende 6. Jh. v. Chr.

Süditalien und Sizilien waren für die alten Griechen das größere Heimatland, die *Magna Graecia,* Großgriechenland. Vom 8. Jahrhundert vor Christus an gründeten sie hier, angeregt und zum Teil begleitet von Karthagern und Phöniziern, Kolonien und brachten ihre kulturellen und künstlerischen Fertigkeiten mit. So stoßen wir auf ihre Stadtanlagen mit Tempeln und Theatern in Kampanien, Kalabrien, Apulien, der Basilikata und Sizilien, auf ihre Skulpturen in den Museen von Rom, Florenz, Neapel, Tarent, Reggio Calabria oder Syrakus. Die Tempel von Paestum (Kampanien), Metapont (Basilikata), Segesta, Selinunt, Agrigent (Sizilien), die eindrucksvollen Überreste städtischer Zivilisation in Neapel, Tarent, Sybaris, Locri und Crotone (Kalabrien), in Syrakus, Megara Hyblaia, Tyndaris, Imera, Taormina/Naxos (Sizilien) können es mit den Kunstwerken des Mutterlandes aufnehmen.

Es ist ein alter Streit, ob die Römer der Antike mehr durch ihre Technik oder durch ihre Kunst – darin sicher in Anlehnung an die Griechen – hervorragen. Wir müssen die Diskussion nicht entscheiden, sondern leiden höchstens daran, daß die Werke der alten Römer, über ganz Italien verstreut, von Aosta und Verona im Norden bis nach Sizilien im Süden, so zahlreich sind. Stadtmauern, Theater und Amphitheater, Tempel und

Triumphbögen, Thermen, Straßen, Kasernen, Aquädukte und Brücken, dazu Skulpturen, Mosaiken und Wandmalereien fordern unsere Aufmerksamkeit. Die Museen in Rom und Neapel sind voll von den antiken Meisterwerken. Viele italienische Städte können auf die Gründung durch die Römer, auf altrömische Mauern, ein Forum, ein rechteckiges Straßen- und Siedlungssystem hinweisen. Ostia Antica bei Rom, Herkulaneum und Pompeji bei Neapel geben uns Einblick in einen gesamten Stadtorganismus. Die Häuser darin lassen uns teilhaben an der verfeinerten Wohnkultur der Reichen. In

Römisches Forum in Aquileia

der Ewigen Stadt erfüllt uns das Forum Romanum mit Achtung vor dem Herz einer Weltmacht.

Was Rom und die Römer in ihrem Imperium dem Orient an zivilisatorischen Errungenschaften gebracht haben, gibt die byzantinische Kunst des Oströmischen Reiches an Italien in den Gebieten der Ostgoten und Langobarden, in Venedig, Rom und Sizilien wieder zurück. Der Dom von San Marco in Venedig, die Kirchen in Ravenna und Rom, die Wandmalereien in Klöstern und Krypten, die Mosaiken in Sizilien (Palermo, Monreale, Cefalù) setzen eigene, charakteristische Akzente.

Die Jahrtausendwende ist nur eine abstrakte Hilfslinie. Dennoch kann man damit den Beginn einer neuen städtischen Kultur in Italien markieren. Daß nun die Städte, die *Comuni,* die Gemeinwesen selbstbewußter Bürger aufblühen, ist zunächst eine wirtschaftliche, soziale und politische Leistung, die jedoch sofort ergänzt wird durch die

Bemühungen der ›Urbanisten‹, der Architekten und Bildhauer, der Maler und immer wieder – der Handwerker, die bescheiden und weithin unbekannt die verschiedenen Materialien in gefällige Formen bringen. Sie bilden die notwendige Grundlage aller Künste. Was wären die Künstler ohne das Können der Handwerker! Die Romanik genannte Stilepoche der Kunst sprießt überall in Italien, stets die örtlichen Traditionen aufnehmend und verwandelnd, in der Lombardei, Venetien und der Emilia, in der Toskana und in Umbrien, in Latium und Apulien. Von Klöstern und Kirchen geht die Kunst aus und erobert sich andere Bereiche.

Ravenna, San Vitale, Kaiserin Theodora (Ausschnitt)

Sind wir bisher noch großzügig mit mehreren Jahrhunderten für einen Stil oder eine säkulare Epoche ausgekommen, so müssen wir nun kürzer zählen: *Trecento* (»Dreihundert« für das 14. Jahrhundert), die Renaissance im *Quattrocento* (»Vierhundert« für das 15. Jahrhundert), das 16. Jahrhundert, die Hoch-Zeit der italienischen Kunst, Gipfel und Übergang von der Renaissance über Manierismus zum Barock, und das 17. Jahrhundert mit seinen Ausläufern im 18.: Wo finden wir die Kunst des *Trecento,* die Gotik? Überall, da hilft nichts. Es sind Klöster und Kastelle, die Dome (etwa Mailand, Orvieto, Siena, der Campanile von Florenz) und Rathäuser (so Siena und Florenz) und Paläste (Venedig), Skulpturen und Gemälde. Schon fällt es schwer, Namen zu nennen, einzelne herauszuheben, wie die Maler Cimabue und Giotto, Duccio, Simone Martini und die Brüder Pietro und Ambrogio Lorenzetti.

Die Renaissance im 15. Jahrhundert ist bereits gänzlich das Werk der Künstlerpersönlichkeiten, nicht zufällig entstanden aus der Stadtkultur der Toskana und der von Florenz im besonderen. Der Baumeister Brunelleschi wölbt die kühne Domkuppel in Florenz; die Maler Masaccio, Frà Angelico, Botticelli, Paolo Uccello und Piero della Francesco sind ohne den Nährboden von Florenz und der Toskana undenkbar; Mantegna und Giovanni Bellini wenden sich dem Norden zu, Mantua und Venedig. Die Bildhauer Ghiberti, Donatello und Luca della Robbia, Verrocchio und Antonio Pollaiuolo wirken nicht nur in Florenz, sondern ziehen ihre Kreise schon weiter.

Im *Cinquecento,* im 16. Jahrhundert, hat man es mit Genies zu tun. Florenz als Zentrum der Kunst wird von Rom abgelöst. Die Päpste ziehen die Künstler in ihre Hauptstadt, doch auch für die kleineren Herrschaften bleibt genug übrig. Ein Michelangelo (aus der Toskana) ist Bildhauer, Maler und Architekt zugleich und verfaßt außerdem

Florenz, Detail der »Paradiestür« von Ghiberti am Baptisterium

Gedichte von Rang. Einem Leonardo da Vinci (ebenfalls aus der Toskana) scheint die Kunst nicht zu genügen; er entwirft sofort verwertbare Maschinen und technische Visionen, die erst nach Jahrhunderten realisiert werden können. Ein Raffael schafft als Maler Unvergleichliches und arbeitet als Architekt und Archäologe in Rom. Die Baumeister Bramante, Vignola und Palladio übertreffen sich in Rom, Mittel- und Norditalien mit jedem Werk selbst. Auch die Maler Giorgione, Tizian, Tintoretto und Veronese prägen das Jahrhundert, wirken in Italien und darüber hinaus.

Wie die Renaissance in Manierismus und Barock übergehen, ist schon an den Werken Michelangelos deutlich zu sehen, an den Skulpturen wie an den Fresken in den Kapellen der Vatikanischen Paläste. Die Entwicklung zeigt sich ebenso an den ungezählten Kirchen und Palästen, deren klassische, wohlabgezirkelte und wie mit dem Lineal gezogene Formen und Fassaden nun in Bewegung geraten, sich nicht mehr mit klaren Linien begnügen, sondern anfangen zu schwingen, vor- und zurückzutreten, auf und ab zu schweben. Bernini und Borromini liegen in Rom im Wettstreit miteinander und erproben sich unübertroffen in Kirchen, Brunnen und Skulpturen, im Baldachin von Sankt Peter und an der Piazza Navona. Carlo Maderna und Pietro da Cortona suchen ihnen nachzueifern. Die Maler aus der Familie der Carracci und ein Caravaggio stellen ihre Kunst in Rom, in Venedig und an den kleineren Höfen zur Schau.

Raffael, »Portrait eines Unbekannten« (um 1502) und »Dame mit Einhorn« (um 1505)

Wenn auch diesen Gipfeln der Kunst, den Leitsternen am Firmament der Künstler – und wir haben nur die Sternsysteme erwähnt – nicht Steigerungen folgen können, so haben die Italiener doch in den nächsten Jahrhunderten die schöne Darstellung nicht verlernt. Die architektonischen Bauten der Neuzeit etwa legen hie und da Zeugnis davon ab.

Leonardo da Vinci, »Das Letzte Abendmahl«

DALLE REGIONI

Landschaften
und Städte

Noch unter Deutschen und schon in Italien – In Südtirol

In Bozen, dem Hauptort Südtirols, wo Deutsche und Italiener zusammenleben, fragt ein Fremder auf deutsch einen Offizier der *Guardia di Finanza,* des Zolls, wie er zum »Vintlerdurchgang« kommen könne. Der Offizier breitet seine Arme aus, erklärt freundlich auf Italienisch, er lebe schon lange in Bozen, doch, bitte, könne der Signore nicht etwas langsamer sprechen, *più piano,* denn das Deutsche, *eh, non capisco quasi niente.* »Vintlerdurchgang« wird wiederholt, ein wahrer Zungenbrecher für die Nachkommen Dantes, und es werden noch ein paar Worte auf deutsch angefügt. Doch es bleibt dabei: Der italienische Offizier beherrscht als Staatsbediensteter in Südtirol die deutsche Sprache nicht, die er eigentlich nach dem offiziellen Reglement verstehen müßte.

Wenige Minuten später in einer Bar am Waltherplatz mitten in Bozen. Deutsche und Italiener, Touristen und Einheimische trinken friedlich ihren Espresso oder Cappuccino. Da betritt – offenkundig – ein Südtiroler das Café, angetan mit Trachtenjacke und einer klirrenden Münzkette um den stattlichen Bauch: »Einen Braunen mit Milch!« fordert er. »Un Cappuccino«, wiederholt der italienische Kellner hinter der Theke. »No«, sagt der Trachtenmann scharf, »einen Braunen mit Milch. Ich trinke hier einen Braunen mit Milch. Ich bin hier zu Hause.«

Was ein »aufrechter Tiroler« sei, erfährt man an einem strahlenden Sonntagmorgen im Südtiroler Weinort Terlan, zwischen Bozen und Meran gelegen, oftmals und aus berufenem Mund. Etwa 150 Schützen sind in ihren schmucken Trachten angetreten, um des zehnten Jahrestages ihrer Wiedergründung in Terlan zu gedenken und die Fahne der Kompanie zu weihen. »Eigentlich«, hatte der Landeskommandant der Schützen von Südtirol, Major Hosp, gesagt, »sind zehn Jahre gemeinhin noch kein Anlaß zu einer großen Feier, denn die Geschichte der Schützen wird mehr nach Jahrhunderten gemessen. Aber wir haben wegen der Fahnenweihe eine Ausnahme gemacht.« So stehen die Schützen – schwarze Schnallenschuhe, weiße Strümpfe, dunkle Bundhosen, grüner und brauner Lodenrock, weiße Hemden und ein weitkrempiger Hut – bei der Messe fromm und stramm, hören andächtig die Predigt und rühren sich nur auf Befehl. So geben sie sich alle

einen scharfen Ruck, um den Segen des Priesters zu empfangen.

Auch Touristen stehen andächtig auf der Festwiese gegenüber dem Rathaus und hören in verschiedenen Grußworten die Tugenden des Tirolers preisen, was allerdings, wie einer unaufgefordert zugibt, »heute nicht mehr recht verstanden wird.« Die Tiroler, und die Schützen im besonderen, »sind immer da, wo man sie braucht, sie sind bereit, Dienste zu übernehmen, die nicht nur angenehm sind.« Man sieht es den Ostfriesen und Hamburgern an, wie froh sie sind, daß man in ihrer Heimat viel aufgeklärter ist und die Zeichen der Zeit erkannt hat. Als dann weiter »Väterglaube und selbstloser Einsatz der Schützen für unsere Heimat« gelobt werden, »um uns zu erhalten, damit wir erreichen, was wir erreichen wollen: den Fortbestand unserer Eigenart in unserer Volksgruppe«, wenn »Erbe und Auftrag« formuliert werden, »den jahrhundertealten Tiroler Schützengeist zu neuem Leben zu erwecken und in die Zukunft zu tragen, damit es heute und in Zukunft nur ein Tiroler Volk gibt«, da staunt eine blonde Dame sehr; um das alles müsse man sich in Hamburg nicht kümmern, verrät sie. Als dann jedoch die Blaskapelle »Ich hatt' einen Kameraden« stimmungsvoll spielt, fährt ihr Mann sich mit dem Taschentuch hinter die Sonnenbrille.

Trotz des allzeit bereiten selbstlosen Einsatzes wird nicht undankbar vermerkt, daß Messe, Fahnenweihe und Grußworte

nicht allzu lang dauern, mit dem rascheren Verlauf des offiziellen Teils auch der zunehmend kräftigeren Sonne Rechnung getragen wird und man somit zum geselligen Teil der Fahnenweihe übergehen kann. Nur wenige Schritte entfernt stehen solide Tische und Bänke bereit, vom Platz des frommen Geschehens durch ordentliche Holzbaracken getrennt. Eifrige ›Marketenderinnen‹, die bekanntlich den Schützen nie fehlen, eilen hin und her, um Mannesdurst und zunehmend auch den der Damen zu stillen. Der Duft holzkohlengegrillter Hendl weckt zusätzlichen Appetit, und eine neue Blaskapelle läßt mit munteren Weisen schnell die Heldenklage vergessen.

Das ist die Stunde, um die Lage der Nation zu bereden und festzustellen, wie es den Südtirolern gehe. Die einen sagen, es stehe um die Tiroler deutscher Sprache in der Autonomen Provinz Bozen gut; der italienische Staat habe ihnen in zahlreichen praktischen »Durchführungsbestimmungen« so viel Autonomie zugestanden, daß jetzt mit dem »Paketabschluß« das Thema Südtirol zu den völkerrechtlichen Akten gelegt werden könne. Nein, rufen andere dazwischen, da sei noch dies und jenes, was an einer wirklichen Autonomie fehle; bevor das nicht geregelt sei, dürfe die österreichische Regierung nicht die völkerrechtlich verbindliche Erklärung zur Streitbeilegung abgeben; außerdem störten immer wieder mal kleine Bombenanschläge. Schließlich, so lautet der Einwand weiter, mache die italienische Regierung nicht aus purer Gnade der deutschen Minderheit Zugeständnisse, sondern zahle eine Schuld ab, weil Italien nach dem Ersten Weltkrieg Südtirol mit seinen deutschen Einwohnern Österreich geraubt habe.

Es ist wahr. Die Grenzen, die in Europa Völker und Stämme voneinander scheiden, sind oft wie von launischer Hand gezogen; wenn sich Staaten mächtiger fühlten, mißachteten sie die Barrieren der Natur, die Unterschiede der Menschen, die andere Art von Sprache, Religion und Charakter. Die Menschen an den Grenzen der Reiche wurden zur Töpfermasse der Geschichte, geknetet und geknechtet, mal von der einen, mal von der anderen Seite. Ein solches Grenzland ist jenes Gebiet der Ostalpen, wo die Wasser eilig gen Süden fließen, links und rechts von Etsch, Eisack und Rienz, südlich des Brenner- und Reschenpasses bis zur Salurner Klause südlich von Bozen, bis dorthin, wo die majestätische Bergwelt unbemerkbar übergeht ins Trientinische, vom Massiv des Ortlers im Westen bis zu den Dolomiten im Osten – die Provinz Bozen, Südtirol.

Der Marktplatz von Bozen, dem Hauptort der Autonomen Provinz Bozen-Südtirol, scheint nicht in Italien zu liegen. An den Autos sind die einheimischen Kennzeichen fast in der Minderzahl. Die anderen Nummernschilder verraten meist deutsche Herkunft, häufig bayerische. Für die Münchner ist es ein Katzensprung über die Autobahn hierher. Drei Stunden, wenn die Straßen von Eis und Schnee geräumt sind und kein Stau den Drang nach Süden aufhält. Die Touristen können es sich nicht erklären, aber viele haben auch hinter dem Brenner das Gefühl, noch in deutschen Landen zu sein und doch schon in Italien. Sie meinen dann, gerade hinter dem Paß habe das gute Wetter begonnen, selbst wenn die Sonne schon in Kufstein schien, an der deutschen Grenze, oder in Innsbruck, auf halbem Weg in Österreich. Die Luft kommt ihnen klarer vor, der Himmel blauer, und wenn dann der Rosenheimer oder der Frankfurter südlich des Jaufenpasses auf einem Parkplatz kurz hinter dem Wachtposten der Carabinieri gefragt wird, ob er eine »echte goldene

Uhr, garantiert Schmuggelware«, kaufen möchte, »billig, billig«, genießt er das Glück, im Land seiner Sehnsucht zu sein, und obendrein verstehen ihn noch alle.

Die Touristen aus dem Norden – freilich auch die italienischen aus dem Süden – bringen viel Geld nach Südtirol, sommers wie im Winter. Mehr als die Hälfte der Bevölkerung lebt vom Fremdenverkehr. Die Erträge aus Handel und Industrie, aus Forst- und Landwirtschaft können es mit den Einnahmen aus dem Tourismus nicht aufnehmen, ganz zu schweigen von den klassischen Obstprodukten des Berglandes, den Äpfeln und Weintrauben. Also nimmt man in Kauf, was ein solcher Fremdenstrom an Unrat mitschwemmt, was er an Wandel unter den Dörflern und Bergbauern bewirkt, daß er alte, gute Sitten angreift und wie Rost zerfrißt. Ordnung und Wohlstand, Effizienz der Bozener Verwaltung und der Fleiß der Bewohner haben aus der kargen Alpen-Provinz ein Musterländchen gemacht.

Mit den bayerischen Gästen verstehen sich die Südtiroler besonders gut, politisch und menschlich, von Kultur und Brauchtum her. Schließlich haben beide Stämme eine gemeinsame Herkunft: die Bajuwaren. Vor tausend Jahren gehörte Bozen zum Herzogtum Bayern. Das scheint für viele Südtiroler eine angenehme historische Erinnerung. Selbst die Politiker der Südtiroler Volkspartei (SVP), die seit Kriegsende fast exklusiv und unbestritten die deutschsprechenden Südtiroler politisch als Sammelpartei vertritt, heben beinahe mehr das gute Verhältnis zu Bayern

Bozen, Waltherplatz mit Denkmal für Walther von der Vogelweide

hervor als das zu den andern Tirolern. Die andern Deutschen, die ›Preußen‹, sind dann darin großzügig eingeschlossen.

In Brixen, Meran und Bozen, in den alten Städten und in den Dörfern beschwört man oft die Geschichte. Durch Südtirol verlief einst die alte Römerstraße, die *Claudia Augusta Padana*, auf der Soldaten und Händler Kultur und Zivilisation zu den Barbaren des Nordens brachten. Heiden und Christen wanderten da von Verona nach Augsburg und wußten noch nichts davon, daß sprachliche auch staatliche Grenzen sein sollten. Schlecht wäre es sonst um den Geist im mittelalterlichen Europa bestellt gewesen. So blieb es Jahrhunderte. Trient wurde Bistum, Fürstbistum innerhalb des Heiligen Römischen Reiches Deutscher Nation, griff mit seinem Gebiet ins heutige Südtirol aus, so wie der Brixener Bischof weiter nördlich seinen Krummstab über den Brenner hinüberstreckte. Römischer Papst und deutscher Kaiser, Venezianer und die Grafen von Tirol waren lange Zeit die dominierenden Mächte, mit denen man sein Auskommen finden mußte. Von sprachlichen Problemen ist aus dieser Zeit nichts bekannt.

Kompliziert wurde es unter Napoleon. Bayern durfte sich mit französischer Billigung Südtirols bemächtigen und fand bald seine Herrschaft von dem Wirt aus dem Passeier Tal, Andreas Hofer, bekämpft. Dann entwickelten sich Spannungen zwischen Österreichern und Italienern. Diese Spannungen steigerten sich, als Italien im Jahr 1870 geeint war, als es sich wie andere Staaten Europas nationalistischen Ideen verschrieb und voll Begierde auf die Gebiete schaute, wo Italienisch gesprochen wurde. *Irredenta*-Politik nannte man diesen Imperialismus euphemistisch-religiös; ›erlösen‹ wollten viele Italiener alles Gleichsprachige, heimholen in ihr Königreich. Als in Europa die verschiedenen Machtinteressen auf einen Krieg zutrieben, proklamierte auch das italienische Königreich seine territorialen Wünsche, die sich vor allem gegen den österreichisch-ungarischen Vielvölkerstaat richteten: Das trientinische Tirol, dessen Bevölkerung mehrheitlich Italienisch sprach, und – zum Erreichen ›natürlicher Grenzen‹ – Südtirol bis zum Brenner.

Von 1918 an, nach dem Ersten Weltkrieg, herrschte zwischen Brenner und Salurner Klause das Recht des Siegers. Im Londoner Abkommen vom 26. April 1915 hatte sich Italien von Großbritannien, Frankreich und Rußland den Kriegseintritt gegen die Achsenmächte mit den erwünschten Gebieten honorieren lassen. »Im Friedensvertrag«, heißt es da »erhält Italien Trient, das Tirol diesseits der Alpen mit seiner geographischen und natürlichen Grenze (am Brenner).« Südtirol sollte mit Gewalt italienisch werden. Schritt für Schritt ging der Faschismus voran. Harmlos schien noch die Italienisierung der Ortsnamen, oft nach dem Vorbild der »Landsknechte«, aus denen die »Lanzichenecchi« wurden. Manchmal glückte den resoluten Faschisten die Rückkehr zum historischen Erbe, wenn sie Sterzing an der Brennerstraße nach dem alten römischen Namen zu »Vipiteno« änderten. Empörung und Erbitterung rief hervor, daß auf dem Grabstein eines braven Hans oder Siegfried »Giovanni« oder »Sigisfredo« stehen mußte, daß die Kinder in den Schulen nicht mehr in ihrer Muttersprache unterrichtet wurden, daß die Südtiroler italienischen Polizisten, Zöllnern, Staatsanwälten und Richtern, Bahnhofsvorstehern und Generälen gegenüberstanden, deren Brust von faschistischem Nationalstolz bis zum Hals geschwollen war.

Mussolini ging nicht zimperlich mit der deutschen Minderheit um, schob Zehntausende von Italienern – meist aus dem

Süden – ins Land, nicht immer zu deren Zufriedenheit. Der Anteil der italienischsprechenden Bevölkerung in Südtirol stieg von 3% 1919 in zwanzig Jahren auf das Zehnfache. Manche Südtiroler wurden es leid, an den Ufern von Eisack und Etsch zu leben. Hitler und Mussolini einigten sich aufs Umsiedeln – man konnte für das Deutsche Reich »optieren« –, dann aufs Kriegführen. 1943, nach dem Sturz des Duce und der Hinwendung Italiens zu den Alliierten, rückten deutsche Truppen in Südtirol und Trient ein, nicht überall begeistert empfangen. Am Ende des Krieges waren die Südtiroler bei den Verlierern, die Italiener hingegen bei den Siegern. Kein Zweifel, daß der Brenner Italiens ›natürliche‹ Grenze blieb, auch jene einschließend, die unwillig dem italienischen Staat angehörten.

Am 5. September 1946 unterzeichneten der italienische Ministerpräsident De Gasperi und der österreichische Außenminister Gruber in Paris ein Abkommen, das die faschistischen Praktiken vergessen machen wollte. »Die deutschsprachigen Einwohner der Provinz Bozen«, steht da, »und der benachbarten doppelsprachigen Gemeinden der Provinz Trient genießen die volle Gleichberechtigung mit den italienischsprachigen Einwohnern, im Rahmen besonderer Maßnahmen zum Schutz der volklichen Eigenart und der kulturellen und wirtschaftlichen Entwicklung der deutschen Sprachgruppe.« Das schien zuerst viel, zumal man ausdrücklich den »Geist der Billigkeit und Weitherzigkeit« gegen die menschenverachtende Politik eines Hitler und Mussolini beschwor.

Aber mit der Verwirklichung dieses Geistes haperte es. Zwar wurde im Januar 1948 der Region Trient-Südtirol ein Autonomiestatut zugebilligt, aber eben der ganzen Region mit zwei Provinzen, von denen die italienische über die deutsche bestimmte. Die Südtiroler sahen sich Trient gegenüber benachteiligt. In Österreich und Deutschland wurden Gefühle für Südtirol mobilisiert. Bombenattentate demonstrierten der Öffentlichkeit, daß die Hoffnungen einer kleinen Volksgruppe nicht mehr übersehen werden durften. Realistischer war die Parole »Los von Trient«, die den Wunsch der Südtiroler nach eigener Verwaltung innerhalb der italienischen Republik ausdrückte. In zähen Verhandlungen mit der italienischen Regierung erreichten die Männer der Südtiroler Volkspartei, unterstützt vom Nachbarstaat Österreich, daß der deutschsprechenden Nationalität in einem »Paket« Selbstbestimmungsrechte eingeräumt wurden, und schließlich 1972 in einem gesetzlichen Statut die Provinz Bozen-Südtirol die Autonomie in weiten Bereichen erhielt. Der Satz darin, daß »der Schutz der örtlichen sprachlichen Minderheiten in den nationalen Interessen inbegriffen ist«, gab die neue Perspektive.

So könnten in der Provinz Südtirol 290 000 Tiroler deutscher, 120 000 italienischer und 30 000 ladinischer Muttersprache friedlich miteinander auskommen. Aber natürlich gibt es immer wieder Schwierigkeiten, wirkliche und vermeintliche, von außen aufgebauschte oder verharmloste: bei der Ausarbeitung der Durchführungsbestimmungen zum Autonomiestatut zwischen den Politikern aus Bozen und denen in Rom, den verschiedenen Kommissionen, die aus dem großen Paket neue Päckchen schnüren, bis eines Tages eine international gültige »Streit-Beilegungs-Erklärung« abgegeben wird, oder bei der Besetzung von Arbeitsplätzen im öffentlichen Dienst nach dem Bevölkerungsproporz: sechs ›Deutsche‹, drei ›Italiener‹, ein ›Ladiner‹. Silvius Magnago, langjähriger Landeshauptmann von Südtirol und Parteiobmann der Südtiroler

Volkspartei mit einem Stimmenanteil von fast 60%, der »Vater des Vaterlandes«, war immer klug genug, den deutschen Bogen nicht zu überspannen, zwischen deutschen Südtirolern und italienischen Altoatesini jene Brücken zu bauen, die Südtirol als ganzes bieten kann: Noch unter Deutschen zu sein und schon in Italien.

Weit von Rom – Erinnerungen in Trient

Verwunderlich war, daß niemand Angst zeigte. Eigentlich hätten alle, die kleinen Kinder wie die Großväter, die flotten Mädchen wie die kecken Burschen, alle, die an diesem kalten Winterabend auf der Piazza del Duomo in Trient gen Himmel starrten, den Atem anhalten, sich bei der Hand packen und mucksmäuschenstill sein müssen. Denn hoch über den Köpfen der dicht gedrängt stehenden Menge war zwischen dem Campanile des Domes und der Torre Civica, dem Bürgerturm des Palazzo Pretorio, in 30 m Höhe ein Seil gespannt, 150 m weit, und auf diesem Seil ging Schritt für Schritt, – war man denn der einzige, der sich der Gefahr bewußt war – die lange, lange Balancierstange wie das Allerheiligste vor sich hertragend, – merkten denn die Umstehenden nichts von dem konzentrierten Kampf ums Überleben da oben – Fuß um Fuß ein Seiltänzer, »einer der wenigen Seiltänzer der Welt, der ohne Netz …«, wie vor einer stillen Ewigkeit der Lautsprecher stolz, die Götter herausfordernd verkündet hatte. Und nicht genug. In der Mitte des Seils ging dieser Ramon vorsichtig, vorsichtig in die Hocke, und richtete sich dann unendlich langsam, langsam zum Kopfstand empor.

Die anderen schienen gar nicht inne zu werden, was auf dem Spiel stand, und erwarteten nichts anderes, als daß der Seiltänzer seinen Weg fortsetzen würde, ohne sich und den Zuschauern größeren Kummer zu bereiten. So blieb der Gang auf dem Seil zwischen Kathedrale und Palazzo, als Höhepunkt des *Carnevale Tridentino* von der Stadtverwaltung den Bürgern zugedacht, als Nervenkitzel ohne Wirkung, und die Ragazzi, die Jungen und Mädchen, drehten ihre Masken zur Seite und meinten, in Film und Fernsehen könne man sich schöner ängstigen.

Man läßt sich in Trient, der Stadt von knapp 100 000 Einwohnern auf halbem Weg zwischen dem Brennerpaß und der Po-Ebene, näher zu Bozen als zu Verona, nicht so leicht beeindrucken, vielleicht auch, weil man von den nahen Bergen manche tollkühne Kletterei gewohnt ist. Deshalb war das Hauptereignis des Trentiner Karnevals – der es nicht mit dem viel berühmteren von Venedig aufnehmen kann, doch wenigstens in den närrischen Tagen die Straßen des kunstreichen historischen Zentrums mit Leben erfüllt – der Wechsel auf dem Bischofsstuhl. Ein neuer Oberhirte nahm von jener Kathedrale Besitz, die in der katholischen Kirche berühmt ist. Untrennbar ist dieser Trienter Dom mit dem katholischen Konzil des 16. Jahrhunderts verbunden. Drei Sitzungen der Bischofsversammlung, von 1545/47, 1551/52 und 1562, fanden dort statt. Kaiser Karl V. hatte die südlichste Stadt seines deutschen Imperiums gewählt, weil er wünschte, daß die Reformation, die Luther über Deutschland gebracht hatte, als Reform die ganze

Kirche des römischen Papstes erfasse. Vielleicht wäre die Konferenz weiter nördlich anders verlaufen; so jedenfalls wurde durch geschickte päpstliche Manipulation aus dem geplanten Konzil der Versöhnung mit den Protestanten der Meilenstein der christlichen Glaubenstrennung im Abendland, für die Katholiken das Trompetensignal zur Gegenreformation. Katholische Traditionalisten klammern sich noch heute an der Meßform fest, die im Gefolge jenes Konzils entstand und deshalb den Namen »Tridentinisch« trägt.

Solch ein Wechsel auf der Cathedra Sancti Vigilii, des in Trient und Verona hochverehrten, im Jahre 405 getöteten Märtyrerbischofs, geht nicht vorbei, ohne daß die Trentiner einen Blick in ihre bewegte Geschichte werfen – die für sie nicht abgeschlossene Vergangenheit ist, sondern noch immer wirkende Gegenwart. Trient, die schönen Täler und Berge östlich und westlich der Etsch, ist Grenzland, war es immer, dazu strategisch wichtig, weil es die Durchgangsstraße zu einem der wichtigsten Alpenübergänge, dem Brenner, beherrscht. Wie es im Kraftfeld der Macht unter bischöflicher Herrschaft meist nach Norden orientiert war, zu den deutschen Kaiser-Königen, zu den Grafen von Tirol oder schließlich zu dem immer noch unvergessenen Habsburger Reich unter der Kaiserin Maria Theresia und »Francesco Giuseppe« in Wien, so wies die italienische Sprache nach Süden – was jedoch erst nach dem Ersten Weltkrieg den Übergang von Franz Joseph zu König Vittorio Emanuele (III.) bestimmte.

Trient, Portal des Palazzo Colico

Ein geschichtlicher Rückblick endet ganz unterschiedlich bei den Trentinern. Die einen verklären in sehnsüchtiger, nur von ganz wenigen noch erlebter Erinnerung die österreichische Monarchie, die all die Probleme, die jetzt die Italiener mit den benachbarten Südtirolern haben, souverän und generös gelöst habe. Die Habsburger Verwaltung von damals gilt noch heute in Trient als beispielhaft und wird gern den Politikern vorgehalten. Bei einem Wahlkampf passierte es dem italienischen Rechtsanwalt Canestrini, der vor Jahren im Mailänder Südtirol-Prozeß die Bombenleger brillant verteidigt und dem italienischen Staat die Sünden gegen die deutschsprechende Minderheit vorgehalten hatte, der dann als Vertreter der »Neuen Linken« in Trient gegen das römische Establishment zu Felde zog, daß ihm ein Zwanzigjähriger sagte, es müsse im italienischen Tirol so werden wie einst unter der österreichischen Verwaltung bis 1918. Die direkte Erinnerung der Großväter hatte der junge Italiener zum eigenen Wunsch an eine unzulängliche Verwaltung umgeformt. Die Alten hatten ihm erzählt, daß selbst in Welschtirol vor Gericht auf italie-

Trient, Castello del Buon Consiglio

nisch verhandelt wurde, selbst wenn Angeklagter und Richter, Staatsanwalt und Verteidiger deutscher Muttersprache waren. Die korrekte Beamtenschaft der Habsburger Monarchie wird zum glorifizierten Mythos.

Andere gehen noch weiter und träumen von dem alten Tirol, dem sie einst als »Welschtiroler« zugerechnet wurden, werfen sich in die schmucken Uniformen von Schützen, nach dem Vorbild derer in Südtirol, und würden sich am liebsten alles von Rom, der italienischen Zentralregierung, vom Leibe halten. Ein Oberleutnant dieser Schützen, Luigi Bortolameotti, erklärt diesen Wunsch: Er sei ganz natürlich, da die Trentiner mehr Jahrhunderte, nämlich neun, zu Tirol gehörten als Jahrzehnte zu Italien; an Tirol faszinierten Ordnung und Disziplin; das Italienische sei ihnen erst im Gefolge des Konzils im 16. Jahrhundert aufoktroyiert worden, als katholische Priester aus dem Süden sie vor dem lutherischen Glauben ›in Schutzhaft‹ genommen hätten. Soweit der Oberleutnant.

Wenn man davon einem Italiener erzählt, von den sechs Schützenkompanien in der Provinz, den paramilitärischen Graden und den Leitsprüchen der Schützen (»Achte Gott, den Nächsten und die Institutionen«), bekommt er mehr kuriose Angst als beim Seiltänzer. Wenn ein Rombewußter Italiener dann weiter die autonomistischen Bestrebungen und ihre politischen Vertretungen aufzählt, mit deren Kürzeln PPTT, UATT und PATT spielt, wobei TT immer für Trentino-Tirolese steht, fürchtet er sogleich um den Bestand der »Patria«. Auf einen politischen Realnenner gebracht, äußern sich in den Reden über Autonomie und Separatismus Unzufriedenheit mit Rom – wo gibt es die nicht in der italienischen Provinz – und das Verlangen, die Dinge selbst in die Hand zu nehmen. Dabei hat man vor allem die Vorteile im Auge; die schweren Lasten müßte weiter der Zentralstaat tragen.

Für andere endet die historische Revue schon 1968, dem Jahr der weltweiten Studentenrevolte, die für Italien in Trient begann. Ende Januar 1968 besetzten Studenten die Soziologische Fakultät der Stadt und hielten sie 67 Tage lang. Das war das Startzeichen zum Protest in Italien. Vielleicht hatten die Trientiner in jenem Jahr mit seinen unerhörten Vorgängen für eine Provinzstadt ihr großes europäisches Erlebnis, da sie sich im Zentrum eines allgemeinen Prozesses wähnten. Sie merkten plötzlich wieder, daß sie sich nicht nur am Rande Italiens, nicht nur an der Grenze zweier Kulturen befanden, sondern zugleich in der Mitte Europas. Sie hätten es aus ihrer Geschichte wissen können, auch von dem bedeutenden christlich-demokratischen Politiker der Nachkriegszeit, De Gasperi (gestorben 1954), der 1881 bei Trient geboren wurde, von 1911 bis 1918 Abgeordneter im österreichischen Reichsrat zu Wien war und als Mitgründer der Democrazia Cristiana und mehrfacher italienischer Ministerpräsident für ein gemeinsames Europa eintrat. Um so intensiver setzen sich nun die Trentiner praktisch für den Zusammenhalt in Europa ein, etwa in der »Arbeitsgemeinschaft Alpen-Adria«. Darin sind Regionen aus fünf Staaten zusammengeschlossen: die vier österreichischen Bundesländer Oberösterreich, Burgenland, Kärnten und Steiermark, die italienischen Regionen Friaul-Julisch Venetien, Trient-Südtirol und Venetien, die jugoslawischen sozialistischen Republiken Kroatien und Slowenien sowie zwei ungarische Komitate Györ-Sopron und Vas; dazu kommen als »aktive Beobachter« das Bundesland Salzburg, der Freistaat Bayern und die Region Lombardei. Das ist nicht genau das Gebiet der Habsburger Monarchie – die Bayern bewahren davor! –, doch daß da auch k.u.k.-Traditionen von der Donau hineinklingen, ist kein Zufall.

Solch eine Mischung der Kulturen läßt sich in Trient in jeder *Birreria* finden. Es hat seinen eigenen Reiz, wenn hier deutsche Gemütlichkeit mit kräftigen Neon-Röhren hergestellt wird, wenn Schneetouristen aus Sizilien sich an *Canederli*, an Knödeln, versuchen, feine Hamburger Skihäschen das Bauerngericht *Smacafam* probieren und dann lieber auf Pizza ausweichen, wenn sich die Biertrinker aus dem Süden zu den Weingenießern aus dem Norden gesellen und schließlich alle im Zeichen der zwei k.u.k.-Adler, die theoretisch aus vielen Gegenden Europas hätten hergeflogen sein können, entdecken, daß der beste Spumante Italiens im Trient gedeiht.

In Trient blickt man etwas neidvoll auf den Wohlstand der nördlichen Nachbarn. Gewiß, die Provinz Trient nimmt unter den italienischen Landesteilen einen beachtlichen wirtschaftlichen Rang ein. Die neuen Industrieanlagen im Norden und Süden der Stadt Trient, links und rechts der alten Brennerstraße und der neuen Autobahn, verraten die Tüchtigkeit der Welschtiroler. Aber man lebt im Vergleich mit dem Norden. Deshalb hat man eine sinnvolle Maßnahme getroffen: An den Schulen ist die erste Fremdsprache Deutsch. Der Strom der Touristen herunter soll nicht an der Salurner Klause, der jahrhundertelang zäh bewahrten Sprachgrenze, enden. Es mag eine kleine, nicht uneigennützige Änderung sein. Aber für den, der die Geschichte dieser Lande kennt, ist es erfreulich: damit Südtirol und Trient nicht feindliche Bastionen provinzieller Verschlossenheit seien.

Zwischen Frankreich und Italien – Im Aosta-Tal

Reist man von Frankreich aus ins Aosta-Tal, die Region im äußersten Nordwesten Italiens, merkt man kaum einen Unterschied. Der schnell durchfahrene, 11 600 m lange Tunnel unter dem breiten Massiv des Mont Blanc kann einem vorgaukeln, daß Chamonix (auf französischer) und Courmayeur (auf italienischer Seite) in demselben Land liegen. Farbe und Stil der Häuser, der alten wie der neuen, kennen keine Grenze. Nur daß am Nachmittag drüben in Frankreich die weißen Flanken der höchsten Erhebung Europas in gleißendem Sonnenlicht erstrahlen, während nun in Italien über den steiler abfallenden Wänden des Mont Blanc dunkle Schatten liegen, läßt alles anders wirken. Seit 1965 ist hier die ›natürliche‹ Grenze Italiens – einst von Machtpolitikern auf der Wasserscheide der Alpen gezogen – durch den Tunnel durchlöchert; damals wurden die traditionellen Alpenpässe über den Großen Sankt Bernhard in das Schweizer Wallis nach Martigny und über den Kleinen Sankt Bernhard ins französische Savoyen nach Bourg Saint Maurice vom Verkehr entlastet.

In Aosta, dem Hauptort der Region, weist der verantwortliche Assessor für Tourismus nicht nur auf diese günstige Verkehrslage hin. Er möchte Aosta von den schönsten und freundlichsten Seiten zeigen, legt lockende Prospekte vor von saftig grünen Weiden, einsamen Wegen über Feld und Au, von geduckten Berghütten unter hohen Tannen, Bilder, wie Murmeltiere putzig miteinander spielen, Steinböcke und -geißen anmutig und geschwind über Felsabbrüche setzen, wo das Edelweiß einsam steht, wo Bauernhäuser, mit schweren Schieferplatten gedeckt, samtenen Rauch in den Himmel schicken, wie die fast unberührte Natur im Nationalpark des Gran Paradiso respektiert und gehegt wird, wo kräftige Senner die Herden treiben und Almwirte das Heu wenden. Da leuchten Photographien von ›gehobenem‹ Tourismus, wie der Vater unter den anerkennenden Blicken seines Sohnes den Golfball ins Loch setzt, sich fesche Mädchen mit BH und Skihosen im Schnee bräunen und andere im Anblick schneeüberzogener Gipfel ins Schwimmbecken springen, ein Angler mit modernem Gerät am gurgelnden Wildbach fischt, Skifahrer in zünftiger Rennkleidung sich schneesichere Abhänge hinunterstürzen, junge Ehepaare verliebt an reichgedeckten Tischen sitzen, von eifrigen Kellnern behutsam umsorgt. Andere bunte Faltblätter weisen darauf hin, daß traditionelle Trachten noch getragen, aufwendige Handwerksberufe ausgeübt und alte Gebräuche gepflegt werden, wie das Herbstlaub sich leuchtend gelb und rot vor schmucker Schloßkulisse färbt. Kurz, das Aosta-Tal hat fast für jeden Geschmack etwas und heißt alle herzlich willkommen, sommers wie winters und auch zwischendurch: eine Region für jede Jahreszeit, mit tausend Schönheiten.

Obwohl die höchsten Alpenmassive das Aosta-Tal von seinen Nachbarn im Norden und Westen in einem weiten Halbkreis abschließen, vom Monte Rosa und dem Matterhorn über den Mont Blanc zum Gran Paradiso, ist die Nähe zur französischen Welt spürbarer als die zur leichter erreichbaren von Turin und Mailand. Die Valdostaner französischer Zunge hatten es als Romanen leichter, mit Italien zurechtzukommen als die Südtiroler – und deshalb, sagen manche, hätten sie es heute schwerer. Daß diese Region Aosta-

Tal wie ein zweites Südtirol scheint, bestätigt sich, wenn man sich von Mailand oder Turin nähert. Die Autobahnen aus den Gebieten der beiden rasch pulsierenden Industriekonglomerate vereinen sich bei Ivrea, einem alten Städtchen, das durch die Büromaschinen- und Computerwerke Olivetti zu neuem Wohlstand gekommen ist. Dann führen die Betonbänder plötzlich bei Pont-Saint-Martin und Bard hinein in die Berge, deren Höhen schon herbstlich dunstverhangen sind und nur manchmal von einer matten Sonne aufgeleuchtet werden. Die französischen Ortsnamen ohne jede Italienisierung signalisieren, daß wir in einem besonderen Teil Italiens sind, in dem einer französischen Minderheit, in der »Autonomen Region Valle d'Aosta«, so auf italienisch, »Vallée d'Aoste«, so gleichberechtigt auf französisch. Es ist die kleinste Region des Apenninenstaates, halb so groß wie die ebenfalls autonome Provinz Bozen-Südtirol, mit 112000 Einwohnern (nach der Volkszählung von 1981) nur ein Viertel der Südtiroler zählend, mit zwei Drittel »Valdotains« (französischer Sprache) und einem Drittel »Valdostani« (italienischer Sprache) etwa denselben Proporz wie zwischen Südtirolern und Altoatesini aufweisend.

Aber Aosta scheint eher niemandes Land. *Ni au-delà ni en deçà mais en dedans des monts,* »Weder jenseits noch diesseits, sondern mitten in den Bergen«, steht eigensinnig auf einer Marmortafel im Rathaus der Stadt Aosta an der Piazza Chanoux, dem Hauptplatz. Weder zu den einen noch zu den anderen, weder zu Franzosen noch zu Italienern rechnen sich die ursprünglichen Valdotains. Sie wollen ihr *Patois* sprechen, ein aus Burgund und der Provence herrührender Dialekt des Französischen, und ihre Identität bewahren, die weder im Diesseits noch im Jenseits der Alpen aufgeht. Doch da sie weniger hartnäckig waren und sind als die Südtiroler, da sie sich auch nicht so geschlossen wie diese auf eine Sammelpartei einigten – die »Union Valdotaine« vertritt nur knapp 30% der Bevölkerung –, gerieten sie in einen Anpassungsprozeß, der das Schwergewicht des italienischen Staates auf seiner Seite hat(te) und von den Politikern in Rom gelenkt war. Sie bemühten sich auch wenig um Unterstützung aus Frankreich oder waren für die Regierung in Paris nicht zahlreich oder interessant genug, um Differenzen mit Rom in Kauf zu nehmen.

So haben die Valdostaner auf dem Papier zwar ein relativ großzügiges Autonomiestatut, doch für die faktische Durchführung erscheinen ihnen die Richtlinien zu unverbindlich. So heißt es über die Sprache im Artikel 38: »Im Aosta-Tal ist die französische Sprache der italienischen gleichgestellt. Die amtlichen Akten können in der einen oder in der anderen Sprache abgefaßt werden, ausgenommen die Entscheide der Justizbehörden, die in italienischer Sprache abgefaßt sein müssen. Die staatlichen Verwaltungen stellen im Tal möglichst Funktionäre ein, die aus der Region stammen und denen die französische Sprache vertraut ist« – erst recht die italienische. Auch für die Schulen wird dem Italienischen faktisch der Vorrang eingeräumt, wenn im Artikel 39 bestimmt wird: »In den von der Region betriebenen Schulen jeder Art und Stufe wird dem Unterricht in französischer Sprache dieselbe Zahl von Wochenstunden wie denjenigen in italienischer Sprache eingeräumt. Der Unterricht in einigen Fächern kann in französischer Sprache erteilt werden.« Sprache vor Gericht und in der Schule, »möglichst« und »kann«, das sind die Punkte, an denen sich unter Sprachgruppen Streit entzündet. Doch unter Romanen mildert die Affinität der Mentalität und der Sprache viel. Deshalb mag das Prinzip der Zweisprachigkeit den Valdostanern mehr entsprechen als die Südtiroler Maxime der Trennung von Sprachgruppen und ihren Rechten.

Eine kleine deutsche Gruppe, die »Walsertitschen« in einigen Gemeinden des Lys-Tals (Valle del Lys oder Vallée de Gressoney) am Fuß des Monte Rosa, fällt kaum ins Gewicht; sie bemüht sich, begleitet von Schweizer Wohlwollen, um die Herausgabe eines Wörterbuches ihres »Titschen«, bevor die Jungen es zugunsten des »Wältschen«, des Italienischen oder Französischen, ganz verlernt haben.

Mehr als ähnliche Mentalität und Sprache zwischen Frankreich und Italien, mehr auch als die Unmöglichkeit, einen eigenen Tal-Staat zu proklamieren, oder die Überlegung, innerhalb Frankreichs nur ein Anhängsel, in Italien jedoch etwas Besonderes zu sein, wird die Valdostaner beruhigt haben, daß es ihnen noch nie so gut gegangen ist wie jetzt in der Repubblica Italiana. Seit Jahren führen sie die Rangliste der italienischen Regionen im Pro-Kopf-Einkommen an. Manche sagen, das sei vor allem auf staatliche Subventionen aus Rom, auf die vielen Wasserkraftwerke an rauschenden Bergbächen und stillen Stauseen und auf die stattlichen Einnahmen des Spielkasinos von Saint-Vincent, eines Kurortes und Kongreßzentrums, zurückzuführen. Vom Autonomiestatut war zur wirtschaftlichen Unterstützung des Randtals eine Freihandelszone vorgesehen. Die ist nicht eingerichtet worden; dafür haben die Valdostaner andere finanzielle Vergünstigungen, die ihnen das Italienischsein schmackhaft machen. Die Privilegien haben sie jedoch nicht davor bewahrt, daß traditionelle Industriezweige wie der Abbau von Bodenschätzen (Magnetit in der Val di Cogne) oder das Handwerk für die kunstvolle Bearbeitung von Holz und Steinen in Schwierigkeiten geraten sind. Stärker noch traf die Krise die Stahlwerke in Aosta; Arbeiter mußten entlassen, Fabriken geschlossen oder von der Region aus sozialpolitischen Gründen übernommen werden. Land- und Forstwirtschaft hingegen konnten wegen ihrer guten Produkte – der Fontina-Käse ist bei den Turinern und Mailändern beliebt, die Weine aus dem Tal erfreuen sich bei Kennern eines guten Rufs – ihre Erträge halten oder gar steigern. Küche und Keller haben von der Grenzlage zwischen Italien und Frankreich profitiert.

Der wirtschaftliche Aufschwung und die den Verkehr dominierende Lage bedrohen jedoch immer mehr das Tal. Eine Nacht in einem Motel östlich von Aosta lehrt schmerzhaft, daß es an den Straßen mit der Ruhe vorbei ist. Die Autobahn von Turin entläßt pausenlos Lastwagen, die ihren Weg donnernd zu den beiden Pässen nach Frankreich und in die Schweiz und zum Mont-Blanc-Tunnel fortsetzen. Aus den drei Gegenrichtungen strömen unablässig Warenzüge vor allem Richtung Piemont, Lombardei und Ligurien. Die Kapitäne der Landstraße stärken sich an der Bar des Motels, bevor sie noch zu später Stunde aufbrechen; die Betten des Hotels kennen nicht Tag und Nacht, Müdigkeit bestimmt den Rhythmus des Schlafens. Der Motelier will dem Eindruck vorbeugen, seine Herberge diene vornehmlich den Fahrern der Lastzüge als Zwischenstation. Im Sommer, sagt er, kämen viele Deutsche hierher zum Segelfliegen; die Windbedingungen seien ideal und Frau und Kinder würden zum Skifahren in die hohen Berge geschickt. Das bunte Plakat eines Segelflugclubs aus Paderborn bestätigt seine Worte.

Vom Lärm der schweren Motoren ist in der Innenstadt von Aosta – nachdem man einmal die häßlichen Außenviertel mit unansehnlichen Fabriken durchquert hat – nichts mehr zu merken. In den ruhigen Gassen wirkt der grau-schwarze Stein der Gebäude anheimelnd, von der Sonne im Herbst zu angenehmer Wärme aufgeheizt. Es ist die Stimmung, gemächlich die Zeugen der alten Römer zu inspizieren, 750 km von Rom entfernt. Den Bogen des Augustus im Osten, die Porta Pretoria, das mächtige Stadttor, das sich wie Urgestein mit seinen Blöcken (Durchmessser 4,5 m außen und 3,5 innen) nun zwischen Häusern breitmacht und einst als Teil der Stadtmauer abschreckte, das Römische Theater und das Römische Amphitheater in der Nordostecke der Stadt. Schwer zu entscheiden, ob der Hauptplatz nun Piazza oder Place Chanoux heißt, ob er italienischen oder französischen Charakter aufweist. Auf dem Rathaus steht groß »Hôtel de Ville«, etwas kleiner »Municipio«.

Die Sprach- oder Kulturscheidung ist gänzlich unwichtig bei den mittelalterlichen Schätzen Aostas, in der Kathedrale, neben der jetzt fleißige Archäologen das Forum Romanum aus der Tiefe des Erdbodens holen, oder in der Kollegiatskirche des heiligen Ursus *(Collegiata di Sant' Orso)* – eines Offiziers der Thebäischen Legion, deren Christen Anfang des 4. Jahrhunderts in Köln und im Schweizer Wallis den Martyrertod erlitten. Besonders Sankt Ursus gefällt, der romanische, 46 m sich aufrichtende Campanile, die charakteristische, ganz bäuerliche Fassade der Kirche, der Kreuzgang mit den frommen Figuren auf den Kapitellen der Säulen, das Priorat, das Kloster nebenan, all das lohnt eine Reise in die Vergangenheit.

Da entmutigt auch nicht, daß in einer Bar neben der Porta Pretoria eine Dame ihrem Herzen Luft macht: Hoffentlich höre bald das schöne Wetter auf und die Touristen blieben fern; es sei höchste Zeit, daß die Valdostaner wieder unter sich seien, Herr im eigenen Tal, und ihre schönen Wälder und Wiesen, Berge und Burgen nicht mit den Fremden teilen müßten; die 200-Jahr-Feier zur Erstbesteigung des Mont Blanc, 100 Jahre Eisenbahnlinie Ivrea-Aosta und dann noch der Papst im September, all das in einem Jahr sei ein bißchen zu viel gewesen, nun müsse es wieder ruhig und friedlich werden, damit man sein eigenes Aosta-Tal, nicht das der Hochsaison in den Sommer- und Wintermonaten, genießen könne. Aber so ernst meint man es nicht in Aosta.

Wo Italien beginnt – Der Gardasee

Wo Italien politisch anfängt, ist allen bekannt. Die meisten, die von Norden kommen, überschreiten die Landesgrenze am Brenner, dem mit 1375 m Höhe niedrigsten der Alpenübergänge; statt Grenzpolizei und Zoll in Österreich finden sie nun *Carabinieri* und *Dogana,* statt der rotweiß-roten Fahne der Alpenrepublik nun die rot-weiß-grüne *Bandiera.* Doch danach in Südtirol sieht die Welt nicht unbedingt italienisch aus. Kirchtürme und Bauernhäuser, Wälder und Felder, Burgen und Bäche sind so, wie man sie im Tirol nördlich des Brenners sah. Die Namen der nun nach Süden folgenden Orte, Gossensaß und Sterzing, Mittewald und Mühlbach,

Brixen, Neustift und Klausen, könnten deutscher nicht sein, selbst wenn ihnen italienische Ausdrücke beigegeben wurden.

Doch weniger, wo Italien politisch beginnt, interessiert jene aus dem nebligen, grauen Germanien. Wichtiger ist, wo es gefühlsmäßig ›da ist‹, nicht nur in Ansätzen, Ausläufern und Übergängen, zum Verwechseln ähnlich mit anderem, sondern mächtig als ein Gesamtbild. Die Antwort ist seit mehr als 200 Jahren festgelegt, von keinem geringeren als Johann Wolfgang von Goethe, der am 3. September 1786 von Karlsbad in Böhmen aufbrach und in das Land seiner Sehnsucht zog. Als der 37 Jahre alte Bürgersohn aus Frankfurt am Main, der geadelte Minister aus Weimar sich auf die italienische Reise begab, beschloß er, zum Ruhme Italiens und der deutschen Literatur, seine Erlebnisse, Eindrücke und Beobachtungen in Tagebuchblättern getreulich aufzuschreiben. Diese »Italienische Reise« ist den Italienern etwas wert. Sie schätzen den klugen Goethe und seine Bemerkungen über Land und Leute, weil aus ihnen freundliche Zuneigung ohne jede Erhebung, neugieriges Staunen ohne Besserwisserei, dankbares Empfangen ohne hochnäsige Abwehr sprechen. Jeder Ort, den Goethe auf seiner Reise vom September 1786 bis zum Juni 1788 besuchte, weiß um den Aufenthalt des deutschen Dichters. Von allen Italienreisenden ist Goethe für die Italiener der berühmteste und geachtetste.

Es war genau der 12. September 1886, als Goethe ›in Italien‹ ankam. Den Brenner hatte er hinter sich, ebenso Bozen, Trient und Rovereto, und nun war er am Gardasee, »wirklich in einem neuen Land, in einer ganz fremden Umgebung.« Er merkte es daran, daß der Postillon »stockwelsch« war, der Wirt kein Deutsch sprach – kein Problem für Goethe: »Wie

Am Gardasee

froh bin ich, daß nunmehr die geliebte Sprache lebendig, die Sprache des Gebrauchs wird« –, daß die ersten Ölbäume voller Oliven und die ersten Feigenbäume voller Früchte waren, daß Zitronen wuchsen und sich lateinische Verse, wie der des Vergil über den Gardasee, den er »Benacus« nennt, mit anschaulichem Inhalt füllten. Alles ist hier anders als daheim: »Die Menschen leben ein nachlässiges Schlaraffenleben: erstlich haben die Türen keine Schlösser; der Wirt aber versicherte mir, ich könnte ganz ruhig sein, und wenn alles, was ich bei mir hätte, aus Diamanten bestünde; zweitens sind die Fenster mit Ölpapier statt Glasscheiben geschlossen; drittens fehlt eine höchst nötige Bequemlichkeit, so daß man dem Naturzustande hier ziemlich nahe kömmt ... Durchaus zeigt sich die größte Sorglosigkeit, doch Leben und Geschäftigkeit genug. Den ganzen Tag verführen die Nachbarinnen ein Geschwätz, ein Geschrei, und haben alle zugleich etwas zu tun, etwas zu schaffen. Ich habe noch kein müßiges Weib gesehen.«

Manches hat sich geändert seitdem, manches ist gleich geblieben. Doch was damals aus so gewandter Feder floß, würdigen die Italiener immer wieder überschwenglich. Immer wieder wird Mignons Frage wiederholt: »Kennst Du das Land?« und die Antwort gegeben, ein für allemal unsere Erwartungen an Italien festlegend: Es müssen »die Zitronen blühn, im dunklen Laub die Gold-Orangen glühn, ein sanfter Wind vom blauen Himmel wehn, die Myrte still und hoch der Lorbeer stehn«. Die schlanken schwarzen Zypressen treten als Ausrufezeichen einer neuen Welt hinzu.

Man täte den Italienern Unrecht mit dem Verdacht, sie würden sich für Goethe nur ins Zeug legen, um Touristen anzulocken. Der Dichter-Reisende von damals verstand die Italiener in ihrer Lebensart und achtete sie, manchmal mit einem Augenzwinkern, doch nie mit Überheblichkeit. Das ist das Geheimnis seiner Beliebtheit in Italien auch noch nach 200 Jahren. Selbst in brenzligen Situationen vergaß Goethe nicht die Bescheidenheit des Gastes in fremden Landen. Wie zum Beispiel in Malcesine in der Nordostecke des Gardasees, und das kam so: Wie heute die Nordbucht des Gardasees zur Provinz Trient gehört, so war sie 1786 Teil von Trient, von Welschtirol, das dem österreichischen Kaiserstaat einverleibt war. Wie heute südlich davon die östliche Hälfte des Sees zur Region Venetien und die westliche zur Lombardei gehören, so war der See damals zwischen der Republik Venedig und dem Herzogtum Mailand geteilt. Der Wiener Kongreß von 1815 vereinte diese beiden Teile wieder im österreichischen Lombardo-Venezianischen Königreich. Erst die italienischen Unabhängigkeitsbestrebungen mit wechselndem Kriegsglück gegen Habsburg, das zuerst Mailand, schließlich auch Mantua, Peschiera und Venetien abtreten mußte, machten aus dem Gardasee ein italienisches Binnengewässer.

Begehrte Berge, begehrte Fluten. Doch Goethe war – oder gab sich – ganz ahnungslos, als er am 14. September 1786 in Malcesine die Burg, die Grenzfestung Venedigs gegen Österreich, zu zeichnen anfing. Da hielt man ihn für einen Spion des Kaisers in Wien, »der gewiß gegen die Republik Venedig noch manches Böse im Schilde führe«, und seine italienische Reise drohte, kaum begonnen, zu Ende zu gehen. Wie der Dichter da lebensklug reagierte, sich rasch in die Mentalität der ihm noch ganz fremden Italiener einfühlte, zählt zu den ergötzlichsten Szenen der »Italienischen Reise«. Goethe kam frei, weil sein »guter Mut sich vermehrte«, vor allem aber weil ein ›Gastarbeiter‹, ein Gregorio, der in Frankfurt am Main »konditioniert« hatte, für ihn Fürsprache einlegte, mit folgenden denkwürdigen Worten an den Bürgermeister: »Herr Podestà, ich bin überzeugt, daß dieses ein braver, kunstreicher Mann ist, wohl erzogen, welcher herumreist, sich zu unterrichten. Wir wollen ihn freundlich entlassen, damit er bei seinen Landsleuten Gutes von uns redet und sie aufmuntere, Malcesine zu besuchen, dessen schöne Lage wohl wert ist, von Fremden bewundert zu sein.« Und Goethe: »Ich verstärkte diese freundlichen Worte durch das Lob der Gegend, der Lage und der Einwohner, die Gerichtspersonen als weise und vorsichtige Männer nicht vergessend.«

Die Autoritäten von Malcesine haben ihrem Heimatort und ganz Italien damit einen unschätzbaren Dienst erwiesen. Die heutigen Autoritäten von Malcesine führen diese Tradition weiter, indem sie regelmäßig den *Premio Goethe,* das italienische Pendant zum Frankfurter Goethe-Preis, für Verdienste um die kulturelle Begegnung zwischen Deutschen und Italienern verleihen. Man stelle sich nur vor, Goethe hätte seine Reise – und vielleicht gar sein Leben – in einem Veroneser Kerker unter der Anklage der Spionage beenden müssen; mit dem Urteil wäre nicht zu spaßen gewesen. Und auch uns. Sonst hätte das Volk der Dichter und Denker seine Schritte nicht nach Süden, sondern, abgeschreckt von solchem Künstlerpech, nach Norden, ins noch grauere Skandinavien lenken müssen.

So jedoch tummeln sich die Landsleute glücklich am Gardasee. Die nördliche, trientinische Bucht, wo beständig wegen der den See verengenden Berge ein Wind weht, haben die Surfer in Besitz genommen; die bunten Segel setzen lustige Farbtupfer auf das Wasser. In Malcesine steigt man langsam durch die Gassen zum Kastell hinauf, der zinnengekrönten Scaliger-Burg, in der es an Hinweisen auf Goethes Abenteuer nicht mangelt. Der Blick von oben gleitet über die Dächer des Ortes, streift die Abhänge des östlichen Ufers, auf denen vielleicht zu viele, wild gebaute Villen die Landschaft zieren, geht nach Süden Richtung Torri, Garda und Bardolino und hinüber nach Westen zu den Alpengipfeln, die manchmal am Abend feuerrot leuchten. Da kann man leicht ins Schwärmen geraten. Doch besser ist, zu schweigen über den Gardasee, wenn schon Goethe schreibt: »Keine Worte drücken die Anmut dieser so reich bewohnten Gegend aus.«

Mit Dichtern, Schriftstellern und Philosophen in Turin

Niemand kommt ohne Vorurteile nach Turin. Nicht einmal die Dichter und Schriftsteller, auf die wir uns im Piemont und seiner Hauptstadt diesmal verlassen wollen. Denn sie haben viel über diese Region und ihre Metropole geschrieben. Allerdings muß man wissen, wo. Wenn man so eine Stelle gefunden hat, wie etwa bei dem in Santo Stefano Belbo in der piemontesischen Provinz Cuneo 1908 geborenen Schriftsteller Cesare Pavese, darf man sich allerdings nicht durcheinanderbringen lassen. Denn Pavese beschreibt Turin kühn als »Stadt der Phantasie, Stadt

Turin, Palazzo Madama

der Geregeltheit, Stadt der Leidenschaft, der Ironie, als mustergültige Stadt, die in der Kunst wie eine Jungfrau ist«. Was soll man sich darunter vorstellen? Da steht man ratlos auf der Hauptachse der Stadt, der Via Roma, die von der Stazione Centrale, dem Hauptbahnhof, bis zur Piazza Castello mit dem Palazzo Madama, dem Königlichen Palast und der Kathedrale führt.

Da kann sich der Besucher an den Sätzen eines Karl Baedeker orientieren, der vor drei Generationen kurz und ordentlich zusammenfaßte: »Turin (239 m), ital. Torino, die Augusta Taurinorum der Römer, im Mittelalter Hauptstadt einer Grafschaft und seit 1418 zeitweise Residenz der Herzöge von Savoyen, 1720–1860 Hauptstadt des Königreichs Sardinien, dann bis 1865 des Königreichs Italien, Sitz einer Universität, eines Erzbischofs, der italienischen Kriegsschule und des Generalkommandos des I. Armeekorps, liegt vor dem weiten Bogen der Westalpen in fruchtbarer Ebene am linken Ufer des Po, der hier die Dora Riparia aufnimmt. Die Stadt hat 493 300 Einwohner und eine blühende Industrie (Automobilbau). Von allen andern Städten Italiens unterscheidet sich Turin durch die regelmäßige Anlage; sie geht auf die römische Stadt zurück, die ein Rechteck von 710 m Länge und 670 m Breite bildete. Im Anschluß daran fand seit dem XVII. Jahrhundert die Erweiterung statt. Dem XVII. Jahrhundert entstammen die Paläste, in maßvollem Barock gehalten. Die langen breiten Straßen sind vielfach von Bogen-

gängen eingefaßt. Auf den Plätzen und in den öffentlichen Gärten erinnern zahlreiche Denkmäler an die Fürsten des Hauses Savoyen, sowie an Staatsmänner, Soldaten und Patrioten, die in Tat und Schrift für die Einigung Italiens wirkten.«

Da weiß man schon mehr und könnte frohgemut etwa an einem Frühlingstag den Gang über die Via Roma beginnen, wenn nicht ein 1926 in Turin geborener internationaler Erfolgsautor, Carlo Fruttero, der zusammen mit seinem Partner Franco Lucentini brillante Kriminalromane veröffentlicht hat, wenn dieser einem nicht mit folgenden Sätzen den Spaß verderben wollte: »Kaum war die Stadt endlich frei von Matsch und Regenpfützen, von all dem Schmutz und den Mißlichkeiten eines Winters, der sich hier bis zum Juni hinzog, war sie auch schon wieder übersät mit Straßenbaustellen. Und dieser betäubende, allgegenwärtige Lärm der Reparaturarbeiten nahm einem von vornherein die Lust, nach südlich-beschaulicher Art durch die Stadt zu bummeln.« Auch bei uns waren die Straßen aufgerissen, offenbar eine Turiner Spezialität.

Deutsche Schriftsteller sparen andererseits nicht mit Lob, wenn sie nach Piemont gereist sind. Das aber geschah nicht eben häufig, weil die klassische Italienreise diese Region im Nordwesten Italiens oft links liegenließ – oder rechts, je nach Hin- und Rückfahrt. Die südlicheren Ziele übten größere Faszination aus. So können wir kein 200 Jahre lang gereiftes Goethe-Zitat anführen, sondern nur eines des Grafen Friedrich Leopold zu Stolberg, der allerdings gern übertrieb (hier natürlich nicht): »Turin, eine der schönsten, ist auch eine der ältesten Städte von Europa ... Der schöne Po krümmt sich um die eine Seite der Stadt, welche von Hügeln und Bergen umgeben ist, die das Auge mit mannigfaltigen Aussichten auf Weinberge, Haine, Lusthäuser und Gärten ergötzen. Über nahe Hügel und Berge ragt die schneebedeckte Kette der Alpen in furchtbarer Schönheit hervor.«

So sind wir wieder ermutigt und lassen uns auch die Sätze des italienischen Kriegsberichterstatters und Reiseschriftstellers Edmondo De Amicis über Turin von 1898 gefallen: »Die Anziehungskraft dieser Stadt liegt in ihrer großartigen Wandlungsfähigkeit, je nach Wetter und Jahreszeit. Im Winter dominiert die weiße Schneedecke, der bedeckte Himmel, der sich violett, golden und purpurrot färbt. Im Frühling erwacht die Stadt zu neuem Leben. Die Landschaft nimmt deutliche, klare Konturen an, ist frisch und heiter. Die Leute strömen aus und bevölkern die Gärten wie bei einem Fest.«

Wenn man jedoch gegenüber der Stazione Centrale an der Piazza Carlo Felice unter einem der Bogengänge steht, die fast die ganze Innenstadt zu durchziehen scheinen, sieht man nichts von Landschaft, Hügel und Gärten. Im Zweifelsfall regnet es sogar; zum Schutz vor Regen (und Sonnenschein) sind die Arkaden auch gedacht. Bei solch grauer Stimmung denkt man wohl oder übel daran, daß nach dem Zweiten Weltkrieg der Hauptbahnhof von Turin für viele Süditaliener die ›Endstation Sehnsucht‹ war. Die Fiat-Automobilwerke, 1899 von Giovanni Agnelli, dem Großvater des heutigen, als *Fabbrica Italiana Automobili Torino* (F.I.A.T.) mit 50 Arbeitern gegründet, versprach Arbeit und Brot, und so wurde Turin, das um 1900 nur rund 220 000 Einwohner zählte, Ende der 60er Jahre eine Millionenstadt in Norditalien und zugleich eine der Städte mit den meisten Süditalienern.

Darüber wiederum sind die Turiner nicht besonders glücklich; sie klagen beständig über die *Meridionali,* »die aus dem Süden«, was diese offenbar ihr Leben lang bleiben. Wenn ein Sizilianer in Turin hingegen Vertrauen zu dem Fremden gefaßt hat, beschwert er sich über die Gastgeber, die einen nicht heimisch werden ließen. Sie seien mit ihrem nördlichen Gehabe unausstehlich; man könne mit ihnen nicht warm werden. »Aber was soll man machen; der größte Industriekomplex Italiens, die verschiedenen Fiatfabriken von Lingotto und Mirafiori mit all den Zulieferbetrieben, liegt nun einmal in Turin.«

Es war ein Turiner Arzt, der das Problem des italienischen Südens, die Notwendigkeit der Emigration nach Norden mit dramatischer Schärfe und Eindringlichkeit beschrieben hat: Carlo Levi (1902–1975), in seinem Roman »Christus kam nur bis Eboli«. Ein anderer Torinese, Primo Levi, (Pseudonym für Damiano Malabaila, 1919–1987), rief durch erschütternde Berichte über das Konzentrationslager Auschwitz, in dem er selbst als italienischer Partisan interniert war, die Leiden der italienischen Juden in Erinnerung. Primo Levi verzweifelte an der Welt und beging 1987 hier Selbstmord, zerbrochen an seinen Erfahrungen mit den peinigenden und gequälten Menschen.

Noch ein anderer wurde in Turin irre an der Welt und der Menschheit, der deutsche Philosoph Friedrich Nietzsche, der von April bis Juni 1888 und von September 1888 bis Januar 1889 sich hier aufhielt. Doch zuvor war er in der piemontesischen Metropole im Hochgefühl: »Ein wahrer Glücksfall für mich, dieses Turin«, schrieb er. »Nein, was für ernste und feierliche Plätze! Und der Palaststil ohne Prätention; die Straßen sauber und ernst – alles viel würdiger, als ich es erwartet hatte! Die schönsten Cafés, die ich sah. Die Arkaden haben bei einem solchen Wechselklima etwas Notwendiges; mir sind sie großräumig, sie drücken nicht. Abends auf der Pobrücke: herrlich! Jenseits von Gut und Böse!« Dahin geriet er, als er eines Tages die Pferde einer Kutsche umarmte; die Tiere waren ihm offenbar lieber geworden als die Menschen. Wir können uns die Szene, etwa auf der Piazza San Carlo, der guten Stube der Stadt, an den wartenden Kutschen lebhaft vorstellen. Ein moderner deutscher Dichter, Gottfried Benn (1886–1956), schrieb über Nietzsches Aufenthalt in Turin zwei bewegende Gedichte, dessen erstes Nietzsches eigene Äußerungen wohl etwas realistisch zurechtrückt. Da heißt es:

»Ich laufe auf zerrissenen Sohlen«,
schrieb dieses große Weltgenie
in seinem letzten Brief –, dann holen
sie ihn nach Jena –; Psychiatrie.

Ich kann mir keine Bücher kaufen,
ich sitze in den Librairien:
Notizen –, dann nach Aufschnitt laufen: –
das sind die Tage von Turin.

Indes Europas Edelfäule
an Pau, Bayreuth und Epsom sog,
umarmte er zwei Droschkengäule,
bis ihn sein Wirt nach Hause zog. –

Das stimmt melancholisch, ein Gefühl, das man in der Industriestadt nicht selten hat. Da mögen einen wiederum die Worte des bekannten Schriftstellers Jean Giono (1984) trösten: »Ich hatte mir Turin ganz anders vorgestellt, als es in Wirklichkeit ist. Man hatte mir von langen, geraden Straßen erzählt, die sich rechtwinklig schneiden, als wäre die Stadt ein einziges Feld aus lauter Quadraten. Ich hatte eine moderne Stadt erwartet. Statt dessen ist es eine alte, ehrwürdige Hauptstadt (...) Diese mit großen Steinplatten gepflasterten Straßen ohne Trottoir wirken wie eine Operndekoration. (...) Die Mauern haben es sich zunutze gemacht, daß man hier gefühlvoll sein darf, ohne sich lächerlich zu machen.« Man darf noch etwas anderes in der Stadt, in der jahrhundertelang die *Sindone* als das Grabtuch Jesu Christi verehrt wird, auch nachdem Zweifel an seiner Echtheit offiziell von der Kirche bestätigt wurden. Man darf an Magie und den Teufel glauben. Turin eine magische Stadt? Zweifellos. Nirgendwo in Italien gibt es so viele Magier und Wahrsager, Teufelsbeschwörer und Teufelsaustreiber wie hier.

Daß Turin eine »alte, ehrwürdige« Hauptstadt ist, lehren ein Gang über die Piazza Madama und die Piazza Castello am Ende der Via Roma, mit dem Palazzo Madama, dem Palazzo Reale und der nahen Kathedrale, in der sich das »Turiner Grabtuch« befindet. Da weist die Geschichte Turin, wie so vieles im kultivierten Europa, zunächst der römischen Zivilisation zu und erwähnt das Bedürfnis des Imperium Romanum, nach Nordwesten Fernstraßen pulsen zu lassen, die militärischen und kommerziellen Hauptschlagadern des Reiches, nach Gallien und nach Helvetien – Germanien. So mußte ›dort oben‹ auch eine befestigte Kolonie, eben *Augusta Taurinorum,* angelegt werden, die sich bald zu einer der bevölkertsten und reichsten Siedlungen der Alpen entwickelte.

Den ›heidnischen‹ Römern folgte die christliche Botschaft, dem ›Imperium‹ das ›Reich‹. Nach den verschiedenen Herrschaften während der Völkerwanderung, nach Burgundern, Ostgoten und Byzantinern, nach Langobarden und Franken betreten die Savoia die Szene. Im 11. Jahrhundert ließ sich ein Sproß aus dieser Familie, Umberto Biancamano (aux Blanches Mains, Humbert Weißhand, das war damals im mittelalterlich-christlichen Europa alles gleich) als Graf von Aosta vom deutschen Kaiser des »Heiligen Römischen Reiches« bestätigen und anerkannte seinerseits die Oberhoheit des Reiches und des Saliers über die Region. Sein Nachkomme, Humbert II., legte sich im Jahr 1097 den Titel eines Grafen und Marchese von Turin zu.

Die Untertanen dieser Savoia lebten diesseits und jenseits der Alpen, im heutigen (italienischen) Piemont und im (jetzt französischen) Savoyen. Das Herrschaftsgebiet der Grafen von Savoyen, die später als Könige von Italien zu höheren Ehren gelangen sollten, erstreckte sich auf dem Höhepunkt ihrer Macht im 15. Jahrhundert unter Graf Amadeus (1391–1439; gestorben 1451) von Nizza am Mittelmeer über Piemont bis zur Saone nach Lyon und bis an den Neuenburger See in der Schweiz. Das über die Alpen ›hängende‹ Savoyen mit Turin in der Mitte reizte freilich die stets auf Expansion sinnenden französischen Könige, ließ sie auch ein paarmal über den Alpenkamm ausgreifen; doch man mußte in Paris seinen Appetit auf einige Gebiete der Savoia zügeln, obwohl die unruhigen Verhältnisse in Italien oftmals zu Interventionen einluden. Das Haus Savoia mußte 1860/61 Nizza und Savoyen (westlich der Alpen) an Frankreich abtreten, um sich dafür die Zustimmung Napoleons III. für die Einigung Italiens und die Krone des Königreichs Italien einzuhandeln. Damit war der Weg frei für ein einiges Italien unter der Führung Piemonts und der Turiner.

Für die italienischen Patrioten wird deshalb die Region immer Ausgangspunkt und Erfüllung des geeinten Italiens sein. Ihnen spricht der Dichter und Nobelpreisträger Giosue Carducci (1835–1907) aus der Seele, wenn er schreibt:

Auf den Zacken schimmernder Felsenspitzen
Springt die Gemse, donnert die Schneelawine
Von gewaltigen Gletschern hernieder, über
Krachende Wälder.

Doch im großen Schweigen des blauen Äthers
Schwebt der Aar zur Sonne und senkt die schwarzen
Schwingen, klein' und kleinere Kreise ziehend,
Feierlich nieder.

Heil Piemont dir! Fernher mit ernstem Rauschen,
Gleich den Heldenliedern von deines Volkes
Tapfern Söhnen, steigen die großen Ströme
Zu dir hernieder.

Voll und reißend, kräftig wie deine hundert
Bataillone, eilen sie talwärts, suchen
Die erwachten Städte und Dörfer, dort vom
Ruhm zu reden.

Der erwähnte Jean Giono könnte uns auch auf den Ausflügen in die Region begleiten. Er schreibt: »Das ganze Piemont ist bewaldet. Jedesmal wenn die Chaussee über eine der hochliegenden Brücken führt, um eine Querstraße zu kreuzen, sehen wir bis zum Horizont nur diesen einen Wald von Espen und Birken, aus dem sich dann und wann ein Glockenturm erhebt; gelegentlich steigt ein Schwarm von Enten oder Regenpfeifern aus dem Grün auf. Manchmal öffnet die Straße auch den Blick auf ein größeres Reisfeld und einen Bauernhof mit einer Wasser- oder Windmühle, mit Silos und mit einer Kapelle; oder sie zieht sich an einem Weg entlang, der vor der fensterreichen Fassade eines wirklichen Herrensitzes endet. Hinter ihr liegen, von den hellen Stämmen der Birke verdeckt, weiße und scheinbar leere Dörfer, die plötzlich auftauchen und gleich wieder unter dem schimmernden Blattwerk der wirren Zweige verschwinden.«

Diese Sätze gelten, wenn wir Turin verlassen und durch die umliegenden Hügel im Osten fahren, vielleicht hinauf zur Superga, der hoch gelegenen Basilika, oder zur Sacra di San Michele im Westen, einer der berühmtesten Benediktinerabteien Italiens. Den einen mag es in die Täler und auf die Berge der nahen Alpen ziehen, den anderen vor allem in das weite Hügelland, in dem die vornehmen Rotweine des Piemonts gedeihen oder die spritzigen Spumanti. Man braucht dem Kenner nur einige Zaubernamen zu nennen, Gattinara, Grignolino d'Asti, Barbera del Monferrato, Barbaresco und Barolo, Dolcetto di Dogliani, Nebbiolo d'Alba oder die guten Spumanti d'Asti (es gibt auch schlechte), und schon läuft ihm das Wasser im Mund zusammen. Wen man dann noch Alba als Hauptort der Trüffeln erwähnt, steht schon fest, daß er eine Schlemmerreise im späten Herbst durch Piemont unternimmt.

Die Ambrosiani und ihre Nachbarn – In Mailand und der Lombardei

Im Zentrum Mailands steht nicht das goldene Kalb. Mittelpunkt des Lebens ist wie in keiner anderen Stadt der gotische Dom, der sich mit tausend Spitzen und Türmchen unübersehbar und nach dem Großputz der letzten Jahre in sauberem, manchmal sanftem Sandgelb, manchmal strahlendem Weiß aus dem Häusermeer erhebt. Daß die Kirche des Bischofs eine so beherrschende Stellung im Mailänder Alltag einnimmt, mag zunächst ihre Lage begründen: Der Schnittpunkt der Hauptstraßen geht genau durch die Kathedrale oder den Platz davor; weder Rom noch Paris, weder Köln – zu dessen Dom der von *Mediolanum* eine besondere Beziehung hat – noch München lassen die wichtigsten Verkehrslinien an geweihter Stelle kreuzen. Die vielen Beter im Dom, mehr junge als alte, führt auch die Gelegenheit hinein.

Aber die Bindung an die Bischofskirche geht bei den Mailändern tiefer. Sie bezeichnen sich seit eineinhalb Jahrtausenden als *Ambrosiani*, nach dem berühmten Bischof der Stadt im 4. Jahrhundert, Ambrosius. Selbst ihr Fasching heißt *Carnevale Ambrosiano*. Erweisen die Mailänder damit nur einer fernen Geschichte ihre Reverenz? Unter Kaiser Diokletian, im Jahr 293 n. Chr. wurde Mediolanum zur Hauptstadt eines der vier römischen Reiche erhoben. Ambrosius, ein in Trier geborener Großbeamtensohn, wurde noch als Ungetaufter vom Mailänder Volk zum Erzbischof erwählt und stieg als Gegenspieler des Kaisers Theodosius zur ersten geschichtlich wirksamen Gestalt der Stadt auf. Ambrosius (340 bis 394), der »wegen seiner Weisheit, Liebe, Beredtsamkeit und Festigkeit« in zahlreichen Legenden verehrt und seit altersher als einer der vier lateinischen Kirchenväter gerühmt wird, gab der Stadt nicht nur ihren Beinamen, sondern zugleich ein geistig-geistliches Lebensgefühl, das durch die Jahrhunderte lebendig blieb, ebenso wie das in der römisch-katholischen Kirche ungewöhnliche Privileg Mailands, einen eigenen Ritus, nämlich den Ambrosianischen, in der Messe zu feiern.

In der langen Reihe der Stadtherren – West- und Ostgoten, Byzantiner, Langobarden und Franken wechselten sich ab – ragen immer wieder Erzbischöfe hervor. In allen Wirren bilden die klugen geistlichen Hirten den roten Faden der Mailänder Geschichte, in den Auseinandersetzungen zwischen Adel und Bürgern, im Investiturstreit zwischen den deutschen Königen und den römischen Päpsten, in den Kämpfen mit Kaiser Friedrich Barbarossa. Der Erzbischof Ottone Visconti begründete 1287 die erste Mailänder Dynastie der Visconti mit seinem Neffen Matteo. Als man dieses Herrschergeschlechts überdrüssig war, suchte man wieder Zuflucht bei Ambrosius und schuf 1447 die *Repubblica Ambrosiana*, die freilich nur wenige Jahre Bestand hatte. Eine Republik war zu schwach in der Nachbarschaft der italienischen Fürstenstaaten der Renaissance. 1450 eröffnete Francesco I. die Reihe der Sforza, danach fiel Mailand, über den Umweg der kaiserlichen Oberherrschaft, an die Spanier (von 1535 bis 1713). Die Fremdherrschaft setzten die Österreicher bis 1859 fort.

In diesen wechselvollen Geschicken blieben die Nachfolger des Ambrosius, oft

Mailand, auf dem Domplatz

gegen den Widerstand des mit den Spaniern und Österreichern verbundenen Adels, Leitsterne des Volkes, auch während des letzten Krieges, in dem Mailand so schwer zerstört wurde, daß man einen Trümmerberg errichten konnte. Der heilige Karl Borromäus, der schon mit 22 Jahren (1560) von seinem Onkel, Papst Pius IV., zum Kardinal und Erzbischof von Mailand ernannt wurde, war wohl der hervorragendste in dieser Reihe. Oft wurden die Mailänder Oberhirten ihrer Verdienste wegen nach Rom auf den Stuhl Petri gerufen, so Achille Ratti als Papst Pius XI. (1922 bis 1939) oder Giambattista Montini als Paul VI. (1963 bis 1978). Alle Mailänder sind davon überzeugt, daß auch ihr gegenwärtiger Erzbischof, Kardinal Carlo Maria Martini, ein Jesuit und zuvor Rektor der Päpstlichen Universität Gregoriana in Rom, ein würdiger Statthalter der Ambrosianischen Cathedra sei, durchaus fähig, das traditionsreiche Bistum zu leiten und dabei für viele Mailänder Intellektuelle einen geistigen Bezugspunkt zu bilden. Im Erzbischöflichen Palast rechts neben dem Dom empfängt Kardinal Martini gern zu freundlichem Gespräch. Die Verwaltung der mit fast fünf Millionen Katholiken größten Bistumsorganisation der katholischen Kirche wird nach lombardischer Tradition rasch und reibungslos abgewickelt.

Es ist schwer, sich in Mailand von dem Dom, dem allesbeherrschenden Zentrum, zu lösen. Die Piazza del Duomo bleibt Mittelpunkt der Stadt, auf den die U-Bahnschächte Tausende von Passanten ausspeien, an dem Italiens größtes Kaufhaus, *La Rinascente,* Kunden anlockt und müde Käufer im Café hoch oben gegenüber den Domtürmchen und -spitzen zum Verweilen nach alter österreichischer Art einlädt. In den Straßen ringsum wird der Spaziergang zum verführerischen Einkaufsbummel, auf Schritt und Tritt zusammen mit gut gekleideten Damen und Herren, an zahllosen Boutiquen vorbei. In der Via Monte Napoleone, einer der wenigen Straßen Italiens, deren Häuser lückenlos geputzt sind, reihen sich Eleganz und Chic aneinander, unterbrochen nur von Juweliergeschäften und einzelnen Delikatessenläden.

In der Via Clerici, der Klerikerstraße nicht weit vom Dom, hat man an dem dunklen Gebäude des 1982 zusammengebrochenen Geldinstituts *Banco Ambrosiano* die Inschrift mit *Nuovo,* »Neu« ergänzt. Die schmiedeeisernen Namen an den Gittern freilich blieben unverändert; man ist gewiß, daß aus dem neuen bald wieder der alte florierende Banco Ambrosiano wird. Eine andere Bank, die *Banca Nazionale dell'Agricoltura* an der Piazza Fontana, dicht hinter dem Dom, erinnert die Mailänder an die dunkle Zeit des Terrorismus. Am 12. Dezember 1969 explodierte dort in der Schalterhalle eine Bombe. Eine Gedenktafel verzeichnet sechzehn Opfer. Es waren nicht die einzigen, die der politische Terrorismus nach 1968 in Mailand forderte.

Jetzt wagt sich der politische Extremismus nur noch in wenigen Maueraufschriften hervor. Radikale Studenten und Arbeiter sind wieder zur Ruhe gekommen. Es erscheint harmlos, wenn etwa kommunistische Gewerkschaftler an der Piazza degli Affari, dem Platz der Börse, laut und auf Plakaten ihre Verachtung gegenüber dem aussprechen, was die Politiker in der Hauptstadt treiben; man solle zum Karneval nicht nach Venedig, sondern nach Rom fahren, rufen sie. In solcher Kritik zeigt sich bei Mailändern auch ein geschichtlich gewachsener Verzicht auf politische Machtstellung. Die politische Zweitrangigkeit kompensieren die Mailänder mit der Hinwendung zu Industrie und Handel, mit dem Verweis auf die Pflege von Wissenschaft und Forschung in den Universitäten. Die Wirtschaftler rühmen die *Università Commerciale Bocconi,* die Schmiede für die technokratische Elite, die Katholiken rühmen die *Università Cattolica del Sacro Cuore* hinter der romanischen Kirche des Sant'Ambrogio; die »Katholische Universität des Heiligen Herzens« sei für den italienischen Katholizismus bedeutender als alles, was im katholischen Rom gedacht werde, heißt es; die Erneuerung der Democrazia Cristiana, der katholischen Volkspartei Italiens, könne, wenn überhaupt, nur von Mailand ausgehen, wie es etwa die junge Bewegung *Communione e Liberazione,* »Gemeinschaft und Befreiung« zeige. Bei diesen Elogen versäumt man auch nicht, die bedeutenden Mailänder Zeitungen, *Corriere della Sera, Giornale Nuovo* und *Girono* und die privaten Fernsehsender des Silvio Berlusconi zu erwähnen. Wenn es mit dieser geistigen Führerschaft Mailands in Italien überhaupt noch etwas auf sich haben soll, so kann sie sich nur auf ein Bürgertum stützen, das nach den Erschütterungen der Studentenunruhen, den Angriffen der Kommunistischen Partei, der Abkehr der Großbürger von ideologischen Eskapaden und der Kleinbürger von extremistischen Anwandlungen wieder an Kraft gewinnt, sich auf seine Unersetzbarkeit in der Gesellschaft besinnt und sich seine politische Vertretung schafft. In dem modernen Bürgertum der Lombardei stecken noch viele verborgene Energien.

Nicht zu unterschätzen sind die Kunstwerke. Mit einem Rundgang im Dom und einem Besuch des »Abendmahls« von Leonardo da Vinci ist es nicht getan. Der Palazzo Brera enthält die berühmte Mailänder Gemäldesammlung, der Castello Sforzesco, die Stadtburg der Sforza mit der

»Pietà Rondanini« des Michelangelo ist ein instruktiv eingerichtetes Museum. Auch die Pinacoteca Ambrosiana des Erzbischofs enthält manches Kostbare. Vor uns und nach uns werden die Lichter von den Kustoden ein- und ausgeschaltet. »Wir müssen sparen«, sagen die Kunsthüter verlegen und freuen sich darüber, daß der Fremde staunt über zwei Portraits des Leonardo oder zwei Madonnen Botticellis und Ghirlandaios.

Doch die Industriemetropole zeigt auch andere Bilder. Während in der Scala Wagners »Tannhäuser« gespielt wird, schweißen auf der Piazza davor Arbeiter die Straßenbahnschienen zusammen. Plakatkleberkolonnen ziehen durch die Stadt, bedecken den Star von gestern mit dem Waschmittel von morgen. Der Verkehr auf den Autobahnen und den breiten, von wenigen Grünanlagen unterbrochenen Straßenzügen kommt nachts nie zum Erliegen. Wenn der Lärm morgens wieder anschwillt, wenn in der grauen Betonsiedlung an den Peripherien die Lichter angehen, wenn die Vorortzüge, die orangefarbenen Busse und die grünen Straßenbahnen Hunderttausende zur Arbeit befördern, wenn Kühlwagen zum Schlachthof, Müllwagen zum Abfalldepot, Schwerlaster zur Fabrik und Kräne auf ihre Baustelle rücken, wenn der Morgendunst nicht von der Stadt weicht und allen Menschen etwas Fahles, Bleiches verleiht, dann überlegt der Fremde, welches das eigentliche Mailand ist. Er begreift die Klagen über die langen schweren Wintermonate in der lombardischen Industriestadt, über den drückenden Sommer, dem die Mailänder am liebsten ans Meer, in die Berge oder zu den nahen Seen entfliehen, wo überall die ›zweiten Häuser‹ der Lombarden stehen. Oder sie haben der Stadt ganz den Rücken gekehrt und sind hinausgezogen ins Hinterland.

Zum vollständigen Mailänder Mosaik gehören die umweltbelastenden Industriekomplexe mit der Katastrophe im Vorort Seveso (1975), die reiche Brianza-Gegend oder die Kriminalität mit einer kräftigen Beteiligung der Mafia. Das moderne Mailand, Zentrum von Handel und Dienstleistungen, Hauptstadt des Designs und der Werbung, des Verlagswesens und der Architektur, Produktionszentrale der privaten Fernsehnetze hat auch etwas drückend Monotones, die menschlichen Beziehungen haben etwas Lähmendes, was vor zwanzig Jahren Antonioni oder heute Ermanno Olmi in ihren Filmen beklemmend belegen. Gewiß haben auch die Mailänder, wie alle Städter des Nordens, dagegen ihre Rezepte – Konsum und Kommerz, Bars, Ristoranti und Pizzerien, die Gladiatorenkämpfe im berühmten San-Siro-Stadion der beiden Fußball-Vereine *Milan* und *Inter* oder die Pferderennen auf der Bahn nebenan, Diskotheken, Tanzschulen und Fitness-Center. Gewiß ist der Nebel, durch den sich blinde Autoscheinwerfer und unsichere Passanten mit dem Schirm in der Hand tasten, nicht so typisch für Mailand, wie manchen scheint. Doch der betriebsamen Metropole der Lombarden fehlen die Ingredienzen des Südens.

Bergamo

Bergamo, die Stadt auf dem Berge, wächst aus der Ebene empor, eindrucksvoll zu sehen, wenn wir uns auf der Autobahn Mailand – Venedig nähern. Immer wieder wird es uns so gehen, daß wir uns durch gleichgültige Vorstadtviertel zum *Centro storico,* dem historischen Zentrum, durchschlagen müssen, über moderne Boulevards, gegen hemmende Einbahnstraßen durch winklige Gassen. Würdige Häuser,

Bergamo, Piazza Vecchia mit Rathaus und Dom

stattliche Paläste, vom Alter geprägte Kirchen wollen uns aufhalten, laden zum Verweilen ein. Doch als Ziel suchen wir stets jenes atemberaubende Erlebnis, wenn wir die Mitte der Stadt betreten, das bürgerliche Allerheiligste von Rathaus und Dom, der verehrten Hauptkirche und des wichtigsten Palastes der Gemeinde. An der Piazza Vecchia und der Piazza del Duomo mit dem venezianischen Markuslöwen (in der Nähe Mailands!), im Zentrum der *Città alta,* der Oberstadt von Bergamo, ist alles konzentriert, was den Stolz der Bergamasken ausmacht: Ein Vierklang aus Dom und Palazzo della Ragione, der Kirche Santa Maria Maggiore und dem Baptisterium, der in der Cappella Colleoni in der lichten Musik der Renaissance erschallt. Wenn man sie näher kennenlernt, entdeckt man ihre burleske Seite. Sie lieben Masken und Komödien, den Harlekin und die leichte Musik.

Brescia

»Laßt andere Kriege führen, wir liefern dazu Rüstungen und Waffen«, das ist der Wahlspruch Brescias bis heute, nachdem es im Mittelalter wenig politisches Glück hatte und deshalb 1426 gut daran tat, sich in den Schutz der Republik Venedig zu begeben. Brescia erscheint zwar abweisend-martialisch; ein trutziges Kastell überragt die Stadt. Doch viel wichtiger ist den Bresciani friedlicher Wohlstand. Wie auf einer Waage sind geistliches und weltliches Zentrum hier austariert: Die langgestreckte Piazza del Duomo mit dem barocken Dom, der Kirche Rotonda und dem mittelalterlichen Broletto, dem Sitz der Bürgervertretung im Mittelalter, und die wohlproportionierte Piazza della Loggia mit dem Rathaus, an dem die Baumeister Bramante und Palladio ihre Kunst erprobten.

Pavia

Ein Ausrufezeichen abendländischer Kunst ist die Klosteranlage der Kartäuser bei Pavia, die Certosa. Eineinhalb Jahrhunderte lang, von 1390 bis 1549, wetteiferten die Herzöge von Mailand als Bauherren und dazu Architekten, Maler und Bildhauer darin, den Mönchen eine prunkvolle Stätte für Gebet und Arbeit zu schaffen. So groß ist die Achtung vor diesem Wunderwerk, daß der Plan, einen Golfplatz in seiner Nähe anzulegen, (vorerst?) scheiterte. In Pavia selbst stellt sich Hilflosigkeit ein, weil eine Stadt von knapp 90 000 Einwohnern sage und schreibe 37 sehenswerte, der Kunstgeschichte teure Kirchen aufweist. Ist es da ein Wunder, daß man sich nicht um alle sorgfältig kümmern kann? Nicht einmal um den Dom, dessen Turm im März 1989 einstürzte. Man kann nicht anders als sich beschränken, bei Denkmalpflege und beim Schauen. Auf den Dom etwa und San Michele, die Krönungskirche der deutschen Könige. Man wird nur mit Mühe das Rathaus finden und in dem weiten Kastell der Visconti wissen, daß im reichen Pavia die Mailänder bestimmten.

Cremona

Den schönsten Platz in Cremona bot uns ein Kaffeehausstuhl der *Bar Comune* in einem Bogengang des Rathauses an der Piazza del Comune direkt gegenüber dem Dom. Unser Respekt galt der Bischofskirche mit dem 111 m hohen Glockenturm des 13. Jahrhunderts, der schmucken Fassade, der Portalhalle und der Loggia dei Militi, einem wohlgestalteten Backsteinpalazzo. Von der Plattform des Campanile läßt sich bei klarem Wetter, wie uns eine Dame erklärte, die gesamte Provinz Cremona überschauen; da mußten wir – trotz der Hitze schon am frühen Morgen (allerdings nach dem Kaffee) – hinaufsteigen. Unsere Aufmerksamkeit freilich wandte sich danach dem Treiben auf dem Platz zu. Ein Priester schob nach der Messe sein Fahrrad über die Piazza, ein Mann grüßte ihn und zog sich zum Zeichen seiner Achtung die Hose ruckartig auf die richtige Höhe. Hausfrauen schleppten frisches Obst und Gemüse in riesigen Taschen und Körben. Auf den Domstufen lagerten junge Touristen und scherzten mit den Mädchen. Irrten wir uns oder klangen da nicht doch zu uns herüber die zarten Töne einer »Stradivari«, einer Violine des berühmtesten Geigenbaumeisters aus dieser Stadt?

Mantua

In Mantua will man heute von den Verwicklungen zwischen Franzosen, Österreichern, Bayern und Italienern zur Zeit des Tiroler Freiheitshelden Andreas Hofer (hier erschossen am 20. Februar 1810) nichts mehr wissen. Zu viel Politik störe nur, meinte ein Kommunalpolitiker, in diesem wirtschaftlichen Zentrum, das von drei Seen umspült wird. Nähert man sich der Stadt von Norden her auf der Brücke San Giorgio, so zeigt sie sich von ihrer wohlbefestigten Seite. Hinter den Mauern liegen sogleich in schöner Eintracht beisammen das Kastell und der Dom an der Piazza Sardello. Die Mantuaner sind stolz auf ihre Fürsten, die Gonzaga, die fast vier Jahrhunderte lang, von 1328 bis 1708, hier herrschten und Mantua zu einer Residenz gestalteten, die größere Städte an kultureller Bedeutung weit überragte. Ein Besuch der *Camera degli Sposi*, des von Mantegna ausgemalten »Zimmers der Verheirateten« im Castel San Giorgio sollte bei einer Hochzeitsreise in Italien Pflicht sein, um so mehr, als Mantua noch mehr zu bieten hat, nicht zuletzt in 34 km Entfernung Sabbioneta, eine auf dem Reißbrett entworfene ideale Renaissance-Stadtanlage.

Mantua, Kastell San Giorgio

Das Land zwischen Alpen und Apennin – In der Po-Ebene

Entweder man fährt zu schnell durch dieses Land, das keinen gemeinsamen Namen trägt und doch zusammengehört, dieses Land, links und rechts, südlich und nördlich des Po, des größten italienischen Flusses, der sich, kaum heraus aus den Gebirgstälern, eine weite Ebene schafft zwischen den Alpen im Westen und Norden und dem Apennin von Nordwesten nach Südosten, eben die *Pianura Padana*, die auch wir der Einfachheit halber und des Wohlklangs wegen mit dem Kunstnamen »Padanien« belegen. Oder man kommt zu langsam in diesem Land voran. Zum Beispiel bei drückender Sommerhitze, wenn die Sonne an milchigem Himmel die Insassen in jedem einzelnen Auto versengt. Oder bei dichtem Nebel, wie er häufig undurchdringlich und unvertreibbar in den Herbst- und Wintermonaten, und plötzlich auch in wärmeren Jahreszeiten, gefährlich hier lagert. Aber ebenso, wenn man sich auf kleine Straßen abdrängen läßt und auf einmal meint, man fahre in einem Labyrinth von lauter rechtwinkli-

In der Po-Ebene

gen Wegen – es sind meist gerade Straßen, die durch »Padanien« führen, nicht nur die modernen Betonbänder, sondern auch alten Wege wie die römische *Via Emilia* von der Adria nach Mailand, dem alten *Mediolanum.* Die schmalen Landgassen leiten einen im Kreis herum in die Irre oder an einen unüberbrückten Fluß, und nach einer halben Stunde hat man kaum fünf Kilometer an realer Entfernung zurückgelegt. So lenkt auch langsame Fahrt nur ab von den Schönheiten dieses flachen Landes, das seine Kostbarkeiten in oft diesiger Luft verhüllt, sie anscheinend nur unwillig herzuzeigen bereit ist.

Am Morgen lösen sich die Elemente nur langsam voneinander. Wasser, Erde und Luft scheinen ununterscheidbar eins. Zögernd lichten sich die Nebel, geben den Blick frei auf geduckte Sträucher und hoch aufragende Pappeln, auf mühevoll aufgeschüttete Dämme und Deiche, langgestreckte Kanäle. Das Wasser ist das Urelement dieser Landschaft. Aber es ist heute weniger feindlich als vielmehr allgegenwärtig. In der Region Piemont im Westen darf der Po noch munter rauschen, Berge und Hügel hinunterstürzen. Wenn er jedoch im Monferrato in die Lombardei hineinfließt, kann er für mehr als 500 km bis zur Einmündung in die Adria zwischen Venetien und der Emilia nur noch ein Gefälle von 90 m nutzen. Da hat das Wasser keine Eile, sondern wiegt sich langsam durch die Auen, verliert sich in unzähligen Windungen, ein Gottesgeschenk für die Bewässerung der Felder und ausgedehnten Reiskulturen, nutzbar auch für die ebenso wichtige Entwässerung eines einst sumpfigen Landes, weniger geeignet zur Schiffahrt. Die modernen Zeiten haben den Po und seine Nebenflüsse nicht wie anderswo in eng betonierte Betten gezwängt. An den Ufern kann man noch träumen, sieht und hört, wie Reiher und Störche flügelschlagend einfallen in ihr Revier, wie das Schilfrohr im leisen Morgenwind zittert, wie Maulbeerbäume, Ulmen und Linden, Platanen, Espen und Weiden das Bild gegen den Horizont bestimmen. Von Zeit zu Zeit hört man beunruhigt von Projekten, der Po solle der technischen Gewalt des Menschen unterworfen, auf einer Länge von 330 km schiffbar gemacht und in Kanäle und Seen verwandelt werden. Aber das scheitert regelmäßig – zum Glück – an der Vielfalt der politischen Kompetenzen und wirtschaftlichen Interessen in einem tausendfach schon strukturierten Land. So ist der Po meist noch immer eine natürliche Flußlandschaft.

Am Mittag dehnt und streckt sich das Land nun in der Sonne, begierig, den drei Elementen Wasser, Erde und Luft das vierte, das Feuer, die lebensspendenden Strahlen, einzuverleiben. Die Provinzen der Lombardei, Venetiens und der Emilia gehören zu den dichtest besiedelten Gegenden Europas, die Landkarte ist übersät mit Städten, Städtchen, Dörfern und winzigen Ortschaften. Dennoch verleiht eine Fahrt, etwa durch das Land zwischen Cremona, Piacenza und Parma, dort wo der italienische Opernkomponist Verdi lange Jahre lebte, erholsame Ruhe, lädt dazu ein, gemächliche Gespräche mit den Bauern bei der Mittagspause anzuknüpfen, sie nach den Ernteaussichten zu fragen, nach der notwendigen Modernisierung der Landwirtschaft, aus den listigen, verbrauchten Gesichtern der Alten die Armut früherer Tage, den Kampf mit der Erde herauszulesen, von den offeneren Jüngeren zu erfahren, daß der Schritt von der Bestellung des Landes nach Väterart zur Lebensmittelindustrie längst vollzogen ist, daß die berühmten Schinken von Parma und der nicht minder bekannte *Parmigiano* ihre Entstehung nun weniger dem Können individueller Handwerker verdanken, sondern computerisierten Prozessen. Doch neben den Schweinefabriken und Milchbetrieben erscheinen die Gehöfte und Wiesen, die Alleen und Felder wie aus einer vergangenen beschaulicheren Zeit. Das Grün der Bäume mischt sich mit dem Gelb des reifen Korns, die hundertfach auf Häusern, Ställen und Dächern variierten Farbtöne zwischen rot und braun setzen sanfte Akzente. Überall sonst in Italien ist die Landschaft dramatisch, gibt selten den ungehemmten Blick zum Horizont frei, läßt vielmehr das Auge an schroffen Bergen, bewegten Hügeln, steilen Küsten unruhig umhereilen. Hier hingegen ist der Himmel hoch; eben weitet sich das Land schier unendlich, unterbrochen nur von Dämmen, Baumreihen, einem vom Wind gezausten Wäldchen,

Bauernhof in der Po-Ebene

Bauernhäusern an jeder Straßenwinklung, markiert von den Kirchenkuppeln und Türmen der Städte, bis es sich im vielfingrigen Delta des Po ganz in das Adriatische Meer hineingleiten läßt.

Abends herrscht emsige Betriebsamkeit in den Landen. Es scheint, als ob nun alle zur gleichen Zeit nach Haue eilen. Autos und Fußgänger beleben die Straßen, und erstaunlich viele Radfahrer. Lombarden, Venetier und Emilianer sind fleißig. Die Provinzen (in Italien stets nach den Hauptorten benannt) Bergamo, Brescia, Pavia, Cremona und Mantova (in der Lombardei), Verona, Vicenza, Padua und Rovigo (in Venetien), Piacenza, Parma, Reggio, Modena, Bologna, Ferrara und Ravenna (in der Emilia) wetteifern darin, welche von ihnen das höchste Pro-Kopf-Einkommen Italiens aufweist. Da nehmen die Bewohner auch in Kauf, daß die Ebene zwischen Alpen und Apennin bald nicht mehr nur von der Natur geprägt ist, sondern von kleinen und mittelgroßen Fabriken. Die Landschaft wird weniger, zieht sich zurück und muß der wirtschaftlichen Rührigkeit ihrer Bewohner Platz machen. Manchmal bleibt ihr fast nur ein Versteck in unzugänglichen Flußniederungen. Die Zahl der Landwirtschaftsbetriebe ist längst hinter die der industriellen Produktionsstätten zurückgefallen. Die Industrie des Mailänder Großraums, die Stahlschmieden von Brescia, die Chemieanlagen an der Adriatischen Küste geben Tausenden Arbeit. Nicht weniger sind es, die in den Nahrungsmittelfabriken überall die Früchte der Erde und das liebe Vieh zu schmackhaften Produkten und gesuchten Delikatessen verwandeln. Jede der drei Regionen bringt bekannte Weine hervor. In zahllosen Werkstätten für elektrische Haushaltsgeräte und elegante Möbel, für Werkzeugmaschinen und Feinmechanik, Textilien und Schuhe, für Keramik und Druckerzeugnisse werden typisch italienische Erzeugnisse hergestellt, die auf dem heimischen Markt dominieren und im Ausland oft wegen ihres besonderen Design gefragt sind. Handwerkliches Können bringt in den Geigenbauerschulen von Cremona, in den Pelzwerkstätten von Pavia oder in den Ferrari-Automobilwerken von Modena Spitzenprodukte hervor, die in der ganzen Welt begehrt sind. Man arbeitet nicht ungern, aber mit dem Feierabend nimmt man es genau, und sei es auch deshalb, um dann einer weiteren nützlichen und gewinnbringenden Tätigkeit nachzugehen.

Vielleicht sind der energische Erwerbstrieb und der daraus sich ergebende Wohlstand der gemeinsame Nenner für diese so verschiedenen Lande und Städte der Lombardei, Venetiens und der Emilia. Sprach man vor Jahren noch von dem bestimmenden Industriedreieck Genua–Turin–Mailand, so muß man diesen *Triangolo* des italienischen Reichtums heute mehr nach Osten schieben, von den Provinzen Piemonts (mit Turin) und der Lombardei (mit Mailand, Varese und Como) nach Osten und Südosten bis zur Adria. Die Statistiken sprechen eine deutliche Sprache. Die Provinzen der östlichen Lombardei haben sich an die Spitze der nationalen Einkommensliste geschoben, dicht gefolgt von den emilianischen und venetischen. Dabei stammt der neue Wohlstand nicht von den hohen Erträgen der Großindustrie, sondern von den kleineren und mittleren Betrieben, die ihre Gewinne traditionsgemäß gut verteilen, ob in der kommunistischen Emilia oder in den christlich-demokratischen Provinzen Venetiens und der Lombardei. Fast zeigt sich schwäbische Schaffenskraft hier südlich der Alpen.

Sie käme nicht von ungefähr. Denn noch heute sind die Lombarden stolz darauf, daß ihre Vorfahren, die Langobarden, aus dem Norden – genauer von der Unterelbe – stammen und daß sie seither mehr nach Mitteleuropa als zum Mittelmeer schauen. Diese Langobarden der Völkerwanderung gaben nicht nur der Lombardei ihren Namen, sondern mischten offenbar dem italienischen Charakter hier in der Ebene einen kräftigen Schuß nordischen Blutes und Unternehmungsgeistes bei. Könnte man sich bei der Geschichte der Lombardei, Venetiens und der Emilia auf diese Langobarden beschränken, man wäre fein heraus. Man hätte dann zwar zuvor die italienischen Ureinwohner und die römische Herrschaft unterschlagen und außerdem immer wieder Einwanderer (wie die Etrusker) und Durchwanderer (wie die Gallier und Hannibal mit den Karthagern) bis zu den in ganzen Völkerscharen wandernden Germanen. Aber das wäre noch nichts im Vergleich zu dem, was nach den Langobarden die Mächtigen aus dem Norden immer wieder am Po gesucht haben. Wer hat sich nicht alles um das Wohl (und die Unterdrückung) dieser Städte und Provinzen im Lauf der Jahrhunderte gekümmert!

Daß im Dom zu Monza die eiserne Krone der Langobarden gehütet wird, mit der die deutschen Könige zu Herrschern Italiens erhoben wurden, daß Pavia nicht nur dem deutschen Kaiser Friedrich Barbarossa die Krönungsstätte im Jahr 1155, sondern auch seinem Nachfolger Kaiser Karl V. das Schlachtfeld zum Sieg über den französischen König Franz I. im Jahr 1525 bot, daß deutsche, spanische, französische und österreichische Truppen zu verschiedenen Zeiten die norditalienische Erde zu wechselvollen Kämpfen benutzten, das sind nur kurze Schlaglichter auf die turbulente Geschichte seit 1500 Jahren. Der selbständige Gestaltungswille, getragen und ausgeprägt von den Bürgern und einigen adligen Familien, bestimmte überall Politik, Wirtschaft und Aussehen der Gemeinde, auch im Schatten mächtiger Nachbarn, auch unter dem Joch von fremden Herrschern.

So wurde die Po-Ebene zur Wiege für die schönsten Städte der Welt. Wir sagen es frei heraus, den Vorwurf der Übertreibung und Blindheit für anderes in Kauf nehmend. Ziehen wir auf der Landkarte ein ungefähres Dreieck, im Westen Mailand, im Osten Venedig, im Südosten Rimini, so sehen wir diese Städte wie an drei Perlenschnüren aufgereiht: Bergamo, Brescia, Verona, Vicenza und Padua im Norden, im Süden Piacenza, Parma, Reggio, Modena, Bologna und Ravenna, und schließlich in der Mitte Pavia, Cremona, Mantua und Ferrara. Damit sind längst nicht alle rühmenswerten Stätten erwähnt.

Es sind die schönsten Städte der Welt, daran ist für uns nicht zu rütteln. Schönere auf so engem Raum, gewachsen auf ein und demselben Boden, lassen sich anderswo nicht finden. Diese Städte zwischen den Alpen und dem Apennin überwältigen nicht sofort wie Rom, Florenz oder Venedig. Aber wenn man sie einmal kennengelernt hat, stellt man mit Erstaunen fest, daß sie einzeln und zusammengenommen einen bewunderungswürdigen Kosmos ergeben: eine Welt in Ordnung und Schönheit für sich. Dennoch wird diesen Höhepunkten humaner Stadtkultur oft nicht die gebührende Beachtung zuteil. Eben deshalb, weil man zu schnell durch dieses von Geschichte und Kunst überquellende Land fährt, wenn man auf dem Weg aus dem Norden von Mailand aus zu rasch die *Autostrada del Sole* nach Bologna und weiter zu den Sonnenstränden der Adria hinter sich bringen, zu geschwind von den Schweizer Alpenausgängen die *Serenissima,* die nach der alten venezianischen Republik benannte Schnellstraße nach Venedig, oder zu hastig die Brenner-Autobahn durcheilen will. Entweder locken Ziele im Süden oder es treibt die Rückkehr nach Norden. Wir kennen das. Und gerade deshalb sagen wir »Halt« in der Po-Ebene.

Fast alle diese Städte können auf eine römische Gründung verweisen, fast alle können Ereignisse mit Langobarden, Franken und deutschen Kaisern erwähnen, müssen sich oft mit den Ansprüchen des »Heiligen Römischen Reiches« der Deutschen, der Begehrlichkeit des germanischen Drangs nach Süden, dem Parteienstreit von Guelfen und Ghibellinen, der Papsttreuen und der Kaiserlichen, auseinandersetzen. Aber dann, im späten Mittelalter, schlägt ihre Stunde. In einem Aufblühen des ›liberalen‹, von der Kirche sich emanzipierenden Geistes wurden hier schon vom 12. Jahrhundert an die mit Paris und Oxford ältesten Universitäten des Abendlandes gegründet, die Laien-Rechtsschule von Bologna (seit 1119), die »Juristen-« und »Artisten«-Universität mit naturwissenschaftlichem Schwerpunkt von Padua (seit 1222); schon bald kamen weitere Hochschulen hinzu, wie etwa die von Pavia und Parma, so daß Norditalien auch durch die große Zahl von Universitäten hervorragt und heute in Mailand, Pavia, Brescia, Bergamo, Bologna, Parma, Modena, Ferrara, Piacenza, Reggio Emilia, Venedig und Padua so viele Lehrstätten zählt wie kaum ein anderes Land auf so engem Raum.

Zwar wurde immer von allen Seiten nach den norditalienischen Städten und Provinzen gegriffen – der Papst mit seinem Kirchenstaat von Süden her, Spanier, Franzosen, Deutsche und Österreicher von jenseits der Alpen –, aber dennoch gelang es den Bürgern und Adelsgeschlechtern, unter der Reizschwelle der europäischen Machtpolitik die Namen ihrer Städte der Nachwelt als Zeichen einer unverwechselbaren Kultur und Kunst einzuprägen. Die Visconti und Sforza in Mailand, die Scaliger in Verona, die Gonzaga in Mantua, die Este in Ferrara, Modena und Reggio, die Farnese in Parma und Piacenza haben Großartiges geschaffen. Aber sind die Leistungen der Bürger von Bergamo und Brescia, Vicenza und Padua, Bologna und Cremona nicht noch höher einzuschätzen? Sie haben unter fremder Oberherrschaft einen lebendigen Sinn für Freiheit und Kunst entwickelt, drückten ihn in zahlreichen Palästen und Kirchen, Plätzen und Brunnen, Villen und Theatern, mit freigebigen Aufträgen an Maler und Bildhauer aus. Bedurfte es nicht hoher politischer Klugheit, in einem allseits begehrten Land die Villen und Schausäle der Renaissance, die Paläste des Barock unzerstört zu erhalten? Andere Völker setzten mit ihrem kriegerischen Sinn das Erbe ihrer Geschichte aufs Spiel.

Reizvoll ist der Wechsel zwischen Vergangenheit und Gegenwart, zwischen den Städten und dem Land, besonders weiter im Osten, wo der Fluß sich teilt und das Land sich öffnet zum Meer. Die dunklen Pinienwälder an der Küste, die Weidenbäume an den vielen Flüssen und Kanälen des Po-Deltas, die Pfahlhäuser, die weiten Fischnetze in den Lagunen und Seen schaffen eine Landschaft von friedlichem Zauber. Er täuscht. Bodenspekulation und Bauwütige wollen »Ferienparadiese« schaffen. Die Landesregierung versucht, dies zu verhindern. Zudem müssen neue Kanäle gebaut werden, um die Natur zu zähmen. Seit altersher ist man bemüht, die in die Adria strömenden Wasser einzudämmen. Schon die Herzöge von Ferrara aus dem Geschlecht der Este sorgten für die Entwässerung der Sümpfe und die Bewässerung der Felder. Aber bis heute ist es nicht gelungen, den Po mit seinen tausend Armen an geregelte Läufe zu fesseln. Vielleicht besser so, selbst wenn immer wieder Land überschwemmt, Brücken überflutet werden. Den Wasserhaushalt unter Kontrolle zu bringen, die Erosion der Strände zu stoppen, die Sauberkeit der Adria zu verbessern, ist eine nie vollendbare Aufgabe der Regionalverwaltung in Bologna.

Keine Lust am Untergang – In Venedig

Die Annäherung reißt aus allem Träumen. Venedig scheint heute unerreichbar. Das Gewirr der Autobahnen, Schnellstraßen und Abzweigungen, das Unübersichtliche der Asphaltkreise und wechselnde Hinweise rücken die ersehnten Kanäle und Plätze, Paläste und Kirchen, die geliebten Silhouetten und Fassaden immer ferner. Plötzlich stellt sich Angst ein, man könnte nie mehr nach San Marco, zur Rialtobrücke zurückkehren, könnte den Dogenpalast und die Kuppeln von San Giorgio oder Santa Maria di Salute nie mehr zu Gesicht bekommen. Haben Wissenschaftler nicht vorgerechnet, daß Venedig Jahr für Jahr tiefer in den weichen Grund der weiten Lagune sinkt? Furcht packt uns, wir könnten diesmal für immer zu spät kommen.

Doch Venedig steht noch. Vor dem Bahnhof Santa Lucia klatschen die trüben Wasser des Canal Grande an die Mauer, Dampfer rauschen heran, stupsen mit sanft bemessener, in unzähligen Manövern erprobter Kraft an die Landungsbrücken und haben längst abgelegt, bis der Fremde die Verblüffung überwunden hat, daß es sich um die öffentlichen Verkehrsmittel, die ›Busse‹ von Venedig, handelt. Gegenüber der Stazione bietet die Kirche San Simeone Piccolo Willkommen. An der Realität Venedigs ist nicht zu zweifeln. Ganz anders als damals vor siebzehn Jahren: Geröllawinen und Überschwemmungen hatten die Brennerlinie gesperrt, der Zug aus München mußte über Zürich und Mailand umgeleitet werden, brachte den Übermüdeten erst spät am Abend nach

Venedig. Von dem Zauberwerk der Lagunenstadt blieben in dunkler Nacht nur schaukelnde Lichter über zitterndem Wasser in Erinnerung.

Dann gingen wir eines Abends durch die Salizzada San Moise und durch die Bogengänge der »neuen Prokuratien«, und plötzlich sahen wir San Marco vor uns, erblickten die orientalisch am Himmel schwebenden Kuppeln der Basilika und den okzidental steil und fest aufragenden Campanile, wie man verborgene Schätze entdeckt. Wir tanzten über den fast leeren Platz, liefen durch Venedig, ziellos, stundenlang. Tag für Tag, bis die Füße schmerzten. Dann vertrauten wir uns einer Gondel an, obwohl sie oft mit schaukelnden Särgen, gleitenden Bahren verglichen werden; wir nahmen einen *Vaporetto,* links oder rechts des Canal Grande, und staunten immer wieder über die Venezianer, die wie normale Buspassagiere in einer gänzlich normalen Stadt dastanden. Wir lernten die Tetrarchen, die steinernen »Vierherrscher« bei San Marco und die »blühende Gotik« des Dogenpalastes kennen, besuchten pflichtgemäß Galerien und Museen, schritten über die »Seufzerbrücke« ebenso wie über den Ponte di Rialto, mußten oft wie in einem Labyrinth umkehren, weil das Gäßchen plötzlich vor einer Mauer oder einem der Kanäle endete, fanden den trutzigen Condottiere Colleoni vor der Kirche Santi Giovanni e Paolo, den israelitischen Tempel im Ghetto und die Gemälde von Tizian und Tintoretto, saßen andächtig auf Kirchenstufen und brav im Café Florian oder beim Cappuccino im Quadri, weil das dazugehört, und lernten alles, was Reiseführer und Kunstführer über Venedig zu berichten wußten. Als die Schönheit der Stadt uns zu erschöpfen drohte, nahmen wir Abschied, um wiederzukommen.

Dann schreckten alarmierende Meldungen auf: Der Grundwasserspiegel Venedigs würde beständig sinken und die ganze Stadt ihm langsam nachfolgen. Zentimeter um Zentimeter nur, doch immer tiefer. Luft und Wasser würden durch die Industrievororte Porto Marghera und Mestre, vor allem durch Erdölraffinerien und chemische Fabriken, so verunreinigt, daß die bejahrten Mauern Venedigs gefährlich bedroht seien. Die quirligen Motorschrauben der Dampfer und Schnellboote schlügen in den Kanälen das Wasser gegen die alten Fundamente. Das Hochwasser bräche immer wieder über Venedig herein, eines Tages würde die Natur das Menschenwerk besiegen. Der italienische Staat habe Gelder zur Verfügung gestellt. Doch man streite sich über die Projekte so lange, bis es zu spät sei. Hilfswerke würden gegründet, auch die UNESCO beteilige sich an dem Rettungsversuch. Venedig schien dem Tode geweiht.

Doch die Venezianer denken nicht daran zu sterben. Deshalb waren schon ihre Vorfahren im 5. Jahrhundert – 451 wird als Gründungsjahr der Stadt angegeben – vom Festland auf die Insel der Lagunen gezogen, um sich vor den Westgoten und Hunnen, dann vor den Ostgoten und Langobarden in Sicherheit zu bringen. Aus der Notlage wurde Stärke, entstand kundige Bekanntschaft mit dem Meer, einträglicher Handel und bald auch der Wunsch, das in der Fremde gewonnene Geld zu Hause gefällig und auffällig in einem schönen Haus, einer beachtlichen Stiftung anzulegen, da sonst keiner der Mitbürger von den geschäftlichen Erfolgen auswärts etwas bemerkt hätte. Daß der deutsche Kaiser Friedrich Barbarossa seine Niederlage gegenüber dem italienischen Papst Alexander III. im Jahr 1177 auf den Stufen von San Marco eingestand, daß Marco Polo ein Jahrhundert später selbst im fernen China mit der Beschreibung seiner Vaterstadt Venedig beeindruckte, zeigt das steigende Ansehen und die politische Macht der Stadt im Mittelalter, die auf schwankendem Boden, doch mit festem wirtschaftlichen Fundament gegründet schien.

Schlau waren die Venezianer. Sie verdienten Geld an den christlichen Kreuzzügen, während andere mit ihrem Blut bezahlten. Sie suchten als Seemacht immer das Gleichgewicht der Kräfte auf dem italienischen Kontinent herzustellen, mit kluger Politik, aber auch mit Bestechung, Betrug und List. Immer achteten sie darauf, daß im Innern die Machtverhältnisse austariert waren. Der Doge, die Prokuratoren, also die Finanzgewaltigen, die politischen Ratsgremien und die Justiz setzten sich gegenseitig Grenzen, gestalteten die Teilung der Gewalten ›heiter‹, wie das Wort von der *Serenissima* für das Staatswesen nahezulegen scheint. So wuchs die Republik des heiligen Markus unter dem Zeichen des Löwen, dieses Evangelistentieres, das drohend dreinschaut, engelhafte Flügel trägt und das Evangelienbuch mit friedlicher Aufschrift in der Pranke hält. Die Republik erprobte ihre politische, militärische und wirtschaftliche Macht im Kampf mit Genua, der Rivalin im Westen, in Kriegen mit den Türken. Da blieb wenig Zeit für friedliche Muße. Doch nie versäumten die Venezianer, ihre Stadt zu verschönern, weder der einzelne noch die Gemeinschaft.

Was in Venedig, dem Kreuzpunkt zwischen Orient und Okzident, dem Ziel von Morgen- und Abendländern, im Laufe der glorreichen Jahrhunderte an Kunstwerken geschaffen, an Kultur hervorgebracht wurde, ermißt am besten, wer die nüchternen Küstenstädte des nördlichen Europas entgegenhält. Es wäre ungerecht, Namen einzelner großer Künstler zu nennen, jener, die Venedig hervorbrachte oder die in die Stadt gerufen wurden. Unübersehbar sind die Leistungen und Erzeugnisse der Handwerksmeister: Glas, Porzellan und Keramik, Bronze, Zinn, Schmiedeeisen und Kupfer, Gold- und Silberschmuck, Waffen und Bücher, Leinen, Baumwolle und Spitzen, Möbel und Lackarbeiten mit Herkunftsort oder veredelndem Umschlagplatz Venedig waren in aller Welt begehrt. Die goldene Zeit der Serenissima, der aristokratischen Republikaner lief aus, als die Landmächte stärker wurden, Österreich im Norden zur Weltmacht aufrückte. Sie war vorbei, als demokratische Ideen und autoritäre Herrscher Europa eroberten, als die Französische Revolution das politische System Venedigs diskreditierte und Napoleon die »demokratische Umgestaltung« der Republik anordnete. Die Liste der 120 Dogen, 697 mit Paoluccio Anafesto begonnen, endete am 12. Mai 1797 mit Ludovico Manin. So verloren wir uns an die Vergangenheit, sagten die Dogen und Künstler der Stadt andächtig her wie eine Litanei, betrachteten gedankenverloren ganz Venedig als ins Wasser gleitendes Petrefakt abendländischer Kunst.

Für den kleinen Matteo ist ganz Venedig jedoch selbstverständlich. Beim Versuch, im Straßenfußball mit seinen Kameraden ein Tor zu erzielen, war er gestürzt; nun hilft ihm ein Pflaster aus der Reisetasche. Die 118 Inseln, auf denen Venedig erbaut ist, mit 15 000 Häusern, darunter 900 stattlichen Palästen und 105 Kirchen, die breiten und schmalen Kanäle, die 400 Brücken, die nur mehr 90 000 Einwohner im historischen Venedig hat der Zwölfjährige nie gezählt, die Stadtfläche von 7,06 qkm, 4260 m von Ost nach West, 2790 m von Nord nach Süd, nie ausgeschritten. Auf welch kunstvollem Fundament Venedig erbaut ist, dafür hat sich Matteo nie interessiert. Daß der Boden, der aus dem Wasser der Lagune herausragte, aus nicht tragfähigem Schwemmaterial, Seetang und Muschelablagerungen besteht, man deshalb zunächst in diesen Untergrund einen Rost von hochgestellten Lärchen-, Eichen- und Erlenpfählen, 3 bis 9 m tief bis zur festen Tonmergelschicht des Lagunengrundes, rammen mußte, ehe man darüber eine feste Plattform aus Holzstämmen legen konnte, welche die Hausfundamente aus Marmorquadern und Mörtelschichten trug, daß man für all diese Arbeiten den Kanal trockenlegen mußte, daß jeder kleine Konstruktionsfehler sich bitter durch ewige Feuchtigkeit rächte – davon weiß Matteo noch nichts, auch nicht von der Gefährdung dieser sorgsam errichteten Fundamente. Um so mehr denken Ingenieure und Architekten daran, die sich seit Jahren um die Rettung Venedigs bemühen.

Die Venezianer zeigen sich von der Besorgnis der Fremden über ihre Stadt recht unberührt. Es muß in ihnen eine unbändige Vitalität stecken. Von Untergangsstimmung ist nichts zu merken. Davon spürt man auch wenig in den venezianischen Verwaltungszentren, bei der Regierung der Region Veneto, bei der Administration der Provinz Venezia und der Stadtverwaltung. Nicht, daß die verantwortlichen Politiker quer durch alle Parteien die großen Schwierigkeiten verharmlosten. Aber sie haben aus den Fehlern und Irrtümern der letzten Jahrzehnte gelernt. Gefährdet war die Stadt schon seit Jahrhunderten. Bereits 1505 drohte der Senat von Venedig all jenen eine Strafe von hundert Dukaten an, die sich mit der Lagune und den aus dem Wasser folgenden Problemen beschäftigten, »ohne Professor oder Wasserexperte zu sein«. Gegen die Einmischung von außen zeigt man sich in Venedig seit eh und je allergisch.

So wird wohl auch nach der Ankündigung der Kommunalpolitiker, jetzt werde das »große Projekt zur Rettung Venedigs«, *Il Progettone*, in die Tat umgesetzt, noch einige Zeit vergehen, bis es verwirklicht ist. Doch das herein- und hinausflutende Wasser der Lagune muß unbedingt unter Kontrolle gebracht werden. Denn der natürliche Kreislauf der an- und abflutenden Gewässer ist gestört. Der Schreck nach dem Hochwasser vom 4. November 1966, als das Wasser in Venedig 1,94 m hoch über Normalniveau stieg, hat lange nachgewirkt bei den Venezianern. Wer war schuld daran? Man hatte im Zug der Industrialisierung, noch unter dem Faschismus, gegenüber von Venedig auf dem Festland, in Porto Marghera und

Hochwasser auf dem Markusplatz

Mestre, Industriezonen angelegt, um der Bevölkerung Arbeit und Brot zu geben, hatte weite Teile der »toten Lagune« dafür trockengelegt, hatte 7 bis 20 m tiefe Fahrrinnen, die selbst für Großtanker reichten, geschaufelt. Unbekümmert war das Grundwasser entnommen worden, so daß die Stadt in nur zwei Jahrzehnten 23 cm tiefer sank.

Man kann die Stadt jedoch nicht einfach zum Meer durch Deiche abschließen, weil Venedig die tägliche Spülung durch Ebbe und Flut benötigt. Seit altersher werden die Abwässer der Bewohner (und der Besucher) einfach in die Kanäle geleitet und die Industrien in Porto Marghera und Mestre verfahren mit ihren schädlichen Abfällen weitgehend ebenso. Wenn daher Hochwasser, widrige Stürme, Regenfälle und die Anschwemmungen der in die Lagune mündenden Flüsse zusammenkommen, ist Venedig schutzlos den Elementen ausgeliefert. Dem soll nun ein kompliziertes System von (festen) Deichen und (beweglichen) Schleusentoren an den Öffnungen der Lagune bei Chioggia, Malamocco und am Lido nach San Nicolò und Treporti abhelfen, ausgeklügelte Vorrichtungen, an denen Experten seit Jahrzehnten arbeiten. Über die Vor- und Nachteile dieses Systems sind freilich die Meinungen nicht einhellig. Befürworter und Gegner befehden sich.

So müssen sich die Bewohner und Besucher von Venedig weiterhin von Zeit zu Zeit Gummistiefel anziehen, um über den Markusplatz zu gehen, dringt das Wassser immer wieder in Paläste und Kirchen, eben auch dorthin, wohin es unter den Dogen nicht gelangte. Eine andere Art von Überschwemmung sind die Touristen, von denen 60 bis 70% der Venezianer leben. Besucher kommen nur für einen Tag und stellen die Stadt zuweilen vor größere Probleme als sie den Bewohnern an Verdienst einbringen. Im Winter aber liegen die Kähne mit Obst und Gemüse an den Kais, und nur die venezianischen Hausfrauen kaufen an dem Kanalmarkt für den Familienbedarf ein. Alteingesessene Handwerker sitzen am Abend ungestört von Touristen beim Wein zusammen, schimpfen auf die Regierung, meinen, die Kommunisten hätten schon recht, und wollen dem Partito Comunista beim nächsten Mal wieder ihre Stimme geben. Arbeiter sprechen von Fabrikschließungen, Betriebsstillegungen, Kurzarbeit, Entlassungen.

Die Männer schimpfen und machen lange Gesichter. Die Verantwortlichen sehen kaum weniger sorgenvoll drein. Das Verkehrsvolumen für Handel und Industrie im Hafen gehe ständig zurück; die Schulden steigen. Obwohl Region, Provinz und Stadt Träger des Hafens sind, sträuben sich die Banken, weitere Kredite zu geben. Manche sagen, das Hafenamt von Venedig trage selbst die Schuld an diesem Niedergang. Die Gebühren seien zu hoch und die Arbeiter achteten vor allem auf ihre Rechte, weniger auf die Pflichten. Ist es da eine Flucht aus der Realität, wenn in Venedig der turbulenteste Karneval Italiens gefeiert wird, mit Zehntausenden von ausgelassenen Besuchern, unzähligen Darbietungen, phantasievollen Masken und Kostümen? Gibt Venedig nur den verfallenen Rahmen ab für die seit 1895 alle zwei Jahre veranstaltete Ausstellung moderner Kunst, die *Biennale d'Arte,* alternde Staffage für moderne Kultur, die sich schnell etwas anderes als Ersatz suchen würde?

Müde, voll von Gedanken über Gefährdung und Rettung, über Schönheit und Tod, gehen wir am Nachmittag durch die Gassen, hin zur Dampferanlegestelle bei den Fondamenta Nuove, verlaufen uns, landen in der Küche eines Ristorante und in der Werkstatt eines Sargschreiners – natürlich, gegenüber, auf der Insel San Michele, liegt der Friedhof der Venezianer. Ein alter Mann vor uns verlangt den Fahrschein »San Michele« – der Schaffner nickt verständig. Wir gleiten vorbei an dieser Toteninsel, hinaus auf die Lagune. Der ruhige Frieden von Torcello mit den beiden Kirchen nimmt uns auf. Das Grau von Himmel, Wasser und Nebel mischt sich ununterscheidbar in der Dämmerung. Langsam gehen gelbe Lichter an, setzen sich in unendlichen Ketten auf dem Wasser fort – dort, wo Venedig liegen müßte, sieht man nichts – nichts, bis das Schiff sanft an die Mole stößt.

Drei Städte im Schatten der Serenissima

Padua

Auch in Padua finden wir den Markuslöwen der Republik Venedig. Dort muß er sich freilich sein Dominium mit dem heiligen Antonius und den Wissenschaftlern der Universität teilen, zu deren Schutzpatronen der deutsche Albertus Magnus und Galileo Galilei gehören. So wird der aufmerksame Besucher hin- und hergerissen: zwischen dem politischen Zentrum des Palazzo della Ragione – im Volksmund »Salon« genannt, weil er vor allem aus einem riesigen, 27 m breiten, 27 m hohen und 79 m langen Saal besteht (daß *Ragione* im Italienischen auch »Vernunft« bedeu-

Padua, San Antonio/Il Santo

Vicenza, Teatro Olimpico

tet, mag für die Herrschenden stets ein moralischer Imperativ gewesen sein) –, der Kirche des Antonius mit seinem Grab (nach dem Lateranvertrag von 1929 vatikanisches Staatsgebiet), Ziel ungezählter Pilger, und schließlich dem Teatro Anatomico in der Universität, dem ersten Anatomie-Saal der Welt. Wer sich diesem Wettstreit entziehen will, betrachte die Fresken des Giotto in der Cappella der Scrovegni oder setze sich in das Café Pedrocchi, nach Habsburger Kaffeehaustradition, aus der Zeit der österreichischen Herrschaft von 1813 bis 1866.

Vicenza

Mit Vicentinern sind wir uns schon in die Haare darüber geraten, was mehr an Vicenza zu rühmen ist: Die Piazza dei Signori, der Platz der Stadtherren mit der Basilika des Palladio, dem Versammlungshaus des Großen Rates der Stadt? Oder das Olympische Theater mit der einzigartigen Bühne, der architektonisch wohl raffiniertesten der Welt? Oder die Villa La Rotonda, 2 km vor Vicenza? Alle drei sind Hauptwerke des Renaissance-Baumeisters Palladio. Wir können die Frage unentschieden lassen, sind davon beeindruckt, daß auch hier der Markuslöwe von Venedig seine Herrschaft ausübt, eine weitere bis an den Rand mit Kunst erfüllte Stadt, die unter der republikanischen *Serenissima* gedieh.

Verona

Schon ein kurzer Rundgang in Verona lehrt, daß es dort mehr gibt als Romeo und Julia, die Schutzheiligen aller Liebenden. Die römische Arena an der Piazza Brà,

Verona, Ponte Pietra

und das römische Theater am Berghang vor der Etsch sind noch heute Stätten eindrucksvoller Opern- und Schauspielaufführungen im Sommer. Die von der Etsch umflossene Altstadt präsentiert sich als lebendiges Museum. Schwer zu entscheiden, ob die langgezogene Piazza delle Erbe mit den bunten Farben der Marktstände mehr anzieht oder die strenge, geschlossenere Piazza dei Signori. Beide Plätze sind Profanem vorbehalten, dem Handel und der Politik, während der Dom an die Spitze der ›Halbinsel‹ in die Nähe des Flusses und die noch berühmtere Kirche San Zeno an den Stadtrand geschoben sind. Von den beiden Plätzen aus erblickt man die Torre dei Lamberti, das prachtvolle Beispiel jener Geschlechtertürme, wie sie uns häufig in diesen Städten als unübersehbare Symbole des Bürgerstolzes begegnen.

Emilia-Romagna – In der »Roten Musterregion«

Der Bürgermeister von Bologna, damals Renato Zangheri, kommt mit raschen Schritten die breite Treppe des Palazzo d'Accursio, des wohlgepflegten Rathauses von Bologna, herauf. Gewandt entschuldigt er sich für die Verspätung. Die Studenten hätten ihn nach der Vorlesung in eine Diskussion verwickelt. Als Professor – Zangheri ist ein international anerkannter Wirtschaftshistoriker – wolle er sich nicht drücken, als kommunistischer Bürgermeister, seit neun Jahren, dürfe er es nicht.

Der Jugend müsse man Rede und Antwort stehen, sonst entwickelten sich Extremismus, Terrorismus oder politische Indifferenz. Mit Vorwürfen seien die Studenten leicht bei der Hand, gerade gegen die Kommunistische Partei, die seit Kriegsende hier regiert, die treu der Ruf begleitet, die Emilia-Romagna gut zu verwalten, die »rote« Musterregion Italiens.

An diesem Denkmal rütteln viele, links und rechts von der Kommunistischen Partei Italiens (PCI). Ihnen ist höchst verdächtig, daß die Kommunisten seit Jahren den Ton angeben und trotzdem noch fast überall die Hälfte der Wähler hinter sich haben. Ihre Proteste gegen die »Spione des PCI« schrieben die Ultralinken einst an die Mauern der Universität; im September 1977, in den heißen Jahren der Revolte und des Terrorismus, suchten sie zu Zehntausenden die Konfrontation mit den Linken an der Macht. Die Kommunistische Partei vermied damals Zusammenstöße mit äußerster Disziplin. Dann richteten extremistische »Stadtindianer« Verwüstungen an, um ihre Verachtung für das Stadtsystem zu zeigen. Die kommunistische Stadtverwaltung stellte das Wrack eines zerstörten Autobusses auf dem Domplatz aus, um den linken Vandalismus anzuprangern. Selbst die Schüler waren aufsässig gegen die roten Machtträger. An einem Donnerstagmorgen marschierten sie durch die Via Indipendenza, die Hauptstraße Bolognas, und schrien sich die Kehlen heiser: »Wir sind so frei wie Tiere in einem Käfig.« Eine alte Frau ging zu den dabeistehenden Carabinieri und schimpfte, man solle alle verhaften. Die Polizisten wehrten ab. Die Passanten eilten bedrückt vorüber. Konnte es sein, daß wir einige dieser Jugendlichen am Abend zuvor in der Kirche San Bartolomeo, dicht neben den beiden schief aufragenden Geschlechtertürmer *Garisenda* und *Asinelli,* den Wahrzeichen der Stadt, beim Orgelkonzert gesehen hatten?

Die Kritik dieser Linken war für die Kommunistische Partei ärgerlich. Da mußte sie sich vorhalten lassen, Erfüllungsgehilfe des Polizeistaats zu sein, die Ungerechtigkeiten des Systems zu decken, der Restauration nachzugeben, kurz, zu einer bürgerlichen Partei zu »degenerieren« und die Revolution zu verraten. Andere hielten ihr vor, sie sei zu autoritär, lasse keine Diskussion in der Partei zu, ersticke die freiheitliche Meinungsäußerung, ihre Funktionäre seien ohne Phantasie, nur an der Macht interessiert. Mit all diesen Vorwürfen hat der Partito Comunista leben können und ist nach wie vor die Partei der Mehrheit, wenn man will, auch die der »bürgerlichen Mitte«.

Kürzlich zeichnete eine Umfrage des nationalen Instituts Censis das Bild des typischen Bewohners der Emilia-Romagna: Er liebe ein sicheres und keineswegs geringes Bankguthaben, wünsche ausreichend und gut zu speisen, wisse sich mit den Vorstellungen der seit langem herrschenden Kommunistischen Partei in Übereinstimmung, schätze jedoch das Privateigentum über alles und habe wenig dafür übrig, daß es allen unabhängig von ihren Fähigkeiten gleich gut gehen solle.

Mußten die Emiliani und Romagnoli deshalb Kommunisten werden? Nicht wenige geben zur Antwort, daran seien die Kirche und das päpstliche Regiment im Kirchenstaat, der bis hierher reichte, nicht unschuldig. Die zu jeder Zeit in Bologna wirkenden Mönche – im 17. Jahrhundert wurden fast 100 Konvente gezählt – hätten der Bevölkerung einen unausrottbaren Gemeinschaftssinn eingepflanzt. Der habe sich schon im 19. Jahrhundert im Aufbegehren gegen Fabrikherren und in der Bildung von Kooperativen geäußert, dann in der Bevorzugung der Sozialistischen, später der Faschistischen und schließlich der Kommunistischen Partei. Das diesen Parteien innewohnende Gemeinschaftselement habe immer überzeugt. Schon 1872 hielten die Sozialisten in Rimini den ersten Kongreß der italienischen Internationale ab. Zehntausende schrieben sich vor dem Ersten Weltkrieg noch in die Listen der Gewerkschaften ein. Das Bild wandelte sich, als in den 20er Jahren der Faschismus seinen Lauf nahm, als sich von der Sozialistischen Partei die Kommunisten abspalteten. In Bologna empfinden es die Kommunisten als Makel, daß Mussolini aus der Romagna stammt und in seiner Heimat treue Anhänger hatte, die sich mit den Linken damals blutige Straßenschlachten lieferten.

In den Provinzen der Emilia-Romagna übertrug man nach 1945 Kommunisten und Sozialisten die Verwaltung. Die Kommunistische Partei habe seitdem die »Auswüchse des kapitalistischen Systems« unterbunden, wie die Verantwortlichen im Rathaus von Bologna erklären, Bodenspekulation nicht aufkommen und kapitalkräftige Unternehmer nicht wachsen lassen. Sonst aber vermied sie, was an kommunstische Revolution, an die Diktatur des Proletariats, an Enteignung und Unterdrückung, an die allmächtige Willkür einer Partei nach dem Vorbild des Ostblock-Sozialismus hätte erinnern können. Dieser gezähmte, eher sozialdemokratische ›Kommunismus‹ gefiel der Mehrheit der Emilianer, auch, weil ihr Wohlstand stets zunahm.

Auch etwas Mönchisches ist den Bewohnern der roten Region wohl geblieben. Etwa, wenn sie die tägliche Arbeit, doch ebenso Politik und öffentliche Verwaltung als Pflicht auffassen, streng und ehrenhaft zu erfüllen, wenn ihnen die Disziplin in der Partei ebenso entspricht wie den Mönchen die Ordnung im Kloster und das Wort des Parteioberen so viel gilt wie der Befehl des Abtes. Auch in einem Kloster darf niemand zu hoch hinaus, niemand mehr haben als die anderen. An die Ähnlichkeit zwischen urchristlichem Besitzteilen und kommunistischen Utopien muß nicht erinnert werden.

Tatsache ist, daß die Emilia-Romagna nur geringe Anziehungskraft auf die Süditaliener bei der Arbeitssuche ausübte. Während die Industriegebiete von Mailand, Turin und Genua in den 50er und 60er Jahren von den Einwanderungswellen aus dem Süden überrollt und ihre sozialen Probleme fast unlösbar wurden, blieben nur wenige Süditaliener auf halbem Weg in der Emilia hängen. Nach der letzten Zählung lebten in der Lombardei etwa sechsmal so viele Einwanderer aus Süditalien (mit Sizilien und Sardinien) wie in der Emilia. So waren auch die urbanistischen Probleme geringer, die mit übermäßigem Wohnungsneubau verbunden sind. Die Stadtplanung konnte sich auf langsame Zuwachsraten einstellen.

Es ist auch richtig, daß die Kommunisten hier sich besondere Mühe geben, um den politischen Gegnern ihre Qualitäten zu beweisen, daß sie größere Skrupel haben, fünf gerade sein zu lassen. Aber haben sie diese Eigenschaften, weil sie Kommunisten oder weil sie Emiliani und Romagnoli sind? Die Geschichte lehrt, daß die Mächtigen hier nie so regieren konnten, wie sie wollten, daß die Emilianer immer ihren Freiheitsraum zu erweitern suchten und mit Geschick den Anspruch von Königen und Herzögen, von Adligen und Bürgerhäuptern zurückstutzten. Der Oppositionsgeist gegen oben liegt diesem Volk im Blut, mehr als jedem anderen Stamm Italiens.

So wird die Emilia-Romagna, ein Dreieck, dessen nördliche Grenze vom Po, die südliche vom Kamm des Apennin, die

Ostgrenze von der Adria gebildet wird, mit 22122 qkm etwas größer als Hessen, werden die rund 4 Millionen Einwohner nicht schlecht verwaltet. Seinen Namen hat das Land von der Via Emilia, der alten Straße des römischen Konsuls Marcus Emilius Lepidus, die fast wie mit dem Lineal gezogen Piacenza im Nordwesten mit Rimini im Südosten verbindet: Weite Ebenen im Norden am Po, die zur Adria hin gemächlich abfallen, freundliche Hügel im Süden, die erst an der Grenze zur Toskana zum schroffen Bergland werden. Acht Provinzen hat die 1970 errichtete Region: Bologna, Ferrara, Forlì (zum Teil die ehemalige Romagna), Modena, Parma, Piacenza, Ravenna und Reggio, jeder Hauptort getränkt von Geschichte und Kultur.

Oben auf dem Montecoronaro-Paß, in 860 m Höhe, an der Grenze zur Toskana, ziehen die Straßenarbeiter im Schneeregen vor Kälte die Schultern zusammen. Sie sollen eine Superstrada durch die Berge legen, um die Provinz Forlì, die »Romagna«, besser mit Perugia in Umbrien und weiter mit der Hauptstadt Rom zu verbinden. Vielleicht, daß dann auch der eine oder andere Adria-Tourist hinauf in den Apennin gelockt wird und man sich nicht nur mit einem kleinen Ausflug nach Faenza begnügt, dem Ursprungsort der Faencen.

In der Provinz Reggio sind die Maßnahmen zur Kanalisierung des Wassers noch unzureichend. Nicht selten kommt es bei langen Regenfällen zu Störungen auf der Autostrada del Sole und der wichtigen Eisenbahnlinie nach Mailand. Die Flüsse kommen hier von Süden aus den Bergen, wo im Jahr 1077 der deutsche Kaiser Heinrich IV. bei Eis und Schnee vor der Burg von Canossa die Gnade des Papstes Gregor VII. erflehte. In dieser Provinz verdichtet sich die Präsenz der Kommunstischen Partei auf europäisches Rekordmaß. Fast jeder sechste Reggianer ist eingeschriebenes Mitglied des PCI.

Nicht viel anders ist es in der Nachbarprovinz Modena. Jeder siebte hat hier den Parteiausweis. Hundert Kilometer weiter zur Lombardei hin, in Piacenza hingegen, zählen die Kommunisten nur noch jeden 34. zu den ihren. Dazwischen ist in dem dichtbesiedelten Gebiet das Charakteristische der Emilia deutlich zu erkennen, wenn nicht gerade der typische Nebel der Po-Ebene den Überblick nimmt: mittlere und kleine Industriebetriebe. Überall wird fleißig gearbeitet. Die Felder sind vorbildlich bestellt. Die Bauern haben sich fast ausnahmslos zu Genossenschaften zusammengetan. Diese *Consorzi* oder *Cooperative* gibt es bereits seit dem vorigen Jahrhundert, manche Gemeinschaften reichen noch weiter zurück. Sie sind kommunistischen, sozialistischen oder katholischen Ursprungs und so wenig zu unterscheiden wie ihre Produkte, Milch, Butter, der berühmte Parmesan-Käse, *Parmigiano-Reggiano,* oder der Parma-Schinken und noch manches andere. Diese Genossenschaften sind beileibe keine Kolchosen, wo allen alles, das heißt nichts gehört, sondern Arbeitsgemeinschaften, deren Glaubensüberzeugung sich nicht einmal sonntags an den Kirchgängern offenbart.

Deshalb rühmt man sich, daß die Emilia-Romagna ein höheres Bruttosozialprodukt erwirtschaftete, als ihr nach dem Bevölkerungsanteil zukäme, daß ihre Provinzen als südlichstes Land Norditaliens im Pro-Kopf-Einkommen an der Spitze stehen, daß sie die höchsten landwirtschaftlichen Erträge erzielen, mehr als die traditionellen »Speisekammern« Apulien und Sizilien, daß die Emilianer nach dem Anteil der Beschäftigten an der Bevölkerung die fleißigsten – oder die ehrlichsten, weil sie es angeben? – Italiener sind, daß die kleinen und mittleren Betriebe gegen Krisen unanfälliger sind und daher die Arbeitslosenquote erträglich ist. Eine Musterregion – gar nicht so »rot«.

Bologna, Piazza del Nettuno mit Palazzo Podestà

Bologna

La Grassa e la Dotta – wegen der guten Küche »die Fette«, wegen der Universität »die Gelehrte« genannt, das ist Bologna, vielleicht die mittelalterlichste Stadt der Po-Ebene, am Abhang des Apennin gelegen, sicher die größte. Uns fallen die Bogengänge auf, in denen sich bei trübem Regen und heißem Sonnenschein gleich angenehm spazieren läßt. Auf 35 km hat man ihre Gesamtlänge berechnet. Es ist, als ob damit Bologna und die Bolognesen Offenheit und Geschlossenheit zugleich demonstrieren wollten, das eine notwendig bei weitreichenden Handelsinteressen und als Zentrum der Wissenschaft, das andere erforderlich, wenn man sich jahrhundertelang fremder Machtansprüche erwehren mußte und noch mehr mit inneren Fehden beschäftigt war. Der ausgedehnte Festungsring zeigt, daß oft um die Stadt gekämpft wurde, die dem Papst in Liebe und Haß begegnete.

Die Geschlechtertürme – letzte Symbole eines Bürgersinnes, der hoch hinaus wollte – erinnern auch an die Streitigkeiten der Bologneser Adelsfamilien, und an ihren Gleichheitssinn. Einst ragten zweihundert davon auf, manche an die hundert Meter hoch, aber keiner dominierte. Kein Geschlecht konnte für längere Zeit die anderen beherrschen, wie in Florenz oder Mailand, nicht die Visconti, nicht die Bentivoglio. 13 Türme sind übriggeblieben, manche stehen zum Fürchten schief, wie die Torre Garisenda und die Torre Asinelli.

Gegensätze gab es immer in Bologna. Da bekriegten sich Guelfen und Ghibellinen, Anhänger des Papstes und des deutschen Kaisers. Da hielten die Bürger im 13. Jahrhundert König Enzo, den Sohn des Staufenkaisers Friedrich II., 23 Jahre lang gefangen oder zerstörten 250 Jahre später im Zorn die Statue Papst Julius' II., der seine Herrschaft auf die Romagna wieder ausdehnen konnte, weil der Sohn seines Vorgängers Alexander VI., Cesare Borgia, und er selbst zu kriegerischen Taten neigten. Da klatschten die Bologneser Beifall, als 1530 Papst Klemens VII. den deutschen König Karl V. zum Kaiser krönte, und hatten nichts dagegen, daß man wegen des neu aufflammenden Streits zwischen Kaiser und Papst 1547 das Konzil von Trient in ihre Stadt verlegte. Auch als *Docta*, »Gelehrte«, stand Bologna nicht immer im Einklang mit der Kirche. Die Professoren und Studenten der Universität, die nach ihrer Gründung Ende des 11. Jahrhunderts als die älteste des Abendlands gilt, gingen bis heute oft ihre eigenen Wege, unbekümmert um politische oder geistliche Autoritäten. Der Eigensinn der Bürger hat sich an der Piazza Maggiore, dem Hauptplatz der Stadt, mit dem Dom San Petronius, dem Palazzo di Re Enzo, der Wohnung des unglücklichen, von 1249 bis 1272 gefangengehaltenen Staufersohnes, und dem Rathaus ein dreifaches, imposantes Denkmal gesetzt. Ob auch die Bogengänge in der Innenstadt, die keinen Palast bevorzugen und nur diesen Hauptplatz vor Dom und Rathaus hervorheben, Zeichen demokratischen Sinnes sind, Ausdruck von Volksherrschaft?

Die heutigen Stadtväter wollen es so deuten. Sie suchen mit Sorgfalt den historischen Stadtkern zu erhalten. Ihre Planung gilt als vorbildlich. Doch bleibt die Verwirklichung zuweilen dahinter zurück. Man darf etwa in der Via Zamboni, die von der Piazza Maggiore an den Gebäuden der Universität vorbei zum Stadttor des Heiligen Donatus führt, nicht zu genau die Fassaden und Innenhöfe der Paläste betrachten, wenn das offizielle Bild einer erfolgreichen Stadtsanierung bestehen soll. Zudem regt sich Kritik an der Restauration: Bologna solle doch kein Museum werden; jede Epoche habe das Recht, Veränderungen vorzunehmen, warum nicht auch die jetzige; ohnehin verließen schon zu viele die Innenstadt, weil die Wohnverhältnisse zu eng und unbequem seien; die Stadt sterbe aus, sei abends nur noch von Studenten bevölkert.

Den letzten Krieg spürte Bologna schmerzlich. Vom 17. Juli 1943 bis zum 21. April 1945 flogen die Alliierten 50 Bombenangriffe gegen die Stadt, die deutschen Besatzer im Visier. Bei Kriegsende stand die deutsche Armee – trotz der Aktionen der Partisanen und der darauf folgenden Vergeltungsaktionen der deutschen Truppen und der italienischen Faschisten – noch in der Emilia.

Ravenna, Kloster San Vitale

Ravenna

Eine ganz andere Welt als in Bologna öffnet sich uns in Ravenna. Auch hier müssen wir zunächst von den Industriesiedlungen absehen. Doch dann tauchen die vergangenen Jahrhunderte auf, die letzten Jahrzehnte des Weströmischen Reiches, die Ära des Ostgotenkönigs Theoderich, der hier sein stolzes Grab hat, die strahlende Zeit der Byzantiner in Italien. In den uralten Kirchen weht uns der Geist einer fernen Epoche an, in der Ost und West in Europa eins waren. Von den Mosaiken in

San Vitale, Sant'Apollinare Nuovo und Sant'Appollinare in Classe, in den Taufkirchen der Orthodoxen und der Arianer, im Mausoleum der Galla Placidia scheinen die Heiligen herabzusteigen und uns den Weg zu weisen in ein anderes Reich.

Um die Kirche San Apollinare in Classe, draußen vor der Stadt Ravenna, dem weltberühmten Monument byzantinisch-romanischer Kunst, weiden Ziegen. Gegenüber hängen Zigeuner Wäsche auf die Leine, offenbar in der Hoffnung, daß die schweren Regenwolken dicht über der Ebene sich nicht entladen. Gestern sind einige Aquädukte hier gebrochen. Es hatte zuviel geregnet, schon seit einem Monat. Viele in den Ortschaften bei Ravenna sitzen mitten im Regen buchstäblich auf dem Trockenen. Mit einem Tankwagen ist da nur wenig zu helfen. Moderne Wasserleitungen müßten her, meint mißmutig ein Arbeiter. Doch in der Stadt steigt das Grundwasser mit drohender Stetigkeit und gefährdet die Häuser, die kostbaren Mosaiken vor allem, die einzigartigen Denkmäler aus der Zeit, als das römische Reich in die Hände neuer Herren überging. In der Kirche San Vitale und im Mausoleum der Galla Placidia sind die Pumpen nicht zu hören; aber sie arbeiten ständig, um das Wasser fernzuhalten. Die ehemalige Lagunenstadt Ravenna kämpft mit ähnlichen Schwierigkeiten wie Venedig.

Im Herzen der Stadt bereitet es Mühe, das Grab Dante Alighieris, des größten Dichters Italiens, zu finden. Ein junger Mann entschuldigt sich, indem er auf den genauen Platz zeigt: »Für die Größe Dantes ist das Grab ziemlich klein.« Die Ravennaten sind stolz darauf, daß sie vor 660 Jahren Dante zu seinen Lebzeiten gastlich aufnahmen und nun auch den Toten in ihren Mauern beherbergen dürfen. Sie wollen ihn nie hergeben, mögen die Florentiner noch so drängen. In alle Ewigkeit wird es Florenz anhängen, daß es Dante gebar, doch ihm so wenig Liebe erwies, wie Dante selbst in seinem Grabspruch beklagt, *quem genuit parvi Florentia mater amoris,* »das ihn gebar, Florenz, die Mutter so karger Liebe«. Er wird ewig grollen, daß ihn seine Heimatstadt in die Verbannung verstieß.

Ferrara, Domportal

Ferrara

Vergangenheit und Gegenwart stehen in Ferrara in einem kräftigen Gegensatz, der nur in Italien versöhnlich aufgelöst werden kann. Gestern war es die Hauptstadt des Geschlechts der Este – »Ferrara ward durch seine Fürsten groß«, diesen Satz verdanken wir Goethe –, doch heute wählen die Bürger kommunistisch. Für den politischen, auf Gleichheit ausgerichteten Sinn der Ferraresen gibt es viele Erklärungen, historische und auch die, daß man den Schwierigkeiten mit dem allgegenwärtigen Wasser des Po, dem Bau von Be- und Entwässerungsanlagen nur gemeinsam gewachsen sei, aber keine befriedigenden. Jenseits des Po im Norden, in der ehemaligen Republik Venedig, sind die Verhältnisse nicht anders, nur mit christlich-demokratischem Vorzeichen. Sei's drum. Dem Kastell in Ferrara, der viertürmigen Wasserburg der Este, sieht man nicht an, ob gute oder schlechte Herzöge dort regierten, der Kathedrale nicht, ob die Erzbischöfe etwas taugten, den Skulpturen im Dom-Museum, den Gemälden der Pinacoteca Nazionale nicht eventuelle Schurkereien der Auftraggeber. Der stolze Palazzo Comunale verrät nichts von den Erfolgen oder Fehlgriffen der Stadtherren von gestern und heute.

Modena

Auf der Via Emilia fahren wir von Südost nach Nordwest, am Rand des Apennin entlang. Auf den ersten Blick scheint Modena, 39 km westlich von Bologna, wenig Mittelalterliches aufzuweisen. Die Stadt pulst im Rhythmus eines modernen Produktionsbetriebes, der von Nahrungsmitteln über modische Strickwaren und geschmackvolle Keramikerzeugnisse bis zu schnellen Autos der männlichen Sehnsuchtsmarken Ferrari, Maserati und De Tomaso vielerlei anbietet. Aber noch stolzer als auf ihr hohes Pro-Kopf-Einkommen und auf die pro Einwohner höchste Zahl an Patenten und Gebrauchsmustern sind die Modenesen auf die Zeugnisse ihrer alten Kultur, auf den in den letzten Jahren mustergültig restaurierten Dom, der die älteste und schönste romanische Großkirche Norditaliens ist, und auf die Schätze der Biblioteca und der Galleria Estense, auf alles, was die Familie der Este in Jahrhunderten der Herrschaft hinterlassen hat.

Reggio

An Kunstschätzen und bedeutenden Bauwerken mag Reggio (*nell' Emilia* – ein zweites Reggio liegt in Kalabrien und hat deshalb den Zusatz *Calabria*) hinter Modena zurückstehen, obwohl hier Dom und Rathaus an der Piazza Prampolini ebenso unsere Bewunderung fordern. Auch an Wirtschaftskraft liegt es um ein geringes hintendran. An Stolz und Freiheitssinn jedoch nicht. In der italienischen Einigungsbewegung des vorigen Jahrhunderts wurden die grün-weiß-roten Farben der Stadt zur Nationalflagge Italiens, zur *Tricolore.* Das schwellt noch heute die Brust derer von Reggio, und wehe einem italienischen Ministerpräsidenten, der das Geburtsrecht der Tricolore für Mailand in Anspruch nehmen wollte! In der Provinz Reggio erinnern uns die Ruinen der Burg von Canossa an eine der bittersten Stunden des deutschen Königtums, als Heinrich IV. vom 25. bis zum 27. Januar des Jahres 1077 barfuß im Schnee von Papst Gregor VII. die Lösung von der Exkommunikation erflehte.

Parma

Leuchtet über Modena und Reggio der Name der Este, so über Parma und Piacenza jener der Farnese. Waren die Este ein schon im Mittelalter in Deutschland und Italien bekanntes Adelsgeschlecht, so wurden die Farnese erst groß durch den Nepotismus Papst Pauls III. (1534–1549), der seinem Sohn Pier Luigi Farnese das Herzogtum Parma einfach schenkte. Doch trotz des fragwürdigen Erwerbs regierten die ersten Farnese-Herrscher zum Wohl der Stadt. Deshalb müssen wir in Parma unsere Aufmerksamkeit teilen zwischen der Stadt des Mittelalters, wie sie sich mit dem Dom Santa Maria Assunta und dem Baptisterium darbietet, und dem, womit die Farnese ihre Residenz schmückten, dem Palazzo della Pilotta mit dem berühmten Teatro Farnese, dem ganz aus Holz gebauten, Anfang des 17. Jahrhunderts größten Theater Europas, und dem Palazzo Ducale mit dem stattlichen »Herzoglichen Park«.

Piacenza

Wie Reggio im Schatten Modenas stand, so mußte Piacenza, direkt an der Grenze zur Lombardei gelegen, hinter der Hauptstadt des Herzogtums Parma zurückbleiben. Die Piacentiner tragen es mit Fassung, kehren lieber ihre größere bürgerliche Freiheit außer Reichweite der Farnese hervor. In der Tat sind der Dom und das Rathaus – hier nicht nebeneinander, sondern gut 500 m voneinander entfernt, zur Klärung geistlich-bischöflicher und weltlich-bürgerlicher Machtverhältnisse – gut gelungen, während der Palazzo Farnese an dritter Stelle unvollendet geblieben ist.

Zu schön für heute – In Genua

Kurz nach 15 Uhr heulten die Sirenen, Feuerwehr, Carabinieri, Krankenwagen wurden alarmiert. In der Via Canevari, nahe der Via Bobbio, im Zentrum Genuas, verbreitete sich Schwefelgeruch. Angst packte Passanten und Autofahrer, die sich in der belebten Durchfahrtsstraße zwischen dem Hauptbahnhof, der *Stazione Brignole,* und der Autobahnausfahrt Genua-Ost, entlang dem Fluß Bisagno, aufhielten. Kleine Fabriken aller Art stehen dort neben den Wohnhäusern. In einer Chemiefabrik war Gas entwichen – hochgiftiges, lebensgefährliches. Unkontrolliert hatte ein Lastwagenfahrer zum Entladen Schläuche falsch angeschlossen, und schon war das Unglück geschehen. Wie vor Jahren in Seveso bei Mailand, als eine Giftgaswolke Unheil anrichtete. Die Menschen flohen. Panik überfiel die Bewohner der umliegenden Häuser. Erst allmählich hörte man Genaueres. Aus der Fabrik Bocciardo, einer alten genuesischen Gerberei, hatte man drei tote Arbeiter fortgebracht; von dort waren Schwerverletzte und Personen mit leichteren Vergiftungen in Wagen mit kreisendem Blaulicht fortgebracht worden. Der Trost, daß es noch schlimmer hätte kommen können, war gering.

So war die Erregung in Genua groß über diesen ›Arbeitsunfall‹. Es kam den Bewohnern im Hauptort der Region Ligurien, des in der ganzen Welt so berühmten Küstenstriches der *Riviera di Ponente* (westlich von Genua bis nach Ventimiglia an der Grenze nach Frankreich) und der *Riviera di Levante* (östlich bis nach La Spezia), zu Bewußtsein, mit welch gefährlichen Nachbarn sie zusammenleben, wenn chemische Fabriken in der Nähe sind. Die erste Reaktion war, aufs neue gegen das Risiko am Arbeitsplatz zu protestieren: »Wenn man am Morgen in die Fabrik geht, um seinen Lebensunterhalt zu verdienen, ist man nicht sicher, daß

Genua

man am Abend ohne Schäden wieder herauskommt«, schrieben die Zeitungen, die »ewige Verdammnis« dessen beklagend, »der arbeiten muß, um zu leben«. Von hier war es für manche nicht weit, dem Staat, den Unternehmern, dem kapitalistischen System die Schuld an diesem Unfall zu geben.

Doch auch ohne das politische Ausnutzen der Fahrlässigkeit eines Arbeiters ist die Bilanz der Arbeitsunfälle, ist die Gefährdung der Umwelt durch Fabriken in Italien erschreckend genug. Die Verseuchung von Seveso war nur der spektakulärste Fall von vielen, oft tödlich ausgehenden Unfällen. Doch immer noch wird die Diskussion über die Gefährlichkeit der Fabriken und die Sicherheit am Arbeitsplatz in Italien meist ohne Nachdruck geführt. Darüber hinaus werden oft elementare Schutzmaßnahmen nicht befolgt. Außerdem: Gegen Unfälle soweit wie möglich geschützte Arbeitsplätze sind zugleich teure Arbeitsplätze. Nicht selten kann man für einen sicheren Platz zwei weniger gut eingerichtete Arbeitsplätze schaffen, und tut es auch.

Über diese wirtschaftlichen Überlegungen hinaus bedrückt die Genuesen die Enge ihrer Stadt. Gewiß, es gibt dort breite Boulevards. Doch der überwiegende Eindruck in Genua ist geprägt von einem durcheinander und übereinander laufenden Gewirr von Wohnhäusern, Industrieanlagen, Fabriken, Hochstraßen, Hafenkränen, Eisenbahnschienen. Man muß mit dem Schiff schon weit aufs Meer hinausfahren, um zu verstehen, daß dieses übereinandergetürmte Stadtkonglomerat einst »Das stolze Genua« hieß, *La Superba.*

Das war die Stadt, in der im Jahr 1298 Marco Polo im Gefängnis seine Erlebnisse der Reise von Venedig nach China für das Buch *Il Milione* diktierte, in der Christoph Kolumbus 1451 geboren wurde, in der Friedrich Schiller seine Tragödie »Die Verschwörung des Fiesko« spielen ließ, von der noch Jacob Burckhardt, der große Kunsthistoriker und Italienkenner des vorigen Jahrhunderts schwärmte: »Wie könnte ich dein vergessen, süße, rauschende Stadt, hoch auf Felsen über dem Meer getürmt, mit deinem weiten, prächtigen Hafen! So, wie ich dich das erste Mal sah, bist du mir jeden Augenblick gegenwärtig, ein phantastisch schönes Bild, im duftig italischen Abendglanz, wie sich's keiner vorstellen kann, der es nicht gesehen hat.« Und auch Friedrich Nietzsche war bei seinen längeren Aufenthalten zwischen 1880 und 1888 oft entzückt: »Ich habe mir diese Stadt, ihre Landhäuser und Lustgärten und den weiten Umkreis ihrer bewohnten Höhen und Hänge eine gute Weile angesehen; endlich muß ich sagen: ich sehe Gesichter aus vergangenen Geschlechtern – diese Gegend ist mit den Abbildern kühner und selbstherrlicher Menschen übersät.« Und noch ein wohlwollender Zeuge, Hermann Hesse, 1901: »Genua gab mir das erste echt italienische Bild: Sonne, helle weiße Häuser, blaugrünes Meer schillernd, bunt gekleidetes Volk, Bettler und Bummler auf den Treppen der Häuser und Kirchen. Dazu der Hafen mit Schiffen aller Länder. Nahe beim Leuchtturm ein Spielplatz, wo Arbeiter sehr gewandt und eifrig Boccia spielen.«

War Heinrich Heine boshaft oder realistisch, als er bereits 1828, als von den bösen Folgen der Industrialisierung und des Verkehrs noch keine Rede sein konnte, schrieb: »Die Stadt ist alt ohne Altertümlichkeit, eng ohne Traulichkeit, und häßlich über alle Maßen.« So scheint sie heute, wenn man sich nicht mit einzelnen Schönheiten trösten will. Handel und Industrie, die der knappen Million Einwohner von Groß-Genua Arbeit und Brot geben, haben der Stadt in weiten Teilen Stolz und Schönheit genommen. Wer über die Hochstraße, die *Sopraelevata,* rund um den Hafen fährt, über sich das Amphitheater der ligurischen Metropole, vermißt vor allem den Schwung, den kühne Technik modernen Städten verleihen kann. Die Wohn- und Arbeitsstätten vieler Genuesen sind in wenig ansehnlicher und äußerst gefährlicher Weise zusammengeflossen.

Der Betriebsunfall in der Via Canevari hat den Einwohnern der Superba vor Augen geführt, daß es nicht um ästhetische Belanglosigkeiten geht. Die Klagen über die Unwirtlichkeit der Städte und die »Verhäßlichung« – *l'imbruttimento,* so der treffende italienische Ausdruck – der Küstenstriche am Tyrrhenischen wie am Adriatischen Meer – die einst schönen Städte und Orte der Riviera hier legen dazu beredt Zeugnis ab – haben auch eine lebensgefährliche Dimension. Je enger im industriellen Zeitalter Arbeit und Wohnen zusammenrücken, je näher der Fabrikschornstein an der Küche steht, desto bedrohlicher wird es für den Menschen, wenn er nicht sorgfältig Vorsorge trifft. Nur zu leicht hätte der Unfall in der Gerberei die umliegenden Wohnquartiere schwer in Mitleidenschaft ziehen können. Was gestern in der Via Canevari geschah, kann morgen mit schlimmen Folgen in den gedrängten Vierteln am Hafen, im historischen Zentrum der Stadt, passieren; diese Erkenntnisse beunruhigen die Genuesen, ohne daß freilich bald mit Abhilfe zu rechnen ist.

Viel Raum, diese Mesalliance von Wohn- und Arbeitsstätten aufzulösen, bleibt den

Genuesen nicht. Sie haben nur einen schmalen Küstenstrich zur Verfügung. Die Wohnburgen klettern ohnehin die steilen Berge hinauf. Längst ist die Kapazität der Plateaus ausgeschöpft. Für ›grüne Lungen‹ ist kein Platz. In den vergangenen dreißig Jahren sind zu viele Einwohner aus dem Süden nach Genua geströmt. Mit imposanten Bauten versuchte man, die Wohnungsnot zu lindern; aber es entstanden schon nach kurzer Zeit häßliche Quartiere.

Die Gebrechen der Stadt – die ›schwarze Chronik Genuas‹ hat Tag für Tag dunkle Seiten – scheinen hinter den Produkten der Industrie, den Erträgen des Handels zurückzutreten. Aber die warnenden Stimmen mehren sich. Der einst lebhafte Hafen macht oft mehr durch Stillstand von sich reden als durch Betriebsamkeit. Es soll Genua nicht ergehen wie dem stolzen Luxusschiff »Leonardo da Vinci«, das in den Hafen einlief, um abgewrackt zu werden. Die Stadtväter müssen verhindern, daß sich in Genua der Unrat von Industrie und Handel zusammenballt, während die Rivierastädtchen der Umgebung sich mit den Erträgen dieser Arbeit schmücken. Denn in Bordighera und San-Remo, Imperia und Savona, Santa Margherita Ligure, Portofino und Rapallo, in Chiavari und Sestri ankern mehr Jachten denn je.

Alles um der Schönheit willen – In der Toskana

Jeden Morgen wird die Landschaft neu geboren, wenn der Mensch die Szene betritt. Denn die Toskana scheint kein Werk der Natur, sondern menschliche Schöpfung, wie von Künstlerhand auf Bergen und Hügeln, in Tälern und Ebenen arrangiert. Aus dem Nebel der Nacht, dem Dunst der Dämmerung lösen sich langsam die Hügel, nehmen Konturen an, Hügel, die wie endlose Wellen das Land überziehen, manchmal sich spielerisch an einen Höhenzug verlieren, zuweilen ein Städtchen präsentieren. Aus unterschiedslosem Grün wachsen niedrige Büsche, kräftigere Bäume. Wohlbestellte Felder treten hervor, wie nur zur Zierde auf die Hügel gelegt. Weinreben, Olivenbäume, Sonnenblumen wirken, als seien sie mehr um der Schönheit der Landschaft willen als wegen des nützlichen Ertrags für die Menschen gepflanzt. Und immer wieder setzen Zypressen unübersehbare Akzente, schlagen strengen Takt gegen die Erde und unterteilen den Horizont. Dunkle Pinien wölben sich gegen den Himmel. Jede Jahreszeit hat in der Toskana ihren Reiz, aber vielleicht ist es im Herbst besonders schön, wenn das Laub der Bäume und der Weinreben in tausend Farben flammt, oder – im Frühling, wenn sich zartes Grün zum Wachstum schickt, oder – im Winter, wenn karge Farben spätere Üppigkeit verheißen, oder – im Sommer, wenn alles unter brennender Sonne reift.

Die Städte der Toskana faszinieren nicht weniger als das Land. Daß sie vorhanden sind, nehmen wir als selbstverständlich; daß sie jedoch im Mittelalter entstehen konnten, dazu bedurfte es vieler Voraussetzungen: einer Überschußproduktion in der Landwirtschaft, mit der die Neubürger versorgt werden konnten, des Willens und der Fähigkeit, in einer Siedlung eng zusammen zu wohnen, der Tüchtigkeit von Handwerkern, die mit ihrem Können das Leben erst möglich machten,

der organisatorischen Durchsetzungskraft der führenden Familien, ein Gemeinwesen zu ordnen, und vieler anderer menschlicher Leistungen. In der Toskana half vielleicht die Erinnerung an die römischen Siedlungen der Antike, auch das theoretische Wissen, die praktische Technik und die Moral der christlichen Ordensleute in den Klöstern. So bildeten sich Städte und Städter: ein Kompositum von Hütten, Häusern und Palazzi, Kapellen und Kirchen, Straßen, Plätzen und Treppen, meist auf einem Hügel oder am Bergabhang gelegen, bis alles im ganzen und im einzelnen urbane Form annahm; Personen, die das Dasein zusammen meisterten und ihr Selbstbewußtsein in stabile Formen der Gesellschaft fügten, zu demokratischem Machtausgleich oder kontrollierbaren Kräfteverhältnissen im Stadtstaat kamen. Selbst im kleinen tritt uns in den Städten hochgemuter Bürgerstolz entgegen, erst recht im großen, im Rathaus, im bischöflichen Dom.

Die Crete

Es ist ein auffälliger Kontrast zu den sonst so anmutigen, von reicher Vegetation überzogenen Hügeln der ›klassischen‹ Toskana. Die »Crete« (wohl vom lateinischen *Creta* = Kreide), ein Landstrich südöstlich von Siena zwischen Taverne d'Arabia und Asciano, überraschen ob ihrer Einmaligkeit. Die Hügel sind in star-

kem Maß Erdrutschen und Erosionen ausgesetzt und gleichen in ihrer Kahlheit einer abweisenden Mondlandschaft. Das Licht spielt mit den kahlen Hügeln, zaubert mal aschgraue, mal weißliche, mal blaßgrüne oder gelbbraune Farben auf die Erde. Nur kurze Gräser und Kräuter gedeihen auf dem kargen Boden; nur Schafe begnügen sich damit. Welch ein Unterschied zu den fruchtbaren Hügeln des Chianti-Gebiets, wo üppige Weinreben köstlichen Ertrag versprechen! Die Crete haben Künstler und Mönche fasziniert; die ersteren nahmen sie als Hintergrund für ihre Bilder, die zweiten als Stätte glühender Gebete wie etwa in dem nahen Benediktinerkloster Monte Oliveto Maggiore.

Siena

In Siena muß man zuerst zur Piazza del Campo gehen. Tritt man aus dem Gewirr der Gassen und Treppen im Zentrum der Stadt heraus und sieht den Platz, drängt sich der Superlativ auf, er sei der schönste. Von Siena, der Toskana, gar Italiens, vielleicht in der ganzen Welt. Denn die Piazza ist überwältigend. Die Sienesen wissen es, kennen die Vergleiche mit einer riesigen Muschel, mit einem Theater, in dem Bürger und Besucher ihr eigenes Stück aufführen dürfen. Überschwenglich ist die Begeisterung , wenn zwei Mal im Jahr alle zum *Palio* zusammenkommen, einem Pferderennen, das zu Ehren der Jungfrau Maria, der Patronin Sienas, gefeiert wird. Ein fast heiliger Ernst erfüllt die Einheimischen dabei, der bei den Bürgern des siegenden Stadtviertels in nicht enden wollenden Jubel übergeht. Künstlerisch haben sich die Sienesen in dem Palazzo Pubblico verewigt. Kann ein Rathaus Bürgerstolz überzeugender ausdrücken als dieser stattliche gotische Palazzo mit seinem hochaufragenden Turm? Eifersüchtig hat man in Siena über die Schönheit des Campo, dieser unvergleichlichen Piazza, gewacht. Nichts durfte verändert werden. Kein Haus sollte sich vorwitzig aus der Linie der anderen Palazzi vorwagen. Da kannten die Stadtväter keinen Pardon; es mußte abgerissen werden und setzte Strafen obendrein. Nichts *all'italiana.* Im Stadtarchiv liegen Zeugnisse, wie drakonisch die ästhetische Schändung des Platzes geahndet wurde.

Die Balze von Volterra

In Volterra kommen Geheimnis und Gefahr zusammen. Dunkel umgibt die Stadt, die etwas abseits der Hauptwege liegt. Viele Touristen vergessen sie beim ersten Besuch in der Toskana. Dabei kann Volterra auf großartige und nicht wenige Zeugnisse der etruskischen und mittelalterlichen Vergangenheit verweisen. Aber diese erschließen sich erst bei genauerem Hinsehen, wenn man das Geheimnis der Geschichte unbedingt lüften will. Sonst versteckt sich Volterra lieber. Oder die Stadt wirkt gar bedrohlich. Die *Balze* in unmittelbarer Umgebung im Nordwesten sind schroffe Abhänge, von Geröll, Erdrutschen und Verwitterung bestimmte Hügel. Erosionen und Korrosionen nagen an der Erde. Es kommt häufig zu Hügelabbrüchen und Geröllhalden. Der Verfall, der bereits etruskische Grabanlagen, einen Teil der Mauern und eine Kirche des Mittelalters in den Abgrund gerissen hat, schreitet fort. Wir müssen also eilen.

Pisa

Der Schiefe Turm ist von Pisa nicht wegzudenken. Die *Torre Pendente* ist Wahrzeichen dieser Stadt am Arno und darüber hinaus Symbol für Italien und das Leben *all' italiana*; es muß nicht alles gerade und geordnet sein, es geht und steht auch so. Zudem setzt der Campanile, in aller Welt bekannt, faszinierend sowohl ob seiner statischen Eigenschaft als auch wegen der kunstvollen Architektur, das markanteste Zeichen auf der *Piazza dei Miracoli,* dem »Platz der Wunder«, auf dem sich in glänzender Marmorpracht frei das Dreigestirn von Dom, Baptisterium und Campanile erhebt; die Mauer des nahen *Camposanto,* des Friedhofs, zieht die markante Grenze. In anderen Städten der Toskana umstehen meist Bischofskathedrale, Taufkirche und Glockenturm den Platz; hier bilden sie die Hauptsache, durch die Weite des Platzes eindrucksvoller hervorgehoben als im engen Florenz. Selten fügen sich drei Kunstwerke allerhöchsten Ranges in gleichmäßiger Schönheit zu einer so monumentalen, harmonischen Einheit zusammen. Der Schiefe Turm fügt dieser Vollkommenheit etwas Waghalsiges, Erheiterndes hinzu.

Pistoia

Ich lese gern Inschriften. Wenn sie in Stein gemeißelt sind, hofft man auf besonders tiefe Einsichten. Eine, die mir besonders gefällt, findet sich im Palazzo del Podestà zu Pistoia. Dieser auch Pretorio genannte Palazzo wurde im 14. Jahrhundert als Amtsitz für den Podestà, den (Florentiner) Stadtherrn errichtet und diente später als Justizgebäude. Da steht in knappem Latein: *Hic locus odit nequitiam, amat leges, punit crimina, conservat iura, honorat probos.* – »Dieser Ort haßt die Bosheit, liebt die Gesetze, bestraft die Verbrechen, bewahrt das Recht, ehrt die Rechtschaffenen.« Ein guter Grundsatz für ein jedes Gemeinwesen, und, wenn man es recht bedenkt, paßt er nicht schlecht zu den Toskanern.

Schönheit und Mühe

Wer »Carrara« hört, denkt an Marmor. Und wer Marmor sagt, meint Schönheit. Zusammen mit dem nahen Massa bildet Carrara, nahe der Grenze zu Ligurien am Tyrrhenischen Meer, etwas oberhalb in den Hügeln auf dem Weg hinauf in die Apuanischen Alpen gelegen, eines der größten Zentren des Abbaus und der Verarbeitung von Marmor in Italien und der ganzen Welt. Das liest sich leicht. Doch wer von Carrara aus höher hinauffährt, nach Colonnata, Fantiscritti oder Ravaccione, wer in den Steinbrüchen herumgeht – unter dem Stirnrunzeln der Arbeiter, denn die Furcht, es könnte etwas passieren, ist auch heute noch allgegenwärtig –, wer mit den Ingenieuren und Steinmetzen ins Gespräch kommt, wird bescheiden, weil hier die Arbeit eine gefährliche Last für den Menschen ist. Es scheint, als wolle die Natur nur widerwillig ihre Schätze hergeben, nachdem sie sich in Jahrmillionen bemüht hat, Kalkstein zu dem geschätzten Kalziumkarbonat zu pressen; ihren Anstrengungen soll der Mensch mit seiner Mühsal entsprechen. Gewiß, die moderne Technik ist aufmar-

In den Marmorsteinbrüchen von Carrara

schiert. Überall rattern Diamant- und Granitgattersägen, wetzen Blockschneidemaschinen und drehen sich Transmissionsradbohrer, schreien Steinsägen, dröhnen Preßlufthämmer, kreischen Polierbandmaschinen, fressen sich Fräsen behend in verschiedenfarbigen Marmor, so daß der feine Pulverstaub mit dem Sonnenlicht sich zu einem vieltausendfachen Gefunkel und Geflirre mischt. Riesige Gabelstapler und Bagger machen sich mit den tonnenschweren Blöcken zu schaffen. Moderne, leistungsstarke Lastwagen übernehmen den Transport auf steilen Straßen hinunter. Das Gruseln mag einen überkommen, wenn man sich all die technischen Mittel von heute wegdenkt. Wie ohnmächtig steht dann der Mensch vor dem Marmorgebirge und den einzelnen Brokken, ausgerüstet nur mit seiner Muskelkraft, ein paar Werkzeugen und grenzenloser Geduld. Damals in der Antike mußten Sklaven heran. Elende Schufterei, knochenverzehrende Fron war es in den Steinbrüchen hier im antiken Luni. Sklavenarbeit, gefürchtet, verdammt, oft ein Todesurteil.

Im Marmor kann sich der Mensch verewigen, in der Gewißheit, daß auch Kommende von ihm erfahren, daß man noch nach Hunderten von Jahren seiner gedenken werde. Was kann der sterbliche Mensch mehr tun, wenn er sich denn auf Erden ein wenig Unsterblichkeit sichern will, als sein Werk, sein Schönheitsideal, seine Vorstellungen von männlicher und weiblicher Faszination, seine Unternehmungen in einer Inschrift dem Marmor anzuvertrauen? Marmor garantiert Weiterleben nach dem Tod. Das muß es gewesen sein, warum die größten Bildhauer der europäischen Kunst sich den Marmor für ihre Werke auswählten. Die Schönheit des Menschen, aber auch seine Qual, seine Größe und seine erbärmliche Schwäche konnten nur in diesem schweren Edelstein für immer festgehalten werden. Untrennbar ist Michelangelo, der Universalkünstler der Renaissance (1475–1564), mit Carrara und dieser Bestimmung des Marmors verbunden, weil er hier selbst in die Steinbrüche ging. Aber Genies sind selten. Nicht immer gelingt in einem Kunstwerk die höchste Vollendung des Marmors, sei es der glänzend weiße, der *Statuario,* oder jener mit roten, grünen und orangefarbenen Flächen und Adern, je nach den Metallen, die sich dem Stein eingeprägt haben.

Die Künstler haben den Ruhm von Carrara begründet. Doch Brot und Arbeit sichert heute in der Gegend von Massa und Carrara nur mehr die Masse der Bestellungen, die Wünsche der vielen nach festen Fußböden und glänzenden Fassaden, nicht nur nach Denkmälern, sondern auch nach Waschtischplatten. Dank seiner Konsistenz, der Dauerhaftigkeit und Resistenz gegen Wasser und Verschleiß ist der Marmor auch im Alltag des häufigen Verbrauchs anderen Materialien überlegen. Doch immer noch glänzen die Augen der Arbeiter, wenn ein Künstler kommt, mehr als wenn ein namenloser Manager mit einem Großauftrag Geld für lange Zeit sichert. Dann spürt man auf den Gesichtern der Steinbrecher und Polierer, der Lastwagenfahrer und Lageraufseher den Zauber und den Fluch des Marmors, der nicht ein Stein wie jeder andere ist. Auch die Toskana ist nicht eine Region wie jede andere.

In Florenz – aber wie?

Warum soll man es nicht ganz anders anstellen in Florenz! Die gewöhnliche strenge Vorgabe, in der Stadt am Arno vor allem Kunst und Kultur aufzunehmen und höchstens mit schlechtem Gewissen an ein paar hübsche Läden und etwas Eßbares zu denken, können wir auch einmal beiseite schieben. Florenz drängt sich dafür geradezu auf. Nirgendwo auf der Welt stehen so viele Kunstwerke so eng beieinander wie hier, und zugleich bietet die Innenstadt in zahlreichen Geschäften ein Kaleidoskop italienischen Chics. Mit dieser bequemen Konzentration können nicht einmal Rom und Mailand mithalten.

Der Grund dafür sind die handwerklichen Traditionen der Florentiner, die sich seit dem Mittelalter mit Hingabe und unerschöpfbarer Kreativität allem widmeten, was das Äußere von Mann und Frau schöner und gefälliger, das Leben reizvoller und verlockender machte. Das beweisen die Kreationen der Alta Moda und des Prêt-à-porter, die in den Boutiquen des historischen Zentrums verführerisch präsentiert und bei vielbesuchten Modeschauen einem internationalen Publikum vorgeführt werden, weiter die Pelze und Antiquitäten, die Textilien, an denen sich zeigt, daß die Florentiner jahrhundertelange Erfahrungen mit Wolle, Leinen und Seide, mit Färben und Weben, mit Stickereien und Spitzenwerk besitzen, dazu die Lederwaren, deren Handtaschen, Gürtel, Schuhe und Jacken einfach einen besonderen Pfiff aufweisen, Gold- und Silberschmuck, und nicht zuletzt die Delikatessen und Weine der Toskana. Kunstsinn und Geschmack liegen hier nahe beieinander, ästhetisch und geographisch.

So kann man im *Centro storico* alles zu Fuß machen. Warum da nicht abwechseln zwischen einer Kirche und dem kleinen Heiligtum eines italienischen Modeschöpfers, einem Palazzo und einem Juwelier. Wären die Florentiner Handwerker nicht beständig um die Verschönerung der kleinen Seiten des Lebens bemüht gewesen, hätten die Künstler, ein Ghiberti, ein Brunelleschi oder ein Michelangelo nie ihre großen Werke schaffen können.

Aber wo findet man den feinen Florentiner Stil, der nur erlesene Materialien gelten läßt? Natürlich in der Innenstadt neben der Kunst. Da sind in der Via della Vigna Nuova, nahe dem Arno, die großen Namen der italienischen Mode anzutreffen, etwa »Valentino«, »Mila Schön« oder »Enrico Coveri«. Da gibt es ausgesuchte Lederwaren bei »Mino Bossi« in der Via Cerretani am Dom, Meisterwerke der Kürschnerzunft bei »Inchingolo« in der Via dei Calzaiuoli, der Hauptstraße zwischen Dom und Palazzo Vecchio; da verführt »Loretta Caponi« im Borgo Ognissanti mit ihrer *Biancheria per Signora*, mit der Wäsche für die Dame, die ebenso das Interesse der Herren für Morgenmäntel und feine Dessous, bestickte Tischdecken und phantasievoll gezeichnete Handtücher wecken kann. Unnötig, die Handarbeiten der Gold- und Silberschmiede auf dem Ponte Vecchio eigens zu erwähnen. Florentiner Schmuck war schon im Mittelalter bekannt. Auf der alten Brücke über den Arno hat diese Zunft für ihr kunstfertigstes Mitglied, Benvenuto Cellini (1500 bis 1571), eine Gedenkbüste aufgestellt. Die heutigen Schatzhäuschen waren früher von den Fleischern belegt; so konnten die Abfälle nach Art der Zeit gleich in den Arno geworfen werden.

Aufgepaßt, die wirkliche Eleganz, der ausgefeilte Stil zeigt sich in Italien nicht nur unter dem Etikett der bekannten ›Firma‹ – was im Italienischen die Unterschrift des Schöpfers bedeutet –, sondern auch in den noblen Geschäften, deren Namen nach der verhaltenen, unaufdringlichen Noblesse eines Palazzo klingen. Ihnen den Vorzug zu geben, zeichnet jene aus, die mit den arg kommerzialisierten Firmenschildern – ich werde mich hüten, Namen zu nennen – nichts mehr anfangen können. Bei den Florentiner Handwerkern zu kaufen, bedeutet also fast schon, die Kunst zu fördern.

Aber das ist es. Irgendwann kommt in Florenz der Moment, wo auch der größte Müßiggänger oder Shopping-Freak sich Kunst und Kultur zuwenden will. Aber wie beginnen? Am besten in einem Café auf der Piazza della Repubblica, in der Mitte der Mitte von Florenz, dort, wo in der Antike das Forum lag. Von hier ist es gleich weit zu Dom und Palazzo Vecchio. In dem Viereck, begrenzt von der Via Tornabuoni im Westen, der Via Cerretani mit dem Marmorgebirge des Duomo, der Via Proconsole und dem Arno im Süden, dessen Brücken, Ponte Vecchio und Ponte Trinità, dazu einladen, in den Gassen auf der anderen Seite des Flusses herumzuwandern, in diesem Geviert ist alles nur wenige Minuten voneinander entfernt.

Oder aber auf dem Piazzale Michelangelo, auf dem linken Ufer des Flusses, hoch über der Stadt und dem Arno: Von dieser Aussichtsterrasse aus, die den Namen des Universalkünstlers der Renaissance, des berühmten Sohnes der Toskana (1475–1564) trägt, hat man den schönsten Überblick über Florenz. Alles liegt einem zu Füßen: Die vollendet geformte Kuppel des Domes mit dem Campanile, das Zentrum der kirchlichen Macht des Erzbischofs, und die bürgerliche Mitte des Rathauses, der Palazzo Vecchio mit dem schwindelnd hohen Turm. Gut zu erkennen sind weiter der spitze Turm der Badia, der rechteckige Baukörper von Or San Michele sowie die Ordenskirchen von Santa Croce, der Franziskaner, und Santa Maria Novella, der Dominikaner. Angesichts des Namens der Stadt, *Florentia,* die Blühende, liegt der Vergleich mit einem Stadtgarten nahe, in dem die Florentiner jahrhundertelang kunstreiche Bauten geschaffen haben, steinerne Blumen. Nach diesem Rundblick ist der Wunsch übermächtig, die Kirchen und Palazzi, Museen und Kapellen aus der Nähe zu sehen.

Kein Wunder also, daß es in Florenz von Touristen wimmelt. Wem sie zuweilen zu viele werden, der möge sich mit jener Gelassenheit trösten, die ein offenbar weitgereister Deutscher auf der Piazza della Signoria auf die Klage seiner Frau, es sei alles so überfüllt, in die Worte faßt: »Ohne Leut' gibt's heut' gar nichts Schönes mehr auf der Welt.« Daß ihre Stadt einzigartig schön ist, wissen die Florentiner, und sie hören es pausenlos in aller Herren Länder Sprachen, auf den Plätzen und in den engen Gassen.

Da es so viele Kunstwerke in Florenz zu bewundern gibt, ist es verständlich, daß manche Besucher nicht recht wissen, wo sie mit der Kunst anfangen, was sie auswählen sollen. Selbst die Kunsthistoriker geraten leicht in Verlegenheit, so dicht stehen die Werke des Bildenden Schaffens in der Stadt, so eng drängen sich die Künstler in den Jahren zwischen 1350 und 1550, in nur zwei Jahrhunderten. Da kann man sich in dem Florentiner Kunstgarten an eine Leitlinie halten und etwa streng chronologisch vorgehen. Zuerst das Archäologische Museum mit den ältesten Kunstwerken, etwa der »Chimäre«, einem etruskischen Bronzelöwen mit einem Widder-

Florenz, »Paradiestüren« am Baptisterium ▷

kopf auf dem Rücken. Dann die Piazza della Repubblica, weil an dieser Stelle das altrömische Forum lag, oder die Piazza della Signoria, weil dort Mauern aus jener Zeit freigelegt sind. Weiter zur Kirche San Miniato aus dem Mittelalter und die Kirchen der Franziskaner (Santa Croce) und der Dominikaner (San Marco) mit Fresken und Gemälden. Danach Dom und Palazzo Vecchio, oder umgekehrt. Schließlich die Stätten der Medici, ihr Palazzo, die Kirche von San Lorenzo mit den Grabkapellen und der Großherzogliche Pitti-Palast auf dem südlichen Arno-Ufer.

Da kann es immer wieder geschehen, daß man hängenbleibt und sich verliert in der Betrachtung der Piazza della Signoria mit dem Palazzo Vecchio oder der Kathedrale von Santa Maria del Fiore mit der Kuppel des Brunelleschi und dem Glockenturm des Giotto. Oder man ist vom Baptisterium fasziniert, der Taufkirche San Giovanni neben dem Dom, mit seinen glänzenden Mosaiken und den wunderschönen Bronzetüren des Ghiberti, die, wie es heißt, würdig seien, die Pforten des Paradieses zu bilden. Da darf man neugierig sein; wir jedenfalls würden sie wiedererkennen.

Auch die einzelnen Künste geben einen Kompaß ab, um die Schritte zu lenken. Sie bilden ebenfalls ein gültiges Ordnungsmaß. Für die Meisterwerke der Malerei sind die Gemäldegalerien der Uffizien oder des Palazzo Pitti weltbekannte Herberge. Cimabue, Giotto, Duccio und Frà Angelico, Masaccio und Uccello, Botticelli und Ghirlandaio, Leonardo, Michelangelo und Raffaello – wo sonst sind sie in solcher Fülle und Güte versammelt. Wo ist die Bildhauerei besser vertreten als in der Accademia und in der Medici-Kapelle von San Lorenzo mit den Werken des Michelangelo, in Or San Michele mit denen des Donatello, im Baptisterium mit den Türen des Lorenzo Ghiberti oder im Bargello mit einer reichen Sammlung verschiedener Meister. Der Bewunderer der Architektur findet Planung und Verwirklichung eines Arnolfo di Cambio, Giotto und Brunelleschi am und im Dom, eines Michelozzi im Palazzo Riccardi, eines Benedetto da Maiano im Palazzo Strozzi, eines Alberti im Palazzo Rucellai und in Santa Maria Novella, eines Michelangelo in der Neuen Sakristei und in der Medici-Kapelle von San Lorenzo und eines Vasari im Palast der Uffizien, neben den vielen Bauten weniger bekannter Meister.

Wieder andere orientieren sich ganz an den Metamorphosen der Geschichte. Wie wurde Florenz eine sichere, reiche Stadt? Durch die Tüchtigkeit der Handwerker? Durch den Erwerbssinn der Händler? Durch freiheitliches Fühlen der Bürger, durch Geschmack an demokratischer Machtkontrolle? Unter welchen Bedingungen wandelte sich der Stadtstaat in eine machtbewußte Republik? Durch das Genie der Medici? Und wie bildeten sich Begabung und Charakter der Künstler? Warum verlor Florenz an künstlerischer Fruchtbarkeit, als es den Rang einer Hauptstadt des Großherzogtums der Toskana gewann, für kurze Zeit sogar Kapitale des Königsreichs Italien war? In Florenz lebten bedeutende Gestalten der abendländischen Geistesgeschichte: Dante, dessen Wohnhaus zwischen Dom und Rathaus liegt, Petrarca und Boccaccio, die Dichter eines neuzeitlichen Lebensgefühls, Machiavelli, der Analytiker der Macht, oder der Dominikanermönch Savonarola, der aus religiösem Eifer in Florenz die Theokratie begründen wollte, der jedoch auf der Piazza della Signoria hingerichtet wurde. Oder die Medici: die klugen Stadtherren, Cosimo der Ältere, der »Vater des Vaterlandes« (1389 bis 1464), Lorenzo der Prächtige, der klassische Renaissance-Fürst (1449 bis 1492), und Cosimo I. (bis 1574), seit

1537 Herzog von Florenz und seit 1569 Großherzog der Toskana.

In Florenz kommt man an kein Ende mit Kunst und Kultur. Wenn man sich nicht zwischendurch stärken dürfte, wäre es anstrengender Dienst. Doch mit Küche und Keller hat man es in Florenz gut getroffen. Die landwirtschaftliche Produktion steht seit Jahrhunderten in der Toskana auf hohem Niveau; die erste Agrarschule Europas wurde im 18. Jahrhundert hier gegründet. Das ist eine gute Voraussetzung, sich den Delikatessenläden zu nähern, zum Beispiel dem neben Or San Michele in der Via dei Calzaiuoli.

Sie sind immer für den Touristen gut. Manchmal kann man sich ein Brötchen *(Panino)* zurechtmachen lassen, wenn einem nicht nach Pasta zumute ist, aber danach, nicht hungrig auf einem Brunnenrand das Wasser plätschern zu hören oder einer Vorstellung des berühmten *Maggio Musical Fiorentino* im Mai und Juni mit bemerkenswerten musikalischen Darbietungen zu lauschen. Oder man kann die Ausstellung von Köstlichkeiten dazu benutzen, die verschiedenen Weine der Toskana zu studieren, um dann bei der Traditionsfirma *Antinori* an der Piazza Antinori eine Bestellung für zu Hause aufzugeben; das ist etwas anderes, als sie in Bremen zu ordern. Oder, das gelingt besonders gut, man holt sich zur Abendzeit kurz vor Ladenschluß gegen halb acht Uhr Appetit für die zahlreichen Trattorien. Etwa auf der linken Arno-Seite für die typische Florentiner Trattoria *Cammillo* im Borgo Sant'Jacopo, oder die aussichtsreiche *Terrazza Brunelleschi* des Hotels Baglioni an der zentralen Piazza dell'Unità d'Italia, oder schließlich für das vielleicht beste Restaurant Italiens, die *Enoteca Pinchiorri* in der Via Ghibellina. Hier ist alles eine gegenwärtig unübertroffene Verbindung eingegangen: Das Ambiente eines alten Palazzo mit stilvollen Räumen und festlich gedeckten Tischen, der Keller, den Giorgio Pinchiorri mit großzügiger Umsicht aufgefüllt hat und ständig erneuert, den er auch gern Kundigen zeigt und dabei auf die edlen toskanischen Weine, den Chianti oder einen kostbaren Brunello di Montalcino hinweist, die Küche, in der Annie Feolde Raffinessen in die Speisen zaubert, und die tadelsfreie Bedienung. Apropos Camerieri, wenn zwei von ihnen uns vieren die silbernen Glockendeckel im präzisen Einsatz von den Tellern nahmen, erwarteten wir immer, sie würden sie wie Tschinellen als Startzeichen zum Essen zusammenschlagen. Die Speisen wären das Signal wert gewesen.

Heile Welt und Wirklichkeit – In Umbrien

Freundschaft mit Umbrien schließt man vor den Gemälden der »Umbrischen Schule«. In der *Galleria Nazionale dell' Umbria,* der Umbrischen Nationalgalerie im 3. Stock des Palazzo Comunale zu Perugia, finden wir genug davon. Gewiß, es ist nicht unsere Welt, die wir dort sehen, nicht die uns bekannte realistische. Es sind nicht die Magazin- und Illustriertenmenschen, die uns gegenübertreten. Nur das Gute scheint dargestellt von den Malern, die dem Mittelalter und der Renaissance angehören. Fromm sind die Menschen auf den Gemälden, demütig, doch auch selbstsicher mit sich eins. *Sie* blicken zum Himmel, *wir* heute fliegen dorthin. *Ihre* Landschaften, die Wälder und Felder, Hügel und Berge, Flüsse und Seen im Hintergrund, sind offenbar unbedroht, *unsere* gefährdete, geschändete Umwelt hingegen müssen wir retten, wenn die Erde noch bewohnbar sein soll. *Sie* scheinen in ihren Häusern und Städten, Palästen und Sälen keine sozialen oder wirtschaftlichen Probleme zu kennen, *wir* müssen beständig gegen tausend Schwierigkeiten ankämpfen, gegen Benachteiligungen, Ungleichheit, Unrecht. Eine heile, heilige Gegenwelt. Unwirkliche Utopie? Mag sein. Doch was die Maler geschaffen haben, ein Perugino, ein Pinturicchio, ist kennzeichnend für Umbrien, typischer als die Werke der Baumeister und Bildhauer.

Die wirkliche Welt begegnet uns mit Macht in der Stadt Terni. Schon im vergangenen Jahrhundert hat man hier Industrie angesiedelt, Stahlwerke und Waffenfabriken, weil die Flüsse und Wasserfälle in der Nähe Energie zu günstigen Bedingungen versprachen. Andere Betriebe, häßliche Zementwerke, unförmige Lagerhallen, kamen hinzu. All das will in die lieblichen Ebenen und freundlichen Hügel Umbriens nicht so recht passen. Aber schließlich wollten die Umbrier Arbeit und Brot, da man nur von der Landwirtschaft und kleinem Handwerk nicht mehr leben konnte, weil man auch in Mittelitalien den Anschluß an die Industrialisierung des Nordens gewinnen wollte. Militärische und wirtschaftspolitische Gesichtspunkte dominierten. Umweltschutz gab es damals noch nicht. Heute weiß man auch hier darum, daß ein natürliches Ambiente gepflegt sein will. Unternehmer und Gewerkschaftler sagen, daß man immer mehr auf kleine und mittlere Betriebe, auf weniger pompöse, dafür technisch anspruchsvolle Unternehmen setzt. 1936 waren noch mehr als zwei Drittel der aktiven Bevölkerung in der Landwirtschaft beschäftigt. Heute verspricht High Tech die wirtschaftliche Zukunft.

In den verschiedenen Landschaften Umbriens verhält sich der Mensch meist noch pfleglich zur *Madre Natura*, zur »Mutter Erde«. Traditionelle Formen der Landwirtschaft, alte Mischkulturen zeigen sich. Man ist dankbar, daß die modernen Anbaumethoden der Agrarfabriken nicht überall dem Land ihren Stempel aufgedrückt haben. So wechseln Fauna und Flora, ganz nach Belieben, wie es gefällt. Hier einige Ulmen, dort Ahornbäume, hier Tabakpflanzen, dort Sonnenblumen, Gemüsebeete und ein Olivenhain, ein Bauernhof mit gackernden Hühnern und schnatternden Gänsen, eine Herde von Schafen, Unkraut und scheinbar unnützes Gebüsch, aus dem fröhlich Vögel herauszwitschern, ein tiefer Graben, den kein Traktor bewältigt. Die Natur darf in ihrem vom Menschen respektierten Recht bleiben. Ein Bauer, der geruhsam mit einem Ochsengespann dahinzieht, klagt über die Härte des Lebens, aber von seiner *Terra*, seinem Boden, will er nicht lassen. Der Mensch fügt sich in die Natur ein; sie dankt es.

Am Trasimener See ist die Stimmung friedlich. Schilf raschelt im Wind. Tiefe, gezogene Stimmen von großen Vögeln schwingen über den See. Frösche quaken am Ufer. Draußen ziehen Fischer ihre Netze in die Boote, kehren mit bescheidenem Fang zurück. Die Sonne steht tief. So ruhig war es nicht immer. Im Jahr 217 vor Christus tobte am Trasimener See, westlich von Perugia, dem größten See der Apenninenhalbinsel – nur die Alpenseen Italiens sind größer – eine wilde Schlacht, zwischen den Karthagern unter Hannibal und dem römischen Heer unter dem Konsul Caius Flaminius. Verglichen mit den Millionen von Kriegstoten im 20. Jahrhundert war es fast ein Kinderspiel, was am Trasimener See geschah. Hannibal erfocht dank seiner Feldherrnkunst einen glänzenden Sieg; ein Jahr später brachte er in Cannae den Römern eine noch schmerzlichere Niederlage bei. Doch Senat und Volk von Rom gaben nicht auf. 16 000 Tote damals wiegen immer schwer. Dennoch wünschte man sich, den Militärs heute stünden nur die Waffen der Antike zur Verfügung.

Bauwerke der Antike und ihre eindrucksvollen Überreste sieht man überall: Theater und Amphitheater, Foren und Tempel, mächtige Stadtmauern und weit gespannte Brücken, ewige Zeugnisse einer unsterblichen Zivilisation. Als die Römer im Altertum ihren Siegeszug durch die damals bekannte Welt begannen, konnten sie die Region, nur ein Stück den Tiber aufwärts, nicht aussparen. Das Land links und rechts ›ihres‹ Flusses war von strategischem und wirtschaftlichem Wert. Wichtig waren vor allem Verbindungswege. So schlugen sie schon Ende des 3. Jahrhunderts vor Christus die Via Flaminia von Rom bis ans Adriatische Meer, quer durch das Land der Umbrer und Etrusker. Amelia und Spoleto, Narni und Terni, Perugia und Assisi, Gubbio und Todi, Orvieto und Norcia trugen in ihrer Geschichte auch lateinische Namen. Die Geschichte hat alles langsam umgewandelt. In Assisi ist aus dem heidnischen Tempel für die Jagdgöttin Minerva eine Marienkirche geworden.

Die Bischöfe von Rom, als Nachfolger des Apostelfürsten Petrus etwas Besonderes, folgten nach dem Sieg des Christentums im 4. Jahrhundert und dem Zusammenbruch des Römischen Reiches den Römern des Imperiums. Sie waren es, die nie den Anspruch der alten Hauptstadt, Zentrum der Welt zu sein, aufgaben, die stets den Wunsch hegten, diesen weltlichen Rang ins Geistliche umzuformen. So suchten sie bald für ihr geistliches Amt ein weltliches Fundament zu gewinnen. Überall in Umbrien zeigen uns die Kirchenhistoriker die Spuren der Päpste. Schließlich ist es nicht weit von Perugia, der Stadt hoch über dem Tibertal, zur Sieben-Hügel-Stadt vor der Tibermündung. Die Bischöfe von Rom wollten die umbrischen Lande dem Apostelfürsten Petrus als *Patrimonium Petri,* als Besitz und eines Tages als vollgültigen Staat des Papstes erwerben. Bei Narni, in Terni oder an anderen Orten stellten sie sich im Lauf der Jahrhunderte immer wieder ein, um den irdischen Herrschern wieder ein Stück Land abzuringen. Die Abwesenheit der Päpste von Rom während des Exils im südfranzösischen Avignon im 14. Jahrhundert konnte ihre Herrschaft nur verzögern, nicht verhindern. Festungen, etwa die Rocca von Spoleto über der Stadt,

Assisi

wurden errichtet, um die kirchliche Macht zu sichern. Im 16. Jahrhundert war ganz Umbrien päpstlich, heute wird es vom Partito Comunista verwaltet.

Die von Norcia machen wenig her mit ›ihrem‹ Heiligen, mit Benedikt, dem Begründer des abendländischen Mönchtums, einem der Väter Europas. In dem Städtchen scheint es fast unpassend, an das Benediktinische Werk zu erinnern; die Benediktiner selbst, die Ordensleute nach seiner Regel, tun es kaum, wie sie uns gestehen. Dabei ist Benedikt hier, im damaligen Nursia, um 480 geboren. Der Hauptplatz und die Stadtkirche tragen den Namen San Benedetto. Aber nicht sein Geburtstag, der von der Tradition auf den 21. März festgelegt wird, ist das Hauptfest der Stadt, sondern der *Carnevale Nursino,* der Karneval von Norcia, und die *Sagra del Tartufo,* das muntere Trüffelfest im Herbst, bei dem nicht nur die edlen Pilze als Leckerbissen dienen, sondern auch saftige Schweinswürste und deftige Käse. Oder sind die Nursiner dem Ortsheiligen gram, weil er sie nicht vor heftigen Erdbeben bewahrt hat, dem letzten erst 1979?

In San Pietro in Valle, 100 m über dem Tal der Nera, gut 20 km von Terni den Fluß aufwärts, erlebt man, was ein Benediktinerkloster im Mittelalter bedeutete. Zwischen 500 und der Jahrtausendwende war die ›Kultur‹, die Pflege der Buchstaben, der *Litterae,* und der Erde, der *Terra,* allein Männern anvertraut, die sich aus dem Irdischen zurückgezogen hatten, um höherer Ziele willen oder weil ihnen das Weltliche zu unsicher vorkam. Mönche gingen in die Einsamkeit und bewahrten abendländischen Geist, entwickelten das Wissen um die Nutzung des Bodens, die Kenntnis von der Natur, mit Gebeten auf den Lippen und sinnvollen Werkzeugen in den Händen. Es ist kein Zufall, daß ein langobardischer Herzog, Faroald II. von Spoleto, diese heilige Stätte von San Pietro in Valle gründete (um 720), wo zuvor Eremiten, vielleicht nach dem Beispiel des Benedikt, hausten. In dieser damals heilen Welt kräftigten sich die Wurzeln einer künftigen Zeit. Bald war San Pietro nicht mehr eine bescheidene Mönchsgemeinschaft, sondern einer der reichsten Feudalbesitze Umbriens. Der stämmige Campanile zeugt von der Bedeutung dieses monastischen Kleinstaats in der Valnerina. Die Architektur der Kirche, die Fresken und marmornen Reliefskulpturen künden von Kunstsinn und Bildung, vom Behüten wichtiger Traditionen in gefährdeten Jahrhunderten.

In Assisi und mit Sankt Franziskus darf man es nicht eilig haben. Langsam muß man sich der Stadt am Berg aus der Ebene nähern – links die gewaltige Anlage von Kirche und Kloster San Francesco, rechts der Bezirk von Santa Chiara und in der Mitte der Rathausturm, die *Torre del Popolo.* Man müsse außerdem überall einen Schritt zurücktreten, rät uns der franziskanische Ordensmann, bei den Kirchen der Stadt, bei den Bildern der anmutigen Heiligenlegenden, der großen Festung und den engen Gassen, bei den tausend Erzählungen über den *Poverello,* den Armen um Christi willen. Was wäre Assisi ohne Franziskus, was wäre aber auch das Christentum ohne das Beispiel dieses Heiligen? 1182 wurde der junge Francesco in dem unbedeutenden Städtchen geboren, bereits 1228, nur zwei Jahre nach seinem Tod, kam Papst Gregor IX. persönlich nach Assisi, um Franziskus heiligzusprechen und damit all das für verbindlich zu erklären, was Francesco als christlich verstanden hatte: dem Menschen, dem Nächsten gut zu wollen, nicht nur der Menschheit im allgemeinen, arm zu werden, der Schöpfung zugetan zu sein, der Natur und Umwelt, Bruder Wind und Schwester Quelle, Frieden und

Assisi, San Francesco, Szenen der Franzlegende, Giotto zugeschrieben: »Vision des Papstes« und »Bestätigung der Ordensregel«

Versöhnung in die Welt zu bringen. Kaiser und Päpste hätten all das beinahe vergessen, und die Christen auch.

Auf dem Hauptplatz von Bevagna, einem Städtchen nicht weit von Foligno, zwischen Perugia und Spoleto, etwas über dem Tal, kann man sich wie im Mittelalter fühlen. Der Palazzo dei Consoli, die Kirchen San Silvestro und San Michele bilden ein einheitliches Ganzes. Alles scheint klar und geordnet, übersichtlich und vertraut, die Portale und Türme, die Fenster und Gewölbe, Treppen und Mauern. Der Mensch wußte, wo er hingehörte, so wirkt alles. Der Schein kann täuschen. Wir wissen auch um die dunklen Seiten des Mittelalters, um die Verwirrungen und Nöte der Menschen, die Bedrängnis des Daseins, um den unaufhörlichen Lebenskampf und die politischen und militärischen Auseinandersetzungen der Mächtigen. Doch an der Fassade von San Silvestro weist eine Inschrift auf *Enrico Imperatore regnante* hin, auf Heinrich VI., jenen Staufer, der die deutsch-römische Weltmonarchie auf den Gipfel ihrer Macht führte und noch höhere Pläne hegte, doch dann bereits mit 32 Jahren 1197 in Messina am Sumpffieber starb. Ihm standen die Päpste gegenüber, die unbeirrt die Abhängigkeit der Kirche verteidigten. Sie waren Gegner, weil die Machtbasis der deutschen Könige in Italien umbrische Lande umfaßte und die Päpste ihren weltlichen Staat ebenfalls in Mittelitalien zu erweitern suchten. Umbrische Bürger und Städte wurden in diesen Konflikt als Guelfen und Ghibellinen hineingezogen. So begegnet uns das Mittelalter, fast ein Jahrtausend lang, auf Schritt und Tritt, umfängt uns mit frommen Bildern, erstaunt dreinblickenden Heiligenfiguren, phantasievollen Ornamenten, zahllosen Kirchen.

Im Mittelalter mußte man die Stadt noch einmal erfinden, mußte man die Siedlungen der Römer aus der Antike wieder mit Menschen anfüllen. Selbstverständlich war es nicht, daß man willens und fähig war, das Zusammenleben größerer Gruppen politisch, wirtschaftlich, sozial, geistig und auch geistlich zu organisieren, daß mit dem 10. und 11. Jahrhundert in Umbrien und in ganz Italien die *Età Comunale,* das Zeitalter der Stadt-Gemeinde, anhebt und von hier aus die städtische Kultur Europas bestimmt. Warum wurde der Dom von Orvieto gebaut, die prächtige gotische Kathedrale einer stolzen, von Erdrutschen gefährdeten Stadt auf einem mächtigen Tuffblock? Wollten selbstbewußte Bürger Gott preisen oder den eigenen Ruhm mehren? Wie die von Orvieto nach 1290 die schönste Kirche Umbriens schufen, so errichteten die Bürger von Perugia zur selben Zeit das großartigste Rathaus der Region, den Palazzo Comunale. Da sprach sich ein junges, ungebrochenes Bewußtsein vom eigenen Wert und von neuen Zielen aus. Diese Bürger wollten nicht mehr viel von Kaiser und Papst wissen. Was sie selbst vermochten, war ihnen wichtiger. Ihren überschaubaren bürgerlichen Kosmos ließen sie, trotz aller Feudalstrukturen, in den Kunstwerken sichtbar werden, so etwa in Perugia an der Fontana Maggiore, dem berühmten schönen Brunnen vor dem Palazzo.

Aber auch an Modernem fehlt es in Umbrien nicht. Die Region, die sich stolz das »grüne Herz Italiens« nennt, weil Wiesen und Felder, Baumgruppen und Gebüsch die dominierende Farbe geben, weil Umbrien als einzige Region der Halbinsel nicht ans Meer stößt, kann auch mit den Errungenschaften der heutigen Zeit aufwarten. Schnellstraßen und Autos, Fabriken und Dienstleistungsbetriebe, Diskotheken und Supermärkte bereichern Stadt und Land. Doch da hinein wirkt der Mythos. In Otricoli, dem antiken *Ocriculum,* im südwestlichsten Zipfel Umbriens, kaum 80 km von Rom entfernt, streiften wir durch die Ruinen der alten, in den Feldern versunkenen Stadt. Plötzlich tauchte aus dem Gebüsch ein großer, breitschultriger Mann auf. War er Jäger, Hirte oder Bauer? Er musterte uns, als ob er der Herr dieser Fluren sei, des Tals und des Hügels, der grasenden Rinder und der blökenden Schafe, der Felder und des nahen Gehöfts. Dann stapfte er davon, überzeugt von der Harmlosigkeit der Fremden, die hier einem klangvollen Namen nachgingen, sich einer vergangenen Welt nähern wollten; die fernen Mythen nachhorchten und zu erfahren begehrten, was die Gegenwart von jenen Zeiten bewahrt habe; die nun endlich wußten, woher der eindrucksvoll wuchtige Kopf des Göttervaters Zeus in den Vatikanischen Museen zu Rom seinen Beinamen »Zeus von Otricoli« erhalten hatte – weil er hier gefunden worden war. Die sich nun, nach dieser wunderlichen Erscheinung, auf die Stufen des alten Theaters setzten, in den *Bucolica* und den *Georgica* des lateinischen Dichters Vergil, den »Hirtengedichten« und den »Gesängen vom Landbau« blätterten. Die nach dem Getöse und der Hast der lärmigen Millionenstadt Rom die lindernde Gegenwelt des Bäuerlichen aufnahmen. Es war schwer, aus den Anfangszeiten der Menschheit in die Gegenwart zurückzufinden.

Die Piazza als Salotto – In den Marken

Italien ist reich an schönen, kunstvoll gestalteten Plätzen. Wenn eine Piazza im Herzen der Stadt besonders gefällt, wenn die Bürger tagsüber gern über diesen Platz gehen und sich am Abend dort einstellen, Mädchen und Damen zum kleinen Schwatz, die Männer zur Plauderei über Fußball und Politik, spricht man vom *Salotto* der Stadt. ›Gute Stube‹ als Übersetzung klingt zu sehr nach Butzenscheiben und bürgerlicher Aufgeräumtheit, ›Salon‹ trifft es nicht ganz, doch schon mehr – doch dafür hätte man außerdem das feinere *Salone.* Im Italienischen klingt im *Salotto* darüber hinaus etwas reizend Frivoles, locker Heiteres mit. Da ist ein wenig Theater mitgemeint, das ein jeder dort aufführen kann. Und in jedem Fall spielt es auf die *bella figura* an; die bedeutet nicht nur »guten Eindruck«, zu dem man sich vielleicht bei einer gesellschaftlichen oder beruflichen Vor- und Verstellung zwingt, sondern auch die »schöne Figur«, das glänzende Äußere, die eindrucksvolle Gestalt, das strahlende Lächeln, zur Not die aufgeputzte, gekonnt geschmückte Fassade, kurz, jenen gewinnenden Ausdruck, der für sich einnehmen kann. *Far salotto* – daß damit auch etwas leicht ›Lotteriges‹ anklingt, sei nicht verschwiegen – einen Salon führen, das tut eine Signora gern und – auch eine Stadt.

Ein solcher Salotto ist die Piazza del Popolo in Ascoli Piceno, einer Stadt von knapp 60000 Einwohnern in Mittelitalien, Hauptort der gleichnamigen Provinz in der Region Marken an der Adria, dem alten Grenzland des Heiligen Römischen Reiches der Deutschen neben dem Kirchenstaat des Papstes. (Die »Mark« Brandenburg verdankt ähnlicher Grenzlage im Mittelalter ihren Namen.) In Italien wurden aus der *Marca* von Ancona, Camerino und Fermo die *Marche,* und später blieb die italienische Verwaltungsnomenklatur bei diesem deutschen Namen.

Ascoli Piceno ist die südlichste der Marken-Provinzen an der Grenze zur Region Abruzzen (auch diese war zeitweilig deutsches Kaiserland mit dem Hauptort L'Aquila, der seinen Namen wiederum vom Wappentier des Reiches, dem Adler, erhielt). Wenn wir diese Stadt herausgreifen, so nicht, um die anderen kunstreichen Orte der Marken geringzuschätzen. Das wäre auch angesichts einer Stadt wie Urbino, dem Augapfel der Herzöge von Montefeltro und Geburtsort Raffaels, der Regionalhauptstadt Ancona mit ihren altrömischen Monumenten, den Städten Pesaro und Macerata, den unzähligen kleinen Orten wie Camerino, Fabriano, Fano, Fermi, Jesi und Senigallia oder dem kunstvoll geschmückten Marienwallfahrtsort Loreto unklug. Ascoli Piceno (Autokennzeichen von Stadt und Provinz »AP«) ist den Italienern bekannt wegen eines höchst modernen Zuchthauses – der Papst-Attentäter Ali Agça und der Camorra-Chef Raffaele Cutolo verschafften ihm zusätzliches Renommee – und wegen des Fußballclubs, der in der nationalen A-Liga respektable Leistungen gegenüber den großen Vereinen aus Turin, Mailand, Rom und Neapel vollbringt.

Nach diesen kargen Wissensäußerungen gerät ein Durchschnittsitaliener mit »AP« jedoch in Verlegenheit. Aber es ist wahr, die *Marchigiani* tragen zum Bruttosozialprodukt, zur nationalen Verbrechensstatistik oder zu den folkloristischen Besonderheiten nicht auffällig viel (und nicht auffällig wenig) bei, und unter diesen scheinen die von Ascoli Piceno noch eine

Spur blasser. Es bleibt dennoch genug Gesprächsstoff übrig, daß am Abend der Salotto mit feinem Gesumm erfüllt ist. Damen und Herren, fein säuberlich getrennt, haben genug zu besprechen. Erst in den jüngeren Generationen vermischen sich die Geschlechter, zuweilen lieblich umschlungen, zuweilen ist manches noch im Werden, wenn ein Ragazzo, ein Bursch' um die 20, einem Mädchen wahrhaftig nachjagen muß, wie einst Apoll der Daphne – ein Thema, das italienische Künstler verräterisch oft angeregt hat. Hier im Salotto ist es der AP-Daphne jedoch versagt, sich in einen Lorbeerbaum zu verwandeln, was wohl auch nicht ihre Absicht ist. Ein Salotto soll nach alter Etikette zur Begegnung der Geschlechter beitragen. Früher reichte schon ein zart erwiderter Blick auf der Piazza zur Verlobung, heute will man mehr wissen.

Aber natürlich wird die Aufmerksamkeit des Fremden zunächst nicht vom Treiben der Jugend gefesselt, sondern von der ›Einrichtung‹ des Salotto: An einer Schmalseite des langen rechteckigen Platzes erhebt sich die mittelalterliche gotische Kirche San Francesco der Franziskaner mit schönen Apsiden, einem schlanken Campanile und einer gedrungenen Kuppel, doch leicht versetzt, ohne das Eingangsportal auffordernd zu präsentieren. So muß niemand ein schlechtes Gewissen haben, der nicht das Gotteshaus betritt. An den Längsseiten stehen niedrige Bürgerhäuser mit vorgesetzten Arkaden der Renaissance und auf der Westseite erinnert der mächtige Palazzo dei Capitani del Popolo, das Rathaus, später der Palast der Gouverneure und päpstlichen Legaten als Stadtherren, mit einem großen Denkmal für den Farnese-Papst Paul III. (1534 bis 1549) an die Bemühungen der Päpste um dieses Land. All das kann man in Ruhe von einem Kaffeehausstuhl in Augenschein nehmen, dem des Café Meletti, das durch seinen gepflegten Liberty-Stil und einen guten Anislikör etwas Besonderes bietet.

Die Piazza del Popolo ist in Ascoli Piceno der Salotto, nicht die ebenfalls schön angelegte Piazza Arringo, die der Dom mit dem Baptisterium, der Taufkirche, der Bischofspalast und der Palazzo Comunale, das ältere Rathaus mit einer sehr ansehnlichen Pinakothek, flankieren. Diese Piazza ist zwar nicht wie die erste für den Verkehr gesperrt – sie wird sogar zum Schrecken der Ästheten als Parkplatz mißbraucht –, doch auch ohne Autos hätte sie sich nicht zum Salotto entwickelt. Unter den Augen des Bischofs gäben sich die Bürger nicht so ungezwungen; bei den Franziskanern kann man auf mehr Verständnis rechnen. Deshalb ist auch für die *Quintana,* ein ritterliches Turnierspiel jeweils am ersten Sonntag im August, das sich immer zu einem ausgelassenen Volksfest entwickelt, der Hauptplatz die Piazza del Popolo. Dann wird der Salotto sogar zum Kampfplatz.

Antike Mythen und geistliche Macht – In Latium

Ein Herr mittleren Alters stand in Viterbo, ca. 90 km nordwestlich von Rom, vor der Rocca Albornoz, der Stadtfestung, und betrachtete das Plakat für eine Ausstellung in der Burg: »Architektur der Etrusker in der Provinz Viterbo«. Natürlich sei er auf Seiten der Etrusker, noch heute, sagte der Viterbese plötzlich und nachdenklich. Die Römer der Antike hätten sein Volk gehaßt wie keines sonst, weil sie sich unterlegen fühlten. Dort in der Sieben-Hügel-Stadt am Tiber wilde Krieger, hier im weiten Land ein hochzivilisiertes Volk mit reicher Kultur, allen Freuden des Daseins zugetan, verfeinert in Sitten und Lebensgenuß – die Etrusker. »Deshalb haben die Römer sie vernichtet und die Spuren ihrer nördlichen Nachbarn getilgt.« Der Herr wurde traurig bei diesen Worten, obwohl jene kriegerischen Ereignisse, die seine Vorfahren in Mitleidenschaft gezogen, sie ganz aus der Geschichte getilgt hatten, nun schon mehr als 2200 Jahre zurücklagen. Doch die Rivalität zwischen Viterbo und Rom sitzt tief.

Noch im 20. Jahrhundert zeigt sich darin die alte Animosität zwischen Römern und Etruskern. Die Krieger vom Tiber betrieben bei ihren Eroberungszügen nach Norden vom 5. Jahrhundert an den Untergang der Etrusker so gründlich, daß wir mehr vom Totenreich dieses Volkes wissen, von ihren Nekropolen und Gräbern, vor allem im nördlichen Latium mit den Stätten von Tarquinia und Cervéteri, Tuscania, Norchia und Blera, mehr als von den Städten und Siedlungen, von Häusern und Tempeln, die von den Siegern dem Erdboden gleichgemacht wurden, was dem Viterbesen noch heute die Zornesröte über die Römer ins Gesicht treibt. So sind diese Etrusker geheimnisvoll geblieben.

Was die Römer übrig ließen, wurde nach mehr als zwei Jahrtausenden Beute der Archäologen. In den *Zone archeologiche* von San Giovenale und Acquarossa förderten schwedische Wissenschaftler – manchmal war auch der schwedische König Gustav Adolf dabei – in den letzten Jahrzehnten »keine großen Schätze, doch interessante Details von lebendiger Architektur« zutage, wie Professor Nylander, der Leiter des römischen Instituts der Schweden uns erklärte. Sie erlaubten die Rekonstruktion von Hausformen und Tempelaufbauten, die eindrucksvoll in den Räumen der Rocca wiedererstanden.

Die raffinierte Formung der Dachziegel etwa läßt sowohl auf hohes technisches Wissen als auch auf großes handwerkliches Geschick schließen. Die Ziegelplatten mit lebhaften Reliefs und bunten Bemalungen deuten auf künstlerischen Geschmack hin. Antefixe und Kapitelle, Akroterien und halb magische Dachdekorationen erinnern an das griechische Ursprungsgebiet der Etrusker. Wie es im Innern der Häuser aussah, was die Frauen im Hof arbeiteten, wie die Straßen beschaffen waren und das Wassersystem funktionierte, wurde mit großer Sorgfalt rekonstruiert. Wie man bei Speis und Trank die Gelage genoß und sich an der Jagd erfreute, welche Werkzeuge aus Eisen, welche Gegenstände aus Bronze und Keramik man benutzte, welche Spielzeuge und andere hübsche Objekte man gebrauchte, wird in den Vitrinen der Rocca nacherlebbar. Die kleine Welt des etruskischen Alltags ist in den dickmaurigen Gewölben der Rocca neu gegenwärtig geworden.

Latium, die Wahlheimat der Etrusker, jenes Land, in dessen Mitte Rom liegt, ist erholsame Provinz. Den Beweis dafür findet man am Anschlagbrett des Rathauses von Viterbo, dem Provinzhauptort. Eine verlorene »Damengeldbörse, braun, mit einer Geldsumme und verschiedenen Ausweisen« sucht da ihren Besitzer, mit Namen und Adresse des ehrlichen Finders. Wo gäbe es das in Rom! Dort muß man, wie in allen Millionenstädten der Welt, sein Portemonnaie vor Raub und Diebstahl schützen; nie würde es einem nachgetragen. Doch schon immer wollten die meisten lieber in Rom Geld und mehr lassen, als sich in Latium des ehrlichen Lebens erfreuen. Der unwiderstehliche Sog von Kunst und Geschichte der *Urbs* läßt die Reisenden seit altersher Latium weniger beachten. Dem anmutigen Land ringsum, den Bergen und Hügeln, den Tälern und Ebenen, den Weingärten und Olivenhainen gönnen sie selten mehr als einen Blick.

Und doch wird jeder Römer auf die Frage, was mit zum Schönsten seiner Stadt gehöre, ohne Zögern auch das Umland Roms, Lazio, nennen: den Küstenstrich vom Monte Argentario, dem ins Meer ragenden Vorgebirge im Norden, bis zur Bucht von Gaeta im Süden; die römische Campagna, die Ebene um die Stadt herum, die Seen – Nemi, Albano, Bracciano, Vico und Bolsena –, die friedlich die Glut von Vulkanen löschen, die Berge, die im Halbkreis von Nord nach Süd aus der Campagna emporsteigen, von denen die Sabiner als Wohnort der schönen und darob von den Römern einst geraubten Sabinerinnen die bekanntesten sind, bis zu den Gipfeln der Abruzzen, die fast 2500 m erreichen und somit den schon von Badefreuden des Sommers verwöhnten Römern auch noch jene des Skifahrens im Winter gewähren. Welche Hauptstadt der Welt kann sich eines so verschwenderischen Füllhorns der Natur rühmen! Bei ihnen schuf Gott aus dem vollen, sagen die Römer.

Da sind wir im Mythos. Latium ist eine Bühne für die schönsten Sagen des klassischen Altertums, auf der Odysseus und die Kirke und deren Sohn Latinus, Anchises und Aphrodite und deren Sohn Äneas, Faune und Nymphen auftreten. Auch heute noch findet man Plätze, wo sich vom Mythos, der allgegenwärtigen Urzeit der Menschen, träumen läßt, und an manchen Ort heftet sich ein göttliches Geschichtchen, wie an den Nemi-See, der da in der Sonne funkelt, weil die Jagdgöttin Diana gerade hier ihren Spiegel verlor. Jedermann glaubt es und wünscht, ihn der schönheitsbeflissenen Dame reichen zu dürfen.

Weil die ›alten Römer‹ nicht an ihren sieben Hügeln Genüge hatten, begannen sie an ihren Nachbarn in Latium zu erproben, wie man ein Imperium errichten könne. Sie wandten ungeniert das Recht des Stärkeren an, übten jedoch dazu die Kunst, aus Feinden Bundesgenossen zu machen. Was sie den Etruskern an zivilisatorischen Errungenschaften abgeschaut hatten, entwickelten sie weiter und brachten es anderen Stämmen und Völkern als ›kultivierte Zivilisation‹ – auch das zwei Wörter aus jener Sprache, die zu Ehren der Latiner lateinisch genannt wird. Sie legten Straßen in alle Himmelsrichtungen an – noch heute kann man der Aurelia, Cassia, Flaminia, Salaria, Tiburtina, Casilina, Appia und Ostiense lange nachfahren –, die für den friedlichen Handel und Wandel ebenso geeignet waren wie für den raschen Marsch der Soldaten. Aquädukte und Theater, Thermen und Brücken, Tempel und Villen zeugen von der Baufreudigkeit der Römer auch außerhalb ihrer Stadt.

Aber da besteht noch ein anderes Latium, das uns ebenso am Herzen liegt wie die Ruinen der Antike, die in Rom selbst doch eindrucksvoller sind. Es ist das friedliche, ländliche Latium. Das Bukolisch-Georgische tritt in alle Sinne ein, so wie es Vergil in seinen Werken *Bucolica* und *Georgica*, in den Hirtengedichten und in den Gesängen vom Landbau, beschreibt. Mehr noch als landwirtschaftliche Techniken vermitteln uns die römischen Dichter Lebensstimmungen: »fern vom Lärm der Waffen, von Roms innerem Krieg«. Und der Gegensatz zum rastlosen Stadtleben in Rom kann nicht deutlicher ausgedrückt werden als in diesen Versen: »Aber sorglose Ruhe und Leben in redlicher Einfalt, reich an mancherlei Gut,

Tarquinia, Etruskische Grabmalerei

aber Muße in weiten Gefilden, Grotten und quellfrische Seen und kühle, waldige Täler, Kuhgemuhe und Schlummergenüsse im Schatten der Bäume ... da gibt es Schluchten und Lager des Wildes.« Mit solchen Worten weckte der Lateinlehrer und bekannte Vergilübersetzer Johannes Götte einst in der Schule in Berlin die erste Sehnsucht nach diesem Latium.

Als wir später in der Landvilla des Horaz bei Licenza, 55 km nordöstlich von Rom, verweilten und Wasser aus frischer Quelle tranken, als wir uns in Tusculum bei Frascati vor einem ausgedehnten Gastmahl in die Schriften des Cicero versenkten, als wir einmal im Winter auf den Monte Soratte stiegen und den Berg Soracte so fanden, wie Horaz ihn beschrieben hatte: »Siehst du Soractes Gipfel im tiefen Schnee erglänzen, siehst du die Wälder die Bürde nur mit Mühe tragen und im scharfen Frost die Fluten zu Eis gerinnen?«, als wir in Olevano – oder war es Piglio? ganz gleich – im Osten Roms den Aufruf dieses Dichters ganz wörtlich nahmen: *Nunc est bibendum,* »Jetzt heißt es trinken, jetzt mit dem freien Fuß die Erde stampfen«, da wähnten wir uns am Ziel dieses Verlangens nach einem Leben nahe den Göttern. Von irgendwo klang in der Mittagsstunde die Flöte des Pan, und wir träumten am hellichten Tag.

Aus dem olympischen Schlummer reißt uns der eilige Lauf der Geschichte. Ernsthaftes, Frommes, Christliches löste damals die heidnischen Götter ab. Es kann kein Zufall sein, daß gerade in Latium das abendländische Mönchswesen entstand und emporwuchs. Der große Benedikt (um 480 in Nursia, dem heutigen Norcia geboren) suchte sich dieses Land für die Gründung seines Ordens aus, nicht die umbrische Heimat. Von der Spannung des Mönchtums erfährt man, wenn man von Subiaco, 90 km östlich von Rom in den Abruzzen, der »heiligen Höhle« des Einsiedlers, in der Benedikt drei Jahre lang lebte, nach Montecassino an der südlichen Grenze zur Region Kampanien fährt, dem mächtigen Kloster auf dem Berg. Unter den Ordensstätten Europas ist Montecassino, die Gründung des Benedikt (im Jahr 529), die erste. Kein anderes Kloster kommt ihm an Alter und Würde gleich, auch wenn diese Wiege europäischer Kultur im letzten Weltkrieg von den Alliierten aus barbarischer Torheit in Schutt und Asche gelegt wurde und der Neubau trotz sorgsamster Rekonstruktion nicht mehr den Adel der Jahrhunderte trägt.

Der Boden Latiums war im Mittelalter für die Orden so fruchtbar, daß Klöster wie Pilze emporschossen, daß sich im nahen Umkreis des Papstes bald viele kirchliche Zentren des Geistes und auch der weltlichen Macht bildeten, wie etwa Farfa (50 km nordöstlich von Rom), die heute fast vergessene Reichsabtei der Deutschen, der Karl der Große im Jahr 803 Immunität und Unabhängigkeit gegenüber dem Papst gewährte, oder das Zisterzienserkloster von Casamari bei Frosinone, dessen strenge Architektur auf die ernsthafte Spiritualität dieses Ordens verweist, oder das nicht weit entfernte Kartäuserkloster Trisulti, das durch die Stille des Ortes und das Gebet der Mönche ehrfürchtig sein läßt.

Doch nicht nur den Benediktinern und den aus diesem Stamm wachsenden anderen Orden, die im Zuge der Reformbewegung der mittelalterlichen Kirche entstanden, bot Latium gutes Erdreich. Auch ein anderer Ordensgründer, ebenfalls in Umbrien geboren, Franz von Assisi, liebte dieses Land – mehr als Rom, mehr als die Macht des Statthalters Christi, mehr als die Bemühungen der päpstlichen Kurie, das Reich der Kirche immer mehr auf Erden zu verwurzeln. Darin erscheint Papst Innozenz III., Zeitgenosse des heiligen Franziskus, in Gavignano, einem Dorf 50 km östlich von Rom, geboren, am erfolgreichsten, und doch ist das wichtigste seines Pontifikats (1198–1216), daß er die Ordensgründungen des umbrischen Franz und des spanischen Dominikus legitimierte. Daß der Heilige aus Assisi die Gegend um Rieti, der heutigen Provinzhauptstadt in Lazio, mit seinem frommen Wesen erfüllte und in dem kleinen Greccio dort die Bauern die erste Krippe mit der Geburt Jesu ›spielen‹ ließ, war für den Glauben der Christenheit nicht unwichtig. Und errichtete der Dominikanerpriester Thomas aus dem Dörfchen Aquino – man sieht es von der Autostrada del Sole Rom–Neapel im Süden Latiums – mit seinen philosophischen und theologischen »Summen« nicht ähnlich strahlende Kathedralen des Geistes, wie sie im gotischen Norden aus Stein erbaut wurden, derselbe Thomas von Aquin, der auf heimatlichem Boden, nämlich in der Zisterzienserabtei von Fossanova, nicht weit von der Via Appia im Südosten Roms, starb!

Latium bringt dem Papsttum immer wieder die Katharsis, Reinigung vom Übermut der Macht. Im Jahr 1046 setzt der deutsche König Heinrich IV. auf der Synode zu Sutri, einem winzigen Städtchen zwischen Rom und Viterbo, gleich drei Päpste ab. In Viterbo, der kunstreichen Stadt im Norden, die oft gegen Rom rebellierte und den Päpsten zuweilen eine verhaßte Gegnerin, zuweilen willkommene Zufluchtsstätte war, fand das kurioseste Konklave der Kirchengeschichte statt: Nach dem Tod Klemens' IV. am 29. November 1268 vermochten sich die Kardinäle nicht auf einen neuen Papst zu einigen; ihre Streitereien zogen sich Monat um Monat dahin. Auf den Rat des Franziskanergenerals Bonaventura, eines Latiners und heiligen Kirchenlehrers, ließ der Präfekt von Viterbo die Kardinäle zunächst in den heute so genannten Papstpalast einschließen, dann immer kargere Rationen austeilen und schließlich das Dach abdecken, um die Purpurträger der Witterung auszusetzen. Die Aussicht auf einen harten Winter schreckte offenbar am meisten, und so wählten die Kardinäle am 1. November 1271, nach dem längsten Interregnum der Kirchengeschichte, Gregor X. zum neuen Papst.

Oder wenige Jahrzehnte später die Geschichte mit Coelestin V. aus den Abruzzen und Bonifaz VIII. aus Anagni, 60 km östlich von Rom. Der Einsiedlermönch Pietro del Murrone war gegen seinen Willen am 5. Juli 1294 zum Papst mit den Namen Coelestin gewählt worden, doch unendlich erleichtert, als er nach fünf Monaten wieder abdanken konnte. Sein Nachfolger, Bonifaz VIII., ließ ihn ›zur Sicherheit‹, damit niemand den Papst-Mönch gegen ihn ausspielen könne, auf der Festung Fumone, zwischen Frosinone und Anagni, in Gefangenschaft halten, sich nicht um das Urteil der Nachwelt kümmernd und auch nicht darum, daß am selben Ort schon der Gegenpapst Gregor VIII. (1125) inhaftiert gewesen war. Doch die Gegend nördlich der heutigen Autobahn Rom–Neapel sollte noch mehr mit Bonifaz VIII. erleben. In der Bulle *Unam sanctam* formulierte dieser Benedetto Caetani aus Anagni maßlos die höchsten Ansprüche, die je ein Papst gegenüber Königen und Völkern in weltlichen Dingen erhoben hatte. Um so tiefer war der Sturz; der »Stellvertreter Christi« wurde von Truppen der feindlichen Colonna und des französischen Staatsrats Nogaret in seinem Familienpalast zur Anagni überfallen und verschleppt; wenige Monate später starb er. Mit Bonifaz VIII. bricht das Papsttum des Mittelalters zusammen, seine nächsten Träger gehen in das Exil von Avignon. Latium wird den Rivalitäten der Adelsfamilien überlassen. Burgen entstehen, wie das Castello Orsini in Bracciano über dem See, die mehr vom kriegerischen Willen ihrer Bauherren als dem Schönheitssinn der Architekten zeugen. Die Städte und Gemeinden können sich oft nur schwer gegen den Übermut der *Baroni* wehren.

Was fällt in der Renaissance und im Barock – beides vor allem Stadtkulturen – für Latium ab? Der Ehrgeiz der vornehmen, an Macht und Geld reichen Familien, der Colonna, Farnese, Caraffa, Borghese, Pamphili oder Orsini und Savelli, lenkt den Eifer bedeutender Baumeister auf die Errichtung von Landvillen, so wie es der römische Kaiser Hadrian in seiner Palastanlage bei Tivoli (Villa Adriana) vorgemacht hatte. So wird Latium mit unzähligen neuen Edelsteinen geschmückt. In den Villen gehen Architektur und Natur, Haus, Garten und Landschaft eine einzigartige Verbindung ein. Die Villen von Frascati in den Albaner Bergen, der kuriose und bizarre »Park der Ungeheuer« von Bomarzo über dem Tibertal, der Palazzo Farnese in Caprarola, ein stattliches Schloß im Gebiet der Monti Cimini, der von Haselnußsträuchern und Kastanien bestandenen Berge am Lago di Vico, oder die Villa Lante bei Viterbo sind Höhepunkte der europäischen Baukunst, auch Zeichen künstlerischer Freiheit im Schatten der Päpste.

Doch Rom zentralisiert die Macht immer mehr. Vom Regiment der kirchlichen Herren im Staat des Papstes gewinnen die Latiner im 18. und 19. Jahrhundert wenig. Das Latium jener Zeit erscheint blasser als das anderer Epochen. Es war so wie anderswo im südlichen Europa. Das Land mußte hinter der Stadt Rom, dem Augapfel der kunstsinnigen Päpste, zurückstehen, das Volk hinter Prälaten und Adligen, den Stützen der geistlichen Herrschaft. So brach die neue Zeit für Latium erst mit der Annexion des Kirchenstaates durch das Königreich Italien im Jahr 1870 an. Damals erst bürgerte sich der Name *Lazio* für die ganze Provinz, die spätere Region ein, erst 1934 wurde die heutige Einteilung in fünf Provinzen, Viterbo, Rieti, Roma, Frosinone und Latina (bis 1945 Littoria) geschaffen.

Da sind wir unversehens in der Gegenwart und erholen uns von dem eiligen Gang durch die Geschichte am besten auf einer Wanderung. Wenn wir sie im Februar oder März an einem der höheren Berge wie dem Monte Autore oder dem Semprevisa unternehmen, erleben wir alle vier Jahreszeiten gleichzeitig: Die Sonne scheint so warm wie im Sommer, der Schnee beweist, daß es auch harten Winter in Latium gibt, das Laub erinnert mit seinen verbleichenden Farben noch an den Herbst und hie und da spitzelt ein Grün hervor, zeigt sich zaghaft ein Blümchen und weckt Hoffnungen auf den Frühling. Die friedliche Natur ist der rechte Ort zu gedenken, daß Latium auch das Land der Soldatenfriedhöfe ist. Erbitterte Kämpfe fanden im Zweiten Weltkrieg hier statt, als die alliierten Verbände von Süden her einbrachen und bei Montecassino auf die geschickte Verteidigung der deutschen Truppen trafen, als die Alliierten bei Anzio und Nettuno landeten und von jenen deutschen Soldaten zurückgedrängt werden sollten, die nun bei Pomezia ruhen, einem ständig wachsenden Industriekonglomerat an der Via Pontina.

Bei Pomezia sind wir mitten im modernen Lazio, in dem wirtschaftlich prosperierenden Gebiet um Rom. Nach 1870, als Rom Hauptstadt des geeinigten Königreichs Italien wurde, blieb die Metropole als Sitz von Ministerien und Verwaltungen jahrzehntelang ohne Industrie und florierende Wirtschaft. Beamte und Angestellte prägten die Kapitale; die Campagna hatte den Römern vor allem die Lebensmittel zu liefern. Als in der Zeit des Faschismus ein jahrtausendealtes Projekt realisiert wurde und man endlich die Pontinischen Sümpfe trockenlegte, wurden auch industrielle Betriebe gefördert, zunächst kleine, vornehmlich für die Verarbeitung landwirtschaftlicher Produkte. Nach dem Zweiten Weltkrieg wurden es einige mehr. In den 60er und 70er Jahren entstanden, auch unterstützt von der *Cassa per il Mezzogiorno,* dem Regierungsprogramm für Süditalien, in einem wahren Boom links und rechts der Straßen, an der Autobahn bei Frosinone, an der jetzt vierspurigen Via Pontina von Rom nach Latina, an der Via Tiburtina nach Tivoli, überall in Lazio, Produktionsstätten für Baumaterial und Arzneimittel, Möbel und Chemieerzeugnisse, Elektrogeräte und Spezialfahrzeuge, Kleidung und Elektronik, für die Bereiche Energie, Graphik und sogar Raumfahrt; Ingenieurbüros und Forschungslaboratorien wurden eingerichtet. So entwickelte sich Rom mit seiner Provinz zur drittgrößten Industriestadt Italiens hinter Mailand und Turin. Von Schwerindustrie ist Lazio jedoch weitgehend verschont geblieben.

Genug der harten Realität! Nichts einfacher in Latium, als es damit in einer ländlichen Trattoria sein Bewenden haben zu lassen. Römische Ristoranti besitzen ihren

Reiz, gewiß, doch die Gasthäuser in den kleinen Orten nicht minder. Oft hat der Wirt nur eine Pasta ›zur Auswahl‹, doch diese Nudeln sind dann hausgemacht – die Frau Wirtin zeigt ihre stämmigen Arme vor, denn der Teig muß gut geknetet, dann mit Kraft ausgerollt werden, damit er nicht zu dick und nicht zu dünn sei, bevor er, meist in Streifen zu *Tagliatelle* oder *Fettucine* geschnitten, im Wasser – eine Prise Salz, ein bißchen Olivenöl hinein – auf die Sekunde genau *al dente,* bißgerecht gekocht wird. Häufig ist auch nicht mehr als ein einziges Stück Fleisch vorhanden, aus dem eine Scheibe *Bistecca* gelöst wird, und dazu Salat, wie man ihn auf der Wiese, nicht im Treibhaus findet. Ein einfaches Mahl, sicher, aber es stellt, natürlich auch mit Hilfe eines wohlmundenden Weines vom Ort – fast überall hier zieht man Nutzen aus der Rebe – jene tiefe Behaglichkeit her, die einen mit der Welt ganz einig werden läßt. So wie es einst die Menschen in mythischen Zeiten waren. Einen Zipfel dieses Glücks kann man noch heute in Latium packen.

Mit Goethe glücklich in Rom

Literarisch kam Goethe in Rom an einem 1. November an. Jedenfalls datiert vom Allerheiligentag des Jahres 1786 die erste römische Eintragung in seiner »Italienischen Reise« während seines Aufenthalts in Italien. Gut zwei Tage lang hatte es dem 37 Jahre alten Dichter die Sprache verschlagen. Denn er war schon am 29. Oktober in der Ewigen Stadt eingetroffen, seinen von niemandem beachteten Einzug über die Via Flaminia nehmend. Unter dem Namen »Kaufmann Jean Philippe Möller« hatte er dann in der Wohnung des deutschen Malers Wilhelm Tischbein in der Via del Corso Nr. 18 Aufnahme gefunden. Aber dann mußte er sofort einen ersten Rundgang unternehmen, zu den antiken Bauwerken und der Peterskirche, wie man das so tut, wenn man sich jahrelang auf Rom gefreut hat. Da kam er nicht zum Schreiben. Zum Glück reichte es dann zu mehr als einer Postkarte. Aber hören wir Goethe selbst.

»Rom, den 1. November 1786. Endlich kann ich den Mund auftun und meine Freunde im Frohsinn begrüßen. Verzeihen Sie mir (dem in Weimar aus dem Amt geflohenen Geheimen Rat) das Geheimnis und die gleichsam unterirdische Reise hierher. Kaum wagte ich mir selbst zu sagen, wohin ich ging, selbst unterwegs fürchtete ich noch, und nur unter der Porta del Popolo war ich mir gewiß, Rom zu haben ... Die Begierde, dieses Land zu sehen, war überreif ... Ja ich bin endlich in dieser Hauptstadt der Welt angelangt ... Nun bin ich hier und ruhig und, wie es scheint, auf mein ganzes Leben beruhigt. Denn es geht, man darf wohl sagen, ein neues Leben an, wenn man das Ganze mit Augen sieht, das man teilweise in- und auswendig kennt.« Und noch unter demselben Datum fügt er, teils zufrieden, teils ahnungsvoll hinzu: »Wie moralisch heilsam ist mir es denn auch, unter einem ganz sinnlichen Volk zu leben, über das so viel Redens und Schreibens ist (schon der Vater hatte ein dickes Buch über seine Erlebnisse in Italien verfaßt, der Sohn wollte ihn darin übertreffen), das jeder Fremde nach dem Maßstab beurteilt, den er mitbringt. Ich verzeihe jedem, der sie tadelt und schilt; sie stehen zu weit von uns ab, und als Fremder mit ihnen zu verkehren, ist beschwerlich und kostspielig.« Beides gilt zuweilen heute noch.

Fast 15 Monate lang, vom 29. Oktober 1786 bis zum 22. Februar 1787 und vom 7. Juni 1787 bis zum 23. April 1788 – zwischendurch trieb es den Dichter nach Süditalien – weilte der Minister aus einem deutschen Provinzstaat in dieser Hauptstadt der Welt. Eine Tafel am Haus Nr. 20 in der Via del Corso, der zentralen Hauptachse der römischen Innenstadt, ein kleines Museum im selben Palazzo und ein Denkmal in der Villa Borghese erinnern an die römische Hoch-Zeit des deutschen Dichterfürsten. Denn so empfand sie Goethe noch am Ende seines Lebens, als er dem Sekretär Eckermann 1828, mit 79 Jahren also und vier Jahre vor seinem Tod, die von jedem deutschen Rom-Besucher gern zitierten Sätze diktierte: »Ich kann sagen, daß ich nur in Rom empfunden habe, was eigentlich ein Mensch sei. Zu dieser Höhe, zu diesem Glück der Empfindung bin ich später nie wieder gekommen, ich bin, mit meinem Zustand in Rom verglichen, eigentlich nachher nie wieder froh geworden.«

Es scheint, daß sich der Dichter während der ersten Tage vor Begeisterung kaum fassen konnte, als ob ihm Rom den Atem nähme und zugleich neues Leben gäbe. Die Ewige Stadt überwältigte ihn, und der Dichter gab sich dem so vollständig hin, daß er darüber zuweilen sogar das

Rom, Petersplatz

Schreiben hintanstellte. »Wenn man so eine Existenz ansieht, die zweitausend Jahre und darüber alt ist, durch den Wechsel der Zeiten so mannigfaltig und vom Grund aus verändert, und doch noch derselbe Boden, derselbe Berg, ja oft dieselbe Säule und Mauer, und im Volke noch die Spuren des alten Charakters, so wird man ein Mitgenosse der großen Ratschlüsse des Schicksals, und so wird es dem Betrachter von Anfang schwer, zu entwickeln, wie Rom auf Rom folgt, und nicht allein das neue auf das alte, sondern die verschiedenen Epochen des alten und neuen selbst aufeinander ... Und dieses Ungeheure wirkt ganz ruhig auf uns ein, wenn wir in Rom hin und her eilen, um zu den höchsten Gegenständen zu gelangen. Anderer Orten muß man das Bedeutende aufsuchen, hier werden wir davon überdrängt und überfüllt ... Man müßte mit tausend Griffeln schreiben, was soll hier eine Feder! und dann ist man abends müde und erschöpft vom Schauen und Staunen.«

Das notierte Goethe nach einer Woche, am 7. November. Die Sprache hatte er also bald wiedergewonnen, und er begnügte sich dann doch mit weniger als tausend Griffeln. Auch die Ehrfurcht, in der Stadt des Papstes zu weilen, legte sich bald. Auf der Reise hatte sich Goethe beeilt – in Florenz, den Liebhabern der Toskana sei es geklagt, blieb er lediglich drei Stunden –, um zum Allerheiligenfest in Rom zu sein. Denn, so dachte sich der Protestant von der katholischen Heiligenverehrung, »ge-

schieht dem einzelnen Heiligen so viel Ehre, was wird es erst mit allen werden. Allein wie sehr betrog ich mich. Kein auffallend allgemeines Fest hatte die römische Kirche beliebt.« Doch für die Enttäuschung am 1. November entschädigte ihn das Treiben am 2., dem Allerseelentag, an dem die Römer in lebhafter Weise ihrer Toten gedenken. Da ging Goethe zum Pontifikalamt des Papstes. »Statthalter Christi«, wie er protokollarisch und dogmatisch korrekt anmerkt, war damals Pius VI., ein Braschi aus Cesena an der Adria, dem noch die Schrecken der Französischen Revolution bevorstanden. Er residierte im Quirinalspalast, dem heutigen Sitz des Staatspräsidenten, einem Palazzo, der gegenüber den Apostolischen Wohn- und Amtsstuben des Vatikans moderner und bequemer war.

Was erlebte der Mann aus dem evangelischen Norden? »Die Funktion war angegangen, Papst und Kardinäle schon in der Kirche (er kam also zu spät). Der Heilige Vater, die schönste würdigste Männergestalt, Kardinäle von verschiedenem Alter und Bildung (was sicher richtig war, doch wie merkte Goethe das so schnell?). Mich ergriff ein wunderbar Verlangen, das Oberhaupt der Kirche möge den goldenen Mund auftun und, von dem unaussprechlichen Heil der seligen Seelen mit Entzücken sprechend, uns in Entzücken versetzen. Da ich ihn aber vor dem Altare sich nur hin und her bewegen sah, bald nach dieser, bald nach jener Seite sich wendend, sich wie ein gemeiner Pfaffe gebärend und murmelnd, da regte sich die protestantische Erbsünde, und mir wollte das bekannte und gewohnte Meßopfer hier keineswegs gefallen.« Was tat er? »Ich zupfte meinen Gefährten (den Maler Tischbein), daß wir ins Freie der gewölbten und gemalten Säle kämen.« An Selbständigkeit des Urteilens mangelte es Goethe nicht.

Goethe wandte seine Aufmerksamkeit den Stilperioden sehr unterschiedlich zu. So verschloß er sich der Kunst ganzer Jahrhunderte. Das antike Rom ging ihm über alles. Mittelalter, Renaissance und Barock galten ihm wenig. So notiert er ärgerlich: »Es ist ein saures und trauriges Geschäft, das alte Rom aus dem neuen herauszuklauben, aber man muß es denn doch tun und zuletzt eine unschätzbare Befriedigung hoffen. Man trifft auf Spuren einer Herrlichkeit und einer Zerstörung, die beide über unsere Begriffe gehen. Was die Barbaren stehen ließen, haben die Baumeister des neuen Rom verwüstet.« Leider wissen wir nicht, welche Worte Goethe für den heutigen chaotischen, alles mit Blechlawinen zudeckenden Verkehr gefunden und ob er die Segnungen des Automobils gegenüber der Postkutsche zu schätzen gewußt hätte.

Aber der Dichter wollte in Rom nicht nur staunen und bewundern. Er wünschte vor allem, malen zu lernen. Er entdeckte die Freuden des Bohemien, die Lust und Vergnügungen des Künstlerlebens. Der Kreis der deutschen Künstler stand ihm offen, und damals ›trieben‹ sich viele aus Deutschland in Rom herum: der schon erwähnte Maler Tischbein, die Maler Angelika Kauffmann, Bury, Schütz und Lips, der Bildhauer Trippel, der Archäologe Reiffenstein, der Kunstgelehrte Meyer, der Schriftsteller Moritz. Ihre Gesellschaft war ihm lieb, am liebsten im *Caffè Greco* in der Via Condotti, das wegen der schon damals zahlreichen und so gebliebenen deutschen Kundschaft eigentlich »Deutsches Café«, *Caffè Tedesco* heißen müßte.

Und auch anderes kam nicht zu kurz. Das war dem Dichter so wichtig, daß er es nicht mit ein paar Tagebuchnotizen abtat, sondern in den »Römischen Elegien« zu höherer poetischer Form brachte:

Froh empfind' ich mich nun auf klassischem Boden begeistert,
Vor- und Mitwelt spricht lauter und reizender mir.
Hier befolg' ich den Rat, durchblättre die Werke der Alten
Mit geschäftiger Hand, täglich mit neuem Genuß.
Aber die Nächte hindurch hält Amor mich anders beschäftigt ...

Stünde Goethe heute vor der Nr. 18 der Via del Corso, würde er sich wundern – selbst wenn er sein Erstaunen über die technischen Neuerungen unserer Zeit rasch hinunterschlucken könnte. Denn sein Haus steht nicht mehr. Schon vor 100 Jahren war das so an der Ecke zur Via della Fontanella. Aus drei Häusern, die einst hier standen, wurde ein einziges. Deshalb wird häufig auch Nr. 20 als *Casa di Goethe* angegeben. Da aber, wie es heißt, die Musen aus dem sogenannten Goethe-Haus nie ganz ausgezogen seien, hat es mit dem Goethe-Museum hier seine Richtigkeit. Bis zur Piazza del Popolo sind es nicht einmal 100 Meter. Hier war damals und ist heute ›immer 'was los‹, wie die modernen *Ragazze* und *Ragazzi*, die flotten römischen Mädchen und Jungen so sagen, was sie hierher treibt und was schließlich Goethe inspiriert hat, »in diesem Haus unsterbliche Dinge zu erdichten und zu schreiben«. So steht es auf einer Gedenktafel an dem Gebäude, die von der Stadt Rom »zur Erinnerung an den großen Gast« im Jahr 1872 angebracht worden war.

Die Atmosphäre des damaligen Ambiente finden die Rom-Begeisterten noch heute. Da soll nicht stören, daß im Erdgeschoß des Hauses zwei Schuhläden, eine Boutique und ein Geschäft für Freizeitkleidung Käufer anlocken. Der Dichter wußte die Bedeutung der Wirtschaft und des Geldes zu schätzen. Ginge Goethe im Gedränge der Passanten, der »geputzten Menschen«, und dank der Fußgängerzone unbehelligt von Autos, zur Piazza del Popolo, käme er sich nicht fremd vor. Gewiß, die Bestimmung der Gebäude hat gewechselt. So ist aus der gegenüber von Nr. 18 gelegenen Russischen Botschaft eine Bankfiliale geworden. Aber die beiden Marienkirchen am Ausgang des Corso, Santa Maria dei Miracoli und di Montesanto, stehen immer noch und sehen bis auf Kleinigkeiten genauso aus wie damals. Auch die Kirche Santa Maria del Popolo am anderen, nördlichen Ende des Platzes, an der Porta Flaminia, mit dem Kloster der Augustiner, in dem im Jahr 1510 Martin Luther wohnte – es wird die Zeit kommen, da man dort ein ökumenisches Museum einrichtet –, zeigt sich bis auf die notwendigen Erhaltungsarbeiten unverändert.

Dann aber würde es dem Dichter, der als Maler-Adept in Rom ein genauer Beobachter war, den Atem verschlagen. Denn der zu seiner Zeit trapezförmig langgestreckte Platz wurde wenige Jahre nach seine Abreise einer völligen Neugestaltung unterzogen. Die drei Marienkirchen, die drei direkt auf den Platz zulaufenden Straßen, Via del Babuino, del Corso und di Ripetta, auch der 24 m hohe Obelisk und das Stadttor (Porta del Popolo oder Flaminia) waren und blieben feste Bestandteile. Doch aus dem Trapez mit drei Fingern, den Straßen, von Nord nach Süd wurde ein großes Oval, nun von Ost nach West sich erstreckend und im Osten in einem prächtigen Höhenprospekt zum Pincio-Hügel und -Park ansteigend. Der römische Architekt Giuseppe Valadier dachte seit 1793 über diese ihm von Papst Pius VI. aufgetragene Veränderung nach. Erst von 1816 bis 1824 unter Pius VII. wurden Valadiers Pläne in die Tat umgesetzt. Gut' Ding braucht Weile.

An der Adria und in den Abruzzen – Die Provinz Teramo

Wer kennt schon Teramo? Die Leute auf der Piazza Garibaldi – Tausende von Plätzen in Italien sind nach dem Patrioten des vorigen Jahrhunderts benannt, der Italien einigen half – sagen es leicht resigniert, als hätten sie längst aufgegeben, auf Widerspruch zu hoffen. Wer weiß schon etwas von der Stadt Teramo und der gleichnamigen Provinz in der Region Abruzzen, nördlich des Gran Sasso, des mit 2912 m höchsten Berges der Apenninenhalbinsel. Vielleicht werde es besser, meint ein junger Mann, wenn die Autobahn von Rom direkt bis vor die Haustür führt. Jetzt fehlen noch ein paar Kilometer, Kilometer freilich durch unwegsames, schroffes Bergland, eben die wilden Abruzzen, in früheren Zeiten wegen ihrer Briganten berüchtigt. Das schwierigste Stück jedoch, der 10 200 m lange Tunnel unter dem Gran Sasso, ist zur Hälfte fertiggestellt, so daß eine Röhre schon passierbar ist. Dadurch spart man, von oder nach der Hauptstadt, viel Zeit, da man nicht mehr über steigungs- und gefällereiche Straßen durch die Bergwelt kurven muß.

Wie um die sich Verlassenfühlenden von Teramo aufzumuntern, zieht eine Gruppe von Touristen – es handelt sich um Kulturbeflissene deutscher Sprache – über den Domplatz, betritt mit einem bewundernden »Ooh« das strenge und würdige Innere der Kathedrale und bleibt schließlich lange vor der Stadt schönstem und berühmtestem Kunstwerk stehen, einer 2,50 m breiten und 1,25 m hohen Silberplatte am Hochaltar, die ein Feinschmied namens Nicola da Guardiagrele von 1433 bis 1448 mit 34 Darstellungen aus der Bibel und den Heiligenlegenden geschmückt hat. Man fühlt sich an die Kunst der großen Florentiner Bronzeskulptoren Donatello und Lorenzo Ghiberti erinnert und staunt wieder, wie so oft in der italienischen Provinz, daß in einer kleinen Stadt Kunstwerke von so hohem Rang versteckt sind. Den etwas bewölkten Himmel haben die Reisenden genutzt, um den geliebten Adriastrand für einige Stunden zu verlassen und ›zu Sehenswürdigkeiten zu fahren‹ – was sogar von der Europäischen Gemeinschaft wegen des kulturellen Nutzens für die Fremden und des finanziellen für die Einheimischen subventioniert wird. Recht so. Denn Teramo war schon den Römern der Antike als Ort vorzüglicher, reiner Weine bekannt. Es hat daher Tradition, wenn die Region Abruzzen den bekannten Spruch »In vino veritas« umformuliert: »In Abruzzo veritas«. Und im abruzzesischen Wein erst recht, denn von Unredlichkeiten im Umgang mit dem edlen Rebensaft weiß man an den Hängen der wilden Berge nichts.

Es ist ein urwüchsiger Volksstamm, der in den Abruzzen lebt und sich in vielem die Charaktereigenschaften der Bergbewohner bewahrt hat. Die Schlaueren und Schnelleren wohnen, wie es uns scheint, seit eh und je an der Küste, in den großen Städten. So ist es kein Zufall, daß wir die schönste Keramik der Abruzzen in Castelli finden, einem Dorf in 500 m Höhe am nördlichen Fuß des Gran Sasso. Die blau leuchtenden Keramikplatten zwischen Holzbalken als Innenverkleidung einer Kirche, die dort in einem kleinen Museum ausgestellt sind, bleiben unvergeßlich. Und ebenso die Gespräche mit den kunstfertigen Handwerkern in ihren bescheidenen *Botteghe,* den engen Verkaufslädchen an der Hauptstraße. Der mühevolle, handwerkliche Umgang mit Ton und Farbe verlangt Hingabe und

Geduld, kein Rechnen mit Stunden und ihrem Lohn, Reichtümer lassen sich dabei nicht erzielen.

Aus Wein und Keramik können die Teramani wenig, aus Geschichte und Kunst gar keinen materiellen Gewinn für ihr Auskommen ziehen. Der muß aus der Landwirtschaft, der Verarbeitung von Agrarprodukten, aus dem Dienstleistungsgewerbe (nicht zuletzt für die Touristen) und der Kleinindustrie kommen. Daß sich da großer Fleiß regt, sieht man überall. In den letzten Jahrzehnten sind viele notgedrungen aus den Bergen in die Städte gegangen; Wohnungen mußten für sie errichtet werden. Dadurch ist das Land um die alten Orte herum unruhig geworden, die Landschaft zersiedelt.

Der Verwaltung und dem Lebensstandard nach gehört die Region Abruzzen zu Süditalien, zum zurückgebliebenen *Mezzogiorno,* dem Mittag Italiens. Sie stand und steht daher unter dem Druck forcierter Entwicklung. Da sind viele Sünden wider die Schönheit der Natur begangen worden, und, nach den Bebauungsplänen und Gebäudeprojekten zu urteilen, hat man dem noch nicht Einhalt geboten. Arbeitslose, vor allem auch Jugendliche, fragen freilich weniger nach Landschaftsschutz als nach Arbeitsplätzen, die ihnen eine sichere Zukunft gewähren.

Immerhin ist die Umwelt, das *Ambiente,* als Aufgabe bewußt geworden. So wurde Anzeige gegen einen ehemaligen Bürgermeister und gegenwärtigen Provinzassessor erhoben, weil er mit der Genehmigung für eine Müllhalde gegen die Umweltgesetze verstoßen habe; man läßt also nicht alles mehr durchgehen. Ebenso werden Untersuchungen im Adriatischen Meer vorgenommen, ob das Wasser sauber sei. Doch weil dies ein sehr relativer Begriff ist, läßt sich kaum jemand von den Ergebnissen aufschrecken. Sauberkeit des Wassers, Pflege der Landschaft und Achtsamkeit in den Städten sind jedoch notwendig, wenn man die Badetouristen aus dem Norden hierher, aus der Emilia-Romagna von Ravenna und Rimini weiter nach Süden locken will. Zwischen dem Landstreifen direkt an der Küste der Adria mit gepflegten Strandeinrichtungen, vielen Hotels, Pensionen, Restaurants und Villen und den grünen Hügeln der Abruzzen liegt kilometerbreit die ›normale‹ Besiedlung mit langweiligen Häusern, Straßen und Schienen – ein abschreckendes Stück Häßlichkeit.

Auf dem Weg von Teramo nach Norden werden wir überrascht. Hoch auf einem Berg wächst eine der größten Festungen Europas aus dem Fels heraus: Civitella del Tronto. Ein Ungetüm von einem Bollwerk, das Italienern und Franzosen, Deutschen, Spaniern und Österreichern diente, doch, recht besehen, ziemlich nutzlos in der Gegend stand. Seinen Existenzgrund zog es mühsam aus der nahen Grenze zu den Marken, dem Grenzland des alten deutschen Kaiserreichs, den schwankenden Besitzverhältnissen im Schatten von Kaiser und Papst und den Unsicherheiten im Königreich Neapel bis zur Einigung Italiens im Jahr 1870.

Die Städte der Provinz Teramo an der Adria, von der Mündung des Flusses Tronto bei Benedetto bis zu der des Saline nördlich von Pescara, bestechen nicht durch ihre Schönheit – aber welche können das heutzutage schon an flachen Küsten! Trost findet man an und in der abruzzesischen Küche, die, aus der Bergwelt mit solidem Grundmaterial gut, wenn auch nicht übermäßig versorgt, den natürlichen Geschmack zu gediegener Entfaltung bringt. Brot und Käse, Lammfleisch und Würste, Gemüse und Obst schmecken herzhaft frisch; das Olivenöl ist nicht berühmt, doch unverfälscht. Wenn dazu, wie in dem Ristorante Beccaceci in Giulianova, einem gutbürgerlichen Restaurant in nüchterner Umgebung, noch der Fischreichtum des Meeres kommt, wenn man zum Fleisch den roten Montepulciano d'Abruzzo und zum Fisch den Trebbiano genießt, ist der Teramano mit vielen Unzulänglichkeiten des Alltags wieder versöhnt, und der Besucher erst recht.

In Kampanien – Pompeji und Paestum

Sie gestanden es mit einem Lächeln. Nein, sie seien noch nie im antiken Pompeji gewesen, obwohl sie in Pompeji lebten. Wie das? Es schien gänzlich undenkbar, daß die beiden, ein junges Ehepaar, das wir am Strand südlich von Salerno trafen, noch nie jene berühmte Ruinenstadt gesehen hätten, die im Jahr 79 nach Christus bei einem Ausbruch des Vesuvs, des Vulkans am Golf von Neapel, von einem Stein- und Aschenregen zugedeckt worden war, um, so konserviert und Jahrhunderte später ausgegraben, uns heute das getreue Bild einer Stadt der römischen Antike zu vermitteln. »Nein, wir haben die Gassen und Plätze, die Häuser und Villen des alten Pompeji noch nie besichtigt, weil wir ja im neuen wohnen. Pompei ist doch unsere Heimat.«

Genau so hatte vor 200 Jahren ein kleiner Neapolitaner reagiert, als ihn der große Goethe schimpfte. Der Dichter fühlte sich durch dessen »Lustgeschrei und Freudengeheul« in einem »entzückenden Anblick« gestört und aus der stillen Bewunderung für die Schönheiten der Natur und die Herrlichkeiten der Kunst im Neapolitanischen herausgerissen. »Verzeiht, werter Herr! Das ist doch meine Heimat.« Und Goethe begriff in jenem Frühjahr 1787, daß Neapel mit seiner Umgebung nicht nur der ästhetischen Betrachtung zu dienen hatten, sondern Wohnstätte von Menschen war, eines besonderen Schlages zudem, »Menschen von glücklichem Naturell«, wie er in seiner »Italienischen Reise« notierte, »die, ohne Kümmernis, erwarten können, der morgende Tag werde bringen, was der heutige gebracht, und deshalb sorgenlos dahin leben. Augen-

Blick auf Pompeji, vom Turm des Merkur aus gesehen

blickliche Befriedigung, mäßiger Genuß, vorübergehender Leiden heiteres Dulden!« Und weiter »Ich finde in diesem Volk die lebhafteste und geistreichste Industrie, nicht um reich zu werden, sondern um sorgenfrei zu leben.«

Seitdem hat sich vielleicht der Charakter der Bewohner jenes Küstenstrichs rund um den Golf von Neapel nicht wesentlich geändert, wohl aber ihre Anzahl. Dadurch ist alles ein wenig schwieriger geworden. Der unkundige Nordländer würde Enge, Schmutz, Lärm, Lebens- und Arbeitsbedingungen als unerträglich empfinden, wenn nicht die Neapolitaner diese zuweilen armseligen Verhältnisse Lügen straften mit dem Ausruf: »Neapel ist ein Paradies!« und den Eindruck vermittelten: »Jedermann lebt in einer Art von trunkener Selbstvergessenheit.« So Goethe. Der deutsche Dichter konnte sich vor zwei Jahrhunderten ob der tausend Widersprüche zwischen Schönem und Schrecklichem nicht anders helfen, als die Menschen im Schatten des Vesuvs zu definieren als »eingeklemmt zwischen Gott und Satan«. Faust *alla napoletana.*

Was Goethe von dem antiken Pompeji, in der Nähe Neapels und im Schatten des Vesuvs schrieb, gilt heute genauso. »Pompeji setzt jedermann wegen seiner Enge und Kleinheit in Verwunderung. Schmale Straßen, obgleich grade und an der Seite mit Schrittplatten versehen, kleine Häuser ohne Fenster, aus den Höfen und offenen Galerien die Zimmer nur durch die Türen erleuchtet. Selbst öffentliche Werke, die Bank am Tor, der Tempel, sodann auch eine Villa in der Nähe, mehr Modell und Puppenschrank als Gebäude. Diese Zimmer, Gänge und Galerien aber aufs heiterste gemalt, die Wandflächen einförmig, in der Mitte ein ausführliches Gemälde, jetzt meist ausgebrochen, an Kanten und Enden leichte und geschmackvolle Arabesken, aus welchen sich auch wohl niedliche Kinder- und Nymphengestalten entwickeln, wenn an einer andern Stelle aus mächtigen Blumengewinden wilde und zahme Tiere hervordringen.«

Um dies zu sehen, strömen Touristen aus aller Welt herbei. Schon vor dem Eintritt überlassen sie sich auf der schmalen Autobahn von Neapel, auf den Parkplätzen, an den Zugängen zum antiken Stadtbezirk einem Wirrwarr, das sie anderswo meiden würden, hier jedoch als Ausdruck ungebrochener südlicher Lebensart hinnehmen, es sei denn, auch die Kustoden der klassischen Stätte entschließen sich, zu streiken und alle Besucher draußen stehen zu lassen, weitgereist hin oder her. Amerikaner kommen, auch weil in der Nähe, an der Küste bei Pozzuoli und Gaeta, Flottenverbände der Vereinigten Staaten stationiert sind; Japaner, weil Pompeji zu Europa ›dazugehört‹, und deutsche Ehepaare, weil ›er‹ als Lateinlehrer mit verklärtem Gesicht den Genius loci genießen will. Das Pflaster der Antike bringt es mit sich, daß man meist mit den Augen nach unten, ganz konzentriert auf die Tücken des Bodens, das Altertum durchwandert. Elegante Damenschuhe sind den holprigen Steinen nicht gewachsen.

Nur reife Personen werden von den Wächtern der Pompejanischen Häuser gewürdigt, auch einen Blick hinter die Kulissen zu werfen. Dann dürfen sie jene kräftig erotischen Kunstwerke in Augenschein nehmen, die manche so erröten läßt, wie das »Pompejanische Rot« nahelegt, und ihre Vorurteile über die Gründe für den Niedergang des Römischen Reiches bestätigt finden. Archäologen haben bisher 25 »offizielle Freudenhäuser« in der Stadt von damals 20 000 Einwohnern gezählt; es werden jedoch immer wieder neue Entdeckungen gemacht, da die Ruinenstadt noch längst nicht ganz ausgegraben ist. Schönheiten aus allen Provinzen des Imperium Romanum, so die lebensfrohen Erkenntnisse der Altertumswissenschaftler, bereicherten das Angebot und erhöhten die Qual der Wahl zwischen German(inn)en und Ägypter(inne)n, Kelt(inn)en und Perser(inne)n, weil Neigungen aller Art zu berücksichtigen waren.

Damit Pompeji nicht nur als Freudenstadt – die Strafe folgte wie bei den biblischen Städten Sodom und Gomorrha – und als Riesenreliquie der Antike Erinnerungen hinterläßt, lädt man in den Sommermonaten auch lebendige Künstler ein. In das »Große Theater« etwa Leonard Bernstein mit dem Philharmonischen Orchester Israel (da passierte es jedoch, daß es mehr verkaufte Eintrittskarten und damit willige Besucher gab als Plätze, geschickte Neapolitaner hatten rasch mit der Druckerpresse dem Mangel an Billets abgeholfen); oder in das »Kleine Theater« das *Odeion,* den englischen Regisseur Peter Brook mit der »Tragédie de Carmen«, weil Eifersuchtstragödien trotz des

Pompeji, Haus des Fauns

Paestum, Neptun-Tempel

reichen Sortiments an hübschen Sklaven auch damals schon die Männer trafen. Oder Jazzmusiker, deren Festival nicht nur die Jugend der Umgebung anzieht.

Den Frommen in Süditalien ist Pompeji nicht wegen der *Scavi,* der Ausgrabungen, bekannt, sondern wegen des Marienheiligtums. Die »Basilika der Madonna des Rosenkranzes«, ein Bau des späten 19. Jahrhunderts, ist sogar »pästlichen Rechts«. Im Vatikan besteht eine eigene Kommission für die »Päpstlichen Heiligtümer von Pompeji, Loreto und Bari« mit drei Kardinälen, einem Erzbischof und einem Bürochef im Rang eines Monsignore. Die Pompeiani sind sich nicht sicher, was ihnen mehr einbringt: die Touristen der Kultur oder die Pilger der Religion. Deshalb schätzen sie beide Gruppen. Hunger, der in *Ristoranti* gestillt werden muß, haben alle, und Bedarf an Souvenirs besteht bei den einen wie den andern.

Nach einem Besuch Pompejis treibt es viele nach Paestum, jener einzigartigen Stätte, in der drei zu großen Teilen erhaltene griechische Tempel die Präsenz Großgriechenlands in Süditalien vermelden. Da begegnet man, nach fast 100 km von Neapel über Salerno, etwas gänzlich Neuem. Lassen wir uns auch hier von Goethe erzählen: »Der erste Eindruck konnte nur Erstaunen erregen. Ich befand mich in einer völlig fremden Welt. Denn unsere Augen und durch sie unser ganzes inneres Wesen sind an schlankere Baukunst hinangetrieben und entschieden bestimmt, so daß uns diese stumpfen, kegelförmigen, enggedrängten Säulenmassen lästig, ja furchtbar erscheinen. Doch nahm ich mich bald zusammen, erinnerte mich der Kunstgeschichte, gedachte der Zeit, deren Geist solche Bauart gemäß fand, vergegenwärtigte mir den strengen Stil der Plastik, und in weniger als einer

Stunde fühlte ich mich befreundet, ja ich pries den Genius, daß er mich diese so wohl erhaltenen Reste mit Augen sehen ließ, da sich von ihnen durch Abbildung kein Begriff geben läßt. Denn im architektonischen Aufriß erscheinen sie eleganter, in perspektivischer Darstellung plumper als sie sind, nur wenn man sich um sie her, durch sie durch bewegt, teilt man ihnen das eigentliche Leben mit ... Und so verbrachte ich den ganzen Tag.«

So geht es uns noch heute. Stundenlang kann man in den drei Tempeln umhergehen, um sie herumwandern, sie aus immer anderem Blickwinkel betrachten, ohne ihrer überdrüssig zu werden. Auch nach mehrfachen Besuchen wird es nie langweilig, die in sanfte Wiesen gebetteten Steinreste – welch erfrischender Unterschied zu Pompeji! – der alten griechischen Stadt *Poseidonia* zu beschauen – benannt nach dem griechischen Gott des Meeres, Poseidon, dann in *Paistom* oder *Paistos* italisiert, später in *Paestum* latinisiert. Die Schönheit der drei Säulenkomplexe, der »Basilika«, des »Neptun«- und des »Ceres«-Tempels, ist oft gerühmt worden. Es gilt Goethes Wort nach seinem zweiten Besuch, als er mit »großen, schönen, unvergleichlichen Gedanken von Sizilien« zurückgekehrt war, von der »herrlichsten Idee, die ich nun nordwärts vollständig mitnehme«: »Der mittlere Tempel (der des Neptun) ist, nach meiner Meinung, allem vorzuziehen, was man noch in Sizilien sieht.«

Am Golf von Salerno ist man stolz auf diese Tempel einer ruhmreichen Vergangenheit. Die Brautpaare und Erstkommunionsbräute aus der Umgebung lassen sich vor den stolzen Ruinen mit großem Aufwand fotografieren. Zehnjährige Mädchen in schwebendem Weiß wissen mit Bestimmtheit, wie sie am vorteilhaftesten in die Familienchronik eingehen. Damals, in den Jahrhunderten vor Christus, war die Kultur im Süden zu finden. Zivilisation und Reichtum hatten hier ihre Heimat, wo heute, durch die Wechselfälle der Geschichte bedingt, die Armen Italiens zu Hause sind. Die Grenze zwischen Nord und Süd in Italien verläuft, nach einem Buchtitel von Carlo Levi, »Christus kam nur bis Eboli«, ganz in der Nähe; man glaubt es, wenn man von den Tempeln aufschaut und hinüberblickt zu den Bergen, die Unwirtlichkeit und karges Auskommen der Menschen im Mezzogiorno signalisieren.

Fast 5 km lang sind die wohlerhaltenen, bis 7 m dicken Mauern der Stadt, von Türmen bewehrt; in der Abendstunde wandert man in aller Ruhe an ihnen entlang. Da kann man auch »den nilpferdischen Büffeln in die blutroten wilden Augen sehen« (Goethe, natürlich) und sich schon freuen auf die Mozzarella beim Abendessen, jenen rundgeformten Käse aus der Milch der Büffelkühe, der leider beim Transport über die süditalienische Grenze nach Norden im Geschmack manches von seiner schmiegsamen Weichheit verliert. Hier schmeckt er am besten.

Zum Glück haben die Stadtmauern des alten Paestum der modernen Bauwut Einhalt geboten. Aber um sie herum ist das Land gnaden- und planlos zersiedelt. Der Schönheitssinn der italienischen Großgriechen, der sich im Tempelbezirk so eindrucksvoll zeigt, ist den Nachfahren beim Hausbau abhanden gekommen. Kreuz und quer, wie es gerade einfiel, wurden die Wohnungen angelegt. Nun, sei's drum. Der Gast aus fremden Landen wird da Zurückhaltung mit seiner Kritik üben, daran denkend, daß in den Zeiten der Not auch im Norden nicht nach ästhetischen Gesichtspunkten verfahren wurde, und schnell wieder den Schönheiten der Vergangenheit sich zuwenden. Oder den unzähligen Ständen mit Töpferware, wo hin und wieder inmitten der Keramikproduktion nach biederem modernem Geschmack auch ein besonders gelungenes Handwerksstück herausragt, eine formvollendete Vase, hübsch gemalte Teller, mächtige Ölkrüge.

Die harmonische Verbindung von Kultur und Erholung, nicht immer mehr selbstverständlich in Italien, wird am weiten Strand von Paestum hergestellt. Rasch kommt man mit denen von Pompeji ins Gespräch, die mit Bewunderung für die Tempel nicht sparen, plaudert mit den Dörflern aus der Gegend von Avellino, denen die Gemeinde zwei Wochen Erholungsurlaub am Meer geschenkt hat, für die meisten den ersten ihres Lebens. Zwei Frauen in Schürzen raufen vor lauter Vergnügen im Sand und die Männer feuern die Streithennen mutwillig an. Ein ›Schimmelreiter‹ jagt über den Strand, hinter ihm bellen lebenslustig Hunde drein. Deutsche erzählen, daß in Paestum auch psychotherapeutische Kurse abgehalten würden. Es scheint, daß die kräftige Sonne und ein leichter Wind, daß Sand und Wasser denen aus dem Norden guttun.

Millionen am Golf – Neapolitaner am Sonntag

Das sei nun schon die dritte Hose für den Sohn, sagt die junge Neapolitanerin mit einem weinenden und einem lachenden Auge jetzt am Abend. Drei insgesamt habe sie für den Sonntagsausflug nach Ischia mitgenommen. »Natürlich, es ist doch wichtig, daß unsere Kinder sauber und adrett ausschauen. Aber die erste war schon auf der Überfahrt am Morgen von Neapel aus schmutzig.« Ninetto, so der Name des kleinen, fünf Jahre alten Rabauken, der selbst nach einem gewiß anstrengenden ›Erholungstag‹ nicht die geringste Müdigkeit zeigt, sondern unentwegt zwischen den Bänken der Passagiere herumklettert, mal in gefährliche Nähe der Reling kommt, mal an den Aufbauten des Fährschiffes emporklettert und fast in einem Rettungsboot verschwunden wäre, Ninetto also hatte das erste Höschen mit pechschwarzer Bootsschmiere geziert, das zweite beim Mittagessen mit tiefroter Tomatensoße von der Pasta. »So konnte ich ihn doch nicht rumlaufen lassen. Außerdem kenne ich ihn.«

»Ninetto, komm her und fall nicht ins Wasser!« erscholl die Stimme des Vaters, ohne daß der Kleine ihr viel Aufmerksamkeit geschenkt hätte. Ein Blick zum Papà, der besagte, neapolitanische Kinder fallen nicht ins Wasser – und nur, weil es ihm selbst zu langweilig wurde, in die spritzenden Wellen zu starren, gab er seiner Unternehmungslust in anderer Richtung nach. Die Mamma lächelte stolz verlegen über ein solches Prachtsöhnchen, das schon jetzt bewies, daß es für den Lebenskampf in der von tausend Problemen gedrückten Millionenstadt Neapel gerüstet sei. Papà schaukelte vorsichtig und noch etwas zärtlicher das dreijährige Töchterchen, schaute kurz der untergehenden Sonne nach und wandte sich dann dem Häusermeer zu, das für ihn in der kommenden Woche unzählige Schrecken bereithielt.

Aber am Sonntag denkt man in Neapel nicht an die werktäglichen Sorgen und Beschwerden, auch nicht in den miserablen *Quartieri Bassi*, in den tief gelegenen, ›heruntergekommenen‹ Vierteln unten am

Meer. Da fährt oder geht man mit der ganzen Familie zur Mole Beverello im Zentrum von Neapel oder zum Hafen von Pozzuoli, einem westlichen Vorort – weil es von dort kürzer und billiger ist – und nimmt die Fähre nach Ischia, nach Porto oder Casamicciola, oder zu der anderen weltberühmten Insel, Capri. »Nehmen« ist der richtige Ausdruck. Denn jede Familie – mit oder ohne Auto – ergreift Besitz von dem Traghetto, der Fähre, als ob es um die Sicherung des ewigen Lebens ginge – weil doch das hiesige kummervoll genug ist. Der stürmische Drang befriedet sich jedoch sofort, wenn das Auto und alle Familienmitglieder Platz gefunden haben und man entdeckt, daß selbst auf einem Schiff die Möglichkeit der Koexistenz gegeben ist. Daß der Platz für ihn und seine Familie nicht mehr reichen könnte, der zum Wohnen, zum Arbeiten, zum Parken und so weiter, ist stets die größte Sorge für einen Neapolitaner in seiner engen Stadt.

Wenn die Fähre nach Ischia, von Neapel kommend um das Vorgebirge von Posillipo, von Pozzuoli aus um das Kap Miseno gebogen ist, nehmen die Gesichter aller Einheimischen einen feierlichen Ausdruck an. Denn nun sieht man nichts mehr von den unzähligen Defekten des Landes, den schadhaften Industrieanlagen von Bagnoli, den elenden Behausungen ringsum, jetzt erblickt das Auge nur noch Schönheit. Bei günstiger Sicht sogar alles zusammen: die Insel Procida und dahinter Ischia, mit 109 m und 788 m hohen Bergen, im Osten – natürlich – der Vesuv und weiter im Süden das Vorgebirge von Sorrent und die Insel Capri. Da muß ein jeder zugeben, ob er aus San Francisco stammt oder aus Sydney, daß schöner eine Stadt nicht liegen kann als in solcher Umgebung. Und wenn einer diskret auf Rio de Janeiro hinweist, so bringt der Neapolitaner sogleich die archäologischen Schätze von Pompeji und Herkulaneum ins Spiel, wirft sich in die Brust und hat alle Neider zum Verstummen gebracht.

Auf dem Schiff gibt es aber keine Neider, sondern nur Leute, die sich einen vergnügten Sonntag machen wollen, jetzt im Hafen von Ischia eilig aussteigen oder ihr hochbeladenes Fahrzeug aus dem Schiffsbauch bugsieren und sich rasch in alle drei Winde – eine Insel bietet nicht mehr – zerstreuen. Manche werden begrüßt und zeigen damit an, daß sie auf Ischia einen für jeden Italiener so wichtigen, weil die Fremde weniger feindlich machenden Bezugspunkt haben. Das muß nicht die eigene Villa sein. Schon der vom Freund eines Freundes gehörte Auftrag, in Forio etwa nach dem Rechten zu schauen, bildet die solide Grundlage für eine sonntägliche Exkursion. Zum Glück sind die Neapolitaner genügsam. Denn da Ischia nur 46,3 qkm und Neapel ohne Vororte bereits 1,2 Millionen Einwohner zählt, kämen auf jeden nur 38,4 qm, die unzugänglichen und weithin unbebaubaren Gelände der Insel nicht abgerechnet. Capri scheidet aus der Wunschwelt aus, weil dort zu viele Ausländer und reiche Italiener die Preise verderben. Bedenkt man diesen Andrang auf Ischia, so muß einem die Insel geradezu dünn besiedelt erscheinen, obwohl alle angesichts der vielen weißen Häuserklötzchen über Zersiedelung klagen.

Es ist eben alles relativ, und das Urteil hängt stets vom Standpunkt des Betrachters ab. Wer möchte schon dem armen Neapolitaner sein Hüttchen mißgönnen, obwohl diese tausendfach die Insel überziehen und die grünen Hänge zu einer wirren Terra Napoletana umgebildet haben. Die Idylle sucht man vergeblich, es sei denn, man kann sich in eine der wenigen fürstlichen Villen zurückziehen – ohne dabei gleich an einen Boss der Camorra, des organisierten Verbrechertums von

Ischia, Hafen von Forio

Neapel, zu denken. Oder man darf sich in einem der gepflegten Hotels erholen, wo der Lärm der Insulaner und ihrer Besucher weit weg ist, wo man in sauberen Schwimmbecken die für Ischia charakteristischen heißen Thermalquellen nutzen kann. Aber das ist die Ausnahme.

Die Fakten sind, daß es 1951 18 000 Wohnräume auf der Insel gab, 1971 schon 42 000, doch 1981 – bei der letzten Zählung – 69 000; und inzwischen sind wieder einige Tausend hinzugekommen. Vor der Entscheidung stehend, ob Ischia die Massenerholungsstätte der Neapolitaner sein darf mit allen die Umwelt belastenden Folgen oder angenehmer, das Ambiente wie die Ästhetik berücksichtigender Zufluchtsort für elitären, geldbringenden Tourismus, entscheiden sich die Ischitaner lieber gar nicht. Trägt der Elitetourismus mehr zum Wohlstand der Ischitani bei, bewahrt er mehr die ursprüngliche Natur der Insel? In Ischia Porto im Nordosten und in Casamicciola im Norden will man Jachthäfen anlegen, um neben dem Thermal- und Kongreßtourismus auch den

Neapel und Golf von Neapel

der Segler zu fördern. In Ischia Ponte hat gerade der Gemeinderat solche Pläne befürwortet, für den zweiten Ort jedoch stoppte der italienische Minister für Umwelt und Kulturgüter das bereits genehmigte Projekt, was wiederum den Protest des Gemeinderats hervorrief. Oder was soll man davon halten, wenn die Christlichen Demokraten von Barano in der Mitte der Insel Einspruch dagegen erheben, daß eine Firma aus Neapel die Quellen von Nitrodi wirtschaftlich nutzen will? Zum Schaden der Bewohner? Wie es auf Ischia weitergehen soll, wissen die Kommunalpolitiker der sechs Gemeinden nicht so genau. Sicher scheint nur, daß es eigentlich nicht so weiterlaufen darf wie bisher. Eigentlich.

Die flüchtigen Sonntagsausflügler aus Neapel kümmern sich freilich wenig um die Sorgen der Ischitaner. Sie müssen jetzt am Nachmittag mehr darum bangen, noch einen Platz – das ewige Problem – auf dem Fährschiff zurück in ihre Stadt zu

gewinnen. Denn Vorbestellungen gibt es nicht. Die Schlangen sind lang, der Lärm ist groß, die Polizisten sind dem Durcheinander kaum gewachsen. Am liebsten würden gegen 17 Uhr alle auf ein und dasselbe Schiff klettern. Doch nachdem vor zehn Jahren ein Fährschiff im Hafen von Pozzuoli mit doppelter Überladung gesunken war, ist man vorsichtiger geworden. Eine zusätzliche Fähre schiebt sich heran und öffnet ihr Maul. Man muß rückwärts hineinfahren, soll durch eine Enge stoßen, die sich nur zentimetergenau und mit Hereinklappen der Außenspiegel passieren läßt. Man murmelt etwas davon, daß man das Schiff auch etwas größer hätte bauen können. Da schreit der Schiffsknecht im dunklen Rangierraum: »Sind Sie verrückt? Beinahe hätten Sie die Vespa umgestoßen. Die Vespa des Kapitäns! Er hätte mir und Ihnen den Schädel eingeschlagen.« Die Vespa des Kapitäns! Potzblitz! Beinahe! Wir sind froh, der Gefahr noch einmal entkommen zu sein.

Land im Süden – Italiens »Sporn«

Alle kennen es von der Landkarte, das Vorgebirge des Gargano im Südosten der Apenninenhalbinsel, den ›Sporn‹ am italienischen ›Stiefel‹. Man vermutet ihn weit weg im Süden. Doch in Wirklichkeit liegt er auf der geographischen Breite Roms, da die italienische Halbinsel ›schräg‹, von Nordwest nach Südost verläuft. Von Bologna im Norden sind es zum Gargano nur 150 km mehr als nach Rom; von der Hauptstadt selbst fährt man auf der Autobahn Richtung Neapel bis San Vittore, der ersten Ausfahrt nach dem Kloster Montecassino, und dann über Schnellstraßen an Isernia und Campobasso vorbei, und schon ist man in der Provinz Foggia, einer der fünf Provinzen der Region Apulien, neben Bari, Lecce, Brindisi und Taranto.

Um den Sporn, der mit ordentlichem Namen *Promontorio Garganico,* »Garganisches Vorgebirge« oder einfach *Gargano* heißt, haben die Götter eine weite Ebene gelegt, den *Tavoliere.* Sie hätten hier auch das Mittelmeer fließen lassen können, dann wäre der Gargano eine Insel geworden; doch zu unserem Glück hat es ihnen anders gefallen. Der Tavoliere verdankt seinen Namen nicht dem Umstand, daß er flach wie eine *Tavola,* eine Tafel, ist, was streng genommen bei Höhenunterschieden von 400 m nicht stimmt, sondern, wie häufig im lateinisch durchtränkten Italien, den *Tabulae censuariae,* den Katastertafeln der alten Römer, denen diese Ebene ob ihres Getreidereichtums wichtig und teuer war. In der *Capitanata,* so ein ande-

Apulien, Getreidefelder bei Troia

rer historischer Name dieser Gegend, wachsen der Sinn für Geschichte, die Achtung vor dem Heiligen und Gefallen an den Schönheiten der Natur.

So kann jeder mit großen Erwartungen den Abstieg aus dem Apenninengebirge hinunter in die Ebene beginnen, in jenes Land, das Griechen und Römer, Byzantiner, Langobarden und Normannen, die Herrscherhäuser der Staufer, der Anjou und der Aragonesen, der Spanier und Bourbonen erlebt hat, das den Ghibellinen, den Kaisertreuen unter Deutschen und Italienern, wert ist. Denn es ist das Land Kaiser Friedrichs II. Dieser Enkel von Friedrich Barbarossa, dem »Rotbart« – selbst im Deutschen verwenden wir häufiger jenen Namen, den die Italiener dem deutschen König gaben –, wurde im Jahr 1194 in Jesi bei Ancona geboren, wohl in Assisi getauft und mit zwei Jahren zum deutschen König gewählt. Er erbte von seiner normannischen Mutter Konstanze Sizilien und lag zeit seines Lebens in Fehde mit den Päpsten. Den einen gilt er als der erste moderne Herrscher Europas, von den anderen wurde er als verabscheuungswürdiger Antichrist und Freigeist verketzert. Dieser Mann, der Deutschland den ›föderalistischen‹ Kräften überließ, doch in seinen italienischen Landen ein straffes, zentralistisch geführtes Beamtenregiment einrichtete, der ob seiner ungewöhnlichen Fähigkeiten die Welt erstaunen ließ (wie sein Ehrentitel »Stupor mundi« vermeldet), spannte die Fäden der Macht von Apulien aus. Foggia wählte er zur Residenz, das berühmte Jagdschloß Castel del Monte in der Provinz Bari, ein Kleinod der mittelalterlichen Architektur, wurde zum Lieblingsaufenthalt, in Castel Fiorentino, so melden die Handbücher, sei er gestorben. Aber wo liegt Castel Fiorentino?

Von einer kleinen Straße zwischen San Severo und Lucera aus sehen wir nur Ruinen. Landarbeiter, die auf einem Lastwagen daherkommen, geben uns Bescheid. Nein, einen Wegweiser gebe es nicht. Doch den nächsten Brunnen könne man nicht verfehlen, von dort beginne der Aufstieg, vielleicht 15 Minuten. Ein scharfer Wind fegt über die jetzt im Frühjahr noch grünen Hügel. Es wird nicht lange dauern, dann ist alles von der glühenden Sonne versengt und man ist dankbar für das geringste Lüftchen. Der Kaiser, damals im Dezember 1250 an die 56 Jahre alt, habe sich hier in der Umgebung bei der Jagd, der er mit Leidenschaft nachging, verletzt. Nicht an einen Spruch denkend, der ihm den Tod *sub flore,* »im Zeichen der Blume«, weissagte, ließ er sich in diese »Florentinische Burg« bringen. Die Ruine eines Turmes, über die Wiese verstreute Steine, eingefallene, von Pflanzen überdeckte Mauern – das ist alles, was vom Sterbeort dieses großen europäischen Kaisers übrigblieb.

In Lucera finden wir mehr. Das Kastell ist von weitem zu sehen. Es liegt mit der Stadt zusammen auf einem mächtigen Blockberg, an dem sich Baustoff schürfende Maschinen häßlich zu schaffen machen. Friedrich II. hatte 1233 von seinen unruhigen Sarazenen aus Sizilien eine Festung errichten lassen, um den kaiserlichen Palast, die Münzstätte und die Schatzkammer an diesem Ort zu schützen. Der Kustode, wie viele Pugliesen lange Jahre als Gastarbeiter in Deutschland gewesen, drängt uns geheimnisvoll zu einer Seitentür, als ob er zu Gold und Silber führen wolle. Die imperialen Gebäude, in Funktion und Aufbau gut zu erkennen, nehmen heute nur einen kleinen Teil in einer Ecke des Kastells ein. Denn die Festung wuchs ins Gewaltige, als die Anjou zwischen 1269 und 1283 in einem unregelmäßigen Fünfeck 900 m lange Mauern um die staufische Anlage zogen. Dadurch geriet alles so groß, daß die seit einigen Jahren durchgeführten Ausgrabungen noch längst nicht alles zutage gefördert haben. Ausgedehnte Wiesenflächen geben den Archäologen Aussicht auf weitere Arbeit. Wem die Türme und Mauern der Fortezza und der weite Blick in die Hügellandschaft nicht genügen, findet im Dom der »Assunta« aus dem 14. Jahrhundert, im Museo Civico Fiorelli, in der Kirche San Francesco, auf den Plätzen und in den urbanen Palazzi der Stadt und nicht zuletzt im gut erhaltenen römischen Amphitheater etwas außerhalb weitere lebhafte Zeugnisse der Vergangenheit.

In Troia, 439 m hoch gelegen, 200 m höher als Lucera – doch man merkt den Anstieg kaum, so sanft geleiten die Hügelwellen – ist Revolutionäres geschehen. An der Kathedrale, bekannt wegen der meisterlichen romanischen Architektur, der eindrucksvollen Fassade und den drei Bronzetoren am Hauptportal und an den beiden Seiten sowie einer fein gemeißelten Marmorkanzel von 1169 im würdigen Innern, schauen Priester in langen schwarzen Talaren traurig drein. Im Oktober des letzten Jahres wurden im Zug einer Restrukturierung der italienischen Bistümer die Diözesen Lucera (im 4. Jahrhundert gegründet) und Troia (›erst‹ im 11.) zusammengelegt, aber Sitz des Bischofs mit dem Domkapitel wurde Lucera. Betrübt klagt ein Priester, nun stehe der schöne Bischofspalast gegenüber dem Dom leer. Ob er je darauf gehofft hatte, dort als Herr einzuziehen? An einer Mauer der gegenüberliegenden Piazza ist ein kühnes Wort zu lesen: »Die Regierung den Feministinnen«. Man versuchte, die Schrift abzukratzen, doch dadurch traten die Worte nur deutlicher hervor. So ließ man Original und Korrektur stehen. Die Stadtväter nehmen offenbar in Kauf, daß solche Parolen Tag für Tag ihre Wirkung auf die braven Troianer entfalten. Leichtsinnig? Vielleicht werden die Väter bei Ihrem Besuch schon von Stadtmüttern abgelöst sein. Über dem Spruch verherrlicht eine Gedenktafel einen Mann namens Cibelli, der am 25. 3. 1862 von »bourbonischen Guerrilleros« – das waren die Anhänger des ganz legitimen Königshauses von Neapel, während Cibelli für die Einigung Italiens eintrat – »barbarisch umgebracht« worden war. Der Monsignore, nach den Wechselfällen des Lebens und der Geschichte befragt – Troia selbst mußte im Mittelalter einen dreijährigen Widerstand gegen Kaiser Heinrich II. dadurch büßen, daß es zwei Jahrhunderte später von Friedrich II. zerstört wurde und seitdem nie mehr zum alten Glanz zurückfand –, weist nur auf die Zeitung in seiner Hand und schüttelt den Kopf über die Winkelzüge der italienischen Parteien. »Es ändert sich zuviel in der Welt«, sagt der Sechzigjährige in der Soutane, »da kommen wir gar nicht mehr alle mit.«

Nach solcher Weisheit tut es gut, sich einem natürlichen Produkt anzuvertrauen, das die Menschheit, insbesondere ihren italienischen Teil, schon seit geraumer Zeit erfreut, dem Olivenöl. Tommaso Bortone, Besitzer eines kleinen Betriebs, der 500 000 Liter im Jahr herstellt, lobt sein Öl in den höchsten Tönen: Es sei einfach *il massimo,* das beste, was es gebe. Da werden seine Konkurrenten im Raum Foggia Einspruch erheben und Produzenten aus anderen Regionen Italiens auf ihre Geschmacks- oder Reinheitsvorteile hinweisen. Signor Bortone hat unsere Gedanken erraten. Erst müssen wir das Öl schmecken, mit Hilfe von Brot und Salz – es ist in der Tat ausgezeichnet und stellt nicht zuletzt eine solide Grundlage für den nicht minder vortrefflichen Wein Apuliens dar, der im übrigen einer Vielzahl von Weinen in Europa als Alkohol-›Krücke‹

dient. Dann zeigt er uns alle Maschinen, ob wir wollen oder nicht, die in einem komplizierten Prozeß dazu dienen, den Oliven ihr Öl zu entziehen, was schließlich ohne Hitze – »sehr, sehr wichtig«, meint Bortone – und mit nicht weniger als 430 Atmosphärendruck hier gelingt. So vorbereitet, nehmen wir auch hin, daß der Produzent bündig erklärt, sein Öl sei für den normalen Handel viel zu teuer; der müsse sich mit industriell hergestelltem begnügen. Da das mit Handwerkerstolz gewonnene dennoch preisgünstig ist, darf Herr Bortone uns ein paar Liter abfüllen.

Der Gargano ist aufregend und überwältigt durch seine Schönheit. Nähert man sich ihm vom Tavoliere, so erscheint der Gebirgsstock zunächst als abweisende Mauer, uneinnehmbar hochgetürmt. An der Küste zwischen Manfredonia und Vieste weist er funkelnde Pracht vor, zeigt sich das ewige Spiel zwischen Meer und Land, Wasser und Erde, der Liebesritus von Zurückweisung und Vermählung, von Liebkosung und schroffem Nein. Das Meer bestürmt das Land mit funkelnden Farben, mit türkisen und silbernen Perlen, das Land antwortet sanft mit flachen Stränden oder unnachgiebig mit kantigen Klippen. Zum Landinnern hin öffnen sich Buchten und Täler. In Pugnochiuso sucht eine Feriensiedlung Träume zu verwirklichen. In Vieste scheint genau realisiert, was man sich unter einem italienischen Küstenstädtchen vorstellt: Felsen, Strand, Sonne, Meer, Pizzerien und Keramikstände, Fischer am Hafen und plaudernde Polizisten auf den Plätzen. Man hat es nicht mehr so eilig weiterzukommen, dehnt in Gedanken die Reise, fährt höchstens ein paar Kilometer weiter, um nach dem Mittagsmahl mit Fischen und Wein, beides nicht karg bemessen, in einem ruhigen Olivenhain eine angenehme Siesta zu halten. Auch morgen ist noch Zeit, die *Foresta Umbra* zu erkunden, eine Art Schwarzwald im Gargano mit Rehen und Wildschweinen, schattigen Wäldern und kühlenden Bächen. Morgen.

Doch nun beginnt das Heilige. Nordöstlich von Foggia, dem geschäftigen Zentrum der Provinz, liegen an der Straße zwei Kirchen, der Beachtung und langer Betrachtung wert: San Leonardo und Santa Maria mit dem Zusatz *di Siponto,* nach dem ehemaligen, nun versandeten Hafen Siponto. Man kann sich in San Leonardo, einer alten Abteikirche des Deutschen Ritterordens, gut vorstellen, wie die Kreuzfeuer des Mittelalters und die Pilger späterer Zeiten auf ihrem Weg ins heilige Land sich in der »Karawanserei« daneben zur Rast niederließen. Pater Corrado, ein Franziskaner, zeigt uns am Portal die Figuren der Kapitelle, den »Pilger vom Gargano« und die »Drei Könige«, die Wappenschilde der frommen und kriegstüchtigen Herren, streift kurz durch die Geschichte der Kirche und des Landes und widmet sich dann wieder seinen vom Winter geschädigten Pflanzen. Santa Maria, die ehemalige Kathedrale von Siponto, beeindruckt durch die einfache Würde des Inneren, über dessen quadratischem Grundriß sich eine Kuppel erhebt. Unterkirche und Oberkirche wachsen durch die Verbindung von Säulen und Pfeilern ineinander über. Wir suchen über dem Portal den schönen steinernen Adler, der uns beim vorigen Besuch so gut gefiel; er sei nun im Museum von Bari, beruhigt uns der Wächter.

Hinter Manfredonia, von König Manfred, dem Sohn Friedrichs II., im Jahr 1256 als Ersatz für das wegen der Versumpfung unbewohnbar gewordene Siponto gegründet, heute mit Industrie und modernen Hafenanlagen vor dem Golf reich versehen, steigt die Straße nach Monte Sant'

Gargano, Blick auf Peschici

Angelo steil an. In einer Kurve steht geschrieben: »Nur Jesus kann Dir den Frieden geben, den Du suchst«, in der nächsten: »Jesus ist die Antwort für Deine Probleme.« Wir sind – kein Zweifel – in heiligem Land. Doch bevor wir das Bergstädtchen des heiligen Erzengels Michael, Monte Sant'Angelo, erreichen, müssen wir fasziniert die Berghänge betrachten. Überall sind Steine gesammelt und zu kraftvollen Mauern aufgeschichtet, ein gestuftes Labyrinth von streng abgegrenzten Feldern, in denen Olivenhaine silbern glänzen. Nur Fleiß und Ausdauer von Generationen läßt solche Mauern und Bäume wachsen.

Dem heiligen Erzengel Michael gefiel es, *dignatus est,* berichtet die Tradition, in den Jahren 490, 491 und 493 dem Bischof Lorenzo Maiorano von Siponto in einer Höhle, nicht weit von dieser Siedlung auf einem Berggrat, zu erscheinen, die Grotte als Heiligtum zu bestimmen und zum Beweis der Echtheit – und in weiser Vorausahnung des Unglaubens späterer Jahrhunderte – einen Fußabdruck zu hinter-

lassen, womit bewiesen ist, daß Engel nicht allein Flügel besitzen.

Ende des 5. Jahrhunderts, vor eineinhalb Jahrtausenden – das war die unruhige Zeit der Völkerwanderung in Italien. Die Stämme aus dem Norden wollten offenbar auch im religiösen Bereich nicht nur Vorhandenes übernehmen; so wurde die Grotte langsam zum nationalen Heiligtum der Langobarden und bald im ganzen Abendland hoch verehrt. Wie auf die Felsinsel Mont-Saint-Michel in der Normandie hielten dann die Normannen, die neuen Herren des Gargano im Mittelalter, auch auf ihr südliches Michaelsheiligtum große Stücke. Von dem in Konstantinopel gefertigten prachtvollen Bronzetor der späteren Felsenkirche erzählt die Legende aus dem 11. Jahrhundert, Seeleute hätten während des Transportes bei einem Sturm einen Türflügel über Bord geworfen, doch Sankt Michael habe ihn dem Schiff nachschwimmen lassen, so bedacht sei er auf die Ausschmückung seines Sanktuariums im Gargano gewesen. Uns mag von den unzähligen Geschichten, die sich an Monte Sant'Angelo heften, von den Besuchen der Kaiser, Päpste und Heiligen besonders jene des deutschen Königs Otto III. interessieren: Um die Angst am Ende des 1. Jahrtausends zu überwinden, pilgerte er im Jahr 999 als Büßer barfuß hierher: Eine lateinische Inschrift über dem romanischen Portal gibt den Grund dafür an, kann auch ein Hinweis dafür sein, warum zum Ende des 2. Jahrtausends immer noch viele Gläubige zu diesem Heiligtum wallfahren: *Ubi saxa panduntur* ... »Wo sich die Felsen öffnen, werden die Sünden der Menschen vergeben. Diese Kirche ist ein besonderer Ort, wo jedwede schändliche Handlung verziehen wird.«

An einem machtvollen Campanile vorbei, der genau die Maße der Türme des nahen Castel del Monte Friedrichs II. aufweist, betritt man die Kirche und steigt dann genau 89 Stufen zum Felsenheiligtum hinunter, das den Besucher erschauern läßt; kühl ist es, und ein ehrwürdiger Ernst durchzieht den Raum, die Grotte des drachentötenden Erzengels, halb dem Innern der Erde verhaftet, halb von Menschenhand kunstreich geformt. Natur und Architektur steigern sich gegenseitig zu einem Numinosen, dem man sich kaum entziehen kann. Ein Priester bittet diskret ein junges Pärchen, mit ihren Umarmungen »doch oben fortzufahren«. Vorn im

Chor beten Mönche die Vesper aus dem Stundengebet der Kirche. Ein heiliger Ort – man spürt es, auch ohne die Belehrung durch Legenden und Geschichte.

Wegen des Erzengels kommt man in Monte Sant'Angelo meist nicht mehr dazu, auch die anderen alten Bauten und Kunstwerke zu würdigen: Die *Tomba di Rotari* etwa, die nicht das Grabmal des Langobardenkönigs Rotari ist, sondern wohl eher ein Baptisterium, das mächtige Kastell der Anjou mit seinen riesigen Mauern oder die Kirche Santa Maria Maggiore, in der sich heute am Karfreitag langsam Frauen, Mädchen und fast ebenso viele Männer zur Prozession formieren. Die Ostertage – heilige Zeit – sind ein guter Termin für den sakralen Gargano, auch deshalb, weil da schon milde Temperaturen erfreuen können. Dann kann man an würdigen liturgischen Feiern und an Prozessionen, die der Folklore nicht entbehren, teilnehmen.

Auf der Fahrt von Monte Sant'Angelo nach San Marco, vom heiligen Engel zum heiligen Markus, passieren wir San Giovanni Rotondo, wieder ein heiliges Städtchen. Schon in vorgeschichtlicher Zeit besiedelt, ist der Ort in den letzten Jahrzehnten bekannt geworden durch Padre Pio – es ist nichts zu machen, in dieser Gegend geht es einfach fromm *(pio)* zu. Der 1887 in Pietrelcina in der Provinz Benevent geborene Francesco Forgione beeindruckte die Leute als Kapuzinerpater Pio durch sein asketisches Leben, durch weisen Rat für die Sünder, durch Aufmunterung für die Leidenden und durch den Umstand, daß er an seinem Körper – hundertfach medizinisch untersucht – die fünf Wunden Jesu Christi trug, also stigmatisiert war. Er zog Gläubige und Neugierige aus nah und fern an. So wurde aus dem beschaulichen San Giovanni Rotondo schon zu Lebzeiten des Paters ein internationales Pilgerzentrum mit zahlreichen sozialen Einrichtungen und vielen Helfern, die das Leid nicht nur himmlisch, sondern auch medizinisch und karitativ zu lindern bemüht sind. Die Verehrung für Padre Pio wurde durch seinen Tod im Jahr 1968 keineswegs gemindert.

Am nächsten Morgen kommt wieder die Natur zu ihrem Recht. Denn Tavoliere und Gargano sind ein schönes Land. Schwer zu entscheiden, wann die Hügel des Tavoliere mehr gefallen, im Frühjahr, wenn das satte Grün der Wiesen und Felder üppige Fruchtbarkeit verheißt, oder im Sommer, wenn das Korn frühzeitig goldgelb seine Reife anzeigt und die Hitze in glühenden Wellen über die Ähren flimmert. Immer wieder steigt dann aus der Ebene, die nur eine flach geschwungene Hügellandschaft ist, irgend etwas überraschend hervor, ein geducktes Gehöft, eine windzerzauste Baumgruppe, eine Burg. Dann verliert sich wieder der Blick in der Weite des Horizonts.

Eine Eisenbahnfahrt von Ragusa nach Catania – In Sizilien

Der Bahnhof von Ragusa, der Hauptstadt der gleichnamigen Provinz ganz im Süden Siziliens, zeichnet sich durch nichts aus, es sei denn durch einen freundlichen Schalterbeamten. Er lächelt, als wir an einem Vormittag gegen halb zehn »einmal Ragusa – Catania via Siracusa« verlangen. Seine Gedanken sind auf dem Gesicht abzulesen: 201 km mit der Bahn, vier Stunden Fahrzeit, Umsteigen, zwei Stunden

Warten in Syrakus. Warum nimmt der Fremde nach Catania nicht den Bus mit dem *Servizio rapido,* dem Schnelldienst, der auf der Superstrada nicht einmal anderthalb Stunden braucht und dessen Fahrplan sogar neben dem Fenster hängt? »Sie haben sicher keine Eile«, meint er vorsichtig. »Nein, nein, wir wollen in aller Ruhe etwas vom Land sehen, wenn es hier in den Bergen nicht zu viele Tunnel gibt«, antworten wir und denken dabei an einen Freund, der wegen der schönen Landschaft unbedingt am Tag von Sizilien nach Rom fahren wollte und enttäuscht war, weil es so häufig durch dunkle Bergröhren ging. Um 10.01 Uhr also.

Pünktlich kam der Zug nicht. Erfreulich war jedoch, daß die Eisenbahn dann so aussah wie die in der Kindheit: viele Türen, schmale Fenster und überall eine »3« zur Bezeichnung der Klasse. Es würde eine rumpelige und zuckelige Fahrt werden, das schien klar. Aber da war schon der Schaffner, der wenig Interesse für die Fahrkarte zeigte und sich um so mehr bemühte, seinen Kollegen vom Schalter an liebenswürdiger Gesprächigkeit zu übertreffen. Die wenigen anderen Passagiere in den zwei Waggons des Zuges, alles Männer, boten offenbar keinen Anreiz zur Neugier. Einige spielten vergnügt Karten, andere lasen Zeitung. Also ließ der Kondukteur sich doch den Fahrausweis geben, studierte ihn eingehend, als ob ihm solch ein Stück Papier das erste Mal unter die Hand gekommen sei, und folgerte scharfsinnig aus dem Fehlen der Rückfahrt: »Sie sind nicht von Ragusa.« Den leichten Vorwurf, der damit verbunden schien, glaubte der Fremde mit einer Lobrede wettmachen zu müssen, wie interessant und schön Ragusa sei, wie furchtbar das Erdbeben von 1683 gewütet habe, daß aber nach der Naturkatastrophe herrliche Barockbauten entstanden seien. Man wollte davon sprechen, wie sehr die Stadt mit ihrer waghalsigen Lage auf mehreren Berghügeln den Besucher beeindruckt habe. Richtiger: die Städte. Denn die Altstadt auf dem einen Felsen hatte vor hundert Jahren den antiken Namen der Griechen, Ibla (von *Hybla Heraia*), wieder angenommen, während die immer weiter ausufernde Neustadt bei Ragusa geblieben war.

Der Schaffner schien aufgeregt über die Naturkatastrophe von 1683. »Hast Du schon je etwas von einem Erdbeben gehört?« fragte er einen Kollegen, der plötzlich im Dunkel eines Tunnels auftauchte. Dieser hatte nicht, und so hatte der Fremde an Glaubwürdigkeit verloren. Er beschloß deshalb, alles, was er sonst an Ragusa bewundert hatte, für sich zu behalten: die strahlenden Kirchen und Paläste, das Auf und Ab der Gassen und Plätze, die kleinen Kunstwerke des Museums, ein Madonnenbild aus dem 19. Jahrhundert zum Dank für die Rettung vor der Pest, oder etwa die Inschrift in großen, roten Buchstaben gegenüber einer Fleischerei: »Vegetarier sein ist höhere Kultur; hören wir auf, brutal zu sein.«

Währenddessen war der Zug durch viele Tunnel und in langen Schleifen ratternd bergab gefahren; man hatte noch einmal die Bergfeste Ibla erspäht. Unwirtlich wirkten die steinigen, steilen Hügel, so verschlossen und abweisend wie viele Bewohner Siziliens. »Modica«, rief der Schaffner und zeigte voller Stolz auf den großen Viadukt, der in schwindelnder Höhe das Tal überspannte, in die Landschaft hineingezogen wie ein dicker Strich in ein kostbares Gemälde: »Eine der höchsten Brücken Europas.« Viele solcher gigantischen Straßenbauwerke gibt es in Sizilien. Die felsige Unwegsamkeit der

Nebenkrater des Ätna ▷

Berge kann nur mit aufwendigen Viadukten und Tunneln überwunden werden. Früher führten diese Städte ein abgeschlossenes Eigenleben. Modica galt sogar eine Zeitlang als der mächtigste Lehensbesitz Siziliens. Noch heute wird die Hauptkirche San Giorgio als Kleinod der barocken Baukunst gerühmt.

Langsam, fast unmerklich verändert sich die Landschaft. Waren gerade noch Felsbrocken und unzählige Steine zwischen kargem, niedrigem Bewuchs vorherrschend, so wird nun die Erde auf dem harten Fels immer dicker; die Steine, bisher in ungeordnetem Durcheinander verstreut, schichten sich allmählich zu streng ausgerichteten Mauern; Steineichen und Olivenbäume machen Obst- und Gemüseplantagen Platz. Plötzlich das in der Sonne glänzende Meer. Frauen und Männer arbeiten auf den Feldern. Hohe Wassertürme und kleine Fabriken, moderne Betonhäuser und Autos prägen jetzt das Land.

Der junge Mann gegenüber, der seit einiger Zeit die *Unità,* die kommunistische Parteizeitung, las, schlug plötzlich mit der Hand auf das Blatt, wollte empört etwas sagen, verstummte, als er unseren Blick auffing. »Sie lesen die *Unità*«, erlösten wir ihn. »Ich will Ihnen sagen warum«, brach es aus ihm heraus. »Weil wir Sizilianer noch immer die Esel sind, die Wein schleppen und Wasser saufen, die seit Jahrhunderten immer für andere arbeiten und selbst nichts davon haben. Schauen Sie doch unsere Bauern an, die da einsteigen, wie verbraucht und ärmlich sie in ihren schwarzen Kleidern aussehen. Lesen Sie doch, was alles in Sizilien an Skandalen und Betrügereien geschieht, wie die Mafia die Insel in eisernem Griff hält und alles und alle verseucht. Da hat die Polizei gerade in Catania einen Verbrecherclan ausgehoben, der ganz Italien mit seinen illegalen Geschäften überzog, mit Rauschgift, Glücksspiel und Prostitution. Da haben uns ein paar Sizilianer noch völlig in Verruf gebracht, weil sie ein nur 17 Monate altes Mädchen in der Toskana, die kleine Elena, entführt haben; zum Glück fanden die Carabinieri es jetzt in der Nähe von Messina. Ich bin Lehrer und versuche meine Schüler gegen diese Pest der Mafia immun zu machen. Aber ob mir das glückt?«

Da saßen wir nun, durchgerüttelt vom Zug und aufgerüttelt durch die Anklage des kommunistischen Pädagogen, und dachten darüber nach, warum Süditalien mit den Inseln, warum gerade Sizilien und sein Gegenüber auf dem Festland, Kalabrien, noch immer der arme, unterstützungsbedürftige Teil Italiens ist, dasselbe Gebiet, das im Altertum und im Mittelalter an Kultur und Zivilisation von keinem anderen Land in Europa übertroffen wurde. Die Fahrt durch den südlichsten Zipfel Siziliens, an einem frühlingshaften, angenehm warmen Vormittag im Dezember, unter strahlend blauem Himmel, hatte uns gefallen, doch die Worte hatten uns aufgeschreckt.

Dann Siracusa. In den zwei Stunden der Wartezeit wollten wir ein kurzes Wiedersehen halten mit der Stadt, die zu den volkreichsten, mächtigsten und wohlhabendsten des Altertums gehörte, günstig an einer weiten Bucht gelegen. Mit dem prachtvoll geschmückten Dom, mit der marmornen Venus Anadyomene, der meergeborenen Aphrodite, dem Gemälde der »Verkündigung« von Antonello da Messina, vor allem jedoch mit dem griechischen Theater, das als der größte Theaterbau der Antike gilt und auf dessen steinernen Rängen man beschaulich dem Auf und Ab der Geschichte nachsinnen kann, wenn man Zeit hat.

Doch um 14.42 Uhr fuhr der Zug nach Catania ab, unter heftigen Tränen übrigens, mit denen Söhne und Familienväter zum Studium oder zur Arbeit in die nördliche Fremde geschickt wurden. Die Bahnstrecke folgt genau der Küstenlinie im Osten. Auf der gegenüberliegenden Seite kilometerlang Sozialwohnungen, mit denen auch in Sizilien der Landflucht Rechnung getragen wird, rechts vor dem Meer die Überreste der Stadtmauer des Dionys, des Tyrannen, zu dem – nach Schiller – »Damon, den Dolch im Gewande«, schlich. Nach kurzer Zeit schon öffnete sich ein weiterer Meerbusen mit dem Hafen Augusta, einem der größten Kriegshäfen der italienischen Marine. Hier sind ausgedehnte Raffinerieanlagen mit komplizierten Röhren und verwinkelten Leitungen, lichterloh brennenden Fackeln und einem penetranten Geruch in der Luft an die Stelle der Landschaft und ihrer natürlichen Düfte getreten.

Und schließlich Catania. Draußen auf dem Gang am Zugfenster meinte eine fröhliche Dame, gerade als wir auf einem stählernen Viadukt an den grauschwarzen Häusern in der Nähe des Hafens vorbeifuhren, sie liebe diese Stadt. Das beruhigte uns. Wir hatten schon befürchtet, man könne zu Catania, diesem selbst bei Sonnenschein düsteren Konglomerat vernachlässigter Straßen und Häuser, kein freundliches Verhältnis haben. Fehlt die Pflege deshalb, weil die Catanesen, ansonsten ein lebenssprühendes Volk, sich immer von den Vulkanen des Ätna bedroht fühlen? Denn wirtschaftliche Kraft hat die Hauptstadt Ost-Siziliens, mehr als Palermo, die Hauptstadt der Region. Wir gingen zu Fuß vom Bahnhof zum Dom und zum Universitätsplatz, gerieten in ein internationales Festival mit fahnenschwingenden Mädchen und trompetenden Jungen. Die Straßen von Catania waren finster. Am Hafen zog auf den Brückenstelzen die Lichterschlange eines Zuges an uns vorbei – zurück gen Süden.

Stolze Vergangenheit, Elend der Gegenwart – In Palermo

Zuerst war in den Gassen nur Musik zu hören. Eine getragene Weise, offenbar nichts Politisches, obwohl auf Sizilien, in der Hauptstadt Palermo wie auf der ganzen Insel, seit Wochen Wahlkampf herrschte. Am Sonntag sollten vier Millionen Sizilianer das Regionalparlament neu wählen. Da kam die Vorhut der Prozession, Polizisten auf Motorrädern, die den Verkehr stoppten, dann junge Mädchen, Burschen und dahinter ein mehr als zwei Meter hoher Christus am Kreuz, der bedenklich schwankte, weil er auf einem wackligen Holzkarren montiert war. Die schlecht gefederten Räder und die Löcher in der Straße ließen für das Schicksal des Gekreuzigten fürchten, doch die Männer, die den Karren zogen, hielten den Heiland aufrecht. Auch die vielen Blumen und Kerzen auf dem Wagen blieben, wenn auch heftig zitternd, an ihrer Stelle.

Über die Piazza San Domenico, den Kirchplatz des heiligen Dominikus, zog die Prozession würdig und feierlich in die Via Roma, eine der Hauptstraßen der Stadt. Nein, es habe überhaupt nichts mit den Wahlen zu tun, hieß es. Nein, hier leite jetzt am späten Nachmittag auch kein eifriger Pfarrer eine Bittprozession für den Wahlsieg der Democrazia Cristiana, die in Italien seit Jahrzehnten die stärkste politische Kraft ist und es in Sizilien noch weitaus länger zu bleiben verspricht, mit Abstand vor Kommunisten und Sozialisten. Es sei einfach ein religiöser Brauch im Juni.

Die Innenstadt von Palermo: Vom Glanz einer einst reichen Hafenstadt ist nichts mehr zu bemerken, nichts deutet auf die Schönheit jener nahen Mosaiken hin, die in der Cappella Palatina, der Kapelle des Normannenpalastes, oder im Dom zu Monreale, oberhalb von Palermo, aufleuchtet. An kunstvoll geschmiedeten Eisengittern der alten Palazzi, an sorgfältig aus Marmor gearbeiteten Fensterumrahmungen kann man noch den gediegenen Wohlstand der Palermitaner Bürger von einst erahnen. Doch Armut und Elend, Schmutz und abgebrochene Mauern sind zu aufdringlich, als daß man nur einer besseren Vergangenheit nachtrauern könnte.

Es fehlt das Geld, um den *Centro Storico,* die historische Altstadt zwischen dem Hafen und der Zone um Kathedrale und Normannenpalast, zu sanieren, die Häuser zu modernisieren und mit sanitären Einrichtungen zu versehen. Es ist billiger, neue Siedlungen zu errichten. Und einfacher, man hat keine Scherereien mit den Bewohnern. Rings um das alte Palermo ziehen sich daher kilometerlange neue Viertel mit modernen Hochbauten. Für die Sanierung einer einzigen Altstadtwohnung könne man mehrere neue *Appartamenti* errichten, hatte ein Experte im Rathaus von Palermo gesagt, erklärend, bedauernd, entschuldigend.

So bleiben vornehmlich Arme und Alte im Zentrum wohnen und viele Araber, Tunesier und Marokkaner von der südlichen Gegenküste Siziliens. Sie passen in eine Stadt, in der manche Kirchen aus alter Zeit kleine Moscheenkuppeln tragen. Das Dunkle prägt hier die Straßen. Schwärzliche Häuserfassaden, schwarze Gesichter; selbst der Mittelpunkt von Palermo, die Kreuzung der berühmten *Quattro Canti,* der »Viereck«-Palazzi mit Figuren und Symbolen, hat sich mit einer kohlrabenschwarzen Schmutzschicht überzogen, die vielleicht doch einmal in einem Anfall von Sauberkeit entfernt werden wird. Die lange Via Castro ist von bunten Lichtergirlanden überspannt, wie um der Düsternis etwas von ihrem Schrecken zu nehmen. Auf der schmucklosen Piazza Ballardo werden die Stände eines Marktes abgeräumt, oder sind es die Überreste eines bescheidenen Volksfestes? In den Abfällen, die überall herumliegen, ist reichlich Brot zu finden, Zeichen dafür, daß niemand Hunger leidet, aber auch die Ratten hinlänglich über Nahrung verfügen. Hier und da findet man an einer Hauswand ein Marienbild, von wattschwachen Birnchen matt beleuchtet. Ein Kardinal Celesia vom Ende des letzten Jahrhunderts, so besagt eine Inschrift, verspricht für ein frommes Gebet davor 200 oder 300 Tage Ablaß.

Die Piazza Pretoria im Zentrum ist gänzlich unproportioniert – mit einem viel zu großen Brunnen und unregelmäßig gestellten Palästen –, dennoch gefällig. Kinder spielen unter den Fontänen und jauchzen ob der Kühlung. Am Rathaus weisen Steintafeln auf die großen Ereignisse der jüngeren Geschichte Siziliens hin: auf Garibaldi, der von dieser Insel aus mit dem »Zug der Tausend« die gewaltsame Einigung Italiens begann; auf eine historische Entscheidung: von 432720 Sizilianern stimmten am 21. Oktober 1860 432053 für ein einiges Italien mit Sizilien; auf König Umberto I., den Märtyrer des italienischen Patriotismus, weil er am 29. Juli 1900 in Monza von einem Anarchisten ermordet wurde, und auf den Besuch Papst Johannes Pauls II. am 20. und 21. November 1982.

Vom Wahlkampf merkt man wenig. Da, ein paar Plakate. Von der Kommunistischen Partei. Man sieht, wie eine Hand der anderen eine Pistole gibt; darauf steht: »Jeder Jugendliche, der keine Arbeit findet, läuft Gefahr, die Mafia zu finden.« Niemand hält diese Erkenntnis für besonders aufregend, es sei denn, man müsse jemanden von der Existenz einer solchen kriminellen Organisation überzeugen. Aber wie sie beseitigen? So, wie man es manchmal versucht, indem man einen Maxiprozeß gegen 474 Mafiosi anstrengt und alle verfolgen können, wenn Angeklagte und Zeugen aus dem sizilianischen Leben berichten? Natürlich sind alle Sizilianer gegen die Mafia, auch die Mafiosi.

Viel wirkungsvoller scheint das Plakat der »Grünen Liste«. Mit deren »Nein zur Atomkraft, Ja zu Frieden und Abrüstung« können die Sizilianer zwar wenig anfangen, weil es keine Atomkraftwerke auf Sizilien gibt, aber zu wenig Energie, und noch nicht entschieden ist, ob die in Cosimo in der sizilianischen Provinz Ragusa stationierten amerikanischen Marschflugkörper dem Krieg oder der Verteidigung – zum Beispiel gegen den unberechenbaren südlichen libyschen Nachbarn Gaddafi – dienen. Aber daß die Grünen einladen, »nach der Wahlveranstaltung Papier, Glas und verbrauchte Batterien zu sammeln, um nichts zu verschmutzen und die Abfälle weiterzuverwenden«, das leuchtet ein. Es müßte viel mehr Wahlveranstaltungen der Grünen in Palermo geben. Die Treffen der anderen Parteien haben nur den Männern der Stadtreinigung Arbeit hinterlassen.

Eine Insel im Mittelmeer mit den Problemen des Südens – Sardinien

Sarden – finstere Männer, schwarzgekleidete Frauen, dunkle prüfende Augen in undurchdringlichen Gesichtern, friedliche Hirten und gefährliche Banditen, Blutrache und Gastfreundschaft, streikende Industriearbeiter und herrschsüchtige Padroni, wie aus der Feudalzeit. Sardinien – Italiens Mittelmeerinsel voller Geheimnisse und widersprüchlicher Fremdheit; wildes unzugängliches Bergland, wo Natur in ihrem Recht ist; Schafherden und silberne Ölbäume; Nuraghen, keglige Steinbauten der Frühzeit, Wahrzeichen der Insel; Korkeichen mit nackten braunen Stämmen in sonnengelben Feldern. Aber wie ist Sardinien, wie sind die Sarden wirklich?

Den Italienern gelten die Sarden als fremd, abweisend, in sich verschlossen. Die Gesichter des italienischen Staatspräsidenten Cossiga oder des 1984 gestorbenen bekannten Kommunistenführers Berlinguer wiederholen sich auf der Insel. Immer ist es der gleiche Ernst in den Zügen, die gefaßte Traurigkeit, die selten durch ein Lächeln aufgehellt wird. Die Sarden sind anders als die Bewohner des ›Kontinents‹, wie die Apenninenhalbinsel denen auf Sardinien erscheint.

Freunde hatten uns in Cagliari zu einer Lesung des sardischen Schriftstellers Marcello Serra eingeladen. Serra schreibt in seinem Buch *Il Continentale* vom Verhältnis zwischen dem Inselbewohner und dem Kontinentalen. Der Fremde aus dem Norden bricht in die seit Jahrhunderten unveränderte Welt der Insel ein, um dort in einem Bergwerk die Schätze der Natur zum allgemeinen Nutzen auszubeuten. Er stößt auf Mißtrauen und Widerstand. Mit ausgesuchter Höflichkeit hatten uns die Freunde neben zwei Medizinprofessoren, Ordinarii der Universität Cagliari, gesetzt, die aus Rom und Mailand stammten.

Bei Bulzi in der Provinz Sassari

Da saßen nun ›wir vom Kontinent‹, die begierig waren, das sardinische Wesen kennenzulernen, getrennt von den anderen, und hörten die Klagen der Sarden, daß niemand ihre Seele begreifen wolle.

Die sardische Mentalität ist von der Geschichte des Inselvolkes bestimmt, die Geschichte von der geographischen Lage in der Mitte des westlichen Mittelmeeres zwischen Italien und Spanien, Frankreich und Afrika. Die Mächtigen, Phönizier und Römer, Franzosen und Spanier betrachteten die mit 24 089 qkm zweitgrößte Insel des Mittelmeeres als Freibeute, in deren Besitz sie sich abwechseln durften. Gegen die wechselnden Eroberer und Fremdherrscher half den Sarden nur, entweder in den Küstenorten widerwillig ihr Auskommen mit den jeweiligen Machthabern zu finden oder sich in das unwirtliche Innere der Insel zurückzuziehen. Eine eigenständige Macht wurde Sardinien nie. »Auf das Meer haben wir uns nicht hinausgewagt, kaum daß wir im Schutz der Küsten Fische fingen«, sagen die Sarden selbst.

Im Volk der Hirten und armen Bauern habe das Banditentum Tradition, meint Antonio Ghiani, Leitartikler der *Unione Sarda,* der größten Tageszeitung Sardiniens, fügt aber gleich hinzu: Die Gesetze der Fremden habe man mit dem Recht der Notwehr übertreten. Noch heute gehört die allgemeine Sympathie nicht den Carabinieri, den Vertretern der römischen Ordnung, sondern dem Banditen Giuliano, der noch nach 20 Jahren Kerkerhaft Rache nimmt an seiner Geliebten, die ihn an die Polizei verriet. Dazu paßt, daß man sich notfalls sein Recht selbst holt. In einem Sommer wurde auch der Verdacht geäußert, Haß auf die fremden Eindringlinge vom italienischen und europäischen Kontinent habe manche Sarden dazu verführt, Waldbrände zu legen. Daß in jenem Jahr soviel Wald wie nie zuvor durch Feuer vernichtet wurde, hatte die Verantwortlichen stutzig gemacht. Früher legten Hirten Feuer – der »pyromanische Hirte« ist sprichwörtlich –, um neue Weidegründe für ihre Schafe zu gewinnen. Heute stünden jedoch solche Zerstörungen in keinem Verhältnis mehr zum Gewinn. Deshalb sollen Feuerwehr und Hilfskräfte zur Brandbekämpfung verstärkt werden; doch mit der Ausführung dieser Absichten ist man noch nicht weit vorangekommen. Zudem bereitet es immer noch Schwierigkeiten, genügend Wasser bereitzustellen, sei es zur Bewässerung der landwirtschaftlichen Kulturen, sei es für die Versorgung der Bevölkerung mit Trinkwasser. All diese Ereignisse schmerzen jene Sarden, die zufrieden darüber sind, daß ihre Insel von Fremden als Ferienort geschätzt wird.

Anfang der 60er Jahre schickte die italienische Regierung eine parlamentarische Untersuchungskommission nach Sardinien mit dem Auftrag, Mittel gegen das Banditenunwesen zu finden. Mord und Totschlag, Raub, Diebstahl und vor allem Entführungen hörten damit zwar nicht auf, doch es begann die Industrialisierung der Insel. Im Norden und Süden, in Porto Torres und bei Cagliari, wurden große petrochemische Werke in die stille Küstenlandschaft gesetzt. Sardinien schob sich dadurch unter den armen Regionen des italienischen Südens im Pro-Kopf-Einkommen zeitweilig auf den ersten Platz. Die Verantwortlichen erkannten dann, daß die forcierte Industriepolitik für das Gleichgewicht der Insel mit ihren 1,5 Millionen Einwohnern von Schaden sei. Ein Finanzskandal um die SIR-Rumianca von Porto Torres und ihren Generaldirektor Rovelli, der sogar die *Banca d'Italia*, die italienische Staatsbank, in Mißkredit und deren Gouverneur, den international hochgeschätzten Währungsexperten Baffi, um seinen Paß brachte, ernüchterte zusätzlich. Wie Schuppen fiel es plötzlich von den Augen, daß die Industriekomplexe die natürliche Umwelt zerstören. Schwerer noch wiegt die Einsicht, daß die Menschen im Mezzogiorno die Zwänge einer überstürzten Industrialisierung nicht ertragen können. Zudem treiben zwar die ausgedehnten Industrieanlagen, meist in der Nähe des Schnellstraßen-Ypsilons von Cagliari nach Oristano und Sassari und nach Nuoro und Olbia, rein statistisch das Einkommen in die Höhe, aber sie verteilen es nicht gleichmäßig.

Das Schwergewicht der staatlichen Hilfe im Kampf gegen Armut und Elend müsse, erklärte uns einmal der damalige Präsident der sardischen Regionalregierung, Soddu, voll Überzeugung, der Land- und Viehwirtschaft zukommen. Aus Kleinbauern und umherziehenden Hirten müßten zuerst sachkundige Landwirte werden, bevor man sie mit den finanziellen Anreizen der Industrie konfrontiere und sie damit aus ihren Traditionen herausreiße. Von Hirten und Bauern sei die Geschichte Sardiniens geschrieben, bemerkte der Regierungschef und verwies auf das Buch des französischen Völkerkundlers Le Lannou, »Hirten und Bauern Sardiniens«, das 1941 zuerst in französischer Sprache erschien, ein Werk, ohne das die Gegenwart der Insel nicht begriffen werden kann. Viel stärker sollten auch die

In den Gallura-Bergen bei Arzachana

Blick vom Pico Moro auf die Gallura-Berge

handwerklichen Fähigkeiten genutzt werden, die bei der Bearbeitung von natürlichen Materialien wie Holz und Ton, Wolle und Metall, Fasern und Schmucksteinen nicht selten künstlerische Ergebnisse zeitigen. Beim politischen Großreinemachen vor Wahlen im Juni wird regelmäßig die Costa Smeralda, die Nordostküste mit dem smaragdgrünen Wasser, kritisiert als Paradies nur für Touristen, die schon Smaragde hätten. Aber es ist leichter, Anstoß zu nehmen an den Erholungspalästen internationaler Hotelkonzerne, als selbst ein ausreichendes Angebot an Ferienplätzen zu schaffen.

Mit den Vorwürfen gegen die Politiker, die in Rom und die in Cagliari, sind die Männer in den zehn Cafés auf dem halbkreisförmigen Hauptplatz von Sassari, dem Emiciclo Garibaldi, rasch bei der Hand. Man sollte einfach ein paar Parteien abschaffen, ruft einer laut. »Nein«, wirft ein anderer stolz ein, »wir Sarden leben im freiesten Land der Welt, da muß das so bleiben.« Vom Nachbartisch erhält er begeisterten Beifall. Wichtig für die Männer ist, ob der Fußballverein Cagliari in der *Serie A* der Nationalliga spielt oder sich mit der demütigenden Zugehörigkeit zur zweiten *Serie B* begnügen muß. Das bedeutet auch für jene Sarden, denen der Fußball gleichgültig ist: Gleichwertiger Anschluß an Italien, Befreiung aus der immer drohenden Isolation. So selbständig, wie eine politische Gruppe der Autonomisten glauben macht, will man auf Sardinien gar nicht sein. Starken Zulauf haben die separatistischen Parteien nicht. Das Beispiel der nördlichen Nachbarinsel Korsika, wo zuweilen Terroristen die Unabhängigkeit von Frankreich erbomben wollen, stößt hier weithin auf Ablehnung. Die Diskussion über Politik und Wirtschaft, über Arbeitslosigkeit und Straßenbau, über Milchpreise und Exportgarantien lassen keinen Zweifel: Man erwartet viel – vielleicht zuviel – von außen, man denkt wenig an Selbsthilfe.

Ganz anders in Ghilarza, einem kleinen Städtchen, dort, wo sich die Nord-Süd-Schnellstraße von Cagliari nach Sassari und Nuoro gabelt. Die Straßen sind sauber gefegt und aufgeräumt, die Türgriffe aus Messing blitzblank geputzt. Der Tabaccaio bestätigt, daß es den Leuten hier gut geht. »Alle haben Arbeit«, sagt er kurz. Der Arzt, Dr. Talu, nickt dazu. Zwei Stunden zuvor hatte uns Salvator Mannai, ein kräftiger Fünfziger, von seiner Auswanderung erzählt. Vor mehr als zwanzig Jahren sei er nach Australien gegangen, als Maurer. Damals habe er hier weder Brot noch Arbeit finden können. Vor siebzehn Monaten sei er zurückgekehrt. Jetzt gehe es ihm gut. Vor Jahren gab es noch Klagen über entvölkerte Dörfer in manchen Landstrichen, heute ist die Zahl der Rückwanderer größer als die der Auswanderer.

Der Hirt, der bei Monteleone in der Provinz Sassari Schafe über die Straßen treibt, erzählt, er habe 15 Jahre lang in Frankfurt gearbeitet: »Ich wollte wieder hingehen, aber sie schrieben zurück, die Firma sei pleite gegangen. Nun bin ich pensioniert und verdiene mir noch etwas dazu mit den Schafen.« Ein anderer Sarde von der Nordküste, der im Ruhrgebiet eine Deutsche geheiratet hat, schüttelt den Kopf. »Nein, als ich das erste Mal mit meinen zwei Söhnen, zwei und fünf Jahre alt, nach Hause gekommen bin und die beim Anblick meiner schwarzgekleideten Mutter und meines Bruders mit der braunen Hirtenkappe in Tränen ausgebrochen sind und sich fürchteten, da habe ich beschlossen, mich lieber in der Heimat kärglich zu nähren, als süßes Brot in der Fremde zu essen.«

Die sardische Heimat? Das sind nicht allein die langen, von Touristen besetzten Küsten mit ihren schroffen, malerischen Felsen. Das sind mehr noch die glühend heißen Ebenen, die Hügelwellen, von unzähligen, in Generationen aufgeschichteten Steinmauern durchzogen, bis hinauf zum höchsten Berg der Insel, dem Gennargentu (1834 m), ausgetrocknete, in graues Mondgestein geschnittene Flußläufe, das sind die kargen Weiden, auf die Schafe, von den Felsen fast nicht unterscheidbar, hingetupft sind, braune Rinder, die gesenkten Hauptes gemächlich daherstampfen, ein müder Esel, der die Ohren nicht mehr spitzt, das Gebell magerer Hunde, die lebhaften Triller der Vögel, das ruhige Atmen der Natur. Heimat, das ist der Duft von Blüten und Kräutern, von Jasmin und Thymian, der scharfe Geruch des Schafkäses, gelbe Ginsterhänge und rote Oleandersäume, das Grün wiederaufgeforsteter Wälder, das Braun der sonnenverbrannten Pflanzen, jagende Wolken am Himmel, die über den Bergen den ersehnten Gewitterregen abladen. Das sind Körbe, die geduldig geflochten, Tücher, die im Rhythmus einer anderen Zeit gewebt und bestickt werden, das sind die schwermütig-schweigsamen Hirten mit ihren Herden, Männer, die am Abend auf der Dorfstraße geruhsam den Tag beschließen, Frauen, die im Schutz des Hauses über die Familie, vor allem über den Kindersegen wachen. Darauf richtet sich das sehnsüchtige Heimweh der Sarden an den Arbeitsplätzen Europas.

Deshalb kommen sie zurück und bauen ihre Insel nun selbst. In Deluso, einem Dorf im letzten Winkel der wilden Barbagia auf halber Höhe des Gennargentu-Massivs, ragen überall Kräne in den Himmel, stehen Bagger und Baumaschinen. Giuseppe, etwa 45 Jahre alt, will zuerst nicht mit der Sprache heraus, unterhält sich dann, nachdem er den Betonmischer abgestellt hat, demonstrativ in dem einem Italiener unverständlichen sardischen Dialekt mit einem Freund. Doch dann erzählt er dem Fremden stolz, wieviel sein Haus koste.

Die Neubausiedlungen umschließen den alten Stadtkern von Nuoro wie ein fester Ring. Es ist ein merkwürdiges Städtchen, inmitten unzugänglicher Berge. Nur Hirten und Banditen kennen sich dort aus, heißt es, die einen, um in den steilen Schluchten Weideland für ihre Schafe zu finden, die anderen, um sich drohender Strafverfolgung zu entziehen. In Nuoro sind allein zweihundert Carabinieri stationiert. Auf den Straßen der Stadt und des Umlandes patroullieren die »Panther« und »Gazellen«, die schnellen Alfa-Romeo-Wagen der Carabinieri. Aber Nuoro hat auch Sardiniens berühmteste Dichter hervorgebracht: den 1914 verstorbenen Sebastiano Satta, dessen Poesie die Schönheit der Natur und die Wildheit der Menschen auf Sardinien beschwört, die Nobelpreisträgerin von 1926, Grazia Deledda, und den 1975 gestorbenen Salvatore Satta, dessen posthum erschienenes Buch »Der Tag des Gerichts« das Leben in Nuoro beschreibt.

Der Domherr der Kathedralkirche, Don Giuseppe Murgia, holt weit aus, um sein Nuoro, das der Armen und Reichen, der Guten und Schlechten, gegenüber der Stadt der Dichter zur Geltung zu bringen. Ein alter Kanoniker habe damals seine Mitbürger gewarnt, sie würden alle in die Hölle kommen, wenn sie die Bücher seiner Nichte, der Grazia Deledda, läsen. Es werden sich nicht alle daran gehalten haben, lächelt der Priester, die Dichterin habe man schließlich »auch kirchlich beerdigt«. Don Murgia erzählt von den heiklen Verbindungen in der Familie des Salvatore Satta, dessen bösrealistischen Erzählungen, einem Versöhnungsversuch des Bischofs. Der Seelenhirt verzeiht dem Schriftsteller seine antiklerikalen Hiebe. »Wir dürfen nicht über andere richten. Urteilen Sie nicht über die Sarden als gefügige, anstellige Objekte des wirtschaftlichen Aufschwungs, der industriellen Projekte, der Planung für das Jahr 2000. Es sind Menschen, denen der Sprung in unsere Zeit schwer fällt, die fürchten, von einer Not in die andere zu geraten.«

Traum für das dritte Jahrtausend – Eine Brücke über die Straße von Messina

Alles soll anders werden links und rechts der Meerenge von Messina, jener schmalen Wasserstraße, die deutlich Sizilien von Italien trennt, die Sizilianer auf der Insel von den Kalabresen auf dem ›Kontinent‹ der Apenninenhalbinsel, die Stadt Messina im Westen von den Orten am Abhang des dunklen Aspromonte-Gebirges mit Reggio di Calabria als Zentrum, zwei Kulturen, die weiter voneinander entfernt sind, als die paar Seemeilen vermuten lassen. Der italienische ›Stiefel‹ schiebt sich vor die sizilianische Küste; es bleibt ein respektvoller Abstand von wenigstens drei Kilometern. So überlegt man in den Planungsbüros großer Unternehmen, wie Insel und Kontinent verbunden werden können – mit einer Brücke? mit einem Tunnel? im Meer oder unter dem Meeresboden? –, damit Sizilien keine ferne Insel mehr sei, sondern angegliedert an Italien und an Europa.

Was in der Antike der griechische Dichter Homer den listenreichen Odysseus hier in der Enge zwischen Skylla und Charybdis erleben ließ, war kein Schiffermärchen. Die Wirklichkeit entspricht den Versen des Homer. Wer in einem Segelboot, gar ohne Motor, nicht höllisch aufpaßt, treibt tatsächlich in den teuflischen Schlund der Skylla, nämlich auf die Klippen des Ortes Scilla am kalabresischen Ufer. Von der Höhe eines modernen Fährschiffes aus erscheinen die Gefahren freilich fern. Doch einfach ist es auch heute nicht, über die Straße von Messina zu kommen. Selbst ein Intercity-Rapido braucht im Bauch der Fähre vom Hauptbahnhof von Messina auf der Inselseite bis nach Villa San Giovanni auf dem Kontinent fast zwei Stunden. Das soll anders werden, kürzer. Das soll es freilich schon lange. »Seit mehr als hundert Jahren«, präzisiert der Kapitän eines Fährschiffes. »Erst mein Sohn oder gar mein Enkel wird das erleben«, prophezeit der Offizier, »aber gebaut wird die Brücke, da bin ich sicher.«

So sicher sind längst nicht alle. Der Plan einer festen Überquerung der Meerenge ist alt – man erzählt, schon im Jahr 251 v. Chr. hätten die Römer die den Karthagern entführten Elefanten über eine Floßbrücke hinübergeleitet –, doch ebenso alt ist die Einsicht in die technischen Schwierigkeiten eines solchen Unternehmens. Nach Hochrechnungen werden bis zum Jahr 2015 22 Millionen Tonnen Waren, 35 Millionen Personen und 5 Millionen Autos den *Stretto di Messina* überqueren wollen. Unzählige Konferenzen und Debatten mit ungezählten Fachleuten, Geo-, Vulkano-, Seismo-, Ozeano- und Meteorologen, mit Geophysikern, Urbanisten und Ingenieuren werden über den Plan gehalten. Wer gegenwärtig alles an dem Projekt arbeitet, läßt sich nicht genau übersehen. Eine Vorentscheidung ist für das Brückenprojekt, an der engsten Stelle zwischen Torre Faro in Sizilien und Punta Paezzo auf dem Festland, gefallen, nachdem ein Tunnel unter dem Meer wegen der Tiefe von 150 m, eine künstliche Röhre im Meer wegen der Strömungen ausschieden. Zwei riesige Hochspannungsmasten mit Stromleitungen, einer in Sizilien nördlich von Messina, einer in Kalabrien, lassen ahnen, wie sich die zwei an die 400 m hohen Brückenpfeiler wohl ausnehmen würden. Ein internationales Gremium prüft jetzt alle Gutachten, die von den 28 Studiengruppen mit 250 Experten erarbeitet worden sind.

Da sind zunächst die rein technischen Schwierigkeiten, die selbst mit Hilfe modernster Techniken noch nicht gelöst sind. Angesichts starker Winde muß man vermeiden, daß entweder ganze Eisenbahnzüge von der Brücke gefegt werden oder daß, bei hohen Schutzmauern, die Brücke zur pendelnden Schaukel wird. Die technischen Probleme des Projektes seien jedoch, so gewaltig und noch nicht bis zum letzten gelöst sie auch erscheinen, eher geringer zu veranschlagen als die praktischen Schwierigkeiten der Realisierung. Böse Zungen behaupten, Sizilianer und Kalabresen wollten eigentlich nur eine riesige Baustelle, in welche die Gelder des Staates – tausende Milliarden Lire, zehn Milliarden Mark, eine weniger, ein paar mehr werden genannt – wie in ein Faß ohne Boden fließen, für Jahrzehnte und Jahrzehnte. Denn immer wieder würden Probleme hier, Probleme da einen Aufschub, einen Abbruch, neue Studien, andere Projekte erfordern. Man könnte bauen und müßte nie fertigwerden.

Daß man den ersten Spatenstich noch nicht gewagt hat, mag daran liegen, daß man die technischen Klippen bis hin zur Absicherung in einem stark erdbebengefährdeten Gebiet noch nicht überwunden hat, daß sich die Politiker über die Verteilung der Aufträge und über die Modalitäten der Finanzierung nicht geeinigt, die Unternehmer hüben und drüben nicht verständigt haben. Aber vielleicht scheut man sich vor allem, die kalabresische Skylla und die sizilianische Charybdis zu vereinen, in der Angst, gemeinsam könnten die beiden Ungeheuer noch furchtbarer werden, und ohne die Hoffnung, zusammengeführt würden zwei böse Wesen sich neutralisieren. Denn die Charybdis heißt heute Mafia, und die Skylla 'ndrangheta, die gefürchteten Gruppen des organisierten Verbrechertums auf Sizilien und in Kalabrien.

Doch irgendwann müssen die Städte Messina und Reggio, die übers Meer nur zwölf Kilometer voneinander entfernt liegen, doch stets als zwei unterschiedliche Kulturen getrennt werden, zusammenrücken, wird die sizilianische Welt und die des äußersten italienischen Südens durch eine Brücke verbunden. Streift man heute durch die Straßen dieser Hafenstädte, so scheint es, als hätten sie ihre Geschichte verloren. Die flachen, gesichtslosen Häuser, das rechteckige, wenig Phantasie verratende Straßenmuster, das fast völlige Fehlen der in anderen Städten Italiens so zahlreichen *Monumenti* sind das Ergebnis des furchtbaren Erdbebens vom 28. Dezember 1908.

Vor einer Plakatwand in Reggio kommen wir mit einer trotz der Mittagshitze unermüdet scheinenden Dame ins Gespräch. Sie schimpft, auf die Gewerbesteuer, die der Bürgermeister in der Verordnung vom 26. Juni 1989 bekannt gibt, auf die Aufforderung des *Liceo Artistico* zum Einschreiben in die neuen Kurse für Architektur, Design und Katalogisierung der Kunstdenkmäler – »man braucht hier keine Künstler zur Erhaltung der Kulturgüter, sondern Techniker, Ingenieure, Facharbeiter« –, auf das Plakat *Mangiare all' italiana!,* »italienisch essen!« (»Wie denn sonst?«) und schließlich auf die Kommunistische Partei. Von der Brücke hält die Signora nichts. Vielleicht später, wenn Kalabresen und Sizilianer ›reifer‹ geworden seien, unternehmungsfreudiger, erfahrener im industriellen und wirtschaftlichen Denken, verantwortlicher, europäischer. Ob sie es denn nicht durch eine Brücke leichter und schneller werden könnten? Die Signora schaut den Fremden vernichtend an: »Sie haben Illusionen«, sagt sie; doch nach einer Weile fügt sie hinzu: »Aber vielleicht muß man sie haben«, und geht davon.

Abbildungsnachweis

Farbabbildungen

Franz Frei, Otterfing 10

Bildarchiv Huber, Garmisch-Partenkirchen 2, 3, 5, 9, 13, 17, 18, Umschlaginnenklappe

Ifa-Bilderteam, München 1

Gerold Jung, Ottobrunn 4

Wulf Ligges, Flaurling 6, Umschlagvorderseite

Paolo Marton, Treviso 7

Hans Weber, Neudörfli 8, 11, 12, 14, 15, 16, Umschlagrückseite

Schwarzweißabbildungen

Archivi Alinari, Florenz S. 199, 201 u. 271

Lala Aufsberg, Sonthofen S. 250

dpa, Düsseldorf S. 10, 45, 46, 59, 63, 65, 72, 75, 76, 87, 91, 92, 94, 147, 155, 158, 159, 187, 188, 242/243, 255

Wolfgang Haut/FAZ, Frankfurt S. 13, 18, 20, 26, 28, 30, 32, 33, 35, 36, 37, 41, 42/43, 56/57, 60, 68/69, 80, 82, 84/85, 89, 131, 141, 152, 157, 170, 176, 191, 193, 198, 204/205, 215, 219, 222/223, 228, 233, 239, 244, 245, 246, 251, 252, 258/259, 261, 269, 282/283, 306/307

Leonard von Matt, Buochs S. 197, 201, 277

Werner Neumeister, München S. 234, 235, 288/289, 290, 291, 295, 296/297

Achim Seiffert, Köln S. 169

Helga Sittl, München S. 163

Werner Stuhler, Hergensweiler S. 2, 14, 23, 135, 144, 161, 167, 200, 202/203, 207, 211, 212, 231, 265, 312, 313, 314, 319

Ullstein Bilderdienst, Berlin S. 53, 67, 149, 151, 153, 175, 177, 184

Hans Weber, Lenzburg S. 298, 302/303

Archiv DuMont Buchverlag, Köln S. 195

Vignette S. 1 Frankfurter Allgemeine Zeitung, Basilius Mitropoulos

Italien-Informationen

Die 20 Regionen

Vor Reiseantritt

Informationsstellen

Staatliches Italienisches
Fremdenverkehrsamt (ENIT),
in der Bundesrepublik:

Berliner Allee 26
4000 Düsseldorf
✆ 02 11/13 22 31

Kaiserstr. 65
6000 Frankfurt/M.
✆ 0 69/23 74 10

Goethestr. 20
8000 München 2
✆ 0 89/53 06 69/53 06 60

in Österreich:

Kärtnerring 4
1010 Wien
✆ 02 22/5 05 43 74/5 05 16 39

in der Schweiz:

Uraniastr. 32
8001 Zürich
✆ 01/2 11 36 33/21 36 34

3, rue Marché
1024 Genf
✆ 0 22/28 29 39

Reisepapiere

Personalausweis oder Reisepaß, Urlaubskrankenschein, Gepäckversicherung.

Bei Verlust des Reisepasses oder Personalausweises können die Konsularabteilungen der Botschaften Ersatzdokumente ausstellen. Es genügt oft, bei Gängen in der Stadt oder Rundfahrten nur Fotokopien der Dokumente bei sich zu haben.

Tiere

Für Hunde und Katzen sind offiziell eine Herkunftsurkunde, ein amtstierärztliches Gesundheitszeugnis (höchstens 30 Tage alt) sowie ein mindestens 20 Tage und höchstens 11 Monate altes Tollwut-Impfzeugnis erforderlich. Für Hunde sind häufig Maulkorb und Leine vorgeschrieben.

Kraftfahrzeugpapiere

Führerschein und Haftpflicht-Versicherungskarte (grüne Karte). Diese kann man sich auch an der Grenze besorgen. Autofahrer, die nicht ihren eigenen Wagen fahren, brauchen eine Vollmacht des Wagenbesitzers.

Diplomatische Vertretungen

Botschaft der Bundesrepublik Deutschland
Via Po, 25/c
00198 **Rom**
✆ 06/88 47 41

Rechts- und Konsularabteilung der Botschaft
Via Siacci, 2c
00197 **Rom**
✆ 06/88 47 41

Generalkonsulate der Bundesrepublik Deutschland
Via Solferino, 40
20212 **Mailand**
✆ 02/6 55 44 34

Via San Vincenzo, 4–28
16121 **Genua**
✆ 0 10/59 08 41

Via Francesco Crispi, 69
80121 **Neapel**
✆ 0 81/66 46 47

Via Emerico Amari, 124
90139 **Palermo** (Sizilien)
✆ 0 91/58 33 77/59 12 45

Botschaft der Bundesrepublik Österreich
Via Pergolesi, 3
00198 **Rom**
✆ 06/86 82 41–44

Botschaft der Schweizer Eidgenossenschaft
Via Barnaba Oriani, 61
00198 **Rom**
✆ 06/80 36 41–45

Reisezeit

Zum Reisen in Italien sind Frühling und Herbst, genauer von Mitte März bis Ende Juni, von Anfang September bis Mitte November die günstigste Zeit. Im Hochsommer werden vor allem die Badeorte am Meer und die Erholungsplätze im Gebirge besucht; immer mehr Touristen suchen in dieser Zeit auch die Städte mit den *Monumenti* auf, weil die Italiener dann selbst Ferien machen, die Zentren verlassen und so der Verkehr dort geringer ist. Die langen Tage gestatten dann zudem, die Zeit gut auszunutzen. Durch den zunehmenden Sonnentourismus haben sich die Mitteleuropäer auch mehr an die Hitze gewöhnt. In älteren Reisehandbüchern findet man noch ernste Warnungen vor der Sonnenglut, die heute den meisten überflüssig erscheinen. Ende August, wenn die ersten Herbstregen fallen, nimmt die Wärme ab. Für einen Winteraufenthalt an der Riviera, den oberitalienischen Seen, in Rom, auf Sizilien oder Sardinien sollte man sich keine übertriebenen Vorstellungen von hohen Temperaturen und Sonnenintensität machen. Immerhin kann man dann die Regentage für die Besichtigung der Museen verwenden.

Gesundheitsvorsorge

Es empfiehlt sich, einen Urlaubskrankenschein, das heißt das Formular E 111 für Angehörige der Staaten der Europäischen Wirtschaftsgemeinschaft mitzunehmen, der vor der Abreise bei der Krankenkasse angefordert werden kann. Das staatliche italienische Gesundheitssystem wird von den USL, den *Unità Sanitarie Locali,* »lokalen Sanitätseinheiten«, geführt. Adressen und Telefonnummern sind in den Telefonbüchern der jeweiligen Ortschaften zu finden. Auskunft über Krankenhäuser und Erste-Hilfe-Stellen sowie über Ärzte erhält man unter der Rufnummer **116.** In den wichtigsten italienischen Tageszeitungen sind in der Rubrik *Telefoni utili* (wichtige Telefonnummern) durchgehende Ärztedienste unter *Guardia medica permanente* angegeben.

Außerdem ist es nützlich, einen Gesundheitsausweis mitzuführen, auf dem die Blutgruppe und eventuelle Allergien vermerkt sind.

Nicht allen Touristen gelingt die rasche Gewöhnung an die italienische Küche mit der reichlichen Verwendung von Olivenöl und schärferen Gewürzen.

Devisenvorschriften

Die italienischen Devisenvorschriften unterliegen in diesen Jahren der Bildung des gemeinsamen Europäischen Marktes beständig Veränderungen. Für den normalen touristischen Bedarf ergeben sich keine Schwierigkeiten. Nur bei höheren Summen in italienischen Lire sollte man sich nach den gerade geltenden Bestimmungen erkundigen. Ausländische Währung kann ohne Beschränkung eingeführt werden.

Kreditkarten sind uneingeschränkt zu benutzen. Mit einigen ist es möglich, in autorisierten Banken Bargeld zu erhalten. Auch für Travellers Cheques in ausländischer Währung bestehen keine Einschränkungen.

Zollbestimmungen

Auto-, Gepäck- sowie Handgepäckkontrollen werden zuweilen durchgeführt. Die Bestimmungen unterliegen im Rahmen der gesamteuropäischen Einigung Veränderungen. Erlaubt ist die vorübergehende zollfreie Einfuhr folgender Waren für den persönlichen Bedarf: a) Schmuck zum persönlichen Gebrauch – 2 Fotoapparate und 10 Filme – eine Kleinformat-Filmkamera und 10 Filme – ein Plattenspieler und 10 Schallplatten – ein Tonbandgerät – ein tragbares Radio oder ein Autoradio – ein tragbarer Fernseher – ein Feldstecher – ein Fahrrad – 2 Paar Ski – 2 Tennisschläger – Campingausrüstung – Lebensmittel für den eigenen Gebrauch. Für einige Waren (Tabak – alkoholische Getränke – Parfüm – Tee und Kaffee) ist ein zollfreies Maximum vorgeschrieben; b) Geschenke, Souvenirs oder nicht für den Handel bestimmte Artikel im Höchstwert von 620 000 Lire; c) Funksprechgeräte, CB und in Autos installierte Radiotelefone müssen beim italienischen Zoll angegeben werden, der die Versiegelung vornimmt.

Anreise

Mit dem Auto

In jedem Fall über die Alpenpässe oder bei Autoverladung durch die Alpentunnels; am schnellsten, abgesehen von Staus während der »dichten« Ferientermine, auf den Autobahnen.

Aus der Bundesrepublik Deutschland und dem westlichen Österreich: Autobahn (München) – Kufstein – Brennerpaß
Aus dem östlichen Österreich: Autobahn Villach
Aus der östlichen Schweiz: Autobahn Lugano
Aus der westlichen Schweiz: Autobahn Martigny

Mit der Eisenbahn

Die italienischen Staatsbahnen verfügen über ein Streckennetz von über 16 000 km. Die Preise sind, im Vergleich zur Bundesrepublik, günstig, vor allem bei zunehmender Entfernung. Es gibt in zwei Klassen verschiedene Preisstufen für Erwachsene, Senioren, Kinder, Familien und Gruppen. Informationsbüros sowie Sitzplatz- und Liegeplatzreservierung in den größeren Bahnhöfen sind durchgehend von 7 oder 8 Uhr früh bis 20 Uhr, manchmal sogar bis 22 Uhr, geöffnet.

Die Informationsbüros der Bahn wechseln auch ausländische Valuta in italienische Lire um.

Die Gepäckaufbewahrung ist oft 24 Stunden geöffnet. Der Gepäckversand ins Ausland ist mit einer *Dichiarazione verde* (grüne Erklärung) möglich.

Bei einigen Schnellzügen (Rapidi, IC, EC) mit nur 1. Klasse ist Platzreservierung obligatorisch, kann jedoch auch häufig noch vor der Abfahrt bei dem zuständigen Schaffner vorgenommen werden. Auf den Hauptverkehrsstrecken wie Turin – Mailand – Rom – Neapel, Rom – Bari, Mailand – Venedig verkehren Intercity-Züge.

Detaillierte Auskünfte über alle Bahnreisen betreffende Fragen erteilt das Amtliche Italienische Reisebüro (CIT) in der Bundesrepublik Deutschland:

Rindermarkt 2
8000 München 2
✆ 0 89/2 31 90 30

Stiftstraße 2
6000 Frankfurt am Main
✆ 0 69/2 09 46

Komödienstr. 49
5000 Köln
✆ 02 21/20 70 90

in der Schweiz:

Pelikanplatz 15
8001 Zürich
✆ 01/2 11 36 11

sowie die italienischen Staatsbahnen *(Ferrovie dello Stato FS)*

in der Bundesrepublik Deutschland:

Bahnhofsplatz 2
8000 München 2
✆ 0 89/59 15 97

in Österreich:

Mariahilfer Str. 84
1070 Wien
✆ 02 22/9 35 32 22/93 47 84

in der Schweiz:

Effingerstr. 8
3011 Bern
✆ 0 31/25 41 61/25 41 62

Mit dem Flugzeug

Die internationalen Verbindungen werden von den staatlichen Fluggesellschaften, der italienischen ALITALIA, der deutschen LUFTHANSA und INTERFLUG, der Schweizer SWISSAIR und der österreichischen AUSTRIAN AIRLINES bedient. Auf den nationalen Linien fliegen ALITALIA und die Gesellschaften ATI und ALISARDA (nach Sardinien).

Kurzinformationen von A–Z

Apotheken – »Farmacia«

Es gibt überall in Italien genügend Apotheken. In den großen Touristenzentren sind in internationalen Apotheken auch ausländische Medikamente erhältlich. Bei Bedarf empfiehlt es sich, den beiliegenden Medikamentenzettel mit in die Apotheke zu nehmen, um ein ähnliches Medikament zu erhalten.

Autofahren

Die meisten Touristen reisen mit dem eigenen Auto nach Italien und in Italien herum, unabhängig von Fahrplänen und Streckenführungen. Die Straßen sind meist ausreichend gut. Allerdings sind Autobahnen und Schnellstraßen nicht so ausgebaut, wie man es in Mitteleuropa gewöhnt ist. Sie sind mehr darauf angelegt, daß man nicht zu schnell fährt und immer, wirklich immer noch schnell reagieren kann. Überraschende Linksabbieger, unvermuteter Kreuzungsverkehr, plötzlich aufhörende Spuren – mit all dem, und noch mehr, muß man rechnen. Daß man auf den schmaleren Straßen zurückhaltender fährt, versteht sich von selbst. In unübersichtlichen Situationen darf man ruhig einmal mehr hupen als zu wenig, im Süden auch ein zweites Mal; das kann ja auch ganz lustig sein. Die Hinweisschilder auf Landstraßen und Autobahnen sind weniger ›narrensicher‹ als zu Hause gewohnt; kaum ein Italiener nimmt dem Fremden übel, wenn er davor etwas langsamer fährt. Verkehrspolizisten und Carabinieri gegenüber sollte man, gleich, ob man sich im Recht oder Unrecht fühlt, zurückhaltend und höflich auftreten. Italienische Amtspersonen erwarten von denen aus dem Norden jenes Verhalten gegenüber Verkehrsregeln, das man auch in der Heimat hat. Wenn man dann jedoch fast etwas schuldbewußt lächelt und darauf hinweist, daß *la bella Italia* und die schöne Urlaubsstimmung einen zur kleinen Übertretung des Vorgeschriebenen verleitet haben, fällt die Strafe vielleicht geringer aus. Diskussionen sind jedoch überflüssig, wenn ein Uniformierter einmal entschieden »No« gesagt hat.

Die Benutzung der italienischen **Autobahnen** (6128 km) ist – leider – meist mit Gebühren verbunden, die nach der zurückgelegten Strecke und nach Kategorien berechnet wird: nach Radstand, Achsen *(Passo ed assi)* und Hubraum, bzw. nach Steuerpflicht und Nutzlast. Die Benutzung der Autobahnen Salerno – Reggio Calabria, Palermo – Catania, Palermo – Mazara del Vallo und mehrerer Autobahnteile in der Nähe größerer Städte ist kostenlos. Die Gebühr wird beim Verlassen der Autobahn an der *Stazione* bezahlt; die bei der Einfahrt in die Autobahn erhaltene Karte wird bei der Ausfahrt abgegeben. Passende Geldscheine sind nützlich am Schluß der Reise; der Rest wird nur in italienischer Währung herausgegeben. Auf fast allen Autobahnstrecken kann die spezielle Kreditkarte VIACARD benutzt werden. Sie ist beim Automobilclub ACI, TCI, Autogrill, einigen größeren Autobahnstationen, Direktion der Autobahn und in vielen Tabakläden erhältlich, im Werte von 50 000 und 90 000 Lire.

Die Verkehrszeichen auf den Autobahnen und allen übrigen Straßen entsprechen den internationalen Normen. Es gibt genügend Tankstellen; die Zahl derer für bleifreies Benzin *(senza piombo)* wächst, doch sollte man für »bleifrei«, besonders in Mittel- und Süditalien, lieber etwas früher tanken.

Im Winter sind, besonders für die Überquerung der Alpen und in den Abruzzen, Schneeketten nicht immer überflüssig.

Autostop ist, mit Ausnahme auf den Autobahnen, erlaubt.

Die Autowerkstatt heißt *Autofficina* oder nur *Officina;* Autoreifen werden in Werkstätten mit dem Namen *Riparazione Gomme*

In Ortschaften beträgt die Höchstgeschwindigkeit generell 50 km/h. Auf Autobahnen und Landstraßen richtet sie sich nach dem Hubraum des Wagens:

	Auto	**Landstraße**	**Autobahn**
	bis zu 1100 ccm	90 km/h	110 km/h
	über 1100 ccm	90 km/h	130 km/h
	Motorräder		
zwischen	150 und 349 ccm	90 km/h	110 km/h
über	350 ccm	90 km/h	130 km/h

Maximalmaße für Wohnwagen: einachsig: Breite 2,30 m, Höhe 3 m, Länge (Anhängevorrichtung inbegriffen) 6 m;
zweiachsig: Breite 2,50 m, Länge 7,50 m.

repariert; Schäden an der Elektrik oder Elektronik werden auch bei *Elettrauto* behoben.

Benzin- und Autobahnmautcoupons
Bei den Filialen des Automobil Club d'Italia (ACI) und des Staatlichen Italienischen Fremdenverkehrsamtes (ENIT) (auch an Grenzübergängen) sind Benzingutscheine zusammen mit Autobahngebühr-Gutscheinen zu ermäßigten Preisen erhältlich. Mit diesen Gutscheinheften kann bei Sachschaden und bei Ausfall des auf der dazugehörigen Treibstoffkarte angegebenen Fahrzeugs über mindestens 12 Stunden bei einer Filiale des ACI-Pannendienstes die kostenlose Benutzung eines Ersatzwagens für einen Zeitraum von maximal 10 Tagen in Anspruch genommen werden. Die Filialen des ACI können auf dem normalen Straßennetz telefonisch unter der Nummer 116 (ohne Vorwahl) und auf den Autobahnen über die SOS-Notrufsäulen verständigt werden. Der Abschleppdienst ist kostenlos.

Autovermietung

Die großen internationalen Autovermietungen mit ihren bekannten Bedingungen haben ein dichtes Netz von Niederlassungen auch in Italien. Daneben bestehen lokale Firmen, die Autos mit und ohne Fahrer vermieten. Ein aufmerksamer Blick beim Ausfüllen der Formulare und bei der Übernahme des Wagens kann nicht schaden.

Banken

Öffnungszeiten
Montag bis Freitag 8.30–13.30 und 15.00–16.00 Uhr (einige Banken am Freitagnachmittag von 14.45–15.45 Uhr).

In den meisten Banken der Zentren der großen Städte kann man Geldscheine und Euro-Schecks umtauschen.

Behinderte

Für Behinderte, *Handicappati,* sind bisher noch wenig spezielle Einrichtungen geschaffen worden. Sie bestehen etwa bei Telefonen oder manchen öffentlichen Toiletten. Die menschliche Rücksichtnahme ist dafür jedoch um so größer, auf Hilfsbereitschaft kann man immer rechnen.

Elektrizität

Die Netzspannung beträgt meist 220 Volt. Nur die ›dünnen‹ deutschen Sicherheitsstecker, zum Beispiel die von Rasierapparaten, passen in die kleinen italienischen Steckdosen; die ›dicken‹, zum Beispiel die von Föhnen oder Tauchsiedern, nicht. Adapter schaffen Abhilfe.

Einkaufen

Vor einigen Jahren war es noch möglich, manches in Italien zu kaufen, was anderswo nicht zu erstehen war. Inzwischen sind die internationalen Handelsverflechtungen so dicht geworden, daß man fast alles Italienische auch in Mitteleuropa kaufen kann, oft sogar zu einem günstigeren Preis, weil der Wettbewerb im Norden härter ist. Also muß es wenigstens Spaß machen, wenn wir etwas in Italien erwerben; und das kann es durchaus. Ein bißchen handeln auf einem Wochenmarkt in einem kleinen Städtchen; der Verkäufer wird uns schon die Freude machen, den Preis etwas höher anzusetzen, damit er einen nachdrücklich geforderten *Sconto,* einen Nachlaß gewähren kann.

Zu den Käufen, denen ich in der Provinz nie widerstehen kann, gehört der Wein, selbst wenn man ihn in der heimischen Weinhandlung auch bekäme. (Der Zoll ist gering.) Der *Bianco* oder *Rosso* gewinnt überall immer mehr Freunde, was um so beachtlicher ist, als er sich gegen starke internationale Konkurrenz durchsetzen muß. Deshalb lohnt es sich durchaus, ihn am Ursprungsort selbst nicht nur zu trinken, sondern auch ein paar Fläschchen mitzunehmen. In den einzelnen Landschaften gibt es fast immer Spezialitäten von besonderer Güte, Hirtenkäse, duftenden Schinken, frische Salami, deftige Leberwürste. In Italien wird auch der Kult des Olivenöls gepflegt; da ist Öl nicht gleich Öl. Qualität, Geschmack, Herkunft, Herstellung lassen große Unterschiede zu. Am Eßbaren muß man sich nicht nur an Ort und Stelle erfreuen, wenn Transport- und Haltbarkeitsprobleme gelöst sind.

Dauerhafter sind handwerkliche Erzeugnisse. Sie sind dazu prädestiniert, mitgenommen zu werden. Bei Tischdecken, Stickereien und Spitzenwerk, bei schmiedeeisernen Geräten und Kupferzeug, bei Holzschnitzereien und Einlegearbeiten, bei Korbwaren und Metallschmuck kann man manches schöne Stück erstehen. Besonders gefällig ist in Italien die Keramik: Teller und Schalen, Krüge und Becher, Kacheln und Tafeln, in tausend Farben und Formen. Es gibt auch Scheußliches darunter, doch oft sind traditionelle Muster und Maße aufgenommen, wurden die Farben nach herkömmlichen Vorgaben verwandt. Solche Majoliken findet man als Massenwaren, in mehr und weniger gutem Geschmack, doch auch in ausgewählten Läden.

Beim Stichwort Antiquitäten öffnet sich ein weites Feld. Jeder muß und wird da seine eigenen Erfahrungen machen, mit den feinen *Antichità* etwa, für die man nichts anderes als viel Geld braucht, und schon hat man ein schönes Bild, wertvoll, meist garantiert echt; aber nicht jeder trägt die Tausendmarkscheine ›einfach so‹ zu den Antiquitätenhändlern. Meine Sympathie gehört in Italien mehr den ›staubigen‹, wo man merkt, daß gerade erst eine Villa ›geplündert‹, eine Erbschaft pauschal erstanden oder der Nachlaß eines Pfarrers übergeben worden ist. Da kann man noch günstig an ein kleines Bild, einen schweren Kupferbecher, an einen Marmormörser oder ein dickes Lederbuch mit schönen Stichen, dieses Almosenkästchen oder jenes hübsche Kommödchen, an Messingleuchter oder Silberbesteck kommen. Die Freude über ein ›Schnäppchen‹ kann groß sein; und wenn man etwas sucht, kann man immer noch eine ›Gelegenheit‹ finden. Und die Grundlage eines für den Kunden erfreulichen Kaufes ist stets, daß man nicht kaufen *muß*. Bei manchen Antiquitäten entsteht unversehens auch ein Transportproblem. Schade. Wer alte Schmuckstücke kauft, hat es da natürlich leichter. Wer gar nichts ersteht, noch leichter. Doch vielleicht müßte er dann traurige Geschichten erzählen, die alle anfangen: »Beinahe hätten wir ...«

Gesundheit und ›Anstand‹

Ich selbst würde nicht wagen, Verhaltensmaßregeln für die Gesundheit aufzustellen, finde jedoch bei Karl Baedeker, unserem Groß- oder gar Ur-Ur-Großvater der Reiseführer ein hübsches Stück, in dem das eine oder andere nicht gänzlich überflüssig, vielleicht immer noch beherzigenswert ist: »Im Frühjahr und Herbst kleide man sich in Italien nicht leichter als in der gleichen Jahreszeit etwa am Rhein oder im südwestlichen Deutschland. Wollenes Unterzeug gewährt den besten Schutz gegen Erkältung. Im Sommer setze man sich der Sonne nicht zu sehr aus und bediene sich bei empfindlichen Augen gelber oder rauchfarbener Brillen. Im Winter und in den ersten Frühlingswochen ist auf die Unterschiede zwischen der Sonnen- und Schattentemperatur, zwischen Mittagswärme und der abendlichen Kühle Rücksicht zu nehmen. Oft wird man den Überzieher in geschlossenen Räumen brauchen, während man ihn im Freien, wo die Sonne ihren erwärmenden Einfluß ungehindert ausübt, ablegt. An warmen

Tagen ist es zweckmäßig, auf dem Hinweg zu Galerien und Kirchen zu fahren, heimwärts aber zu gehen, um nach dem Aufenthalt in den kühlen Räumen wieder warm zu werden. Im Gasthof meide man sonnenlose Nordzimmer und sehe für die Nacht auf hinreichend warme Bedeckung. Durch zu reichlichen Genuß der ungewohnten Nahrung (Makkaroni, Käse, Südfrüchte u. dgl.) verdirbt man sich leicht den Magen. Bedenklich sind nicht ganz frische Seefische, die der Einheimische stets zurückweist, in Venedig und Neapel auch die Austern, die oft Typhus verursachen. Vorsicht gegenüber dem Trinkwasser ist auf Reisen stets am Platze; doch haben die meisten Großstädte gute Leitungen. Das zuträglichste Tischgetränk ist der rote einheimische Landwein, oder Mineralwasser. Auch zu hastiges Reisen mit seinen Überanstrengungen ist häufig die Ursache akuter Krankheiten; weicht eine Unpäßlichkeit nicht durch Schonung und Ruhe, so ziehe man alsbald den Arzt zu Rate.« So, nun wissen wir es.

Erst recht würde ich mir nicht erlauben, Anstandsregeln aufzustellen. Aber wenn es Karl Baedeker schon Anfang des Jahrhunderts tut, können wir ihm doch zuhören: »Der Reisende ist Vertreter seines Volkes und wird darum durch Achtung der Landesart und taktvolles, zurückhaltendes und nicht unnötig lautes oder überhebliches Auftreten (in Sammlungen, Gasthöfen, in Kritik und politischem Gespräch) mitarbeiten, diesem Achtung und Freundschaft zu erwerben. Auch in der Kleidung trage man den Anschauungen des Italieners Rechnung, der auf das Äußere besonderen Wert legt. Man vermeide daher die nur für die Hochgebirge geeignete Lodenkleidung, die dem Italiener leicht lächerlich erscheint. Auch für Wandervögel hat er kein Verständnis. Damen dürfen Kirchen nicht ohne Hut und in auffälliger Kleidung betreten. In vornehmen Gasthöfen, im Theater, im Konzert braucht man einen Abendanzug.« Manches davon kann man heute ›lockerer handhaben‹, manches nicht.

Feste und Veranstaltungen

Monat	Ort	Art des Festes
1. Januar	Capri	moderne Platzkonzerte
	St. Ulrich (BZ)	Kostümparade
6. Januar	in vielen Orten	Dreikönigstag
20. Januar	Bruneck (BZ)	Hundeschlittenrennen
Februar	San Remo	Italienisches Schlagerfestival
2. Februar	Rom	Mariä Lichtmeß (*Festa della Candelora,* Kerzenfest; Prozessionen)
Karneval	Viareggio, Pisa, Turin, San Remo und andere Rivieraorte, Adriastädte, Venedig	Kostümfeste
Fastnachtsfreitag	Verona	Bacchusfest *Gnoco*

Feste und Veranstaltungen

Monat	Ort	Art des Festes
1. April	San Marino	Einsetzung der Stadtregenten
Palmsonntag	Rom	Palmweihe und Prozession mit dem Papst
	in vielen Orten	Liturgie und Prozessionen
Gründonnerstag	Rom	Fußwaschung und Liturgie mit dem Papst in S. Giovanni in Laterano
	in vielen Orten	Liturgie und Prozessionen
Karfreitag	Rom	Gottesdienst mit dem Papst in S. Maria Maggiore; Kreuzweg im Kolosseum mit dem Papst
	in vielen Orten	Liturgie und Prozessionen Kreuzesverehrung
Karsamstag	Rom	Osternachtliturgie mit dem Papst in St. Peter
	in vielen Orten	Liturgie und Prozessionen
Ostersonntag	Rom	Auferstehungsgottesdienst mit dem Papst auf dem Petersplatz; Segen »Urbi et Orbi«
	Florenz	*Scoppio del Carro*
Ende April	Taormina (Sizilien)	Kostümfest und Wagenkorso
10. April	Lucca	Freiheitsfest
1. Mai	Florenz	Historisches Ballspiel
Mai	Florenz	*Maggio musicale* (Musikfestival)
Anfang Mai	Cagliari	*Sant'Efisio* (Trachtenfest)
	Rom	Internationale Reiterwettkämpfe auf der Piazza di Siena in der Villa Borghese in Rom
1. Maisamstag	Neapel	*San Gennaro* (Januarius-Fest)
6./7./8. Mai	Bari (Apulien)	St.-Nikolaus-Fest (Prozession mit Fischerbooten)
7. Mai	Venedig	»Meer-Hochzeit«
2. Maisonntag	Camogli (Ligurien)	*Sagra del Pesce,* Fischerfest
15. Mai	Gubbio (Umbrien)	*Corsa dei Ceri* (Wettlauf)
Letzter Sonntag	Gubbio (Umbrien)	*Palio* (Armbrustschießen)
Himmelfahrt	Florenz	Grillenfest
	Sassari (Sardinien)	*Cavalcata Sarda* (Reiterumzug)
Juni bis September	Venedig	Kunst-Biennale
1. Junisonntag	Pisa (Toskana)	*Gioco del Ponte* (Brückenfest; historische Regatten)

Monat	Ort	Art des Festes
Fronleichnam	Orvieto (Umbrien)	Umzug in der Stadt
(Corpus Domini)	an anderen Orten	Prozessionen mit dem Allerheiligsten
13. Juni	Padua	Fest des hl. Antonius
Mitte Juni bis Mitte Juli	Spoleto (Umbrien)	*Festival dei Due Mondi* Internationale Musik-, Tanz- und Theaterfestspiele
24. Juni	in vielen Orten	Johannes-Fest
29. Juni	Rom	*Santi Pietro e Paolo;* Fest der Stadtpatrone Peter und Paul
Juli	Genova-Nervi	Internationales Ballettfestival im Park von Villa Gropallo
	Rom	Konzerte auf dem Kapitolsplatz
Juli und August	Rom	Ballett- und Opernaufführungen in den Caracalla-Thermen
2. Juli	Siena (Umbrien)	*Palio delle Contrade* (Pferdewettkämpfe)
15./16. Juli 3. Samstag (nachts)	Venedig	*Festa del Redentore* (Fest des Erlösers; Feuerwerk vor der Giudecca auf dem Canal Grande)
16. Juli	Neapel	*Festa Santa Maria del Carmine*
Juli und August	Verona	Opernfestspiele in der Arena
August	Venedig	Nachtfeste auf dem Canal Grande
	Assisi	Religiöse Feste, Zeremonien und Prozessionen
August und September	Venedig	Filmfestival
1. Augustsonntag	Ascoli Piceno (Marken)	*Quintana*
14. August	Sassari (Sardinien)	Kerzenfest
15. August (Ferragosto)	in vielen Orten	Mariä Himmelfahrt (Assunta) Prozessionen und Feuerwerk
16. August	Siena (Toskana)	*Palio delle Contrade* (Pferdewettkämpfe)
25. August bis 20. September	Stresa (Piemont)	*Settimana musicale* (Musikfestspiele)
1. Septembersonntag	Arezzo (Toskana)	*Giostra del Saracino* (Sarazenenspiel)
	Venedig	Historische Regatten auf dem Canal Grande
5., 6., 7. September	Neapel	*Madonna della Piedigrotta* (Volksliederfestival)

Feste und Veranstaltungen

Monat	Ort	Art des Festes
8. September	Loreto (Marken)	Fest Mariä-Geburt
	Recco (Ligurien)	mit Großfeuerwerk und Focaccia-Essen
2. Septembersonntag	Foligno (Umbrien)	*Quintana* (Reitturnier mit Stechen)
	Sansepolcro (Toskana)	Armbrustschießen
13. September	Lucca (Toskana)	*Luminara di Santa Croce*
Mitte September	Ravenna	Dante-Feiern
	Asti (Piemont)	Palio-Rennen
19. September	Neapel	San Gennaro (Blutwunder)
1. Oktober	San Marino	Einsetzung der Stadtregenten
10. Dezember	Loreto (Marken)	Santa Casa (Prozession)
13. Dezember	Siena, Syrakus	Santa Lucia
15. Dezember bis 6. Januar	Rom	Weihnachtsmarkt auf der Piazza Navona
24./25. Dezember	Rom	Feierliche Weihnachtsmessen mit dem Papst; Segen »Urbi et Orbi«
Mitte Dezember bis Mitte Januar	in vielen Orten	Weihnachtskrippen

Geschäfte

Neben den Supermärkten kaufen die Italiener gern auf Märkten oder in kleinen Läden, in *Alimentari, Rosticceria* oder *Salumificio.* Dort, auch in einer *Paninoteca,* kann man auch belegte Brote *(Panini)* für einen Schnellimbiß, in der Pizzeria auch die Pizza am Stück kaufen. Torten und Süßigkeiten findet man in der *Pasticceria* oder der *Bar.*

Ladenschlußzeiten

Im Sommer
Montag bis Freitag: 8.00–13.30 Uhr und 17.30–19.30 Uhr
Samstag: 8.00–14.00 Uhr

Im Winter
Montag bis Samstag: 8.00–13.30 Uhr und 17.00–19.30 Uhr
Donnerstagnachmittag häufig geschlossen

In den Läden und auf dem Markt wird das Gewicht – und danach der Preis – in Kilogramm und *etti* angegeben, 1 etto = 100 Gramm.

Italienische Kaufhausketten: *La Rinascente* (Bekleidung, Parfümerie, Haushaltswaren) – *Coin* (Bekleidung, Textilwaren) – *Upim* (Bekleidung, Haushaltswaren, Büroartikel; in manchen Filialen auch Lebensmittelabteilungen); – *Standa* (Bekleidung und anderes)

Klimatabelle

	Jan.	Febr.	März	April	Mai	Juni	Juli	Aug.	Sept.	Okt.	Nov.	Dez.	
Min.	2	4	8	13	17	22	23	23	19	14	7	3	(Mailand)
Max.	4	8	13	19	22	27	29	28	24	18	11	6	
Min.	2	3	5	8	11	15	17	17	14	10	6	3	(Florenz)
Max.	10	12	15	19	23	27	31	30	26	21	15	10	
Min.	8	8	11	14	18	22	24	24	22	17	13	9	(Rom)
Max.	12	13	17	20	23	28	31	31	28	23	17	13	
Min.	9	9	12	15	18	22	25	25	22	18	13	11	(Neapel)
Max.	12	13	16	19	23	27	30	30	27	22	17	14	
Min.	10	10	11	13	16	20	22	23	21	18	14	12	(Palermo)
Max.	15	15	16	18	22	25	28	29	26	23	20	16	

Literaturvorschläge

Es gibt viele gute (und einige unzureichende) ›sachliche‹ Reiseführer oder Reisebegleiter, die ihr Schwergewicht verschieden sehen, im Kunstgeschichtlichen oder Historischen, im unterhaltsamen Plaudern über Geschichten oder ernsten Beschreiben, in der Kürze oder in der Würze – jeder und jedem nach seinem Geschmack. Daneben haben viele große Literaten, deutsche Schriftsteller und Dichter allen voran – wer von ihnen war nicht in Italien! –, ihre Eindrücke und Erlebnisse in Italien festgehalten:
Johann Wolfgang von Goethe, *Italienische Reise,* 1786–1788; Johann Caspar Goethe, *Reise durch Italien im Jahre 1740;* Franz Grillparzer, Joseph von Eichendorff, August von Platen, Heinrich Heine *(Reisebilder),* Rainer Maria Rilke, Stendhal, Anne Germaine de Staël, Emile Zola, Charles Dickens, D. H. Lawrence, Herrmann Hesse ... – die Reihe ist unendlich.

Eine wenn auch anspruchsvolle Bereicherung sind stets die italienischen ›Klassiker‹, die viel über Kultur und Geschichte, Land und Leute Italiens mitteilen:

Dante Alighieri, *Die göttliche Komödie*
Francesco Petrarca, *Canzoniere*
Giovanni Boccaccio, *Dekameron*
Niccolò Machiavelli, *Der Fürst*
Carlo Goldoni, *Komödien*
Alessandro Manzoni, *Die Verlobten*

Für die einzelnen Regionen und Städte sei jeweils ein moderner italienischer Schriftsteller empfohlen:
Cesare Pavese: Piemont-Turin
Salvatore Quasimodo (Sizilianer): Lombardei-Mailand
Goffredo Parise, *Der schöne Priester:* Vicenza-Venetien
Italo Svevo: Friaul Julisch-Venetien – Triest
Italo Calvino und Eugenio Montale: Ligurien
Giovanni Guareschi, *Don Camillo und Peppone:* Emilia-Romagna
Curzio Malaparte: Toskana
Sandro Penna: Umbrien
Giacomo Leopardi: Marken
Alberto Moravia: Rom – Latium
Ignazio Silone: Abruzzen
Francesco Jovine: Molise
Luciano de Crescenzo: Neapel-Kampanien
Michele Saponaro: Apulien
Carlo Levi, *Christus kam nur bis Eboli:* Basilikata

Corrado Alvaro: Kalabrien
Giovanni Verga, Luigi Pirandello, Giuseppe Tomasi di Lampedusa *(Der Leopard),* Leonardo Sciascia: Sizilien
Grazia Deledda und Gavino Ledda: Sardinien
Und noch eine Auswahl deutscher Schriftsteller zu Italien:
Thomas Mann, *Der Tod in Venedig*
Heinrich Mann, *Die kleine Stadt*
Stefan Andres, *Das Fest der Fischer*
Wolfgang Koeppen, *Der Tod in Rom*
Hans Magnus Enzensberger, *Mausoleum*
Günter Kunert, *Verlangen nach Bomarzo,* Reisegedichte
Ulla Hahn, *Herz über Kopf,* Gedichte
sowie Reinhold Schneider, Marie-Luise Kaschnitz, Ingeborg Bachmann

Handelsmessen und Industrieausstellungen

Ancona: Ente Autonomo Fiera di Ancona; 60100 Ancona; ✆ 071/58971

Aosta: Associazione Expo Vallée; Corso Lanceri di Aosta 5/A; 11100 Aosta; ✆ 0165/422 67

Arezzo: Centro Affari e Promozioni s.r.l.; Via Fleming, 1; 52110 Arezzo; ✆ 0575/381333/4/5

Bari: Fiera del Levante; Lungomare Starita; 70123 Bari; ✆ 080/206111

Bergamo: Ente Fiera Promoberg; Via B. Palazzo, 137; 24100 Bergamo; ✆ 035/222220

Bologna: Bolognafiere; Piazza Costituzione, 6; 40128 Bologna; ✆ 051/282111

Bozen: Ente Autonomo Fiera di Bolzano; Via Roma, 18; 39100 Bolzano; ✆ 0471/280211

Brescia: Camera di Commercio I.A.A.; Via Einaudi, 23; 25122 Brescia; ✆ 030/45061

Cagliari: Azienda Speciale Fiera Internazionale della Sardegna; Viale A. Diaz, 221; 09100 Cagliari; ✆ 070/302225/26/27

Cernobbio (Como): Associazione ›Idea Como‹; Via Regina, 40; 22012 Cernobbio (CO); ✆ 031/511 3312

Civitanova Marche (Marken): Ente Fiera; Via Cavour, 50; P.O. Box 29; 62012 Civitanova Marche (MC); ✆ 0733/72423/774552

Como: Comomoda; Consorzio Comomoda; Via A. Volta, 66; 22100 Como; ✆ 031/266288

Faenza (Ravenna): Comitato Internazionale della Ceramica d'Arte; Palazzo Municipale; 48018 Faenza (RA); ✆ 0546/621111

Florenz: Sogese S.p.A.; Fortezza da Basso; Viale Strozzi, 1; 50129 Firenze; ✆ 055/49721

Foggia: Ente Autonomo Fiera di Foggia, Quartiere Fieristico; Via Bari; 71100 Foggia; ✆ 0881/39021 – 36457

Forlì: Fiera di Forlì; Via Punta di Ferro; 47100 Forlì; ✆ 0543/724780

Genua: Fiera Internazionale di Genova; Piazzale J.F. Kennedy, 1; 16129 Genova; ✆ 010/595651/595671

Gonzaga (Mantua): Comitato Fiera Millenaria di Gonzaga; Piazza Castello, 10; 46023 Gonzaga (MN); ✆ 0376/58098

Gorizia: Camera di Commercio, Industria, Artigianato, Agricoltura; Fiere di Gorizia; Via Crispi, 10; 34170 Gorizia; ✆ 0481/3841

Lanciano (Chieti): Ente Autonomo Fiera di Lanciano; Area Fieristica; 66034 Lanciano (CH); ✆ 0872/41747/8

Longarone (Belluno): Associazione Pro-Loco; 32013 Longarone (BL); ✆ 0437/770341/770119

Marina di Carrara (Massa): Internazionale Marmi e macchine S.p.A.; Viale XX Settembre; 54033 Carrara (MS); ✆ 0585/840561

Mailand: Ente Autonomo Fiera di Milano; Largo Domodossola, 1; 20145 Milano; ✆ 02/49971

Messina: Ente Autonomo Fiera di Messina; Viale della Libertà; 98100 Messina; ✆ 090/364011

Modena: Società Modenese Fiere ed Esposizioni; Piazza Roma, 7; 47100 Modena; ✆ 0 59/22 33 11

Monza (Mailand): Ente Mostra dell'Arredamento; Villa Reale; 20052 Monza (MI); ✆ 0 39/38 42 77/38 62 60

Neapel: Ente Autonomo Mostra d'Oltremare; P. le Tecchio, 52; 80125 Napoli; ✆ 0 81/61 49 22

Padua: Fiera di Padova; Via N. Tommaseo, 59; 35131 Padova; ✆ 0 49/84 01 11

Palermo: Fiera del Mediterraneo; Piazza Gen. Cascino; 90142 Palermo; ✆ 0 91/6 20 91 11/54 37 55

Parma: Ente Autonomo Fiere di Parma; Via Rizzi, 3; 43031 Baganzola (PR)

Pesaro: Camera di Commercio di Pesaro; Ufficio Fiere; Quartiere Fieristico Campanara; 61100 Pesaro; ✆ 07 21/6 45 41

Piacenza: Ente Autonomo Mostre Piacentine; Piazza Cavalli, 32/34; 29100 Piacenza; ✆ 05 23/3 69 43/4

Pordenone: Fiera di Pordenone; Viale Treviso, 1; 33170 Pordenone; ✆ 04 34/57 25 72

Reggio Calabria: Ente Fiera di Reggio Calabria; Quartiere Fieristico; Parco Pentimele – Archi; 89100 Reggio Calabria; ✆ 09 65/4 87 18/4 30 44/4 30 45

Reggio Emilia: Cento Esposizioni; Via Filangieri, 15; 42100 Reggio Emilia, ✆ 05 22/51 30 70

Riccione: Azienda Autonoma Soggiorno Comune di Riccione; Palazzo del Turismo; 47036 Riccione (FO); ✆ 05 41/60 56 27

Rimini: Ente Autonomo Fiera di Rimini; Via della Fiera, 23; 47037 Rimini (FO); ✆ 05 41/78 20 00

Riva del Garda (Trento): Azienda Autonomo di Soggiorno; Giardini di Porta Orientale; 38066 Riva del Garda (TN); ✆ 04 64/55 44 44

Rom: Ente Autonomo Fiera di Roma; Via dell'Arcadia, 2; 00147 Roma; ✆ 06/5 13 81 41

Saluzzo (Cuneo): Comitato Amministrazione; Sala d'Arte Bertoni Mostre e Convegni; Via Vittime di Brescia, 1; ✆ 01 75/4 35 27

San Remo (Imperia): P. B. F. s. r. l. Iniziative Moda; Via Marsala, 3; 20121 Milano; ✆ 02/65 48 53

Triest: Ente Autonomo Fiera di Trieste; Piazzale De Gasperi, 1; 34139 Trieste; ✆ 0 40/39 29 63

Turin: Torino Esposizioni; Corso Massimo d'Azeglio, 15; 19126 Torino; ✆ 0 11/65 69 Centro Espositivo Lingotto; Corso Galileo Ferraris, 61; 10128 Torino; ✆ 0 11/57 61

Udine: Ente Fiera Udine Esposizioni; 33030 Torreano di Martignacco (UD); ✆ 04 32/40 00 41

Valenza (Alessandria): Associazione Orafa Valenzana; Piazza Don Minzoni; 1; 15048 Valenza (AL); ✆ 01 31/9 18 51

Verona: Ente Autonomo Fiera di Verona; 37100 Verona; ✆ 0 45/58 81 11

Vicenza: Ente Fiera di Vicenza; Viale degli Scaligeri, 34; 36100 Vicenza; ✆ 04 44/96 91 11

Wichtige Telefonnummern

Notruf	1 13
Erste Hilfe: Rotes Kreuz	51 00
Polizei	46 86
Straßendienst	42 12
Nachrichten	1 90
Zugauskunft	47 75
Amt für internationale Ferngespräche	15
Italcable (Ferngespräche mit anderen Kontinenten)	1 70

Öffnungszeiten

Die staatlichen **Museen** sind im allgemeinen von 9 oder 10 Uhr bis 13 oder 14 Uhr, dann wieder von 14 oder 15 Uhr bis 17 oder 18 Uhr, selten bis 19 Uhr, in Ausnahmefällen auch durchgehend geöffnet. Im Winter, von Oktober bis einschließlich April, sind die Besuchszeiten meist kürzer, dann aber oft durchgehend. Am Sonntagnachmittag, am Montag, manchmal auch am Freitag und an den staatlich anerkannten (oder auch nur kirchlichen) Feiertagen (1. Januar, 25. April, Ostermontag, 1. Mai, Christi Himmelfahrt, Fronleichnam, 15. August, 1. November, 8., 25. und 26. Dezember) bleiben die Museen geschlossen. An einer Reihe anderer Tage sind die nichtstaatlichen Museen ganztägig geschlossen, während die staatlichen Museen nur vormittags geöffnet sind. Personal- und Geldmangel sowie Renovierungsarbeiten führen neben den Streiks oft zu unvorhergesehenen Schließungen. Die größeren **Kirchen** sind meist bis 12 Uhr mittags und von 16 oder 17 Uhr bis zur Dämmerung geöffnet, einige Hauptkirchen auch den ganzen Tag. Während des Gottesdienstes, vor allem am Sonntag, sollte man eine Kirche nur mit Diskretion betrachten. Im Sommer ist es ratsam, besonders in Süditalien abseits der großen Städte, bei einem Kirchenbesuch auf angemessene Kleidung zu achten. Wenn man sich etwas mehr bedeckt, erfreut das nicht nur fromme Italiener, sondern hilft auch, in kühlen Kirchen Erkältungen zu vermeiden.

Öffentliche Verkehrsmittel

Die öffentlichen Verkehrsmittel in Italien sind besser als ihr Ruf. Auf die Eisenbahn kann man für mehr Städte zählen, als man glaubt. Die Schnellverbindungen zwischen den größeren Städten werden beständig verbessert, ohne schon mitteleuropäischen Standard (»im Stundentakt«) zu erreichen. Eurocity, Intercity, Rapido, Direttissimo bedienen die Fernverbindungen. Für Fahrten kreuz und quer durch Italien ist das dichte öffentliche Busnetz empfehlenswert. Diese *Autoservizi* oder *Autolinee* sind zuverlässig, schnell und fast immer pünktlich. Für Flüge und Fähren zu den Inseln sollte man besonders zu den Hauptreisezeiten rechtzeitige Reservierungen vornehmen.

Post

Briefmarken sind auf der Post, in den Tabakgeschäften (am T über der Ladentür erkenntlich) und aus Briefmarkenautomaten erhältlich.

Der Vatikanstaat und die Republik San Marino haben eigene Briefmarken. Um die Freistempel des Vatikans und der Republik San Marino zu erhalten, muß man die Post in die dortigen Briefkästen einwerfen. Hauptpostämter haben längere Öffnungszeiten: von 8.30–21.00 Uhr für Postscheck und telegraphische Überweisungen; 8.30–14.30 Uhr für Postanweisungen usw.; Samstag von 8.15–12.00 Uhr. Die übrigen Postämter sind von 8.15 Uhr an, doch nur bis 14.00 Uhr geöffnet.

Taxi

Die Farbe der Taxis ist in den meisten großen Städten gelb. Die amtlich zugelassenen Taxis haben ein entsprechendes, im Dunklen erleuchtetes Zeichen auf dem Dach. Vorsicht – besonders an den Flughäfen – vor Personen, die ihr Fahrzeug als Taxi anbieten. Man sollte dann wissen, worauf man sich einläßt!

Telefonieren

Vorwahl in die Bundesrepublik	
Deutschland:	00 49
nach Österreich:	00 43
in die Schweiz:	00 41
Vorwahl nach Italien	
von Deutschland aus:	00 39
von Österreich aus:	0 40
von der Schweiz aus:	00 39

(Die Null vor der Ortsnummer wird weggelassen.)

In den meisten Bars gibt es Telefonautomaten (kenntlich an der runden gelben Scheibe über dem Eingang), wo man mit Telefonmünzen *(gettoni)* Stadtgespräche führen kann (bei Stadtgesprächen eine Münze für einen Zeittakt von 6 Minuten). Steht in der gelben Scheibe der Vermerk *teleselezione* oder *interurbana,* so kann man auch direkt ins Ausland telefonieren – mit einer größeren Zahl von *gettoni,* oder seit kurzem und an besonderen Stellen auch mit einer elektronischen Karte, die am Kiosk erhältlich ist. Bei den meisten Telefonautomaten können auch 100- und 200-Lire-Münzen benutzt werden. Außerdem kann man auf den Postämtern und beim Telefonamt der SIP (der staatlichen Telefongesellschaft) telefonieren.

Trinkgeld

Trinkgeld ist Glück- und Privatsache. In Italien fällt es gewöhnlich etwas großzügiger aus als in Deutschland, wobei sich die italienischen ›Dienstleister‹ schon etwas an die kargeren Besucher aus dem Norden gewöhnt haben. Berechnungen nach Prozenten lassen sich nur schwer aufstellen; dabei schneidet der liebenswürdige Kellner in einer einfachen Trattoria schlechter ab als der aufgeblasene in einem vornehmen Ristorante. Zwei Grundsätze kann man befolgen: Entweder man will Hotelportiers, Zimmermädchen, Kellner oder Taxifahrer darauf hinweisen, mit welch einer exquisiten Persönlichkeit von Welt sie es zu tun haben, oder man will ihnen für besondere Anstrengungen, Leistungen oder auffallende Freundlichkeit danken, bei längeren Aufenthalten sie auch im voraus dazu ermuntern.

Unterkunft

Italien ist als klassisches Reiseland mit Hotels, Pensionen, Pilgerheimen und Campingplätzen auf alle und alles eingerichtet. Es geschieht selten, daß man an einem Platz gar kein ›Plätzchen‹ mehr findet, auf dem man sein müdes Haupt betten könne. Nur im Juli und August kann es schwierig sein, in einem typischen Erholungsort ein »Zimmer frei« aufzuspüren. Denn da halten die Italiener selbst ihre sakrosankten Ferien, überlassen aber als Entschädigung den Fremden ihre Städte. Bisher ist man dem Ansturm der Touristen Herr geworden. Leider haben die guten Hotels in den vielbesuchten Städten wie Mailand, Venedig, Florenz, Rom, Neapel und die Luxushotels in Touristenorten fast Weltspitze im Preisniveau erklettert, wohl im Vertrauen darauf, daß man während der Hochzeitsreise für »eine Nacht in Venedig« nicht so auf den Preis schaut. Neben den Hotels sind auch Pensionen gastlich. In den Orten mit religiösen Heiligtümern wie Padua (Sant'Antonio), Loreto, Assisi, Rom und anderen – aber nicht nur dort – kann man auch an den Pilgerheimen von Ordensleuten, Schwestern oder Brüdern, zuweilen neben einem Kloster oder Konvent, anklopfen. Fragen kostet nichts. Dort wird man natürlich eine andere Hausordnung als in Hotels üblich beachten müssen; dafür genießt man jedoch manche Erleichterung.

Aktuelle Hotelführer schicken die örtlichen Fremdenverkehrsvereine (Ente provinciale per il Turismo) gern zu, eine Liste der Jugendherbergen ist beim italienischen Jugendherbergsverband (Associazione Italiana Alberghi per la Gioventù, EUR-Palazzo Civiltà del Lavoro, Quadrato della Concordia, I–00144 Roma, ✆ 06/5 91 37 02/5 91 37 58) erhältlich. Wer sich untertags in Ruhe frisch machen möchte, findet in vielen italienischen Städten ein *Diurno,* ein Tageshotel mit Badezimmern, Duschen und Toiletten.

Vom einfachen, guten und feinen Essen

Ob am Nordkap oder auf Madagaskar, in Feuerland oder Australien – Pizza und Spaghetti sind in aller Welt bekannt. Diese einfachen Gerichte, einst nur die der Armen in Italien, haben die Eßgewohnheiten rund um den Erdball bereichert. Da müssen sich jene, die Pizza und Spaghetti ›erfunden‹ haben, die Neapolitaner und, mit arabischer oder chinesischer Hilfe, die Sizilianer oder Genueser – wir wollen den Streit nicht entscheiden –, schon anstrengen, damit diese Teigwaren im Heimatland ebenso munden wie auswärts. Aber natürlich ißt man in Italien noch andere gute Sachen. Auch dies hat sich in der Welt herumgesprochen, weil ›beim Italiener‹ zu speisen in Hamburg, Frankfurt oder München, in New York wie in San Francisco zuweilen verläßlicher erscheint, als sich dort einheimischer Küche anzuvertrauen.

Dennoch fühlen sich die Italiener international in ihrer *Alta Cucina,* der »Haute Cuisine«, der Edelküche, nicht recht gewürdigt. Der normale Tourist, der ohne gastronomischen Spürsinn durch Italien reist, hier mit einem Pensionsessen, dort mit einem Hotelmenü vorlieb nimmt und nur ausnahmsweise ein Ristorante oder eine Trattoria aufsucht und bei einem *Menu turistico* auch finanziell bescheiden bleibt, wird vielleicht den Eindruck gewinnen, die italienische Küche sei im Grunde einfallslos, mit Pasta, Fleisch und Gemüse sei es eben schon getan. Der liebe Gott habe sich zu Recht Frankreich zum Schlemmen ausgesucht, obwohl Lucullus, der Mann der Gaumenfreuden, und Bacchus, im Abendland der Gott des Weines, römischen Ursprungs sind.

Es hat jedoch auch sein Gutes, daß die Feinschmeckerambitionen der italienischen Küche, der Köchinnen – die Stellung der Frau am Herd kann zwischen Alpen und Sizilien nicht hoch genug eingeschätzt werden – und Köche begrenzt erscheint. Das sichert nämlich ordentliche Qualität im Durchschnitt. Man bereitet einfache Gerichte zu, kocht die Pasta *al dente,* »mit Biß«, wie es sich gehört, wirft dünne Fleischscheiben rasch in die Pfanne, bringt frischen Salat auf den Tisch. Was will man mehr. Man versucht sich nicht an komplizierten Rezepten und scheitert dafür auch nicht, wie es leider in Frankreich manchmal – sehr häufig, sagen die Italiener – der Fall ist. Im hintersten Abruzzendorf kann man deshalb gut essen, wenn man Köchin oder Wirt gewähren läßt, sie nicht mit eigenen Wünschen zu Experimenten zwingt.

Aber mit dieser Rollenverteilung – vorzüglich speisen in wenigen französischen Spitzenrestaurants, gut essen dafür in den meisten italienischen Trattorie – geben sich die Italiener nicht mehr zufrieden. Sie ärgern sich Jahr für Jahr darüber, daß ›Der Michelin‹, die Gourmetbibel eines französischen (!) Reifenkonzerns, in ganz Italien nur ein einziges Ristorante ausmacht, das der höchsten Auszeichnung, der drei Sterne würdig sei, *Gualtiero Marchesi* in Mailand, und daß zwei Sterne nur ein gutes Dutzendmal vergeben werden. Kann es denn mit rechten Dingen zugehen, daß die Begabung zum rechten Kochen und Tafeln nur französischen Meistern und ihren Jüngern verliehen sei? Denn an den Grundprodukten kann es nicht liegen: Die norditalienische Landwirtschaft bringt ebenso tadelfreie Gemüse und Salate hervor, das Vieh gedeiht auch im südlichen Alpenbogen, Seen und Meere mit geschuppten und geschalten Tieren umspülen ebenso italienische Gestade.

Auch Tradition und Geschichte sprechen nicht für Frankreich. Im Gegenteil. Stolz können die Italiener darauf verweisen, daß sie in Europa die Luxusküche erfunden haben. Der französische ›Alltagshistoriker‹ Fernand Braudel bestätigt es: »Bleibt zu bemerken«, schreibt er in seiner »Sozialgeschichte«, »daß diese erlesene Küche, wie sie jede reife Hochkultur kennt, in Europa erst mit dem 15. Jahrhundert in den reichen Städten Italiens Einzug hält, wo sie mit ihren Rezepten und ihrer Etikette zu einer kostspieligen Kunst wird. Schon bald protestiert der Senat in Venedig gegen die verschwenderischen Gelage der jungen Adligen und verbietet 1460 alle Bankette mit einem Aufwand von mehr als einem halben Dukaten pro Gast. Natürlich gehen die *banchetti* weiter.«

Die von der Signoria in Venedig verbotenen Speisen waren etwa Schnepfen, Fasane, Pfauen; von den anderen Städten kannte man nach Braudel »Hart- und Cervelatwürste aus Bologna, gefüllte Schinken aus Modena, Pasteten aus Ferrara, Quittenmus aus Reggio, Käse und Gnocchi mit Knoblauch aus Piacenza, Marzipan aus Siena, Märzkäse aus Florenz, feine Bratwurst und Haschee aus Monza, Fasane und Edelkastanien aus Chiavenna, Fische und Austern aus Venedig, dazu das hervorragende Brot (an sich schon ein Luxus) aus Padua, nicht zu vergessen die Weine, die sich zunehmender Beliebtheit erfreuen.«

Doch dann schreibt der Franzose weiter: »Mitte des 16. Jahrhunderts ist Frankreich bereits zum führenden Land der guten Küche aufgestiegen, in dem köstliche Rezepte ersonnen und zudem aus allen vier Himmelsrichtungen zusammengetragen werden; in dem sich die Kunst des Garnierens, Servierens und Zelebrierens dieser profanen Feste der Schlemmerei und derEtikette vervollkommnen sollte.« Da erheben die Italiener Einspruch. Die erlesene Küche hätten die Franzosen »gestohlen«, als ihr König, Karl VIII., im Jahre 1498 einen Feldzug gegen Neapel unternahm und seitdem die Köstlichkeiten der italienischen Tafel nicht mehr missen mochte. Vor 500 Jahren also ›raubten‹ die Franzosen den Italienern die damaligen ›Michelinsterne‹ und halten sie seitdem ziemlich geizig im eigenen Land. Nur hin und wieder rücken sie einen, selten zwei und ganz, ganz selten drei heraus, wenn es sich in Italien und noch mehr in Deutschland um Schüler der Haute Cuisine handelt.

Dennoch haben die Restaurantrichter französischer Provenienz nicht ganz unrecht, wenn sie mit ihren Sternen in Italien zurückhaltend umgehen. Denn sie urteilen nach französischen Kriterien. Doch damit kommt man in Italien völlig durcheinander. Nicht selten ist es uns passiert, daß wir dem Stern gefolgt sind und fast alle Lust zu essen verloren hätten. Denn wir trafen auf ein italienisches Ambiente, in dem man sich mit mehr oder weniger Erfolg bemühte, französisch zu sein, diese etwas krampfhaft weihevolle Atmosphäre herzustellen, in der Eier nur mit von Jungfrauen frisch geschöpftem Brunnenwasser gekocht werden dürfen; die Kellner gingen hoheitsvoll zu Werk, gaben ihren Worten eine gedämpfte, leicht nasale Aussprache und verdarben einem die aufgeräumte Stimmung, Essen und Trinken zu genießen. In die Ristoranti gehen die Italiener jedoch, um Spaß an der Mahlzeit mit Freunden zu haben, nicht, um Prüfungen für Küche und Bedienung abzunehmen.

Nehmen wir nur jenes Ristorante, das der Michelin seit drei Jahren in Italien allein mit drei Sternen auszeichnet, *Gualtiero Marchesi.* Es mag schon gut sein, was da an Wachtelpasteten und Lammnüßchen gereicht wird. Aber wie kann man nur diesen Hohen Tempel der italienischen Gastronomie mit offenbar vorzüglicher Küche in einer Mailänder Vorstadtstraße mit eng geparkten Autos und häßlichen Häusern belassen! Wer je in einem Florentiner Stadtpalast, etwa in der *Enoteca Pinchiorri* (zwei Sterne), in einer toskanischen Villa, in einem piemontesischen Jagdhaus (*Gener Neuv* in Asti), in einem ehemaligen Kloster wie *San Domenico* in Imola, in einem Gutshof oder in einem der merkwürdig kegeligen Trulli in Apulien, wer irgendwo mit weitem Blick in die Landschaft oder gar im Anblick eines

Domes gespeist hat, kann bei den Gaumenfreuden nicht mehr die Kultur aussperren. Und in Mailand wird er zudem noch in einen Keller geführt. Da hilft kein holländischer Maître mit europäischen Sprachkenntnissen, kein japanischer Kellner für die Geschäftsleute aus Fernost.

Dabei hat der Chef, Gualtiero Marchesi, seine Verdienste um die Verfeinerung der Restaurantküche in den letzten Jahren in Italien. Dies anerkennt auch der am weitesten verbreitete italienische »Führer durch 2600 Ristoranti, Trattorie und Osterie, gute und schlechte, berühmte und weniger bekannte in jedem Winkel Italiens« des Wochenmagazins *Espresso.* 19 Punkte, bei einer Höchstzahl von 20 möglichen, gesteht er dem Mailänder Unternehmen – das seinen Namen inzwischen zu weiteren Zwecken kommerzialisiert hat – zu. Doch im Espresso-Führer muß dieser Spitzenplatz mit der *Antica Osteria del Ponte* in Cassinetta di Lugagnano bei Mailand, mit der erwähnten *Enoteca Pinchiorri* in Florenz und *San Domenico* in Imola (jeweils zwei Sterne) und *Vissani* in Umbrien zwischen Orvieto und Todi geteilt werden. Bei letzterem hebt der Espresso eingangs hervor, daß man sich in der kleinen gastlichen Stätte die Tafelmusik aussuchen kann; Vivaldi verbessert zwar nicht das Essen, wünscht jedoch Guten Appetit.

Aber ob Sterne und Bestecke, Punkte und Kochmützen – jene italienischen Ristoranti, die hoch hinaus wollen, haben es schwer. In Mailand und in anderen reichen norditalienischen Städten mag eine wohlhabende Klientel für eine gepflegte Küche vorhanden sein. Aber je weiter man in Italien nach Süden kommt, desto geringer wird die Auswahl an prämierten Trattorien, desto weniger wird der von den Führern geleitete Feinschmecker fündig. Was dem geradezu klassisch bürgerlichen Ristorante *Savini* in der Galleria Vittorio Emanuele zu Mailand noch gelingt, stets eine große Auswahl hochwertiger Gerichte der *Alta Cucina* zu entsprechenden Preisen parat zu haben, ist in Mittel- und Süditalien nur noch mit Einschränkungen möglich. Die Landkarten von Michelin und Espresso sind im Norden Italiens mit Sternchen oder Punkten noch dicht besetzt, in der Mitte schon etwas dünner und im Süden ganz spärlich, und gerade deshalb ein getreues Spiegelbild dafür, wie der wirtschaftliche Wohlstand in diesem Land verteilt ist.

Aber ißt man deshalb schlecht südlich von Bologna, Florenz oder Rom? Weit gefehlt. Zum einen vermeiden viele Köche die Schwierigkeit, eine umfangreiche Auswahl exzellenter Speisen präsentieren zu müssen. Sie schlagen immer häufiger dem Gast ein *Menu Degustazione,* ein Menü zum Probieren vor. Das ist im Preis meist fair kalkuliert und kann es an Raffinesse mit der Haute Cuisine aufnehmen. Diese Köche beweisen, daß es keine Geheimwissenschaft sein muß, sehr gut zu kochen, wenn man sich beschränken darf und sich nicht mit zu vielen Gerichten verhaspeln muß. Oder sie konzentrieren sich auf die lokale und regionale Küche und bringen deren Leckereien auf den Tisch. Für weise Beschränkung ist der Gast dankbar und bequemt gern seinen Appetit den Einfällen der Wirtin oder des Kochs an. Warum sollte man sie auch zu fremden Experimenten zwingen, wenn das Heimische köstlich genug ist.

Zum anderen, und das ist wohl das noch größere Geheimnis der *Cucina Italiana:* die Kochkunst ›privatisiert‹ sich. Niemals und nirgends haben wir so gut gegessen, wie wenn ein Freund zuvor, gut bekannt mit dem *Padrone,* dem Herrn des Ristorante, Speisen- und Weinfolge abgesprochen, ein gutes aufmunterndes Wort für das Personal in der Küche gefunden, natürlich auch mit Geld nicht gespart, es jedoch auch nicht in den Herd geworfen hatte. Der Freund wollte sich nicht lumpen lassen, der Wirt wünschte, den besten Eindruck hervorzurufen, der Koch mochte keine *brutta figura,* keinen schlechten Eindruck machen und die Kellner waren gewissenhaft. Doch dafür muß man nicht auf einen italienischen Freund warten. Man kann selbst in einer toskanischen Fattoria, in einer Osteria bei Sorrent oder am Meer in Sizilien im Lauf des Tages vorbeischauen und vor allem prüfen, ob auch Leute aus dem Ort die Gaststätte frequentieren. Leere Luxusstätten sollte man in Italien meiden wie der Teufel das Weihwasser. Gefüllte ›Baracken‹ hingegen können als vertrauenswürdig gelten. Dann vertraut man dem Wirt an, man wolle wieder einmal, an diesem oder am morgigen Abend, wirklich gut essen – alte Freunde hätten gerade sein Lokal empfohlen –, man möchte dabei kein Vermögen ausgeben, doch etwas mehr als zum bloßen Sattwerden, ob er da nicht für eine kleine Gesellschaft etwas Besonderes ... Und man wird den Lieben Gott in Frankreich nicht mehr beneiden.

Auf der erfreulichen Suche nach einem guten Wein

Eigentlich ist es unverständlich. Je mehr Wein in Italien geerntet wird, je pfleglicher die italienischen Winzer auch vorgehen und immer bessere Kredenzen anbieten, desto schlechter wird jenes Getränk, das in fast allen italienischen Ristoranti oder Trattorien als *Vino sciolto,* als »offener« Wein serviert wird. Das waren noch Zeiten, als die Wirte ihre Ehre darein legten, einen ordentlichen Wein »vom Faß« parat zu halten und ohne viel Reden einen *Bianco* oder *Rosso* im schmucken Krug oder in der exakten Maßflasche vor einen hinstellten. Den bekam man einst überall in Italien in ordentlicher Qualität. Denn wo wächst zwischen den Alpen und Sizilien nicht ein guter Wein? Heutzutage jedoch *mezzo litro* oder *un litro* zu bestellen, ist Glückssache, die freilich nicht immer schlecht ausgehen muß, aber leider immer häufiger einem die Zähne zusammenzieht. Den offenen Wein stets frisch und gut zu halten, erfordert sorgsame Pflege, eine Mühe, der sich die meisten Gastwirte nicht mehr unterziehen wollen. Da hilft nur eins: Das Gesicht beim ersten Schluck so in Falten legen, als ob man vergiftet würde, leicht angewidert die essigsaure oder wäßrige Flüssigkeit zurückweisen und unmißverständlich die geringe Qualität des Hausweines als schwere Hypothek anprangern; das hätte man hier nicht erwartet.

Was man dann tut, hätte man auch gleich von Anfang an betreiben können: nämlich freundlich fragen, welche gute Flasche der Wirt oder Ober denn empfehlen könne. Da beginnt eine ganz andere Logik. Für den ›Offenen‹ galt jener Grundsatz, der wie ein Fluch auf dem italienischen Wein zu liegen scheint: Der Vino müsse sich vor allem durch geringen Preis auszeichnen. Daran sind freilich die Italiener nicht schuldlos. Lange Zeit haben sie sich ihres Weines minderer Qualität dadurch entledigt, daß sie ihn in schöne dickbauchige Korbflaschen füllten und ihn als süffigen *Chianti* verkauften. Der mußte dann billiger als dieselbe Menge Coca Cola sein, und Ströme von gepanschtem Wein flossen in nordische Kehlen und sogar über die Alpen. Daß dieses Getränk dennoch seinen Ursprung aus Trauben nahm, lag nur daran, daß gutes Wasser meist teurer war. An manchen Marken klebt noch heute die Erbsünde des billigen Preises. Bei einigen läßt sich das Vorurteil nicht mehr austreiben, italienischer Schaumwein, der *Spumante* etwa, müsse süß und klebrig sein. Aber solche Billigstweine findet man in den Trattorien Italiens kaum – dasselbe gilt freilich nicht für italienische

Ristoranti im Ausland. Aber der Flaschenwein ist fast ausnahmslos gut und zudem selbst im Ristorante gewöhnlich wohlfeil zu haben. Die italienischen Wirte sind zurückhaltend beim ›Draufschlagen‹ und belohnen so den besseren Geschmack.

Dabei charakterisiert den normalen italienischen Wein vor allem, daß er *secco,* trocken ist und es in Gottes schönstem Land nichts Besseres zu einem normalen guten Essen gibt als einen guten normalen italienischen Wein – ausgenommen ... Nun, gegen die Vorurteile der Bier-, Wasser- und Sonstiges-Trinker kämpfen selbst Götter vergebens. Jede Region in Italien, ob im Norden oder im Süden, kann ihren gewöhnlichen Tischwein für dieses Lob beisteuern. Mit diesem *Vino da Tavola* der jeweiligen Region die Expedition in das italienische Wein-Reich zu beginnen, ist man immer gut beraten, schon um zu wissen, welche Sorten in Südtirol oder Trient, im Veneto oder in Friaul, bis hinunter zum ›Stiefel‹ und auf Sizilien gedeihen. Denn jedes italienische ›Land‹ kann auf eine alte Weinkultur verweisen, nachdem Griechen und Etrusker im 1. Jahrtausend vor Christus die Weinrebe nach Süd- und Mittelitalien, die Römer später nach Norden, Gallien, Britannien und Germanien, gebracht haben. Schon damals übrigens gab es in Europa eine Überproduktion. Es wird berichtet, Kaiser Domitian (81–96 n. Chr.) habe den Anbau in den außeritalienischen Provinzen zurückzudrängen versucht; allerdings ohne Erfolg, zum Glück für die Germanen.

Daß Wein in Italien immer mit Kultur verbunden ist, hängt wohl mit zwei seiner vornehmlichsten Wirkungen zusammen, der erzieherischen und der berauschenden. Ein Weinberg will jeden Tag seinen Winzer sehen, ein Rebacker macht das ganze Jahr zu schaffen. Jäten, hacken, beschneiden, auslichten – immer muß man sich um die Rebe kümmern, und wenn man die Trauben gelesen hat, fängt es eigentlich erst richtig an; vom Keltern bis zum Verkaufen des Weines, ganz zu schweigen davon, daß man ständig an die Vermehrung und Erneuerung des Anbaubestandes und die Verbessserung der Qualität denken muß. Der Wein macht alle, die sich um seine Erzeugung kümmern, fleißig und wachsam – es kann alles so schnell danebengehen, zuviel Sonne, zuviel Regen oder Hagel, ein schlechtes Faß, ein saumseliger Kellermeister, und alles war umsonst. Wer hätte je einen faulen italienischen Winzer gesehen.

Und die berauschende? Da haben die Italiener der Antike lange geschwankt, nicht vor Trunkenheit, sondern vor der Frage, welchen religiösen Kulten sie den Vorzug geben sollten, den orgiastischen Festen des Dionysus und des Bacchus mit den orientalischen Sektenlehren von der rauschhaften Erhebung des Menschen durch den Wein oder den nüchterneren Imperativen der jüdisch-christlichen Tradition. Die alten Römer hat es wohl nachdenklich gestimmt, daß der Wein nicht Getränk der olympischen Götter gewesen sei und in ihren eigenen alten Kulten die Milch eine viel größere Rolle spielte. Deshalb haben sie etwa in den starken Falerner (aus Kampanien) Wasser und Gewürze gegeben, um zwar die lebenslust- und gesundheitsfördernde Wirkung des Weines zu spüren, nicht jedoch blöden Rausch und Kopfschmerz.

Auf die Durstigen früherer Jahrhunderte verfehlten wohl auch andere Gründe nicht ihre Wirkung, speziell, nachdem sie Christen geworden waren. Denn es ist überraschend, wie häufig in italienischen Kirchen auf eindrucksvollen Bildern die »Trunkenheit des Noah« dargestellt ist. »Noah aber, der Ackermann, pflanzte als erster einen Weinberg, und da er von dem Wein trank, ward er trunken und lag im Zelt aufgedeckt. Und Ham sah seines Vaters Blöße« (Genesis). Da wußte man, was einem im sinnevergessenen Zustand alles geschehen könne. Nicht zu erwähnen die noch schlimmere Episode der Bibel von Lot und seinen Töchtern (»Komm, wir wollen unserem Vater

Wein zu trinken geben und uns zu ihm legen, damit wir von unserem Vater Nachkommenschaft ins Leben rufen.«) Belehrt von so heiligen biblischen Geschichten mit ›verfluchtem‹ Ausgang, darüber hinaus gewarnt vom Klima und der die Folgen erhöhten Alkoholkonsums verstärkenden Hitze, genießen die Italiener den Wein bis auf den heutigen Tag mit Maßen. In Sizilien würde man bei Trunkenheit mit den Sinnen auch seine Ehre verlieren. In Norditalien allerdings färbt das schlechte Beispiel der Nachbarn schon ab. Aber im Durchschnitt sieht man in Italien wenige Betrunkene, und die sind es meist nicht vom Wein geworden. Die Polizei hat es in Mittel- und Süditalien nicht nötig, Blutproben durchzuführen; Alkohol im Verkehr ist im Landesdurchschnitt kein relevantes Problem. Verwundert nahmen die Italiener zur Kenntnis, daß sie sich im Zuge der Europäisierung auch darum kümmern müßten.

Wenn man sich zudem an die italienische Regel hält, Wein nur zum Essen zu trinken, und der Verführung zu einem in seiner Zusammensetzung undurchschaubaren Aperitiv nicht erliegt, kann man sich fast unbesorgt der Wahl eines besonderen Weines widmen. Das wird einem manchmal durch eine Weinkarte erleichtert, zuweilen von schnellen Worten eines unkundigen Kellners erschwert. Häufig aber stellen die Wirte ihre guten Flaschen zur Schau. Das sieht recht hübsch aus, scheint jedoch nicht die beste Art der Lagerung für hervorragende Weine zu sein. Schon darin zeigt sich eine gewisse Nachlässigkeit im Umgang mit edlen Gewächsen. Aber die Italiener sind überzeugt, daß ihr Wein gar nicht so ›edel‹ sein muß, um vorzüglich zu munden. Wo man in nördlichen Gefilden nur mit aufwendigen Prozeduren zu annehmbaren Resultaten kommt, so meinen sie, da erziele man in Piemont oder in der Toskana, in Apulien und Sizilien mit lockerer Hand höchst schmackhafte Ergebnisse. Weil es relativ leicht ist, einen guten sauberen Wein der Mittelklasse zu erhalten, spart man sich oft die Mühe, erlesene Tropfen zu erzwingen. Das hat für den Weinliebhaber den Vorteil, passable Qualität zu schicklichen Preisen zu ergeben. Einem drohenden Protest deutscher und französischer Winzerverbände zum Trotz sei es behauptet: In Italien ist guter Wein noch am preiswertesten. Nicht jede Kreszenz etwas über dem Durchschnitt muß schon mit einem Vermögen bezahlt werden, es sei denn, tüchtigen Händlern außerhalb Italiens gelingt es, italienische Weine an die Prestigepreise anderer Länder heranzuführen.

Wer über die gewöhnlichen *Vini da Tavola,* die ordentlichen Land- oder Tischweine hinausgehen will, findet auf dem Etikett neben der Zahl des Erntejahres – das in Italien eine geringere Rolle spielt als in Deutschland etwa –, neben der Mengenangabe – fast ausschließlich 0,75 l – und dem Alkoholgehalt – der weit höher ist als in Deutschland, meist zwischen 11 und 13% – verschiedene Abkürzungen: DOC (*Denominazione di Origine Controllata,* »kontrollierte Ursprungsangabe«; damit wird das Herkunftsgebiet angegeben) und DOCG (*Denominazione di Origine Controllata e Garantita,* »kontrollierte und garantierte Ursprungsangabe«; das ist die höchste Qualitätsstufe für ausgesuchte Weine verläßlicher Erzeuger, die ständig überprüft werden). Beide Kürzel fallen unter VQPRD, unter die *Vini di Qualità Prodotti in Regioni Determinati* (Qualitätsweine, produziert in bestimmten Zonen). Oft findet man um den Flaschenhals eine bunte Schutzmarke mit hübschen Symbolen, einem Falken etwa (Montefalco in Umbrien), einer Amphore (Isonzo in Friaul Julisch-Venetien), einem Engel oder einem Hahn (Chianti in der Toskana). Das sieht vertrauenerweckend aus und verdient Zuspruch, weil dahinter ein *Consorzio Tutela,* ein Konsortium zum Schutz der eigenen Anbauzone steht. Einen Hinweis auf die Rebsorte findet man seltener; es dominiert das Herkunftsgebiet.

Aber wie kennt man sich in den unzähligen Ursprungszonen und Schutzkonsortien aus? Man lernt es wohl nur langsam, aber das ist ja das Schöne daran, und nur durch eigene Erfahrung, die in Worte zu fassen stets einen ernüchternden Geschmack hinterläßt. Man kann natürlich ganz blind verfahren, dem bekannten guten Ruf der Rotweine aus dem Piemont oder der Toskana folgen und da zu *Barolo* oder *Barbera,* zu *Chianti Classico* oder *Brunello di Montalcino* greifen. Da wird man selten enttäuscht. Doch es fehlt eben dann auch jene erfreuliche Überraschung, wenn etwas über die normale Erwartung hinaus besonders köstlich ist. Am besten ist, wo immer man in Italien ißt, sich einen kundigen Weinfreund zu packen und ihn zu verpflichten, einem die besten Gewächse seiner Region vorzustellen. Wir gedenken noch nach Jahren eines Turiner Augenarztes, der uns die Bekanntschaft einer ganzen, zum Schluß nicht mehr genau gezählten Reihe von piemontesischen Rotweinen vermittelte, ohne reuiges Kopfweh am nächsten Morgen.

Leider ist solch ein Freund nicht immer zur Hand. Da greift man auf den Rat des Wirtes oder des Kellners zurück, wohl bedenkend, daß dieser meist begrenzt ist. Wenn man sich in der Vielzahl der besonderen italienischen Weine nicht gänzlich verirren will, trennt man am besten scharf nach den 20 Regionen des Landes. Jedes dieser Länder kann sicher eine Zeitlang, für ein paar Tage der Reise, auch einen verwöhnten Gaumen befriedigen. Unter den vielen Büchern über italienische Weine geht das Handbuch des Touring Club Italiano, *Guida all'Italia dei vini,* vielleicht am ›trockensten‹ vor, doch dafür legt es Wert auf präzise, nicht geschwätzige und fast vollständige Information. Auch wird darin die Aufteilung nach Regionen streng und sinnvoll beachtet. Da findet man bestätigt, daß etwa eine so kleine Region wie Umbrien, die wohl unter Kennern nicht als Mekka gilt, ihre guten und bedeutenden Weine aufweisen kann, im oberen Tibertal bei Città di Castello und Gubbio, um Perugia herum mit dem *Montefalco Rosso,* dem *Sagrantino* oder *Sagrantino Passito,* dem *Torgiano Bianco* oder dem weißen *Orvietano.* Ohne einen solchen Leitfaden durch die 20 Weinregionen kommt man wohl kaum aus, es sei denn, man überläßt alles dem glücklichen Zufall oder der Orientierung durch den höheren Preis. Der Ertrag besteht in jener Weisheit, die der altrömische Dichter Horaz in drei Worten zusammenfaßte: *Nunc est bibendum,* Jetzt muß man trinken!

Die 20 Regionen

Die Hauptfragen eines Touristen in fremden Landen lauten gewöhnlich: Wo ist ...? Was sollte ich, was könnte ich sehen, wenn ich in diese Stadt, in jene Region reisen will? Was liegt ›nebenan‹, wenn ich mich in dieser Stadt, jener Provinz aufhalte? Was lohnt einen kleinen Spaziergang, einen Ausflug? Darauf will die folgende Aufstellung Antwort geben.

Die Aufstellung ist streng nach Regionen und Provinzen gegliedert, wie es den Verwaltungsbezirken Italiens entspricht. Die 20 Regionen (›Länder‹) Italiens wurden, zuletzt 1970, nach den alten Kulturlandschaften und historischen Grenzen eingerichtet. Auch die 95 Provinzen, deren Namen sich nach den Hauptorten richten, folgen meist gewachsenen Traditionen und geschichtlichen Entwicklungen (etwa Siena, Pisa, Lucca). Die Provinzen sind unterwegs leicht an den Kennzeichen der Kraftfahrzeuge abzulesen. Diese geben abgekürzt in zwei Buchstaben die Provinzen nach der Hauptstadt an (etwa: Region Lombardei, Provinz Bergamo, BG). Die Namen der Sehenswürdigkeiten sind, wie auch auf den Hinweisschildern am Ort, auf Italienisch angegeben. Hier eine Erklärung der gängigsten Begriffe:

Abbazia – Abtei
Accademia – Akademie, Ausstellungshalle
Ambiente Culturale – bedeutender kultureller Gesamteindruck
Ambiente Naturale – reizvoller Landschaftseindruck
Anfiteatro – Amphitheater
Arco – Triumphbogen
Battistero (Batt) – Baptisterium, Taufkapelle
Campanile – Glockenturm
Cappella (Capp) – Kapelle
Cascata – Wasserfall
Cattedrale – Kathedrale
Chiesa – Kirche
Chiostro – Kreuzgang
Duomo – Dom
Galleria – Gemäldegalerie
Giardino (Pubblico) – (öffentlicher) Garten, Park
Lungolago, Lungomare, Lung(o) + Flußname – Straße entlang einem See, dem Meer oder einem Fluß (etwa Lungarno in Florenz, Lungotevere in Rom)
Monastero – Kloster
Museo – Museum
Mura (Medioevali) – (mittelalterliche) Mauern
Ospedale – Krankenhaus, Spital
Ossario – Stätte für Gebeine und Totenschädel
Palazzo (Pal.) – Palast
Parco – (öffentlicher) Park
Pieve – Hauptkirche
Teatro (Romano) – (Römisches) Theater
Torri (Medioevali) – (mittelalterliche) Türme

Trentino–Alto Adige
Bolzano
Trento
Friuli–Venezia Giulia
Udine
Belluno
Pordenone
Gorizia
Trieste
Sondrio
Lombardia
Varese
Como
Bergamo
Brescia
Val d'Aosta
Aosta
Novara
Milano
Veneto
Treviso
Vicenza
Verona
Padova
Venezia
Vercelli
Torino
Piemonte
Asti
Alessandria
Pavia
Cremona
Piacenza
Mantova
Rovigo
Ferrara
Parma
Modena
Reggio
Emilia-
Romagna
Bologna
Ravenna
Cuneo
Genova
Savona
Liguria
Imperia
La Spezia
Massa
Pistoia
Lucca
Firenze
Pisa
Forlì
Pesaro
Ancona
Livorno
Arezzo
Siena
Perugia
Macerata
Marche
Toscana
Umbria
Ascoli Piceno
Grosseto
Terni
Teramo
Pescara
Viterbo
Rieti
L'Aquila
Chieti
Lazio
Abruzzi
Roma
Molise
Frosinone
Isernia
Campo
Latina
Benevento
Caserta
Napoli
Avellin
Saler
Campa
Sardegna
Sassari
Nuoro
Oristano
Cagliari
Palermo
Trapani
Sicilia
Enna
Catan
Caltanissetta
Agrigento
Sira
Ragusa

Piemont/Piemonte

Turin / Torino (TO)

Torino (Turin) Industrie- und Kulturstadt; Piazza Castello (altes Zentrum); Via Roma (Hauptstraße); Piazza S. Carlo (Stadtmitte); Lungo Po (Uferstraße); Parco del Valentino (Schloßpark); Monte dei Cappuccini (45 m über dem Fluß, mit Kapuzinerkloster); Salone dell'Automobile (Automobilausstellung im Herbst); – Pal. Madama (aus dem Mittelalter, mit Barockfassade); Pal. Reale (ehemaliges Königliches Schloß); Duomo S. Giovanni Battista mit der Cappella della Santa Sindone, des »Leichentuchs« Christi; römisches Stadttor Porta Palatina; Consolata (barocke Wallfahrtskirche »Mariatrost«); Pal. dell'Accademia delle Scienze (ehemaliges Jesuitenkonvikt, Akademie der Wissenschaften); Pal. Carignano (ehemaliges italienisches Parlament); Castello del Valentino (Renaissanceschloß); Kirche Gran Madre di Dio (Rundbau); Mole Antonelliana (turmartiges Turiner Wahrzeichen, Besteigung möglich, Aussicht); S. Domenico; S. Filippo; Kirche Corpus Domini; Museen: Galleria Sabauda (wichtigste Gemäldesammlung Turins); Museo Egizio (Ägyptische Sammlungen); Museo d'Antichità greco-romano (Antikensammlung); Museo Civico d'Arte Antica; Appartamenti di Pal. Reale (im Schloßinnern); Armeria Reale (Waffensammlung); Galleria dell' Accademia Albertina; Galleria d'Arte Moderna (bedeutende moderne Kunst); Museo Nazionale del Risorgimento (Erinnerungen an die von Piemont getragene italienische Einigungsbewegung); Museo dell'Automobile; Museo del Cinema; Umgebung: Basilica Superga (Barockkirche zu Ehren von Prinz Eugen, mit Gräbern des Königshauses Savoia) mit schöner Aussicht; Villa Reale di Stupinigi (Königliches Schloß, Barockanlage); Sacra di S. Michele (hoch über dem Tal liegende Benediktinerabtei)

Ivrea Duomo (Kirche der Assunta, vom 4. bis zum 18. Jh., mit klassizistischer Fassade); Castello (Burg der Savoia von 1358)

Sestrière »Ambiente Naturale«: Skigebiet

Susa Das altrömische *Segusium;* römischer Triumphbogen Arco di Augusto; Cattedrale (Kirche S. Giusto aus dem 11. Jh. mit gotischer Apsis)

◁ Italien: Regionen und Provinzen

Vercelli (VC)

Vercelli Das altrömische *Vercellae;* S. Andrea (von Zisterziensern 1219 begonnen); Duomo (18. Jh.); Museo Borgogna (Werke piemontesischer Künstler)

Biella Das altrömische *Bugella;* Battistero (10. Jh.); S. Sebastiano; Museo Civico; Sacello Eusebiano mit einer verehrten Madonnen-Statue; Umgebung: Santuario di Oropa (Piemonts berühmteste Marien-Wallfahrtskirche, 1180 m hoch in den Bergen, 12 km)

Novara (NO)

Novara Das altrömische *Novaria;* Cupola (Kuppel, 121 m hoch) di S. Gaudenzio der Basilica S. Gaudenzio (Wahrzeichen der Stadt; 16./17. Jh., Fresken); Duomo (16. Jh. mit älteren Teilen)

Stresa Stadt am Lago Maggiore von großer landschaftlicher Schönheit; Lungolago; Umgebung: Isole Borromee, Inseln des Lago Maggiore (Isola Bella; Isola dei Pescatori; Isola Madre); Monte Mottarone (Seilbahn)

Cuneo (CN)

Cuneo Mittelalterliche Gründung; Giro dei Baluardi (Rundweg)

Alba (Hauptort der weißen Trüffeln; das altrömische *Alba Pompeia*); Duomo (in romanisch-gotischem Stil); S. Giovanni Battista; Torri Medioevali

Mondovì Das mittelalterliche Mondovì Piazza; Cattedrale (18. Jh.); Barockkirche S. Pietro e Paolo; Belvedere; Umgebung: Santuario di Vicoforte (Wallfahrtskriche; 5 km)

Saluzzo Gründung im Mittelalter; Cattedrale (15. Jh. über mittelalterlichen Mauern, mit wertvollen Gemälden); Casa Cavassa (15. Jh.); gotische Kirche S. Giovanni; Salita Castello (Aufstieg zur Burg)

Asti (AT)

Asti Der römische Verkehrsknotenpunkt *Hasta;* Cattedrale Maria Assunta (14. Jh., Fassade, Cripta dei Vescovi, Bischofsgruft); S. Pietro in Consavia e Battistero; S. Secondo (14./15. Jh.); Pinacoteca Civica; Reste der mittelalterlichen Wehrtürme (Recinto dei Nobili)

Alessandria (AL)

Alessandria Industrie- und Kulturstadt; Pal. della Provincia und Pal. del Municipio (18. Jh.); Pinacoteca Civica

Casale Monferrato Umkämpfte Stadt im Mittelalter; Duomo (im 12. Jh. begonnen); S. Domencio; mehrere alte Palazzi

Aosta-Tal/Valle d'Aosta

Aosta (AO)

»Ambiente Naturale«: Monte-Rosa-Massiv, Gran-Paradiso-Nationalpark, Mont-Blanc-Massiv, Pässe des Großen und Kleinen Sankt Bernhard; dazu viele Burgen

Aosta Das altrömische *Augusta Praetoria;* Mura Romane (Römische Stadtmauern); Arco di Augusto (Triumphbogen des Kaisers Augustus); Porta Pretoria (östliches römisches Stadttor); Teatro Romano mit eindrucksvoller Fassade; Collegiata di S. Orso (im 10. Jh. begonnen, spätgotisch erneuert); Cattedrale (der Assunta, mit Renaissancefassade)

Breuil-Cervinia Feriengebiet in allen Jahreszeiten; Umgebung: Plan Rosa; Cresta del Furggen (Seilbahn)

Courmayeur »Ambiente Naturale«; Umgebung: Colle del Gigante-Aiguille du Midi-Chamonix (Überquerung des Monte Bianco, Mont Blanc; Seilbahn La Palud)

Saint Vincent Feriengebiet, Spielbank

Lombardei/Lombardia

Varese (VA)

Varese »Ambiente Naturale«: Im oberitalienischen Seengebiet; wichtige Industriestadt mit Geschichte und Kultur; Basilica di S. Vittore (16./17. Jh. mit klassizistischer Fassade); Battistero (romanischer Bau des 12. Jh. mit Fresken); Palazzo Estense (jetzt Rathaus); Giardino pubblico (gepflegter Park); Umgebung: Sacro Monte (Wallfahrtsheiligtum, 8 km); Campo dei Fiori (11 km)

Como (C)

Como Stadt an der Südseite des Comer Sees mit bedeutenden Industrien; Produktion und Verarbeitung von Seide; »Ambiente Culturale«: Das altrömische *Novum Comun;* Piazza del Duomo (belebte Plätze um den Dom); Hauptstraßen zwischen Dom und See; Lungolario; Duomo (Werk der Comacini-Meister, zwischen Gotik und Renaissance); Broletto; Basilica di S. Abbondio (eingeweiht 1015); Civico tempio voltiano (Denkmal am See); Umgebung: Brunate (Drahtseilbahn); Villa Olmo (von 1782, mit Park); Castello Baradello (erster Bau von Friedrich Barbarossa)

Bellagio Villen und Parks; Panoramalage zwischen den beiden Ausläufern des Comer Sees; Villa Serbelloni (18. Jh.); Villa Melzi (klassizistisch)

Campione d'Italia Am Ostufer des Luganer Sees; Spielcasino

Tremezzo Am Westufer des Comer Sees; Villa Carlotta (Cadenabbia)

Sondrio (SO)

Sondrio Hauptort des Veltliner Tals, berühmt für seine landwirtschaftlichen Produkte; Palazzo Pretorio (Rathaus); Palazzo Quadrio (Museen)

Chiavenna »I Crotti«, Naturgrotten; S. Lorenzo e Battistero; Pal. Balbiani (15. Jh.)

Mailand/Milano (MI)

Milano (Mailand) Das alte *Mediolanum,* größte Stadt Norditaliens und Hauptort der Lombardei, Italiens wirtschaftliche Hauptstadt als Zentrum von Industrien und Dienstleistungen; berühmt für Mode und Design, reich an Banken und Kommunikationsunternehmen; »Ambiente Culturale«: Piazza del Duomo e Galleria (Zentrum der Stadt); Piazza della Scala (zwischen Oper und Rathaus); Via Monte Napoleone (elegante Geschäftsstraße); Corso Venezia (Einkaufsstraße); Piazza Castello (vor dem Stadtschloß); Giardini Pubblici (Park im Nordosten); Fiera Campionaria (Messehallen); – Duomo (»Mariae nascenti«, der Geburt Mariens geweiht; mit 148 m Länge und 108 m Höhe eine der größten und prächtigsten Kirchen der Welt, Hauptwerk der Gotik, 1386 begonnen; charakteristisch die 135 Fialentürmchen auf dem Dach; wertvolle Ausstattung im Innern mit 52 Pfeilern; erst im letzten Jahrhundert vollendet; bedarf der ständigen Erhaltung); Scala (weltberühmtes Opernhaus); Pal. Marino (heute Rathaus, gegenüber der Scala, 17.–19. Jh.); Castello Sforzesco (Stadtschloß der Visconti und Sforza); Kloster Monastero Maggiore; romanische Kirche S. Ambrogio (des Mailänder Bischofs Ambrosius des 4. Jh.); S. Maria delle Grazie (gotischer Backsteinbau aus dem 15. Jh., im Refektorium des angrenzenden Dominikanerklosters das »Letzte Abendmahl« von Leonardo da Vinci); Kirche S. Satiro (Bramante-Bau); S. Lorenzo (Zentralbau mit Renaissancekuppel); S. Eustorgio (gotische Kirche mit mittelalterlichem Glockenturm und Cappella Portinari, einem Renaissancewerk von Michelozzo); Ospedale Maggiore (erstes Krankenhaus der Stadt, 15. Jh.); S. Celso; S. Pietro in Gessate; S. Maria della Passione; Villa Comunale; Museen: Pinacoteca di Brera (eine der bedeutendsten Gemäldesammlungen Italiens mit Werken u. a. von Mantegna, Crivelli, Bellini, Gentile, Veronese, Tintoretto, Piero della Francesca, Raffael – »Vermählung Mariens« –, Rembrandt, van Dyck, El Greco); Musei Artistici del Castello (Museen im Schloß, darin auch Werke von Michelangelo); Cenacolo Vinciano (bei S. Maria delle Grazie); Pinacoteca e Biblioteca Ambrosiana (Erzbischöfliche Gemäldesammlung und Bibliothek mit 20000 seltenen Handschriften); Museo Poldi Pezzoli (bedeutendes Privatmuseum mit wertvollen Gemälden vor allem italienischer, aber auch deutscher Meister); Galleria d'Arte Moderna; Museo del Duomo (religiöse Kunst im Dommuseum, Schatz); Museo della Scienza e della Tecnica (Wissenschaft und Technik); Museo Archeologico; Museo Teatrale; Umgebung: Certosa di Pavia (26 km; siehe Pavia)

Lodi 1158 von Kaiser Friedrich Barbarossa in Konkurrenz zu Mailand gegründet; Incoronata (15. Jh., Bramante-Stil); Duomo (12. Jh., reiche Innenausstattung); Broletto (Palast neben dem Dom mit Loggia und Portikus); S. Francesco (13. Jh.); Museo Civico

Monza Das altrömische *Modicia;* wichtiges Zentrum der Langobarden; Duomo (auf die bayerische Prinzessin Theodolinde zurückgehend, Bauten verschiedener Jahrhunderte; im Tesoro, Domschatz, die »Eiserne Krone« aus Gold und Edelsteinen der Langobarden); Arengario (mittelalterlicher Palast am Hauptplatz, mit Museo Archeologico); Villa Reale (Sommerschloß der italienischen Könige mit öffentlichem Park)

Bergamo (BG)

Bergamo: »Ambiente Culturale«: Die Città Alta, Oberstadt, ist eine der schönsten der Lombardei in der urbanistischen Anlage und reich an einzelnen Kunstwerken; Piazza Vecchia (mit Domplatz das Zentrum der Altstadt); S. Maria Maggiore (im 12. Jh. als romanischer Bau begonnen, unvollendet, Löwenportale, Wechsel von weißem und rotem Marmor); Cappella Colleoni (Grabkapelle der lombardischen Frührenaissance zwischen 1470 und 1476); Battistero (von 1340, Hauptwerk der Marmorkunst); Duomo S. Alessandro (15./16. Jh., reiche Innenausstattung); Pal. della Ragione oder Broletto (mit offener Säulenhalle und Turm); S. Michele in Bianco; S. Agostino; Accademia Carrara (mit wertvoller Gemäldegalerie); Kirche S. Vigilio (etwas außerhalb, Drahtseilbahn, Aussicht); Umgebung: Sotto il Monte Giovanni XXIII, Geburtsort Papst Johannes' XXIII. (1958–1963), mit Gedächtnisstätten

Brescia (BS)

Brescia Wegen der günstigen geographischen Lage wichtiges Zentrum für Industrie, Handel und Handwerk; das altrömische *Augusta Brixia;* wechselvolle Geschichte vom Mittelalter bis zur Neuzeit; Piazza della Vittoria, Piazza della Loggia und Piazza del Duomo bilden, dicht nebeneinander liegend, das Zentrum der Altstadt (mustergültige urbanistische und künstlerische Gestaltung); Parco del Castello (Park am Schloß); – Loggia (Rathaus; 1492 bis 1508 im Stil der Frührenaissance begonnen, 1526 bis 1575 vollendet); Rotonda (alter Dom, Kuppelbau des 11./12. Jh.); Broletto (altes Rathaus des 12./13. Jh.); Tempio Capitolino (Tempel der römischen Antike mit Säulenvorhalle); S. Salvatore; S. Francesco (Gemälde im Innern); S. Giovanni Evangelista; S. Maria dei Miracoli (mit Vorhalle der Frührenaissance); Ss. Nazaro e Celso; Castello (Burg der Visconti); Museen: Pinacoteca Tosio-Martinengo (Werke lombardischer Meister); Museo dell'Età Cristiana; Museo Archeologico;

Sirmione »Ambiente Naturale«: Bevorzugte Lage auf einer Landzunge des südlichen Gardasees; Rocca Scaligera (Wasserfestung der Scaliger); Grotta di Catullo (Wohnhaus des lateinischen Dichters Catull)

Pavia (PV)

Pavia Am Fluß Ticino gelegen, von den Römern *Ticinum,* später *Papia* genannt; seit dem 6. Jh. Hauptstadt des Langobardenreiches; Piazza della Vittoria (am alten Rathaus); Piazza del Duomo (lebhafter Platz um den Dom); Piazza Castello (vor der alten Stadtfestung); Lungoticino (Uferpromenade); – Duomo (Zentralbau, in der Frührenaissance begonnen, über den Resten mittelalterlicher Vorgängerbauten); Krönungskirche S. Michele in lombardisch-romanischem Stil (12. Jh., mit schöner Fassade); S. Teodoro (romanische Kirche des 12. Jh.); Ponte Coperto (überdachte Brücke); S. Maria del Carmine (in gotischem Stil des 14. Jh.); S. Maria di Canepanova; Klosterkirche S. Pietro in Ciel d'Oro (langobardische Kirche des 12. Jh.); Castello Visconteo (Burg der Visconti); Università (eine der ältesten Universitäten und Rechtsschulen Europas); Museo Civico; Pinacoteca (im Pal. Malaspina); Umgebung: Certosa di Pavia (km 10), ruhmreiches Kartäuserkloster des 15. Jh. im Stil zwischen Gotik und Renaissance mit Kirche, Kreuzgängen (Chiostri) und den Zellen der einzelnen Mönche für das beschauliche Gebet (reiche Innenausstattung von hohem künstlerischem Wert)

Vigevano Wechselvolle Geschichte in Mittelalter und Renaissance, berühmt vor allem wegen der Piazza Ducale, einem architektonisch meisterhaft gestaltetem Platz, vielleicht von Leonardo da Vinci, Ende des 15. Jh.; Castello Sforzesco (14. bis 16. Jh.; Duomo, Barockkirche)

Cremona (CR)

Cremona Altrömische Gründung; wechselvolle Geschichte im Mittelalter; mit alter Geigenbauer-Tradition; Piazza del Comune (belebter Mittelpunkt der Stadt); Palazzo del Comune (gotisches Rathaus des 13. Jh. mit späteren Veränderungen; Geigen von Stradivari und Amati); Loggia dei Militi (eines der schönsten gotischen Gebäude der Lombardei, 1292 begonnen); Torrazzo (111 m hoher Glockenturm); Portico della Bertazzola (Säulenhalle); Duomo in romanischem und gotischem Stil (auf der Fassade reicher Skulpturenschmuck); Battistero (achteckige Taufkirche des 12. Jh.); Pal. Fodri; Museen: Museo Civico (Werke der Cremoneser Maler des 16. Jh.); Museo Stradivari (Geigenbau)

Crema Geschichtsreiche Industrie- und Landwirtschaftsstadt; Duomo (gotischer Bau des 13. Jh.); Pal. Comunale (16. Jh.); S. Maria della Croce (1 km)

Soncino Strategische Lage am Oglioﬂuß; deshalb wechselvolle Geschichte zwischen verschiedenen Herren; bekannt für Druckerzeugnisse, darunter eine hebräische Bibel von 1488; Rocca (Festung); S. Maria delle Grazie (10 Min.)

Mantua / Mantova (MN)

Mantova (Mantua) Kunst- und geschichtsreiche Stadt mit Industrie, Handel und Landwirtschaft; Heimat des lateinischen Dichters Vergil, Residenzstadt der Gonzaga; »Ambiente Naturale«: Reizvolle Lage zwischen Gardasee und Po am Unterlauf des Mincio gelegen, an drei Seiten von Flußseen umgeben (Lago Superiore, Lago di Mezzo und Lago Inferiore); Piazza delle Erbe (Hauptplatz); Piazza Sordello (Platz vor dem Dom); Piazza Virgiliana (mit Denkmal Vergils); Kirche S. Andrea, Hauptwerk der Frührenaissance (L. B. Alberti) an der Piazza Mantegna; Kirche S. Lorenzo; Duomo (im 13. Jh. begonnen, reiches Innere); Pal. Ducale, prunkvolle Residenz der Gonzaga mit bedeutenden Kunstwerken (Stanza degli Sposi, Fresken von Mantegna); Castello di S. Giorgio (ältere Stadtburg); S. Francesco; S. Sebastiano; Pal. del Té (Lustschloß der Gonzaga, von 1525 bis 1535 von Giulio Romano erbaut); Musei del Pal. Ducale

Sabbioneta Nicht weit von der Mündung des Oglio-Flusses in den Po gelegen; nach den Plänen einer idealen Stadt in der Renaissance errichtet; mit dem Beinamen »Klein-Athen«; ganz von einem Mauergürtel umzogen; Pal. del Giardino (Privatresidenz der Gonzaga, nach 1584); Teatro Olimpico (1590 erbaut; Fresken); Pal. Ducale (Schloß der Gonzaga); Parrochiale (Pfarrkirche)

Suzzara Landwirtschaftszentrum am Ufer des Po, das durch seine große Zahl von Fahrrädern auffällt; ein Turm erinnert an das alte Kastell

Trentino-Südtirol/Trentino – Alto Adige

Bozen / Bolzano (BZ)

Autonome Provinz mit eigenen Befugnissen und Kompetenzen und einer eigenständigen Landesregierung in Bozen; drei Sprachgruppen: die deutschen Südtiroler, die etwa 60% der Bevölkerung bilden; die italienischen Altoatesini, die vor allem in den Städten Bozen, Meran, Brixen und Bruneck leben, und die Ladiner, vor allem im Grödnertal; altrömische Gründungen in Südtirol; Land deutscher Kultur und Traditionen, das 1918 aus dem Erbe der untergehenden Habsburger Monarchie zu Italien kommt; mit bekannten Feriengebieten: Vintschgau, Eisacktal, Pustertal, die Gebirgsmassive des Ortler, die Adamello-Presanella-Gruppe, das Etschgebirge und die Brentagruppe, die Sarntaler Alpen und die Bozner Porphyrplatte; vor allem bekannt die in steilen Formationen aufragenden Dolomiten.

Bozen (Bolzano) »Ambiente Naturale«: Günstige Verkehrslage am Zusammenfluß von Eisack, Talfer und Etsch; reiche Handelsstadt an der Brennerstraße, dem Hauptweg über die Alpen zwischen Italien und Mitteleuropa; Waltherplatz (benannt nach Walther von der Vogelweide; Hauptplatz zwischen Dom und Rathaus); – Dom (aus dem 14. Jh. mit mehrfachen Veränderungen, romanisches Portal, 65 m hoher Glokkenturm, dreischiffiges Innere mit wertvollen Holzschnitzereien und Gemälden); Kirche und Kloster der Dominikaner (14. Jh., Kreuzgang); »Lauben«, überdachte Bogengänge mit Geschäften (Laubengasse und Obstmarkt); Rathaus; Franziskanerkirche (13./14. Jh.); Kapuzinerkirche (mit Kloster, 16./17. Jh.); Schloß Maretsch; Schloß Runkelstein

Brixen (Bressanone) Seit 992/3 Bischofssitz; Fürstbischöfliche Hofburg (ein um 1600 aus einer mittelalterlichen Burg entstandener Spätrenaissancebau mit Hof und Hofgarten); Dom (im 13. Jh. zuerst errichtet, im 18. Jh. barock umgestaltet, mit prächtiger Fassade und zwei Glockentürmen, reiche Innenausstattung); romanisch-gotischer Kreuzgang (neben dem Dom) und Diözesanmuseum (im alten Kapitelhaus); Lauben; Pfarrkirche Sankt Michael; Umgebung: Kloster Neustift (3 km; mit Michaelskapelle, einem romanischen Zentralbau mit spätgotischen Befestigungswerken und Klosterkirche)

Bruneck (Brunico) Schöne Lage am Ausgang des Tauferer Tals in das Pustertal – oberhalb Skigebiet; Kronplatz; Pfarrkirche aus dem 16. Jh.; Burg

Glurns (Glorenza) »Ambiente Culturale«: Ortskern aus der 2. Hälfte des 12. Jh.; Pfarrkirche, Stadtmauern; Umgebung: Schluderns (Sluderno) mit Churburg der Grafen Trapp (13. und 16. Jh.); Kloster (11 km)

Meran (Merano) Wegen seines milden Klimas bedeutender Kurort; Thermalbad mit radioaktiven Quellen; inmitten von Obstgärten und Weinbergen, überragt von Burgen; an der Mündung der Passer in die Etsch; seit 1233 unter den Grafen von Tirol; Theaterplatz (Verkehrsmittelpunkt der Stadt); Kornplatz (Laubengasse mit Bogengängen); Kurpromenaden (an der Passer); Tappeinerweg (Höhenpromenade); Pfarrkirche Sankt Nikolaus (14./15. Jh.); Rathaus; Landesfürstliche Burg; Stadtmuseum

St. Ulrich (Ortisei) »Ambiente Naturale«: Weltberühmtes Skigebiet; Umgebung: Seiser Alm (Alpe di Siusi)

Sterzing (Vipiteno, nach dem altrömischen Namen *Vipitenum)* Spätgotisches Rathaus; Zwölferturm (Hauptturm der Stadt); Multscher-Museum; Pfarrkirche (etwas außerhalb der Stadt, Hallenbau vom Anfang des 16. Jh.)

Trient / Trento (TN)

Wie Bozen autonome Provinz, doch einheitlich italienischer Bevölkerung mit kleinen

Gruppen von deutschsprachigen Tirolern und Ladinern; großartige Bergwelt; beliebtes Ferien- und Skigebiet mit gepflegten Urlaubsorten

Trento (Trient) Am linken Ufer der Etsch, am wichtigen Alpenübergang, der Brennerstraße, gelegen, von hohen Bergen umgeben; »Ambiente Culturale«: Das alte *Tridentum Splendidum Municipium,* Handels- und Verkehrszentrum, Sitz eines Bischofs, Fürstbischofs, heute Erzbischofs; Ort des Tridentiner Konzils von 1545 bis 1563; Piazza Duomo (Hauptplatz der Stadt mit Neptunbrunnen, alten Palästen und Uhrturm); – Duomo (Stätte des Konzils, lombardisch-romanische Pfeilerbasilika, S. Vigilio geweiht, mit Fresken und Bischofsgräbern); Pal. Municipale (Rathaus, 16. Jh.); Castello del Buonconsiglio (seit dem 13. Jh. vielfach verändert und erweitert, ehemalige Residenz der Fürstbischöfe); Museo Nazionale Trentino (im Castello); S. Francesco Saverio (Barockkirche)

Madonna di Campiglio Beliebter Ort für Sommer- und Winterurlaub; Umgebung: Brenta-Gruppe

Riva del Garda (Riva am Gardasee): An der Nordseite des Sees gelegen, von hohen Bergen umgeben, mit mildem Klima im Winter und erfrischendem im Sommer; Piazza 3 Novembre (Hauptplatz); Pal. Pretorio (2. Hälfte des 14. Jh.); Pal. del Municipio (Rathaus der Venezianer); Rocca (von 1124) e Museo Civico; Parrochiale (Pfarrkirche, der Madonna Assunta geweiht); Uferpromenade mit Park; Umgebung: Cascata del Varone (Wasserfall, 3 km); Lago di Ledro

Rovereto »Ambiente Naturale«: Bedeutung unter venezianischer und österreichischer Herrschaft; Castello (im 13. Jh. gegründet, von Venezianern und Österreichern erweitert) e Museo della Guerra (1. Weltkrieg); Pal. del Municipio (Rathaus, 15. Jh.); Museo Civico; Umgebung: Campana dei Caduti (4,3 km); Ossario di Castel Dante (3 km; Erinnerungen an die in diesem Gebiet heftigen Kämpfe des 1. Weltkriegs zwischen Italienern und Österreichern)

San Martino di Castrozza Ursprüngliche Klostergründung der Kamaldulenser im 11. Jh.; »Ambiente Naturale«: In einer Talmuschel gelegen, bevorzugte Sommerfrische und Ort für Wintersport

Venetien / Veneto

Verona (VR)

Verona An der Etsch gelegen, zwischen den Ausläufern der Alpen und der Oberitalienischen Tiefebene, verkehrsgünstige Lage am Ende der alten Brennerstraße und am Schnittpunkt der heutigen Brenner-Autobahn mit der Autobahn Mailand–Venedig, in der Nähe des Gardasees; größte Stadt der ehemaligen Republik Venedig, Venetiens, auf dem Festland, reich an Kirchen, Palästen und Kunstwerken; wechselvolle Geschichte, bedeutend schon unter den Römern, wichtig auch im Mittelalter; seit dem 13. Jh. unter dem Herrschergeschlecht der Della Scala, der Scaliger, dann der Mailänder Visconti, schließlich unter Venedig; – Piazza Bra (Hauptplatz am römischen Amphitheater, der Arena, und am Pal. Municipale, dem heutigen Rathaus); Piazza delle Erbe (Zentrum der Altstadt mit Capitello, Brunnen und Marmorsäule; nebenan der 83 m hohe Stadtturm, Torre del Comune, und Pal. della Ragione); Piazza dei Signori (mit Dante-Denkmal und den Arche Scaligere neben dem Pal. della Ragione); Piazzetta delle Arche; Corso di Porta Borsari (mit römischem Stadttor); Lungoadige (Uferpromenaden); Giardino Giusti; Tomba di Giulietta, Grab von (Romeo und) Julia; Fiera di Verona (Messehallen); – Arena (römisches Amphitheater, 152 m lang, 32 m hoch, für 22 000 Zuschauer, um 290 n. Chr. unter Kaiser Diokletian errichtet, Opernaufführungen im Juli und August); Pal. della Ragione (1193 begonnen, mehrfach verändert, Renaissance-Hauptfassade); Loggia del Consiglio (Frührenaissance, 1486–1493); Arche Scaligere (Gräber der Scaliger,

13./14. Jh.); Castelvecchio (alte Stadtburg der Scaliger, 14. Jh.); Ponte Scaligero (Etschbrücke, urspr. 14. Jh.); Basilica S. Zeno Maggiore (romanisches Hauptkunstwerk Veronas und Norditaliens, Fassade mit Bronzeportal, Campanile, kunstreiche Innenausstattung, darunter Mantegnas »Madonna mit Heiligen« am Hochaltar, Kreuzgang des ehemaligen Benediktinerklosters); S. Bernardino (Franziskanerkirche, 15. Jh.); Porta dei Borsari (altrömisches Stadttor); S. Anastasia (Backsteinbau zwischen 1290 und 1481 mit reicher Innenausstattung); S. Fermo Maggiore (romanische Unterkirche, gotische Oberkirche); Duomo (romanische Basilika, 12. Jh., mit gotischem Langhaus, 15. Jh., prächtiges Hauptportal); S. Giorgio in Braida (16. Jh., Kuppel, Altarbilder); S. Maria in Organo (langobardische Gründung, in der Renaissance erneuert); Ss. Nazaro e Celso; Teatro Romano (auf dem linken Etsch-Ufer, etwas über der Stadt, mit Archäologischem Museum); Pal. Pompei; Pal. Bevilacqua; Porta del Palio (16. Jh.); Madonna di Campagna (in S. Michele Extra); Museen: Museo di Castelvecchio (römische Skulpturen und Gemälde, in der Scaliger-Burg); Museo Archeologico (im Teatro Romano); Galleria d'Arte Moderna

Soave Weinort, der dem Weißwein zwischen Verona und Vicenza den Namen gab; schöne Palazzi; Castello (mächtige Burg)

Vicenza (VI)

Vicenza Inmitten der hügligen Ausläufer der Alpen am Rande der Po-Ebene gelegen, das altrömische *Vicetia,* wechselvolle Geschichte im Mittelalter im Wettstreit mit den benachbarten Städten; kunstgeschichtlich hervorragend durch den Baumeister Palladio; – Piazza dei Signori (Hauptplatz mit dem 82 m hohen ehemaligen Turm der Familie Bissari, der Torre dell'Orologio, Uhrenturm, und der Basilica Palladiana); Corso Andrea Palladio (Hauptstraße der Stadt, die am Rathaus und an gefälligen Palazzi vorbeiführt); Contrada Porti; – Basilica Palladiana (Hauptwerk Palladios, 1549–1614, zweigeschossige offene Bogenhalle, die den älteren Pal. della Ragione umschließt); Loggia del Capitanato (unvollendetes Werk des Palladio von 1571, Fresken); Duomo (gotischer Bau mit weiß-roter Marmorfassade); Pal. del Comune (1588–1622 erbaut); Pal. Da Schio (gotischer Bau, auch Ca d'Oro genannt); Pal. Chiericati; Teatro Olimpico (von Palladio 1580 begonnen, 1585 von Scamozzi beendet; eindrucksvoller Theaterbau der Spätrenaissance); S. Corona (13. Jh., Gemälde »Taufe Christi« von Bellini); S. Lorenzo (romanisch-gotischer Backsteinbau des 13./14. Jh.); S. Stefano (Barockkirche des 18. Jh.); Casa Pigafetta; Museo Civico (Gemälde der Venezianischen Schule); Umgebung: Basilica di Monte Berico (3 km, Zugang durch einen langen Bogengang, Zentralbau mit prächtiger Fassade, Gemälde von Montagna und Veronese); Villa Valmarana (Fresken von Tiepolo); La Rotonda (4 km; Meisterwerk des Palladio, 1567 begonnen, 1592 von Scamozzi beendet, Tempel-Villa mit vier gleichen Fassaden)

Bassano del Grappa Wohl aus römischer Zeit: *Fundus Baxianus;* mittelalterliche Altstadt mit engen Plätzen und Gassen; S. Francesco (Bau des 15. Jh. über älterer Kirche); Ponte Coperto; Museo Civico (Keramik, Gemälde in der Pinacoteca, Handschriften und Inkunabeln in der Biblioteca); Umgebung: Monte Grappa (31 km, Schauplatz heftiger Kämpfe im 1. Weltkrieg zwischen Italienern und dem österreichisch-ungarischen Heer

Belluno (BL)

Belluno Vorgeschichtliche und römische Besiedlung, *Bellunum;* Piazza del Mercato (Hauptplatz); Duomo (dreischiffige Renaissancekirche); Pal. dei Rettori (nach 1491 erbaut, Sitz der Prefettura); S. Stefano (Kunstwerke im Innern)

Cortina D'Ampezzo: »Ambiente Naturale«: Weltberühmter Ferienort in den Dolomiten, für Winter- wie Sommerurlaub, Ort der Olympischen Winterspiele von 1956
Feltre Wechselvolle Geschichte unter verschiedenen Herren; Piazza Maggiore (Hauptplatz der Stadt mit Brunnen und Venezianischer Löwen-Säule); Via Mezzaterra (Hauptstraße der Altstadt); Cattedrale (Bau des 16. Jh. über älterer Kirche); Museo Civico; Galleria Rizzarda

Treviso (TV)

Treviso Das altrömische *Tarvisium,* wechselvolle Geschichte im Mittelalter mit glanzvollen Zeiten; Piazza dei Signori, Hauptplatz mit dem Pal. dei Trecento, einem romanischen Bau von 1217; Duomo (16. Jh. über Vorgängerbauten) e Battistero; S. Nicolò (13. Jh., von Benedikt XI., einem Papst aus Treviso, gestiftet) e Seminario; S. Francesco (13. Jh.; Gräber von Dantes Sohn und Petrarcas Tochter); Museo Civico (Archäologische Sammlung und Gemälde); Umgebung: Bedeutende venezianische Landvillen
Asolo »Ambiente Naturale und Culturale«: gefälliges Landstädtchen
Castellfranco Veneto Umkämpftes Städtchen in der Ebene; Castello (Burg aus dem 13. Jh.); Duomo (Gemälde venezianischer Meister)
Conegliano Umkämpft von den Nachbarstädten, Zentrum für Landwirtschaft, Weißwein und Industrie; Duomo (14./15. Jh.); Casa di Via XX Settembre (Stadthäuser); Castello (vielfach veränderte Burg des Mittelalters)
Vittorio Veneto 1866 aus der Vereinigung der beiden Städte Ceneda, dem römischen *Castrum Cenetense,* und Serravalle entstanden; Loggia Cenedese; Castello di S. Martino (15. Jh., mehrfach erneuert); Chiesa dell'Ospedale; Via Martiri della Libertà (Gedenkstätte des 1. Weltkriegs); Loggia Serravallese (altes Rathaus der Gemeinde von Serravalle) e Museo del Cenedese; S. Giovanni Battista (Fresken des 15. Jh.); S. Giustina (14. Jh.); Duomo (S. Maria Nuova); Pieve di Bigonzo (Pfarrkirche); Umgebung: Altopiano del Cansiglio (25 km; einer der großen Forsten für den Schiffsbau der Republik Venedig)

Venedig / Venezia (VE)

Venezia (Venedig) Einzigartige Stadt, auf 118 kleinen Inseln einer 40 km langen und bis 15 km breiten Lagune erbaut, 4 km vom Festland entfernt, von 100 Kanälen durchzogen, durch 400 Brücken verbunden, mit insgesamt 15 000 auf Pfahlrosten errichteten Häusern; als Seefahrer und Händler im östlichen Mittelmeer gelangten die Venezianer zu Macht und Reichtum und bauten auf schwierigem Untergrund ihre Wassersiedlung zur glänzendsten Stadt der Erde aus, unvergleichbar mit ihren Kanälen und dem Glanz der Paläste und Kirchen; besondere kunstgeschichtliche Bedeutung in der Verbindung von Orient und Abendland; wegen der Schwierigkeiten des Bodens und der Gefahren durch das Wasser werden Projekte zur Sanierung der Stadt erwogen und zum Teil verwirklicht; auch heute noch einer der größten Häfen Italiens; – Piazza e Piazzetta S. Marco: Plätze vor der Hauptkirche Sankt Markus und dem Dogenpalast; die Piazza ist der ›Salotto‹, der Festsaal der Stadt, 175 m lang und 56 bis 82 m breit, gesäumt von den Procuratie Vecchie und den Procuratie Nuove, Palastbauten des 15. und 16. Jh. an den Längsseiten; Riva degli Schiavoni (Uferstraße am Ausgang des Canal Grande); Canal Grande (Hauptwasserstraße, 3,8 km lang, meist 70 m breit und 5 m tief); Ponte di Rialto (Hauptbrücke über den Canal Grande); Campo Ss. Giovanni e Paolo (Platz vor der Scuola di San Marco und der gleichnamigen Kirche mit dem Reiterdenkmal des Colleoni von Verrocchio); Giardini Pubblici (Stadtpark mit den Gebäuden für die Biennale, die Internationale Ausstellung für moderne Kunst); – S. Marco (828 als Reliquienkirche für die aus Alexandrien in Ägypten nach Venedig gebrachten, hochverehrten Gebeine des Evangelisten Markus begonnen, 1063 nach Zerstörungen erneuert und in dieser Form auf uns gekommen; 76,5 m lang und 51,7 m breit, mit fünf Kuppeln; überaus reiche und kunstvolle Innenausstattung, Mosaiken, Fresken, Gold- und Silberarbeiten, darunter der Altarvorsatz der Pala d'Oro; über dem Hauptportal vier Bronzerosse aus Konstantinopel, die einzige Quadriga der Antike; Schatzkammer); Campanile (Markusturm, 99 m hoch, 1905–1912 neu errichtet nach dem Einsturz, 1902, des alten) e Loggetta (Vorbau, ehemaliger Versammlungsraum der Adligen); Pal. Ducale/Dogenpalast (seit dem 9. Jh. Sitz des Dogen; besonders eindrucksvoll die 71 m lange Fassade des Südflügels, des ältesten Teils des Palastes, 75 m langer Westflügel aus dem 15. Jh.; Loggia mit zierlichen Spitzbögen und venezianisch-gotischem Vierpaßschmuck, Portale, Innenhof, Innenräume mit Werken der venezianischen Spätrenaissance und Barockkunst; Ratssäle und Dogenwohnung; an der Ostseite des Pal. der Ponte dei Sospiri - Seufzerbrücke); Libreria Vecchia (an der Westseite der Piazzetta, Hauptwerk von Iacopo Sansovino, 16. Jh.); Torre dell' Orologio (1496); Ss. Giovanni e Paolo (S. Zanipolo, gotische Backsteinkirche des Dominikanerordens des 14. Jh., Grabstätte vieler Dogen, auf dem Vorplatz Monumento di Bart. Colleoni, Reiterdenkmal des venezianischen Condottiere von Verrocchio, 1481–1488); Scuola di S. Marco (Kirche der Frührenaissance, heute Krankenhaus-Eingang); S. Maria dei Miracoli (kleine, kunstvolle Renaissancekirche); S. Maria Formosa (Innenausstattung); S. Maria (Gloriosa) dei Frari (gotische Backstein-Basilika des Franziskanerordens, 15. Jh., mit hohem Campanile, die zweitgrößte und prächtigste Kirche der Stadt, zwei Gemälde von Tizian); S. Giorgio degli Schiavoni; S. Maria della Salute (zur Erinnerung an die Pest von 1630–1632 und als Dank für die Errettung: »Sankt Marien zum Heil«); S. Zaccaria (15. Jh.); S. Salvatore (die schönste Hochrenaissancekirche Venedigs); S. Sebastiano (Renaissancekirche, von 1505 bis 1546 errichtet); S. Giobbe (Kirche der Frührenaissance mit gotischem Campanile); Madonna dell'Orto (verehrtes Marienbildnis, Elemente der Gotik und Renaissance); auf der Insel Giudecca: Redentore (Franziskanerkirche, bester Sakralbau des Palladio, 1577–1592) und Le Zitelle (mit Werken berühmter Maler); auf der Insel S. Giorgio Maggiore die Kirche S. Giorgio Maggiore mit Kloster (1565 von Palladio begonnen, 1610 vollendet); Palazzi del Canal Grande, Paläste am Canal Grande, von der Stazione beginnend, am linken (l) und rechten (r) Ufer: Pal. Flangini (l); Pal. Contarini (l); Pal. Vendramin Calergi (l, Frührenaissance, Sterbeort Richard Wagners 1883, heute Spielcasino); Pal. Ca'Pesaro (r, Galleria Internazionale d' Arte Moderna); Ca d'Oro (l, der berühmteste Wohnpalast mit prächtiger Fassade, Galleria Franchetti); Fondaco dei Tedeschi (l); Ponte Rialto; Pal. Grimani; Pal. Corner-Spinelli (l); Pal. Pisani (r); Ca'Foscari (r, Universität); Pal. Grassi (l, Kunstausstellungen); Pal. Rezzonico (r); Ponte dell'Accademia; Pal. Corner (Ca' Grande); Pal. Venier dei Leoni (r, Peggy-Guggenheim-Sammlung); Santa Maria della Salute (r); San Marco (l); Museen: Galleria dell'Accademia (di Belle Arti) (800 Gemälde berühmter Meister, darunter Giovanni Bellini, Giorgione, Tizian, Bordone, Tintoretto, Paolo Veronese, Mantegna, Piero della Francesca, Tiepolo, Canaletto); Appartamenti di Pal. Ducale; Museo Correr; Galleria Franchetti (in Ca d'Oro); Galleria Querini Stampalia; Museo Archeologico; Museo del Settecento Veneziano; Museo d'Arte Moderna; Collezione Peggy Guggenheim; Museo Orientale; Pinacoteca Manfrediniana; Scuola di S. Giorgio; Scuola di S. Rocco (Renaissancefassade, 56 historische Wandgemälde von Tintoretto); Scuola di S. Giovanni Evangelista; Museo Navale in der Nähe des Arsenale, der berühmten

Werften Venedigs; Umgebung: Lido (internationales Touristenzentrum mit großen Hotels und touristischen Einrichtungen; Murano (berühmte venezianische Glasindustrie, seit 1292); Mestre und Porto Maghera (mit einer für das Ambiente Venedigs nicht ungefährlichen Großindustrie); Torcello: eine kaum aus dem Wasser ragende, von Kanälen durchzogene Insel; Cattedrale der Maria Assunta (639 gegründet, im 11. Jh. im venezianisch-byzantinischen Stil erneuert, im Innern bedeutende Kunstwerke, Mosaiken); neben der Kathedrale der Campanile und die Rundkirche S. Fosca

Chioggia Ferienort; Lido di Sottomarina (am Meer); Corso del Popolo; »Ambiente Culturale«: wechselvolle Geschichte als Seestadt der Republik Venedig; Piazza Vescovile; Duomo (12. Jh.); Pal. Comunale (Rathaus des Mittelalters)

Concordia Sagittaria Cattedrale; Battistero; Sepolcreto Paleocristiano

Portogruaro Venezianische Stadt, wohlhabend durch Handel; Pal. Comunale; Duomo; Museo Concordiese

Stra Reich an venezianischen Landvillen; Villa Pisani (prächtiger Bau des 18. Jh.)

Padua/Padova (PD)

Padova (Padua) Wechselvolle Geschichte, berühmt wegen der Universität und des Stadtheiligen, Antonius von Padua, darüber hinaus bedeutende Kunstwerke; Piazza Cavour (im Stadtzentrum) mit Caffè Pedrocchi (1831 unter österreichischer Herrschaft erbaut, damals das größte Kaffeehaus Europas, bedeutender Treffpunkt in der italienischen Einigungsbewegung des 19. Jh.); Piazza delle Erbe (mit dem Pal. della Ragione) e dei Signori; Piazza del Santo (um die Basilika S. Antonio); Prato della Valle (großes Parkoval); Orto Botanico (der älteste Botanische Garten Europas); Fiera Campionaria (Messehallen); – S. Antonio (Basilika des 1231 hier gestorbenen heiligen Antonius, eines der berühmtesten Schutzheiligen der Italiener); Monumento del Gattamelata (neben der Basilika; Reiterdenkmal des Heerführers der Republik Venedig, 1438–1441 von Donatello geschaffen, damals das erste große Bronzedenkmal seit der Antike); Cappella degli Scrovegni (Fresken des Giotto mit Darstellungen des Lebens Mariens und Christi); Eremitani; Pal. della Ragione oder Salone (von 1172 bis 1219 als Sitz des Gerichts erbaut, im Innern ein 81 m langer, 27 m breiter und 27 m hoher Saal); Loggia della Gran Guardia oder del Consiglio (offene Frührenaissancehalle mit geschlossenem Obergeschoß); Duomo (Hochrenaissance, 1551–1577) und Battistero (kleine Taufkirche des 13. Jh.); S. Giustina (Renaissancekirche vom Anfang des 16. Jh.); S. Maria dei Servi; Museo Civico e Pinacoteca (Antikensammlung, Gemälde und Bibliothek); Museo Antoniano; Scuola del Santo (große Fresken); Scuola del Carmine; Scuola di S. Rocco; Umgebung: Abbazia di Praglia (13 km)

Abano Terme Bekanntes Thermalbad (schon nach antiker Legende); »Ambiente Naturale«: in der Nähe die Colli Euganei, ein liebliches Hügelland mit vielen Ausflugszielen; Umgebung: Santuario di Monteortone (1,5 km); Abbazia di Praglia (5 km);

Cittadella Cinta delle Mura (Mauerring)

Este Prähistorische Zeugnisse einer alten Kultur; Castello; Museo Atestino; Duomo (Ende des 17. Jh.); S. Martino

Monselice Das altrömische *Mons Salicis;* Salita al Colle; Castello (mittelalterliche Burg mit Wehrturm); Duomo Vecchio; Santuario delle Sette Chiese (Wallfahrtsziel)

Montagnana Mittelalterlich befestigte Stadt; Duomo (nach 1431 erneuert); Cinta delle Mura (eindrucksvoller, vollständig erhaltener Mauerring von 2 km Länge mit 24 Türmen und 4 Stadttoren); Pal. del Municipio; Villa Pisani

Rovigo (RO)

Rovigo In der Antike als *Vicus Rodae,* dann als *Rodigium* bekannt; Palazzo del

Municipio oder Loggia dei Notai (2. Hälfte des 16. Jh.); Palazzo dell' Accademia dei Concordi (Ende des 16. Jh.); Duomo (17. Jh.); Wallfahrtskirche Beata Vergine del Soccorso

Friaul – Julisch Venetien/ Friuli – Venezia Giulia

Pordenone (PN)

Pordenone Das altrömische *Portus Naonis,* lange unter Österreich; Bogengänge; Palazzo Comunale (gotisches Rathaus des 13./14. Jh. mit Uhrturm); Museo Civico (mit Gemälden einheimischer Meister in der Pinacoteca); Duomo (2. Hälfte des 16. Jh., im Innern wertvolle Gemälde; neben dem Dom der 79 m hohe Campanile von 1219)

Udine (UD)

Udine Urkundlich 983 erwähnt, als Kaiser Otto II. den Ort dem Patriarchen von Aquileia schenkte; im Mittelalter Fehden zwischen den Adelsfamilien, unter venezianischer Herrschaft; Piazza della Libertà (Zentrum der Altstadt mit dem Rathaus); Piazza del Mercato; Colle del Castello (Burghügel); Pal. del Comune oder Loggia del Lionello (Rathaus in venezianischer Gotik); Loggia oder Porticato di S. Giovanni neben der Kirche S. Giovanni; Duomo (nach 1225 in gotischem Stil errichtet, mehrfach verändert); Oratorio della Purità; Pal. Arcivescovile (1. Hälfte des 16. Jh.); Castello (nach dem Erdbeben von 1511 errichtet); Museo Civico mit Galleria d'Arte Antica und Galleria d'Arte Moderna (Pinacoteca)

Aquileia 181 v. Chr. von den Römern gegründet, seitdem wichtiges Zentrum für Verkehr und Verwaltung; im Altertum eine Großstadt und wichtiger Handelsplatz; Sitz eines Patriarchen; im Mittelalter geht die Bedeutung zurück, so daß sich das Städtchen heute fast nur als Museum einer einst glänzenden Epoche präsentiert; Basilica (Ursprünge im 4. Jh., Bau des 11. Jh., im 14. Jh. umgestaltet, voll geschichtlicher Erinnerungen und bedeutender Kunstwerke, Mosaikfußboden, Fresken, Krypta; 73 m hoher Glockenturm); Cimitero dei Caduti (Soldatenfriedhof hinter dem Domchor); Via Sacra mit Ausgrabungen des römischen Flußhafens; Museo Archeologico; Museo Paleocristiano

Cividale del Friuli Das altrömische *Forum Julii,* wechselvolle Geschichte; Duomo (2. Hälfte des 15. Jh.); Museo Archeologico (die bedeutendste Sammlung von Waffen, Schmuck und Inschriften der Langobarden); Tempietto Longobardo oder Oratorio di S. Maria in Valle (kunstgeschichtlich voller Geheimnisse)

Gemona del Friuli Durch das Erdbeben von 1976 schwer beschädigt; Wiederaufbau; Duomo (reich an Kunstwerken)

Görz/Gorizia (GO)

Gorizia (Görz) Zwischen Österreich und Venedig umstritten, heute nahe der Grenze zu Jugoslawien; Castello (erster Bau im 10. Jh., mehrfach verändert und erweitert); Pinacoteca und Museo Lapidario (Gemälde einheimischer Meister und Antikensammlung)

Grado Hafen und Ferienort am Meer; »Ambiente Culturale«: Hafen für Aquileia, mit dessen Geschick verbunden; Basilica di S. Eufemia und Battistero; S. Maria delle Grazie (erste Kirchbauten im 6. Jh., mehrfache Erweiterungen und Veränderungen)

Triest/Trieste (TS)

Trieste (Triest) Im äußersten Nordosten der Adria am Ostrand des Golfes von Triest gelegen; »Ambiente Culturale«: Seit der Zeit der Römer wichtige Handels- und Hafenstadt; häufig von Nachbarmächten umkämpft, lange im Schatten Venedigs, unter österreichischer Herrschaft zum größten Hafen der Adria für Mitteleuropa und den Donauraum aufgestiegen, nach dem

2. Weltkrieg Wiederaufbau; – Lungomare e Porto (Uferpromenade und Hafengebiet, ohne natürliche Bucht); Piazza dell'Unità d'Italia (größter zum Alten Hafen geöffneter Platz der Stadt mit dem Pal. del Lloyd Triestino und dem Rathaus); Corso d'Italia (Hauptverkehrsstraße); Colle di S. Giusto (die Stadt beherrschender Hügel mit Kirche S. Giusto und Kastell); Viale XX Settembre; Piazza Oberdan (Mittelpunkt der neuen Stadtteile); Faro della Vittoria (69 m hoher Leuchtturm, 1927 errichtet zur Feier des Sieges im 1. Weltkrieg); Fiera (Messehallen); – Teatro Romano (Römisches Theater des 2. Jh.); Arco di Riccardo; S. Giusto (Kathedrale, im 14. Jh. über einem Augustus-Tempel errichtet, aus einer Kirche des 6. Jh. und dem Baptisterium); Castello (15.–18. Jh.); S. Antonio Nuovo (die größte Kirche der Stadt, 1849 erbaut, klassizistisch); Museen: Museo di Storia ed Arte (Antikensammlung und Gemälde; im Orto Lapidario das Grabmal des in Triest 1768 ermordeten deutschen Altertumsforscher Winckelmann); Museo Revoltella; Museo del Castello (mittelalterliche Waffen, Möbel, Gobelins); Museo Sartorio; Museo Morpurgo; Museo del Mare (mit zahlreichen Schiffsmodellen aus allen Jahrhunderten); Museo del Risorgimento; Acquario; Umgebung: Schloß Miramare (7 km, zwischen 1856 und 1860 für Erzherzog Maximilian, den Bruder von Kaiser Franz Joseph und späteren Kaiser von Mexiko erbaut); Grotta Gigante (12,5 km, Tropfsteinhöhle); Val Rosandra (10 km); Villa Opicina (9 km); Schloß Duino (bekannt durch Rainer Maria Rilkes »Duineser Elegien«)

Ligurien / Liguria

Imperia (IM)

Bordighera Küstenstadt nahe Ventimiglia und der Costa Azzurra an der Riviera di Ponente, schöne Lage am Meer, Badeort im Sommer, wegen seines milden Klimas auch im Winter besucht; Blumenkulturen; Lungomare; Strada Romana

San Remo Küstenstadt an der Riviera del Ponente, bekannt wegen seines Schlagerfestivals und des Spielcasinos, der großen Hotels und ausgezeichneter touristischer Einrichtungen für Sommer- und Winter-Aufenthalt; Blumenkulturen; vielleicht römische Siedlung *Villa Matutiana;* der jetzige Name nach S. Romolo; Corso dell'Imperatore; Corso Trento e Trieste; Città Vecchia (Pigna, etwa 20 bis 60 m über dem Meer)

Ventimiglia Küstenstadt an der Riviera del Ponente; *Album Intemelium,* römische Siedlung; Lungomare; Cattedrale (romanische Kirche des 11./12. Jh.) und Battistero (achteckiger, romanischer Bau); Museo Archeologico; Umgebung: Teatro Romano (15 Min.); Giardino Hanbury (6 km, farbenprächtiger Botanischer Garten); Balzi Rossi (8 km)

Savona (SV)

Alassio Küstenort an der Riviera del Ponente, westlich von Genua, besonders mildes Klima, Touristenzentrum, auch im Winter

Albenga Küstenort an der Riviera del Ponente; schon von Ligurern und Römern besiedelt; Cattedrale (ursprünglich 5. Jh., mehrfach erneuert, zuletzt im Barock); Battistero (zehneckige, ehrwürdige Taufkirche); Museo Ingauno; Museo Navale Romano (für die Ladung eines im 1. Jh. v. Chr. gesunkenen Schiffes)

Genua / Genova (GE)

Genova (Genua) Auf einer Länge von 35 km erstreckt sich die größte Hafenstadt Italiens am Tyrrhenischen Meer und steigt in der Mitte terrassenförmig am Abhang des Ligurischen Apennin empor; schon Hafenstadt der Ligurer 218 v. Chr., im 10. Jh. selbständige Seerepublik, die ihre Konkurrentin im westlichen Mittelmeer, Pisa, überwindet, doch im Wettstreit mit Venedig um den Ostteil den kürzeren zieht; innere Streitereien der Adelsfamilien; Christoph Kolumbus, der Entdecker Amerikas – Beweis für die seefahrerische Tüchtigkeit der Genueser insgesamt –, wurde 1446 in Genua geboren; – Piazza De Ferrari (Hauptplatz mit Teatro dell' Opera, Accademia Linguistica di Belle Arti, Bankgebäuden des 19. Jh. und dem Pal. Ducale, dem Dogenpalast des 13., 16. und 18. Jh.); Via XX Settembre (elegante Hauptgeschäftsstraße); Piazza Dante mit dem 1940 errichteten Grattacielo, »Wolkenkratzer«; Via Garibaldi, eine der schönsten Straßen Europas, nur von prächtigen Patrizierhäusern gesäumt; Via Balbi (mit stolzen Palazzi); Piazza S. Matteo mit Pal. Andrea Doria; Città vecchia (Altstadt mit einem Gewirr enger und steiler Gassen); Piazza Corvetto; Circonvallazione a Monte; Passeggiata a Mare (Uferstraße); Righi (310 m hoch, Funicolare); Cimitero di Staglieno (einer der ›malerischsten‹ Friedhöfe Italiens mit reich geschmückten Gräbern); – Cattedrale S. Lorenzo (1118 als romanische Säulenbasilika begonnen, Anfang des 14. Jh. gotisch erneuert, wertvolle Skulpturen und Gemälde im Innern, Domschatz); S. Matteo (romanisch-gotische Kirche, von 1278, mit historischen Erinnerungen, Grab des Dogen Andrea Doria); S. Ambrogio oder Chiesa del Gesù (Jesuitenkirche, 1589–1639); S. Donato; S. Maria di Castello (Bau des 15. Jh. über älterer Kirche, mit anschließendem Dominikanerkloster); SS. Annunziata (Kapuzinerkirche von 1587 mit klassizistischer Säulenhalle von 1843); S. Maria Assunta di Carignano (1552–1600, Kuppelkirche); Pal. S. Giorgio (gotischer Palast am Hafen, 13. Jh., Sitz der St. Georgsbank); Pal. Doria Pamphyli oder del Principe (1522–1529 als Landhaus für den Dogen Andrea Doria erbaut); Palazzi di Via Garibaldi: Pal. Rosso (Gemäldesammlung), Pal. Bianco, Pal. Doria Tursi, jetzt Rathaus, Pal. Municipale, Pal. Podestà, Pal. Doria, Pal. Parodi, Pal. Spinola; Palazzi di Via Balbi: Pal. Durazzo-Pallavicini, Pal. dell Università, ehemaliges Jesuitenkolleg, Pal. Reale; Museen: Galleria di Pal. Bianco; Galleria di Pal. Rosso; Galleria di Pal. Spinola; Museo di Architettura e Scultura Ligure; Pal. Reale; Museo Chiossone; Umgebung: Pegli (11 km); Nervi (11 km)

Camogli Küstenstadt an der Riviera del Levante; berühmt wegen seiner Segelschiffe; Umgebung: S. Fruttuoso (Kloster)

Chiavari Küstenstadt an der Riviera del Levante, alte Siedlung, *Clavarium*

Nervi Küstenstadt an der Riviera del Levante in der Nachbarschaft Genuas; Passeggiata Anita Garibaldi (Hauptstraße); Parco Municipale

Portofino Küstenort an der Riviera del Levante; beliebter Ferienort im Sommer; schon den Römern als *Portus Delphini* bekannt; Porto, (›malerischer‹ Hafen); Panorama dalla chiesa di S. Giorgio (Spaziergang zur Kirche mit herrlicher Aussicht); Castello (Zufluchtsburg bei Angriffen vom Meer); Umgebung: Punta del Capo (15 Min.); Portofino Vetta (2 Stunden); S. Fruttuoso (20 Min. mit dem Boot)

Rapallo »Ambiente Naturale«: Küstenstadt an der Riviera del Levante

San Fruttuoso Abbazia (berühmtes Kloster seit dem 8. Jh., Pantheon des Genueser Herrschergeschlechts der Doria); am besten mit dem Motorboot zu erreichen

Santa Margherita Ligure »Ambiente Naturale«: Küstenstadt an der Riviera del Levante

La Spezia (SP)

La Spezia An dem 9 km ins Land einschneidenden und 7 km breiten Golfo di La Spezia gelegen; wichtige Hafen- und Handelsstadt mit bedeutenden Industrien; Castello di S. Giorgio (14. Jh.); Cattedrale (moderner Bau); Umgebung: Portovenere (12 km); Lerici (10 km)

Lerici Besonders schöne Lage am Meer; Castello (Burg des 13. Jh., von Genuesern und Pisanern benutzt)

Portovenere »Ambiente Naturale«: Berühmter Badeort im Sommer; S. Pietro; S. Lorenzo (würdige mittelalterliche Kirche des 12. Jh., Fresken, Gemälde, Skulpturen)
Sarzana In strategisch günstiger Lage auf einem Hügel; wechselvolle Geschichte; Cattedrale (Kirche der Assunta); S. Francesco; Fortezza di Sarzanello (20 Min.); Umgebung: Luni (7 km)

Emilia-Romagna

Piacenza (PC)

Piacenza In der Oberitalienischen Ebene, am rechten Ufer des Po und nicht weit vom Rand des Apennin gelegen; römische Kolonie *Placentia,* schon 218 v. Chr. gegründet, bewegte Geschichte unter wechselnden Herren, reich an Kunstwerken, Kirchen und Palästen; 6,5 km lange, gut erhaltene Stadtmauer aus dem 16. Jh.; – Piazza dei Cavalli (Hauptplatz mit den Reiterstandbildern der Herzöge Alessandro und Ranuccio Farnese, Statue equestri dei Farnese, 1612–1629 von F. Mocchi); – Pal. del Comune (gotisches Rathaus, Vorbild für viele andere, über spitzbogiger Pfeilerhalle das Saal-Obergeschoß); S. Francesco (gotische Backsteinkirche des 13. Jh.); Duomo (in lombardisch-romanischem Stil des 12./13. Jh., Fresken im Kuppelraum, Krypta); S. Antonio (Kirche des 11./12. Jh., mehrfach erneuert); Palazzo Farnese (1558 von Vignola für Ottavio Farnese begonnen, unvollendet); S. Savino; S. Sisto (Frührenaissance, 1499– 1511, Barockfassade, Säulenhalle; für diese Kirche malte Raffael die Sixtinische Madonna, jetzt in Dresden); Madonna di Campagna (Zentralbau der Frührenaissance, Fresken von Pordenone)
Castell'Arquato Auf einem Hügel gelegene befestigte Stadt; mittelalterlicher Kern; Piazza Matteotti (Hauptplatz); Collegiata; Rocca (Festung)

Parma (PR)

Parma Römische Siedlung an der Konsularstraße der Via Aemilia; militärisch und wirtschaftlich in Antike und Mittelalter bedeutend, von Papst Paul III., einem Farnese, seiner Familie geschenkt; Industrie- und Landwirtschaftszentrum, Käse- und Schinkenproduktion »Parmigiano«; Piazza del Duomo (Hauptplatz mit Dom, Campanile, Baptisterium und Bischofspalast); Cortile della Pilotta (des Palazzo); Lungoparma (Ufer des Flusses Parma); Parco Ducale (herzoglicher Park am Schloß); – Duomo (romanische Pfeilerbasilika, 12./13. Jh., reiche Innenausstattung, in der Kuppel Fresko »Himmelfahrt Mariens« von Correggio, 1526–1530), Campanile (63 m hoher Glockenturm, 1284–1294) und Battistero (achteckiger Marmorbau, 1196–1270, romanisch begonnen und gotisch vollendet); S. Giovanni Evangelista (Klosterkirche im Renaissancestil mit barocker Fassade, im Innern Fresken von Correggio); Madonna della Steccata (Kuppelkirche nach dem Vorbild der römischen Peterskirche, nach 1521, reiche Innenausstattung); S. Annunziata (Barockkirche); Pal. della Pilotta (nach 1583, riesiger Backsteinbau, mit Gemäldegalerie und Teatro Farnese aus dem 17. Jh., dem damals größten Theater Europas, für 4500 Zuschauer); Pal. Ducale (Herzogspalast, nach 1564, mit Park); Universität (ehemaliges Jesuitenkonvikt des 16. Jh.); Museen: Galleria Nazionale (Gemälde der Schule von Parma, Correggio, Parmigianino, Giulio Romano); Museo Nazionale d'Antichità; Camera di S. Paolo; Pinacoteca Stuard; Museo Lombardi; Umgebung: Certosa di Parma (4 km, Kirche von 1285 mit mehrfachen Veränderungen und Kloster); Canossa (verfallene Burg, vor der im Jahr 1070 Kaiser Heinrich IV. auf Knien den Papst, Gregor VII., um Lösung vom Kirchenbann anflehte, »Gang nach Canossa«)
Fidenza Römische Siedlung *Fidentia;* Industrie und Landwirtschaft; Cattedrale (Dom des 12. Jh. mit unvollendeter Fas-

sade); Pal. Comunale (Rathaus des 12. Jh.)
Salsomaggiore Terme »Ambiente Naturale«: Thermalbad, Quellen

Reggio nell'Emilia (RE)

Reggio nell'Emilia Römische Siedlung *Regium Lepidum* an der Via Aemilia, unter verschiedenen Herren; Duomo (9./12./16. Jh., Gemälde im Innern); S. Prospero (Kirche des 10./16. Jh. mit Fassade des 18. Jh., Fresken im Innern); Madonna della Ghiara (Wallfahrtskirche in Form eines griech. Kreuzes mit Kuppel, mit bedeutenden Kunstwerken); Galleria Parmeggiani
Correggio Im 16./17. Jh. glänzende Hofhaltung; Pal. dei Principi (Innenhof, Biblioteca und Museo)
Gualtieri Das mittelalterliche *Castrum Walterii;* unter den Este und Bentivoglio; Pal. Bentivoglio (17./18. Jh.); S. Maria della Neve (17. Jh.)
Guastalla Schon 1116 unabhängige Kommune; Piazza Mazzini (Hauptplatz mit Cattedrale)

Modena (MO)

Modena »Ambiente Culturale«: Blüte unter der Herrscherfamilie der Canossa, dann unter den Este, reiche Kunstsammlungen; bedeutende Wirtschaft durch Industrie- und Agrarprodukte, eine der reichsten Städte Italiens; – Piazza Grande (Hauptplatz am Dom); Duomo (Ende des 11. Jh. begonnener, im 13. Jh. vollendeter romanischer Bau mit bedeutenden Skulpturen außen und innen; erstrahlt in altem unverfälschtem Glanz nach einer kürzlichen geglückten Renovierung); Torre Ghirlandina (87 m hoher Turm, Wahrzeichen der Stadt, etwas schief); Pal. Ducale (Herzogspalast der Este von 1634, heute Militärakademie); im Palazzo dei Musei: Biblioteca Estense und Galleria Estense (mit Werken von Correggio, Tizian, Tintoretto, Veronese, Velasquez); S. Agostino (17. Jh., Grabkirche der Familie Este)
Carpi Lebhafte Industriestadt, Textilien, mit reicher Geschichte und Kunst; Piazza dei Martiri (Hauptplatz); Castello dei Pio (Stadtburg) und Museo Civico; Assunta (Kathedralkirche S. Maria di Castello); Portico del Mercato del Grano (Kornmarkt); Torre dell'Orologio (Uhrturm)
Mirandola Geburtsort des Renaissance-Humanisten Pico della Mirandola; S. Francesco (im 15. Jh. erneuert)

Bologna (BO)

Bologna Hauptort der Emilia, nach der sie durchquerenden römischen Konsularstraße Via Emilia; am Fuß des Apennin in der Po-Ebene gelegen; das *Felsina* der Etrusker, *Bononia* der Römer; Sitz eines Erzbischofs und einer Universität, einer der ältesten des Abendlandes; deswegen der Beiname »Dotta«, die Gelehrte; der andere Beiname, »Grassa«, die Fette, bezieht sich auf die gute Küche und die ertragreiche Wirtschaft aus Industrie- und Agrarprodukten; wechselvolle Geschichte, von 1506 bis 1796 Teil des Kirchenstaats; reich an Kunstwerken und einheimischen Künstlern; charakteristisch für die Stadt sind die Bogengänge, insgesamt 35 km lang, Kirchen und Paläste in Backstein und einige schiefe von ehemals Dutzenden mittelalterlicher Wehrtürme der verschiedenen Familien; – Piazza Maggiore e del Nettuno (zwei ineinander übergehende Hauptplätze an Dom und Rathaus); Piazza di Porta Ravegnana mit zwei schiefen Türmen; Via Zamboni (Bogengänge, zur Universität); Strada Maggiore; Piazza S. Domenico (Kirchplatz); Piazza Malpighi (bei S. Francesco); Via Galliera; Montagnola; – Metropolitankathedrale S. Petronio (zwischen 910 und 1605 erbaut, mit unvollendeter Fassade, Hauptportal, großartiges Innere, Farbfenster); Pal. Comunale (gotisches Rathaus, 13. bis 16. Jh.); Pal. del Podestà (13. u. Ende des 15. Jh., Torre dell'Arengo, Turm mit mächtiger Glocke); Pal. di Re Enzo (in dem König Enzo, der Sohn Kaiser Friedrichs II., von 1249 bis

1272 gefangen saß); Fontana del Nettuno (Neptunsbrunnen von Giambologna, nach 1564); Torri degli Asinelli (97,6 m hoch, 1,23 m Neigung) e Garisenda (48 m hoch, 3,22 m Neigung), zwei mittelalterliche Geschlechtertürme an der Piazza di Porta Ravegnana mit der Mercanzia, der gotischen Handelskammer (1384); S. Giacomo Maggiore (13. Jh., um 1500 erneuert, reiche Innenausstattung, darunter die Cappella Bentivoglio mit dem kunstvollen Grabmal des Juristen A. Bentivoglio); S. Maria dei Servi (nach 1383, Vorhalle); S. Stefano (Gruppe von acht Kirchengebäuden); S. Giovanni in Monte; S. Domenico (Kirche und Kloster des Dominikanerordens, 1235 begonnen, Grab des heiligen Dominikus, Gründer des »Ordens der Prediger«, Marmorsarkophag mit reichen Reliefs); Pal. Bevilacqua (Stadtpalast der Frührenaissance; 1481–1484); S. Francesco (13. Jh. mit Turm); Museen: Pinacoteca (ehemaliges Jesuitenkonvikt; Werke berühmter Bologneser Maler und anderer wie Raffael, Tintoretto, Palma d. J.); Museo Civico Archeologico (ägyptische, etruskische und griechische Kunstwerke); Collezioni Comunali d'Arte; Museo d'Arte Industriale; Umgebung: S. Michele in Bosco; Madonna di S. Luca (Wallfahrtskirche, über einen 3,5 km langen Säulengang zu erreichen, auch Seilbahn; Aussicht)

Ferrara (FE)

Ferrara In der Po-Ebene, 5 km südlich des Flusses, in einiger Sicherheit vor Überschwemmungen gelegen, Handelszentrum; Gründung im Mittelalter, Sitz eines (Erz-) Bischofs und einer Universität, vor allem Residenzstadt der Este, die im 16. Jh. ihre höchste Blüte erlebt; Piazza del Duomo (im Zentrum der Altstadt); Corso della Giovecca; Corso Ercole I d'Este; – Cattedrale San Giorgio (mit romanisch-lombardischer Fassade, 12./13. Jh., Gemälde der Ferrareser Schule); Castello Estense (Wasserburg der Este, 1385 als Befestigungswerk begonnen, 1554 als prächtige Residenz erweitert und erneuert, Fresken im Innern); Pal. Comunale (ehemaliges Schloß der Este, ursprünglich 13. Jh., im 18. Jh. umgebaut); Pal. dei Diamanti (so benannt nach den 12 000 diamantartigen Marmorquadern der Fassade, Frührenaissance, 1492–1567, im Innern Gemäldegalerie); Pal. di Lodovico il Moro (unvollendet, 16. Jh., im Innern Museo Archeologico); Casa Romei; Palazzina di Marfisa; S. Francesco (Backsteinkirche der Frührenaissance); Mura (zum Teil gut erhaltene Stadtmauern aus der Zeit der Este); Certosa; Museen: Museo di Pal. Schifanoia (Lustschloß der Este, nach 1469, Fresken); Museo Archeologico; Pinacoteca Nazionale; Museo della Cattedrale

Abbazia di Pomposa Ehrwürdiges Benediktinerkloster, das im Mittelalter in ganz Europa berühmt war, doch wegen der Malariagefahr in der Po-Mündung verlassen wurde; Chiesa (Klosterkirche, Mosaikfußboden und Fresken); Campanile (50 m hoher Glockenturm); vom Kloster sind der Pal. della Ragione, der Kapitelsaal und das Refektorium erhalten

Comacchio »Ambiente Naturale«: besondere Lage zwischen Flüssen, Kanälen und Seen; Treponti (Brücke von 1634)

Ravenna (RA)

Ravenna Im frühen Altertum auf Inseln im Meer gelegen, heute 11 km vom Ufer entfernt, am Rand der von Entwässerungskanälen durchzogenen Po-Ebene; lebhafte Industriestadt, Erdölraffinerien, Erdgas, landwirtschaftliche Produkte, mit dem Meerhafen durch einen Kanal verbunden; unter Kaiser Augustus *Portus Classis,* Hafen der Adriatischen Flotte; 404 von dem weströmischen Kaiser Honorius zur Residenzstadt erhoben, von Germanen und Ostgoten bestätigt, schließlich von den byzantinischen Oströmern als Hauptstadt des Exarchats, ihres Herrschaftsgebiets in Norditalien, zu neuem Glanz geführt; aus dieser Epoche des frühen Mittelalters die bedeutendsten künstlerischen Zeugnisse; – Piazza del Popolo (Zentrum der Altstadt mit Pal. Municipale, Rathaus von 1681 und altem Portikus); Zona Dantesca (um das Grabmal des Dante Alighieri); Giardino Pubblico; Pineta di Classe (Pinienhain, 5 km); S. Vitale (achteckiger Zentralbau von 35 m Durchmesser, 526–547, unter dem Ostgotenkönig Theoderich begonnen, mit byzantinischen Mosaiken); Mausoleo di Galla Placidia (Bau des 5. Jh. in Form eines lateinischen Kreuzes mit Tonnengewölbe und Kuppel, mit byzantinischen Mosaiken); Duomo S. Orso (18. Jh.); Battistero oder S. Giovanni in Fonte (achteckige Taufkirche des 5. Jh., Mosaiken zum Teil erneuert); S. Francesco; Sepolcro di Dante (Grabmal des größten italienischen Dichters, der in 1321 in Ravenna im Alter von 56 Jahren starb, von der Heimatstadt Florenz ins Exil verbannt); Battistero degli Ariani (S. Maria in Cosmedin, Taufkirche mit Mosaiken); S. Giovanni Evangelista; S. Apollinare Nuovo (im 6. Jh. von Theoderich erbaute Basilika, bedeutende Mosaiken im Mittelschiff); S. Maria in Porto (Barockkirche, Fassade des 18. Jh.); Mausoleo di Teodorico (monumentaler Rundbau, den ein Felsblock von 11 m Durchmesser bedeckt, Grabmal des Ostgotenkönigs Theoderich, des sagenumwobenen Dietrich von Bern); Museen: Museo Nazionale di Antichità (Inschriften, Skulpturen); Museo dell' Arcivescovado: Pinacoteca dell'Accademia; Umgebung: S. Apollinare in Classe (5 km; größte und besterhaltene frühchristliche Basilika der Stadt, 6. Jh., im 12. erneuert, runder Campanile, Mosaiken in der Apsis)

Faenza Das römische *Faventia,* zwischen Bologna und Rimini gelegene Stadt der Fayencen, Keramiken, die besonders im 15. und 16. Jh. hier kunstvoll gefertigt wurden und nach diesem Ursprungsort ihren allgemeinen Namen erhielten; Duomo (15./16. Jh., Frührenaissance); Palazzo del Podestà mit Torre dell'Orologio; Pinacoteca e Museo Civico; Museo Internazionale della Ceramica (kunstvolle Keramik)

Forlì (FO)

Forlì Das altrömische *Forum Livii,* wechselvolle Geschichte, Teil des Kirchenstaats; S. Mercuriale (aus dem 12. Jh., mehrfach erneuert, Kreuzgang der alten Benediktinerabtei); Campanile di S. Mercuriale (Dom, 12. Jh., erneuert); Rocca Ravaldina (mittelalterliche Stadtfestung); Pinacoteca und Museo Comunale (Gemälde von Guercino, Melozzo da Forli, Dürer, Rembrandt)

Cesena Etruskische und römische Siedlung; Biblioteca Malatestiana (15. Jh., dreischiffiger Basilika-Grundriß, kostbare Manuskripte und Drucke); Cattedrale (15. Jh.); Rocca Malatestiana (Festung der Herrscherfamilie Malatesta)

Riccione Eines der berühmtesten Seebäder Italiens

Rimini »Ambiente Naturale«: eines der besuchtesten italienischen Seebäder, Hauptort an der Adriatischen Küste; Siedlung der Umbrer und Römer, an den Konsularstraßen der Via Aemilia und Via Flaminia, bedeutende römische und mittelalterliche Monumente; Tempio Malatestiano, S. Francesco (ursprünglich gotischer Bau; die Fassade der Kirche ist ein berühmtes Werk der Frührenaissance von L. B. Alberti); Arco d'Augusto (27 v. Chr., Ehrenbogen für Kaiser Augustus); Ponte romano oder di Tiberio (Brücke aus der Zeit der Kaiser Augustus und Tiberius); Torre dell'Orologio und Tempietto di S. Antonio (an der P. Tre Martiri)

San Marino

Selbständige, unabhängige Republik – Repubblica di San Marino: 61 qkm groß, etwa 20 000 Einwohner; 643 m hoch und 23 km südwestlich von Rimini am Ostrand des Apennin, am 745 m hohen Monte Titano gelegen, auf drei Felserhebungen, die heute von Burgen gekrönt sind; Ausblick; mittelalterliche Stadt, wegen der militärisch günstigen Lage und den wehrhaften Befestigungen bewahrte es seine Unabhängigkeit, die 1631 von den Päpsten und 1862 von Italien anerkannt wurde; Rocche (Festungen)

Toskana / Toscana

Massa-Carrara (MS)

Carrara Nahe dem Tyrrhenischen Meer, am Fuß der Apuanischen Alpen, in der Nähe der größten Marmorbrüche der Welt gelegen, die Marmorbrüche von Luni waren schon im Altertum bekannt; Duomo (13. Jh., mehrfach erneuert, verschiedene Stile); Palazzo dei Malaspina (Sitz der Accademia delle Belle Arti, der Akademie der Schönen Künste); Umgebung: Marmorbrüche (etwa bei Colonnate); Campo Cecina (Aussicht)

Massa 7 km südöstlich von Carrara und dessen Marmorbrüchen; Rocca (Festung der Malaspina); Pal. Cybo Malaspina; Umgebung: Pietrasanta und Forte dei Marmi

Pontremoli Wechselvolle Geschichte unter vielen Herren, umkämpft wegen seiner Lage an einer wichtigen Paßstraße; Cattedrale (des 17. Jh.); S. Francesco; SS. Annunziata; Castello del Pignaro (Sitz des Museo Civico Archeologico)

Lucca (LU)

Lucca In der Ebene zwischen Pisa und Florenz gelegen; das römische *Luca;* wohlhabend durch handwerkliche Traditionen bei der Seidenherstellung, Wollverarbeitung und bei hochwertigen Agrarprodukten, reich an Kunstwerken und Kirchen, Festungsanlage und Mauerring, Sitz eines (Erz-) Bischofs, Geburtsort des Komponisten Puccini, 1858; Piazza Napoleone und Piazza Puccini (größte Plätze der Stadt mit Pal. della Prefettura, Präfektur); Piazza S. Martino (Hauptplatz am Dom); Piazza S. Michele (vor der Kirche, das alte römische Forum); Piazza del Mercato (die ehemalige Arena des römischen Amphitheaters); Via Fillungo; Via Guinigi; Mura (Stadtmauern, die zu einer baumreichen Parkanlage umgewandelt wurden, lohnender 4,2 km langer Rundgang); – Duomo (S. Martino, 11./12. Jh., über einer Kirche des 6. Jh. erbaut, gotisch erneuert, mit reichem Schmuck außen und innen, Fassade von 1204, Reliefs in der Vorhalle, im Innern wertvolle Gemälde und Skulpturen, u. a. von Iacopo della Quercia, Tempietto-Kapelle mit Kruzifix »Volto Santo«); S. Giovanni (12. Jh., antike Säulen, Baptisterium); S. Michele in Foro (12. Jh., Lucchesischer Stil, Mischung aus pisanischen und lombardisch-romanischen Elementen, prächtige, hohe Fassade, reiche Innenausstattung); S. Frediano (romanische Kirche des 12. Jh. über einem Bau vielleicht des 6. Jh., Fassaden-Mosaik »Thronender Christus mit Aposteln«, im Innern Taufbrunnen und Marmoraltar); Anfiteatro (in Häuser eingebaute Reste des römischen Amphitheaters mit einer 80 m langen und 53,5 m breiten Arena, der Piazza del Mercato); S. Maria della Rosa; S. Maria Forisportam (12. Jh., Lucchesischer Stil, im Innern antike Säulen); S. Giusto; S. Paolino (einzige Renaissancekirche der Stadt); S. Pietro Somaldi (13./14. Jh., Marmorreliefs); S. Francesco (13./14. Jh.); Case dei Guinigi (Stadtpaläste des 15. Jh. mit hohem Turm); Pal. Pretorio (15./16. Jh.); Pal. Bernardini (Renaissancepalast von 1512, von N. Civitali); Porta S. Gervasio (Stadttor mit zwei mächtigen Wehrtürmen); Museen: Pinacoteca Nazionale; Museo Nazionale (in der Villa Guinigi); Opera del Duomo; Umgebung: Bagni di Lucca (28 km nördlich, Thermalbad, salzhaltige Schwefelquellen)

Pietrasanta »Ambiente Culturale«: Marmorverarbeitung; Piazza del Duomo; Duomo e Battistero; S. Agostino

Forte dei Marmi Marmorlager und Festung Leopolds I., Großherzog der Toskana, 1788

Viareggio »Ambiente Naturale«: Ferienstadt am Tyrrhenischen Meer, wegen seines milden Klimas auch im Winter besucht; berühmt ist der Karneval mit riesigen Umzügen; Viale Lungomare (Uferpromenade)

Pistoia (PT)

Pistoia Zwischen Florenz und Pisa gelegen, was sich politisch und künstlerisch in der Stadtgeschichte und in den Bauten niederschlug; das römische *Pistoria;* Piazza del Duomo (Hauptplatz mit Dom, Glockenturm, Baptisterium, Pal. del Podestà und Pal. del Comune); Via Cavour; – Duomo (S. Zenone, romanischer Bau des 12./13. Jh. mit reichem Schmuck innen und außen, Vorhalle, Grabmal des Kardinals Forteguerri und Madonna von A. Verrocchio, Dossale di S. Jacopo, Silberaltar des 13./14. Jh. und weitere bedeutende Kunstwerke); Torre Campanaria (67 m hoher Turm, von 1200, umgebaut und ergänzt); Battistero (achteckige Taufkirche gegenüber dem Dom, mit Außenkanzel, Holztür); Pal. Pretorio (14. Jh., Arkadenhof); Pal. del Comune (öffentliches gotisches Bauwerk der Stadt von 1295–1385, Innenhof, im 14. u. 15. Jh. Ergänzungen); Ospedale del Ceppo (1277, geändert, Terracotta-Reliefs von Giovanni della Robbia: »Die sieben Werke der Barmherzigkeit«, Diözesanmuseum); S. Andrea (Säulenbasilika des 12. Jh., Kanzel von Giovanni Pisano, 1298–1301); S. Francesco (gotische Franziskanerkirche mit Kloster, 1294); Madonna dell'Umiltà (um 1500, Vorhalle und Kuppel von Vasari); S. Giovanni Fuorcivitas (romanische Kirche 1160–1170, Kanzel von Fra Guglielmo, 1270; Terracotta-Gruppe von Luca della Robbia); S. Paolo; S. Bartolomeo in Pantano; Museo Civico

Abetone »Ambiente Naturale«: beliebtes Skizentrum des Apennin

Collodi Giardino; Parco e Monumento Pinocchio (der bekannten Spielzeugfigur)

Montecatini Terme »Ambiente Naturale«: Kurbad mit Thermalquellen (seit 1300) und guten touristischen Einrichtungen; Parco delle Terme

Florenz/Firenze (FI)

Firenze (Florenz) An beiden Ufern des Arno gelegen, umgeben von den hügligen Ausläufern des Apennin; etruskische Siedlung, das römische *Florentia,* im Mittelalter Aufstieg als freie und unabhängige Stadt der Handwerker und Händler, innere Fehden zwischen Ghibellinen und Guelfen, bis die Familie der Medici die Herrschaft führte, zwischen 1250 und 1500 der kulturelle Mittelpunkt Italiens, hervorragend durch Dichter, Maler, Architekten und Bildhauer, reich an Kunstwerken wie kaum eine andere Stadt der Welt auf so begrenztem Raum, Sitz eines (Erz-)Bischofs und einer Universität; Piazza Duomo (Plätze um Dom, Campanile und Baptisterium, geistliches Zentrum der Stadt); Piazza della Signoria (Rathausplatz, weltliche, bürgerliche Mitte mit Neptunbrunnen und historischen Erinnerungen); Via Tornabuoni (Palazzi, Patrizierhäuser); Ponte Vecchio e Lungarni (Brücke über den Arno und Uferstraßen); Piazza SS. Annunziata (Platz vor der Kirche mit Reiterdenkmal Ferdinando I. von Giambologna); Giardino di Boboli (Park des Pal. Pitti); Piazzale Michelangelo (über der Stadt, Rundblick) und Viale dei Colli (6 km lange Panoramastraße); Cascine (Park am Arno); Forte Belvedere (Festungsplatz über der Stadt auf dem linken Arno-Ufer); – Duomo (Santa Maria del Fiore – die Blume der Lilie ist im Wappen von Florenz, der »Blühenden« –, eine der größten Kirchen der Welt, gotischer Bau, 1296 begonnen, 1436 geweiht; Kuppel des Brunelleschi, 1420–1434, 55,5 m Durchmesser, 91 m hoch im Innern; bedeutende Kunstwerke im strengen Innern, Unterkirche Santa Reparata); Battistero (Taufkirche S. Giovanni Battista, achteckiger Kuppelbau über frühchristlichem Bau, drei mit Reliefs reich geschmückte Bronzetüren, im Innern Mosaiken des 13./14. Jh.); Campanile di Giotto (14. Jh., 82 m hoher Glockenturm nach Plänen des Giotto mit reicher Außendekoration, verschiedenfarbiger Marmor, Skulpturen; Pal. Vecchio oder Pal. della Signoria (Rathaus, 1298–1314, von Arnolfo di Cambio erbaut, im 16. Jh. erweitert, Kunstwerke im Innern, darunter die Sala dei Cinquecento, Saal der Fünfhundert, 63 m lang, 22 m breit, 18 m hoch, Sitzungssaal des 500 Mitglieder zählenden Stadtrats, zinnenbewehrter Turm);

Loggia della Signoria oder dei Lanzi (Bogenhalle an der Piazza della Signoria, 1376–1382, für festliche Anlässe errichtet, im Innern Skulpturen); Orsanmichele (1284–1291 als Kornbörse errichtet, im 14. Jh. erneuert); – S. Maria Novella e Chiostro (gotische Dominikanerkirche, 1278–1350 errichtet, Marmorfassade mit typischer Gliederung, Renaissanceportal, Fresken wohl von Ghirlandaio, Kreuzgänge und Kapitelsaal, Cappellone degli Spagnoli); S. Croce e Cappella Pazzi (1295–1442, Franziskanerkirche in prachtvoller Bettelordenarchitektur, Fassade des 19. Jh., im Innern Grabdenkmäler berühmter Italiener, darunter von Dante und Michelangelo, Machiavelli und Rossini, Marmorkanzel von Benedetto da Maiano; am ersten Kreuzgang Cappella dei Pazzi von Brunelleschi, 1430; zweiter Kreuzgang ein Werk Brunelleschis), S. Trinità (gotische Kirche, mehrfach erneuert und umgestaltet); Ss. Apostoli; Pal. Strozzi (im Gesamt und in den Einzelheiten vollkommener Renaissancepalast der Florentiner Architektur, 1489–1536 nach Plänen von Benedetto da Maiano und Cronaca errichtet); Pal. Medici-Riccardi (Stadtpalast der Medici, 1444–1452 für Cosimo Medici erbaut, Hauskapelle mit Fresken von Benozzo Gozzoli, 1459–1463, Museo); Pal. Rucellai (1451); S. Lorenzo (nach 1421 über Kirche des 4./5. Jh. errichtet; Alte Sakristei von Brunelleschi, 1421–1428; Biblioteca Laurenziana mit kostbaren Handschriften und Drucken); Cappelle Medicee (bei S. Lorenzo, die von Michelangelo 1520–1524 als Grabkapelle der Medici errichtete Neue Sakristei, mit Statuen des Michelangelo, und die Fürstenkapelle, 1604–1610, Grabkapelle der Großherzöge der Toskana); S. Spirito (nach Plänen Brunelleschis 1436 begonnen, 1487 vollendet, Glockenturm von 1543); S. Maria del Carmine (Cappella Brancacci mit Fresken des Masaccio am Beginn der Renaissance, Vorbild für spätere Künstler); Pal. Pitti (1458 begonnen, mehrfach umgebaut und erweitert, im Innern Galleria Pitti); Ognissanti (1256 gegründet, mehrfach erneuert, Gemälde im Innern); Badia (im 10. Jh. gegründete Benediktinerkirche und -kloster, im Innern bedeutende Kunstwerke); Pal. del Podestà oder Bargello (1255 begonnen, Polizeiquartier und Gefängnis, Sitz des Museo); SS. Annunziata (13. Jh., im 15. Jh. von Michelozzo umgebaut); Ospedale degli Innocenti (Kinderspital, 1420–1445, von Brunelleschi, Terracotta-Medaillons von Andrea della Robbia); S. Marco (Dominikanerkirche, das 1437–1443 erbaute Dominikanerkloster wurde umgewandelt zum Museo di S. Marco); S. Miniato al Monte (11./12. Jh., Marmorfassade mit verschiedenfarbigen Inkrustationen, reiche Innenausstattung); Forte del Belvedere (1590–1595 angelegte Bastionen, Aussicht); Museen: Galleria degli Uffizi (eine der bedeutendsten Gemälde- und Kunstsammlungen der Welt, u.a. Werke von Cimabue, Buoninsegna, Giotto, Lippi, Pollaiuolo, Botticelli, Memling, Ghirlandaio, Signorelli, Perugino, Verrocchio, Leonardo da Vinci, Pontormo, Dürer, Cranach, Mantegna, Bellini, Carpaccio, Giorgione, Altdorfer, Holbein, Raffael, Michelangelo, Bronzino, Tizian, Parmigianino, Dossi, Bordone, Veronese, Tintoretto, Rubens, van Dyck); Galleria Pitti (von den Medici begründete Gemälde- und Kunstsammlung); Museo del Bargello (Skulpturen u. a. von Michelangelo); Appartamenti di Pal. Vecchio; Museo Archeologico (Werke der Etrusker); Museo di S. Marco im Dominikanerkloster (mit Werken des Fra Angelico); Museo dell'Opera del Duomo; Galleria dell'Accademia (Skulpturen des Michelangelo, David, der früher auf der Piazza della Signoria stand und dort durch eine Kopie ersetzt wurde); Cenacolo di S. Apollonia (Abendmahlssaal); Museo Mediceo (im Pal. Medici-Riccardi); Pal. Corsini (mit bedeutender privater Gemäldesammlung); Museo Archeologico (etruskische, römische Kunstwerke); Museo Bardini; Museo Horne; Museo Stibbert; Umgebung: S. Domenico di Fiesole und

Fiesole (6 km); Settignano (8 km); Certosa del Galluzzo (14. Jh., Kartäuserkloster, 6 km); Villa Medicea di Careggi (5 km)

Certaldo »Ambiente Culturale«: wahrscheinlicher Geburtsort des Dichters Boccaccio, 1313; mit Sicherheit kam dessen Vater von hier; die Altstadt heißt Castello, die Neustadt Borgo; Casa del Boccaccio und Pal. del Vicario (in der Altstadt, mittelalterliche Bauten)

Empoli Lebhafte Industriestadt, Glasbläsereien; verkehrsgünstige Lage schon im Mittelalter; Collegiata (Kirche vom Ende des 11. Jh., im 18. Jh. erneuert); Museo della Collegiata (Gemälde vom 14. bis 17. Jh.)

Fiesole »Ambiente Naturale«: bevorzugte Lage oberhalb von Florenz, Aussicht; Etruskersiedlung, dann das römische *Faesulae;* Duomo (S. Romolo, romanischer Bau des 11. Jh.); Teatro Romano; S. Domenico (Dominikanerkirche des 15. Jh.); S. Francesco (Franziskanerkirche und Kloster des 15. Jh.); Mura (mittelalterliche Stadtmauern); Museo Archeologico (etruskische und römische Funde); Umgebung: Badia Fiesolana (3 km, Abtei)

Impruneta »Ambiente Culturale«: Wohlstand durch entwickelte Landwirtschaft und Produktion von hochwertiger Keramik und Terracotta-Kunst; S. Maria dell'Impruneta (Turm des 13., Fassade des 17. Jh.)

Poggio a Caiano Villa Medicea für Lorenzo den Prächtigen, von Giuliano da Sangallo (15. Jh.)

Prato »Ambiente Culturale«: lange handwerkliche Tradition der Wollindustrie, entwickelte Verwertung von Stoffen; seit 1350 unter der Herrschaft von Florenz, aber mit Eigenständigkeit, mittelalterliche Stadtmauern, bedeutende Kunstwerke, vor allem der Frührenaissance; – Duomo (im 12. Jh. als romanische Kirche begonnen, 1317–1320 gotisch erneuert, Fassade des frühen 15. Jh., Außenkanzel von Donatello und Michelozzo, 1434–1438, wertvolle Ausstattung im Innern, Fresken von Filippo Lippi; Dommuseum); Pal. Pretorio (13. Jh., Sitz der Galleria Comunale mit Gemälden von Filippo und Filippino Lippi); S. Maria delle Carceri (Renaissance-Kuppelkirche über griechischem Kreuz, Hochaltar von Giuliano da Sangallo, 1512); Castello dell'Imperatore (Stadtburg, unter Kaiser Friedrich II. im 13. Jh. errichtet, erneuert)

Vallombrosa »Ambiente Culturale«: berühmte Benediktinerabtei

Livorno (LI)

Livorno An der Küste des Tyrrhenischen Meers, südlich der Arno-Mündung in der Nähe von Pisa gelegen; kleiner Hafen im Mittelalter, von den Pisanern benutzt, 1576 von Großherzog Cosimo I. Medici zum Haupthafen des Großherzogtums bestimmt und ausgebaut; lebhafte Hafenstadt mit großem Umschlag; Piazza Grande (Hauptplatz und Mittelpunkt der Stadt); Piazza della Repubblica (Standbilder toskanischer Großherzöge); Viale Italia; Monumento dei Quattro Mori (Denkmal Ferdinands I. mit vier Mauren von Pietro Tacca); Fortezza Vecchia (1520–1535, von Antonio da Sangallo); Duomo (1594 nach Plänen von Buontalenti); Fortezza Nuova; Synagoge (große jüdische Gemeinde seit dem 16. Jh.); Museo Civico; Umgebung: Santuario di Montenero (8 km)

Castiglioncello »Ambiente Naturale«: beliebter Badeort

Isola d'Elba, Insel Elba 10 km (1 Fährschiffstunde) vom Festland entfernt; bis zu 25 km lang und 18,5 km breit, unregelmäßige Form, die größte Insel des Toskanischen Archipels; Granit- und Porphyrgestein; Metallvorkommen, schon im Altertum den Etruskern und Römern bekannt; wegen der landschaftlichen Schönheit und des angenehmen Klimas im Sommer beliebte Ferieninsel; unter der Herrschaft von Pisa, Genua, Lucca und Spanien; der französische Kaiser Napoleon weilte hier nach seiner Entmachtung als Folge der Befreiungskriege im Zwangsaufenthalt vom 4. Mai 1814 bis zum 26. Februar 1815

Portoferraio (Elba) »Eisenhafen«; Casa di Napoleone (mit historischen Erinnerungen); Fortificazioni; Villa di Napoleone in S. Martino (mit historischen Erinnerungen) und Pinacoteca Foresiana (6 km)

Pisa (PI)

Pisa Auf beiden Ufern am Unterlauf des Arno gelegen; im Altertum etwa 3 km, jetzt wegen der Ablagerungen 10 km von dessen Mündung in das Tyrrhenische Meer entfernt; etruskisches Handelszentrum, die römische Kolonie *Pisae;* wurde im Wettstreit mit Genua, Venedig und der Seerepublik Amalfi um die Jahrtausendwende wichtige Handels- und Seemacht im Mittelmeer; Teilnahme an den Kämpfen gegen die Sarazenen und an den Kreuzzügen zur Gewinnung des Heiligen Landes; Sitz eines (Erz-) Bischofs, Universitätsstadt; wegen der Piazza del Duomo oder dei Miracoli mit Dom, Baptisterium, Camposanto und vor allem dem Schiefen Turm eines der ersten touristischen Ziele Italiens; – Piazza del Duomo (einer der eindrucksvollsten Plätze Italiens mit dem »wunderbaren« Dreigestirn der Dombauwerke); Piazza dei Cavalieri (Mittelpunkt der Altstadt, Marmorstatue des Großherzogs Cosimo I. von 1596); Lungarni (besonders schöne Uferstraße); – Duomo (1063–1118; romanische Basilika mit Querhaus und Kuppel aus weißem Marmor, um 1600 erneuert, reichgeschmückte Fassade mit Figuren, Galerien und Ornamenten, Bronzetüren der Portale; Kunstwerke im Innern, darunter die Kanzel von Giovanni Pisano, Grabmal Kaiser Heinrichs VII. und Bronzelampe); Campanile (von 1173 bis 1350 erbaut; »Schiefer Turm« wegen der schon beim Bau erfolgten und leicht korrigierten Absenkung in sumpfigen Untergrund, 55 m hoch, Neigung 2,25 m, Galilei unternahm von der Aussichtsplattform physikalische Versuche über die Fallgesetze); Battistero (1153–1278, romanischer Rundbau mit gotischen Ergänzungen, Kanzel von Nicolò Pisano, 1260); Camposanto (künstlerisch berühmter Friedhof; die Pisaner brachten dafür schon 1203 Erde aus Jerusalem; 1278–1283 von Giovanni di Simone in gotischem Stil errichtet, Hallenhof, 126 m lang und 52 m breit, Fresken von Benozzo Gozzoli, 1944 teilweise zerstört und restauriert); – S. Caterina (13. Jh., gotische Fassade); S. Zeno (romanische Klosterkirche des 12. Jh.); S. Francesco (13. Jh. mit Glockenturm und Fresken im Innern); S. Stefano dei Cavalieri (1565–1569, nach Plänen von Vasari, Marmorfassade); Pal. dei Cavalieri, Pal. della Carovana (1562, von Vasari); Pal. dell'Orologio (Uhrturm des 16. Jh.); S. Michele in Borgo; Pal. dei Medici (mittelalterlicher Palast, im 14. Jh. umgestaltet); S. Frediano (12. und 16. Jh.); S. Maria della Spina (kleine gotische Kirche, 1325); S. Paolo a Ripa d'Arno (romanische Kirche des 12./13. Jh.); S. Sepolcro (1153, achteckiger Bau, Turm); S. Martino; Museen: Museo Nazionale (im ehemaligen Kloster S. Matteo; Gemälde u. a. von Fra Angelico, Masaccio, Signorelli und Sodoma); Museo dell'Opera del Duomo; Umgebung: S. Piero a Grado (5 km, Basilika des 11. Jh.); Certosa di Pisa (13 km, Kartäuserkloster mit bedeutenden Kunstwerken)

San Miniato Auf drei Hügeln gelegen, mit schönen Ausblicken in die weite Ebene; strategisch wichtiges Verwaltungszentrum unter Römern, Langobarden und den Kaisern, Amtssitz der kaiserlichen Vikare für die Toskana; künstlerisch und geschichtlich bedeutende Kirchen und Paläste; Duomo (12./13. Jh.); Ss. Jacopo e Lucia (romanisch-gotische Kirche); Oratorio della Trinità oder della Misericordia (Renaissancebau mit Kunstwerken im Innern); Panorama

Volterra Im Hügelland der ›typischen‹ Toskana auf einer Höhe gelegen; berühmt wegen der handwerklich gelungenen, zuweilen kunstvollen Bearbeitung von Alabaster; schon als etruskische Stadt, *Velathri,* bedeutend, mit größerer Einwohnerzahl als heute; römisches *Municipium Volaterrae;* im Mittelalter freie Stadt, dann unter der Herrschaft von Florenz; Piazza dei Priori (Mittelpunkt der Stadt mit Pal. dei Priori); Pal. dei Priori (Rathaus, 1208–1254, mit Wappenschildern und zwei stattlichen Löwen, im Innern Pinacoteca); Duomo (vor 1120, 1254 erweitert, schönes Inneres); Battistero (achteckige Taufkirche S. Giovanni, 1283); Arco Etrusco in der 7km langen, zum Teil erhaltenen Stadtmauer); Case Medioevali di Via Buonparenti; Fortezza (»Rocca Vecchia«, »Femmina« – Alte Festung, Weibchen und »Rocca Nuova«, »Maschio« – Neue, Männchen, als Gefängnis dienend); Teatro (Römisches Theater aus der Zeit des Kaisers Augustus); Museen: Museo Diocesano d'Arte Sacra (Religiöse Kunst); Museo Etrusco Guarnacci (eine der reichsten etruskischen Sammlungen der Toskana mit Funden meist aus der Umgebung); Pinacoteca (wertvolle Gemälde von mittelitalienischen Künstlern); Umgebung: Balze (2 km, Aufbrüche im Boden, Abbrüche der Abhänge, Schluchten, die trotz der Gefährlichkeit von großem landschaftlichen Reiz sind)

Arezzo (AR)

Arezzo Das römische *Aretium,* Geburtsstadt des Dichter-»Mäzen« C. Maecenas, eines Freundes des Kaisers Augustus, des Musikers Guido von Arezzo, des Erfinders des Notensystems, 990–1050, des Dichters Petrarca, 1304–1374, des Satirikers Pietro Aretino, 1492–1556, und des Baumeisters und Malers Vasari, 1511–1574; bedeutende Kirchen, Paläste und einzelne Kunstwerke; mittelalterlich-enge Gassen, Plätze und Treppen; lebhafte Wirtschaftsstadt mit Industrien, Handel und Verkehr; – Piazza Grande (Hauptplatz der Altstadt an der Apsis der Kirche S. Maria della Pieve, mit dem Pal. della Fraternità dei Laici, Pal. del Tribunale, dem Gericht, und dem Pal. delle Logge; Schauplatz des mittelalterlichen Lanzen-Wettkampfs Giostra del Saracino); Corso Italia (Hauptstraße durch Altstadt und neuere Viertel); – S. Francesco (14. Jh., im Innern die berühmten Fresken von Piero della Francesca, »Legenden vom Hl. Kreuz«, 1452–1466); Pieve di S. Maria (11.–13. Jh., romanische Fassade, Turm von 1333); Pal. Pretorio (1322, im 17. Jh. erheblich verändert, Stadtbibliothek); Casa del Petrarca (wohl Geburtshaus des Dichters); Duomo (1277 begonnen, mehrfach ergänzt und verändert, im Innern bedeutende Kunstwerke, darunter im Hochaltar Arca di San Donato, Grabmal); S. Domenico (13. Jh., Bettelordenarchitektur, im Innern Fresken); Casa del Vasari (16. Jh.); Pal. Bruni-Ciocchi (Frührenaissancestil um 1450); Chiesa di Badia (Abteikirche, 16. Jh.); Museen: Galleria e Museo Medioevale e Moderno (einheimische Künstler); Museo Archeologico Mecenate (im ehem. Kloster San Bernardo, etruskische Funde); Umgebung: S. Maria delle Grazie (15 Min. südlich der Stadt; Schutzmantelmadonna, 15. Jh.)

Camaldoli »Ambiente Naturale«: inmitten der dichtbewaldeten Berge des Casentino in 800 m Höhe gelegen; Stammkloster der Kamaldulenser, von dem Benediktinermönch Romuald um 1000 gegründet; Monastero, Kloster in Camaldoli (Konvent, Kirche und Pilgerhospiz); Eremo (3 km weiter, höher; Kirche und Mönchszellen, mehrfach verändert) – alles von großer suggestiver Kraft

Cortona »Ambiente Naturale«: ›malerisch‹ auf einem Hügel nördlich des Trasimener Sees gelegen; eine der 12 Bundesstädte der Etrusker, römische Kolonie, reich an Kunstwerken; Piazza della Repubblica (Zentrum der Stadt mit Pal. del Popolo, 14. Jh. und Pal. Comunale); Pal. Pretorio (an der Piazza Signorelli, 13. Jh. begonnen, in der Renaissance umgebaut, im Innern die Accademia Etrusca); S. Domenico; Pal. Comunale (13. Jh., umgebaut); – Duomo (1445–1516, von Giuliano da Sangallo über einer romanischen Kirche, im Innern Kunstwerke, Säulen, Altäre); S. Francesco (Franziskanerkirche des 13. Jh.); S. Domenico (Dominikanerkirche des frühen 15. Jh.);

Fortezza Medicea (Festung der Florentiner Medici, Eckpfeiler der Stadtmauer, 16. Jh.); Museen: Museo Diocesano (mit Werken von Fra Angelico, Pietro Lorenzetti und Luca Signorelli, der 1441/50 in Cortona geboren wurde); Museo dell'Accademia Etrusca (im Pal. Pretorio; bedeutende etruskische Funde, meist der Umgebung); Umgebung: Santuario di S. Margherita (Wallfahrtskirche des 19. Jh.); Madonna del Calcinaio (30 Min., Renaissancekirche, Marienbild)

Monte San Savino Loggia dei Mercanti (Bogenhalle)

Sansepolcro Kleine Industrie- und Handelsstadt im oberen Tibertal; Duomo (S. Giovanni Evangelista, vom 11. Jh., mehrfach verändert); S. Francesco (Franziskanerkirche, Fassade und Campanile des 13. Jh., im Barock verändert); Fortezza Medicea (Festung des 16. Jh.); Pinacoteca Comunale (Gemälde von Piero della Francesca, 1416–1492)

Siena (SI)

Siena Mittelalterliche Hügelstadt, auf drei in der Mitte zusammenkommenden Bergrücken gelegen; Unabhängigkeit nach 1115, durch handwerkliche Tüchtigkeit und Händlergeschick wirtschaftlicher Aufschwung, politische Gegnerschaft zu Florenz, durch die Pest von 1348 geschwächt; Blütezeit im 13. und 14. Jh., aus dieser Zeit vor allem Kirchen, Paläste und Kunstwerke; – Piazza del Campo (Hauptplatz der Stadt, große von Palästen eingefaßte ›Muschel‹, Schauplatz des im Juli und August stattfindenden Palio, eines Pferdewettkampfes der einzelnen Contrade, Stadtviertel); Via di Città Banchi di Sopra und Banchi di Sotto (Hauptstraßen mit alten Palästen); Piazza del Duomo (Plätze um Dom, Baptisterium und Dommuseum); Lizza (Parkanlage); – Pal. Pubblico (großartiges gotisches Rathaus aus Travertinblöcken und Backsteinen, von 1288 bis 1309 errichtet, 1680 ergänzt, gekrönt von der 102 m hohen Torre del Mangia, dem von 1338–1349 erbauten Turm; wertvolle Fresken im Innern, darunter »Die gute und die schlechte Regierung« von Ambrogio Lorenzetti, 1337–1343; Museo Civico); Cappella di Piazza (Loggia vor der Fassade); Loggia della Mercanzia (Handelsgericht, 1417–1438, am Treffpunkt der drei Hauptstraßen); Pal. Chigi-Saracini (14. Jh., Sitz der Chigi-Musikakademie); – Duomo (1229 begonnen, die größeren Pläne für den größten und schönsten Dom Italiens wurden wegen der Pest von 1348 nicht verwirklicht; 89 m lang, 24 m breit, Querschiff 51 m, Fassade von 1380 in rotem, schwarzem und weißem Marmor mit reichem Skulpturenschmuck; reiche Innenausstattung: Marmorfußboden, Kanzel von Nicolò Pisano, 1266–1268; Libreria Piccolomini, Fresken des Pinturicchio über das Leben Papst Pius' II.); Battistero (S. Giovanni, Unterkirche unter dem Dom, Fassade, im Innern Taufbrunnen von Jacopo della Quercia und Donatello, 15. Jh.); Campanile (Ende des 14. Jh.); Ospedale di S. Maria della Scala (Spital des 13. Jh. gegenüber dem Dom); Pal. Buonsignori (gotischer Palast des 15. Jh. mit Pinacoteca Nazionale); Pal. del Magnifico (Anfang des 16. Jh.); S. Agostino (Gemälde im Innern); Pal. Piccolomini; Pal. Spannocchi (Bau der Frührenaissance von Giuliano da Maiano); Pal. Salimbeni (Stadtpalast der »Monte dei Paschi di Siena«, einer der ältesten Banken der Welt); S. Maria dei Servi (gotische Basilika); S. Francesco (15. Jh., gotisch); Oratorio di S. Bernardino (Fresken von Sodoma); Pal. Tolomei; S. Domenico (festungsartige, gotische Backsteinkirche der Dominikaner, 1293–1391, zinnenbewehrter Glockenturm, in der Cappella di S. Caterina Fresken von Sodoma); Santuario di S. Caterina (Geburtshaus der hl. Katharina von Siena, 1347–1380); S. Maria del Carmine; S. Maria delle Nevi (mit Frührenaissancefassade); Chiesa di Fontegiusta (Hochaltar der Hochrenaissance); Fonte Branda (dreibogige Brunnenhalle, 1242); Porta Camollia; Museen:

Quartiere monumentale del Pal. Pubblico e Museo Civico (siehe Rathaus); Museo dell'Opera del Duomo (bedeutende Gemälde, vor allem die »Maestà« des Duccio di Buoninsegna); Pinacoteca Nazionale (im Palazzo Buonsignori); Museo Etrusco (etruskische Funde); Umgebung: Convento dell'Osservanza (2,5 km)

Abbazia di Monte Oliveto Maggiore Eines der berühmtesten, in der Gesamtanlage und in einzelnen Kunstwerken eindrucksvollsten Klöster Italiens der Benediktinerkongregation der Olivetaner, 1313 von dem Sieneser Bernardo Tolomei gegründet; Fresken von Signorelli und Sodoma (Anfang des 16. Jh.)

Chianciano Terme »Ambiente Naturale«: bekannter Kurort mit Thermalquellen, die schon Etruskern und Römern (Horaz) bekannt waren; gute Einrichtungen

Chiusi In schöner Lage am südlichen Ende der Valdichiana gelegen; umbrischen Ursprungs, bedeutende Stadt der Etrusker, das römische *Clusium,* im Mittelalter umkämpft, mit wechselvoller Geschichte; Duomo (S. Secondiano, Bau des 13. Jh. über einer Kirche des 7. Jh., Campanile); Museo Archeologico oder Nazionale Etrusco (reiche etruskische Funde meist aus der Umgebung); Tombe Etrusche (in der näheren und weiteren Umgebung etruskische Grabanlagen, Tomba del Colle, Tomba della Scimmia, des Affen, Tomba delle Pellegrina)

Colle di Val D'Elsa Mittelalterliche Oberstadt, Colle Alta, mit Resten des Mauerrings aus dem 13. Jh.; Duomo (Marmorkanzel des 15. Jh.); S. Agostino; Pal. Campana; Via del Castello (Weg zur Burg)

Montalcino Etruskische und römische Siedlung; alte Weinkultur, besonders wegen des Rotweins, »Brunello di Montalcino«, bekannt; mittelalterliches Stadtbild mit Kirchen, Burg und Stadtmauern

Montepulciano Etruskische und römische Siedlung; Piazza Grande (Hauptplatz der Hügelstadt mit Dom, Pal. Comunale, Pal. Contucci, Pal. Tarugi und Pal. della Pretura); – Duomo (1592–1630 über einem Vorgängerbau, dessen Campanile blieb, unvollendete Fassade, im Innern bedeutende Kunstwerke z. B. der Bildhauerkunst); Pal. Comunale (14./15. Jh., Renaissancebau des Florentiner Architekten Michelozzo, stolzer Turm); Pal. Tarugi (15./16. Jh., Sangallo d. Ä. oder Vignola zugeschrieben); Palazzi in der Via Roma und Via Cavour; S. Agostino (1427, Renaissancefassade von Michelozzo); Museo Civico; S. Biagio (1518–1545 als Wallfahrtskirche für ein Marienbild von Antonio da Sangallo d. Ä. erbaut, eindrucksvolles Ambiente, reiche Innenausstattung)

Pienza Stadt des Papstes Pius II. (1458–1464), des Enea Silvio Piccolomini (geb. 1405), der seine Geburtsstadt Corsignano mit kunstvollen Bauten schmückte und ihren Namen änderte; Piazza Pio II (Hauptplatz mit Dom, Pal. Piccolomini, Pal. Ammanati, Pal. Comunale, Pal. Vescovile, Museo und Brunnen); Cattedrale (S. Maria Assunta, 1459–1462 nach Plänen von Rossellino über einer romanischen Marienkirche erbaut, Elemente der Renaissance und der gotischen Hallenkirche, im Innern wertvolle Kunstwerke); Pal. Piccolomini (1462, Fassade aus sorgfältig behauenen Quadern, Innenhof, Portikus, Loggien, ›hängende Gärten‹); S. Francesco; Museo Diocesano (religiöse Kunst); Pieve di Corsignano (10 Min.)

San Galgano Eindrucksvoll im Hügelland am Fuß des Monte Siepi gelegen; einziges Zisterzienserkloster in der Toskana; Abbazia di San Galgano (Kloster und Kirche, 1218 gegründet, Niedergang seit dem 16. Jh. bis zum Verfall und Einsturz; imponierende Außenmauern der alten Kirche; die 69 m lange Kirche noch in den Ruinen als mustergültiges Beispiel strenger Zisterziensergotik erkennbar)

San Gimignano Weithin sichtbare Lage im hügligen Weinland mit klarer, von Türmen konturierter Silhouette; im Mittelalter

Aufschwung wegen der durch den Ort und über die Hügel führenden »Frankenstraße«; Wohlstand und politische Unabhängigkeit durch Handel; innere Rivalitäten, die sich im Bau immer höherer Wehrtürme der adligen Familien ausdrücken; als der Verkehr die bequemeren Straßen in den Flußtälern bevorzugte, begann der Niedergang; – Piazza della Cisterna (stimmungsvoller Hauptplatz mit kunstvollem Pflaster und verschiedenen alten Palazzi); Piazza del Duomo (mit der Pfarrkirche S. Maria Assunta); Collegiata S. Maria Assunta (dreischiffiger romanischer Bau des 12. Jh. über hoher Freitreppe, 1456 von Giuliano da Maiano erweitert; im Innern Fresken, vor allem der Zyklus von Barna da Siena, 14. Jh.); Pal. del Popolo (links neben der Collegiata, 1288–1323, mit der Torre Grassa, dem mit 54 m höchsten Turm der Stadt; im Innern Museo Civico und Pinacoteca); Pal. del Podestà (mit 51 m hohem Turm, der »Rognosa«); Torri Salvucci (zwei Türme); Via S. Matteo (mit alten Palazzi); S. Agostino (1280–1298, strenger Backsteinbau der Bettelordenarchitektur für Augustiner-Chorherren, wertvolle Innenausstattung); mittelalterliche Mauern und Tore; Rocca (Festung auf dem höchsten Punkt der Stadt, 1353 angelegt, 1555 geschleift); Museen: Pinacoteca Civica (wertvolle Gemälde, u. a. Werke von Pinturicchio und Filippo Lippi); Museo d'Arte Sacra (religiöse Kunst); Museo Etrusco (etruskische Funde der Umgebung)

San Quirico d'Orcia Über den Flußtälern von Orcia und Asso gelegen; im Mittelalter Amtssitz eines kaiserlichen Vikars; Collegiata (13. Jh. über Vorgängerbau des 8. Jh., romanisches und gotisches Portal)

Grosseto (GR)

Grosseto In der Schwemmlandebene des Flusses Ombrone gelegen; wechselvolle Geschichte an der Via Aurelia; Piazza Dante (Hauptplatz der Altstadt); Duomo (S. Lorenzo, 1294–1302, auf den Grundmauern einer älteren Kirche, mehrfach erneuert)

Ansedonia Reizvoller Villenort gegenüber der Halbinsel des Monte Argentario; etruskische und römische Siedlung, antike Stadt *Cosa;* Rovine di Cosa (1,5 km lange Ringmauern, 18 Türme); Tagliata etrusca (etruskischer Einschnitt, ein in den Tuffstein gehauener Abzugskanal, der noch heute seinen Zweck erfüllt)

Massa Marittima 20 km vom Meer entfernt, in der Nähe der Maremmen im erzhaltigen Hügelland der Colline Metallifere gelegen; wechselvolle Geschichte aufgrund der militärischen Bedeutung; Duomo (S. Cerbone, 1228–1304, in romanischen und gotischen Formen, Fassade von Giovanni Pisano, Hauptportal, Kunstwerke im Innern, in der Krypta kunstvoller Schrein des hl. Cerbonius); Pal. Pretorio (romanischer Bau aus Travertin, mehrfach verändert und erweitert); Pal. Comunale (Travertinbau aus mehreren romanischen Wohntürmen); Fortezza dei Senesi (Festung); S. Agostino (romanisch-gotische Kirche, 1299–1313); Museo Civico

Pitigliano Zwischen drei Flußschluchten auf gelblich rotem Tuff-Felsen in festungsartiger Lage; im Tuff Grabkammern und Weinkeller; mittelalterliches Stadtbild; Pal. Orsini (14.–16. Jh.); Borgo Medioevale

Sorano »Ambiente Culturale«: Unzählige etruskische Gräber; Fortezza degli Orsini

Sovana Mittelalterliche Häuser und Gassen, einst Sitz eines Bischofs, von Adelsfamilien umkämpft; Geburtsort Papst Gregors VII., 1073–1085, des Gegenspielers Kaiser Heinrichs IV.; »Gang nach Canossa«; Cattedrale (S. Pietro e Paolo); S. Maria (12. Jh.)

Vetulonia Als *Vatluna* Mitglied des etruskischen Zwölf-Städte-Bundes; Necropoli etrusca (Totenstädte und Grabanlagen der Etrusker)

Umbrien/Umbria

Perugia (PG)

Perugia Etwa 300 m über dem Tibertal auf Hügeln gelegen; eine der 12 Bundesstädte der Etrusker, *Perusia;* römische Militärkolonie *Augusta Perusia;* im 14. und 15. Jh. mächtigste Stadt Umbriens, Teil des Kirchenstaats, seit 1276 Universität, Sitz eines (Erz-)Bischofs; hervorragende Kunstwerke, Kirchen und Paläste; – Piazza IV Novembre, auch Piazza del Duomo (zwischen dem Dom und dem Palazzo dei Priori mit der Fontana Maggiore); Corso Vannucci (Hauptstraße der Altstadt, benannt nach dem bedeutendsten Künstler der Stadt, Pietro Vannucci, dem »Perugino«); Belvedere di Piazza Italia (Aussichtsterrasse; Panorama über die umbrische Landschaft; daneben Pal. della Prefettura); Piazza Matteotti (mit Pal. del Capitano del Popolo und Alter Universität); Via dei Priori, Via della Cupa, Via delle Volte (mittelalterliche Straßen, Gassen und Plätze mit würdigen Palazzi und Stadthäusern); – Pal. dei Priori (eines der schönsten gotischen Rathäuser, 1281–1333; im Innern, 3. Stock, die Galleria Nazionale dell'Umbria); Fontana Maggiore (der schönste mittelalterliche Brunnen Italiens, ein Kosmos im kleinen, 1275–1278 von Fra Bevignate entworfen, von Nicola und Giovanni Pisano mit Reliefs und Statuen geschmückt); Collegio del Cambio (Wechslerbörse, Bank, von 1452, im Hauptsaal Freskenzyklus von Perugino, um 1500); Collegio della Mercanzia (Versammlungssaal der Tuchhändler mit kostbarer Holztäfelung und Innenausstattung); Cattedrale (S. Lorenzo, gotische Hallenkirche, 1345–1490, an der linken Seitenwand außen über der Treppe Kanzel des 15. Jh. und ein Bronzedenkmal Papst Julius III., 1555; im Innern einige wertvolle Kunstwerke, Cappella di S. Bernardino, Chorgestühl); – Oratorio di S. Bernardino (1457–1461, Frührenaissancefassade aus Marmor und Terracotta); Arco Etrusco oder d'Augusto (zum Teil etruskisches Bauwerk mit Inschrift aus der römischen Kaiserzeit); Pal. Gallenga (18. Jh., Sitz der Ausländer-Universität); S. Agostino; S. Angelo (frühchristliche Rundkirche des 5. oder 6. Jh. mit antiken Säulen); Madonna di Monteluce; S. Severo (ehemaliges Kloster, Fresko »Dreifaltigkeit« von Raffael und Perugino); Porta Marzia (Stadttor, Eingang zur ehemaligen Festung, der Rocca Paolina des 16. Jh.); S. Domenico (1304 begonnen, im 17. Jh. verändert, mit 23 m x 9 m großem Fenster); Porta S. Pietro (altes Stadttor, 1475 umgestaltet); S. Pietro (dei Cassiensi; frühchristliche Basilika, im 12. Jh. verändert, im Innern 18 antike Säulen, Chorgestühl, Gemälde); S. Giuliana; Mura (von der 2800 m langen etruskischen Stadtmauer sind einige Teile erhalten); Museen: Galleria Nazionale dell' Umbria (wertvolle Gemälde, besonders mit religiösen Themen, vor allem Werke der »umbrischen Schule«, darunter Perugino und Pinturicchio); Museo Archeologico Nazionale dell'Umbria (neben S. Domenico; etruskische und römische Funde); Museo dell'Opera del Duomo (wertvolle Meßgewänder, Skulpturen und Gemälde); Umgebung: Ipogeo dei Volumni (5 km, etruskische Grabanlage der Volumnier aus dem 2. Jh. v. Chr.)

Assisi Aussichtsreiche Lage in 425 m Höhe am Abhang eines Hügels des Monte Subasio, zum Teil auf künstlichen Substruktionen erbaut; das altrömische *Asisium;* Handwerks- und Handelstraditionen im Mittelalter; berühmt vor allem als Geburtsstadt des Francesco di Bernardone, des hl. Franziskus, zu dessen Ehren die bedeutendsten Kunstwerke der Stadt, vor allem die Kirchen von S. Francesco mit ihren Fresken, geschaffen wurden, deshalb ist das Städtchen eine der besuchtesten Wallfahrtsstätten Italiens; wegen seines mittelalterlichen Stadtbildes und der hervorragenden Kunstschätze auch Ziel zahlreicher Touristen; – Piazza S. Francesco; Via S. Francesco;

Piazza del Comune; Via Fontebella; Via di Porta Perlici; – S. Francesco: Kloster (13. Jh., im 15. Jh. erneuert und erweitert) und Doppelkirche über dem Grab des hl. Franziskus – Unterkirche mit spätromanischen Gewölben und bedeutenden Fresken verschiedener Künstler, darunter Cimabue, Giotto, Simone Martini, Piero und Ambrogio Lorenzetti (Cappella di S. Caterina und Cappella di S. Martino) – Oberkirche (an den Längsseiten 28 Fresken mit Darstellungen aus dem Leben des Francesco von Giotto und seinen Schülern; im Querschiff u. a. Fresken von Cimabue) – Krypta, Kreuzgang und Kirchenschatz (Tesoro di S. Francesco); S. Chiara (1257–1265, in der Krypta Grab der hl. Klara, einer Anhängerin des Franziskus und Gründerin des Klarissenordens); Duomo (S. Rufino, 1144–1228, romanische Fassade, Glockenturm, im Innern Taufbecken, über dem Francesco, Chiara und der spätere Kaiser Friedrich II. Ende des 12. Jh. getauft wurden); S. Pietro; Tempio di Minerva (römischer Tempel aus dem 1. Jh. n. Chr., umgewandelt in die Kirche S. Maria sopra Minerva); Anfiteatro Romano (Amphitheater aus römischer Zeit); Rocca Maggiore (mittelalterliche Burg); Pinacoteca e Museo Civico (im Pal. Comunale oder dei Priori); Umgebung: S. Damiano (2 km, von Franziskus gestiftet); S. Maria degli Angeli (4 km; Kuppelkirche des 16./17. Jh. über der Betkapelle und der Sterbezelle des Franziskus, der Portiuncula; mit historischen und frommen Erinnerungen); Eremo delle Carceri (4 km, Einsiedlerort des Heiligen)

Bevagna »Ambiente Culturale«: mittelalterliches Stadtbild; Piazza S. Silvestro, Hauptplatz das Städtchen mit den Kirchen S. Silvestro (Ende des 12. Jh., Schmuckstück der romanischen Architektur Umbriens) und S. Michele (Ende des 12. Jh., erneuert und umgewandelt) und Pal. dei Consoli (mit breiter Freitreppe und Loggia im Erdgeschoß, um 1270)

Città della Pieve Etruskische und römische Siedlung, Geburtsort des Perugino; Duomo (12. Jh., später erneuert und umgewandelt); S. Maria dei Bianchi (Fresko des Perugino)

Città di Castello Wechselvolle, ruhmreiche Geschichte; Raffael schuf hier bedeutende Jugendwerke: »Sposalizio di Maria« (heute Mailand) und »Kreuzigung« (heute London); Pal. Comunale (gotisches Rathaus); Pal. del Podestà (mittelalterlicher Palast, im 17. Jh. umgestaltet); Duomo (11.–15. Jh., im Innern bedeutende Kunstwerke); S. Francesco (Franziskanerkirche des 13. Jh., reiche Innenausstattung); S. Domenico (Dominikanerkirche des Mittelalters); Pinacoteca Comunale

Clitunno (Fonti del) Quellen des Clitumnus; Fonti; Tempietto del Clitunno (Tempel der Antike, umgewandelt in eine dem Erlöser geweihte Kirche)

Foligno »Ambiente Naturale«: inmitten der fruchtbaren Valle Umbra, der umbrischen Ebene gelegen; das römische *Fulginium* an der Via Flaminia; mehrfach zerstört; traditionsreich, unter den Industrien ist das Druckgewerbe hervorzuheben; Piazza della Repubblica (Hauptplatz der Altstadt); Duomo (S. Feliciano, ein Bau aus vielen Jahrhunderten, romanische Fassade, in der Unterkirche Säulen des 9. Jh.); Pal. Trinci (mit Biblioteca, Museo und Pinacoteca); S. Maria Infraportas (Vorhalle des 11./12. Jh.); Nunziatella; Umgebung: Abbazia di Sassovivo (6 km; Benediktinerkloster des 11. Jh., verändert, mit romanischem Kreuzgang)

Gubbio Am Abhang der Berge Monte Calvo und Monte Igino über einer fruchtbaren Ebene gelegen; das römische *Iguvium;* Piazza Quaranta Martiri (in der Unterstadt mit der Kirche S. Francesco und Blick auf die Oberstadt); Piazza della Signoria (Zentrum der Altstadt mit Pal. dei Consoli und Pal. Pretorio); Via Baldassini und Via dei Consoli (mittelalterliche Straßen mit alten Stadthäusern); – Pal. dei Consoli (1332–1346, von Gattapone, gotischer Stadtpalast mit Museo Civico und Pinacoteca Comunale); Pal. Ducale (1476–1480, nach dem Vorbild des Hofes von Urbino); Duomo (12./13. Jh., im Innern einige wertvolle Gemälde); S. Francesco (gotische Franziskanerkirche); S. Giovanni; S. Domenico; S. Agostino; Teatro Romano; Umgebung: S. Ubaldo (5 km oder Seilbahn); Monte Ingino (906 m hoch)

Montefalco In weiter Aussichtslage über der Valle Umbra; im Mittelalter Verwaltungszentrum; S. Francesco (umgewandelt in die Pinacoteca, eine herausragende Sammlung von Fresken und Gemälden umbrischer Meister, darunter Melanzio, Perugino und Benozzo Gozzoli); S. Agostino; S. Chiara; S. Illuminata; San Fortunato (etwas außerhalb, 10 Min.; 15. Jh. mit Cappella di S. Francesco)

Norcia Schön in einer Ebene gelegen, doch mehrfach von Erdbeben schwer beschädigt; alte Siedlung der Sabiner und Römer, Geburtsort des hl. Benedikt, des Begründers des abendländischen Mönchswesens und des Benediktinerordens; S. Benedetto (13.–15. Jh.); Pal. Comunale (mittelalterliches Rathaus mit Loggia des 19. Jh.); Castellina (1560, von Vignola); S. Francesco

Spello Das römische *Hispellum,* mittelalterliche Stadt mit Auf- und Abgängen; romanische Ruinen (Mauer, Porta Consolare aus der Zeit des Augustus, Porta Venere aus römischer Kaiserzeit); S. Maria Maggiore (12./13. Jh.); S.Andrea (13. Jh., Tafelgemälde des Pinturicchio); Belvedere (Panoramablick); Umgebung: San Claudio und Chiesa Tonda (20 Min.)

Spoleto Über dem Flußtal des Tessino und der Umbrischen Ebene gelegen; alte Siedlung der Umbrer und Römer, *Spoletium* an der Via Flaminia, wechselvolle Geschichte; Hauptstadt des langobardischen Herzogtums, des Dukats Spoleto; heute Ort des Kunstfestivals »dei Due Mondi«, der Zwei Welten); – Piazza del Duomo (Hauptplatz vor dem Dom und dem Pal. Comunale); Corso Mazzini, Piazza del Mercato (Ehrenbogen des Drusus und des Germanicus), Piazza Campello (mittelalterliche Straßen und Plätze mit alten Stadthäusern); Via del Ponte (zur Römerbrücke); Viale Matteotti; Giardini Pubblici (öffentliche Parkanlage); – Duomo (S. Maria Assunta, 1067 begonnen, im 12. Jh. erneuert, Fassade mit Mosaik, im Innern Fresken, u. a. von Filippo Lippi, dessen Grab sich hier befindet); S. Eufemia (vielleicht 10. Jh.); S. Domenico; S. Gregorio Maggiore; Ponte delle Torri (im 14. Jh. über einem römische Aquädukt erbaut, 81 m hoch, 230 m lang, 10 Bögen, Fußgängerüberweg); Arco di Druso (an der Piazza del Mercato); Teatro Romano; Ponte Sanguinario (Reste einer 24 m langen und 10 m hohen Römerbrücke; Mura antiche (Via Cecili); Pinacoteca Civica; Museo Civico; Umgebung: S. Pietro (15 Min., in der Nähe des Ponte delle Torri, im 5. Jh. gegründet, im 14. erneuert, Fassade mit kostbaren Reliefs vom 11./12. Jh.); S. Salvatore (15 Min., beim Camposanto, wohl Ende des 4. Jh. in einem römischen Tempel errichtet); Monteluco (8 km, 830 m hoch; Wallfahrtsstätte, Franziskanerkloster)

Todi Hoch auf einem Bergrücken über dem Tibertal; das *Tuder* der Umbrer; umbrisch-etruskische, römische und mittelalterliche Zeugnisse der Kunst und Geschichte; Piazza del Popolo (Hauptplatz der Altstadt mit Dom, Pal. dei Priori, Pal. del Popolo und Pal. del Capitano, eindrucksvollen alten Palästen); – Duomo (11.–15. Jh., im Innern beachtenswerte Kunstwerke, würdige Krypta mit Altertümern); Pal. dei Priori oder del Podestà (13./14. Jh.); Pal. del Capitano (mit Pinacoteca); S. Fortunato (gotische Kirche vom 13./14. Jh., unvollendete Fassade, doch schönes Mittelportal, im Innern einige wertvolle Kunstwerke); S. Maria della Consolazione (Kuppelbau, eine der schönsten Renaissancekirchen Umbriens von Matteucci da Caprarola, 1508 vollendet)

Trevi Das römische *Trebiae,* mittelalterliche Stadt auf einem Hügel über der Valle

Umbra; S. Francesco (13. Jh., Fresken); S. Emiliano (10. Jh. Renaissancefassade); Pal. Comunale (14. Jh., verändert, mit Pinacoteca Comunale); Umgebung: S. Martino (14. Jh.); Madonna delle Lacrime (2 km, Renaissancekirche mit Fresko von Perugino); Fonti del Clitunno (9 km)

Terni (TR)

Terni Wechselvolle Geschichte seit dem Altertum; S. Francesco (gotische Franziskanerkirche von 1265, Apsis, Campanile von 1445); S. Salvatore (sehr alter Rundbau mit Kuppel, Fresken des 14. Jh.); Umgebung: Cascata delle Marmore (8 km, 271 v. Chr. von den Römern geschaffener, also künstlicher Wasserfall); Piediluco (14 km)

Abbazia di San Pietro in Valle Unter der Langobardenherrschaft im 8. Jh. gestiftetes Kloster; Chiesa (romanische Klosterkirche, Fresken, Marmorarbeiten); Campanile, Chiostro

Amelia Uralte Stadt, 12. Jh. v. Chr.; Mura Megalitiche (Stadtmauern ›aus grauer Vorzeit‹); Duomo (romanischer, zwölfeckiger Turm); S. Francesco (gotische Fassade)

Narni Wechselvolle Geschichte wegen der Lage an der Via Flaminia; Duomo (romanische Kirche mit Renaissancefassade); Piazza dei Priori (Hauptplatz der Altstadt); Pal. Comunale oder del Podestà (13. Jh., im Innern Pinacoteca mit Gemälde von Ghirlandaio); S. Domenico (12. Jh.); Rocca (1370 von Kardinal Albornoz, dem Heerführer des Kirchenstaats errichtet, verändert); Ponte di Augusto (1,5 km, Reste einer 128 m langen, 30 m hohen vierbogigen Brücke der römischen Kaiserzeit)

Orvieto Hoch aufragend auf einem Tuffblock über dem Tal des Paglia; hochwertige Agrarprodukte, bekannt der Weißwein; von Etruskern gegründet, das römische *Urbibentum* oder *Urbs vetus,* wechselvolle Geschichte im Mittelalter; – Piazza della Repubblica; Via Ripa Serancia; Via della Cava; Piazza del Popolo; Fortezza (mittelalterliche Straßen, Gassen und Plätze mit alten Stadthäusern); Duomo (eine der großartigsten gotischen Kirchen Italiens, aus schwarzem Basalt und hellem Kalkstein, 1285 begonnen, 1309 eingeweiht; Fassade 14.–16. Jh., reich mit Reliefs, Skulpturen, Ornamenten und Mosaiken geschmückt; im Innern viele Kunstwerke, vor allem in der Cappella Nuova Fresken von Signorelli, »Jüngstes Gericht«, in der Cappella del Corporale Reliquienschrein mit dem blutgetränkten Kelchtuch des Fronleichnamswunders von Bolsena); Pal. dei Papi (13. Jh., im Innern Museo dell'Opera del Duomo); Pal. del Popolo (12. Jh., Glokkenturm); Torre del Moro; Pozzo di S. Patrizio (61 m tiefer Brunnen mit zwei Schneckentreppen für Lasttiere); S. Andrea (11. Jh., zwölfeckiger Turm); S. Lorenzo; S. Giovenale; S. Domenico, Museo dell'Opera del Duomo (Gemälde und Skulpturen des Domes); Museo Faina; Umgebung: Necropoli Etrusca (2 km, Etruskische Gräberanlage)

Marken / Marche

Pesaro-Urbino (PS)

Pesaro Küstenort und Seebad am Adriatischen Meer zwischen Rimini und Ancona; im 16. und 17. Jh. Residenz der Della Rovere, Herzöge von Urbino; Geburtsort von Gioacchino Rossini, 1792, Rossini-Festival; Piazza del Popolo mit Rathaus und Pal. Ducale (15./16. Jh., Präfektur); Duomo Vecchio (13. Jh.); Musei Civici (mit wertvollen Gemälden u. a. von Bellini, und kunstvoller Keramik)

Fano Seebad an der Adria; das römische *Fanum Fortunae;* Piazza XX Settembre mit Pal. della Ragione und Torre Municipale (Rathausturm, 18. Jh.); S. Maria Nuova; Duomo (S. Fortunato, Fresken von Domenichino); Arco di Augusto (Ehrenbogen der

Kaiserzeit); Pal. Malatestiano; S. Maria Nuova (»Thronende Madonna« von Perugino); Museo Civico

San Leo Das altrömische *Mons Feretri;* Rocca (raffiniert gebaute Festung); Duomo (12. Jh.); Pieve (romanische Kirche)

Urbino Auf einem Berghügel gelegen; das antike *Urvinum Metaurense,* seit 1213 im Besitz der Familie Montefeltre; Federico di Montefeltre, 1444–1482, führte einen in ganz Europa bekannten Hof, förderte Künste und Künstler; Geburtsstadt von Raffael, 1483–1520; – Piazza della Repubblica; Corso Garibaldi; Pincio; Via Raffaelo; Piazza Roma (mittelalterliche Straßen und Plätze); Pal. Ducale (der Herzogliche Palast der Montefeltre, 1465–1470, Säulenhof, Treppenhaus, im Innern Galleria Nazionale delle Marche); Duomo (nach dem Erdbeben von 1789 erneuert); S. Domenico (14./15. Jh.); S. Francesco (14. Jh.); S. Giovanni (15. Jh.); Galleria Nazionale delle Marche (Raffael); Casa di Raffaello (Geburtshaus von Raffael); Umgebung: S. Bernardino (30 Min.); Madonna dell'Olmo (20 Min.)

Ancona (AN)

Ancona Hafenstadt in bevorzugter Lage zwischen zwei Vorgebirgen; Handels- und Verkehrszentrum; von Griechen als *Dorica Ancon* gegründet, römischer Flottenstützpunkt; – Piazza del Plebiscito (mit S. Domenico, 18. Jh.); Via del Comune; Via del Duomo (Höhenstraße); Piazza 4 Novembre; – Duomo (S. Ciriaco, Kuppelbau byzantinisch-romanischen Stils, 12. Jh., Fassade); S. Francesco delle Scale (15. Jh., gotisches Portal); Pal. del Senato; Loggia dei Mercanti (Börse, 15. Jh.); S. Maria della Piazza; Arco di Traiano (115 n. Chr. zu Ehren der kaiserlichen Familie errichtet); Museo Nazionale delle Marche (Funde aus dem Altertum); Umgebung: Monte Conero

Arcevia »Ambiente Naturale«: Sommerfrische im Apennin; Festung der Päpste und der Sforza; S. Medardo (17. Jh.)

Corinaldo »Ambiente Culturale«: Cinta delle Mura (gut erhaltener Mauerring)

Fabriano Freie Stadt im Mittelalter, seitdem für die Papierproduktion berühmt; Piazza del Comune (Hauptplatz); Pal. dei Podestà; Duomo (im 17. Jh. erneuert, Apsis des 14. Jh.); S. Agostino; Pinacoteca Comunale

Jesi Siedlung der Umbrer und Römer, *Aesis;* Pal. della Signoria (Renaissancepalast vom Ende des 15. Jh., mit Pinacoteca); S. Marco (13. Jh.); Cinta delle Mura (gut erhaltene Befestigungsanlagen)

Loreto Vielbesuchter Wallfahrtsort zu Ehren des Wohnhauses Jesu zu Nazareth; Santuario della S. Casa (große Basilika mit Elementen der Gotik und der Renaissance, 1468 begonnen, im 18. Jh. vollendet, unter Mitarbeit berühmter Baumeister und Künstler); Pal. Apostolico (von Bramante begonnen); Rundgang um die Mauer

Osimo Wechselvolle Geschichte seit dem Altertum, das römische *Auximum;* Duomo (8. Jh., mehrfach verändert, romanisches Portal); Battistero (Stein- und Ziegelbauwerk, 12./13. Jh.); Pal. Comunale (Turm des 13. Jh.); Circonvallazione (Mauerring)

Pergola Mittelalterliche Gründung; Duomo (erneuert, Gekreuzigter); S. Francesco

Macerata (MC)

Macerata Freie Stadt im Mittelalter; Piazza della Libertà mit Pal. del Comune, Loggia dei Mercanti, Barockkirche S. Paolo, Torre dell'Orologio und Teatro Rossi

Camerino Siedlung der Umbrer; Duomo (romanischer Bau, restauriert im 19. Jh., Kunstwerke im Innern); Pal. Arcivescovile (16. Jh.); Università (im Pal. Ducale); S. Venanzio; Pinacoteca

Cingoli »Ambiente Naturale«: Panoramalage, der Balcone delle Marche, »Balkon der Marken«; Cattedrale; S. Domenico; Circonvallazione esterna

Recanati S. Domenico; Pal. Leopardi (18. Jh.); Pinacoteca Civica; Museo Dioce-

sano (wertvolle Kunstwerke); Umgebung: Castelnuovo (20 Min.)
San Severino Marche Duomo Nuovo (13. Jh., erneuert); S. Lorenzo in Doliolo; Duomo Vecchio (11. Jh., erweitert); Pinacoteca Comunale (wertvolle Gemälde)
Tolentino Griechische und römische Siedlung, freie Stadt im Mittelalter; S. Nicola (13.–15. Jh., Wallfahrtskirche des Patrons, mit Museen)

Ascoli Piceno (AP)

Ascoli Piceno Wechselvolle Geschichte seit dem Altertum, das römische *Asculum Picenum;* Piazza del Popolo (mit S. Francesco; im August Schauplatz eines Reiterturniers) und Piazza Arringo (mit Dom), die beiden Hauptplätze der Stadt; Via delle Torri; Via Soderini; Via di Solestà; Corso Mazzini; Colle dell'Annunziata; – S. Francesco (gotische Hallenkirche, 1262–1371); Loggia dei Mercanti (um 1500, zinnengekrönte Bogenhalle); Pal. Comunale oder del Popolo (Rathaus, 17./18. Jh., im Innern Pinacoteca Civica); Ss. Vincenzo e Anastasio (12. Jh.); Duomo (S. Emidio, ursprünglich frühromanisch, Fassade von 1532); Battistero (frühromanisch); S. Gregorio; Pinacoteca Civica (wertvolle Gemälde, u. a. von Crivelli und Tizian)
Fermo Siedlung der Picener und Römer; Piazza del Popolo mit Pal. Comunale (im Innern Pinacoteca Comunale), Pal. degli Studi und Loggiato di S. Rocco (16. Jh.); Duomo (im 13. Jh. begonnen, davon nur die Fassade); S. Francesco (nach 1240)

Latium / Lazio

Rom / Roma (Roma-RM)

Roma (Rom) Vorschlag für 12 Rundgänge in der Stadt; dazu St. Peter und der Vatikan (wo deutsche Namen gebräuchlich sind, werden diese verwandt):

1. Rundgang Campidoglio e Piazza di Campidoglio – Kapitolinischer Hügel (der erhabenste der Sieben Hügel, das politische Zentrum seit dem Altertum): Kapitolsplatz (mit Mark-Aurel-Reiterstandbild); Pal. Senatorio (Senatorenpalast); Pal. dei Conservatori (Konservatorenpalast); Musei Capitolini (Kapitolinische Museen, bedeutende Antiken- und Gemäldesammlung); S. Maria in Aracoeli (Franziskanerkirche des 13. Jh. über dem Juno-Tempel); Monumento Nazionale (Nationaldenkmal für Viktor Emanuel II.); Piazza Venezia (Verkehrsmittelpunkt); Pal. Venezia (Renaissancepalast des 15. Jh.); San Marco (Kirche des 15. Jh. über Vorgängerbauten)
2. Rundgang Forum Romanum (Zentrum des antiken Rom): Carcere Mamertino (Mamertinischer Kerker des Altertums); Ss. Luca e Martino (17. Jh.); Basilica Aemilia (Ruinen der antiken Gerichtshalle); Curia (Versammlungsort des römischen Senats); Lapis Niger (mythischer schwarzer Stein, angeblich Grab des Romulus); Rostra (antike Rednerbühne); Miliarium Aureum (Goldener Meilenstein der römischen Konsularstraße); Tempio di Saturno (Saturn-Tempel); Tempel der Dei Consentes, des Vespasian, der Concordia (Säulen und Mauerreste verschiedener Tempel); Basilica Julia (Halle der Julier-Familie); Tempel der Dioskuren (Säulen und Mauerreste); Santa Maria Antiqua (6. und 13. Jh.); Tempel der Vesta und Haus der Vestalinnen (Säulen und Mauern römischer Priesterinnen); Tempel des Antoninus und der Faustina (2. Jh. n. Chr.); Tempel des Romulus; Arco di Tito (Triumphbogen des Feldherrn und Kaisers Titus, des Eroberers von Jerusalem im Jahr 70); – Palatin: Farnesische Gärten; Pal. der Flavier; Domus Augustana (Kaiserpalast); Stadion des Domitian; Thermen des Septimius Severus; Haus der Livia; Tempel der Kybele; Kryptoportikus
3. Rundgang Colosseo – Kolosseum (größtes Amphitheater der Antike): Domus Aurea (Palast des Kaisers Nero); Arco di Costan-

tino (Konstantinsbogen, 4. Jh.); Santa Francesca Romana (Basilika des 10./13. Jh.); Maxentius-Basilika (Hallenkomplex, 4. Jh.); Ss. Cosma e Damiano (Basilika des 6./17. Jh., Mosaik); – Fori Imperiali – Kaiserforen (links und rechts und unter der breiten Via dei Fori Imperiali): Forum des Vespasian, des Nerva, des Augustus (des 1. Jh. n. Chr.), des Trajan (2. Jh. mit Ehrensäule, Basilika und Märkten); S. Maria di Loreto (16. Jh.); SS. Nome di Maria (17. Jh.); Torre delle Milizie (mittelalterlicher Wehrturm, 13. Jh.)

4. Rundgang Piazza Venezia (Stadtzentrum): Pal. Bonaparte (Stadtpalast des 17. Jh.); Pal. Doria Pamphili (16./18. Jh., mit Galleria, einer bedeutenden Gemäldesammlung); Collegio Romano (ehem. Jesuitenkonvikt 1583–1585); S. Ignazio (Jesuitenkirche, 1626–1650); S. Marcello (am Corso, Barockfassade); Pal. Colonna (15.–18. Jh., mit Galleria); Ss. Apostoli (letzte römische Hallenbasilika von 1702); Fontana di Trevi (Roms berühmteste Brunnenanlage); Galleria dell'Accademia di S. Luca (Maler-Akademie, Gemälde berühmter Meister); Mark-Aurel-Säule (Ehrensäule des röm. Kaisers auf der Piazza Colonna); Pal. Montecitorio (Abgeordnetenkammer des italienischen Parlaments); S. Lorenzo in Lucina (17. Jh. über älteren Bauten); Pal. Ruspoli (Stadtpalast des 16. Jh.); San Carlo al Corso (Nationalkirche der Lombarden, 17. Jh.); Piazza di Spagna und Spanische Treppe (Roms prachtvollste Treppenanlage, 18. Jh.); Via Condotti (elegante Geschäftsstraße); S. Andrea delle Fratte (Barockkirche des 17. Jh., Glockenturm von Borromini); SS. Trinità dei Monti (1502–1585); Pal. Zuccari (um 1600, mit Deutschem Kunsthistorischem Institut)

5. Rundgang Altstadt zwischen Via del Corso, Corso Vittorio Emanuele und Tiber: Pantheon (mächtiger Rundbau des 1./2. Jh. n. Chr.); S. Maria sopra Minerva (Marmorelefant des Bernini auf dem Vorplatz, gotische Kirche des 13.–15. Jh., im Innern bedeutende Kunstwerke); S. Maddalena (18. Jh.); S. Luigi dei Francesi (Nationalkirche der Franzosen, 16. Jh., Bilder von Caravaggio); Pal. Madama (16. Jh., Sitz des italienischen Senats); Pal. della Sapienza – Cappella di S. Ivo (16./17. Jh., Borromini); Pal. Massimo (Stadtpalast im Stil des Manierismus); Pal. Braschi (nach 1792 erbaut, Sitz des Museo di Roma); Piazza Navona und Fontana dei Fiumi (Volksplatz über dem Stadion des Domitian aus dem 1. Jh., Vier-Ströme-Brunnen von Bernini, 1647–1651); S. Agnese (Barockkirche, u. a. von Borromini, 1653–1657); S. Maria dell'Anima (Nationalkirche der Deutschen, 16. Jh.); S. Maria della Pace (15./17. Jh., im Innern Fresken von Raffael); S. Maria in Vallicella (Chiesa Nuova, 16. Jh.); Oratorio dei Filippini (von Borromini, 1637–1650); S. Salvatore in Lauro (12. Jh., mehrfach umgebaut); S. Agostino (15./18. Jh., im Innern wertvolle Kunstwerke); Pal. Borghese (Stadtpalast der Borghese, 17. Jh.); Mausoleo di Augusto (Grabanlage für Kaiser Augustus); Ara Pacis (Friedensaltar des Kaisers Augustus, Meisterwerk der römischen Bildhauerkunst, 1. Jh. n. Chr.); S. Girolamo (15./16. Jh.)

6. Rundgang Südlich des Corso Vittorio Emanuele: Kirche Il Gesù (Hauptkirche des Barock und des Jesuitenordens, 1568–1575, Grab des Ordensgründers Ignatius); Republikanisches Forum (am Largo Argentina, 2./1. Jh. v. Chr.); S. Andrea della Valle (1591–1665, Fassade, Kuppel, reiche Innenausstattung); Museo Barracco (Altertümer des Mittelmeerraums und des Mittleren Ostens); Pal. della Cancelleria (Renaissancepalast des 15. Jh.); Campo de'Fiori (Blumenmarkt, Statue für Giordano Bruno); Palazzo Farnese (Palast der Farnese-Familie, 16. Jh.); S. Giovanni dei Fiorentini (Nationalkirche der Florentiner (16. Jh.); S. Maria di Monserrato (Kirche der Aragonesen und Katalanen, nach 1495); S. Eligio degli Orefici (Kirche der Goldschmiede, 16. Jh.); Pal. Spada (16. Jh., mit wertvoller Gemäldesammlung); S. Carlo ai Catinari

(Kirche des Mailänder Bischofs Karl Borromäus, 17. Jh.); Pal. Cenci (Palastkomplex des 16. Jh.); Portikus der Octavia (Säulen und Mauerreste vom 1. Jh. n. Chr.); Marcellus-Theater (freies Rundtheater des 1. Jh. v. Chr.); Tempel des Apollo Sosius (Säulen des 1. Jh. v. Chr.); S. Maria in Campitelli (Barockkirche, 1662–1667); Fontana delle Tartarughe (Schildkrötenbrunnen, 16./17. Jh.)

7. Rundgang Zwischen Piazza del Popolo und Villa Borghese: Piazza del Popolo (Platzanlage, vom 16. bis zum 19. Jh. entstanden); S. Maria del Popolo (1472–1477, über älteren Bauten, umgebaut und erweitert); Pincio (Park); Villa Medici (Spätrenaissance); Villa Borghese (Landvilla der Borghese-Familie, 1613–1616); Museo e Galleria Borghese (Kunst- und Gemäldesammlung der Borghese, wertvolle Gemälde, u. a. von Raffael und Tizian, Skulpturen von Bernini; Galleria Nazionale d'Arte Moderna (Moderne Kunst); Villa Giulia (Museo Nazionale Etrusco, umfangreiche Sammlung etruskischer Funde); Stadio Flaminio (modernes, 1960 erbautes Stadion)

8. Rundgang Vom Quirinalshügel zur Via Nomentana und Via Tiburtina: Piazza (Dioskurenbrunnen mit Obelisken) und Pal. del Quirinale (Papstpalast, zwischen 1574 und 1740 erbaut und erweitert, heute Sitz des Staatspräsidenten); Pal. und Galleria Pallavicini Rospigliosi (wertvolle Gemälde, u. a. von Botticelli); S. Andrea al Quirinale (Meisterwerk des Barock von Bernini); S. Carlo alle Quattro Fontane (Meisterwerk des Barock von Borromini); Pal. Barberini (Stadtpalast der Barberini-Familie, 17. Jh.) und Galleria Nazionale d'Arte Antica (Gemälde vom 13. bis zum 18. Jh., u. a. von Raffael, El Greco und Tizian); Fontana del Tritone (Tritonenbrunnen von Bernini, 1632–1637); S. Maria della Concezione (Kapuzinerkirche des 17. Jh.); S. Maria della Vittoria (Kirche des 17. Jh., Marmorgruppe »Verzückung der hl. Therese von Avila« von Bernini); S. Susanna; Fontana dell'Acqua Felice (mit Mosesbrunnen); Diokletiansthermen (riesiger Hallenkomplex als Bäderanlage, 298–305); Museo Nazionale Romano o delle Terme (Thermenmuseum, reiche Antikensammlung); S. Maria degli Angeli (im 16. Jh., u. a. von Michelangelo als Teil der Diokletiansthermen zur Kirche umgebaut); San Bernardo alle Terme (Rundkirche, Teil der Thermen); Hauptbahnhof Stazione Termini (modernes Gebäude von 1950); Fontana delle Najadi (Brunnenanlage von 1885–1914 in der Mitte der Piazza Esedra o della Repubblica); Porta Pia (Stadttor von Michelangelo, 1561–1564); Via Nomentana (alte Konsularstraße); S. Agnese fuori le Mura (Bauten im 4./7./17. Jh., Apsismosaik); S. Costanza (Rundbau des 4. Jh., im Innern reiche Ausstattung); Priscilla-Katakomben; Kaserne der Prätorianer; Città Universitaria (moderne Universitätsstadt); S. Lorenzo fuori le Mura (frühchristliche Basilika, eine der sieben Pilgerkirchen, im Innern Marmorarbeiten und Mosaiken); Campo Verano (Hauptfriedhof)

9. Rundgang Vom Esquilin-Hügel nach Süden: S. Maria Maggiore (größte, ehrwürdigste und schönste der Marienkirchen, frühchristliche Basilika, eine der sieben Pilger- und der vier Patriarchalkirchen, Gründung im 4./5. Jh., Umbauten und Erweiterungen; 75 m hoher Glockenturm, Hauptfassade, im Innern reiche Ausstattung, Mosaiken an den Hochwänden, dem Triumphbogen und der Apsis, Cappella Sistina und Cappella Paolina, Baldachin über dem Hauptaltar); S. Pudenziana (frühchristliche Basilika, 4. Jh., erweitert und umgestaltet, Apsismosaik); S. Prassede (frühchristliche Basilika, verschiedene Baustufen, Mosaiken, Cappella di S. Zeno); S. Martino ai Monti (frühchristliche Basilika, erneuert); S. Bibiana (frühchristliche Basilika, erneuert); Basilika di Porta Maggiore (unterirdische Basilika am Stadttor, 1. Jh. n. Chr.); S. Croce in Gerusalemme (frühchristliche Basilika, eine der sieben Pilgerkirchen, heute spätbarocke Gestalt); – Late-

ran: Piazza, Palast, Basilica di S. Giovanni in Laterano (ursprünglich frühchristliche Basilika, eine der sieben Pilger- und der vier Patriarchalkirchen, reiche, monumentale Ausstattung im Innern, Statuen der Apostel, Mosaiken, Hauptaltar mit Apostelreliquien, Grabmäler); Baptisterium S. Giovanni in Fonte (achteckiger Bau, älteste Taufkirche der Christenheit, 4. Jh.); Scala Santa (Heilige Treppe, Reliquie aus Jerusalem); Ss. Quattro Coronati (frühchristliche Basilika, 4. Jh., umgebaut); S. Clemente (frühchristliche Basilika über einem altrömischen Wohnhaus mit Mithräum, Unterkirche mit Fresken, Oberkirche mit Marmorarbeiten, Altar, Mosaiken und Fresken); S. Pietro in Vincoli (431 begonnen; Moses des Michelangelo)

10. Rundgang Vom Celius-Hügel zur Via Appia: S. Gregorio Magno (590–604, Kloster, Umbauten, heute Barockkirche); Ss. Giovanni e Paolo (frühchristliche Basilika, altrömisches Wohnhaus unter der Kirche mit antikem Wandbild, Campanile); S. Stefano Rotondo (Rundkirche in Ziegelmauerwerk, 5. Jh., Erweiterungen und Umbauten); S. Maria in Domnica (mittelalterliche Basilika, Mosaiken des 9. Jh.); Caracallathermen (riesiger Hallenkomplex als Bäderanlage der Antike, 206–216); Gräber der Scipionen (des 3. und 2. Jh. v. Chr.); Kolumbarium des Pomponius Hylas (Grabanlage aus der frühen Kaiserzeit); Oratorio di S. Giovanni in Olio (Anfang des 16. Jh. von Bramante errichtet); S. Giovanni a Porta Latina (frühchristliche Basilika, zuerst des 5. Jh., Umbauten, Freskenzyklus aus der Stauferzeit); Porta S. Sebastiano (südliches Stadttor des Aurelianischen Mauerrings); Via Appia Antica (altrömische Konsularstraße nach Südosten, ans Adriatische Meer nach Brindisi): Kirche Domine quo vadis (frühchristliche Basilika); Domitilla-Katakomben; Kalixtus-Katakomben; S. Sebastiano fuori le mura (frühchristliche Basilika, eine der sieben Pilgerkirchen, Katakomben, ehemalige Apostelgräber); Grabmal der Cäcilia Metella (grandioser Rundbau des 1. Jh. v. Chr.); Villa der Quintilier; Casale Rotondo (antikes Grabmal)

11. Rundgang Von der Tiberinsel nach Süden: Isola Tiberina mit S. Bartolomeo und antiken Brücken; Piazza della Bocca della Verità (unregelmäßiger Platz am Tiber mit Tempeln und Kirchen); S. Maria in Cosmedin (mittelalterliche Basilika, Vorhalle mit Steinmaske der Bocca della Verità, des Wahrheitsmundes, Campanile, im Innern reiche Ausstattung, Marmorarbeiten, Fresken); Vesta-Tempel (antiker Bau, später zur Kirche geweiht); Tempel der Fortuna Virilis (1. Jh. v. Chr.); Haus der Kreszentier (mittelalterliche Anlage); Janusbogen (antike Straßenkreuzung); S. Giorgio in Velabro (Basilika des 7./9. Jh. mit antiken Elementen) mit Bogen der Geldwechsler; S. Giovanni Decollato (16. Jh.); S. Sabina (frühchristliche Basilika, im Mittelportal die älteste holzgeschnitzte Tür der christlichen Kunst, 4. Jh., antike Säulen, Marmorarbeiten, Mosaiken); Piazza dei Cavalieri di Malta (Hauptplatz auf dem Aventin); S. Maria del Priorato (Priorat der Malteserritter); Cestius-Pyramide (Grabanlage nach 12. v. Chr.); Friedhof der Nicht-Katholiken; Monte Testaccio (Hügel aus Tonscherben der Antike); S. Paolo fuori le Mura (ursprünglich frühchristliche Basilika des 4. Jh. über dem Grab des hl. Paulus, eine der sieben Pilger- und der vier Patriarchalkirchen, 1823 abgebrannt und mit Hilfe der gesamten Christenheit wieder aufgebaut, fünfschiffige Säulenbasilika, Papstmedaillons, Hochaltar mit Aufsatz, Mosaiken); E.U.R.-Esposizione Universale di Roma (Weltausstellungsgelände; modernes Viertel im Süden der Stadt mit Bürohochhäusern und Villen)

12. Rundgang Trastevere – Jenseits des Tibers: San Crisogono (499 gegründet; 1129 erneuert); S. Cecilia (ursprünglich frühchristliche Basilika des 5. Jh. über dem Grab der hl. Märtyrerin Cäcilia, mit Vorhof, Vorhalle, Glockenturm, Haupthalle, Chorraum und Altar, Apsismosaik); S. Francesco a Ripa (13./17. Jh.); S. Maria in Trastevere

(ursprünglich frühchristliche Basilika des 3./4. Jh., im 12. Jh. erneuert, im Barock ausgeschmückt; Glockenturm, Fassade mit Mosaik, Säulenvorhalle, im Innern Marmorarbeiten, Holzdecke, Mosaiken); Villa Doria Pamphili (öffentliche Parkanlage mit Casino); Villa Farnesina (Stadtpalast mit Garten am Tiber, ausgemalt von berühmten Künstlern, u. a. von Raffael, »Amor und Psyche«); Pal. Corsini (mit bedeutender Gemäldesammlung); Gianicolo-Hügel: S. Pietro in Montorio (nach 1481) mit Renaissance-Tempietto des Bramante; Fontana Paola (Brunnenanlage); Passeggiata del Gianicolo mit Piazza Garibaldi (Parkwege mit Ausblick auf die Stadt bis zu den Albaner Bergen); S. Onofrio (15. Jh.); Via della Conciliazione (moderne triumphale Zufahrtsstraße nach St. Peter); Castel Sant'Angelo (Engelsburg; monumentaler Rundbau als Grabanlage für Kaiser Hadrian, 2. Jh. n. Chr., Festung der Päpste); Engelsbrücke (mit schönen Statuen); Villa Madama (Renaissancevilla über der Stadt am Monte Mario); Foro Italico (moderne Sportplatzanlage mit Olympiastadion)

13. Sankt Peter und der Vatikan (Die größte und prächtigste Kirche der Christenheit, Zentrum der katholischen Kirche, Residenz des Papstes, souveräner, kleinster Staat der Welt inmitten der italienischen Hauptstadt, der Welt größte Herberge von Kunstschätzen): Piazza S. Pietro (Obelisk, Brunnen, Kolonnaden des Bernini), Basilica di S. Pietro (ursprünglich frühchristliche Basilika des 4. Jh., über dem Grab des hl. Petrus, seit dem 15./16. Jh. in einer aufregenden Baugeschichte vollständig erneuert; eine der sieben Pilger- und der vier Patriarchalkirchen; Fassade, Vorhalle; reiche Ausstattung im Innern, Grab- und Denkmäler, Kuppel des Michelangelo, Bronzebaldachin des Bernini über dem Papstaltar, Cathedra und Confessio Petri in der Apsis; Vatikanische Grotten); Vatikanischer Palast; Vatikanische Museen (Pinakothek, Ägyptisches Museum, Antikensammlung mit berühmten Statuen und Skulpturen, Etruskisches Museum, Bibliothek, Religiöse Kunst, Appartamento Borgia, Stanzen des Raffael, Kapelle Nikolaus' V., Sixtinische Kapelle, Deckenfresken und »Jüngstes Gericht« des Michelangelo)

Provinz Roma (Roma/RM)

Albano Laziale Oberhalb des Albaner Sees; seit dem Altertum beliebte Sommerfrische und bekannter Vorort von Rom; Porta Pretoria (Reste einer antiken Kaserne); S. Maria della Rotonda (mittelalterliche Kirche über einem Nymphäum, Fresken des 14. Jh.); Cisternone, Tomba degli Orazi e Curiazi (altrömische Grabanlage)

Bracciano Über dem Lago di Bracciano gelegen; Castello Orsini (Festung der Orsini, 1470–1485 errichtet, weiter Blick bis zu den Sabiner Bergen)

Colli Albani – Castelli Romani »Ambiente Naturale«: seit der Antike Ausflugs- und Villenzone von Rom um den Albaner See, einem Kratersee von 10 km Umfang, in einer Höhe von 293 m über dem nicht weit entfernten Meer, mit einem künstlichen, wohl schon von den Römern angelegten Ableitungskanal (Emissarium); bekanntes Weingebiet; »Ambiente Culturale«: Adelsfamilien und Päpste hatten hier ihre Burgen und Schlösser

Cerveteri Das etruskische *Caere,* wohlhabendes Handelszentrum vom 8. bis zum 4. Jh. v. Chr.; Necropoli Etrusca (etruskische Totenstadt mit aufwendigen Grabanlagen)

Civitavecchia Hafenstadt schon im Altertum; Forte Michelangelo (umfangreiche Stadtfestung, von Papst Urban VIII. im 17. Jh. angelegt); Terme Taurine (Thermenanlage)

Frascati Am Abhang der Albaner Berge zur Ebene hin gelegen; Piazza Marconi (Hauptplatz); Villen des 16. und 17. Jh.: Villa Aldobrandini (Schaufassade, Fresken im Innern, Park), Villa Falconieri, Villa Mondragone, Villa Lancelotti, Villa Torlonia

Lido di Ostia Einst vielbesuchtes Seebad Roms mit schönem Strand; wegen der Wasserverschmutzung gegenwärtig Baden meist verboten; Trabantenstadt von einigen Zehntausend Bewohnern

Ostia Antica »Ambiente Culturale«: Roms Hafen der Kaiserzeit, wichtiges Handelszentrum des Imperium Romanum; Castello (von Papst Julius II. Anfang des 16. Jh. angelegt); Scavi Archeologici – Archäologische Zone von Ostia Antica: Ostia verlor an Bedeutung, weil der Tiber durch Ablagerungen die Küste entfernte, den Hafen versandete und seinen Lauf änderte. So verfiel die Stadt und wurde vergessen – ideale Voraussetzungen für die archäologische Wiedergeburt und die Rekonstruktion eines antiken Stadtorganismus mit Straßen und Plätzen, reichen und armen Häusern, Kultstätten und Heiligtümern, Geschäften und Handelsstellen, Tempeln und Thermen, Theater und Feuerwehrkaserne. Besonders beachtenswert die Zone um das Forum

Palestrina Das römische *Preneste* an der Via Prenestina; Tempio della Fortuna (Tempelanlage, ursprünglich aus dem 4. Jh. v. Chr., darüber im 11. Jh. der Palazzo Colonna-Barberini); Museo (Archäologische Funde, darunter das Nilmosaik); Duomo

Subiaco Schon in der Antike bekannt; Kaiser Nero ließ sich einen künstlichen See anlegen, *Sublaqueum;* berühmt im Mittelalter durch den hl. Benedikt; Monastero di S. Benedetto (480 zog sich Benedikt in diese Höhle zurück, deren Felsen später der Hintergrund für großartige Fresken wurden); Monastero di S. Scolastica (Kloster zu Ehren der Schwester des Benedikt)

Tivoli Villenort im Altertum; Villa d'Este (heitere Villenanlage mit Wasserspielen im Park, 16. Jh.); Villa Gregoriana (Cascate dell'Aniene, Wasserfall des Aniene-Flusses in einer ›wild-natürlichen‹ Anlage); Tempio di Vesta (römischer Tempel); Umgebung: Villa Adriana (6 km): Große Landpalastanlage für die Hofhaltung und Reichsverwaltung des Kaisers Hadrian (2. Jh.) mit Nachbildungen berühmter Plätze des Imperium Romanum (Griechisches Theater, Piazza d'Oro, Seetheater, Thermen, Akademie, Stadion, Kaserne, Bibliothek; Museo); – S. Maria di Quintiliolo (3 km)

Velletri Vorrömische Siedlung; Cattedrale (4. Jh.); Torre del Trivio; Umgebung: Lanuvio (10 km, römische Altäre)

Viterbo (VT)

Viterbo Etwa 80 km nordwestlich von Rom am Fuß der Monti Cimini; lebhafte Geschichte als freie und päpstliche Stadt; Piazza S. Lorenzo mit Cattedrale (12. Jh., gotischer Campanile) und Pal. dei Papi (gotischer Palast mit Loggia); Quartiere Medioevale (mittelalterliche Viertel, Via S. Pellegrino); Pal. Comunale (13./15. Jh.); Fontana Grande (1297, größter Brunnen); S. Maria della Verità (Klosterkirche des 13. Jh., erneuert, mit Museo Civico); S. Francesco (gotische Kirche, Grabmäler); S. Rosa (Kirche der Stadtheiligen)

Bagnaia Villa Lante (Sommervilla des 15./16. Jh. der Familie Lante); Santa Maria della Quercia (2 km, Wallfahrtskirche, 1470–1525, Renaissancebau)

Bolsena »Ambiente Naturale« am Lago di Bolsena; S. Cristina (Ort des Fronleichnamwunders: Aus der Hostie des Meßopfers floß Blut auf das Meßtuch und überzeugte so einen zweifelnden Priester von der Verwandlung der Hostie in den Leib Christi.)

Bomarzo Parco dei Mostri (manieristischer »Park der Ungeheuer«, im Auftrag von Vicino Orsini, nach 1565)

Caprarola Palazzo Farnese (prächtige Villa für die Familie Farnese von Antonio da Sangallo d. J., 16. Jh.)

Civita Castellana Duomo; Rocca (Festung, einst Kerker des Kirchenstaates); Umgebung: Ruinen Falerii Novi (6 km, Etruskerstätte)

Montefiascone In der Nähe des Lago di Bolsena; S. Flaviano (reich an Kunstwerken); Panorama der Rocca

Sutri An der Via Cassia; Anfiteatro Romano (Theater im Tuffstein); Madonna del Parto (Felsenkirche mit Fresken)

Tarquinia »Ambiente Culturale«: Zentrum der etruskischen Kultur und ihrer Zeugnisse; Etruskerstätten von Rang; Museo Nazionale Etrusco Tarquiniense (etruskische Funde); Gräber in der Umgebung: Tomba della Caccia, della Leonessa, dei Leopardi, del Tifone, degli Auguri, del Barone, di Polifemo. Außerdem mittelalterliche Stadt mit schönen Kirchen: S. Maria di Castello; S. Pancrazio; S. Francesco; Pal. Vitelleschi

Tuscania Im Mittelalter wichtiges Zentrum im nördlichen Latium; S. Pietro und S. Maria Maggiore, die beiden mittelalterlichen Hauptkirchen mit schönen Marmorfiguren und -ornamenten; Museo Civico

Rieti (RI)

Rieti »Ambiente Naturale«: in einem weiten Talbecken in der Nähe der Monti Sabini und Monti Reatini mit dem 2213 m hohen Terminillo (Wintersportgebiet); Siedlung der Sabiner und Römer, Geburtsstadt der Kaiser Vespasian, Titus und Domitian, wechselvolle Geschichte im Mittelalter; Duomo (12. Jh., verschiedentlich umgestaltet, Campanile von 1252); Pal. Vescovile; Arco del Vescovo (nach 1298); Cinta delle Mura (gut erhaltener Mauerring des Mittelalters); Umgebung: Franziskus- und Franziskanerheiligtümer: Santuario di Greccio (14 km, Ort der ersten, auf Geheiß des Franziskus von Personen nachgestellten Krippe); Convento di Fonte Colombo (Bestätigung der Ordensregel); Convento la Foresta (als Ort des »Sonnengesangs« angesehen); Convento S. Giacomo (Lieblingsort des Heiligen); Terminillo (23 km, 2213 m hoch); Gole del Velino (1 km); Gole di Antrodoco

Latina (LT)

Abbazia di Fossanova Abtei der Zisterzienser, von 1133–1207 im typischen Stil der strengen Ordensarchitektur errichtet: Chiesa, Chiostro, Refettorio, Sala Capitolare (beispielhaft ist die Architektur von Kirche und Kreuzgang, Refektorium und Kapitelsaal)

Gaeta Natürlicher Hafen am Tyrrhenischen Meer, Fischfang, Stützpunkt der amerikanischen Mittelmeerflotte; wechselvolle Geschichte zwischen Kirchenstaat und dem Königreich Neapel und Beider Sizilien; S. Annunziata (17. Jh.); Torre d'Orlando; Santuario della Montagna Spaccata (Wallfahrtskirche)

Sermoneta Castello Caetani (13. Jh.); Collegiata (Zisterziensergotik des 13. Jh.)

Terracina Seebad, Landwirtschaftszentrum und Fischerhafen, seit dem Alterum besucht; Duomo (11. Jh. über einem Tempel); Tempio di Giove Anxur (3 km, Säulen und Mauerreste des Jupitertempels auf dem Berg über dem Städtchen)

Frosinone (FR)

Frosinone Siedlung der Volsker und Römer, wechselvolle Geschichte, Teil des Kirchenstaats, heute modernes Industriezentrum

Abbazia di Casamari Zisterzienserabtei, Tochtergründung von Fossanova; Kirche und Kloster in der einfachen strengen Ordensarchitektur (1151–1217); geometrische Ornamente, ohne überflüssigen Schmuck

Abbazia di Montecassino Benediktinerabtei, in beherrschender Position in 519 m Höhe über dem Tal auf einem Hügel gelegen; das erste Kloster des Benediktinerordens, 529 von Benedikt aus Nursia gegründet, eine der bedeutendsten Kulturstätten des Abendlands im Mittelalter, im 2. Weltkrieg hart umkämpft und von den Alliierten zerstört; Gräber des hl. Benedikts und seiner Zwillingsschwester, der hl. Scholastika

Alatri Siedlung im Altertum; Acropoli (Burg aus vorchristlicher Zeit); S. Maria

Maggiore (12. Jh.); Mauer (von den Pelasgern, 6.–5. Jh. v. Chr. errichtet)
Anagni Altstadt, neuere Industriesiedlungen in der Ebene längs der Autobahn; Duomo (auf Mauern des Altertums im 12./13. Jh. erbaut, Marmorarbeiten, Krypta, Fresken); Pal. di Bonifacio VIII. (Benedetto Caetani, 1295–1303) (Stadtpalast des Papstes, der aus Anagni stammte)
Cassino Alte Siedlung an der Via Casilina, modernes Industriezentrum; Umgebung: Abbazia di Montecassino (Benediktinerabtei, 9 km)
Ferentino Siedlung im Altertum; Mura Poligonali (antike Mauern); Acropoli (Burg des Altertums); Duomo
Fiuggi: Bekanntes Thermalbad mit heilkräftigen Quellen)
Trisulti Certosa (Kartäuserkloster, im 13. Jh. gegründet, umgebaut und erweitert, besonders im 17. Jh.)

Abruzzen / Abruzzi

L'Aquila (AQ)

L'Aquila »Ambiente Naturale«: inmitten der Abruzzen gelegen, Bergwelt der Umgebung; von Kaiser Friedrich II. gegründet, der die Stadt nach dem Reichsadler benannte; Bauten und Kunstwerke seit dem 13. Jh.; – Piazza Duomo (Mittelpunkt der Altstadt); Corso Vitt. Emanuele (Hauptstraße mit dem Zentrum Quattro Cantoni); Via Sassa; Parco del Castello (Parkanlage der Burg); Villa Comunale; S. Bernardino di Siena (von 1452, mehrfach verändert und erweitert, Grab des Heiligen); S. Maria di Collemaggio (ehemalige Klosterkirche, um 1280 von Pietro da Morrone gegründet, dem späteren ›Einsiedler‹-Papst Cölestin; dessen Renaissancegrab im Innern); Castello (Stadtburg, 1534 von den Spaniern erbaut); Duomo (S. Massimo, 13. Jh., mehrfach durch Erdbeben zerstört und wiederaufgebaut); S. Silvestro; S. Domenico; S. Giusta; Fontana delle 99 cannelle (1272, erneuert); Museen: Museo Nazionale d'Abruzzo; Museo d'Arte Sacra; Umgebung: Gran Sasso d'Italia (21 km); »Ambiente Naturale«: 2914 m hoher Gipfel des Corno Grande, höchster Berg der wilden Abruzzen, die meist waldarm, rauh und unfruchtbar, teils verkarstet und in den höheren Lagen schneereich sind
Pescocostanzo Mittelalterliche Gründung von großer Harmonie mit Stadthäusern, Gassen und Brunnen; Piazza Umberto I (Hauptplatz); Collegiata S. Maria del Colle (ursprünglich 11. Jh., mehrfach von Erdbeben zerstört und wiederaufgebaut, kunstvolle Schmuckarbeiten im Innern)
Scanno Mittelalterliche Gründung; beliebter Ferienort im Sommer und Winter, bekannt wegen der handwerklichen Traditionen, Goldschmiedekunst und Stickereien, schöne Trachten; Casa Mosca; S. Maria delle Valle
Sulmona »Ambiente Culturale«: aktiv schon in der römischen Geschichte, Geburtsort des lateinischen Dichters Ovid, heute lebhafte Stadt im Talbecken der Peligna; Annunziata (Barockkirche und Palast der Gotik/Renaissance mit Museo Civico); Cattedrale (über einem Tempel, mehrfach erneuert); Umgebung: Badia di Santo Spirito o Morronese (5 km; Kloster des 13. Jh.)

Teramo (TE)

Teramo Siedlung der Umbrer und Römer, wechselvolle Geschichte; Cattedrale (1158 gegründet, mehrfach erneuert, Hauptportal, bedeutende Kunstwerke im Innern); Anfiteatro e Teatro Romano (gut erhaltene Überreste); S. Antonio (Kirche des 13. Jh., erneuert)
Atri Gründung der Picener; Duomo (eine der schönsten Kirche der Abruzzen, 14. Jh., Fassade mit Rosette, Campanile, Kunstwerke im Innern); Museo della Cattedrale (Skulpturen, Gemälde und Goldschmiedearbeiten)

Pescara (PE)

Pescara Lebhafte Hafenstadt und Zentrum touristisch interessanter Küstenorte; Viale della Riviera (Uferpromenade)

Loreto Aprutino Mittelalterliches Städtchen; Raccolta Acerbo di Ceramiche (600 Stücke des abruzzesischen Keramik-Kunsthandwerks); Parrocchiale (Pfarrkirche des 15. Jh.); Santa Maria in Piano (10 Min.; ursprünglich langobardischer Bau, im 13. und 16. Jh. erneuert)

Penne Das altrömische *Pinna,* wechselvolle Geschichte; Cattedrale (vor 1000, im 11. und 14. Jh. in verschiedenen Stilen erneuert); S. Giovanni Evangelista (Apsis des 14. Jh., Renaissance-Seitenportal, Kunstwerke im Innern); S. Agostino (13./18. Jh.); S. Maria in Colleromano

Chieti (CH)

Chieti Beherrschend auf einem Hügel gelegen; alte Gründung, das römische *Teate,* wechselvolle Geschichte; Teatro (Überreste des römischen Theaters); S. Francesco (13. Jh.); Cattedrale (erneuert); Umgebung: S. Maria Arabona (15 km)

Lanciano Siedlung der Frentaner und Römer; Cattedrale; S. Maria Maggiore (1227, gotisches Portal, Kunstwerke); S. Agostino (13. Jh.); Umgebung: S. Giovanni in Venere (14 km; 8., 11., 12. Jh., Fassade, Portal, Marmorarbeiten, Krypta)

Ortona Hafenstadt und Seebad; Blüte in der Stauferzeit; Cattedrale (großer Backsteinbau über einem Janus-Tempel); Castello; Via Marina (Uferpromenade)

Molise

Isernia (IS)

Isernia Gründung der Samniten, römische Kolonie, wechselvolle Geschichte im Mittelalter, Agrar- und Handelszentrum; Cattedrale (über einem Tempel erbaut, im 19. Jh. erneuert); S. Francesco (im 18. Jh. erneuert, mit romanischem Portal der alten Kirche)

Campobasso (CB)

Campobasso Alte Gründung, wechselvolle Geschichte im Mittelalter, lebhaftes Landwirtschafts- und Handelszentrum, Regionalhauptort; Castello (15. Jh.); Assunta (Kirche des 15. Jh. mit Kanzel des 13. Jh.); Umgebung: Baranello (11 km; Museo Civico mit interessanten archäologischen Funden)

Larino Siedlung seit dem Altertum, altes Stadtbild; Cattedrale (gotische Kathedrale des 14. Jh.); Torre Campanaria (Glockenturm des 15. Jh. neben dem Dom); Pal. Comunale; Zona Archeologica

Sepino Bischofssitz im 5./6. Jh., von den Sarazenen im Mittelalter verwüstet und dann verlassen, heute Agrarstädtchen; Umgebung: Saepinum (stattliche und schöne Überreste der römischen Stadt innerhalb eines gut erhaltenen Mauerrings von 1250 m Länge, Forum, Basilica, Theater, Brunnen, zwei Mausoleen, Thermen und Privathäuser)

Termoli Lage am Adriatischen Meer; wichtige Hafenstadt zur Zeit der Normannen, Flottenstützpunkt unter den Staufern, 1566 von den Sarazenen zerstört; Duomo (S. Basso geweiht, Bau des 6. Jh., von den Türken zerstört, im 18. Jh. erneuert, romanisch-apulischer Stil, im Innern Marmorfußboden der alten Kirche); Castello (1247 von Kaiser Friedrich II. angelegt)

Kampanien / Campania

Caserta (CE)

Caserta Pal. Reale, Königliches Schloß (das ›Versailles‹ Italiens, 1752 begonnen, 247 m × 184 m groß, 1200 Räume, 1700 Fenster, prunkvoller Barockstil, Treppenaufgang, Cappella Palatina, Theater); Parco (Schloßpark mit Fontänen, Wasserspielen, 60 m hoher Kaskade, Statuen)

Caserta Vecchia Römische und langobardische Siedlung; Borgo Medioevale (mittelalterliches Viertel); Cattedrale (romanischer Bau des 12. Jh., Ergänzungen, im Innern antike Säulen)
Capua Flußhafen der Römer am Volturno, im Altertum wohlhabende und glänzende Stadt; Cattedrale (1944 zerstört, Campanile des 9. Jh.) – **Santa Maria Capua Vetere** An der Stelle des antiken Capua; Duomo (S. Maria Maggiore, mit antiken Säulen); Anfiteatro Campano (170 m langes und 140 m breites Rundtheater der römischen Kaiserzeit, bis zum Bau des Kolosseums das größte des Imperiums); Mitreo (antikes Heiligtum); Arco di Adriano; Museo Campano (reiche Sammlung mit Funden und Kunstobjekten der Umgebung); Umgebung: S. Angelo in Formis (5 km, mittelalterliche Kirche des 11. Jh. über einem Diana-Tempel, Fassade, Marmorfußboden im Innern)
Carinola Das römische *Forum Popilii,* einige Stadthäuser im katalanisch-gotischen Stil des 15. Jh.; Pal. Ducale; Cattedrale (11. Jh.); Casa Novelli; Casa Martullo; Umgebung: Ventaroli (4 km, Überreste des römischen Städtchens *Forum Claudii* mit der Basilica S. Maria in Foro Claudio)
Teano Bereits unter Römern, Langobarden, Normannen und Päpsten; Duomo (12. Jh.); Rovine Romane (Überreste aus römischer Zeit: Arce, Teatro)

Benevent / Benevento (BN)

Benevento (Benevent) Siedlung der Samniten mit dem Namen *Maleventum,* von den Römern umgetauft; an der Via Appia, von Kaiser Trajan bevorzugt, wechselvolle Geschichte im Mittelalter; Hauptstadt des langobardischen Herzogtums; Schäden von Erdbeben und des 2. Weltkriegs; Arco di Traiano (gut erhaltener Triumphbogen des Kaisers); Cattedrale (aus frühchristlicher Zeit, mehrfach erneuert und zerstört, Campanile, Marmorreliefs, darunter der Cinghiale, das Wappen der Stadt); S. Sofia (Langobardenkirche, drei Apsiden, Fresken, römische Säulen und Kapitelle; Kreuzgang); Museo del Sannio; Teatro Romano (Überreste der römischen Zeit, zusammen mit Forum, Thermen und dem Isis-Tempel)
Montesarchio Mittelalterliches Städtchen mit Burg des 15. Jh.
Sant'Agata de'Goti »Ambiente Culturale«: Handwerkstraditionen; Annunziata (gotische Kirche von 1354); S. Menna (12. Jh., romanisches Portal, Marmorfußboden, Fresken); Duomo (von 970, erneuert); Castello (Burgruinen des Mittelalters)
Sant'Angelo dei Lombardi In 580 m Höhe; Erdbebenzone; Abbazia S. Guglielmo al Goleto (im Mittelalter unter Normannen und Staufern mächtiges Kloster, Chiesa Maggiore und Kreuzgänge)
Sessa Aurunca Hauptort der Aurunker, römische Siedlung; Duomo (12. Jh., im Barock erneuert); Pal. Ducale; Resti Romani (Theater, Thermen, Ponte degli Aurunci, alte Brücke mit 21 Bögen)

Neapel / Napoli (NA)

Napoli (Neapel) Drittgrößte Stadt Italiens nach Rom und Mailand, volkreichste Metropole Süditaliens; am Nordrand des Golfes von Neapel gelegen, sich kilometerlang an der Küste hinziehend und wie in einem Theater die Hügel hinaufsteigend; gegenüber der noch tätige Vulkan des Vesuvs, das Vorgebirge von Sorrent, die Inseln Capri, Ischia und Procida; Altstadt mit den Quartieri Bassi, den unteren Vierteln, darunter Santa Lucia, mit engen Gassen, schmalen Plätzen und Treppen und der Wäsche auf den Leinen zwischen den Häusern; neapolitanisches Volksleben; darüber die Villenviertel; in den letzten Jahrzehnten nach dem 2. Weltkrieg einschneidende Straßenbauten und Umgestaltungen der Stadt; teilweise soziales Elend; großer Hafen, für den Sanierungspläne bestehen, Haupthafen an der Mole Angioino gegenüber dem Rathaus; Geschichte von fast drei Jahrtausenden; schon im 8. Jh. v. Chr. griechische Gründungen, *Parthenope* – auch heute noch Beiname der Stadt –, *Kyme,* das römische *Cumae,* und *Neapolis,* Neustadt; Bundesgenosse der Römer, wechselvolle Geschichte vom Mittelalter bis zur Neuzeit unter Goten, Byzantinern, Normannen, Staufern, Anjou, Hauptstadt des Königsreichs Neapel, der Königreiche Sizilien und Neapel und »Beider Sizilien«; – Piazza del Municipio (vor dem Rathaus am Hafen, Reiterdenkmal Viktor Emanuels II., 1897); Piazza Plebiscito (vor der Kirche S. Francesco di Paola, mit Palazzo Reale); Via Roma (lange, enge Hauptstraße der Stadt, von Norden nach Süden verlaufend); Piazza Trieste e Trento (mit Teatro di S. Carlo und Galleria Umberto I.); lebhafte, ›grüne‹ oder aussichtsreiche Plätze und Straßen: Spaccanapoli (eine Neapel teilende Hauptstraße), Piazza Mercato, Via Partenope e Via Caracciolo, Villa Comunale, Mergellina, Piedigrotta, Via di Posillipo, Parco di Posillipo, Via Petrarca, Vomero, Terrazza di S. Martino, Parco di Capodimonte; Mostra d'Oltremare; Marechiaro; – Castel Nuovo (ehemalige Residenz der Könige und spanischen Vizekönige in Neapel, 1279–1283 von Karl von Anjou erbaut, mehrfach erneuert und erweitert, Triumphbogen der Renaissance, fünf Turmbastionen); Palazzo Reale (ehemaliges Königliches Schloß, nach 1600, 1837–1841 erneuert, mit Biblioteca Nazionale); S. Francesco di Paola (im Stil des römischen Pantheons, 1817–1831 erbaut); Castel dell'Ovo (Festung am Meer des 12./13./16. Jh.); S. Maria Incoronata; Gesù Nuovo (Jesuitenkirche von 1584 mit Mariensäule davor); S. Chiara (1310, im Innern Grabmäler, darunter jenes von Robert dem Weisen von 1343–1345); S. Domenico Maggiore (Dominikanerkirche nach 1300 mit bedeutenden Kunstwerken und Denkmälern im Innern); Cappella Brancaccio; Pal. Cuomo (Palast der Frührenaissance, 1464–1488, mit Museo Filangieri); Porta Capuana (Stadttor der Renaissance, 1485, 1535 erneuert); S. Caterina a Formiello; S. Anna dei Lombardi o Monteoliveto; S. Gennaro Extra Moenia (5. Jh., erneuert); Catacombe di S. Gennaro (ausgedehnte Katakomben mit Wandmalereien); Madre del Buon Consiglio (Wallfahrtskirche, 1920–1960); Pal. Reale di Capodimonte (1738–1839, große Palastanlage 150 m über dem Meer auf einem Hügel gelegen, Museo di Capodimonte); S. Pietro a Maiella; Kirche Gerolamini; S. Lorenzo Maggiore (1266–1324, im Innern Grabdenkmäler und Fresken); Pinacoteca Gerolamini (wertvolle Gemälde); Duomo (S. Gennaro, dem hl. Januarius geweiht, 1294–1323, im gotischen Stil erbaut, mehrfach erneuert, in der Fassade vom Ende des 19. Jh. das alte Portal von 1407, im Innern bedeutende Kunstwerke, darunter in der Cappella di S. Gennaro Hauptaltar und Reliquienschrein des Heiligen; die Verflüssigung seines Blutes im Mai und im September wird in Neapel als Wunder angesehen); S. Maria Donnaregina (Barockkirche von 1649; Grabmal der ungarischen Königin Maria von 1323, Freskenzyklus von Pietro Cavallini, nach 1308); S. Giovanni a Carbonara (ehemalige Kirche, 1344 begonnen, im 15. Jahrhundert erneuert und erweitert, Grabmal des Königs Ladislaus, 1414); Castel S. Elmo (Festung in 224 m Höhe, im 14. Jh. angelegt); Museen: Museo Archeologico Nazionale (eine der bedeutendsten Antikensammlungen der Welt; unübersehbar die Zahl der Kunstschätze, darunter Marmorskulpturen wie »Harmodios und Aristogeiton«, »Hera Farnese«, »Orpheus und Eurydike«, »Farnesischer Herkules«, »Farnesischer Stier«; antike Mosaiken wie die »Alexanderschlacht«, Bronzeskulpturen wie »Leierspielender Apoll«, »Tanzender Faun« und »Narziß« sowie antike Wandgemälde, meist aus Pompeji, Herkulaneum und Stabiae; außerdem reiche Vasensammlung); Museo di S. Martino (Kartäuserkloster mit bedeutenden Bauwerken und prachtvoller Innenausstattung); Museo e Gallerie di Capodimonte (Nationalgalerie mit wertvollen Gemälden, u. a. von Mantegna und Tizian; dazu Möbel, Waffen, Porzellan und oft sehr kostbare Gebrauchsgegenstände des Hofes; Museo Nazionale della Ceramica; Appartamenti di Pal. Reale); Museo Filangieri; Villa Pignatelli; Acquario; Umgebung: Camaldoli (14 km; ehrwürdiges Kamaldulenserkloster mit wunderbarer Aussicht); Campi Flegrei (Pozzuoli, Baia, Cuma); Posilippo (Bergrücken im Südwesten); Inseln Ischia, Procida und Capri; Ercolano e Pompei (verschüttete, wieder ausgegrabene römische Städte); Vulkan des Vesuv

Bacoli Östlich auf einer Landspitze die Cento Camerelle, zweistöckiger Bau der Antike

Capri »Ambiente Naturale«: wegen ihrer landschaftlichen Schönheit seit dem Altertum beliebte Insel im Golf von Neapel, 6 km lang, 3 km breit; Haupthafen Marina Grande; Hauptstädtchen Capri (hübsches Ambiente): Certosa di S. Giacomo (Kartäuserkloster des 14. Jh.); Umgebung: Parco Augusto; Marina Piccola (30 min); Porto di Tragara (Aussicht auf die Südküste); Faraglioni-Felsen (20 Min.); Arco Naturale (Felsentor); Villa di Tiberio, Villa Jovis (45 Min.); Grotta Azzurra (30 min mit dem Motorboot); Städtchen Anacapri (Sessellift zum 589 m hohen Monte Solaro; Villa S. Michele); Rundfahrt um die Insel

Castellammare di Stabia Auf den Trümmern des verschütteten römischen *Stabiae* erbaut; Circonvallazione a Monte (Panoramastraße zum 1103 m hohen Faito; 15 km, Seilbahn); Umgebung: Scavi di Stabia (20 min, archäologische Ausgrabungen)

Cuma Das griechische *Kyme,* das römische *Cumae;* Arco Felice; Antro della Sibilla (Höhle der Cumäischen Sibylle; 131 m langer Gang im Felsen)

Ischia »Ambiente Naturale«: mit 46 qkm größte Insel im Golf von Neapel; wegen ihrer landschaftlichen Schönheit in den heißen, radioaktiven Thermalquellen seit dem Altertum beliebt und besucht; Hauptorte Ischia, Casamicciola, Lacco Ameno, Forio

Pompei Santuario della Madonna del Rosario (viel besuchtes italienisches Wallfahrtsheiligtum)

Pompei Scavi Scavi Archeologici – Archäologische Ausgrabungen konnten vorgenommen werden, weil nach einem Erdbeben im Jahr 63 n. Chr. im Jahr 79 ein Ausbruch des Vesuv die römische Küstenstadt Pompeji verschüttet und so einen gesamten Stadtorganismus mit seinen öffentlichen und privaten Bauwerken, der Kultur und dem Alltagsleben jahrhundertelang konserviert hatte. Hauptpunkte einer Besichtigung: Tempio di Apollo; Foro; Teatro Grande; Teatro Piccolo; Scavi Nuovi; Casa del Menandro; Anfiteatro; Terme Stabiane; Casa del Centenario; Casa degli Amorini dorati; Casa dei Vetti; Casa del Fauno; Villa di Diomede; Villa dei Misteri

Pozzuoli Hafenstadt auf einem Tuffhügel am Meer; griechische Gründung, wohlhabendes römisches Handelszentrum; Tempio di Serapide (antike Markthalle, das Serapeum); Anfiteatro (römisches Theater für 40 000 Zuschauer); Solfatara (Naturschauspiel aufsteigender vulkanischer Dämpfe)

Procida Insel und Städtchen im Golf von Neapel; »Ambiente Naturale; Ambiente Culturale«: Kastell

Sorrento Hafenstadt am Golf von Neapel auf einem steil abfallenden Tuff-Felsen am Meer; Duomo (alter Dom, im 14. Jh. erneuert); Museo Correale di Terranova (Skulpturen, Marmorarbeiten); Belvedere

Vesuvio / Vesuv Tätiger Vulkan, der einzige des europäischen Festlands, landschaftlich reizvoll, fruchtbare Abhänge; Strada Vesuviana (Panoramastraße zum 1277 m hohen Gipfel am Krater); Circumvesuviana (Eisenbahn von Neapel); Salita al Cratere (Sessellift)

Avellino (AV)

Avellino Das römische *Abellinum;* Reste der Stadtmauer; S. Maria di Costantinopoli

(18. Jh., mit älteren Kunstwerken); Museo Irpino (Funde und Kunstwerke aus der Umgebung, der Landschaft der Irpinia)
Solofra S. Michele (16. Jh., Fassade); Pal. Ducale (Palast der Orsini, 16. Jh.)

Salerno (SA)

Amalfi Am Meer an den Hängen des Monte Cerriti aufsteigend, mildes Klima; blühende Seerepublik zwischen dem 9. und 12. Jh. mit weiten Handels- und Machtbeziehungen, im Wettstreit mit Pisa, Genua und Venedig; Duomo (11. Jh., Freitreppe, Tore aus Konstantinopel, Fresken, Marmorarbeiten); Chiostro del Paradiso (Kreuzgang neben dem Dom, Gräber von Vornehmen); Grotta di Smeraldo (6 km)
Padula Certosa S. Lorenzo (großartiges Kartäuserkloster, 51 500 qm bebaute Fläche; nach der Restaurierung der jüngsten Zeit in altem Glanz; 1308 begonnen, im Barock erneuert); Basilica (Fassade, Chor des 16. Jh., Grabkapelle, Küche des Konvents, Bibliothek, Kreuzgang, Mönchszellen); Museo Archeologica (Funde aus Lukanien)
Paestum In der Ebene vor dem Hintergrund der Berge gelegen, ›griechische‹ Landschaft; von Griechen aus Sybaris als *Poseidonia* gegründet, römische Stadt; Templi dori: die drei gut, wenn auch nicht unversehrt erhaltenen griechischen Tempel, die Basilica (6. Jh. v. Chr.), der Poseidon-Tempel (5. Jh. v. Chr.) und der Ceres-Tempel (6./5. Jh. v. Chr.) sind die großartigsten Beispiele griechischer Baukunst in Süditalien, der alten »Magna Graecia«, Groß-Griechenland, ebenbürtig den Tempeln im Mutterland und auf Sizilien; Cinta delle Mura (Mauerring des 5. Jh. v. Chr.); Museo (wertvolle archäologische Funde und Kunstwerke des Altertums)
Palinuro »Ambiente Naturale«: beliebtes Seebad der Cilento-Landschaft
Polla »Ambiente Culturale«: römische Siedlung mit Ruinen jener Zeit
Positano »Ambiente Naturale«: ›malerisch‹ an Felswänden über dem Meer gelegen, mit Badestrand
Ravello Alte Bergstadt, 354 m über dem Meer mit normannisch-maurischen Bauten; Duomo (S. Pantaleone, 1086, im Barock erneuert); Pal. Rufolo (11. Jh., der Park ist der Zaubergarten aus Wagners »Parsifal«); Belvedere Cimbrone (Aussicht); Umgebung: Scala (1 km)
Sala Consilina Landwirtschaftliches Zentrum schon im Altertum; Castello (mittelalterliche Burg von Robert Guiscard)
Salerno Hafenstadt im Norden des Golfs von Salerno; das römische *Salernum,* im Mittelalter wohlhabende Stadt, einst die medizinische Schule des Abendlands; Duomo (S. Matteo, um 1080 erbaut, erweitert und erneuert, Atrium mit 28 antiken Säulen aus Paestum, antike Sarkophage, Bronzetüren aus Konstantinopel, Wand- und Fußbodenmosaiken); Museo del Duomo (Goldschmiedearbeiten); Castello (langobardische Burg); Lungomare Trieste (Uferpromenade)
Teggiano Cattedrale; Castello; Museo Civico

Apulien/Puglia

Foggia (FG)

Foggia Zentrum des »Tavoliere«, der fruchtbaren apulischen Ebene; Aufenthaltsort Friedrichs II.; Cattedrale (12. Jh., Fassade und Krypta, erneuert)
Lucera Römische Siedlung; Duomo (gotische Kathedrale mit Campanile); Fortezza (Festung Friedrichs II., 13. Jh.)
Manfredonia Von König Manfred im 13. Jh. gegründete Hafen- und Handelsstadt; Castello; Umgebung: S. Maria di Siponto (3 km, Kirche des 12. Jh.); S. Leonardo di Siponto (10 km, 12. Jh.)
Monte Sant'Angelo Berühmter Wallfahrtsort des Mittelalters; Santuario di S. Michele (Grotte des Erzengels Michael,

Basilika mit Glockenturm, Bronzetüren, Bischofsstuhl); Tomba di Rotari (Kuppelbau des 12. Jh.)
Tremiti (Isole) »Ambiente Naturale«: reizvolle Inseln im Adriatischen Meer
Troia Cattedrale (romanisch-byzantinische Kirche des 11./12. Jh.)

Bari (BA)

Bari Uralte Siedlung, unter Griechen, Römern, Sarazenen, Staufern; heute Regionalhauptstadt, lebhafte Hafen- und Handelsstadt, zweitgrößte Süditaliens, Industriezentrum; – Città Vecchia (Altstadt auf einer Landspitze zwischen Altem und Neuem Hafen): Lungomare Sauro, Lungomare Augusto (Uferpromenaden); Via Vittorio Veneto (Hauptstraße); Fiera del Levante (Messe im September); – S. Nicola (Kirche des hochverehrten Nikolaus, 1087 begonnen, Tabernakel, Krypta); Cattedrale (S. Sabino, 12. Jh.); S. Gregorio (11. Jh.); Castello (1233 von Friedrich II.); Pinacoteca Provinciale; Museo Archeologico
Alberobello Zona monumentale dei Trulli (unzählige weiß getünchte, kreisrunde Steinbauten mit Kegeldach)
Altamura Von Friedrich II. neu aufgebaut; S. Maria della Consolazione
Barletta Duomo (romanisch-gotischer Bau, Campanile, 12./14. Jh.); S. Sepolcro (frühgotische Kirche des 12. Jh.); Colosso (4,5 m hohe Bronzestatue eines römischen Kaisers, die größte erhaltene der Antike); Castello (13./16. Jh.); Museo Comunale
Bitonto Cattedrale (13. Jh., romanischer Bau, Marmorarbeiten)
Canosa di Puglia Cattedrale (11. Jh., erneuert); Tomba di Beomondo (Viereckbau mit Kuppel); S. Leucio
Castel del Monte Castello di Federico II, Jagdschloß Friedrichs II. (gleichseitiges Achteck mit Ecktürmen, ein Juwel der mittelalterlichen Architektur, »Krone Apuliens«, nach 1240 errichtet, gotisches Portal im sonst schmucklosen Bau)
Conversano Castello (Normannenburg); Duomo (11./14. Jh.); S. Benedetto (Klosterkirche des 11. Jh.)
Gioia del Colle Castello (Normannenburg des 11. Jh.)
Gravina in Puglia Duomo (11. Jh., erneuert); Museo Pomarici-Santomasi (bedeutende archäologische Funde der Umgebung); Chiesa-Grotta di S. Michele (fünfschiffige Felsenkirche); Castello
Grotte di Castellana »Ambiente Naturale«: größte Naturgrotten Italiens
Locorotondo Kulturstadt in schöner Hügellage
Molfetta Duomo Vecchio (12./13. Jh.); Cattedrale (Barock)
Polignano Mare Chiesa Madre (13. Jh., erneuert); Grotta Palazzese (am Meer)
Ruvo di Puglia Cattedrale; Museo Latta (Bronzen und Keramiken, Vasen)
Trani Cattedrale (11. Jh., romanisches Portal, Reliefs und Bronzetüren in der Westfassade)

Tarent / Taranto (TA)

Tarento (Tarent) Hafenstadt am Golf; Zentrum der Schwerindustrie, Kriegshafen; griechische Gründung, Altstadt auf einer langgestreckten Felseninsel; Lungomare Vitt. Emanuele (Uferpromenade); Duomo (S. Cataldo, 1072–1084); Museo Nazionale (archäologische Funde der Umgebung)
Martina Franca Kulturstadt in schöner Hügellage; Municipio (Caracciolo); Collegiata S. Martino; S. Domenico; S. Antonio (Renaissancekirche)

Brindisi (BR)

Brindisi Sicherer Naturhafen; Fährschiffe nach Griechenland; römische Hafenstadt *Brundisium,* Endpunkt der Via Appia, markiert von 19 m hoher Säule; S. Benedetto (1080, Kreuzgang); Castell (Stauferfestung)
Ostuni Kulturstadt in schöner Hügellage; Pal. del Comune (ehemaliges Franziskanerkonvent); S. Francesco; Cattedrale (15. Jh.)

Lecce (LE)

Lecce In der Halbinsel des Salento gelegen; »Ambiente Culturale«: südliches »Florenz des Barock« wegen der reichen Architektur jener Zeit aus Lecceser Sandstein; Piazza S. Oronzo mit Rathaus (Loggia), Cappella S. Marco (1543) und Resten des römischen Amphitheaters; Piazza della Prefettura mit S. Croce (1549–1695, prächtige Fassade; Piazza del Duomo mit Duomo S. Oronzo, Pal. Vescovile und Seminario); Ss. Nicolò e Cataldo; Porta di Napoli (Triumphbogen für Kaiser Karl V., 1548); Römische Ruinen; Museo Provinciale

Galatina S. Caterina (14. Jh.)

Gallipoli Griechische Siedlung *Kale polis,* »Schönstadt«; Lido S. Giovanni, Baia Verde: Cattedrale (17. Jh., Barockfassade); Museo Civico; Castello (Festungskomplex); Fontana Ellenistica; Umgebung: Baia Verde (6 km)

Otranto Geschützte Hafenstadt; Cattedrale (11. Jh., erneuert, Fußbodenmosaik, Fresken, Säulen, Krypta); Castello (Burg von Friedrich II., 13. Jh.); S. Pietro (byzantinische Elemente)

Basilikata / Basilicata

Potenza (PZ)

Potenza »Ambiente Naturale«: Altstadt auf dem Berg; altes Stadtbild mit auf- und absteigenden engen Gassen; Duomo (18. Jh.); S. Michele (11. Jh.); Museo Provinciale (archäologische Funde)

Melfi Uralte Siedlung, Zentrum für Wein- und Olivenanbau; Duomo (12. Jh., im 17. Jh. erneuert, Kunstwerke im Innern); Castello (eindrucksvolle mittelalterliche Festung)

Venosa Abbazia della Trinità (großartiges Normannenkloster des 11. Jh.)

Matera (MT)

Matera »Ambiente Naturale«: einzigartige, fast unwirkliche Felsenstadt; höchst eindrucksvolle Altstadt über der Schlucht des Gravina-Flusses; die Häuser bestehen teils aus natürlichen Felsenhöhlen, teils aus in den Tuff gegrabenen Räumen, teils aus eigenartig gefügten Mauern; Duomo (romanischer Bau des 13 Jh.); Castello Tramontano (Festung des 15. Jh.); Strada Panoramica dei Sassi (aussichtsreiche Straße mit Blick auf die Altstadt)

Metapont Von Griechen gegründet, *Metapontion;* Überreste der griechischen Stadt, Tempelruinen; Tavole Palatini (15 Säulen); Antiquarium (archäologische Funde)

Tricarico Castello (Festungsturm, 15. Jh.); Duomo

Venosa Siedlung der Samniter, römische Siedlung; Geburtsort des Dichters Horaz; Archäologische Ausgrabungen

Kalabrien/Calabria

Cosenza (CS)

Cosenza »Ambiente Naturale«: über den Flüssen Busento und Crati, an den Abhängen des Burghügels gelegen; uralte Siedlung mit wechselvoller Geschichte, hier starb 410 der Westgotenkönig Alarich; Castello (10. Jh., erneuert); Cattedrale (Zisterziensergotik, 12. Jh., verändert)

Castrovillari Castello; S. Maria di Castello (1090, Veränderungen des 15./18. Jh.); Museo Civico (historische Zeugnisse)

Morano Calabro »Ambiente Naturale«: Hügellage, Ferienort; S. Bernardino (15. Jh.), Collegiata

Paola Geburtsort des hochverehrten hl. Francesco da Paola, 1416–1507, Kloster des 15./17. Jh.; Wallfahrtsstätte

Rossano »Ambiente Naturale«: wenige Kilometer vom Meer am Berghang gelegen, Aussicht; S. Marco (byzantinisch-normannischer Zentralbau mit 5 Kuppeln); Museo Diocesano (Evangelienhandschrift, 6. Jh.)

Sibari (Sybaris) »Ambiente Culturale«: griechische Kolonie *Sybaris,* deren Reichtum im 7./6. Jh. v. Chr. sprichwörtlich war; archäologische Ausgrabungen

Catanzaro (CZ)

Catanzaro »Ambiente Naturale«: auf einem hohen Plateau gelegen; Duomo (erneuert); S. Domenico (Gemälde und Skulpturen)

Crotone Küstenstadt und Seebad, Industrie; griechische Kolonie *Kroton,* Pythagoräische Schule; Castello (16. Jh. über alten Mauern); Museo Archeologico (Funde aus dem Altertum); Umgebung: Capo Colonna (10 km; antikes Heiligtum der Hera Lacinia, Überreste)

Tropea »Ambiente Naturale«: Seebad in prachtvoller Lage an und über dem Meer; Cattedrale (11. Jh., erneuert)

Vibo Valentia Antike Siedlung, wechselvolle Geschichte im Mittelalter; Collegiata; Duomo (S. Michele, 17. Jh. über alten Mauern); Castello; Mura Greche

Reggio di Calabria (RC)

Reggio di Calabria »Ambiente Naturale«: an der Straße von Messina an den Ausläufern des Sila-Gebirges gelegen; das griechische *Rhegion,* 1783 und 1908 von Erdbeben zerstört, wieder aufgebaut; Museo Nazionale (berühmte Bronzestatuen von Riace und andere archäologische Funde der Region); Lungomare (Uferpromenade); Mura Greche e Terme Romane (Überreste der Antike)

Gerace »Ambiente Naturale«: großartige Lage; mittelalterliches Städtchen; Cattedrale (stattlichste Kirche Kalabriens, romanischer Bau des 11. Jh.); Castello; S. Francesco (romanisch-gotischer Bau des 13. Jh.)

Locri Lebhaftes Agrarzentrum und Seebad an der Ionischen Küste; Antiquarium Statale (archäologische Funde); Umgebung: Rovine di Locri Epizefiri (4 km, antike Siedlung): Reste verschiedener Tempel, u. a. eines Ionischen (5. Jh. v. Chr.)

Sizilien / Sicilia

Trapani (TP)

Trapani Griechische und römische Siedlung, lebhafte Hafenstadt; Santuario dell' Annunziata (ehemaliges Kloster, Wallfahrtsstätte); Museo Pepoli (im ehemaligen Karmeliterinnenkonvent; Funde des Altertums)

Alcamo Arabische Gründung; S. Francesco; Chiesa Matrice; S. Oliva; Castello (der Aragonesen)

Erici »Ambiente Naturale«: auf der Höhe des Berges Erice; uralte Siedlung, *Eryx;* Tempio di Venere (Überreste eines römischen Tempels an der Stelle eines Kastells); Chiesa Madre (Assunta)

Marsala »Ambiente Culturale«: antike Siedlung, von Arabern benannt; bekannt wegen des Dessertweines; Insula Romana

Mazara del Vallo Schon den Phöniziern wegen des günstigen Naturhafens bekannt; S. Nicolò Regale

Palermo (PA)

Palermo An einem weiten Golf in der fruchtbaren Conca d'Oro, der »Goldenen Muschel«, umgeben von Bergen gelegen, moderne Hafenstadt, deren Sanierung geplant ist; von Phöniziern gegründet, das griechische *Panormos,* unter Karthagern, Römern, Ostgoten, Byzantinern, Sarazenen, Normannen, Staufern, den französischen Anjou, Aragonesen, den spanischen Bourbonen, die alle ihre Spuren hinterließen, zum Teil in großartigen Kunstwerken; – Quattro Canti (»Vier Ecken«, Mittelpunkt der Stadt, Kreuzung der Via Maqueda und Via Vitt. Emanuele, den urbanistischen Hauptstraßen der Stadt); Piazza Pretoria (mit Brunnen und Rathaus); Piazza della Cattedrale (vor dem Dom); Piazza Verdi (vor dem Teatro Massimo von 1875–1897, 3200 Plätze); Viale della Libertà (Boulevard); Parco della Favorita (öffentlicher Park, Orangerie); Villa Giulia; Orto Botanico (mit tropischen Pflanzen); Fiera del Mediterraneo (Messe im Mai und Juni); – Martorana oder S. Maria dell'Ammiraglio (nach 1143, wunderschöner Kirchenraum, byzantinische Mosaiken, Ausmalung der Gewölbe); S. Cataldo (1161, kleiner byzantinischer Kuppelbau); Cattedrale (ursprünglich romanischer Bau, erneuert, mit Kuppel von 1781–1801, im Innern 6 Königsgräber, darunter das von Friedrich II., 1250; Reliquiar der hl. Rosalia, Stadtpatronin, Krypta, Domschatz); Pal. Arcivescovile mit Museo Diocesano (Erzbischöfliches Palais, religiöse Kunst); – Pal. dei Normanni (von Arabern begründet, von Normannen zur Stadtfestung umgebaut, im Innenhof Renaissancearkaden) mit Cappella Palatina (1132–1140 von König Roger II. erbaut, wunderschöne Palastkapelle des Mittelalters; die Mosaiken überall vereinen orientalische und abendländische Elemente) und Turm S. Ninfa (Aussicht); Porta Nuova (Stadttor von 1535); S. Giovanni degli Eremiti (nach 1132, orientalischer Bau mit 5 roten Kuppeln, mit Resten einer kleinen Moschee, Kreuzgang); S. Giuseppe dei Teatini (1612–1645, barocke Säulenbasilika, reiche Innenausstattung); Gesù (Barockkirche, 1564–1636); S. Francesco (nach 1277); Oratorio di S. Lorenzo; S. Maria della Catena (um 1500, Vorhalle); Porta Felice (Stadttor am Meer); S. Domenico (14./17. Jh.); Pal. Abatellis (Zinnenturm, gotisches Portal, mit Galleria Nazionale della Sicilia); Oratorio del Rosario (im Innern »Madonna del Rosario« von van Dyck, 1625); Oratorio di S. Zita (1369); S. Giorgio dei Genovesi; la Zisa (Lustschloß der Normannen, 1154–1166, quadratischer Bau nach arabischen Vorbildern); la Cuba (Normannenbau); Chiesa del Vespro o S. Spirito; Convento (1621) e Catacombe dei Cappuccini (in den unterirdischen Gängen etwa 8000 Mumien und Skelette); Museen: Museo Archeologico Nazionale (wertvolle Funde und Kunstwerke des Altertums, Metopen von Selinunt, Löwenköpfe aus Himera); Galleria Nazionale della Sicilia (wertvolle Werke sizilianischer Maler, vor allem »Triumph des Todes«, 15. Jh.); Museo Diocesano (im Erzb. Palais); Museo Etnografico Pietrè; Galleria d'Arte Moderna (moderne sizilianische Künstler); Umgebung: S. Maria del Gesù (4 km; ehemaliges Franziskanerkloster, Aussicht); S. Maria delle Scale (13 km); Mondello (11 km; Seebad von Palermo); M. Pellegrino (14 km, Heiligtum der hl. Rosalia von Palermo); Monreale (8 km); Solunto (18 km); Piana degli Albanesi (24 km; von Albanern mit eigener Sprache und Ritus bewohnt)

Cefalù Hafenstädtchen am Fuß eines Kalkfelsens; griechische Siedlung; Cattedrale (schöner normannischer Dom, 1132, erneuert, Fassade und Vorhalle, Granitsäulen mit Kapitellen, Erlösermosaik der Apsis, Kreuzgang); Museo Mandralisca (wertvolle Kunstwerke, darunter Gemälde von Antonello da Messina)

Monreale »Ambiente Naturale«: am Rande der Conca d'Oro, der »Goldenen Muschel«, oberhalb von Palermo; Duomo (S. Maria Nuova, normannischer Bau, 1172–1176, Bronzetüren, 102 m lange und 40 m breite Säulenbasilika, an allen Wänden und in der Apsis Mosaiken von höchster Pracht und künstlerischem Ausdruck, 1182 vollendet); Chiostro (Kreuzgang des Benediktinerklosters mit 216 Säulen, Kapitellen, Reliefs und Mosaiken)

Messina (ME)

Messina Hafenstadt an der Straße von Messina, die Peloritanischen Berge emporsteigend; von Griechen gegründet, *Zankle,* später *Messana;* wegen seiner strategischen Lage wechselvolle Geschichte, Erdbebengebiet; Duomo (1919/20 nach alten Plänen neu aufgebaut, 50 m hoher Glockenturm mit astronomischer Uhr); Annunziata dei Catalani; Museo Nazionale (wertvolle Kunstwerke, darunter Gemälde von Antonello da Messina)

Liparische Inseln Auch Äolische Inseln; sieben bewohnte, zehn unbewohnte; 30 bis

80 km von der sizilianischen Nordküste entfernt; **LIpari** (mit 38 qkm die größte): Castello, Museo Eoliano; außerdem Panarea, Salina, Stromboli (tätiger Vulkan) und Vulcano (tätiger Vulkan)
Milazzo Auf einer Halbinsel gelegen; Castello; Umgebung: Faro (6 km); Schiffsverbindung zu den Isole Eolie
Taormina In 250 m über dem Ionischen Meer gegenüber dem Ätna gelegen, zu Recht »Perle des Mittelmeers« genannt; Terrazza del Teatro Greco (Aussicht); Corso Umberto I, Via Roma (Hauptstraße); Giardini Pubblici; Belvedere; Teatro Greco (Griechisches Theater, von den Römern erneuert, Aussicht); Odeon; Naumachia; Duomo (12./14. Jh.); Pal. Corvaia; Pal. Santostefano; Badiazza; Pal. Ciampoli; Antiquarium del Teatro Greco (wertvolle Antikensammlung); Umgebung: Castello (30 Min.); Castelmola (5 km, Felsennest); Capo S. Andrea e Mazzaro (20 Min.); Capo Schiso (7,5 km); Rovine di Naxos
Tindari (Tyndaris) Griechische Gründung; Scavi Archeologici (Teatro Greco; Basilica)

Agrigent/Agrigento (AG)

Agrigento (Agrigent) Das Tempeltal mit den griechischen Heiligtümern steht im Kontrast zu den Hochhäusern der modernen Stadt; von Griechen im 6. Jh. v. Chr. als *Akragas* gegründet, Blüte im 6./5. Jh. v. Chr., von Karthagern zerstört, römisch *Agrigentum,* trug bis 1927 den sarazenischen Namen *Girgenti*, Geburtsort des Dichters Luigi Pirandello, 1867–1936; Via Atenea (Hauptstraße); Via del Duomo; Viale della Vittoria; Rupe Atenea; Passeggiata Archeologica (im Tempeltal); – Duomo (im 11. Jh. über einem Tempel des 6. Jh. v. Chr. begonnen, erneuert und erweitert, Campanile, bedeutende Kunstwerke im Innern); S. Spirito; Città Antica: Santuario Rupestre di Demetra (ursprünglich Tempio di Cerere, di Proserpina oder di Demetra, 470 v. Chr., unter den Normannen zur Kirche S. Biagio umgebaut, Grotte der Demeter); Quartiere Ellenistico-Romano (Fußbodenmosaiken und Wandmalereien); S. Nicola (Marmorsarkophag); Oratorio di Falaride (römische Grab-Cella); Tempio di Ercole (Herkules-Tempel, 6. Jh. v. Chr.); Tempio della Concordia (dorischer Tempel der Concordia, 5. Jh. v. Chr.); Tempio di Giunone (dorischer Tempel der Juno Lacinia, 5. Jh. v. Chr.); Tempio di Giove Olimpico (Zeustempel, 5. Jh. v. Chr., mit 113 m Länge die größte Halle der griechischen Antike); Santuario delle Divinità Ctonie (Kultstätte der Erdgöttinnen, 6. Jh. v. Chr.); Tempio di Castore e Polluce (Kastor-und-Pollux-Tempel, 5. Jh. v. Chr.); Tomba di Terone (römisches Grabmal); Museen: Museo Archeologico (wertvolle antike Sarkophage, Münzen, Vasen, Marmorfragmente, Epheben-Statue); Museo Civico (Kunstwerke und Gemälde vom Mittelalter bis heute)
Sciacca Alte Thermalquellen, bereits den Römern bekannt; Steripinto (Stadtpalast des 15. Jh.)

Caltanisetta (CL)

Caltanisetta »Ambiente Culturale«: griechisch-römische Siedlung; S. Maria la Nova (16. Jh.)
Gela Griechische Gründung; Fortificazioni Greche di Capo Soprano (5. Jh. v. Chr.); Museo Archeologico

Enna (EN)

Enna Uralte Siedlung; Castello di Lombardia (von Friedrich II. errichtet, 13. Jh., 22 Türme)
Piazza Armerina Alte Siedlung; Duomo (1604); Umgebung: Villa Romana del Casale (6 km; Römische Villa aus der späten Kaiserzeit mit 40 Räumen, herrliche Fußbodenmosaiken, 3./4. Jh. n. Chr.)

Catania (CT)

Catania Alte Siedlung *Katana,* nach dem Erdbeben von 1693 neu aufgebaut, lebhafte

Hafenstadt, zweitgrößter Ort Siziliens, Wirtschaftszentrum mit Handel und Industrie; Geburtsstadt des Komponisten Bellini (1801–1835); Piazza Duomo (Zentrum der Stadt vor dem Dom, mit Elefantenobelisk); Via Etnea, Via Crociferi (Hauptstraße); Villa Bellini (öffentlicher Park); Duomo (18. Jh. mit älteren Bauten); Castello Ursino (unter Friedrich II. erbaut, 13. Jh.); Teatro Romano (Überreste des griechisch-römischen Theaters); Odeon (kleines römisches Theater); S. Nicolò (ehemaliges Benediktinerkloster; Reste eines röm. Aphitheaters; Museo di Castel Ursino; Museo Belliniano; Umgebung: Ätna-Massiv, tätiger Vulkan

Acireale »Ambiente Naturale«: wegen der Felsen im Meer mit der Zyklopenlegende der Odyssee verbunden; alte Siedlung; Duomo; S. Sebastiano; Pinacoteca Zelantea (Inkunabeln); Belvedere

Caltagirone Nach dem Erdbeben von 1693 als Barockstadt wieder aufgebaut; Corte Capitaniale; S. Maria del Monte (12./17. Jh.); S. Giacomo; Museo della Ceramica; Museo Civico

Randazzo S. Maria (Gemälde des 16. und 18. Jh.)

Ragusa (RG)

Ragusa Alte Siedlung *Hybla;* nach dem Erdbeben von 1693 neu aufgebaut, Ragusa Superiore und Inferiore, vor allem schöne Barockkirchen; S. Giorgio (1738–1775); S. Giuseppe; S. Maria delle Scale; Cattedrale

Modica S. Giorgio; S. Pietro (18. Jh.); S. Maria di Betlem (15./18. Jh.); Umgebung: Cava di Ispica (12 km, Tal mit prähistorischen Grabanlagen)

Vittoria »Ambiente Culturale«: Barockkirchen

Syrakus/Siracusa (SR)

Siracusa (Syrakus) Die vornehmlich mittelalterliche Stadt liegt auf einer Insel, durch einen Kanal vom Festland getrennt, auf dem sich die antike Stadt und die moderne erstrecken; großer Naturhafen; von Griechen im 8. Jh. v. Chr. gegründet; eine der größten Städte der vorrömischen Antike mit Dichtern (Aischylos) und Gelehrten (Archimedes); Blüte unter der Herrschaft von Tyrannen (Dionysos) im 5./4. Jh. v. Chr.; – Piazza Archimede (Mittelpunkt der Altstadt); Piazza del Duomo (mit Rathaus und Dom); Fonte e Passeggio Aretusa (sagenumwobener, von Papyrusstauden eingefaßter Platz der Arethusischen Quelle); Foro Italico (Strandpromenade); Aquario Tropicale (mit seltenen Fischen); Parco Archeologico; Viale L. Rizzo, Via Bassa Acradina (Hauptstraße); – Duomo (7. Jh. über einem Tempel des 5. Jh. v. Chr., im 17. Jh. erweitert, Barockfassade des 18. Jh.); Castello Maniace (Stauferburg von 1239, Portal); Pal. Bellomo (mit Museo Nazionale); Tempio di Apollo oder di Diana (6. Jh. v. Chr.); S. Lucia e Catacombe; Ginnasio Romano; Foro Siracusano (Reste der antiken Agora); Anfiteatro Romano (Kaiserzeit; 140 m lang, 110 m breit); Latomia del Paradiso (berüchtigter Steinbruch der Antike, 30–40 m tief in den Felsen gehauen; »Ohr des Dionysos«, große Höhle mit Schalleffekt; Teatro Greco (5. Jh. v. Chr., halbkreisförmig in den Felsen geschlagen, mit 138 m Durchmessser das größte Theater der griechischen Welt; Ara di Ierone (Altar Hierons II., ein 200 m langer und 23 m breiter Opfertisch); S. Giovanni alle Catacombe (Reste einer frühmittelalterlichen Kirche, Westwand, Vorhalle, Krypta des hl. Marciano mit Fresken, Catacombe, ausgedehnte unterirdische Gänge); Villa Landolina (Grab des Dichters von Platen, 1835); Catacombe di Vigna Cassia; Latomia dei Cappuccini (Steinbruch und Gefangenenlager der Antike); Museen: Museo Archeologico (reiche Antikensammlung, Aphrodithe Anadyomene, Venus Landolina, Sarkophag des Valerius, griechische Vasen); Museo di Pal. Bellomo (wertvolle Gemälde und Kunstwerke); Umgebung: Castello Eurialo (9 km, Festung der Antike); Fonte

Ciane (8 km, von Papyrusstauden eingefaßte Quelle der Nymphe Kyane)
Augusta Lebhafte Industriestadt, Erdölraffinerien; Kriegshafen
Noto Barockbauten nach dem Erdbeben von 1693; Chiese e Palazzi del Corso Vittorio Emanuele e di Via Cavour; Umgebung: Noto Antica (Reste der antiken Siedlung)
Palazzolo Acreide »Ambiente Culturale«: alte Siedlung mit vielen historischen Zeugnissen, Barockbauten nach dem Erdbeben von 1693; S. Sebastiano (1703); S. Paolo; Antichità di Akrai (Überreste der alten Siedlung: Teatro Greco; Latomie; Templi Ferali; Santoni)

Sardinien / Sardegna

Sassari (SS)

Sassari Duomo; Museo Nazionale Sanna; Umgebung: SS. Trinità di Saccárgia (16 km)
Alghero Über einer Bucht am Meer gelegen; Bevölkerung mit katalanischem Dialekt aus der Zeit der aragonesischen Herrschaft; Cattedrale (14. Jh.); Casa Doria und Pal. Albis (Stadtpaläste des 16. Jh.); Umgebung: Porto Conte (13 km); Grotta di Nettuno (23,7 km)
Costa Smeralda »Ambiente Naturale«: einzigartiges Küsten- und Feriengebiet mit vielen touristischen Einrichtungen
Olbia Am Golf über dem Meer gelegen, lebhafte Hafenstadt, Fährverbindungen zum italienischen Festland; alte Siedlung (bis 1939 hieß es Terranova Pausania); S. Simplicio (11. Jh., verändert)

Nuoro (NU)

Nuoro »Ambiente Naturale«: Ausflüge in die Berge der Umgebung: u. a. M. Ortobene 955 m hoch, 8 km
Nuraghe su Nuraxi Nuragen von Barumini, die typisch sardischen Steinbauten, einzigartige megalithische Architektur

Oristano (OR)

Oristano »Ambiente Naturale«; Umgebung: S. Giusta (3 km); Thárros (19 km)

Cagliari (CA)

Cagliari Am Golf über dem Meer gelegen; von Phöniziern gegründet, von Karthagern besiedelt, das römische *Carales,* Hafen- und Handelsstadt, Regionalhauptstadt Sardiniens; – Cattedrale (S. Cecilia, 1312 von Pisanern erbaut, Portale, im Innern wertvolle Kunstwerke, darunter die alte Pisaner Domkanzel, 12. Jh.); Bastione San Remy (Aussichtsterrasse über der mittelalterlichen Stadtmauer, Cinta Pisana (Torri dell'Elefante e di S. Pancrazio, zwei Tortürme zur Altstadt); Anfiteatro Romano; Museo Nazionale Archeologico (mit punischen, griechischen und römischen Funden, Bronzen primitiver Kunst) e Pinacoteca (wertvolle Gemälde)

Quellennachweis

S. 25f, 29: Luigi Barzini, Die Italiener, Societäts-Verlag, Frankfurt
S. 88: Harald Keller, Die Kunstlandschaften Italiens, Prestel-Verlag, München
S. 223: Carlo Fruttero, Franco Lucentini, Die Sonntagsfrau, R. Piper Verlag, München
S. 224f.: Gottfried Benn, Die Gedichte (Gesammelte Werke Bd. 1), Arche-Verlag, Zürich

Autor und Verlag bemühen sich darum, die Praktischen Reiseinformationen auf dem aktuellsten Stand zu halten, können aber keine Gewähr für die Richtigkeit jeder einzelnen Angabe übernehmen – Anschriften wie Telefonnummern, Öffnungszeiten wie Währungskurse etc. ändern sich oft kurzfristig. Wir bitten um Verständnis und werden Korrekturhinweise gerne aufgreifen (DuMont Buchverlag, Postfach 10 04 68, 5000 Köln 1).

Raum für Reisenotizen

Ortsregister

(Hauptverweise sind **halbfett** gedruckt, Verweise auf den Gelben Teil *kursiv*)

Personenregister

Süd-Italien

Apulien, Basilicata, Kalabrien, Kampanien

Von Hans Weber. Mit einem Text von Heinz-Joachim Fischer. 232 Seiten mit 96 Farb- und 76 Schwarzweiß-Fotos, einer Karte sowie 10 einfarbigen Abbildungen im Text, Leinen mit Schutzumschlag

»Dies ein schönes Buch zu nennen wäre richtig und wiederum zu wenig, denn es bezieht seinen Reiz vor allem aus dem Kontrast zwischen glänzenden Fotos der italienischen ›Ewigkeit‹ und den vom Italien-Korrespondenten Heinz-Joachim Fischer geschriebenen Texten, die auf das ›aktuelle‹ Italien, den politischen und wirtschaftlichen Zustand des Landes zugespitzt sind. Hier ist belegt, was den Mezzogiorno, die Landschaften Apulien, Basilicata, Kalabrien und Kampanien, ausmacht: die vollendete Harmonie der Natur und der Städte, die große Kunst, die überwältigende Ansicht, aber auch ein schwerer Alltag und die Sorgen einer im Stich gelassenen Region.«

Frankfurter Allgemeine Zeitung

DuMont Kunst-Reiseführer

Ägypten und Sinai – Geschichte, Kunst und Kultur im Niltal
Vom Reich der Pharaonen bis zur Gegenwart

Albanien
Kunstreise durch das Land der Skipetaren

Algerien – Kunst, Kultur und Landschaft
Von den Stätten der Römer zu den Tuareg der zentralen Sahara

Belgien

Belgien – Spiegelbild Europas
Eine Einladung nach Brüssel, Gent, Brügge, Antwerpen, Lüttich und zu anderen Kunststätten

Die Ardennen
Eine alte Kulturlandschaft im Herzen Europas

Bhutan
Kunst und Kultur im Reich des Drachen

Brasilien
Völker und Kulturen zwischen Amazonas und Atlantik

Bulgarien
Kunstdenkmäler aus vier Jahrtausenden von den Thrakern bis zur Gegenwart

Volksrepublik China
Kunstreisen durch das Reich der Mitte

Dänemark
Land zwischen den Meeren. Kunst – Kultur – Geschichte

Deutsche Demokratische Republik
Geschichte und Kunst von der Romanik bis zur Gegenwart. Brandenburg, Mecklenburg, Sachsen-Anhalt, Sachsen, Thüringen

Bundesrepublik Deutschland

Das Allgäu
Städte, Klöster und Wallfahrtskirchen zwischen Bodensee und Lech

Das Bergische Land
Kultur, Geschichte, Landschaft zwischen Ruhr und Sieg

Bodensee und Oberschwaben
Zwischen Donau und Alpen: Wege und Wunder im ›Himmelreich des Barock‹

Bonn
Von der römischen Garnison zur Bundeshauptstadt. Kunst und Kultur zwischen Voreifel und Siebengebirge

Bremen, Bremerhaven und das nördliche Niedersachsen
Kultur, Geschichte und Landschaft zwischen Unterweser und Elbe

Düsseldorf
Eine moderne Landeshauptstadt mit 700jähriger Geschichte und Kultur

Die Eifel
Entdeckungsfahrten durch Landschaft, Geschichte, Kultur und Kunst – Von Aachen bis zur Mosel

Franken – Kunst, Geschichte und Landschaft
Entdeckungsfahrten in einem schönen Land – Würzburg, Rothenburg, Bamberg, Nürnberg und die Kunststätten der Umgebung

Freie und Hansestadt Hamburg
Geschichte, Kultur und Stadtbaukunst an Elbe und Alster

Hannover und das südliche Niedersachsen
Geschichte, Kunst und Landschaft zwischen Harz und Weser, Braunschweig und Göttingen

Hessen
Vom Edersee zur Bergstraße. Die Vielfalt von Kunst und Landschaft zwischen Kassel und Darmstadt

Hunsrück und Naheland
Entdeckungsfahrten zwischen Mosel, Nahe, Saar und Rhein

Köln
Zwei Jahrtausende Kunst, Geschichte und Kultur

Kölns romanische Kirchen
Architektur, Ausstattung, Geschichte

Die Mosel
Von der Mündung bei Koblenz bis zur Quelle in den Vogesen. Landschaft, Kultur, Geschichte

München
Von der welfischen Gründung Heinrichs des Löwen bis zur Gegenwart: Kunst, Kultur, Geschichte

Münster und das Münsterland
Geschichte und Kultur. Ein Reisebegleiter in das Herz Westfalens

Zwischen Neckar und Donau
Kunst, Kultur und Landschaft von Heidelberg bis Heilbronn, im Hohenloher Land, Ries, Altmühltal und an der oberen Donau

Der Niederrhein
Landschaft, Geschichte und Kultur am unteren Rhein

Oberbayern
Kultur, Geschichte, Landschaft zwischen Donau und Alpen, Lech und Salzach

Oberpfalz, Bayerischer Wald, Niederbayern
Regensburg und das nordöstliche Bayern. Kunst, Kultur und Landschaft

Osnabrück, Oldenburg und das westliche Niedersachsen
Kultur, Geschichte, Landschaft zwischen Weser und Ems

Ostfriesland mit Jever- und Wangerland
Über Moor, Geest und Marsch zum Wattenmeer und zu den Inseln Borkum, Juist, Norderney, Baltrum, Langeoog, Spiekeroog und Wangerooge

Die Pfalz
Die Weinstraße – Der Pfälzer Wald – Wasgau und Westrich. Wanderungen im ›Garten Deutschlands‹

Der Rhein von Mainz bis Köln
Eine Reise durch das Rheintal – Geschichte, Kunst und Landschaft

Das Ruhrgebiet
Kultur und Geschichte im ›Revier‹ zwischen Ruhr und Lippe

Sauerland
mit Siegerland und Wittgensteiner-Land. Kultur und Landschaft im gebirgigen Süden Westfalens

Schleswig-Holstein
Zwischen Nordsee und Ostsee: Kultur – Geschichte – Landschaft

Der Schwarzwald und das Oberrheinland
Wege zur Kunst zwischen Karlsruhe und Waldshut: Ortenau, Breisgau, Kaiserstuhl und Markgräflerland

Sylt, Amrum, Föhr, Helgoland, Pellworm, Nordstrand und Halligen
Natur und Kultur auf Helgoland und den Nordfriesischen Inseln. Entdeckungsreisen durch eine Landschaft zwischen Meer und Festlandküste

Der Westerwald
Vom Siebengebirge zum Hessischen Hinterland. Kultur und Landschaft zwischen Rhein, Lahn und Sieg

Östliches Westfalen
Vom Hellweg zur Weser. Kunst und Kultur zwischen Soest und Paderborn, Minden und Warburg

Württemberg-Hohenzollern
Kunst und Kultur zwischen Schwarzwald, Donautal und Hohenloher Land: Stuttgart, Heilbronn, Schwäbisch Gmünd, Tübingen, Rottweil, Sigmaringen

---

Die Färöer
Inselwelt im Nordatlantik

Frankreich

Auvergne und Zentralmassiv
Entdeckungsreisen von Clermont-Ferrand über die Vulkane und Schluchten des Zentralmassivs zum Cevennen-Nationalpark

Die Bretagne
Im Land der Dolmen, Menhire und Calvaires

Burgund
Kunst, Geschichte, Landschaft, Burgen, Klöster und Kathedralen im Herzen Frankreichs: Das Land um Dijon, Auxerre, Nevers, Autun und Tournus

Côte d'Azur
Frankreichs Mittelmeerküste von Marseille bis Menton

Das Elsaß
Wegzeichen europäischer Kultur und Geschichte zwischen Oberrhein und Vogesen

Frankreich für Pferdefreunde
Kulturgeschichte des Pferdes von der Höhlenmalerei bis zur Gegenwart. Camargue, Pyrenäen-Vorland, Périgord, Burgund, Loiretal, Bretagne, Normandie, Lothringen

Frankreichs gotische Kathedralen
Eine Reise zu den Höhepunkten mittelalterlicher Architektur in Frankreich

Romanische Kunst in Frankreich
Ein Reisebegleiter zu allen bedeutenden romanischen Kirchen und Klöstern

Korsika
Natur und Kultur auf der ›Insel der Schönheit‹. Menhirstatuen, pisanische Kirchen und genuesische Zitadellen

Languedoc – Roussillon
Von der Rhône zu den Pyrenäen

Das Tal der Loire
Schlösser, Kirchen und Städte im ›Garten Frankreichs‹

Lothringen
Kunst, Geschichte, Landschaft

Die Normandie
Vom Seine-Tal zum Mont St. Michel

Paris und die Ile de France
Die Metropole und das Herzland Frankreichs. Von der antiken Lutetia bis zur Millionenstadt

Führer Musée d'Orsay, Paris

Périgord und Atlantikküste
Kunst und Natur im Lande der Dordogne und an der Côte d'Argent von Bordeaux bis Biarritz

Das Poitou
Westfrankreich zwischen Poitiers, La Rochelle und Angoulême – die Atlantikküste von der Loiremündung bis zur Gironde

Die Provence
Ein Begleiter zu den Kunststätten und Naturschönheiten im Sonnenland Frankreichs

Savoyen
Vom Genfer See zum Montblanc – Natur und Kunst in den französischen Alpen

Südwest-Frankreich
Vom Zentralmassiv zu den Pyrenäen – Kunst, Kultur und Geschichte

---

Griechenland

Athen
Geschichte, Kunst und Leben der ältesten europäischen Großstadt von der Antike bis zur Gegenwart

Die griechischen Inseln
Ein Reisebegleiter zu den Inseln des Lichts. Kultur und Geschichte

Korfu
Das antike Kerkyra im Ionischen Meer. Geschichte, Kultur, Landschaft

Kreta – Kunst aus fünf Jahrtausenden
Von den Anfängen Europas bis zur kreto-venezianischen Kunst

Rhodos
Eine der sonnenreichsten Inseln im Mittelmeer – ihre Geschichte, Kultur und Landschaft

Alte Kirchen und Klöster Griechenlands
Ein Begleiter zu den byzantinischen Stätten

Tempel und Stätten der Götter Griechenlands
Ein Reisebegleiter zu den antiken Kultzentren der Griechen

Großbritannien

Englische Kathedralen
Eine Reise zu den Höhepunkten englischer Architektur von 1066 bis heute

Die Kanalinseln und die Insel Wight
Kunst, Geschichte und Landschaft. Die britischen Inseln zwischen Normandie und Süd-England

London
Biographie einer Weltstadt

Die Orkney- und Shetland-Inseln
Landschaft und Kultur im Nordatlantik

Ostengland
Suffolk, Norfolk und Essex
Von Künstlern und Bauern, Kirchen und Palästen der Countryside (Juli '90)

Schottland
Geschichte und Literatur. Architektur und Landschaft

Süd-England
Von Kent bis Cornwall. Architektur und Landschaft, Literatur und Geschichte

Wales
Literatur und Politik – Industrie und Landschaft

Guatemala
Honduras – Belize. Die versunkene Welt der Maya

Holland
Kunst, Kultur und Landschaft. Ein Reisebegleiter durch Städte und Provinzen der Niederlande

Indien
Von den Klöstern im Himalaya zu den Tempelstätten Südindiens

Ladakh und Zanskar
Lamaistische Klosterkultur im Land zwischen Indien und Tibet

Indonesien
Ein Reisebegleiter nach Java, Sumatra, Bali und Sulawesi (Celebes)

Bali
Tempel, Mythen und Volkskunst auf der tropischen Insel zwischen Indischem und Pazifischem Ozean

---

Irland – Kunst, Kultur und Landschaft
Entdeckungsfahrten zu den Kunststätten der ›Grünen Insel‹

Island
Vulkaninsel zwischen Europa und Amerika

Israel

Das Heilige Land
Historische und religiöse Stätten von Judentum, Christentum und Islam in dem zehntausend Jahre alten Kulturland zwischen Mittelmeer, Rotem Meer und Jordan

---

Italien

Die Abruzzen
Das Bergland im Herzen Italiens
Kunst, Kultur und Geschichte

Apulien
7000 Jahre Geschichte und Kunst im Land der Kathedralen, Kastelle und Trulli

Elba
Ferieninsel im Tyrrhenischen Meer. Macchienwildnis, Kulturstätten, Dörfer, Mineralienfundorte

Emilia-Romagna
Oberitalienische Kunststädte zwischen Po, Apennin und Adria

Das etruskische Italien
Entdeckungsfahrten zu den Kunststätten und Nekropolen der Etrusker

Florenz
Ein europäisches Zentrum der Kunst. Geschichte, Denkmäler, Sammlungen

Gardasee, Verona, Trentino
Der See und seine Stadt – Landschaft und Geschichte, Literatur und Kunst

Latium – Das Land um Rom
Klöster und Villen, Kirchen und Gräberstädte, mittelalterliche Orte und arkadische Landschaften

Lombardei und Oberitalienische Seen
Kunst und Landschaft zwischen Adda und Po

Die Marken
Die adriatische Kulturlandschaft zwischen Urbino, Loreto und Ascoli Piceno

Der Golf von Neapel
Das Traumziel der klassischen Italienreise
Geschichte, Kunst, Geographie

Ober-Italien
Kunst, Kultur und Landschaft zwischen den Oberitalienischen Seen und der Adria

Piemont und Aosta-Tal
Begegnungen italienischer und französischer Kunst im Königreich der Savoyer. Kultur, Geschichte und Landschaft im Bogen der Westalpen

Die italienische Riviera
Ligurien – die Region und ihre Küste von San Remo über Genua bis La Spezia

Rom – Ein Reisebegleiter
Zweieinhalb Jahrtausende Kunst und Kultur der Ewigen Stadt

Rom in 1000 Bildern
Kunst und Kultur der ›Ewigen Stadt‹ in mehr als 1000 Bildern

Das antike Rom
Die Stadt der sieben Hügel: Plätze, Monumente und Kunstwerke. Geschichte und Leben im alten Rom

Sardinien
Geschichte, Kultur und Landschaft – Entdeckungsreisen auf einer der schönsten Inseln im Mittelmeer

Südtirol
Begegnungen nördlicher und südlicher Kulturtradition in der Landschaft zwischen Brenner und Salurner Klause

Toscana
Das Hügelland und die historischen Stadtzentren. Pisa · Lucca · Pistoia · Prato · Arezzo · Siena · San Gimignano · Volterra

Umbrien
Eine Landschaft im Herzen Italiens

Venedig
Die Stadt in der Lagune – Kirchen und Paläste, Gondeln und Karneval

Das Veneto
Verona, Vicenza, Padua
Städte und Villen, Kultur und Landschaft Venetiens

Die Villen im Veneto
Eine kunst- und kulturgeschichtliche Reise in das Land zwischen Alpenrand und Adriabogen

---

Japan – Tempel, Gärten und Paläste
Einführung in Geschichte und Kultur und Begleiter zu den Kunststätten Japans

---

Der Jemen
Nord- und Südjemen. Antikes und islamisches Südarabien – Geschichte, Kultur und Kunst zwischen Rotem Meer und Arabischer Wüste

---

Jordanien
Völker und Kulturen zwischen Jordan und Rotem Meer

Jugoslawien
Kunst, Geschichte und Landschaft zwischen Adria und Donau

Karibische Inseln
Westindien. Von Cuba bis Aruba

Kenya
Kunst, Kultur und Geschichte am Eingangstor zu Innerafrika

Luxemburg
Entdeckungsfahrten zu den Burgen, Schlössern, Kirchen und Städten des Großherzogtums

---

Malaysia und Singapur
Dschungelvölker, Moscheen, Hindutempel, chinesische Heiligtümer und moderne Stadtkulturen im Herzen Südostasiens

---

Malta und Gozo
Die goldenen Felseninseln – Urzeittempel und Malteserburgen

Marokko – Berberburgen und Königsstädte des Islam
Ein Reisebegleiter zur Kunst Marokkos

Mexiko
Ein Reisebegleiter zu den Götterburgen und Kolonialbauten Mexikos

Mexico auf neuen Wegen
Ein Reisebegleiter zu präkolumbischen Kultstätten und Kunstschätzen

---

Namibia und Botswana
Kultur und Landschaft im südlichen Afrika

Nepal – Königreich im Himalaya
Geschichte, Kunst und Kultur im Kathmandu-Tal

Österreich

Das Burgenland
Land der Störche und der Burgen: Kultur, Landschaft und Geschichte zwischen Ostalpen und Pußta

Kärnten und Steiermark
Vom Großglockner zum steirischen Weinland. Geschichte, Kultur und Landschaft ›Innerösterreichs‹

Salzburg, Salzkammergut, Oberösterreich
Kunst und Kultur auf einer Alpenreise vom Dachstein bis zum Böhmerwald

Tirol
Nordtirol und Osttirol. Kunstlandschaft und Urlaubsland an Inn und Isel

Vorarlberg und Liechtenstein
Landschaft, Geschichte und Kultur im ›Ländle‹ und im Fürstentum

Wien und Umgebung
Kunst, Kultur und Geschichte der Donaumetropole

Pakistan
Drei Hochkulturen am Indus. Harappa – Gandhara – Die Moguln

Papua-Neuguinea
Niugini – Steinzeit-Kulturen auf dem Weg ins 20. Jahrhundert

Polen
Geschichte, Kunst und Landschaft einer alten europäischen Kulturnation

---

Portugal
Vom Algarve zum Minho

Madeira
Kultur und Landschaft auf Portugals ›Blumeninsel‹ im Atlantik. Mit 20 Wanderungen und 6 Autotouren

---

Rumänien
Schwarzmeerküste – Donaudelta – Moldau – Walachei – Siebenbürgen: Kultur und Geschichte

---

Die Sahara
Mensch und Natur in der größten Wüste der Erde

Sahel Senegal, Mauretanien, Mali, Niger
Islamische und traditionelle schwarzafrikanische Kultur zwischen Atlantik und Tschadsee

---

Die Schweiz
Zwischen Basel und Bodensee · Französische Schweiz · Das Tessin · Graubünden · Vierwaldstätter See · Berner Land · Die großen Städte

Tessin
Kunst, Landschaft und Natur zwischen Gotthard und Campagna Adorna

Das Wallis
Der Südwesten der Schweiz: Kunst und Kultur im Schatten der Viertausender

---

Skandinavien – Dänemark, Norwegen, Schweden, Finnland
Kultur, Geschichte, Landschaft

Sowjetunion

Georgien und Armenien
Zwei christliche Kulturlandschaften im Süden der Sowjetunion

Moskau und Leningrad
Kunst, Kultur und Geschichte der beiden Metropolen, des ›Goldenen Ringes‹ und Nowgorods

Sowjetischer Orient
Kunst und Kultur, Geschichte und Gegenwart der Völker Mittelasiens

---

Spanien

Die Kanarischen Inseln
Inseln des ewigen Frühlings: Teneriffa, Gomera, Hierro, La Palma, Gran Canaria, Fuerteventura, Lanzarote

Katalonien und Andorra
Von den Pyrenäen zum Ebro. Costa Brava – Barcelona – Tarragona – Die Königsklöster

Mallorca – Menorca
Ein Begleiter zu den kulturellen Stätten und landschaftlichen Schönheiten der großen Balearen-Inseln

Nordwestspanien
Landschaft, Geschichte und Kunst auf dem Weg nach Santiago de Compostela

Spaniens Südosten – Die Levante
Die Mittelmeerküste von Amposta über Valencia und Alicante bis Cartagena

Südspanien für Pferdefreunde
Kulturgeschichte des Pferdes von den Höhlenmalereien bis zur Gegenwart. Geschichte der Stierfechterkunst

---

Sudan
Steinerne Gräber und lebendige Kulturen am Nil

Südamerika: Präkolumbische Hochkulturen
Ein Reisebegleiter zu den indianischen Kunststätten in Peru, Bolivien und Kolumbien

---

Südkorea
Kunst und Kultur im Land der ›Hohen Schönheit‹

Syrien
Hochkulturen zwischen Mittelmeer und Arabischer Wüste – 5000 Jahre Geschichte im Spannungsfeld von Orient und Okzident

---

Thailand und Burma
Tempelanlagen und Königsstädte zwischen Mekong und Indischem Ozean

---

Tschechoslowakei
Kunst, Kultur und Geschichte im Herzen Europas

Türkei

Istanbul
Bursa und Edirne
Byzanz – Konstantinopel – Stambul
Eine historische Hauptstadt zwischen Abend- und Morgenland

Ost-Türkei
Völker und Kulturen zwischen Taurus und Ararat

Ungarn
Kultur und Kunst im Land der Magyaren (Juli '90)

USA – Der Südwesten
Indianerkulturen und Naturwunder zwischen Colorado und Rio Grande

---

Zypern
8000 Jahre Geschichte: Archäologische Schätze – Byzantinische Kirchen – Gotische Kathedralen

»Richtig reisen«

Ägypten
Algerische Sahara
Amsterdam
Arabische Halbinsel
Australien
Bahamas
Von Bangkok nach Bali
Belgien mit dem Rad
Berlin
»Richtig wandern«: Bretagne
Bornholm
Budapest
»Richtig wandern«: Burgund
China
Cuba
Dänemark (Juli '90)
Elsaß
Ferner Osten
Finnland
Florida
Frankreich für Feinschmecker
Friaul – Triest – Venetien
Graz und die Steiermark
Griechenland
Großbritannien
Guadeloupe · Martinique
Hawaii und Südsee
Holland
Hongkong
Mit Macau und Kanton
Ibiza/Formentera
Nord-Indien
Süd-Indien (Juli '90)
Indonesien
Irland
Istanbul
Italien
Jamaica
Kairo
Kalifornien
Kanada und Alaska
Ost-Kanada
West-Kanada und Alaska
Kreta
»Richtig wandern«: Kykladen
Lanzarote
London
Los Angeles
Madagaskar · Komoren
Malediven
»Richtig wandern«: Mallorca
Marokko
Mauritius
Mexiko
Moskau
München
Neapel – Küsten und Inseln
Nepal
Neu-England
Neuseeland
New Orleans
und die Südstaaten Louisiana, Mississippi, Alabama, Tennessee, Georgia
New York
»Richtig wandern«: Nord-England
Norwegen
Ostafrika
Paris
Peru und Bolivien
Philippinen
Portugal
Réunion
»Richtig wandern«: Rhodos
Rom
San Francisco
»Richtig wandern«: Schottland
Schweden
Die Schweiz und ihre Städte
Seychellen
Sinai und Rotes Meer
Sizilien
Spanien
»Richtig wandern«: Südtirol
Südwesten – USA
Teneriffa
Texas
Thailand
Toscana
»Richtig wandern«: Toscana und Latium
Türkei
Tunesien
Venedig
Wallis
Wien
Zentralamerika
Zypern

Italiener, die ›Geschichte machten‹

ALTERTUM

Romulus und Remus Ihnen schreiben die Überlieferungen die auf den 21. April 753 v. Chr. datierte Gründung Roms zu

Tiberius Sempronius und Caius Sempronius Gracchus Die beiden Gracchen, Sozialreformer und Revolutionäre, 133–121 v. Chr.

Marius und Sulla Innenpolitische Widersacher in Rom, 120–70 v. Chr.

M. Tullius Cicero Schriftsteller, Redner und Jurist, 106–43 v. Chr.

Caius Iulius Caesar Staatsmann und Schriftsteller, 100–15. März 44 v. Chr.

Sallust (Sallustius Crispus) Geschichtsschreiber, 86–35 v. Chr.

Vergil (P. Vergilius Maro) Dichter, 70–19 v. Chr.

Horaz (Q. Horatius Flaccus) Dichter, 65–8 v. Chr.

T. Livius Schriftsteller, 59 v.–17 n. Chr.

Ovid (P. Ovidius Naso) Dichter, 43 v.–17/18 n. Chr.

Augustus, Caesar Octavianus Staatsmann und 1. Kaiser des Imperium Romanum, 30 v.–14 n. Chr.

Tiberius Römischer Kaiser, 14–37 n. Chr.

Seneca, L. Annaeus Philosoph, Erzieher und Schriftsteller, gest. um 40 n. Chr.

Caligula Römischer Kaiser, 37–41 n. Chr.

Claudius Römischer Kaiser, 41–54

Nero Römischer Kaiser, 54–68

Tacitus, P. Cornelius Schriftsteller und Historiker, 55–120

Vespasian (Titus Flavius Vespasianus) Römischer Kaiser, 69–79

Titus (Titus Flavius Vespasianus) Römischer Kaiser, 79–81

Domitian (Titus Flavius Domitianus) Römischer Kaiser, 81–96

Nerva Römischer Kaiser, 96–98

Trajan (Marcus Ulpius Traianus) Römischer Kaiser, 98–117

Hadrian (Hadrianus) Römischer Kaiser, 117–138

Antoninus Pius Römischer Kaiser, 138–161

Mark Aurel (Marcus Aurelius Antoninus) Römischer Kaiser, 161–180

Decius Römischer Kaiser, Christenverfolger, 249–251

Diokletian (C. Aurelius Valerius Diocletianus) Römischer Kaiser, Begründer der Tetrarchie zur Reichsteilung, Christenverfolger, 284–305

Konstantin (Flavius Valerius Constantinus) Römischer Kaiser, 306/325–337

Sylvester I. Papst, Römer, 314–335

Hieronymus Heiliger, Kirchenlehrer und Schriftsteller, 342–420

Augustinus Kirchenlehrer, Schriftsteller und Heiliger, 354–430

Leo I. der Große Papst, aus Tuszien, 440–461

Romulus Augustulus Letzter weströmischer Kaiser, 476 abgedankt

MITTELALTER

Theoderich der Große Ostgotenkönig in Italien, 493–526

Benedikt von Nursia Mönch, Gründer des abendländischen Mönchtums und des Benediktiner-Ordens, 480–542

Gregor I. der Große Papst, Römer, 590–604

Karl der Große (Carlo Magno) Deutscher Kaiser des Imperium Romanum, 768–814

Savoia Herrschergeschlecht in Piemont und Turin seit dem 11. Jh., seit 1718/1720 Könige von Sardinien, bis 1946 ital. Könige

Gregor VII. Papst (Ildebrando aus Tuszien), 1073–1085

Colonna Römisches Adelsgeschlecht seit dem Mittelalter

Friedrich Barbarossa (Federico Barbarossa) Deutscher Kaiser des Imperium Romanum, 1125–1190

Franz(iskus) von Assisi Heiliger, Gründer der Franziskanerorden, 1182–1226